文化和旅游发展统计分析报告

2022

2022 Statistical Analysis Report on Cultural and Tourism Development

中华人民共和国文化和旅游部财务司　编

首都经济贸易大学出版社
Capital University of Economics and Business Press
·北京·

图书在版编目（CIP）数据

2022文化和旅游发展统计分析报告 / 中华人民共和国文化和旅游部财务司编 .-- 北京 ：首都经济贸易大学出版社，2022.11
ISBN 978-7-5638-3450-1

Ⅰ . ① 2… Ⅱ . ①中… Ⅲ . ①文化发展—统计分析—研究报告—中国— 2022 ②旅游业发展—统计分析—研究报告—中国— 2022 Ⅳ . ① G12 ② F592

中国版本图书馆 CIP 数据核字（2022）第 222460 号

2022文化和旅游发展统计分析报告
2022 WENHUA HE LÜYOU FAZHAN TONGJI FENXI BAOGAO
中华人民共和国文化和旅游部财务司 编

责任编辑 群 力
封面设计 砚祥志远·激光照排 TEL：010-65976003
出版发行 首都经济贸易大学出版社
地 址 北京市朝阳区红庙（邮编 100026）
电 话 （010）65976483 65065761 65071505（传真）
网 址 http://www.sjmcb.com
E - mail publish@cueb.edu.cn
经 销 全国新华书店
照 排 北京砚祥志远激光照排技术有限公司
印 刷 北京九州迅驰传媒文化有限公司
成品尺寸 210 毫米 ×297 毫米 1/16
字 数 741 千字
印 张 26.5
版 次 2022 年 11 月第 1 版 2022 年 11 月第 1 次印刷
书 号 ISBN 978-7-5638-3450-1
定 价 160.00 元

2022文化和旅游发展统计分析报告

编　委　会

撰稿人员

（按姓氏笔画排序）

王明丽　王荣飞　冯忠禄　闫单单　刘继龙

孙晶玮　庄　瑜　杜　灿　汤筱蕾　杜　析

李　玫　李　健　李鹏亮　李昌林　陈文科

沈　灿　张婧文　张炜嘉　张　娴　汪诗玮

陈　剑　陈　歆　罗　恒　杨鑫建　周子渊

孟晓颖　孟远辉　赵晓云　郝　嘉　姜　巍

荣佩佩　姚风华　施融宁　高玉红　唐　迪

唐寸晖　曹　斌　崔一凡　郭　懿　黄翔宇

陶国英　袁大俊　梁瑞兴　解秀海　檀鹏辉

魏小军　魏　锋

理论支持：中央财经大学国家文化创新研究中心

前　言

党的十八大以来，面对错综复杂的国内外形势，以习近平同志为核心的党中央带领全国各族人民，总揽战略全局，把握发展大势，开启了波澜壮阔的伟大奋斗历程，开创了中国特色社会主义伟大事业全新局面。党的十九大确立了习近平新时代中国特色社会主义思想的历史地位，制定了决胜全面建成小康社会、夺取新时代中国特色社会主义伟大胜利的宏伟蓝图和行动纲领，具有重大的现实意义和深远的历史影响。

2021 年是党和国家历史上具有里程碑意义的一年，是载入史册的一年。一年来，以习近平同志为核心的党中央高度重视文化和旅游工作，习近平总书记多次发表重要讲话、作出重要指示批示。这充分表明了党中央、总书记对文化和旅游工作的关心关怀，文化和旅游工作者备受鼓舞、倍感振奋，也深感使命光荣、责任重大，更加坚定了做好文化和旅游工作的信心和决心。一年来，文化和旅游部门坚持把学习贯彻习近平新时代中国特色社会主义思想作为首要政治任务，认真学习领会习近平总书记重要讲话，特别是关于文化和旅游工作重要论述和指示批示精神，以实际行动把中央关于文化和旅游工作决策部署落实到位；扎实深入开展党史学习教育、推进全面从严治党；积极服务党和国家中心工作，圆满完成庆祝中国共产党成立 100 周年文艺演出等重大任务；筑牢疫情防控坚固防线，积极推动文化和旅游行业发展；坚持守正创新、坚持奋发有为，加强宏观管理、提升治理能力，推动文化和旅游工作迈上新台阶、“十四五”发展迈出新步伐。

随着文化和旅游的快速发展，社会各界对文化和旅游统计信息服务提出了更高要求。目前文化和旅游部财务司已连续十余年组织各级文化和旅游行政部门通过《文化和旅游发展统计分析报告》开展统计分析研究工作，取得了较好的社会反响。这些报告运用翔实的统计数据、科学的统计方法、美观的统计图表，直观展现了我国文化和旅游发展改革现状和趋势，深入剖析了文化和旅游发展中存在的问题并提出了相应建议，为现阶段文化建设和旅游发展提供了重要的决策参考。

本书的编辑出版得到了文化和旅游部各级领导、各地文化和旅游部门以及国家发展改革委、财政部、国家统计局和中央财经大学等单位相关同志的大力支持，在此表示衷心的感谢。由于时间仓促，水平有限，错误和不足之处希望得到大家的谅解，并请给予批评指正。

编者

2022 年 10 月

目录

CONTENTS

综合篇

地区篇

附　录

2022 Statistical Analysis Report
on Cultural and Tourism Development

2022 文化和旅游发展统计分析报告

综合篇

2021 年全国文化和旅游发展基本情况

2021 年，是中国共产党成立 100 周年，也是我国现代化建设进程中具有特殊意义的关键节点。在党中央、国务院坚强领导下，全国文化和旅游系统坚持以习近平新时代中国特色社会主义思想为指导，深入贯彻党的十九大和十九届历次全会精神，锚定建设社会主义文化强国宏伟目标，履职尽责、奋发有为、开拓进取，推动文化和旅游工作迈上新台阶、“十四五”发展迈出新步伐。

2021 年末，纳入统计范围的全国各类文化和旅游单位 32.46 万个，比上年末减少 1.70 万个；从业人员 484.41 万人，比上年末减少 11.89 万人，如图 1 所示。

图 1　2015—2021 年全国文化和旅游单位及人员情况

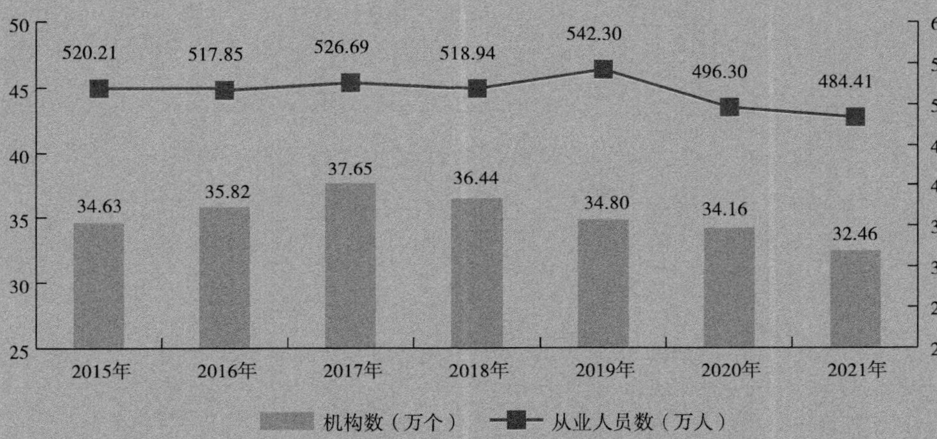

一、依法行政不断完善，文化和旅游法治建设成果显著

文化和旅游部不断完善法治工作体系，着力加强文化和旅游法治建设。2021 年 6 月，由来自高等院校、科研机构和部直属单位的 26 位专家组成文化和旅游部法治专家委员会，努力推动科学立法、严格执法、弘扬法治文化。全国人大教科文卫委员会、文化和旅游部在北京共同举办《中华人民共和国非物质文化遗产法》颁布实施十周年座谈会。中央宣传部，全国人大宪法法律委、法工委，国家发展改革委，司法部，财政部等部门有关负责同志和国家级非遗代表性传承人代表参加会议，并就如何进一步贯彻实施《中华人民共和国非物质文化遗产法》、做好新时代非遗保护传承工作做交流发言。印发《文化市场综合行政执法事项指导目录（2021 年版）》，梳理文化、文物、出版、版权、广播电

视、电影、旅游市场领域现行有效法律、行政法规、部门规章设定的行政处罚、行政强制事项共156项，包括行政处罚153项、行政强制3项，进一步明确执法事项名称和实施依据、法定实施主体和第一责任层级。印发《文化和旅游部第八个五年法治宣传教育实施方案》的通知，进一步加大文化和旅游领域法治宣传教育，提升文化和旅游领域治理法治化水平，提升干部职工法治素养。

二、继往开来使命担当，文艺创作开启新的篇章

（一）艺术工作谱写时代华章

2021年，文化和旅游系统牢牢把握庆祝建党百年这一主题主线，全力创作排演大型情景史诗《伟大征程》，将建党百年文艺创作推向高潮，受到习近平总书记等中央领导同志的高度评价。成功组织庆祝中国共产党成立100周年优秀舞台艺术作品展演、伟大征程时代画卷——庆祝中国共产党成立100周年美术作品展，成功举办第四届中国歌剧节等12项重大艺术活动。庆祝中国共产党成立100周年舞台艺术精品创作工程等7项创作工程顺利实施，涌现出一大批优秀作品。“中国艺术头条”微信公众号和“文艺中国”视频号平台建设成效显著，点击量超过3.5亿次。

（二）演出市场全面恢复增长

2021年末，全国共有艺术表演团体18370个，比上年末增加789个；从业人员45.33万人，比上年末增加1.63万人。其中：各级文化和旅游部门所属艺术表演团体1947个，占10.6%；从业人员10.67万人，占25.5%。基本情况如表1所示。

全年全国艺术表演团体共演出232.53万场，比上年增长4.2%；国内观众9.28亿人次，增长4.4%；演出收入112.99亿元，增长30.4%。

表1　2011—2021年全国艺术表演团体基本情况

年份	机构数（个）	从业人员（万人）	演出场次（万场）	国内演出观众人次（亿人次）	演出收入（亿元）
2011	7055	22.66	154.72	7.46	52.67
2012	7321	24.20	135.02	8.28	64.15
2013	8180	26.09	165.11	9.01	82.07
2014	8769	26.29	173.91	9.10	75.70
2015	10787	30.18	210.78	9.58	93.93
2016	12301	33.29	230.60	11.81	120.86
2017	15742	40.30	293.57	12.47	147.68
2018	17123	41.64	312.46	11.76	152.27
2019	17795	41.25	296.80	12.30	126.78
2020	17581	43.69	225.61	8.93	86.63
2021	18370	45.33	232.53	9.28	112.99

全年全国文化和旅游部门所属艺术表演团体共组织政府采购公益演出13.34万场，比上年下降0.3%；观众0.83亿人次，下降3.9%。

2021年末，全国共有艺术表演场馆3093个，比上年末增加323个；观众座席数253.37万个，增长34.9%。全年艺术表演场馆共演映107.04万场，比上年增长82.0%；观众11209.24万人次，增长84.8%。公有制艺术表演场馆1176个，比上年末减少32个；演映46.12万场，比上年增长89.1%；艺术演出观众人次达2066.54万，增长64.2%；艺术演出收入12.92亿元，增长51.8%。文化和旅游部门所属艺术表演场馆1075个，比上年末减少36个；全年共开展艺术演出5.03万场次，比上年增长48.8%；艺术演出观众人次1562.20万，增长45.7%。

2021年末，全国共有美术馆682个，比上年末增加64个；从业人员6249人，增加782人。全年共举办展览7526次，比上年增长25.7%；参观人次3515.84万，增长60.8%。

（三）重大艺术活动精品荟萃

第21届“相约北京”国际艺术节以“线上＋线下”的形式在北京举办。本届艺术节围绕“激情冰雪 云上文艺 经典百年”主题，共推出24个国家的42台演出、6个主题展览、系列冬奥主题文化活动、1场艺术节论坛和1场演出推介会，线上线下观众逾30万人次。2021年全国舞台艺术优秀剧目网络演播活动紧紧围绕庆祝中国共产党成立100周年和全面建成小康社会的主题主线，重点推出围绕党史、新中国史、改革开放史、社会主义发展史创作的优秀作品。活动从舞台艺术精品创作工程、国家舞台艺术精品创作扶持工程、中国民族歌剧传承发展工程、时代交响——中国交响音乐作品创作扶持计划中遴选36部作品进行网络演播，作品形式涵盖京剧、昆曲、地方戏曲、话剧、儿童剧、歌剧、舞剧、音乐剧、交响音乐会、民族音乐会等艺术门类，在线观看人次达3414万。

三、促公平提效能，现代公共服务体系更加健全

（一）公共服务保障不断增强

2021年，文化和旅游系统贯彻落实《关于推动公共文化服务高质量发展的意见》《“十四五”公共文化服务体系建设规划》，推动公共文化服务高质量发展。推动全国公共文化机构建立常态化疫情防控机制。继续推进县级图书馆和文化馆总分馆制建设、公共文化机构法人治理结构改革，启动实施全国智慧图书馆体系、公共文化云建设项目，示范性旅游厕所建设和旅游厕所数字化建设取得新进展。“唱支山歌给党听”大家唱群众歌咏活动、2021全国“村晚”示范展示活动和“舞出中国红”全国广场舞展演等群众性文化活动成功举办，文化惠民工作持续推进。通过网络联动，各地开展“村晚”活动9522场，参与人次达2.48亿。成功举办2021年长三角及全国部分城市最美公共文化空间大赛，长三角及部分地市、粤港澳大湾区、西南地区暨成渝双城文采会。

（二）公共服务设施进一步完善

近年来，中央高度重视基层公共文化设施建设，相继实施了县级“两馆”、乡镇综合文化站和地市级公共文化设施建设项目，覆盖城乡的公共文化设施网络初步形成，全国公共文化设施条件大为改

善。据统计，2021 年末，全国共有公共图书馆 3215 个，比上年末增加 3 个。2021 年末，全国平均每万人公共图书馆建筑面积 135.51 平方米，比上年末增加 9.05 平方米；阅览室座席数 134.42 万个，增长 6.3%。2021 年末，全国共有群众文化机构 43531 个，年末全国平均每万人群众文化设施建筑面积 352.13 平方米，增长 6.3%。具体情况如图 2 所示。

图 2　2011—2021 年全国每万人图书馆面积和群众文化设施建筑面积情况

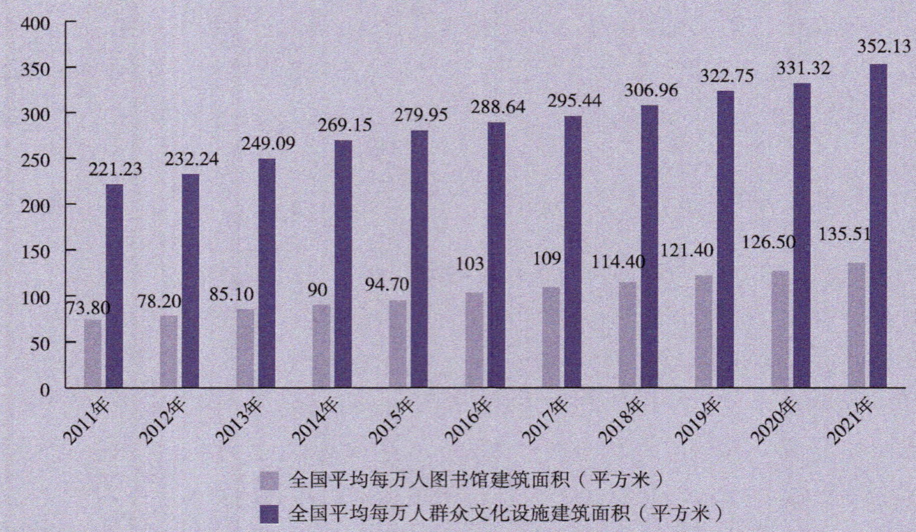

（三）公共服务活动快速恢复增长

2021 年公共图书馆实际持证读者 10313.93 万人，比上年增长 0.6%；总流通人次 74613.69 万，增长 37.8%；书刊文献外借 58730.15 万册次，增长 39.5%；外借人次 23809.24 万，增长 36.3%。全年共为读者举办各种活动 202568 次，比上年增长 34.4%；参加人次 11892.49 万，增长 28.2%。具体情况如图 3 所示。

全年全国群众文化机构共组织开展各类文化活动 252.17 万场次，比上年增长 30.9%；服务人次 83289 万，增长 47.9%。具体情况如表 2 所示。

表 2　2021 年全国群众文化机构活动开展情况

项目	总量		比上年增长（%）	
	活动次数（次）	服务人次　（万人次）	活动次数	服务人次
各项活动总计	2521666	83289	30.9	47.9
其中：文艺活动	1391490	62140	27.8	44.1
训练班	920740	6119	37.6	55.7
展览	167497	14259	21.4	64.0
公益性讲座	41939	768	36.9	35.8

图 3　2011—2021 年全国公共图书馆总流通人次及书刊外借册次

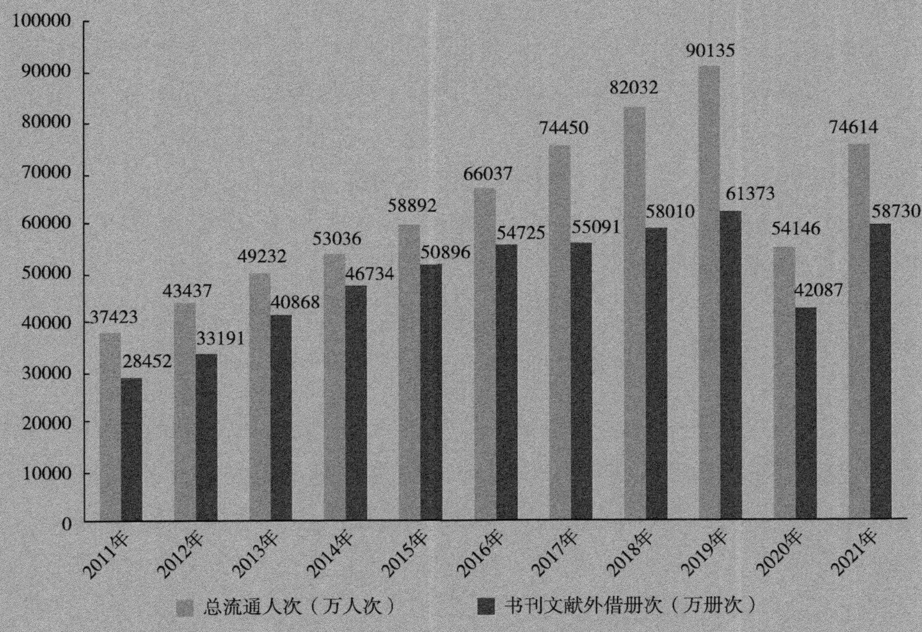

（四）公共服务均等化持续推进

近年来，各级文化和旅游行政部门加大政策资金支持力度，加强科技赋能和金融支持，优化产品和服务供给，不断完善基层基础设施和公共服务。文化和旅游部启动实施“十四五”时期公共数字文化建设项目，面向公共图书馆系统组织实施全国智慧图书馆体系建设项目，面向文化馆系统组织实施公共文化云建设项目，进一步加强公共数字文化建设，提升全民阅读、全民艺术普及数字化服务水平。从城乡情况看，县级公共图书馆的总藏量比重由上年的 51.7% 提高到 53.1%，总流通人次由 62.3% 提高到 63.4%，文化站服务人次由上年的 51.1% 提高到 54.7%。

四、放管结合优化服务，市场管理和综合执法更加规范

（一）市场运行企稳回升

2021 年，文化市场经营主体数量稳步增长，经营效益不断提高；旅游市场经营主体数量快速增加，亏损幅度不断收窄，经营状况逐步好转，市场恢复速度进一步加快。年末，全国文化市场经营单位共计 19.10 万家，从业人员 151.14 万人；营业收入 13689.17 亿元，营业利润 1636.55 亿元。其中：娱乐场所 5.05 万个，从业人员 51.11 万人，营业收入 485.08 亿元，营业利润 30.13 亿元；互联网上网服务营业场所 10.18 万个，从业人员 20.15 万人，营业收入 169.21 亿元；演出市场（文艺表演团体、演出场所、演出经纪机构）共有机构数 2.25 万个，从业人员 47.02 万人，营业收入 3643.26 亿

元，营业利润 388.59 亿元；艺术品经营机构 0.61 万个，从业人员 2.05 万人，营业收入 89.96 亿元，营业利润 13.68 亿元；经营性互联网文化单位 1.01 万家，从业人员 30.81 万人，营业收入 9301.65 亿元，营业利润 1227.20 亿元。

2021 年末，全国旅行社 42432 个，比上年末增加 11358 个。全年国内旅游接待 7515.82 万人次。2021 年度全国旅行社营业收入 1857.16 亿元，营业利润 –55.34 亿元。2021 年，全国旅行社直接从业人员 27.88 万人。

年末全国星级饭店 8771 家，平均房价 334.95 元 / 间夜，同比增长 6.7%；平均出租率 41.8%，同比增长 7.2%；每间可供出租客房收入 139.92 元 / 间夜，同比增长 14.3%；每间客房平摊营业收入 123.06 元 / 间，同比增长 16.9%。

（二）执法水平不断提升

2021 年 1 月，中央宣传部、文化和旅游部、广播电视总局、国家文物局四部门联合印发《进一步完善文化市场综合执法运行机制的通知》。通知针对文化市场综合执法工作亟须明确的若干重要事项，提出相应制度设计，供各地参照执行，进一步提高文化市场综合执法协作水平。《文化市场综合执法管理条例》面向各地区、有关部门及行业协会征求意见，文化市场综合执法基础制度建设工作取得积极进展。同时，文化和旅游部还制定实施《边疆地区文化市场综合执法协作机制》《涉少数民族语言文字文化产品内容翻译及认定结果互认协作机制》，部署有关地区加强边疆地区文化市场综合执法协作，形成执法合力，准确认定涉少数民族语言文字文化产品内容，切实维护意识形态安全和文化安全。

（三）市场监管有效增强

2021 年，文化和旅游部正式印发《文化市场综合行政执法事项指导目录》，综合执法体制机制进一步完善。牵头推进打击治理跨境赌博旅游管控工作。部署建党 100 周年文化和旅游市场执法检查，扎实推进文娱领域综合治理，查处多起劣迹艺人非法违规演出。组织开展常态化疫情防控执法检查和网络监测，整合举报投诉渠道，切实保障运行稳定、数据安全。实施未经许可经营旅行社业务专项整治行动，开展 4 轮“体检式”暗访评估，在主要媒体发布 40 多个典型案例。全年各地出动执法人员 600 多万人次，办结案件 3 万多件。组织开展综合执法考评、执法案卷评查。组织线上线下培训 20 余期，轮训 3 万余人。

五、落实政策优化环境，文化产业更加强劲

（一）产业发展质量不断提升

2021 年，文化和旅游部印发《“十四五”文化产业发展规划》《关于推动国家级文化产业园区高质量发展的意见》。联合国家发展改革委、财政部发布第二批 55 个国家文化和旅游消费试点城市，公布第一批 120 个国家级夜间文化和旅游消费集聚区。推进投融资体系建设，将旅游基础设施纳入不动产投资信托基金（REITs）试点范围。培育线上演播、沉浸式体验等新型业态，支持实施“龙凤呈

祥”“舞上春”等演播示范项目，推动“文化艺术增强现实呈现技术需求及应用框架”标准成为国际标准。举办“百年风华 青春筑梦”主题动漫展播，组织6家网络平台展播百部红色主题动漫，总点击量2.7亿次；举办“动漫传承红色基因”主题论坛和“恰少年 筑未来”主题动漫展；指导举办“百年百幅经典美术作品数字体验展”，预计触达人群3000万人次。推进产业国际合作，成功举办“文化产业赋能乡村振兴的全球实践”国际论坛，遴选认定18个文化产业和旅游产业国际合作重点项目。

（二）文化产业稳步发展

2021年，我国文化产业克服疫情影响，保持稳步增长势头，规模以上文化及相关产业企业营业收入增长幅度较大，企业生产经营效益显著提升。据对全国6.5万家规模以上文化及相关产业企业调查，2021年，上述企业实现营业收入119064亿元，按可比口径计算，比上年增长16.0%。2021年全国文化及相关产业增加值为50075亿元，比上年增长11.4%（未扣除价格因素），占国内生产总值（GDP）的比重为4.38%，比上年下降0.05个百分点（如表3所示）。全年文化产业发展还呈现出部分相关行业高速增长、“互联网+文化”新业态保持快速增长、各区域文化企业经营状况普遍趋于好转的特征。随着我国国民经济持续稳定恢复，文化消费需求将进一步释放，文化产业规模将继续扩大，文化市场增长趋势不断加快。

表3 2012—2021年文化及相关产业增加值

年份	增加值（亿元）	占GDP比重（%）
2012	18071	3.36
2013	21870	3.67
2014	24538	3.81
2015	27235	3.95
2016	30785	4.12
2017	35427	4.26
2018	41171	4.48
2019	44363	4.50
2020	44945	4.43
2021	52385	4.56

（三）科技创新不断加强

2021年，文化和旅游部印发实施《“十四五”文化和旅游科技创新规划》《“十四五”文化和旅游部高校共建工作方案》。委托立项国家文化和旅游科技创新工程项目100项。认定第三批文化和旅游部重点实验室18家。制定国家旅游科技示范园区管理办法，评定首批示范园区试点7个。推动出台国家标准6项、立项11项，批准发布行业标准及修改单7项、立项31项。组织相关单位首次提交并获批立项旅游国际标准 3 项。组织强制性国标落实情况抽查并督促整改。立项国家社科基金艺术学重大项目 27 个、年度项目 221 个、部级社科研究项目 38 个。推荐科研建设优秀成果 56 项。实施青年科研人才扶持计划 35 项。全面开展智库建设，公布首批 19 家行业智库建设试点单位。

六、加强开发利用，旅游业发展更加坚韧

（一）资源开发不断拓展

2021 年，文化和旅游部加强顶层设计和规划引导，牵头制定《“十四五”旅游业发展规划》《国民旅游休闲纲要（2022—2030 年）》等政策性文件。推出“建党百年红色旅游百条精品线路”，成功举办“百名红色讲解员讲百年党史”、全国红色旅游创意产品和红色旅游演艺创新成果展示等活动，红色旅游资源开发深度、产业辐射宽度有效延展。成功举办全国“互联网 + 旅游”发展论坛，征集推出智慧旅游典型案例，推动智慧旅游发展。推荐浙江余村、安徽西递村入选联合国世界旅游组织首届最佳世界旅游乡村。认定推出首批 54 家国家级旅游休闲街区，推进观光、度假并重发展。推出一批冰雪旅游线路、认定推出 12 家国家级滑雪旅游度假地和体育旅游示范基地，助力北京冬奥，推进产品业态融合发展。为打造具有国际影响力的黄河文化旅游带，开展建设推进活动，发布 10 条黄河主题国家级旅游线路，开展黄河文化旅游微视频大赛。扎实推进国家文化公园建设，推动印发实施《长城国家文化公园建设保护规划》，举办首届长城文化发展论坛，会同总台央视策划推出“十一”特别节目《直播长城》。推进景区科学精准常态防控，落实“限量、预约、错峰”要求，对热点景区进行流量预警和风险提示。

（二）旅游市场快速恢复

2021 年，国内旅游人数 32.46 亿人次，比上年同期增长 12.8%；全年实现旅游总收入 2.92 万亿元，同比增长 31.0%；受疫情影响，入境旅游和出境旅游活动暂未开放。具体情况如表 4 所示。

表 4　2011—2021 年旅游业主要发展指标

年份	国内旅游人次（亿人次）	国内旅游收入（亿元）	入境旅游人次（万人次）	入境旅游收入（亿美元）	出境旅游人次（万人次）	旅游总收入（万亿元）
2011	26.41	19305	13542	484.64	7025	2.25
2012	29.57	22706	13241	500.28	8318	2.59
2013	32.62	26276	12908	516.64	9819	2.95
2014	36.11	30312	12850	1053.80	10728	3.73
2015	39.90	34195	13382	1136.50	11689	4.13
2016	44.35	39390	13844	1200.00	12203	4.69
2017	50.01	45661	13948	1234.17	13051	5.40
2018	55.39	51278	14120	1271.03	14972	5.97
2019	60.06	57251	14531	1313.00	15463	6.63
2020	28.79	22286	—	—	—	—
2021	32.46	29191	—	—	—	—

（三）红色旅游提质升级

2021年，国家发展改革委会同文化和旅游部、国家文物局联合印发《推动革命老区红色旅游高质量发展有关方案》，围绕“加强红色资源保护利用”“推进红色旅游品质升级”“优化红色旅游发展格局”等三方面部署了12项重点任务。同时，文化和旅游部联合中央宣传部、中央党史和文献研究院、国家发展改革委发布“建党百年红色旅游百条精品线路”，包括52条“重温红色历史、传承奋斗精神”主题线路、20条“走近大国重器、感受中国力量”主题线路、28条“体验脱贫成就、助力乡村振兴”主题线路。另外，文化和旅游部、民航局联合印发《关于促进民航业与红色旅游深度融合创新发展的指导意见》。该意见提出加强民航业与红色旅游的统筹规划、改善红色旅游地区的基础设施条件、提高红色旅游地区航空运输通达性、创新红色旅游航空运输产品供给等措施。文化和旅游部还在浙江温州举办了全国红色旅游创意产品和红色旅游演艺创新成果征集展示活动，从全国4000多件（套）创意产品中精选出300多件（套）进行展出，涵盖红色旅游文创纪念品、手工艺品、家居用品、办公用品、户外用品五大类，并从110部红色演艺剧目中选出《黄河大合唱》《草原英雄小姐妹》《兵团记忆》等17部优秀作品进行展播，推动红色旅游业与文化创意产业双向驱动，更好地提升红色旅游吸引力、影响力和综合效益。

（四）乡村旅游扩容增效

文化和旅游部、国家发展改革委联合印发《关于做好第三批全国乡村旅游重点村镇遴选推荐工作的通知》，将全国乡村旅游重点村名录拓展为全国乡村旅游重点村镇名录，并首次开展了全国乡村旅游重点镇（乡）的遴选推荐工作。同时，文化和旅游部会同国家发展改革委公布第三批199个全国乡村旅游重点村名单和第一批100个全国乡村旅游重点镇（乡）名单。2019年以来，文化和旅游部会同国家发展改革委开展全国乡村旅游重点村名录建设工作，已先后推出两批1000个全国乡村旅游重点村。文化和旅游部还联合国家发展改革委推出“体验脱贫成就·助力乡村振兴”乡村旅游学习体验线路300条。学习体验线路将红色文化资源与绿色生态资源相结合，反映乡村旅游助力脱贫攻坚和乡村振兴成效成果，让游客可以在望山见水的旅途中了解发生在乡村的“四史”故事，了解党的光荣传统、宝贵经验和伟大成就，传承红色基因，激发前行动力，体验脱贫成就，助力乡村振兴。2021年12月17日，全国乡村旅游工作现场会在福建省龙岩永定区召开。会议对“十四五”期间乡村旅游工作进行全面部署，提出“十四五”期间要持续推进乡村旅游重点村镇建设，把发展乡村旅游与乡村各领域政策措施相衔接、相协调，促进乡村旅游发展，服务“三农”和经济发展大局。

七、传承弘扬历史文化价值，遗产保护成果更加丰硕

（一）文物保护取得重大成果

2021年，文化和旅游系统、文物系统围绕建党百年主题，成功举办“不忘初心、牢记使命”主题展览、百年党史文物保护展示工程、“文物映耀百年征程”文化和自然遗产日活动，广泛弘扬伟大建党精神。深化中华文明探源工程，推进“考古中国”重大项目。三星堆遗址等考古新发现举世瞩

目，中国特色、中国风格、中国气派考古学建设取得新进展。深入推进打击文物犯罪专项行动和文物平安工程，文物安全形势持续向好。出台关于推进博物馆改革发展的指导意见、加强民间收藏文物管理促进文物市场有序发展的意见、支持中国国际进口博览会文物类展品监管和便利化措施，让文物“活”起来。深入开展亚洲文化遗产保护行动，国际博物馆协会藏品保护委员会第 19 届大会成功举办，流失文物追索返还取得积极进展，“泉州：宋元中国的世界海洋商贸中心”成功列入《世界遗产名录》，中华文化影响力切实增强。

（二）文物机构从业人员持续增加

2021 年末，全国共有各类文物机构 10545 个，比上年末减少 769 个。其中：文物保护管理机构 2257 个，占 21.4%；博物馆 5772 个，占 54.7%。年末全国文物机构从业人员 18.15 万人，比上年末增加 0.58 万人。其中：高级职称 11718 人，占 6.5%；中级职称 22886 人，占 12.6%。具体情况如图 4 所示。

图 4　2011—2021 年全国文物机构及从业人员情况

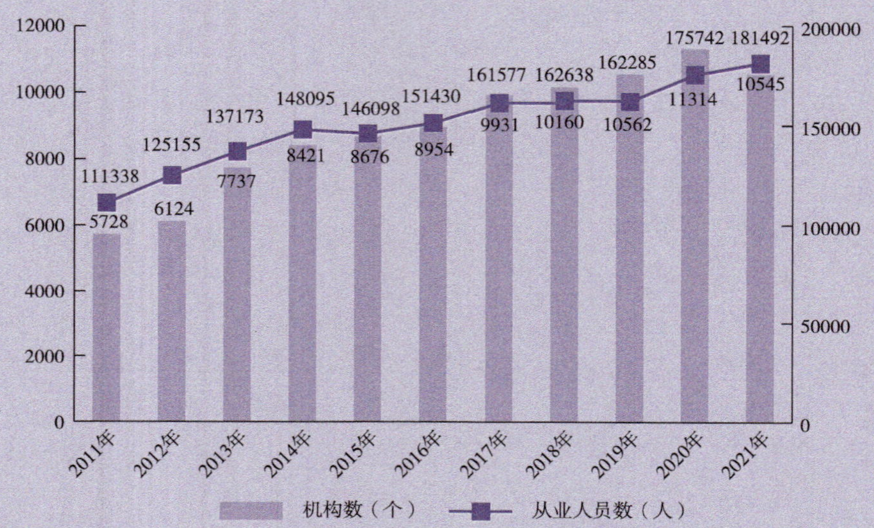

（三）展览接待活动大幅增长

2021 年末，全国文物机构藏品 5580.45 万件，其中，博物馆文物藏品 4664.83 万件 / 套，占文物藏品总量的 83.6%。2021 年，全国各类文物机构共举办陈列展览 33205 个，比上年增加 4281 个。其中，基本陈列 17597 个，增加 1338 个；临时展览 15608 个，增加 2943 个。接待观众 84590.57 万人次，比上年增长 37.3%，其中未成年人 19911.55 万人次，增长 46.8%，占参观总人数的 23.5%。博物馆接待观众 74850.45 万人次，比上年增长 42.2%，占文物机构接待观众总数的 88.5%。具体情况如图 5 所示。

图 5　2011—2021 年全国文物机构接待观众人次及未成年人观众人次

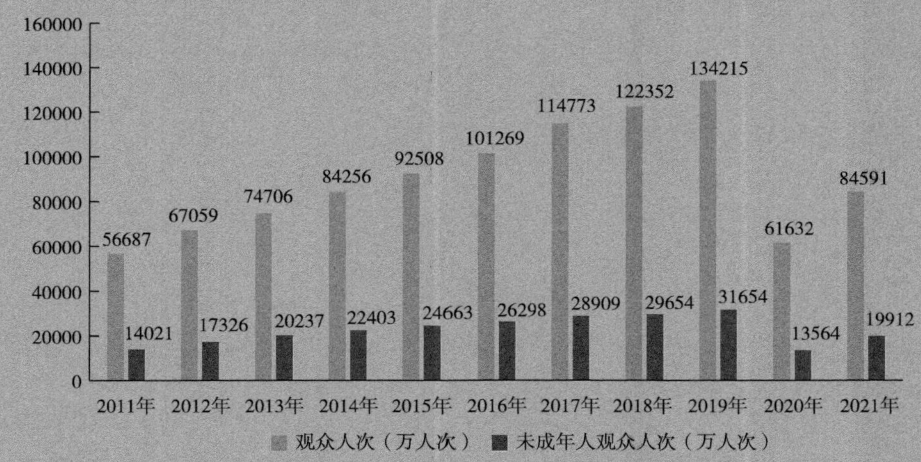

（四）非物质文化遗产保护事业不断发展

2021 年，文化和旅游部、人力资源社会保障部、国家乡村振兴局联合印发《关于持续推进非遗工坊建设助力乡村振兴的通知》，支持各地建设非遗工坊近 1100 家。国务院公布第五批国家级非遗代表性项目 185 项，文化和旅游部认定了 445 家保护单位。开展国家级非遗代表性传承人评估工作。开展 2021 年国家级文化生态保护区验收工作，举办文化生态保护区建设经验交流活动。继续实施中国传统工艺振兴计划和中国非遗传承人群研培计划，举办培训 77 期，培训 2200 余人。举办“文化进万家——视频直播家乡年”活动，约 7000 个非遗年俗短视频在网络平台集中展示。开展“文化和自然遗产日”非遗宣传展示活动，全国共开展各类非遗活动 4100 多项。举办“新疆是个好地方”对口援疆 19 省市非遗展，209 项非遗代表性项目、1000 多件作品、221 名非遗代表性传承人参展。

2021 年末，全国国家级非遗代表性项目 1557 项，共有在世国家级非遗代表性传承人 2433 名。列入联合国教科文组织人类非物质文化遗产代表作名录（名册）项目 42 个，位居世界第一。

全国共有非物质文化遗产保护机构 2431 个，从业人员 16554 人。全年全国各类非物质文化遗产保护机构举办演出 59716 场，比上年增长 6.4%；举办民俗活动 13116 次，增长 7.7%；举办展览 18107 场，增长 12.0%。

八、文化和旅游交流不断扩大，国际影响力持续提升

（一）文化和旅游外交影响力不断增强

2021 年，文化和旅游部坚持围绕中心服务大局，举办 2021“一带一路”·长城国际民间文化艺术节，习近平主席向艺术节致贺信。举办 2021 年中希（腊）文化和旅游年，国务院总理李克强以视频形式出席开幕式并致辞。积极宣传中国共产党百年奋斗重大成就，组织外国在华外交官和常驻机构负责

人赴北京、重庆、湖北、贵州等地举办“发现中国之旅”系列活动。开展乡村振兴、脱贫攻坚等成果主题宣传。举办第21届“相约北京”国际艺术节、“北京2022冬奥文化全球行”等推广活动，为2022年北京冬奥会营造良好国际氛围。不断提升“欢乐春节”吸引力和影响力，2021年推出18个线上精品项目，各类媒体平台播放量超过7200万次，网络社交媒体覆盖230余个国家和地区，总观看量超4.5亿次。

（二）对外文化合作取得丰硕成果

文化和旅游部与巴西、意大利、日本、俄罗斯、阿尔及利亚等16国举办双边会议或会见，与秘鲁、圣马力诺、文莱、伊朗、尼日利亚等9国举办建交庆祝活动，与厄瓜多尔、柬埔寨、塞尔维亚、巴林、南非等14国签署文化合作协定执行计划等文件，不断加强在促进文化交流、推动旅游复苏方面的政策沟通，广泛凝聚构建人类命运共同体的国际共识。响应各国对共享发展机遇的诉求，举办对非洲、中东欧、中亚、东南亚国家的培训班8期，建成面向欧洲的“中国旅游培训”平台。

（三）文化和旅游交流不断深化

联合国教科文组织第44届世界遗产委员会会议在中国福州召开，审议并顺利通过我国丝绸之路：长安－天山廊道的路网、布达拉宫历史建筑群、澳门历史城区、左江花山岩画文化景观、武当山古建筑群、长城等6项世界文化遗产保护状况报告。其中，长城被世界遗产委员会评为保护管理示范案例，这是继2018年大运河之后，我国世界遗产保护管理工作再次获此殊荣。

文化和旅游部支持联合国教科文组织、联合国世界旅游组织在促进国际文化和旅游交流与合作中发挥更为积极的作用，参加相关会议37次，进一步健全和完善申遗领域多部门协作协调联动机制。截至2021年末，文化和旅游部在全球设有45家海外中国文化中心，20家驻外旅游办事处。此外，在中国香港设有亚洲旅游交流中心，在中国台湾设有海峡两岸旅游交流协会台北办事处、高雄办事分处。

（四）对港澳台文化和旅游交流培根铸魂

“欢乐庆元宵暨第十届海派文化艺术节”活动在高雄举办，吸引近3.5万名中国台湾同胞参与。2021“美丽中华”线上系列旅游推广活动向两岸旅游业界和媒体推介中国大陆及中国台湾相关地区的品牌产品、新线路、优惠政策，为两岸旅游业复苏重振积蓄新动能。中国大陆及中国台湾相关领域代表及媒体逾千人参加活动。文化和旅游部与香港特区政府民政事务局共同在线举办2021年“根与魂——宁夏回族自治区非物质文化遗产线上展演活动”，加强对香港公职人员和民众的国情和中华文化教育。在香港举行“融通中外·文明互鉴——香港发展中外文化艺术交流中心”高峰论坛，围绕“十四五”规划提出的支持“香港发展中外文化艺术交流中心”新定位，探讨香港在新形势下发挥自身优势，促进中外文化艺术交流发展。“促进澳门世界旅游休闲中心建设联合工作委员会”2021年度工作会议在澳门召开。为务实推动澳门建设世界旅游休闲中心、打造“以中华文化为主流，多元文化共存的交流合作基地”明确了阶段性目标，有力提振了行业发展信心。文化和旅游部稳步推进粤港澳大湾区人文湾区、休闲湾区建设，推动国家艺术基金面向港澳全面开放一般项目申报，支持港澳籍旅游从业人员经考核换证后在横琴新区执业。推动内地重要文艺比赛（节庆）等向中国台湾同胞开放，支持福建省评定中国台湾籍省级非遗传承人。

九、资金投入稳步增长，文化和旅游发展保障更加坚实

（一）中央资金使用效能不断提升

2021 年，文化和旅游部落实文化和旅游部部门预算 60.23 亿元，落实中央补助地方转移支付资金 46.71 亿元，如图 6 所示。运用全覆盖审计、绩效管理等手段，提高资金资产使用管理效能。

图 6　2011—2021 年中央对地方文化和旅游项目资金补助情况

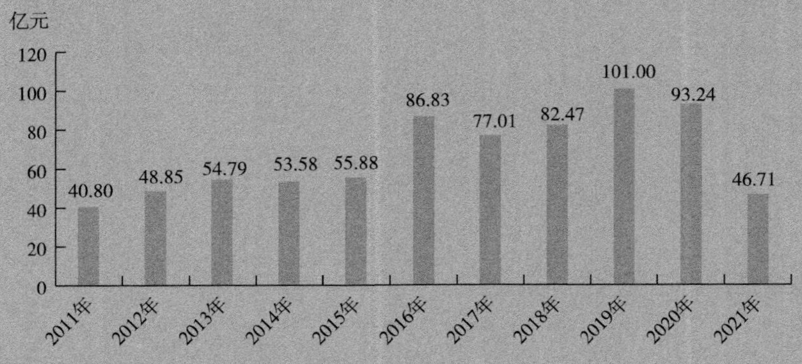

（二）全国文化和旅游事业费平稳增长

2021 年，全国文化和旅游事业费 1132.88 亿元，比上年增加 44.62 亿元，增长 4.1%；全国人均文化和旅游事业费 80.20 元，比上年增加 3.12 元，增长 4.0%，如图 7 所示。

图 7　2011—2021 年全国人均文化和旅游事业费及增速情况

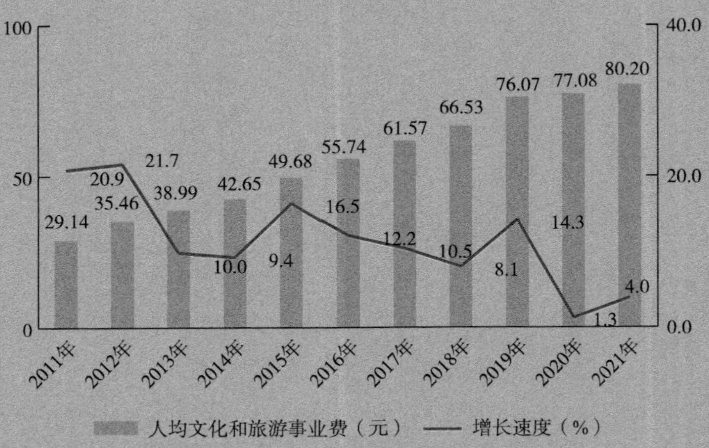

全国文化和旅游事业费占财政总支出的比重为0.46%，比重比上年增长0.02个百分点，如图8所示。

图8　全国文化和旅游事业费占财政总支出比重

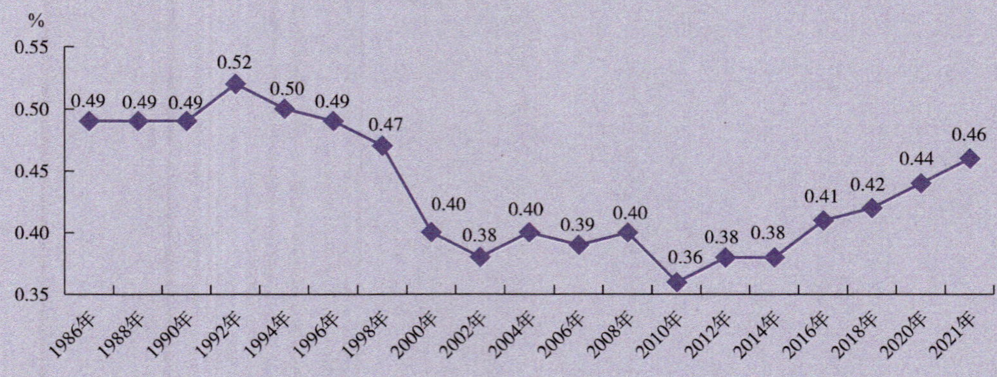

（三）经费投入继续向基层倾斜

全国文化和旅游事业费中，县以上文化和旅游事业费506.36亿元，占44.7%，比重比上年下降1.3个百分点；县及县以下文化和旅游事业费626.52亿元，占55.3%，比重提高了1.3个百分点；东部地区文化和旅游事业费526.36亿元，占46.5%，比重提高了1.4个百分点；中部地区文化和旅游事业费283.38亿元，占25.0%，比重提高了0.2个百分点；西部地区文化和旅游事业费292.62亿元，占25.8%，比重降低了1.9个百分点。具体情况如表5所示。

表5　全国文化和旅游事业费按城乡和区域分布情况

项目		2000年	2005年	2010年	2015年	2020年	2021年
总量（亿元）	全国	63.2	133.8	323.1	686.0	1088.3	1132.9
	县以上	46.3	98.1	206.7	352.8	501.0	506.4
	县及县以下	16.9	35.7	116.4	330.1	587.3	626.5
	东部地区	28.9	64.4	143.4	287.9	491.6	526.4
	中部地区	15.1	30.6	78.7	164.3	269.8	283.4
	西部地区	13.7	27.6	85.8	193.9	301.6	292.6
所占比重（%）	全国	100	100	100	100	100	100
	县以上	73.4	73.3	64.0	51.7	46.0	44.7
	县及县以下	26.7	26.7	36.0	48.3	54.0	55.3
	东部地区	45.7	48.1	44.4	42.1	45.1	46.5
	中部地区	23.8	22.9	24.3	24.1	24.8	25.0
	西部地区	21.7	20.6	26.6	28.4	27.7	25.8

2022年是进入全面建设社会主义现代化国家新征程、向第二个百年奋斗目标进军的重要一年。在新的征程上，我们要坚持以习近平新时代中国特色社会主义思想为指导，深入学习贯彻党的十九届历次全会精神，坚持以人民为中心的工作导向，着眼满足人民日益增长的美好生活需要，大力发展文化事业和文化产业，推进旅游为民，发挥旅游带动作用，更好满足人民旅游需求，不断增强人民群众获得感、幸福感、安全感，扎实推进社会主义文化强国建设，推动旅游业高质量发展。

2022 Statistical Analysis Report on Cultural and Tourism Development

2022 文化和旅游发展统计分析报告

地区篇

北京市 2021 年文化和旅游发展情况分析

2021 年，北京市文旅各界全面贯彻党的十九大和十九届历次全会精神，深入贯彻习近平总书记对北京一系列重要讲话精神、关于文化和旅游工作的重要论述精神，统筹推进疫情防控和首都文旅发展，突出抓好庆祝中国共产党成立 100 周年和服务保障北京冬奥会、冬残奥会两件大事，积极推动文化和旅游深度融合发展、高质量发展，实现了“十四五”良好开局。

一、文化和旅游市场总体情况

2021 年，北京市规模以上文化产业收入合计 17564 亿元，增长 17.5%。文化旅游部门所属机构总收入（扣除基建拨款）为 68.1 亿元，同比增长 11.5%，其中财政拨款（不含基建拨款）44 亿元，减少 5.0%，财政拨款占到了总收入的 64.6%；人均文化事业费达到 200.8 元，与 2020 年相比，人均费用减少 10.7 元（见表 1）。

表 1　2018—2021 年文化旅游经费投入及人均情况

年份	总收入（亿元）		人均文化旅游事业费
		文化旅游事业费（财政拨款）	（元）
2018	49.1	34.8	161.8
2019	76.8	47.5	220.4
2020	61.1	46.3	211.5
2021	68.1	44.0	200.8

截至 2021 年，北京地区登记公布不可移动文物 3840 处，其中，全国重点文物保护单位 135 处，北京市级文物保护单位 255 处，市县级文物保护单位 752 处。

2021 年，北京市旅游人数 2.55 亿人次，较上年增长 38.8%，恢复至 2019 年的 79.2%，恢复程度好于全国水平 25.2 个百分点；旅游收入 4166.2 亿元，较上年增长 43%，恢复至 2019 年的 66.9%，恢复程度好于全国水平 15.9 个百分点（见图 1）。人均消费 1633.0 元，较上年增长 3.0%，恢复至 2019 年的 84.5%，高于全国水平 733.7 元。

二、坚持服务创新，行业健康发展

（一）服务文旅企业发展成效显著

帮助文化和旅游市场主体纾困解难，已为 2332 家旅行社暂退质保金约 11.02 亿元。组织完成动漫企业认定和年审，41 家企业通过。完成中国文化艺术政府奖第四届动漫奖评选推荐工作，2 部作品获最佳动漫作品奖。北京市 3 家企业入选 2021 年全国文化和旅游装备技术提升优秀案例。积极推进重点企业“服务包”工作落实，办结责任事项 15 项，办结率 100%。艺术创作扶持引导有力，北京文化艺术基金资助 73 个项目 9000 余万元，北京剧目排练中心推动 155 个剧目上演 1390 场次。

图 1　2021 年北京旅游核心指标恢复程度与全国水平比较

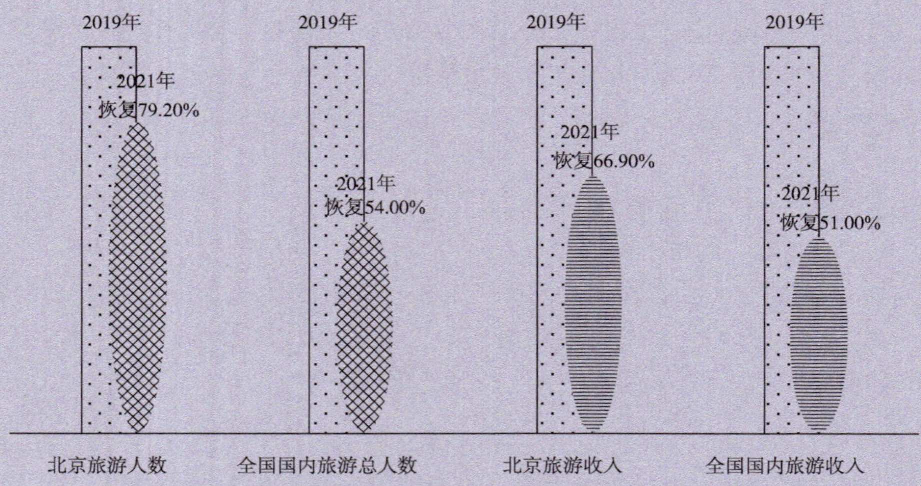

开展 2021 年度重点文化旅游项目和投融资推介工作，举办文旅重点项目投融资推介会，推出十大类 45 个项目，投资总额达 122 亿元。京郊旅游融资担保服务体系累计担保支持京郊旅游项目 2270 个，放款规模 30.76 亿元。北京旅游资源交易平台累计挂牌项目 1056 宗，挂牌金额 2683.85 亿元，成交项目 260 宗，成交金额 150.34 亿元。京郊旅游保险服务平台 2021 年承保业务 3943 笔，累计承担风险金额为 28.94 亿元。

（二）中轴线申遗取得新进展

高标准推进《中轴线申遗保护三年行动计划》。2021 年，申遗文本顺利通过世界遗产中心资格预审，钟楼文物修缮工程顺利完成，景山兴庆阁、中山堂、正阳门箭楼等重点文物修缮工作有序展开。稳步抓实文物腾退工作，社稷坛、太庙、先农坛等核心区域内需腾退的市属机关单位办公用房全部腾退，钟鼓楼周边申请式退租完成签约，太庙、先农坛和天坛等重点区域文物腾退、综合整治方案日趋稳定，清陆军部旧址、皇史宬北院实现对公众开放。中轴线文化遗产传承与创新大赛连续举办 13 场中轴线大讲堂活动，线上观看量累计过千万人次，中轴线社会影响力快速提升。大运河博物馆（首都博物馆东馆）主体结构顺利封顶。

（三）国家文化公园和文化带建设厚植新优势

大运河文化带建设按期推进。举办 2021 北京（国际）运河文化节和 2021 中国大运河文化带京杭对话——“水利遗产与城市可持续发展”学术论坛；推出一系列大运河沿线“网红打卡地”，发布《第一批北京市水利遗产名录》；编制完成《路县故城考古遗址公园概念性设计方案》，路县故城考古遗址公园（二期）27.5万平方米考古勘探工作全部完成；大运河博物馆（首都博物馆东馆）主体结构顺利封顶；北京艺术博物馆（万寿寺）修缮工程接近尾声；八里桥修缮工程有序启动；白浮泉遗址公园文物保护规划获得批复。长城文化带建设迈上新台阶，精心举办2021北京长城文化节，率先出台《长城国家文化公园（北京段）建设保护规划》，首次发布《北京世界文化遗产保护管理状况报告》，系统梳理7处世界文化遗产承诺事项履行情况，稳步推进世界遗产保护规划报批工作，长城在联合国教科文组织第44届世界遗产大会上荣获唯一世界文化遗产保护管理示范案例。

（四）文旅产品供给体系不断优化

深挖首都文化和旅游资源内涵，全年推出200余条主题游线路。实施“漫步北京”计划，“北京网红打卡地”评选活动入选文化和旅游部2020年国内旅游宣传推广优秀案例。举办2021“北京网红打卡地”评选活动，推出100个新晋北京网红打卡地。认定发布100家北京市文化旅游体验基地。发展乡村旅游重点村镇，9个村镇入选第三批全国乡村旅游重点村镇名录。推进实施《关于促进乡村民宿发展的指导意见》，目前北京市共有785家乡村民宿完成证照办理。实施乡村民宿餐饮提升工程，开展“大厨下乡”结对帮扶活动。推出《我的桃花源》大型文旅体验节目第二季。实现北运河（通州段）全线40公里游船通航。开展“北京中医药文化旅游示范基地”第五批评审工作。发布20个北京市文化和旅游行业科普体验资源点。

（五）头部企业及项目带动效应明显

旅游企业做大做强，首旅集团、中青旅控股、美团网、同程科技等一大批产业链覆盖完整、品牌效应突出的行业领军集团带动市场不断开拓创新。2021年9月20日，北京环球影城开幕，成为北京文旅新地标，开幕运营以来，成为新闻热点，出现了一票难求的现象；开幕后3个月实现营业收入16.45亿元，累计接待游客突破210万人次。

三、主要文化行业经营情况

（一）演出市场活力恢复，艺术创作成果丰硕

2021年，北京市182家场所共举办演出20597场，增长1.9倍，比2019年下降9.8%；观众人数513.5万人次，增长近1.8倍，但仅为2019年的一半；票房收入7.8亿元，增长1.8倍，仅为2019年的44.9%。曲艺、脱口秀两类演出表现强劲，合计演出场次超过2019年60%以上。音乐类也有较好表现，比2019年略有增长，并且出现了专注于音乐会的小剧场，全年演出近500场。

曲艺、脱口秀、话剧全年演出场次占比分别达25.5%、21.1%、17.1%；而票房收入方面，话剧、音乐会和儿童剧占据前三，分别占比30.3%、14.3%和10.5%。北京本地演出团体贡献票房达80.9%。

2021 年，共有 939 个演出团体及个人在北京开展营业性演出。其中，北京本地演出团体最多，共有 645 个，占 68.7%；北京本地团体共演出 19031 场，收获票房 6.33 亿元，票房占比为 80.9%。开心麻花、德云社、北京人民艺术剧院三家票房收入最高。

2021 年，北京市 13 家市属院团线下共演出场次 4998 场，比上年增长 12%。国内演出观众达到 174 万人次，增长 40%；演出收入达到 1.9 亿元，增长 68%（见表 2）。由于疫情影响，线上演出持续增长，2021 年，市属院团全年线上演出次数 709 场次，增长 30%；线上演出观众人次达到 1.8 亿人次，增长 3%。2021 年，中国戏曲文化周，全网全媒浏览量超过 8 600 万。

表 2　市属文艺院团经营情况

指标名称	单位	2020 年	2021 年	增长（%）
机构数	个	13	13	—
演出场次（线下）	场次	4462	4998	12
国内演出观众	万人次	124	174	40
演出收入	万元	11252	18879	68
线上演出次数	场次	544	709	30
线上演出观众	万人次	17783	18344	3

13 家市属院团及国家大剧院共推出新创大型剧目 30 台，复排大型剧目 40 台。新创京剧《大刀王五》《夫人城》、昆剧《国风》《林徽因》并首演，挖掘整理《高亮赶水》等多部传统剧目，北京人艺创排重大革命历史题材话剧《香山之夜》，国家大剧院创作推出歌剧《党的女儿》、舞剧《冼星海》，北京演艺集团创排舞剧《五星出东方》，北京民族乐团推出民族管弦乐《大运河》，中国杂技团推出现实题材杂技剧《呼叫 4921》，中国评剧院推出谍战题材评剧《伪装者》。推出《李大钊》京津冀三地巡演，《大宅门》全国 27 城巡演活动，完成大型京剧交响套曲《京城大运河》第三轮修改并开展大运河沿线巡演，推出现实题材原创音乐剧《在远方》并在全国巡演。

京剧《李大钊》等 15 部作品入选文化和旅游部“庆祝中国共产党成立 100 周年舞台艺术精品创作”重点扶持作品名单，歌剧《青春之歌》入选文化和旅游部 2020—2021 年度“中国民族歌剧传承发展工程”重点扶持剧目，交响乐《花儿的故事》入选 2020—2021 年度“时代交响——中国交响音乐作品创作扶持计划”扶持作品，舞剧《天路》、评剧《藏地彩虹》分别荣获第六届全国少数民族文艺会演最佳剧目奖、剧目创新奖。

（二）公共图书馆服务能力提升

截至 2021 年底，北京市共有 21 个公共图书馆（含国家图书馆），总藏量达到 7547.2 万册，增长 4.2%；总流通人次（线下）达到 887.7 万人次，增长 84.8%；阅览室面积 11.3 万平方米，阅览室座席 2.3 万个，均有所增长。

为方便市民在疫情期间借阅读书，截至 2021 年底，图书馆拥有电子文本、图片文献资源 4028.9TB，增长 16.9%；线上服务 28635.8 万人次，增长 54%（见表 3）。

表 3　北京市公共图书馆主要指标对比情况

指标名称	单位	2020 年	2021 年	增长（%）
机构数	个	24	21	—
总藏量	万册	7241	7547.2	4.2
总流通人次（线下）	万人次	480.2	887.7	84.9
阅览室面积	万平方米	10.5	11.3	7.6
阅览室座席	个	21702	23417	7.9
电子文本、图片文献资源	TB	3447	4028.9	16.9
线上服务人次	万人次	18598.2	28635.8	54.0
人均拥有藏书	册	3.3	3.4	3.0
人均购书经费	元	9.2	7.8	–15.2

（三）群众文化活动丰富多彩

截至 2021 年底，北京市有市级文化馆 1 个、区级文化馆 18 个、街道（乡镇）综合文化中心 337 个；提供线下文化服务次数 7.8 万次，惠及 1025 万人，其中组织文艺活动 3.1 万次，参加人次 798 万人，举办训练班次数 4.6 万次，培训 235 万人次，举办展览 1456 个；线上举办文化活动 6535 次，参加 5551 万人次（见表 4）。

表 4　2021 年群众文化机构及活动情况

指标名称	单位	合计	市级文化馆	区级文化馆	文化中心
机构数	个	356	1	18	337
从业人员	人	4233	57	786	3390
组织文艺活动次数	次	31331	30	2318	28983
组织文艺活动参加人次	万人次	798	2	317	479
举办训练班次数	次	45562	17	12579	32966
培训人次	万人次	235		30	205
举办展览个数	个	1456	3	363	1090
组织公益性讲座次数	次	296	9	287	
线上群众文化活动次数	次	6535	285	6250	
线上群众文化活动参加人次	万人次	5551	2260	3291	
公用房屋建筑面积	万平方米	98.2	0.2	16	82

依托“歌唱北京”“舞动北京”“戏聚北京”“艺韵北京”“影像北京”“阅读北京”六大板块，开展首都市民系列文化活动 2.3 万场。围绕重点节庆日举办文化活动 6000 余项。建设 16 个冬奥文化广场和 91 个冬奥示范设施建设，开展“相约北京”奥林匹克文化节等冬奥冬残奥城市文化活动 2.31 万场，6067 万人次参与。设立 49 个城市文化志愿服务站点，招募 4485 名文化志愿者，出色完成城市志愿服务工作。

（四）非遗传承持续进行

出台《北京市曲艺传承发展实施计划》，公布首批《北京市传统工艺振兴目录》。完成10位国家级代表性传承人记录工作。出版《北京中轴线文化游典》《长城就在屋檐下：长城非遗游》两部图书。70个非遗代表性项目入选第五批国家级和市级非遗代表性项目名录。组织实施2021年度中国非遗传承人群研培计划，举办首期北京市街道乡镇非遗保护管理工作人员培训班。开展“和顺致祥迎新春 非遗伴您过大年”系列线上活动、“2021年北京非遗购物节”。

（五）非公文化企业市场规模扩大

非公有制类型的文化企业市场化程度不断提高。其中，经营性互联网文化单位所占比重最高，市场集中度也相对较高，营业收入4171.4亿元，增长37.8%（见表5）。北京微播视界科技有限公司、北京快手科技有限公司、北京百度网讯科技有限公司等互联网企业拉动作用明显。

表5　2021年非公有制文化类企业主要经营指标

年报类型	单位数（个）	从业人员（人）		营业收入（亿元）		利润总额（亿元）	
		2021年	增长（%）	2021年	增长（%）	2021年	增长（%）
娱乐场所经营单位	472	5016	-5.8	7.8	66.6	-0.3	-41.7
互联网上网服务	297	1227	-28.8	0.8	-0.8	-0.5	-46.8
文艺表演团体	475	11988	26.8	6.2	104.5	0.0	-99.3
演出场所经营单位	50	1513	13.5	6.7	-35.6	-0.1	-92.1
经营性互联网文化单位	1492	60751	-4.9	4171.4	37.8	522.0	-32.9
艺术品经营单位	178	1707	199.0	14.0	202.2	-5.2	-1429.5
演出经纪机构	135	6259	-43.6	1611.7	76.3	200.2	-30.2

四、文物事业再上台阶

（一）考古和大遗址保护工作展现新成就

基本建设工程考古成果显著，全市完成基本建设考古调查项目402项；考古勘探项目254项，勘探面积1859万平方米；考古发掘项目120项，发掘面积11.6万平方米。与2020年相比，主要指标基本保持稳定，其中勘探面积增长了14.8%，考古发掘项目增长了14.3%，发掘面积增长了20.8%。无论是完成项目数量还是面积，在全国均位于前列。

高度重视大遗址保护，加快琉璃河国家考古遗址公园建设，全力推进琉璃河遗址考古发掘与课题研究，琉璃河考古取得新成果。开展石窟寺专项调查，全面掌握北京地区32处石窟寺、33处摩崖造像情况，梳理评估安全状况，落实保护主体责任。北京老城考古工作取得突出进展，金中都城墙遗址首次发现外城护城河等城墙体系，正阳桥遗址考古发掘出土明代镇水兽，为研究北京建都史提供了史料实证。

（二）“博物馆之城”建设呈现新气象

截至 2021 年底，北京市行政区域内注册登记备案博物馆 204 家，与 2020 年相比增加 7 家。按行政隶属关系划分，央属 65 家，市属 47 家，区属 47 家，非国有 45 家。

2021 年，国家文物局与北京市人民政府签订《共建北京“博物馆之城”战略合作协议》，建立部市合作机制，博物馆之城建设迈入更高平台。稳步开展《北京博物馆之城建设发展规划》调研论证、文件编制等工作，为博物馆之城建设提供政策支撑；高标准筹备承办“5·18 国际博物馆日”中国主会场和国际博物馆协会藏品保护大会；“万年永宝——中国馆藏文物保护成果展”揭幕；“博物馆 5G 新生活”、“中国国宝大会”节目以及“金话筒走进博物馆，带你一起读中国”等活动启动；青年论坛、主题论坛和博物馆之夜等配套活动精彩纷呈，新增阅读量达 35.8 亿，平台直播观看量超过 668 万人次。注重加大博物馆文化服务供给，组织北京地区博物馆围绕中华优秀传统文化策划举办展览及文化活动，2021 年共举办传统节日文化活动 507 项，其中临时展览 336 项，文化活动 171 项（含线上各类展览、活动 112 项），博物馆延时开放服务逾 250 余次。加强京津冀博物馆文化资源共建共享，签署京津冀协同发展战略合作协议 4 项。

（三）推动文物市场发展和文博创意产品开发

紧抓北京“两区”建设重大机遇，加强顶层设计，统筹市场资源，服务监管并重，推动文物艺术品市场和文物拍卖企业健康发展。高水平承办 2021 中国（北京）国际服务贸易交易会文旅服务专题文博文创展区展会，北京地区 22 家全国文创开发试点博物馆集体参展，文创产品竞相呈现，受到社会广泛好评。持续推进北京文博衍生品创新孵化中心建设，为文博单位免费登记 504 份数字版权证书。在全国范围内首次发布文物艺术品交易综合指数，有效助力北京文物艺术品交易中心建设。

文物拍卖行业市场开始逐步回暖。2021 年，北京举办文物艺术品拍卖会共 2183 场，上拍文物件数 22.5 万件（套），增长逾 1 倍；成交总额达 217.8 亿元人民币，增长 22%（见表 6）。

表 6　2018—2021 年北京市文物拍卖标的及成交额情况

年份	拍卖场次（场）	拍卖标的（万件）	拍卖成交额（亿元）
2018	561	10.94	113.73
2019	815	17.69	177.02
2020	1248	11.05	178.60
2021	2183	22.52	217.83

五、旅游市场和主要行业发展情况

（一）外省来京游客消费对旅游收入贡献最大

2021 年北京接待外省来京游客人数 1.29 亿人次，较上年增长 32.6%，恢复至 2019 年的 66.9%；旅游收入 3657.7 亿元，较上年增长 45.5%，恢复至 2019 年的 68.9%；外省来京游客消费占旅游总收入的 87.8%，人均消费 2839.6 元，增长 9.7%，较 2019 年增长 3.1%。

从客源构成来看，近程周边市场即来自河北和天津两省市的游客占 31.4%；中程（环河北）市场包括山东、山西、河南、辽宁和内蒙古，该五省区贡献了 30.5% 的客源；远程市场占总体的 38.1%，来自广东、黑龙江、江苏、上海和四川的客源占比相对较多，依次为 4.0%、3.9%、3.3%、3.2% 和 3.0%。

从外省来京游客的消费构成来看，购物占比最高，达 24.5%；餐饮、长途交通和住宿占比接近，依次为 18.7%、17.9% 和 17.3%；景区游览占 10.8%；文化娱乐占 6.7%（见图 2）。

图 2　2021 年国内外省来京游客消费构成情况

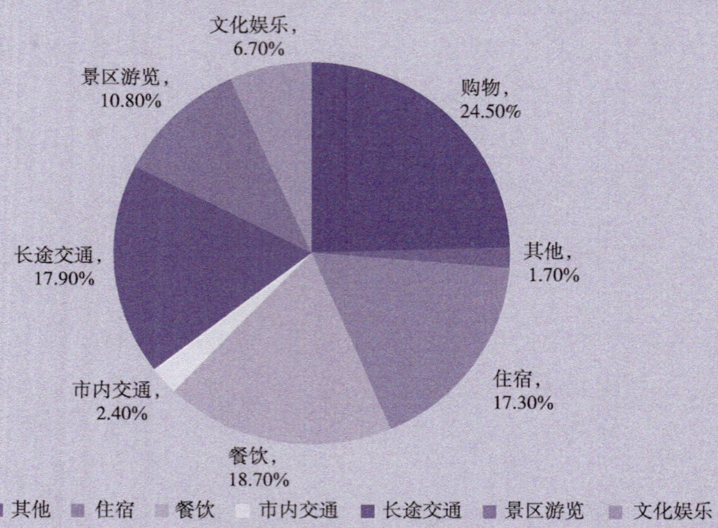

（二）市民在京游市场恢复情况较佳

2021 年北京接待市民在京游人数 1.26 亿人次，较上年增长 45.9%，较 2019 年增长 0.3%；旅游收入 480.7 亿元，较上年增长 31.0%，恢复至 2019 年同期的 86.0%；人均消费 381.3 元 / 人次，较上年下降 10.2%，恢复至 2019 年的 85.7%。

从市民出游选择来看，市民郊区游比重从 2019 年的 53.6%、2020 年的 55.2% 上升到 2021 年的 66.8%，呈现“更周边、更户外、更乡村”的旅游新趋势。

从消费构成来看，餐饮和购物居前，分别占 29.7% 和 28.2%；景区游览和交通位列第三、四名、分别占 13.7% 和 13.2%；文化娱乐占比达 6.0%（见图 3）。

（三）入境游客较上年下降近三成

2021 年北京未开放入境团队旅游，接待入境游客 24.49 万人次（见表 7），较上年下降 28.2%，较 2019 年仍下降 93.5%；国际旅游收入 4.3 亿美元，较上年下降 10.4%，较 2019 年仍下降 91.7%；人均消费 1759.2 美元 / 人次，较上年增长 24.8%，较 2019 年增长 27.7%。

图 3　2021 年市民在京游消费构成情况

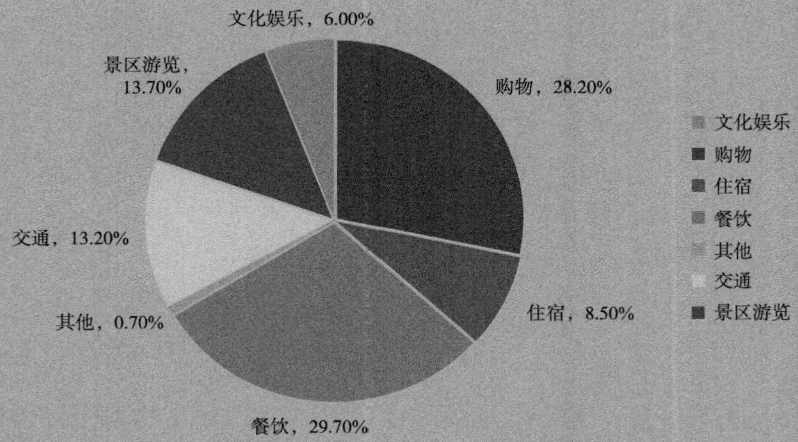

表 7　2021 年北京市入境游客情况

主要客源国 / 地区	2021 年（万人次）	增长（%）	主要客源国 / 地区	2021 年（万人次）	增长（%）
来京人数	24.49	-28.2	欧洲小计	5.20	-28.9
中国台湾	2.36	-6.6	英国	0.74	-31.0
中国澳门	0.31	-22.8	法国	0.46	-46.8
中国香港	4.38	-8.3	德国	1.19	-30.2
外国人	17.45	-33.9	意大利	0.39	-4.3
亚洲小计	6.25	-33.7	瑞士	0.16	-28.8
日本	1.47	-23.7	瑞典	0.22	4.3
韩国	2.27	-9.4	俄罗斯	0.72	-20.9
蒙古	0.01	-92.8	西班牙	0.12	-60.4
印度尼西亚	0.04	-86.4	欧洲其他	1.19	-26.0
马来西亚	0.34	-36.1	美洲小计	4.41	-42.3
菲律宾	0.09	-42.9	美国	3.41	-40.9
新加坡	0.64	-29.9	加拿大	0.99	-18.9
泰国	0.33	-33.6	美洲其他	0.01	-98.6
印度	0.18	-57.7	大洋洲小计	0.61	-44.0
越南	0.01	-72.7	澳大利亚	0.48	-46.8
缅甸	0.01	-84.4	新西兰	0.10	-33.8
朝鲜	0.04	-9.1	大洋洲其他	0.03	-17.2
巴基斯坦	0.12	28.8	非洲小计	0.57	0.7
亚洲其他	0.69	-60.1	其他小计	0.42	12.6

（四）北京假日文旅市场恢复情况较好

春节、清明、五一、端午、十一假期均使旅游接待人数和旅游收入得以有效恢复。其中，春节假期，北京市接待旅游总人数为663.2万人次，同比增长352.5%；旅游总收入为42.5亿元，同比增长293.0%；人均花费640.7元/人次，同比下降13.1%。五一假期，按可比口径计算（5天比5天），北京市接待外省来京旅游人数恢复至2019年的90.8%，旅游收入恢复至2019年的83.6%，人均花费恢复至2019年的92.2%。十一假期接待旅游总人数恢复至2019年同期的93.5%，旅游总收入恢复至2019年同期的96.8%。

（五）旅行社面临的形势最为严峻

截至2021年底，北京市共有旅行社3156家，对其中的1239家重点企业调查显示，旅行社资产总计为426.6亿元，同比增长14.9%，比2019年下降15.5%。实现营业收入226.5亿元，增长23.3%，恢复到2019年的22.8%。亏损14.7亿元，亏损幅度较2020年减少11.5亿元，但比2019年扩大14亿元。从业人员1.7万人次，呈持续减少态势，比2020年减少22.5%，仅恢复到2019年的43.1%。

新冠肺炎疫情暴发以来，出入境团队旅游方面，北京市于2020年1月暂停此项业务至2021年底。跨省团队游业务方面，2021年期间，上半年正常运营，下半年从8月6日开始暂停此项业务，同年9月10日短暂恢复后，10月22日再次暂停至年底。

由于出入境旅游和跨省旅游占到旅行社收入的80%以上，业务开展严重受阻，还未现复苏迹象，是受疫情影响最严重的行业之一。旅行社面临的减薪裁员压力与日俱增，剔除排名第一位的假日阳光环球旅行社（阳光租车）因转型而产生的拉动作用，2021年旅行社收入仅增8%。

（六）住宿业先扬后抑，缓慢恢复

2021年，北京市1163家重点住宿业单位资产合计1341.1亿元，同比减少2.7%，比2019年下降14.3%；实现营业收入323.9亿元，增长32%，恢复到2019年的74.3%；利润亏损64.6亿元，延续2020年的亏损态势，且降幅扩大了9.2个亿，2019年的利润为21.5亿元，2021年与2019年相比亏损86.2亿元；从业人员10.2万人，减少4.8%。

住宿业属重资产运营的劳务密集型产业，固定成本比重高，人工、税费支出较大，与外省市进京游客量高度相关。2021年，上半年酒店业绩恢复明显，但进入8月以后，酒店的经营情况急转直下，当月增速一度低于2020年同期，累计增速持续下降（见图4）。

2021年，住宿业接待住宿者266.9万人次，增长14.9%，恢复到2019年的60.4%；平均客房出租率为47.8%，下降11.8个百分点，与2019年相比下降22个百分点；房价大幅下降，以五星级酒店为例，2021年平均房价为761元/间夜，比2020年的850元/间夜下降10.5%，比2019年的910元/间夜下降16.3%。近年来，非星级住宿业在市场占有率有提高趋势，收入占到49%左右，接待量占到59%左右。

图 4　2021 年各月住宿业经营收入增长情况

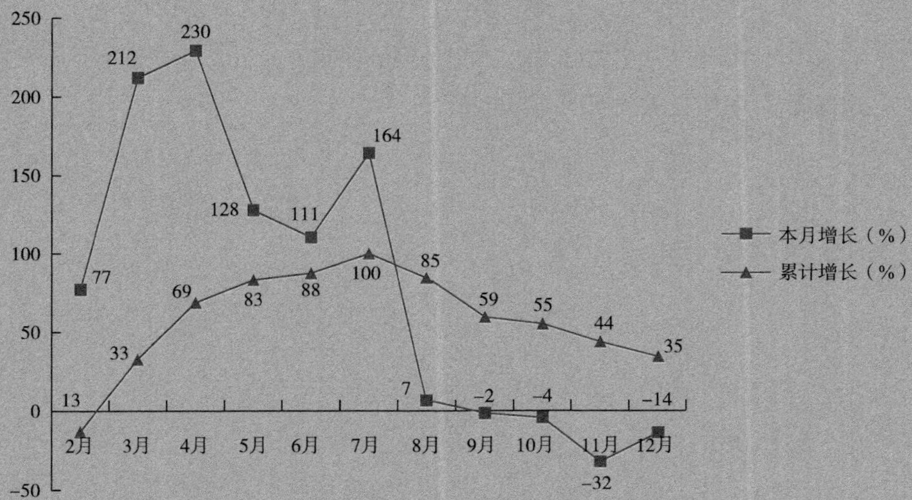

（七）市民出游热情高，带动景区恢复情况良好

2021 年，北京市共有等级景区 222 家，其中 5A 级景区 9 家。受疫情影响，北京市景区等旅游文化娱乐场所仍执行 75% 限流，部分时期收紧，按 60% 限流执行。疫情给跨省市旅游带来障碍，市民在京旅游成为替代选项。2021 年，北京市重点监测的 260 家景区（以下数据不包括环球影城）共接待游客 2.16 亿人次，同比增长 34%，恢复到 2019 年的 68%；实现营业收入 160.2 亿元，同比增长 15.1%；从业人员 7.3 万人次，同比增长 11.7%。

建党百年极大地推动了红色旅游的升温，各地推出的红色旅游文化活动亮点纷呈。怀柔区将景区游与红色游相结合，推出了五类 10 条红色之旅“一日游”精品线路；密云区推出了东线“古北祭先烈、长城抗战游”、西线“石城忆先贤、红色云蒙游”和东南线“北庄追忆革命道路、乡村民俗游”三条红色文化之旅线路；顺义区联动区内焦庄户地道战遗址纪念馆等红色旅游文化教育基地积极打造“红色文化怀旧”“抗战遗址之旅”线路；海淀区“开往新中国的列车”文化主题活动以西郊线列车为载体，集三山五园革命文物、全民阅读、红色旅游和优美山水资源为一体，成为西郊线上一张闪亮的名片。

冬奥赛事的成功举办开启了冬奥主题游热潮，新首钢、延庆冬奥赛会场馆等均成为游客打卡热点。首钢园的 2021 中国科幻大会展示文化科技融合魅力，激发科幻市场旅游消费潜力，成为文旅消费新地标。北京冰球公开赛也成功打响，众多的赛事和参与人群让北京的“冰球名片”也开始闪亮。

（八）乡村旅游火爆

体验乡村美景、享受文旅盛宴，已是市民游客假期文旅活动的重要选项。2021 年观光园接待游客 1154.5 万人次，增长 33.1%；实现收入 18.4 亿元，增长 19.4%。民俗民宿等经营主体接待游客

1365.7 万人次，增长 35.2%；实现收入 14.3 亿元，增长 48.4%.

怀柔区在大力提质升级的同时，依托科学城、影都和雁栖湖会所推出系列精品旅游线路。延庆作为“2020 年度中国乡村旅游发展名区（县）”，承办第二届北京国际花园节、草莓音乐节，推出“夜游长城”“野鸭湖生态游”等活动。民宿市场呈现量价齐升的局面。以赏花为目的地的平谷、怀柔、顺义、门头沟、延庆等地区京郊民宿预订量增长明显。

（北京市文化和旅游局　北京市文物局）

北京：文化和旅游工作取得卓著成效

2021年，北京市文旅系统全面贯彻党的十九大和十九届历次全会精神，各项工作取得卓著成效。庆祝建党100周年服务保障坚实有力，建党百年主题文旅活动丰富多彩。圆满完成北京冬奥会、冬残奥会服务保障工作。市属13家文艺院团及国家大剧院共推出新创大型剧目30台，复排大型剧目40台。举办我国规模最大、水平最高的京剧艺术盛会——第九届中国京剧艺术节。积极开展北京市公共文化服务体系示范区建设，石景山区获得第四批国家公共文化服务体系示范区荣誉称号，门头沟区、西城区荣获示范项目。依托“歌唱北京”“舞动北京”“戏聚北京”“艺韵北京”“影像北京”“阅读北京”六大板块，开展首都市民系列文化活动2.3万场。完成北京市第五次全国文化馆评估定级相关工作，13家文化馆获评国家一级馆。北京市“天坛神乐署中和韶乐”等18个非遗代表性项目入选第五批国家级非遗代表性项目名录。“两区”建设扎实推进，在通州文化旅游区允许外商投资文艺表演团体（需由中方控股），率先在全市域开展旅行社设立许可告知承诺办理，优化艺术品进出口审批，实现准予进出口批准文件一证多批使用。制定实施国际消费中心城市建设文旅消费潜力释放组配套方案，举办2021北京消费季六月文化旅游节。成功举办2021年服贸会文旅板块旅游服务专题展、世界休闲大会、第24届北京国际音乐节等活动。举办2021世界旅游城市联合会北京香山旅游峰会暨2021世界旅游合作与发展大会。高标准推进《中轴线申遗保护三年行动计划》，编制《中轴线申遗专项工作组2021年度折子工程》，48项任务扎实有序推进，申遗文本顺利通过世界遗产中心资格预审。大运河文化带建设按期推进，举办2021北京（国际）运河文化节。启动全市革命文物资源底数和保护状况专项调查，正式发布北京市第一批革命文物名录和第一批革命纪念馆。推动国家文物局与北京市人民政府签订《共建北京“博物馆之城”战略合作协议》，博物馆之城建设迈入更高平台。

天津市2021年文化和旅游发展情况分析

2021年是中国共产党成立100周年，是实施“十四五”规划、开启全面建设社会主义现代化大都市新征程的开局之年。在市委、市政府的坚强领导下，全市文化和旅游（文物）系统坚持以习近平新时代中国特色社会主义思想为指导，深入学习贯彻党的十九大和十九届历次全会精神，以庆祝中国共产党成立100周年为主线，以推高质量发展为主题，深入开展党史学习教育，统筹疫情防控和行业发展，立足文化和旅游（文物）行业特点和工作实际，围绕建设文化强市和知名旅游目的地，努力推动文旅工作取得新成效，实现“十四五”良好开局，为庆祝建党百年营造了良好氛围。

一、文化和旅游单位机构、人员

2021年末，纳入统计范围的天津市各类文化文物和部分旅游单位2619个，比上年末减少90个，主要原因为2021年文化市场经营机构减少29个；旅行社减少61个；从业人员37993人，减少520人。其中，各级文化文物部门所属单位483个，比上年末减少38个；从业人员8214人，增加31人。

二、艺术创作演出

（一）天津市艺术表演团体和场馆基本情况

2021年末，天津市共有艺术表演团体112个，比上年末减少1个，从业人员3827人，增加123人。全年天津市艺术表演团体共演出1.00万场，比上年增长50.0%；国内观众233.53万人次，降低70.0%；演出收入11176.10万元，增长54.2%。2021年疫情缓解，院团演出基本恢复。

2021年末，天津市共有艺术表演场馆114个，比上年增加29个；观众座席数67367个，增加16828个；全年共举行艺术演出1.43万场次；艺术演出观众人次174.72万人次。

2021年末，天津市共有美术馆4个，比上年减少1个；从业人员47人，减少7人。全年共举办展览51次，降低15.0%；参观人次51.71万人次，降低24.2%。

（二）推动文艺事业蓬勃发展

创作推出了京剧《巾帼英杰》等一批精品剧目，京剧《楝树花》《珠帘秀》入选第九届中国京剧艺术节，舞蹈《希望的田野》入围第十三届全国舞蹈展演，儿童剧《奔跑吧少年》荣获第六届少数民族文艺会演“剧目创新奖”。策划“邂逅 · 天津”系列活动，在我市知名场所推出《爱乐之城》《费加罗婚礼》等多种形式的融合跨界艺术演出。天津京剧院、国家一级演员黄齐峰成为文旅融合后第一位梅花奖得主。

三、公共文化服务效能全面提升

（一）公共图书馆

2021 年，天津市立足高质量发展，持续推动公共服务均等化。

1. 加强基层文化设施建设，提升基层文化设施服务效能

一是开展第三批基层综合性文化服务中心达标验收工作，16 个区共计申报 1928 个村居综合性文化服务中心和 57 个街镇综合文化站，通过第三方实地验收，共有 36 个街镇、1890 个村居的综合性文化服务中心达标。二是深入推进文化馆、图书馆总分馆体系建设，在全市建成图书馆、文化馆街镇分馆各 200 多个，图书馆、文化馆基层服务点 2000 多个。

2. 落实文化和旅游部重点部署任务

开展天津市 2021—2023 年“中国民间文化艺术之乡”评审命名工作，全市各区踊跃参与，推荐 4 个街镇申报。落实“乡村村晚”活动要求，组织全市各涉农区举办“村晚”123 场，其中天津市西青区精武镇付村“村晚”被列为 2021 年全国“村晚”示范展示点，在国家公共文化云、央视频等媒体平台进行了集中展示。

2021 年末，天津市共有公共图书馆 20 个，比上年减少 7 个；从业人员 1 090 人，减少 73 人。天津市图书总藏量 2281.54 万册，增长 4.9%；阅览室座席数 21658 个，增长 1.0%；总流通人次 860.67 万人次，比上年增长 13.4%；书刊文献外借 741.28 万册次，增长 61.4%（见图 1）；书刊文献外借人次 212.14 万人次，增长 59.4%。全年共为读者举办各种活动 2606 次，比上年增长 51.8%；参加人次 110.94 万人次，增长 75.2%。从人均数据看，2021 年天津市平均每万人公共图书馆建筑面积 317.7 平方米，比上年末增加 3.9 平方米，全市人均图书藏量 1.66 册，比上年增加 0.09 册；全年全市人均购书费 4.54 元，增加 0.17 元。2021 年末，全市共 16 个区建成图书馆总分馆制。

图 1　2012—2021 年天津市公共图书馆总流通人次及书刊文献外借册次

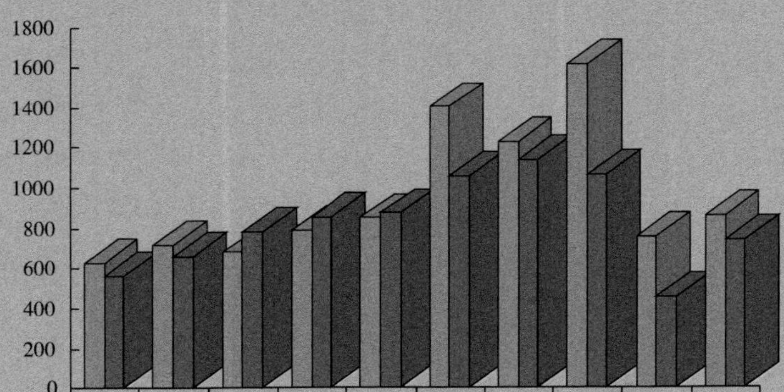

	2012	2013	2014	2015	2016	2017	2018	2019	2020	2021
总流通人次（万人次）	630	714	681	789	851	1403	1226	1621	759	861
书刊文献外借册次（万册次）	562	658	779	859	876	1057	1137	1067	459	741

（二）群众文化机构

围绕庆祝中国共产党成立100周年，组织开展天津市第六届市民文化艺术节。推出“建党百年庆华诞”“文化惠民添福祉”“乡村振兴展新颜”“文旅融合促发展”四大板块55项丰富多彩的群众文化活动，不断提升全市广大人民群众的获得感、幸福感。

2021年末，天津市共有群众文化机构272个，比上年末增加10个。其中乡镇综合文化站128个，比上年减少1个。年末天津群众文化机构从业人员1733人，比上年末增加135人。

2021年末，天津市群众文化机构实际使用房屋建筑面积60.34万平方米，比上年末增长21.7%；业务用房面积46.43万平方米，增长24.6%。年末平均每万人群众文化设施建筑面积439.48平方米，增长22.9%。

2021年末，天津市群众文化机构共组织开展各类文化活动31 887场次，比上年增长10.8%；服务人次433.30万，增长34.8%（见表1）。2021年末，全市共16个区建成文化馆总分馆制。

表1 2021年天津市群众文化机构开展活动情况

项目	总量		比上年增长（%）	
	活动次数（次）	服务人次（万人次）	活动次数	服务人次
各项活动总计	31887	433.30	10.8	34.8
其中：展览	1239	59.49	14.8	35.1
文艺活动	16055	286.34	17	42.7
公益性讲座	658	5.77	110.9	–35.5
训练班	13935	81.70	1.9	20.4

数据波动分析：2021年，天津市公共图书馆总流通人次指标、书刊文献外借册数、外借人次、全年共为读者举办各种活动、参加人次同比都有提高。文化馆（站）2021年服务人次、举办文化活动都有增加。2020年数据受疫情影响变化较大。疫情期间，按照规定和要求，全市公共文化场馆及时闭馆，对公共图书馆流通人次、文化馆（站）服务人次有一定影响。2021年疫情缓解，开闭馆、文化活动受影响比较小，同时天津市文化和旅游局以“永远心向党 起航新征程”为主题，紧紧围绕庆祝中国共产党成立100周年这条主线，指导全市各区文化场馆、文化广场、基层文化站，推出“建党百年庆华诞”“文化惠民添福祉”“乡村振兴展新颜”“文旅融合促发展”四大板块群众文化活动。活动涵盖全市16个区，坚持“热在基层、热在群众”，运用群众喜闻乐见的歌舞、曲艺、书画、展览、非遗、诵读、摄影等多种形式。受众群众从青少年到中老年，不断提升全市广大人民群众的获得感、幸福感。

（三）基础设施建设更加完善

制定出台《天津市文化和旅游局设施建设项目管理办法》，进一步规范局系统项目建设工作。完成平津战役纪念馆基本陈列改陈工程、周恩来邓颖超纪念馆提升改造工程，7月1日起重新对外开放。持续推进天津歌舞剧院、天津交响乐团迁址扩建项目建设。做好旅游厕所建设工作，在百度地图App标注全市A级景区旅游厕所，标注率在全国名列前茅。

四、文化市场管理

2021年，根据文化和旅游部统计工作相关规定，天津市文化市场统计主要涵盖了互联网上网服务营业场所、经营性互联网文化单位、演出经纪机构、非公有制艺术表演团体、非公有制艺术表演场馆、艺术品经营机构、娱乐场所等，共1722家。其中，互联网上网服务营业场所775家、经营性互联网文化单位137家、非公有制艺术表演团体99家、演出经纪机构192家、非公有制艺术表演场馆101家、艺术品经营机构34家、娱乐场所384家，总计比2020年增加14家；从业人员18515人，比2020年增加2018人；创造营业总收入316.56亿元，比2020年减少313.78亿元；实现营业利润约28.31亿元，比2020年减少7.71亿元。

（一）网络文化市场分析

1.上网服务场所数据分析

2021年天津市统计有775家取得《网络文化经营许可证》的场所，比2020年减少14家；从业人员1725人，比上年减少210人；共有41801台终端设备，比上年减少7721台；营业收入1.52亿元，比2020年增加0.21亿元。上网服务行业经营场所普遍属于密闭服务场所，经营受疫情影响较大，2021年行业整体规模出现萎缩，但随着疫情得到有效控制，存量单位的经营状况逐渐好转，营业收入实现小幅增长。从上述数据可以看出，在疫情影响下，天津市上网服务行业整体规模呈现小幅下滑趋势，需要持续加强转型升级力度，进一步优化行业结构，提升行业经济效益。

2.经营性互联网文化单位数据分析

2021年，天津市统计经营性互联网文化单位137家，比2020年增加42家；从业人员5784人；营业收入198.08亿元，比2020年减少305.12亿元；营业利润21.89亿元，比2020年增加1.37亿元。经营性互联网文化单位的营业收入、营业利润分别占全市文化市场营业收入、营业利润的62.57%、77.33%。从上述数据可以看出，虽然受到了疫情影响，经营性互联网文化单位的营业收入较上一年度大幅下降，但是营业利润却有小幅提升，这主要得益于税费的降低和企业自身不断提升的适应力，同时随着文化数字化、网络化的发展，网络文化对人民群众精神文化生活和社会生活的影响日益广泛深刻，经营性互联网文化单位的营业收入、营业利润仍占据了全市文化市场的较大比重。相较于2020年，过去一年得益于政策扶持和税费减免，行业整体经营情况向好，单位数量和营业利润都有所增加。但同时我们也应充分认识到营业收入大幅下滑释放出的信号，如何充分发挥自身优势，快速适应市场变化，完成产业结构转型升级成为摆在从业者面前的首要问题。

（二）演出、艺术品市场分析

2021年，天津共有99家非公有制艺术表演团体，比2020年增加2家，从业人员2179人，营业总收入0.92亿元，比2020年增加0.35亿元，举办演出0.79万场次，其中农村演出0.12万场次。非公有制艺术表演场馆101家，比2020年增加41家；从业人员2275人；观众人次245.34万；营业收入6.17亿元，比2020年增加3.59亿元。统计演出经纪机构192家，比2020年增加17家；从业人员2342人；演出项目23384个；营业利润12.20亿元，比2020年减少6.79亿元。尽管疫情对演出市场带来了冲击，但人民日益增长的美好生活需要仍然促进了演出市场寻求新的发展机遇，在危机中育新机，于变局中开新局。天津市认真落实《文化和旅游部关于深化“放管服”改革促进演出市场繁荣发展的通知》等规范性文件，进一步优化营商环境，满足人民群众多样化的精神文化需求。数据表明，过去一年天津市演出市场明显回暖，不同类型的演出机构数较上一年度均有所增加，表明从业者对于行业发展的信心较强。下一步从业者应更加关注市场环境变化，力求使演出内容更丰富、形式更新颖、手段更多样，在满足人民群众多样化的精神文化需求的同时挖掘新的利润增长点。

2021 年，天津市统计艺术品经营机构 34 家，比 2020 年增加 11 家；营业收入 6240.4 万元。其中，拍卖方面交易量为 9215 件，交易金额为 9839.9 万元。

（三）娱乐市场分析

2021 年，天津市统计 384 家娱乐场所，比 2020 年减少 85 家，其中歌舞娱乐场所 322 家、游艺娱乐场所 62 家；从业人员总数 4034 人；营业收入 3.94 亿元，比 2020 年增加 0.77 亿元。受疫情影响，2021 年全市娱乐市场经营主体数量有所减少，但随着疫情得到有效控制，企业的经营状况有所好转，正处于经营结构和模式调整过程中的文化娱乐行业充分展现出了自身的适应力，营业收入呈现小幅增长的趋势。如何在疫情防控常态化的新形势下实现利润的增长成为从业者面临的新考验。

五、2021 年天津市旅游情况

2021 年，天津市共接待国内游客 1.79 亿人次，比上年同期增加 0.37 亿人次，增长 26.7%，恢复到 2019 年的 73.0%；实现旅游接待收入 1968.81 亿元，比上年同期增加 637.38 亿元，增长 47.9%，恢复到 2019 年的 46.5%；人均消费 1100.24 元，比上年同期增加 157.60 元，增长 16.7%，恢复到 2019 年的 63.6%（见图 2）。

图 2　2021 年天津市国内旅游市场较历史同期变化情况

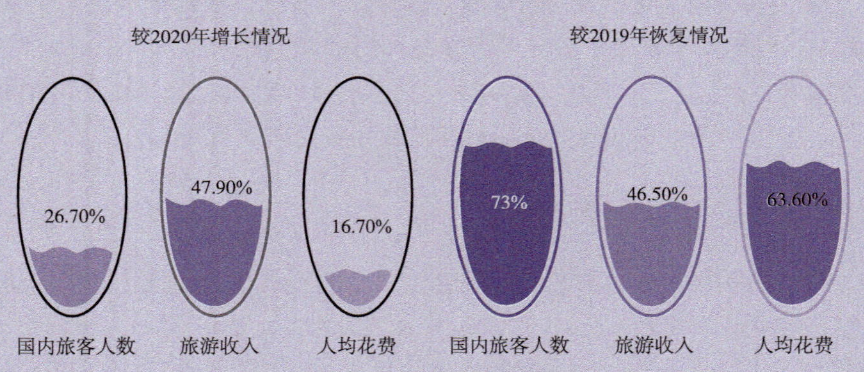

（一）天津国内旅游市场整体恢复良好

1. 天津本市游客对旅游市场拉动作用明显

2021 年，天津市共接待本市游客 11521.01 万人次，同比增长 21.6%，占旅游接待总人次的比重为 64.4%；实现旅游收入 946.98 亿元，同比增长 29.0%，占旅游接待总收入的比重为 48.1%。

在不同类型游客中，一日游游客占接待本市游客的比例最高，达到 89.1%；经营性住宿设施接待本市游客占比为 9.3%；家庭接待本市游客占比为 1.6%（见图 3）。

图 3　接待本市游客中不同类型占比

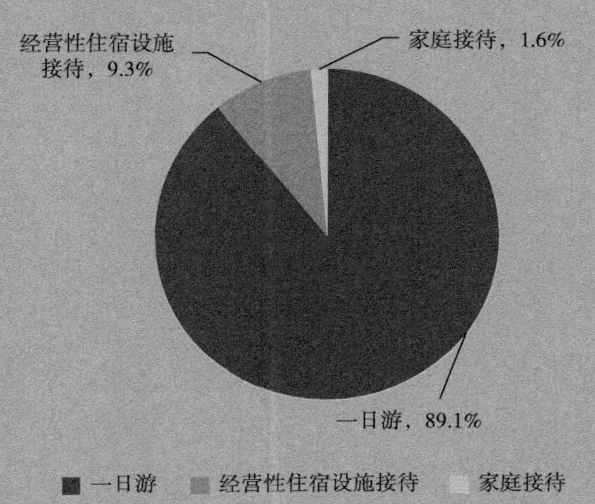

本市游客消费构成中，排名前三的分别是购物费（46.3%）、交通费（18.6%）和餐饮费（16.8%），其次是游览费（7.6%）、住宿费（4.2%）、娱乐费（3.2%）和休闲费（1.0%）（见图 4）。

2. 外埠游客较上年增长势头良好

2021 年，天津市共接待外埠游客 6373.33 万人次，同比增长 37.0%，占旅游接待总人次的比重为 35.6%；实现旅游收入 2021.82 亿元，同比增长 71.1%，占旅游接待总收入的比重为 51.9%。

不同客源地外埠游客中，河北和北京游客占比最高，分别为 37.5% 和 24.7%，京津冀一体化发展优势明显。本市外埠游客贡献度排在前十名的其他 8 省市分别是山东、山西、广东、黑龙江、辽宁、河南、内蒙古和上海（见图 5）。

外埠来津游客消费构成中，购物费占比最高，达到 35.8%；除此之外，交通费、餐饮费和住宿费占据了消费的重要部分，占比分别为 19.0%、18.3% 和 12.9%；其次是游览费（6.9%）、娱乐费（3.3%）和休闲费（0.9%）（见图 6）。

图 4　本市游客消费构成

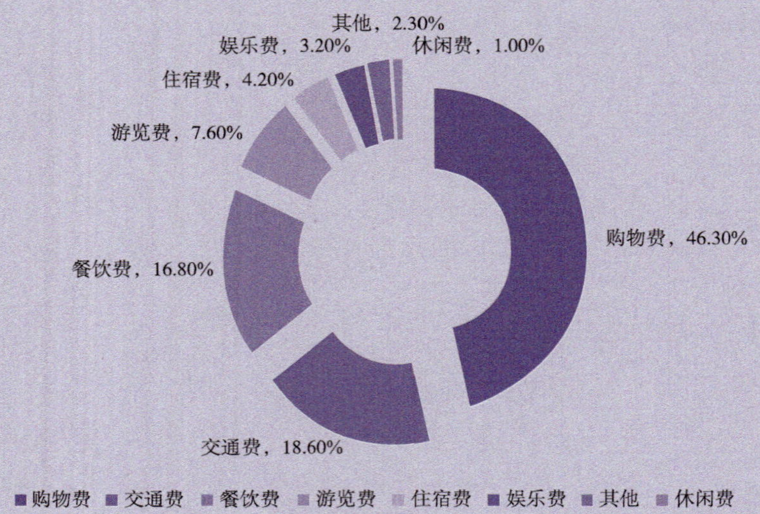

图 5　外埠游客客源地构成

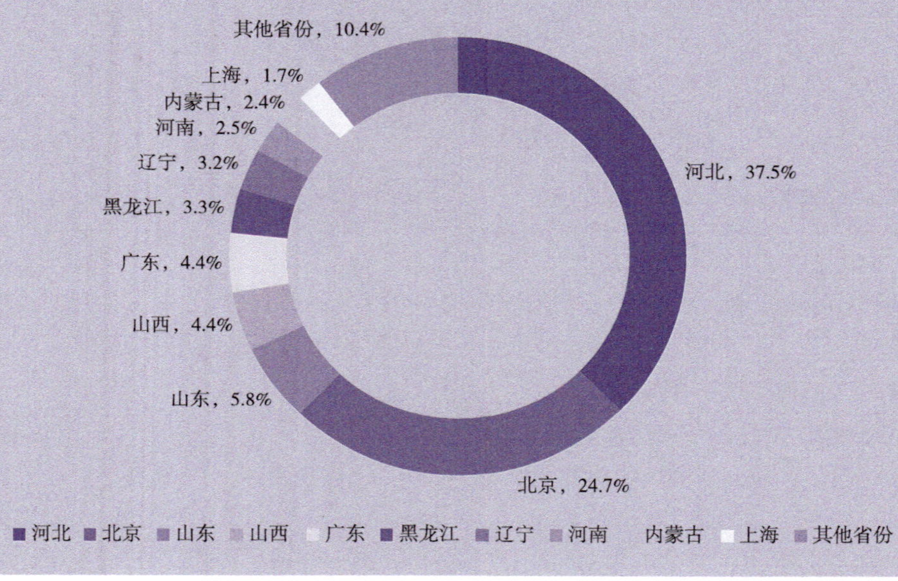

3. 居民出游意愿较强，出游数据稳步回升

2021 年，本市居民出游人数 1.51 亿人次，同比增长 30.5%；其中出游本市的游客 1.15 亿人次，同比增长 21.6%，占出游总人数的 76.1%。本市居民出游花费共计 946.98 亿元，同比增长 29.0%。

购物、餐饮和交通依然是居民出游的主要花费。2021 年本市居民出游花费中，购物费用占比最高，达到 30.7%；其次是交通费，占比为 22.0%；餐饮费占比为 21.1%（见图 7）。

图 6　外埠游客消费构成

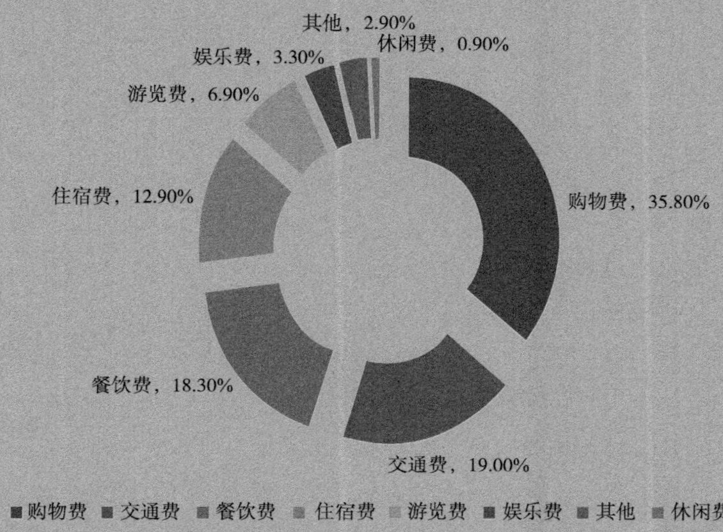

图 7　本市居民出游花费构成情况

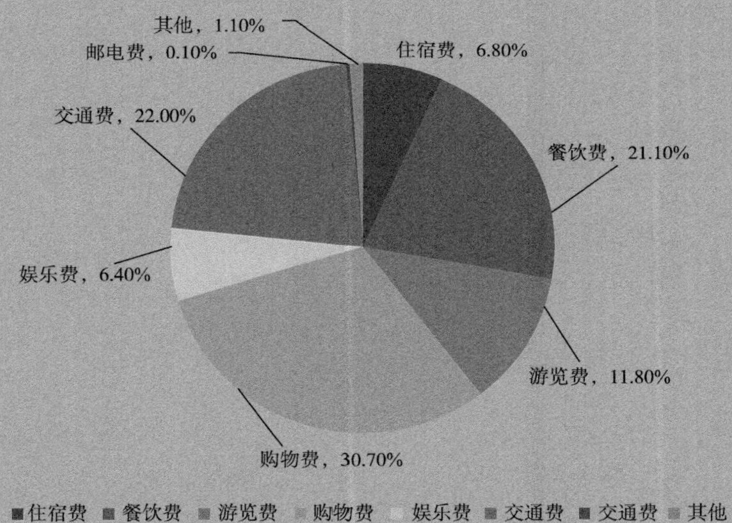

（二）天津市假日旅游市场恢复情况良好

元旦、清明、五一、端午和中秋小长假期间，天津市重点监测景区及场馆共计接待游客 1498.74 万人次，实现旅游收入 99.53 亿元（见表 2）。

表 2　2021 年天津市假日旅游接待情况

类别	假日	统计范围	接待人数（万人次）	旅游收入（亿元）
小长假	元旦	74 家旅游吸引物	172.90	11.60
	清明	87 家旅游吸引物	214.72	9.72
	五一	100 家旅游吸引物	642.21	47.84
	端午	103 家旅游吸引物	270.33	14.60
	中秋	101 家旅游吸引物	198.58	15.77
黄金周	春节	全市	373.43	16.32
	十一	全市	730.98	52.18

2021 年，春节黄金周全市累计接待游客 373.43 万人次，与 2019 年相比恢复 71.97%；实现旅游收入 16.32 亿元，与 2019 年相比恢复 65.47%。

2021 年十一黄金周全市累计接待游客 730.98 万人次，按可比口径与 2020 年同比下降 14.7%，与 2019 年相比恢复 70.0%；实现旅游收入 52.18 亿元，按可比口径与 2020 年同比增长 1.5%，与 2019 年相比恢复 81.7%。

（三）星级饭店规模和经营

截至 2021 年 12 月，纳入天津市旅游统计管理系统的星级酒店共 59 家。其中，五星级酒店 14 家，四星级酒店 25 家，三星级酒店 22 家，二星级酒店 2 家。星级饭店统计数据显示，全市 59 家星级酒店，拥有客房 1.14 万间，床位 1.66 万张，从业人数 6752 人，固定资产原值 56.27 亿元，实现营业收入总额 14.84 亿元，全年平均客房出租率为 38.19%。

六、国家级文化产业示范基地和动漫企业

（一）国家级文化产业示范基地

2021 年末，天津市正常经营的国家级示范基地共 6 家。全市国家级示范基地从业人员 1938 人。全市国家级文化产业示范基地资产总额 19.60 亿元，比 2020 年增加 0.23 亿元；营业收入 5.97 亿元，比 2020 年减少 0.29 亿元；利润总额 0.20 亿元，比 2020 年减少 1.56 亿元；纳税总额 0.34 亿元，比 2020 年减少了 0.05 亿元。天津市国家级示范基地共获得国家级奖项 2 个，知识产权数量 168 项。

天津市国家级文化产业示范基地特点分析：一是经营困难不断加剧。从数据看，2021 年，在新冠肺炎疫情的考验下，国家级示范基地营收总额下降，利润大幅下降，经营愈发困难。二是景区景点类示范基地受疫情影响巨大。旅游及人员往来受疫情防控的影响很大，造成景区景点游客断崖式下降，企业出现严重亏损。三是研发投入不断增加。各企业在经营极为困难的情况下，研发经费总额超过 2020 年，知识产权数量也超过 2020 年，研发投入持续增加。

（二）国家认定动漫企业情况

2021年末，如表3所示，天津市经过国家认定的动漫企业13家，其中重点动漫企业2家；共有从业人员333人；资产总额5.62亿元，较2020年减少0.19亿元；营业总收入2.32亿元，较2020年增加1.09亿元，增长89%；利润总额-0.05亿元，较2020年减少亏损0.18亿元；年生产原创漫画167部，作品数量较2020年增加85部，增幅超过100%；原创动画作品25部，相比2020年作品数量减少34部；拥有自主知识产权数量683个；网络动漫（含手机动漫）下载次数达到33646.50亿次，出现爆发式的增长；动漫舞台剧演出10场。与2020年相比，无论营业收入还是利润总额，都出现了回暖，利润亏损的情况大幅度收窄，下载次数再创新高。一方面说明企业盈利能力和盈利水平仍不足；另一方面说明动漫、动画在疫情条件下所受影响较低，动漫企业经营状况正在改善。

表3　2017—2021年天津市动漫企业情况对比

年份	数量（个）	从业人数（人）	资产总额（亿元）	营业总收入（万元）	利润总额（万元）	原创漫画（部）	原创动画（部）	网络动漫下载次数（万）
2017	11	315	3.79	128902.20	-1730.50	202	36	367767
2018	13	373	4.08	11014.30	-2677.20	111	21	526928
2019	12	311	4.84	7713.20	-3368.30	105	21	4915700
2020	13	317	5.81	12295.80	-2286.90	82	59	1489780
2021	13	333	5.62	23242.50	-460.90	167	25	336465000

（三）天津市动漫产业发展的主要特点

从数据中可以看到，2021年，全市动漫产业盈利能力和盈利水平正在提升。各动漫认定企业克服疫情影响，作品数量不断增加，营收和利润出现增加，盈利能力和盈利水平正在改善提升。互联网已成为动漫产业的主阵地和主渠道。2021年网络下载数量实现爆发式增长、几何式增加，凸显出互联网的载体功能和巨大潜力，也是企业营收和利润的主要来源。

七、文化遗产保护传承焕发新活力

2021年，天津市列入“全国文化文物统计报表制度”范围并上报文物统计年报表的文物业机构114个，与上年相比减少1个。其中文物保护管理机构7个，占6.1%；博物馆69个，占60.5%。年末天津市文物机构从业人员1923人，比上年末增加118人。另外，天津市还有其他文物机构20个，从业人员196人。

年末天津市文物机构拥有藏品1106233件，比上年末增加534件，增长0.1%。全年天津市文物机构共举办基本陈列214个，临时展览217个，接待观众1130.30万人次，比上年增长116.9%（见图8）。其中未成年人212.48万人次，增长200.6%，占参观总人数的18.8%。

图 8　2012—2021 年天津市文物机构藏品及参观情况

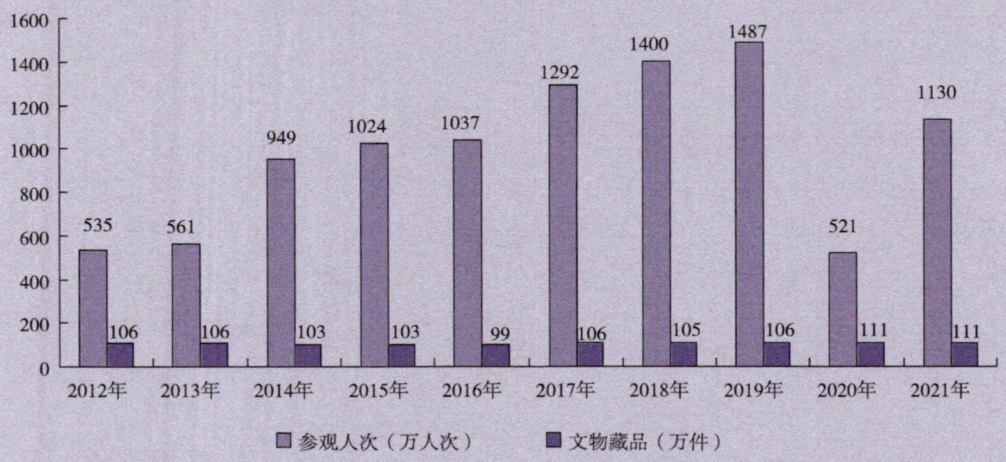

（一）博物馆事业取得新进展

1. 天津市文博场馆热度稳步回升

2021 年，天津市共有博物馆 69 个，从业人员 1567 人；拍卖企业 18 个，从业人员 133 人。2021 年博物馆藏品数为 762720 件，占总量的 68.9%；全年博物馆共接待观众 1130.28 万人次，比上年增长 116.8%，占文物机构接待观众接近 100%。其中未成年人参观人次 212.47 万人次，增长 200.6%，占参观总人数的 18.8%。2021 年，天津全市博物馆参观人次较 2020 年有大幅度提升，主要由于天津市疫情得到有效控制，全市博物馆全年大部分时间处于开放状态。

2. 展览活动内容精彩纷呈

2021 年，天津市博物馆共展出基本陈列 214 个，开设临时展览 216 个。在中央宣传部、国家文物局向社会公开推介的庆祝中国共产党成立 100 周年的 109 项精品展览中，天津博物馆“红色记忆——天津革命文物展”“周恩来邓颖超纪念馆基本陈列”“平津战役基本陈列”三项展览入选。此外还组织开展了“革命文物 · 红色传承”百项展览展示活动，共推出 102 项社教活动。

3. 社会文物管理扎实推进

配合天津海关完成文物进出境审核 3 次；完成民间文物鉴定共 865 件；完成涉案文物鉴定 49 件。完成文物拍卖标的鉴定工作 31 次，共鉴定各类标的 17167 件，其中书画 4966 件、陶瓷 2335 件、玉器 785 件、杂项 2404 件、古籍善本 6677 件；共撤拍 66 件文物标的。

（二）文物保护工作成绩斐然

截至 2020 年末，天津市文物保护管理机构共计 7 个，比上年减少 1 个；从业人员 105 人，比上年增加 55 人。全国重点文物保护单位 34 处，省级文物保护单位 220 处，市县级文物保护单位 144 处。本辖区普查登记的不可移动文物 2082 处。

2021年，扎实做好世界文化遗产大运河、长城相关保护工作，编制《天津市大运河文化遗产保护传承专项规划》，实施北洋大学堂、广东会馆等一批文物保护工程，推动千像寺遗址保护和天津文庙、西站、天尊阁等修缮工作，不可移动文物保护状况进一步改善。积极推进运河沿线考古，溯源运河历史。发掘杨柳青大运河文化公园文化小镇遗址区，清理墓葬及遗迹现象148处，包括明清墓葬57座、圆形遗迹90处及水井1处。完成天津卫故城鼓楼西遗址考古工作，该遗址文化堆积分9层，堆积厚度达3米。共清理包括建筑基础、房址等在内的各类遗迹80余处。对研究天津卫故城的城内布局、历史沿革、清代建筑技术等方面有重要意义。2021年，天津市文化和旅游局公布了《第一批天津市革命文物名录》，包括可移动革命文物7154件（套）、不可移动革命文物56处。西青、蓟州、宝坻三个区列入全国革命文物保护利用片区分县名单。会同相关部门积极推进红色资源保护立法工作。创新文物保护利用机制，在加强保护修缮基础上，支持文物保护单位开展招商引企与活化利用项目。组织开展了第一届天津市文物保护利用优秀案例推介活动。

（三）非遗保护传承成果喜人

2021年末，全市共有非物质文化遗产保护机构30个，从业人员342人。全年共举办展览303次，参观人数46.20万人；举办演出715场次，观众人次8.43万人；共举办民俗活动47次，参与人次1.40万人。

2021年，国务院公布的第五批国家级非遗代表性项目名录中，天津市共有14个项目列入，为历年入选数量最多的一批，目前，天津市国家级非遗代表性项目已经达到49项。2021年，启动了第五批市级非遗代表性项目的申报工作，共推荐上来153个项目，经过专家评审及专家委员会审议，提出第五批市级非遗代表性项目推荐名单107项。做好传承人管理工作，积极支持市级以上非遗代表性传承人开展传习活动，继续开展非遗传承人群研培计划，做好国家级非遗代表性传承人评估工作，开展传承人业务培训。“文化和自然遗产日”期间，天津市文化和旅游局与西青区人民政府在杨柳青镇联合主办了天津非遗主场活动。按照文化和旅游部的统一部署，举办“2021年天津非遗购物节”活动。组织本市非遗代表性项目参加第三届大运河文化旅游博览会、“新疆是个好地方”对口援疆19省市非遗文化遗产展等非遗活动，展示天津非遗的风采，推动与各地的文化交流。推进“曲艺书场”建设，2021年确定了四家天津市“非遗曲艺书场”。

2021年末，天津市已公布4批250个市级非遗代表性项目，其中国家级非遗代表性项目49个；已认定4批282名市级非遗代表性传承人，其中国家级非遗代表性传承人42名。

八、讲好天津故事，传播天津声音

圆满完成2021“欢乐春节”系列活动，与斐济中国文化中心共同策划了2021年“欢乐春节·寻味天津”主题活动，携手中国驻韩国首尔和泰国曼谷旅游办事处推出“天天乐道·津津有味”主题宣传活动等。

九、资金投入情况

2021年，天津市文化和旅游事业费13.51亿元，比上年增加0.18亿元，增长1.4%；天津市人均文化和旅游事业费 98.40 元，比上年增加 2.29 元，增长 2.4%（见图 9）。近年来，天津市人均文化和旅游事业费在全国一直名列前茅（全国人均文化和旅游事业费 80.20 元）。天津市文物事业费 4.98 亿元，比上年增加 0.89 亿元，增长 21.8%。

图 9　2012—2021 年天津市人均文化和旅游事业费及增速情况

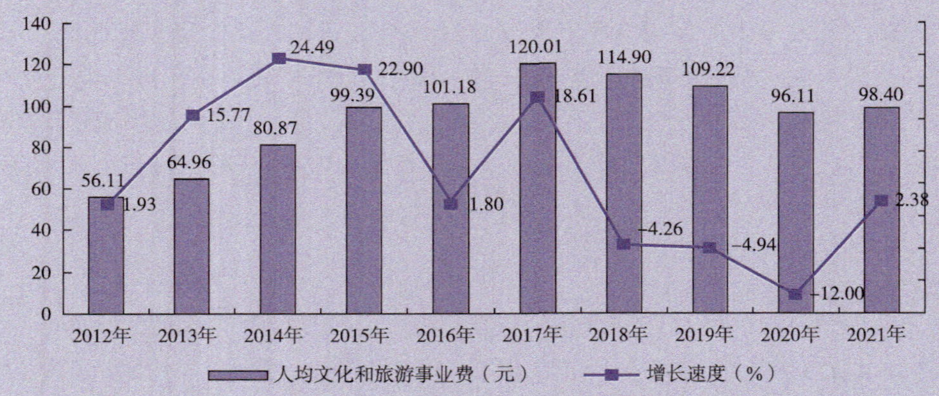

注：2018 年以前不含旅游事业费。

（天津市文化和旅游局）

天津："邂逅·天津"创意城市艺术计划

为不断增强天津文化软实力，建设文化强市，进一步激发津城文艺市场内在活力，天津市文化和旅游局紧紧围绕中央"十四五"规划建议中"繁荣发展文化事业和文化产业，提高国家文化软实力"的重大部署，以及市委关于全市2035年"城市文明程度达到新高度，文化软实力显著增强"的远景目标，创新推出了"邂逅·天津"创意城市艺术计划。

"邂逅·天津"创意艺术城市发展计划是立足天津城市风貌，融合各大公共服务场馆和网红街区元素，以演艺、美术、建筑、文学、影视、新媒体等多种城市艺术形式的跨界、对话、混搭为多样态的创新文旅品牌，最终形成颇具天津地域特色的当代新艺术城市表达，塑造天津创意国际之都的文化形象，进一步提升和扩大影响力，让天津这座城市焕发出更加迷人的光彩和魅力。

自2020年12月以来，李叔同故居纪念馆、天津万象城、天津博物馆等天津的文化地标，先后举办了《芳草碧连天》"寻找李叔同故居里的歌声"音乐课、"万象城里的《波列罗》"、《杨柳青青画中人》沉浸式场域艺术体验以及中意发展创意中心"艺术创意的未来与发展"主题沙龙等艺术活动，每场活动都以城市为舞台，带给天津市民一场场充满惊喜的文化邂逅，受到了广泛关注和好评。

2021年，艺术处紧紧围绕"推动五大道文化旅游区高质量发展""建设国际消费中心城市"等战略部署，线上线下共打造"邂逅·天津"的品牌系列活动22个，涉及沉浸式歌剧、沉浸式戏曲、非遗展示、舞蹈与建筑的融合等多种跨界艺术展示。

其中，《爱乐之城》沉浸式艺术体验在利顺德大饭店成功上演，表演中融入了牛仔舞、滑稽表演、打击乐演奏等多种艺术表达形式，配合声光电，在利顺德大饭店内的维多利亚花园还原百老汇音乐剧场景；沉浸式昆曲《游园·惊梦》在格调初晴园林亮相，大美昆曲遇上北方秋韵，在曲径通幽、诗情画境中，《游园·惊梦》的故事唯美上演；以环保为主题的"白色派对"在五大道某餐厅草坪举行，活动把阿卡贝拉、魔术、打击乐等多元的艺术表达囊括其中，让城市里的邂逅变得更加有趣，让每一个参与者都成为派对的主角，活动现场还有创意手工市集等小众而又充满文艺范儿的手工艺或非遗展示，吸引观众驻足；阳台歌剧《费加罗的婚礼》，在五大道文化旅游区内某餐吧上演，小洋楼化身歌剧舞台，来自天津歌舞剧院的演员们为现场观众、游客带来了一场沉浸式的歌剧艺术体验，西方经典舞台艺术的感染力与小洋楼的建筑风格相映成趣，让高雅艺术更加贴近群众生活，演出还把幽默诙谐的天津方言融入剧中经典片段，令现场观众眼前一亮；此外通过线上还策划推出了《非遗匠人之津派面塑》《人间烟火》《城市印象》《邂逅工艺之美 和悦会非遗展示》《中式插花艺术》《曾氏津派盘扣技艺》等丰富多彩的艺术体验短视频，让全社会都感受到天津无处不在的人文气息、无处不在的文化传统和无处不在的城市风格。

"邂逅·天津"系列活动受到众多媒体的广泛关注，津云、人民网、今日头条、新浪天津、网易天津等20余家媒体通过图文和视频进行了报道，同时还通过抖音、微信视频号进行推广，各媒体阅读量累计达到千万次，视频点击量累计超百万次。

为推进"邂逅·天津"的海外媒体的宣传推广，打造天津国际文化旅游品牌，天津市文化和旅游局与天津市网信办合作，利用海外各平台先后推送"邂逅·天津"视频达9期，累计播放量近10万次，万余人参与互动。可以说"邂逅·天津"不仅为艺术家实现创意和价值提供了平台，更会让津门未来呈现出无限活力。

河北省 2021 年文化和旅游发展情况分析

2021 年，河北全省文化和旅游系统坚持以习近平新时代中国特色社会主义思想为指导，全面贯彻落实党中央、国务院和省委、省政府决策部署，统筹推进疫情防控和行业恢复振兴，圆满出色完成“一带一路”· 长城国际民间文化艺术节、第六届省旅发大会等重大活动，服务京津冀协同发展、雄安新区规划建设、冬奥会筹办、长城大运河国家文化公园建设等国家战略、国家大事并取得新成效，全省文旅行业稳中有进、稳中向好，实现“十四五”良好开局。

一、机构和人员

2021 年末，纳入统计范围的全省各类文化和旅游单位共 1.03 万个，比上年末减少 1423 个，下降 12.1%；共有从业人员 17.87 万人，比上年末减少 8960 人，下降 4.8%（见表 1）。

表 1　2020 年和 2021 年全省文旅系统机构数量和从业人员情况

	机构数（个）			从业人员数（人）		
	2020 年	2021 年	同比（%）	2020 年	2021 年	同比（%）
总计	11761	10338	-12.1	187687	178727	-4.8
一、文化和旅游合计	11260	9815	-12.8	179155	170035	-5.1
艺术表演团体	770	874	13.5	18963	16368	-13.7
艺术表演场馆	100	128	28.0	1546	1943	25.7
公共图书馆	176	177	0.6	2020	2149	6.4
文化馆	180	180	0.0	2219	2207	-0.5
文化站	2278	2280	0.1	5107	5336	4.5
美术馆	24	28	16.7	201	200	-0.5
文化市场经营机构（不包括非公有制院团和场馆）	5055	3439	-32.0	18467	14017	-24.1
旅行社	1531	1552	1.4	8970	5541	-38.2
星级饭店	370	358	-3.2	64911	65023	0.2
A 级旅游景区	458	486	6.1	48381	44586	-7.8
旅游度假区	6	10	66.7	8160	11147	36.6
二、文物合计	501	523	4.4	8532	8692	1.9
博物馆	148	172	16.2	4219	4469	5.9
文物保护管理机构	156	155	-0.6	3564	3493	-2.0

二、艺术创作演出

2021年，全省文旅系统围绕庆祝建党百年、小康社会等重大主题，创排《党的女儿》《台城星火》《相期吾少年》《青松岭的好日子》《雁翎队》《歌唱祖国》等一大批重点舞台剧目。为庆祝建党百年，举办“百年风华 红色旋律”庆祝中国共产党成立100周年百部优秀剧目展演，3.4万人次观看线下演出；开展各类群众性文艺作品展览、展示、展演和“唱支山歌给党听”群众大合唱等活动3000余场；开展“‘英雄河北 · 红色基因’庆祝建党100周年全国美术作品展”采风写生、创作和专题展览。为全面做好冬奥筹办重点工作，精心组织创排《雪如意》等冬奥艺术作品22部，举办冬奥主题优秀舞台剧目展演、美术作品展等活动。

2021年末，全省共有艺术表演团体874个，其中公有制艺术表演团体118个，占比13.5%。涵盖了七大类剧种，其中数量最多的是地方戏曲类，共471个；其次是综合性艺术表演团体和歌舞、音乐类，分别有175个、117个（见图1）。

图1 2021年河北省艺术表演团体按剧种分类情况

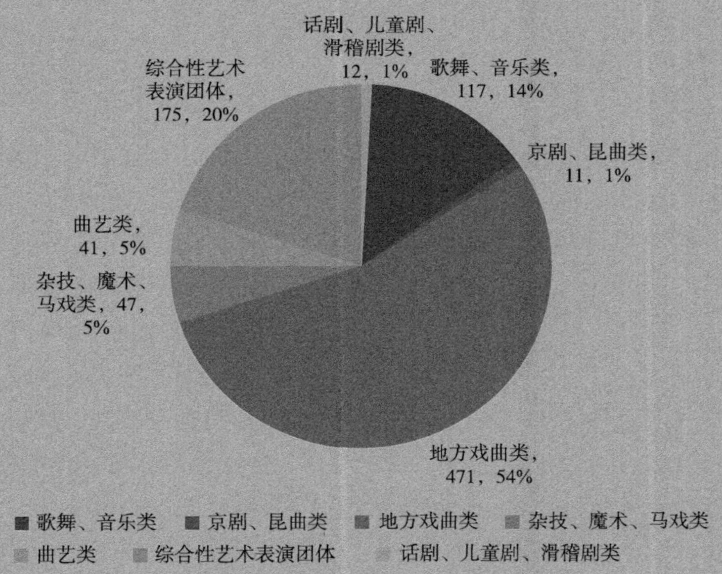

全年艺术表演团体共演出4.26万场次，国内演出观众人次1923.37万，分别比上年下降46.9%、42.4%；分别恢复到2019年的46.0%、28.1%（见图2）。其中，农村演出2.42万场次，比上年下降30.1%，占总演出场次的56.8%，占比比上年提高13.7个百分点。

2021年末，全省共有艺术表演场馆128个，其中公有制艺术表演场馆67个，占比52.3%；共有观众座席数6.05万个，比上年增加了1.09万个，增长22.0%。全年演（映）出4.27万场次、观众人次190.33万，分别比上年增长52.0%、112.1%，分别恢复到2019年的56.5%、70.7%；其中，艺术演出0.32万场次、惠民演出0.12万场次，分别比上年下降64.8%、20.0%。

2021年末，全省共有美术馆28个，全年共举办展览190个，比上年增长82.7%；参观人次38.97万，增长103.0%。

图 2　2011—2021 年河北省艺术表演团体演出情况

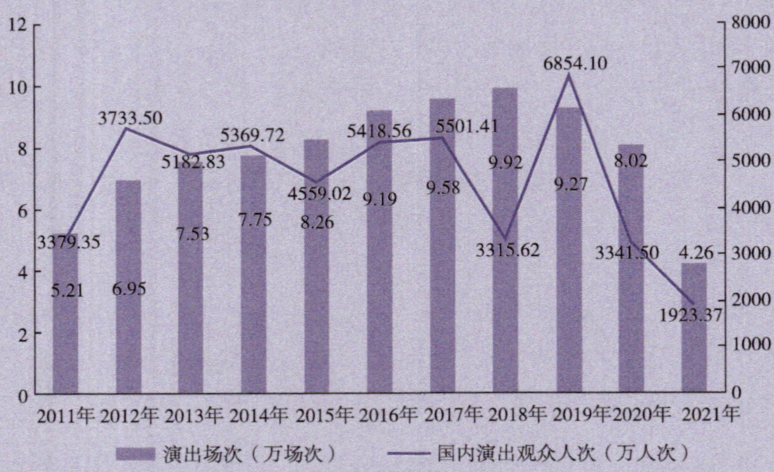

三、公共服务

2021 年，全省文化和旅游公共服务水平不断提升。完成第五次全国文化馆评估定级，全省获评一级馆 79 个，上等级馆比例高达 94.4%。唐山市成功创建国家公共文化服务体系示范区，承德县、涉县成功创建国家示范项目。井陉县等 9 个县、乡获评“中国民间文化艺术之乡”。面向城乡居民发放文化惠民卡 20 余种 32 万余张、文化惠民券 339 万余张，4000 余家文旅企业、社会组织积极参与。组织开展文化惠民演出 1.5 万余场，惠及群众超过千万人次。研究制定《河北省“十四五”公共数字文化服务体系建设实施方案》，科学统筹中央补助资金 1756 万元，支持建设省市县公共文化云、智慧图书馆等公共数字文化示范项目 31 个。全省共建设旅游公路及风景道、绿道近 1100 千米，设置旅游交通标识牌 400 余块、建成示范性旅游厕所 260 座；打造了一批旅游功能服务区、休闲驿站、集散中心、自驾车与旅居车营地，旅游公共服务设施日臻完善。

（一）公共图书馆

2021 年末，河北省共有公共图书馆 177 个，比上年增加 1 个；阅览室座席数 5.68 万个，比上年增长 17.1%；计算机 8112 台，其中供读者使用的电子阅览室终端数 5708 台，比上年增长 2.8%；每万人拥有公共图书馆面积 97.04 平方米，比上年增长 19.3%；人均拥有公共图书馆藏书 0.53 册，比上年增长 15.2%；全年人均购书费 0.71 元，比上年增长 16.4%。

全年公共图书馆实际持证读者 228.19 万个，比上年增长 18.3%；总流通人次 2157.22 万，比上年增长 151.6%，恢复到 2019 年的 84.2%；书刊文献外借 935.96 万人次，外借册次 1865.69 万，分别比上年增长 137.3%、109.1%（见图 3）；全年共为读者举办讲座、展览、培训班等各种活动 9616 次，参加人次 366.51 万，分别比上年增长 137.4%、221.4%。

图 3　2011—2021 年全省公共图书馆总流通人次及书刊外借册次

全省各地公共图书馆人均资源拥有量发展不均衡，11 个地级市中，每万人拥有公共图书馆面积指标，张家口市居全省最高，为 137.60 平方米，其次是唐山市和衡水市，分别为 125.02 平方米和 121.31 平方米，最低的是保定市，为 61.82 平方米，全省最高值是最低值的 2.23 倍；人均拥有公共图书馆藏书指标，唐山市居全省最高，为 1.26 册，其次是廊坊市和秦皇岛市，分别为 0.72 册和 0.65 册，最低的是邯郸市，为 0.29 册，全省最高值是最低值的 4.34 倍。

（二）群众文化机构

2021 年末，全省共有群众文化机构 2460 个，其中文化馆 180 个，文化站 2280 个，比上年增加 2 个；每万人拥有群众文化设施面积 211.40 平方米，比上年增长 10.0%；全年人均群众文化业务活动专项经费 2.01 元，比上年增长 17.5%。

2021 年全年全省文化馆（站）共组织开展文艺活动、训练班、展览、公益性讲座等 13.94 万场次，服务惠及人次 4250.36 万，分别比上年增长 116.6%、173.5%，分别比 2019 年增长 60.9%、82.6%（见图 4）。

2021 年末，由文化馆（站）指导的馆办文艺团体 459 个，比上年增加 65 个；馆办老年大学 34 个，比上年增加 1 个；群众业余文艺团队 2.94 万个，比上年增加 2969 个。

四、市场管理和综合执法

2021 年，河北省文化和旅游厅落实落细各项疫情防控措施，按照京津冀联防联控要求，根据疫情形势变化，及时采取关停、限流等防控措施。为推动旅行社行业经营全面恢复和快速发展，启动保险替代现金交纳质保金试点，支持旅行社积极应对经营困难，优化旅行社经营环境。

图 4　近两年河北省文化馆（站）组织各类活动服务人次

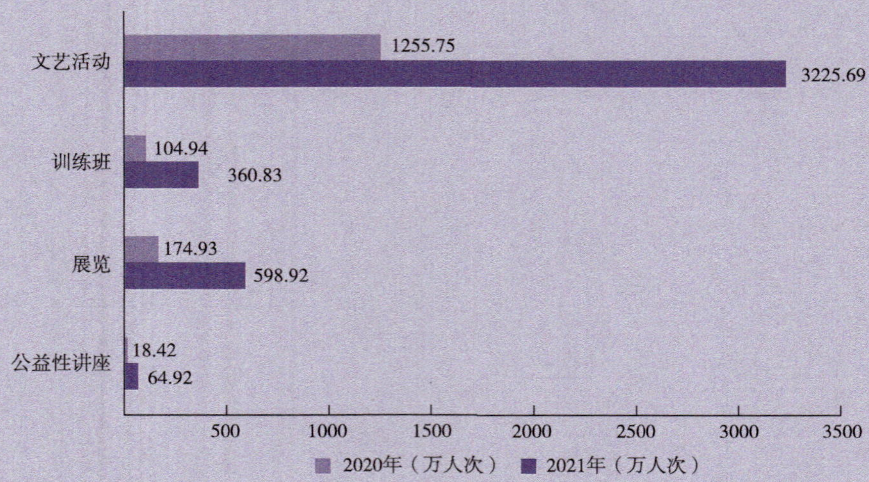

2021 年末，全省共有文化市场经营机构 4256 个，比上年减少 1478 个，下降 25.8%；共有从业人员 2.69 万人，比上年减少 6683 人，下降 19.9%；全年营业收入 16.20 亿元，比上年增长 3.37 亿元，增幅 26.3%，恢复到 2019 年的 68.1%（见表 2）。

表 2　2021 年全省文化市场经营机构情况

	机构数（个）	同比（%）	从业人员（人）	同比（%）	营业收入（千元）	同比（%）
总计	4256	-25.8	26902	-19.9	1619951	26.3
非公有制艺术表演团体	756	16.5	12059	-17.4	167396	2.5
非公有制艺术表演场馆	61	103.3	826	59.8	117576	279.4
演出经纪机构	56	1.8	334	0.30	162608	47.4
娱乐场所	1490	-10.0	8237	-18.7	808412	42.4
经营性互联网文化单位	15	-21.1	66	-55.7	13220	-39.3
互联网上网服务营业场所（网吧）	1830	-44.6	5242	-29.7	337757	-8.1
艺术品经营机构	48	92.0	138	-65.8	12982	-38.4

2021 年末，全省共有星级饭店 358 个，从业人员 6.50 万人，全年营业收入 41.04 亿元，比上年下降 1.6%，恢复到 2019 年的 74.5%。共有旅行社 1552 个，从业人员 5541 人，全年营业收入 10.10 亿元，比上年增长 34.3%，恢复到 2019 年的 29.6%。

2021 年，河北省文化和旅游厅在全国文化和旅游行业率先推出《河北省文化和旅游行业信用分级分类管理办法》，积极开展全国文旅市场信用经济发展试点申报工作。推进“农村文化市场监管平台”升级改造，加强游戏游艺设备电子标识管理，将散落在电影院、商场、超市等分布式经营游戏游艺设备全部纳入监管视线。大力开展红色景区“四化”排查整治、文娱领域综合治理，扎实推进常态化扫黑除恶斗争。全省共出动文化市场执法检查 13.89 万人次，有力维护了全省文旅市场秩序。做好安全生产排查整治，共排查文旅企事业单位 7158 家，排查隐患近万处，全部按时完成整改。加强投诉举报处理，共受理旅游投诉 471 起，办结率 100%。

五、资源开发和利用

2021 年，河北省文化和旅游厅在全国率先出台《长城国家文化公园建设河北段规划》，全国首创印发实施《河北省长城风景道建设指南》，印发实施《河北省大运河文化遗产保护传承规划》《河北省大运河文化和旅游融合发展规划》。举办“大美燕赵 · 冀忆乡情”推广发布活动，发布 50 个乡村旅游特色村落，激发乡村旅游市场活力。7 个村、3 个镇入选国家级乡村旅游重点村镇，18 人入选国家乡村文化和旅游能人。张家口市德胜村入选 2021 世界旅游联盟乡村振兴案例。超千家景区和公共文化场馆接入河北省文旅分时预约平台，完成与“河北健康码”互通，确保全省进入景区游客信息实时可查可溯。

2021 年末，全省共有 A 级旅游景区 486 家，比上年增加 28 家；全年营业收入 80.62 亿元，比上年下降 20.2%，恢复到 2019 年的 24.3%；接待游客 8339.17 万人次，比上年增长 3.2%，恢复到 2019 年的 38.2%。共有旅游度假区 10 个，比上年增加 4 个；全年旅游总收入 52.69 亿元，比上年下降 7.3%，恢复到 2019 年的 85.4%；接待游客 898.95 万人次，比上年增长 22.5%，恢复到 2019 年的 61.1%。

2021 年，全省共接待游客 4.28 亿人次，实现旅游收入 4424.42 亿元，按可比口径同比分别增长 12.6% 和 20.3%，分别恢复到 2019 年的 54.7%、47.5%（见图 5）。游客人均花费 1032.30 元，与 2020 年基本持平，未出现大幅下降。从客源构成上看，京津冀三地游客占全省游客总量的 77.2%；从游客类型上看，全省接待一日游游客 2.36 亿人次，同比增长 20.8%，占总接待人数的 55.2%。从地域分布上看，全省中南部石家庄、保定、邯郸、邢台等地区旅游接待人数体量最大，四市接待游客总量超 2 亿人次，占全省接待总量的 51.5%；北部张承地区旅游发展恢复速度最快，两地旅游接待人数平均增长达到 51.9%，超全省平均增速。

图 5　2016—2021 年全省旅游接待总体情况

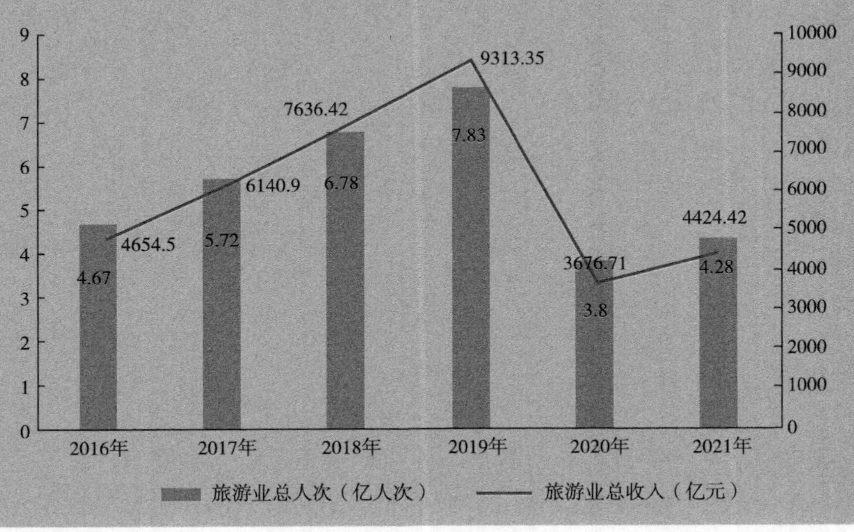

六、产业发展与科技教育

2021 年，河北省文化和旅游厅深入开展助企纾困工作，组织开展“2021 年河北省共助文旅线上分享会”，培训文旅从业人员 5000 多人次，助力文旅企业练好“内功”；协调金融行业搭建文旅融资平台，制定印发《关于金融支持河北乡村旅游的通知》，全力支持疫后乡村旅游受损恢复和产业振兴。完善重点项目推进机制，对全省 130 个文化和旅游产业重点项目实施包联，推动项目顺利进行。积极推进“文创进景区”，全省 130 家 4A 级以上景区完成了文创购物店的设施改造和质量提升。保定市成功入选第二批国家文化和旅游消费试点城市。6 个项目入选首批国家级夜间文化和旅游消费集聚区，评定省级文化旅游休闲购物街区 7 家、旅游特色商品购物店 12 家，认定 15 家单位为省级旅游休闲街区。

2021 年，3 家园区被评为第三批省级文化产业示范园区创建单位，13 家企业被评为第七批省级文化产业示范基地。截至 2021 年底，全省共有国家级文化产业示范园区 1 家，国家级文化产业示范园区创建单位 1 家，国家级文化产业示范基地 12 家，省级文化产业示范园区 34 家，省级文化产业示范园区创建单位 5 家，省级文化产业示范基地 167 个。经文化和旅游部、财政部、国家税务总局三部委认定的动漫企业共有 16 家。

根据河北省统计局数据，2021 年末，全省共有规模以上文化及相关产业企业 1324 家，比上年增加 41 家；全年营业收入 968.29 亿元，比上年增长 21.0%，与 2019 年基本持平。

2021 年，全省文化和旅游管理服务智慧化水平显著提升。印发《2021 年全省文化和旅游数据整合提升专项行动实施方案》，持续推进“文化和旅游云”升级改造，全年共整合 17 个国家级平台、13 个省级平台、31 个市级系统网站、12 个新媒体平台，共接入 7 大类、近 100 小类、34.75 亿条数据，实现对全省 359 家 3A 级以上景区视频监控全覆盖。“一部手机游河北”（乐游冀）平台正式上线运行，为游客提供旅游全过程服务，全年平台注册用户 40 万，平均日访问游客达 10 万以上。河北省文旅分时预约平台入选“河北省参加第四届数字中国建设成果展览优秀展品名单”，截至 2021 年底，全省已有 588 家景区、564 家公共文化场馆接入该平台，总预约量达到 1882.49 万人次。承德避暑山庄及周围寺庙景区、秦皇岛山海关景区等 11 家景区成为我省首批智慧景区示范点创建单位。

2021 年，河北省文化和旅游厅发布实施《内陆水域游船码头安全运营规范》《文物保护项目施工现场管理规范》《木结构古建筑勘察规范》等 3 项省地方标准。4 个项目获得省市场监督管理局批准立项河北省地方标准。山海关第一关旅游发展有限公司等 15 家企业通过验收获评第一批省级旅游标准化示范单位。全省 4 个项目获得国家社科基金艺术学项目立项，立项数量实现历史性突破；2 个项目入选文化和旅游研究院所青年科研人才扶持计划名单。河北艺术职业学院 4 门课程入选全国文化艺术职业院校课程思政展示活动，1 门被评为优秀课程，在全国艺术职业院校中位居榜首。

七、文化遗产保护利用

2021 年，全省文物保护与考古工作不断加强。完成全省革命文物普查，公布全省第一批革命文物名录，102 个县区列入革命文物重点片区。积极推进石窟寺和长城、大运河文物保护工作。加快实施正定古城、清代皇家建筑等重点文物保护维修工程。启动建立“十四五”文物利用项目库。崇礼太子城考古遗址公园建成运行，邓槽沟梁遗址列入“考古中国”五大考古成果，阳原泥河湾遗址群等6项考古发现入选中国“百年百大考古发现”，居全国第三位。

2021年末，全省共有各类文物机构523个，比上年增加22个，其中文物科研机构9个，文物保护管理机构155个，博物馆172个，文物行政部门181个，其他文物机构6个。全省文物机构共有藏品59.91万件/套，比上年增加了2.09万件/套，增长3.6%。其中，一级品1488件/套，二级品1.37万件/套，三级品4.68万件/套，合计占藏品总量的10.3%；博物馆拥有藏品43.09万件/套，占藏品总量的71.9%。全省共有全国重点文物保护单位291处，居全国第三位，省级以上文物保护单位963处，居全国第五位。2021年河北省文物机构藏品分布情况如图6所示。

图6　2021年河北省文物机构藏品分布情况

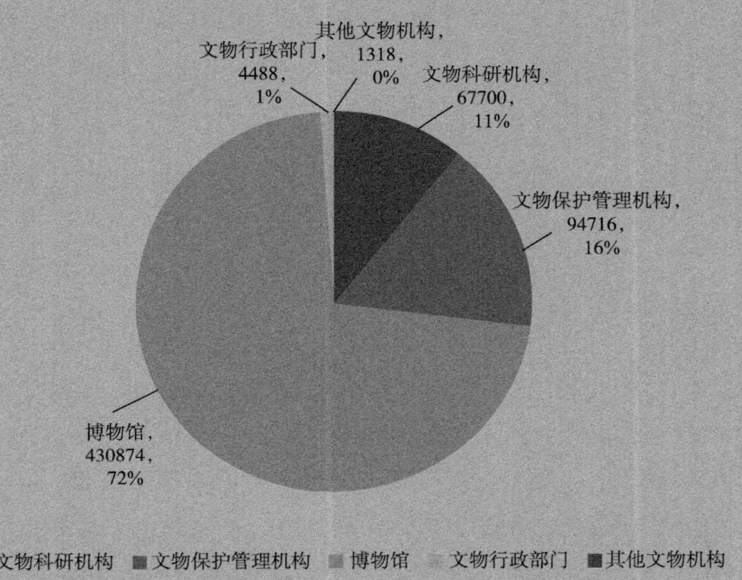

2021年，各类文物机构共举办基本陈列451个，临时展览487个；共接待观众2208.68万人次，比上年增长70.9%，恢复到2019年的49.5%；其中未成年人548.47万人次，比上年增长44.3%（见图7）。博物馆接待观众1727.65万人次，比上年增长92.5%，占文物机构接待观众总数的78.2%。

2021年末，全省共有不可移动革命文物1800余处（含参照革命文物管理的遗存遗迹），其中，全国重点文保单位15处、省市县三级文保单位580处。共有可移动革命文物2.61万件/套，其中，珍贵文物1.02万件/套（一级文物182件/套、二级文物364件/套、三级文物9619件/套）、一般文物8077件/套、未定级7887件/套。

2021年，全省非遗保护传承水平持续提升。建立长城沿线非遗保护传承弘扬协同机制。在河北博物院设立“乐享河北·非遗会客厅”——河北省非物质文化遗产保护成果展。成功举办2021河北“非遗购物节”、第二届“长城脚下话非遗”等活动。设立10个非遗助力乡村振兴省级试点，建立527家非遗工坊。14个非遗项目入选第五批国家级非遗代表性项目名录，完成第六批省级非遗代表性传承人评审认定，共174人。截至2021年底，全省共有国家级非物质文化遗产代表性项目163项，居全国第五位；国家级非物质文化遗产代表性传承人 149 人；省级非物质文化遗产代表性项目 990 项，省级非物质文化遗产代表性传承人 1047 人。

图 7　2011—2021 年河北省文物机构参观人次及未成年人参观人次

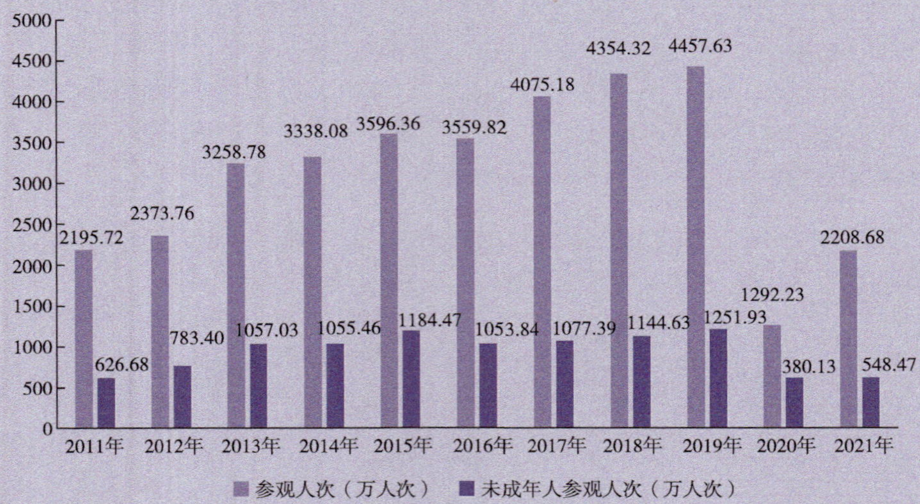

八、宣传推广与对外交流

2021 年，河北省文化和旅游厅承办首届“一带一路”· 长城国际民间文化艺术节。习近平总书记致贺信，中外嘉宾 1500 人在线上线下参会，各项活动线上直播和视频点播达 1.4 亿余次，相关报道和作品总阅读量突破 7 亿次，6 万多人次游客在线下参加长城主题活动。创新举办第十八届中国吴桥国际杂技艺术节。国内外共 35 个参赛节目组成 3 台网络杂技晚会进行线上比赛，包括开闭幕式在内的 6 台线上线下演出活动全部通过线上播出，开幕式直播观看量达 4000 多万人次。开展“欢乐春节 · 美丽河北”河北经典艺术和优质旅游资源海外线上系列推广活动，对香港青年开展“冀艺香江”河北非遗传习活动，开通脸书、推特境外社交媒体官方账号，通过线上推广交流活动，持续提升河北文旅海外影响力和吸引力。

2021 年，河北省文化和旅游厅举办 2021 全国旅行商大会和长城国家文化公园宣传推广活动等“河北邀约”系列主题宣传活动，推出乐享河北 500 条精品旅游线路。河北旅游主题 MV、长城宣传微电影等实现全网广泛传播，厅新媒体综合传播力持续名列全国文旅前茅，厅微博账号入选“全国走好网上群众路线”百个成绩突出账号。“万里长城 雄冠河北”主题宣传获评全国国内旅游宣传推广典型案例。“京畿福地 乐享河北”旅游品牌推广系列活动入选中国旅游产业影响力营销案例。3 部公益广告入选首届全国旅游公益广告优秀作品，数量居全国各省第一。

九、资金投入

2021 年，河北省文化和旅游厅全面加强财政资金和国有资产管理。开展专项资金的绩效评价，提高资金使用绩效。进行厅系统政府采购工作专项检查，进一步规范省直文旅系统招投标和政府采购行为。

2021 年，河北省文化和旅游厅共争取中央文化类专项资金 2.15 亿元，其中，争取中央文化惠民项目资金 1.55 亿元，占全国总额的 4.6%。省级文化类专项资金共 2.13 亿元。中央补助全省文物类专项资金 3.97 亿元。省级文物类专项资金共计 1.34 亿元。省级旅游发展专项资金 3.2 亿元。

2021 年，全省文化和旅游事业费 36.01 亿元，比上年增长 1.8%；人均文化和旅游事业费 48.35 元，比上年增长 1.9%（见图 8）。县以上文化和旅游事业费 17.25 亿元，占比 47.9%；县级及以下文化和旅游事业费 18.76 亿元，占比 52.1%。

图 8　2011—2021 年河北省人均文化和旅游事业费及增速情况

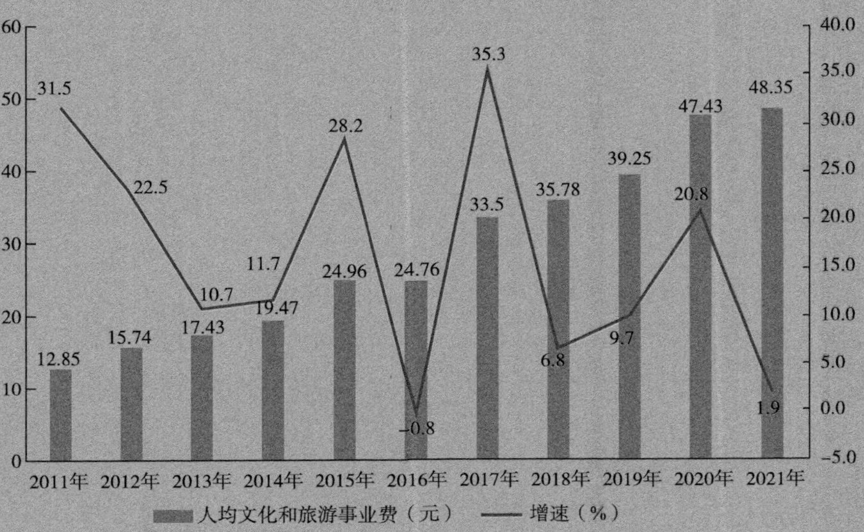

（河北省文化和旅游厅）

河北：全力推进冬奥住宿服务保障工作

河北省文化和旅游厅高度重视冬奥筹办工作，深入学习贯彻习近平总书记关于冬奥筹办工作的系列重要指示精神，全面贯彻落实党中央、国务院关于冬奥筹办工作的系列决策部署，全面落实“四个办奥”理念和“简约、安全、精彩”办赛要求，圆满完成冬奥住宿保障筹办任务、赛时保障任务，扎实推进冬残奥转换和保障工作，以一流的硬件设施、优质的住宿服务赢得了国际奥委会和奥组委的高度赞誉。

一是举全省之力推进张家口赛区结对帮扶工作。根据张家口赛区实际，精准掌握帮扶需求，统筹10个设区市结对帮扶张家口赛区22家签约饭店和国宾山庄。科学系统部署帮扶工作，以省运行保障指挥部综合办公室和省住宿餐饮保障分指挥部名义印发《北京2022年冬奥会和冬残奥会张家口赛区签约饭店和国宾山庄赛时帮扶工作方案》。922名帮扶人员到岗工作，占到张家口赛区签约饭店服务人员的五分之一，为做好住宿服务保障工作起到了重要作用。

二是借助冬奥住宿保障平台加大河北文化和旅游宣传展示力度。紧抓北京冬奥会举办历史机遇，积极推动河北文化“走出去”。主动对接北京冬奥组委，向张家口冬奥村、张家口赛区签约饭店和国宾山庄赠送摆放了1万余套融合中国春节、冬奥冰雪与河北非遗和风光的“雪如意”剪纸、河北风光精美图册等宣传品。同时开展“激情冬奥 相约河北”主题宣传，利用专版、专刊、专栏等形式宣传河北冬季旅游资源产品，在河北航空班机、京张高铁、北京西客站等交通工具和枢纽布置河北文化和旅游宣传画面和宣传品。

三是凝聚专业力量参与冬奥住宿服务保障工作。以提供国际化、标准化、专业化服务为方向，强弱项、补短板、促提升，本着“专业人干专业事”的原则，发挥河北省旅游行业优势、资源优势，参与分指挥部一线工作，圆满完成签约饭店星评和服务质量提升等任务。精心组织星评员开展星评指导和检查；先后邀请省内外20余名酒店管理专家多频次、系统化开展服务质量专项检查和专题培训，全方位提升签约饭店和服务人员业务技能和服务水平。

四是以星评为抓手全面提升崇礼旅游饭店规模和品质。通过冬奥筹办和举办工作，崇礼区旅游饭店数量和质量大幅提升。从星级饭店数量来讲，位居国内县市（区）前列；从质量来讲，洲际、凯越、皇冠、假日、源宿等国际酒店品牌入驻崇礼，港中旅、河北旅投等国内酒店品牌入驻，崇礼旅游饭店国际化、专业化水平不断提高，为后奥运经济发展奠定坚实基础。

山西省2021年文化和旅游发展情况分析

2021年，山西省以习近平新时代中国特色社会主义思想为指导，深入贯彻落实习近平总书记考察调研山西重要指示精神，全面贯彻落实党的十九大和十九届历次全会精神，深化文旅融合，推动质效提升，全省文化和旅游发展取得新成效、呈现新特点。

一、机构人员情况

截至2021年底，山西省共有文化和旅游及相关产业机构8149个，比上年减少210个，降低2.5%；从业人员7.92万人，比上年减少0.35万人，降低4.23%。其中：文化和旅游部门产业机构2228个，比上年减少99个机构，从业人员2.21万人，比上年增加0.05万人；文化和旅游市场经营机构5 503个，比上年减少103个机构，从业人员4.79万人，比上年减少0.27万人。

二、艺术创作演出

2021年，山西省深化院团改革，成立山西省文化和旅游厅艺术专家委员会，提升国有文艺院团创作管理能力和全省艺术创作科学化、专业化水平，努力推出思想精深、艺术精湛、制作精良的优秀作品。围绕庆祝中国共产党成立100周年，圆满完成主题文艺演出《伟大征程》参演任务，受到文化和旅游部通报表扬。话剧《右玉》等3部作品入选中宣部优秀舞台艺术作品展演。创排京剧《文明太后》、音乐《表里山河》等6部作品入选文化和旅游部舞台艺术精品创作工程，并通过验收。京剧戏歌《表里山河》被中国音协评为"庆祝中国共产党成立100周年'百年百首'全国优秀新创歌曲"。中国戏曲"小梅花"我省增至241人，临汾市68人，稳居全国地级市榜首。经申报和遴选，晋剧《烂柯山下》参加第十七届中国戏剧节；京剧《文明太后》参加第九届中国京剧艺术节；歌剧《三把锁》参加第四届中国歌剧节；舞剧《路》参加第十三届全国舞蹈展演；舞蹈史诗《黄河》参加黄河流域舞台艺术优秀剧目展演展播；特别是歌舞剧《北魏长歌》在第六届全国少数民族文艺会演中荣获优秀剧目奖，并名列第一。美术作品《亘霁》《黄河古渡》《黎明》3部作品入选文化和旅游部主办的黄河文化主题美术作品展。

2021年，全省全年原创首演剧目58个，其中话剧类6个，歌舞、音乐类13个，地方戏曲类36个，曲艺类2个，综合性表演类1个。截至2021年底，山西省艺术表演院团总数814家，比上年减少13家；其中，地方戏曲类院团350家，比上年减少54家。因疫情与全省事业单位改革影响，院团数量有所下降。

三、公共服务

2021年，山西省强化文化惠民，突出服务基层，超额完成"免费送戏下乡一万场"活动任务。

二十项群众文化服务品牌、群众文艺队伍（文艺小分队）、乡土文化能人艺人、乡村文化带头人等年度活动圆满成功。助力乡村文化振兴，免费送戏下乡在脱贫地区演出7553场，推动左权、河曲等六县镇入选“中国民间文化艺术之乡”。践行“我为群众办实事”，创新开展“百姓点单”专业文艺演出活动50场。促进服务效能提升，灵丘“村晚”网上观众达250余万人，我省4项志愿服务项目（个人）荣获文化和旅游领域学雷锋志愿服务先进典型，洪洞县文化馆、太原市迎泽区老军营街道新建南路第二社区综合性文化服务中心、晋中市榆次区文化艺术活动中心（原榆次晋剧团）、陵川县盲人曲艺宣传队、平遥县文化市场综合行政执法队等5家单位荣获第九届全国服务农民、服务基层文化建设先进集体，晋城市、吕梁市临县贫困村综合文化服务中心建设项目分别创建成为第四批国家公共文化服务体系示范区、示范项目。26个剧种列入文化和旅游部濒危戏曲剧种公益性演出项目，每年争取中央资金1300万元，购买每个“濒危剧种”100场（每场5000元）惠民演出，剧种数量居全国之首。

2021年，全省各地积极规划和建设与城市相适应的文化设施，在建项目38个，其中：公共图书馆9个、文化馆7个、艺术表演团体及演出场馆1个、文化站7个、艺术教育机构1个、其他项目13个。2021年，全省文化建设项目资金总计2.23亿元，其中国家预算内投资1010万元，包括中央投资690万元、省级投资320万元。截至2021年底，我省平均每万人拥有公共图书馆、文化馆建筑面积分别为172.67平方米、285.8平方米。全面推进市县公共文化设施标准化建设，落实中央和省级彩票公益金5000余万元，落实资金430万元，为14家单位配送图书车、美术车等流动文化设施。探索百姓点单、基层报单、部门派单、社会接单、群众评单、政府买单“六单”模式，以及省市县乡村五级联动的公共文化服务方式，以政府购买方式给基层乡镇、农村送公共文化演出服务，全年开展“百姓点单”公共文化服务50场活动，受到群众广泛好评。统筹考虑全省4A级及以上景区厕所建设现状，遴选出已达到或经改扩建能够打造成为全省乃至全国示范性、标杆性旅游厕所73座（新建3座、改扩建60座、运营维护10座），给予重点扶持，推动全省旅游厕所工作在“数量充足、分布合理”的基础上，实现“满足数量”向“提升质量”转变。

（一）公共图书馆业

2021年末，山西省共有公共图书馆128个，较上年没有变化；从业人员1788人，增加23人。其中具有高级职称人员169人，占9.5%；具有中级职称人员468人，占26.2%。

2021年末，山西省公共图书馆实际使用房屋建筑面积58.71万平方米，比上年末增长3.4%；图书总藏量2296.48万册，增长6.7%；阅览室座席数4.29万个，增长3.1%；计算机6983台，增加77台；其中供读者使用的电子阅览终端4560台，增加17台。

全省新增藏量165.18万册（件）、新增电子图书235.01万册，总藏量和电子文本图片文献资源总量分别达到2296.48万册、74.95TB，人均拥有公共图书馆藏量0.66册。

全省全年公共图书馆发放借书证205.03万个，比上年增长7.2%；总流通人次1476.78万，比上年增长49.3%；书刊文献外借1022.89万册次，增长40.4%；外借人次578.70万，增长43.4%。

全年共为读者举办各种活动5042次，比上年增长29%；参加人次467.82万，增长87%。

2021年，山西省公共图书馆总收入3.74亿元，比上年增加0.02亿元，增长0.53%。其中，财政拨款3.67亿元，比上年增加0.05亿元，增长1.38%。

2021年，山西省各级公共图书馆累计支出3.53亿元。其中：基本支出1.65亿元，占46.74%，比上年增加9.87个百分点；项目支出1.78亿元，占50.42%，比上年增加5.26个百分点。在各项费用中，工资福利支出1.48亿元，占比41.93%，比上年增加10.37个百分点；新增藏量及数字资源购置费4227.6万元，占11.98%，比上年减少1.28个百分点；人均购书费1.18元。

（二）群众文化业

2021年末，山西共有群众文化机构1491个，比上年减少50个。其中，乡镇综合文化站1151个，减少43个。年末山西群众文化机构从业人员4457人，比上年末减少34人。其中：具有高级职称的人员173人，占比3.88%；具有中级职称人员578人，占比12.29%。

2021年末，山西群众文化机构实际使用房屋建筑面积97.17万平方米，比上年末下降2%；业务用房面积73.95万平方米，同比下降2.81%；平均每万人群众文化设施建筑面积284.2平方米。

2021年末，山西群众文化机构共有馆办文艺团体299个，演出10841场，观众161.77万人次。由文化馆（站）指导的群众业余文艺团体12306个，馆办老年大学14个。

2021年，山西省群众文化事业单位总收入3.57亿元，比上年减少4230万元，同比下降10.76%；其中，财政拨款3.5亿元，比上年减少3600万元，同比下降9.32%。财政拨款中，业务活动经费0.93亿元，同比增长9.41%；人均群众文化业务活动专项经费2.67元。

2021年，全省各级文化馆（站）共为群众开展文艺活动、展览、讲座等服务5.33万次，参与群众1536.63万人次，分别比上年下降9.2%、7.3%。

四、市场管理和发展

2021年，我省进一步加强文化和旅游市场监管，市场环境、服务质量稳步提升。开展A级景区“安全质量、服务质量、环境质量”三提升行动，开展景区秩序和安全交叉检查，对A级旅游景区进行全面考核检查，推动提升A级旅游景区服务质量。对沿用近10年的导游资格考试大纲进行修订，提高导游服务标准。为全省754家旅行社暂退旅游服务质量保证金1.68亿元，公开遴选保险经纪机构，推进保险代替现金缴纳保证金工作，助力旅行社有序复苏。制定《关于加快山西省旅游星级饭店业发展的意见》，指导云丘山康家坪和平遥一得客栈获评全国甲级旅游民宿，推动旅游住宿业高质量发展。持续做好文明旅游教育引导工作，推动运城解州关帝庙景区、临汾洪洞大槐树寻根祭祖园景区获评国家文明旅游示范单位。加强监管效能建设，扎实推进“互联网+监管”和“双随机、一公开”监管，联合省交通厅、省市场监管局对随机抽取产生的32家单位进行了检查；抓好网络文化巡查，全年开展人工巡查260余次，移交巡查线索1条；加强社会组织管理，积极开展“僵尸型”社会组织专项整治行动。坚持科学精准防控，做好常态化条件下疫情防控工作，坚决防止疫情通过文化和旅游活动传播扩散。扎实开展安全生产和旅游市场专项整治，采取“四不两直”等方式，对文化和旅游部门及企事业单位进行了7轮专项督导检查。各级文化和旅游部门全年共出动人员1.6万余人次，检查企事业2.9万家次，对发现的2300余条隐患及时进行整改或责令停业整顿。

2021年末，全省共有旅行社966家，比上年增加21家；星级饭店203家，比上年减少33家。

2021年，山西省不断深化文化市场综合执法改革，省委宣传部、省文化和旅游厅、省广播电视局、省文物局联合印发了《山西省文化市场综合执法运行机制》，进一步明确责任边界，完善工作制度，文化市场综合执法协作水平得到有效提升。分阶段开展文化和旅游市场“春和”“夏安”“秋风”“冬净”专项整治行动，全省共出动执法人员196784人次，检查经营单位66093家次，办结案件2277件，移交案件4件，罚款1972555元，责令停业整顿28家次，吊销许可证8家，取缔9家次。全年共有34件案件列入我省文化市场重大案件，其中3起案件被文化和旅游部评选为全国文化市场综合执法重大案件。开展两批次全省文化和旅游市场交叉检查，分别检查场所450家次、224家次，分别发现问题线索86个、115个，分别立案14件、4件。委托第三方开展“体检式”暗访评估，针对第一批发现的520条问题线索和第二批发现的239条问题线索，反馈到各市逐项整改。

五、资源开发和利用

2021年，山西省强化顶层设计，印发实施《山西省“十四五”文化旅游会展康养产业发展规划》，编制完成《山西省黄河文化保护传承弘扬规划》《长城国家文化公园（山西段）建设保护规划》等，引领全省文化和旅游业发展。提升产品业态，与陕西省共同创建壶口瀑布国家5A级旅游景区，开全国两省联合创建先河；大力发展红色旅游，推出10条红色旅游经典线路，其中3条被中宣部、文化和旅游部等四部委纳入“建党百年红色旅游百条精品线路”；提升乡村旅游发展水平，晋城市“百村百院”建设首批28个康养村和30处康养院落开门迎客，我省7村3镇入选全国乡村旅游重点村镇。组织重大活动，以首届中国国际消费品博览会举办为契机，林武书记在海南主持召开国内头部文化和旅游企业、专家座谈会，推介山西文化和旅游产品，打造“康养山西、夏养山西”品牌；成功举办中国·山西（晋城）康养产业发展大会、旅发大会、文化旅游创意产品设计大赛等活动，重振文化和旅游产业、展示文化和旅游形象、激发发展活力。深化宣传营销，与CCTV10《跟着书本去旅行》栏目合作，推出宣传特辑。依托知名传统媒体、大型门户网站，开设山西文化和旅游专栏、“大美三晋”网上VR展厅，“山西是个好地方”抖音曝光量突破5.5亿次。组织旅游季主题活动，“我在山西寻找春天”抖音平台播放量3.3亿次。“锦绣太原”系列活动、大同成龙国际动作电影周等活动形成品牌效应。实施“长三角晋行时”引客计划，申报建立太行山旅游联合推广机制，积极拓展文化和旅游市场。

截至2021年底，全省A级景区共计261家，云丘山景区荣升5A级旅游景区。相较2020年，全省新增A级景区共24家。其中：忻州市新增A级景区10家，新增数量最多；其次是吕梁市、运城市，新增数A级旅游景区各6家；太原市、朔州市和阳泉市A级景区数量保持不变。

六、产业与科技

2021年，山西省坚持宜融则融、能融尽融，建立文化和旅游融合发展联席会议推进机制，印发实施《山西省“十四五”文化和旅游产业融合发展规划》《山西省文化产业示范园区（基地）管理办法》等，推动忻州古城、太原古县城等成为夜间消费新热点，贾家庄、大阳古镇、司徒小镇等成为网红打卡地。实施重大文化和旅游融合项目，争取国家部委4个项目、2亿元资金推进长城国家文化公园（山西段）建设，推动我省26个项目列入国家“十四五”文化保护传承利用工程储备库。晋中市《又见平遥》文化产业园入选第一批国家级夜间文化和旅游消费集聚区，运城市入选第二批国家文化和旅游消费试点城市。2021年，全省国家文化产业示范基地9家，省级文化产业示范基地41家，国家认定的动漫企业 16 家。

2021 年，山西省文化和旅游厅立项编制《景区智慧旅游服务质量要求》《乡村康养旅游服务指南》等地方标准 10 项；举办标准化能力提升培训班等多期线下培训，推出“标准云课堂”线上培训课程 8 期，对《乡村旅游示范村等级划分与评价》《旅游民宿基本要求与评价》等标准进行解读。吉县壶口瀑布、灵石王家大院等 21 家景区进入迈点研究院 2021 年 10 月 4A 级景区品牌 500 强榜单。推进智慧旅游建设，依托山西文化和旅游集团建设了山西政务云行业子云——山西文旅云，其自 2020 年以来连续列入省重点工程项目，并先后入选文化和旅游部 2020 年文化和旅游信息化发展典型案例、2021 年文化和旅游部科技创新工程项目。文化和旅游集团开发建设的“文旅云 · 数字体验馆”2021 年成功入选首批国家旅游科技示范园区。

七、文化遗产保护利用

2021 年，山西省加强文化遗产保护工作，成功组建云冈研究院，组织开展一系列云冈石窟保护项目和保护利用关键技术攻关与课题研究，建成“数字云冈”先进计算中心，成立了石窟寺保护与传承山西省重点实验室和山西省文化遗产保护院士科技创新中心，加快云冈石窟保护和“云冈学”建设。制定《山西考古工作“十四五”专项规划》，建立山西省考古联盟，推进与山西大学共建山西考古文博研究院。实施 9 项主动性考古发掘、110 余项基本建设发掘，发掘面积 3 万余平方米。夏县东下冯、芮城寺里—坡头、沁水八里坪、翼城北撖等遗址考古取得重要突破；完成绛县西吴壁、大同吉家庄、晋阳古城遗址发掘；持续推进襄汾陶寺、夏县师村、蒲津渡与蒲州故城遗址等考古发掘；襄汾丁村遗址、陶寺遗址、夏县西阴村遗址、侯马晋国遗址、临汾晋侯墓地及曲村—天马遗址等 5 项考古发现入选全国“百年百大考古发现”。践行“保护第一”，全力开展“凤回头”、李二口错修段、镇宁敌楼等 12 个长城保护修缮项目，云冈石窟罗汉堂、南涅水洪教院、高平铁佛寺等 145 个古建筑及彩塑壁画保护修缮项目，八路军总司令部王家峪片区等革命文物保护项目，南禅寺等 13 处重点文物保护单位数字化保护项目等各级各类文物保护。夯实文物资源基础工作，核定公布第六批省级文物保护单位 371 处、第一批革命文物保护单位 687 处、珍贵革命文物 4478 件（套），确定省级红色文化遗址名录 191 处。印发《省级文物保护利用示范区创建指导意见》《国宝级文物活化利用工作方案》，持续实施“文明守望工程”，累计认领认养文物建筑 295 处，吸引社会资金 3 亿多元，着力让文物“活”起来。天龙山佛首成功回归，“复兴路上 国宝归来”特展引起社会热议。

2021 年末，全省共有各类文物机构 418 个，比上年末减少 8 个。其中，文物保护管理机构 82 个，占 19.61%；博物馆 182 个，占 43.54%。年末全国文物机构从业人员 9148 人，比上年末增加 200 人。其中：高级职称 340 人，占 3.71%；中级职称 918 人，占 10.03%。

2021 年末，全省文物机构藏品 187.28 万件 / 套，其中，博物馆文物藏品 163.5 万件 / 套，占文物藏品总量的 87.3%。

全年全省各类文物机构共举办陈列展览 611 个，比上年增加 129 个。其中：基本陈列 404 个，比上年增加 75 个；临时展览 207 个，比上年增加 54 个。接待观众 2179.39 万人次，比上年增加 2.21%。其中，未成年人 476.28 万人次，比上年增加 51.34%，占参观总人数的 21.85%。博物馆接待观众 1544.59 万人次，比上年增加 17.86%，占文物机构接待观众总数的 70.87%。

2021 年，山西省加强非遗保护传承指导和管理，编制实施《山西省黄河流域非物质文化遗产保护传承弘扬专项规划》，出台省级非遗代表性传承人认定管理办法，推动晋中国家级文化生态保护区建设，开展黄河流域非遗资源普查工作，我省14项非遗项目入选第五批国家级代表性项目名录，国家级非遗项目单位、传承人数量保持全国第三。提升非遗传播力、影响力，举办沿黄九省民歌展演，积极参与文化和旅游部“非遗过大年文化进万家”活动，投稿量名列前茅，受到文化和旅游部通报表扬。

2021年末，全省共有国家级非遗代表性项目182个，位列全国第三；省级非遗代表性项目942个；市级项目2103项；县级项目5089项。全省共有国家级代表性项目代表性传承人149人，省级代表性传承人1109人，市级传承人2500人，县级传承人5515人。

八、文化和旅游对外与对港澳台交流

2021年，山西省采取线上线下相结合的方式，有效保持对外和对港澳台文化交流和旅游推广不断线、不停滞。依托文化和旅游部尼日利亚、坦桑尼亚中国文化中心，曼谷、首尔旅游办事处等海外机构举办“山西文旅（线上）宣传月”活动。舞剧《一把酸枣》参加哥伦比亚第32届加勒比国际戏剧节建党百年华诞和国庆云展演，并在委内瑞拉、乌拉圭等国电视台播出。参加2021“中国·最美四季”营销策划专题活动获优秀组织奖，推荐短视频《美丽的太原》获“外文导游话四季——内容主题类”优秀作品奖。与香港商报等媒体合作，以宣传视频、推文等形式在facebook、twitter等海外社交平台持续推送我省美景、美食、民俗、非遗、文创、民间艺术和舞台剧目，联合省侨办、中国黄河电视台推出“晋俗晋味迎牛年”系列微视频展播活动。

服务省外事中心工作。参与第五届太原能源低碳发展论坛、第十二届中国中部投资贸易博览会、迪拜世博会中国馆“山西周”“一带一路”中德经济对话等活动，举办第四届进博会山西文化旅游推介活动。组织参加中国—东盟博览会旅游展、西安丝绸之路国际旅游博览会、深圳文博会、2021“一带一路”·长城国际民间文化艺术节等活动。推荐我省2个案例入选“2021世界旅游联盟——旅游助力乡村振兴案例”。

深化与港澳台地区文化和旅游交流合作。成功举办“守望精神家园——第七届两岸非物质文化遗产月”暨美丽中华行活动。参加第九届澳门国际旅游（产业）博览会、第十七届海峡旅游博览会。邀请粤港澳大湾区16位企业家来晋考察对接文化和旅游项目，组织港澳旅行商和记者代表团一行20余人踩线考察并举行交流座谈会。支持内地与港澳青少年交流重点项目培育，做优做强“晋港青少年山西绛州鼓乐研习活动”，以鼓为桥促进人心回归。抓好游学产品打造，《翻开河东见中国》系列研学课程产品被评为2021年度“港澳青少年内地游学潜力产品”。

（山西省文化和旅游厅）

山西：跨省联创黄河壶口瀑布国家 5A 级景区

黄河壶口瀑布景区位于晋陕峡谷中段，共属晋陕两省。近年来，山西、陕西两省高度重视壶口瀑布景区共建工作，协同推进，齐抓共管，共同推动黄河壶口瀑布国家 5A 级景区创建。

一、协同发力，推进景区联创

两省高度重视联创工作，着力在政策衔接、规划建设、标准统一、创建程序等方面加强工作对接，打通堵点、难点，加快创建步伐，提升创建质量。为确保 5A 级景区创建及开发建设扎实有序推进，山西省文化和旅游厅、陕西省文化和旅游厅签订了《黄河旅游战略合作框架协议》，建立晋陕豫联席会议机制，定期举行会议和活动，商讨合作交流事项。吉县、宜川共同组建了“黄河壶口瀑布景区高质量发展委员会”，实行双组长、双成员制度，对黄河壶口瀑布景区 5A 级创建工作及后期运营、规划、安全、执法、营销、宣传等方面综合协调管理，协同推进景区创建。

二、提质升级，夯实核心竞争力

近年来，景区充分利用壶口自然景观和黄河文化特色等优势，以国家 5A 级旅游景区创建工作为契机，改造游客中心，提档优化 3A 级旅游厕所，绿化改造生态停车场，因地制宜重装生态护栏护网，新建落客平台（安全疏散平台）和游步道，同步实施景区建筑亮化、街道提升改造、山体安全防护、周边环境治理、游客广场新建、观瀑区出入口改造等工程，基础设施大幅提升。新建在线售票、数据大屏、导视系统等，提升智慧服务水平。研发制作壶口特色文创，增设景区直通车，开通城市公交，在沿路至景区全范围绿化美化，优化游客体验。

三、规范管理，塑造整体品牌形象

为规范景区管理运营，两省景区共同会商确定“八个统一”：统一景区名称“黄河壶口瀑布旅游区”；统一门票价格为 100 元；统一地域格式为“中国 · 山西 · 吉县”和“中国 · 陕西 · 宜川”；统一景区简介和 LOGO；统一设计标识标牌，体现大壶口风格；统一网站、公众号和 VR 等主页标识和文字信息，网站纳入两省的咨询投诉救援电话；统一设计护栏护网；统一宣传口号“黄河之心，民族之魂”，全面提升景区整体形象。

内蒙古自治区2021年文化和旅游发展情况分析

2021年，是中国共产党成立100周年，也是“十四五”规划的开局之年。在自治区党委、政府的正确领导下，自治区文化和旅游厅坚持以习近平新时代中国特色社会主义思想为指导，深入学习贯彻党的十九大和十九届历次全会精神，全面落实习近平总书记对内蒙古、对文化和旅游工作重要讲话重要指示批示精神，紧扣铸牢中华民族共同体意识主线，践行以人民为中心的发展思想，积极应对新冠肺炎疫情影响，高标准完成了全年各项工作，实现了“十四五”良好开局。

一、2021年度内蒙古自治区文化和旅游发展情况

（一）机构、从业人员情况

2021年底，全区纳入统计范围的文化旅游和文物机构5926个，比上年减少210个，同比下降3.42%；从业人员52373人，比上年增加39人，同比增加0.07%。在各类机构中，文化和旅游部门事业单位1973个，从业人员22134人；文化和旅游部门企业单位3953个，从业人员30239人。具体情况见表1。

表1　2021年度文化文物和旅游机构及从业人员情况

单位类型	机构数（个）			从业人员数（人）		
	2020年	2021年	增减	2020年	2021年	增减
总计	6136	5926	210	52334	52373	–39
一、文化和旅游合计	5855	5665	190	48835	48614	221
艺术表演团体	204	221	–17	8555	9785	-1230
其中：公有制艺术表演团体	95	92	3	6007	6176	–169
艺术表演场馆	32	36	–4	642	738	–96
其中：公有制艺术表演场馆	17	14	3	140	109	31
公共图书馆	117	117	0	1784	1813	–29
文化馆	120	118	2	1820	1837	–17
文化站	1085	1083	2	3049	3099	–50
其中：乡镇综合文化站	872	869	3	2364	2412	–48
艺术展览创作机构	33	28	5	227	216	11
其中：美术馆	26	27	–1	194	211	–17

续表

单位类型	机构数（个）			从业人员数（人）		
	2020 年	2021 年	增减	2020 年	2021 年	增减
文化和旅游部门教育机构	4	4	0	361	409	–48
文化和旅游科研机构	9	6	3	124	161	–37
文化市场经营机构（不包括非公有制院团和场馆）	2713	2645	68	8545	9577	–1032
旅行社	1074	983	91	5354	4114	1240
星级饭店	191	168	23	13750	12094	1656
A 级旅游景区	—	—	—	—	—	—
文化和旅游行政部门	118	118	0	2488	2614	–126
其他文化和旅游机构	155	138	17	2136	2157	–21
其中：文化市场执法机构	110	104	6	1621	1749	–128
二、文物合计	281	261	20	3499	3759	–260
博物馆	172	168	4	2649	2978	–329
文物保护管理机构	97	83	14	699	638	61
文物科研机构	2	2	0	89	106	–17
文物行政部门	7	7	0	30	27	3
其他文物机构	3	1	2	32	10	22

（二）2021 年度全区文化文物和旅游事业投入总量略有增加

2021 年，全区文化文物和旅游（不含基本建设投资）事业费 37.21 亿元，比上年增加 1.22 亿元，增长 3.39%。其中：文化和旅游事业费投入 31.62 亿元，比上年增加 2.04 亿元，占财政支出比重为 0.60%；文物事业费投入 5.59 亿元，比上年减少 0.82 亿元，占财政支出比重为 0.11%。具体情况见表 2。

表 2　2016—2021 年文化文物和旅游事业费占全区财政支出情况

年份	财政支出（亿元）	文化和旅游事业费（亿元）	占财政支出比重（%）	文物事业费（亿元）	占财政支出比重（%）
2016	4526.3	25.96	0.57	7.67	0.17
2017	4523.1	27.68	0.61	7.46	0.16
2018	4806.3	27.85	0.58	7.54	0.16
2019	5097.9	28.57	0.56	6.53	0.13
2020	5268.2	29.58	0.56	6.41	0.12
2021	5240	31.62	0.60	5.59	0.11

2021 年全区文化和旅游事业费 31.62 亿元，同比增长 6.90%，如图 1 所示。

图 1　2016—2021 年度全区文化和旅游事业费及增长速度

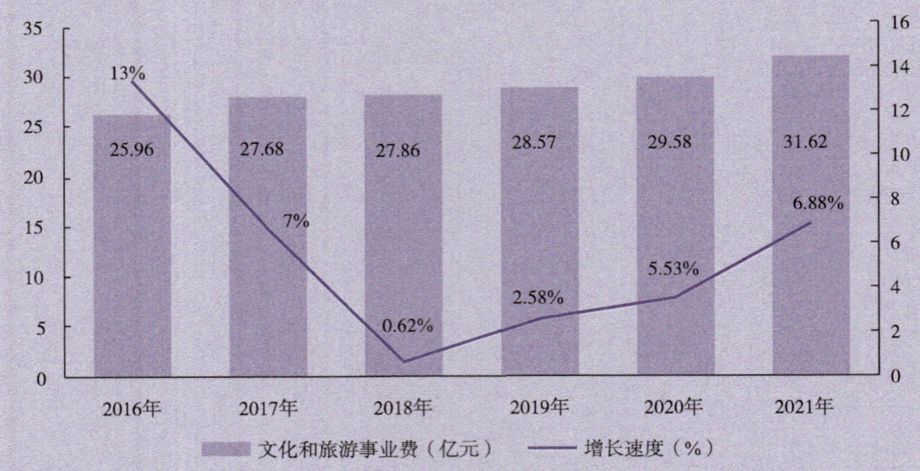

2021 年全区文物事业费 5.59 亿元，同比下降 12.79%，如图 2 所示。

图 2　2016—2021 年度全区文物事业费及增长速度

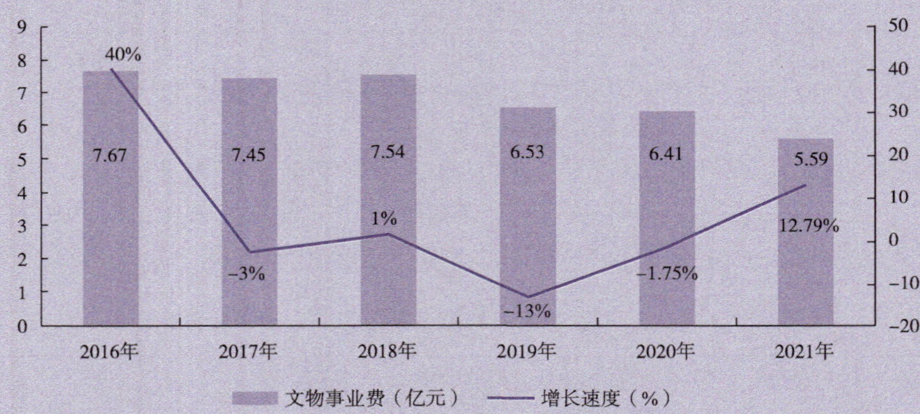

2021 年全区人均文化和旅游事业费 131.75 元，比上年增长 8.76 元，增长 7.12%，如图 3 所示。

（三）文化基础设施建设投入有所增加

从公共文化设施人均拥有量来看，2021 年自治区每万人拥有公共文化设施面积为 1145 平方米，比上年增加 92 平方米，同比增长 8.73%。其中：全区每万人拥有公共图书馆面积为 209.79 平方米，比上年增加 27.25 平方米；全区每万人拥有文化馆（站）面积为 433.71 平方米，比上年增加 29.58 平方米；每万人拥有博物馆面积为 448.62 平方米，比上年增加 7.94 平方米；每万人拥有美术馆面积为 52.89 平方米，比上年增加 27.04 平方米。全区人均拥有公共文化设施建设情况如图 4 所示。

图 3　2016—2021 年度全区人均文化和旅游事业费

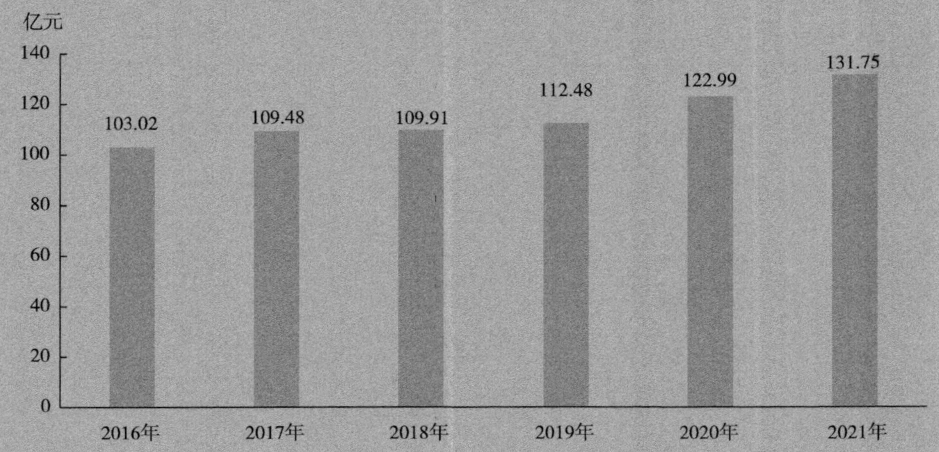

图 4　2021 年度全区人均拥有各类公共文化设施面积占比

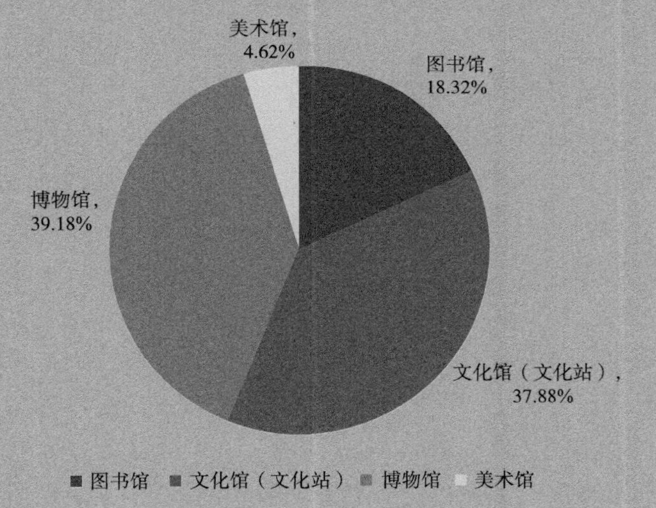

从公共文化基础设施建设情况来看，2021 年，自治区文化基础设施服务网络逐步完善，以公共图书馆、美术馆、文化馆（文化中心）设施建设和能力提升为中心，继续实施了一批重点工程和项目。全区 2016—2021 年度基本建设投资情况见表 3。

表 3　2016—2021 年全区文化和旅游及文物基本建设投资情况

年份	项目（个）	本年计划投资（亿元）	本年完成投资（亿元）	本年竣工项目（个）	本年竣工面积（万平方米）
2016	36	4.97	4.80	8	5.65
2017	50	5.07	4.44	10	10.64
2018	19	10.20	9.45	5	10.98
2019	25	4.41	2.95	2	76.38
2020	92	7.18	8.22	27	37.45
2021	103	7.86	6.35	24	45.87

2021 年，全区文化和旅游及文物设施建设项目 103 个，计划总投资 33.18 亿元，本年度投资 7.86 亿元，实际完成投资 6.35 亿元，累计完成投资 16.23 亿元，建筑面积 126.52 万平方米。其中，全区竣工项目 24 个，投资 1.43 亿元的桃力民红色文化教育基地项目、投资 9 千多万元的呼伦贝尔市乌兰牧骑宫等项目竣工。在建项目中，规模较大的有呼伦贝尔大草原莫尔格勒河景区创建国家 5A 级旅游景区项目 3.11 亿元、土默特左旗文化中心投资 1.84 亿元、通辽市博物馆整体改造 0.89 亿元等。这批重点项目的开工建设，为文化和旅游及文物单位开展文旅活动创造了良好的条件，也为活跃当地文化和旅游生活，满足群众文化需求发挥重要作用。

（四）艺术演出活动亮点纷呈

实施内蒙古舞台艺术精品工程，积极推进“扎根基层、情系人民”主题实践活动，各地围绕时代进步、民族团结、爱国爱党等题材推出了一批艺术精品，《草原英雄小姐妹》获第六届全国少数民族文艺汇演“圆梦奖”最佳剧目奖、最佳导演奖，《骑兵》获“圆梦奖”，《浪漫草原》获“荷花奖，《骑手与绣娘》获“金菊奖”。开展“百团千场下基层”“草原音乐周末”等系列活动，举办了庆祝建党 100 周年红歌演唱会等专场音乐会、“四季内蒙古演出季”冬季文旅融合演出、“草原儿女爱祖国中华民族共团圆”主题文艺演出、“优秀剧目展演月”等演出活动，全区各级文艺院团深入基层演出 9900 余场次、线上演出传播 8500 余次。《舞台艺术三年人才培养》获全国文化和旅游研究院所优秀科研实践案例，“红旗耀轻骑——弘扬乌兰牧骑精神摄影作品展”列入国家艺术基金资助项目。“内蒙古乌兰牧骑现状调查与优秀传统文化传承研究”“新中国成立以来内蒙古民族舞蹈创作研究”研究工作有序推进。

2021 年末，全区共有艺术表演团体 221 个，比上年增加 17 个；从业人员 9785 人，比上年增加 1230 人。其中：各级文化和旅游部门管理的艺术表演团体 91 个，占 41.18%；从业人员 6003 人，占 61.34%。

全年全区艺术表演团体共演出 1.88 万场，同比下降 3.09%，其中，赴农村演出 1.15 万场，同比增长 4.54%。赴农村演出场次占总演出场次的 61.17%：服务观众 676.80 万人次，同比下降 35.12%，其中农村观众 332.78 万人次，占观众总人数的 49.17%。总收入 10.34 亿元，同比增长 4.82%，其中演出收入 0.48 亿元，同比增长 73.15%。

2021 年，全区文化和旅游部门所属艺术表演团体共组织政府购买的公益演出 0.68 万场，同比增长 11.48%；服务观众 306.93 万人次，同比增长 13.61%。利用流动舞台车演出 0.20 万场次，基本与上年持平；服务观众 93.11 万人次，同比下降 12.89%。全区 2016—2021 年艺术表演团体基本情况见表 4。

年末全区文化和旅游部门艺术表演场馆 14 个，从业人员 109 人，观众座席数 0.92 万个。全年共举行演出 0.58 万场，其中艺术演出 0.02 万场；观众 9.97 万人次，同比增长 27%。

表 4　2016—2021 年全区艺术表演团体基本情况

年份	机构数（个）	从业人员数（人）	演出场次（万场）	国内演出观众人次（万人次）	总收入（万元）	
						演出收入
2016	186	7226	2.45	1241.10	90351	5025
2017	206	7914	2.88	1601.90	98622	7820
2018	226	7993	3.13	1611.41	106009	7984
2019	264	9235	3.35	2237.97	109994	8272
2020	204	8555	1.94	1043.29	98726	2804
2021	221	9785	1.88	676.80	103486	4854

年末文化和旅游部门所属美术馆 27 个，比 2020 年增加 1 个；从业人员 211 人，比 2020 年增加 17 人。全年共举办展览 185 个，同比增长 4.52%；参观人次 92.96 万人次，同比增长 16%。

（五）公共服务效能持续提升

2021 年，持续完善基层公共文化设施，对全区基层文化站、公共文化设施运行情况进行抽查暗访、督促整改、提升效能。开展农村牧区文化户命名扶持，命名农村牧区文化示范户 120 个，每户扶持相关设备资金 2 万元。举办内蒙古乡村春晚、“舞动北疆”全区第四届广场舞大赛、“魅力乌拉特”西部民歌会、“醉美草原，亮丽北疆”第二届全区摄影优秀作品展览等活动，开展“唱支山歌给党听”群众性歌咏活动 221 场。组织“送戏曲进乡村”演出 2000 余场，服务农牧民 50 多万人次。108 家图书馆通过“书香北疆 · 码上悦读”平台为全区图书馆开展系列读书活动，服务读者 13.5 万人次。印发《内蒙古自治区文化和旅游志愿服务管理办法》，组织开展了“春雨工程”湖南省文化和旅游志愿者内蒙古行暨湘蒙文化交流活动、内蒙古图书馆文化志愿者云南省行暨蒙滇文化交流活动。评选命名了一批全区优秀文化志愿服务项目、服务团队和志愿者。

1. 公共图书馆服务社会能力持续优化

2021 年末，全区共有公共图书馆 117 个，其中少儿图书馆 1 个，与上年持平。全区公共图书馆从业人员 1813 人，其中：具有高级职称的人员 404 人，占 22.28%；具有中级职称的人员 627 人，占 34.58%。

年末全区公共图书馆实际使用房屋建筑面积 50.35 万平方米，同比增长 14.69%；图书总藏量 2145.06 万册，同比增长 4.66%；阅览室座席数 3.58 万个，计算机 0.63 万台，供读者使用的电子阅览终端 0.41 万台，基本与上年持平。2021 年全区平均每万人公共图书馆建筑面积 209.79 平方米，比上年增加 27.25 平方米；全区人均图书藏量 0.89 册，比上年增加 0.04 册；全区人均购书费 1.24 元，比上年减少 0.29 元。全区公共图书馆近几年主要指标见表 5。

全年全区公共图书馆发放借书证 98.89 万个，同比增长 21.94%；总流通人次 837.48 万人次，同比增长 12.62%；书刊文献外借 476.97 万册次，同比下降 11.87%；外借人次 248.45 万人，同比增长 13.35%。全年共为读者举办各种活动 1768 次，同比增长 23.20%；参加人次 49.19 万人，同比增长 20.56%。

表 5　2016—2021 年全区公共图书馆主要业务指标

年份	图书馆经费（万元）	购书专项经费（万元）	人均购书费（元）	人均拥有公共图书馆藏量（册）	每万人拥有公共图书馆建筑面积（平方米）
2016	35753	3261	1.29	0.68	154.4
2017	42464	3488	1.38	0.71	160.8
2018	40144	7386	2.91	0.75	168.1
2019	37609	2940	1.16	0.79	170.4
2020	37854	3690	1.53	0.85	182.54
2021	36649	2985	1.24	0.89	209.79

2. 群众文化活动丰富多彩

年末全区共有群众文化机构 1201 个，比上年末减少 4 个。其中，综合文化站 1083 个，比上年末减少 2 个。年末群众文化机构从业人员 4936 人，比上年末增加 67 人。其中：具有高级职称的人员 389 人，占 7.88%；具有中级职称的人员 683 人，占 13.84%。全区群众文化机构实际使用房屋建筑面积 104.09 万平方米，同比增长 7.09%；业务用房面积 69.65 万平方米，同比增长 1.41%。年末全区平均每万人群众文化设施建筑面积 433.71 平方米，比上年增加 29.58 平方米。全年全区群众文化机构共组织开展各类活动 33839 场次，同比增长 25.15%；服务人次 1027.77 万人次，同比增长 25.32%。全区群众文化机构共有馆办文艺团体 278 个，演出 2075 场，观众 92.85 万人次。由文化馆（站）指导的群众业余文艺团体 9118 个，馆办老年大学 29 个。全区群众文化机构近几年主要指标见表 6。

表 6　2016—2021 年全区群众文化机构主要业务指标

年份	机构数（个）	从业人员（人）	举办展览个数（个）	组织文艺活动次数（次）	举办训练班（次）	实际使用房屋建筑面积（万平方米）
2016	1226	5016	2492	18580	9397	80.64
2017	1231	4924	2616	20748	9955	82.91
2018	1213	4984	2867	21349	16391	85.43
2019	1206	5091	2871	22256	16884	86.59
2020	1205	4869	1968	16284	7852	97.19
2021	1201	4936	2041	20702	10216	104.09

（六）文化和旅游市场培育监管有力有效

2021 年，完善全区文化旅游行业疫情防控制度体系，印发了《自治区文化和旅游行业疫情防控应急预案（2021 版）》，全面提升全行业疫情防控应急处理能力。实施质量提升行动，评定 5A 级旅行社 11 家、4A 级旅行社 17 家，获评全国文明旅游示范单位 2 家、金树叶绿色饭店 1 家、全国旅游甲级民宿 1 家。持续优化营商环境，厅本级文化和旅游市场审批事项实现“一窗受理”，将文化和旅游市场 24 项行政审批事项同步录入“信用内蒙古”和“企业信用信息系统”，实现信用信息共享，全年累计办理旅游市场主体审批事项 124 件次、文化市场主体审批事项 222 件次。

年末全区文化市场经营机构（含互联网上网服务营业场所、娱乐场所和民营艺术表演团体、场馆等）2796 个，比上年减少 41 个；从业人员 13815 人，比上年增加 2220 人。其中娱乐场所 1273 个，比上年增加 83 个；从业人员 5422 人，比上年增加 667 人；全年营业收入 3.82 亿元，同比增长 12.02%；营业利润 0.69 亿元，实现正增长。互联网上网服务营业场所（网吧）1247 个，比上年减少 193 个；从业人员 3354 人，比上年减少 25 人；全年营业收入 2.33 亿元，同比下降 4.27%；营业利润 –0.18 亿元，同比下降 20.00%。年末全区旅行社 1210 个，比上年增加 68 个；从业人员 4114 人，比上年减少 1240 人；全年营业收入 7.70 亿元，同比增长 55.87%；利润总额 –0.42 亿元，同比下降 13.51%。星级饭店 226 家，比上年减少 14 家；从业人员 12094 人，比上年减少 1830 人；全年营业收入 18.19 亿元，同比增长 10.38%；利润总额 –2.26 亿元，同比下降 11.88%。具体情况如表 7 所示。

表 7　2021 年全区文化市场娱乐场所及互联网上网服务营业场所（网吧）、旅行社、星级饭店情况对比

分类	机构数（个）			从业人员（人）			营业收入（亿元）			营业利润（亿元）		
年度	2020	2021	增减	2020	2021	增减	2020	2021	增减	2020	2021	增减
娱乐场所	1190	1273	83	4755	5422	667	3.41	3.82	0.41	–0.16	0.69	0.85
互联网上网服务营业场所（网吧）	1440	1247	–193	3379	3354	–25	2.34	2.33	–0.01	–0.15	–0.18	–0.03
旅行社	1142	1210	68	5354	4114	–1240	4.94	7.70	2.76	–0.37	–0.42	–0.05
星级饭店	240	226	–14	13924	12094	–1830	16.48	18.19	1.71	–2.02	–2.26	–0.24

2021 年强化执法监督检查。全区共出动执法人员 322508 人次，检查经营单位 117964 家次，当场处罚 284 件，立案调查 565 件，警告 514 家次，责令改正 221 家次，责令停业整顿 36 家次，罚款 489 家次，罚款金额 253.54 万元，吊销许可证 8 家。深入推行“双随机、一公开”监管机制，聘请第三方开展文化和旅游市场“体检式”暗访评估工作。

（七）文化和旅游资源开发不断深化

持续推进长城、黄河国家文化公园建设，编制《内蒙古自治区长城国家文化公园建设实施方案》，33 个长城、黄河国家文化公园和文物保护、重点旅游设施项目纳入国家“十四五”时期文化保护传承利用工程项目储备库。开展全域旅游示范区创建工作，呼和浩特市土默特左旗等 11 家创建单位被认定为第三批自治区级全域游示范区。乌兰察布市林胡古塞旅游度假区、鄂尔多斯市鄂尔多斯草原旅游度假区成功创建为自治区级旅游度假区。积极打造品牌旅游景区，呼伦贝尔大草原—莫尔格勒河景

区、鄂尔多斯市亿利库布其七星湖沙漠生态旅游区创建国家5A级旅游景区取得重要进展。推动旅游休闲城市建设，制定了《内蒙古自治区旅游休闲城市建设指要（试行）》《内蒙古自治区旅游休闲街区评定细则（试行）》，重点支持和推动呼和浩特市、呼伦贝尔市、鄂尔多斯市、阿拉善盟旅游休闲城市建设，呼和浩特市塞上老街成功创建首批国家级旅游休闲街区，新评定自治区级旅游休闲街区7个。大力发展自驾旅游，通辽市草甘沙漠汽车自驾运动营地、乌兰察布火山运动营地、阿拉善右旗世界沙漠地质公园入口营地获评5C、4C级自驾车、旅居车营地。"内蒙古土默特右旗瞄准智慧适老、便捷老年人出行"入选文化和旅游部首批发展智慧旅游提高适老化程度示范案例。大力发展乡村旅游，印发《内蒙古自治区乡村旅游高质量发展三年行动计划》，成功创建全国乡村旅游重点村6个、全国乡村旅游重点镇3个，评定自治区乡村旅游重点村34个，评定五星级乡村牧区游接待户22家。持续推动红色旅游发展，"鄂托克前旗红色旅游发展经典案例"入选国家红色旅游发展典型案例。推出"亮丽北疆"主题精品红色旅游线路10条。组织开展"内蒙古自治区红色讲解员讲百年党史"百场宣讲活动，举办内蒙古自治区首届红色故事讲解员大赛。大力推动冰雪旅游发展，2条冰雪旅游主题线路入选"筑梦冰雪 · 相伴冬奥"冰雪旅游精品线路，扎兰屯金龙山滑雪旅游度假地被评为首批国家级滑雪旅游度假地。2021年，全区共有A级旅游景区404个，比上年末增加4个。其中：5A级旅游景区6个，与上年持平；4A级旅游景区136个，比上年增加3个；3A级旅游景区116个，比上年增加1个；2A级旅游景区146个，与上年持平。

2021年，全区接待国内游客13126.81万人次，同比增长5.06%；全区实现国内旅游收入1460.49亿元，同比下降39.25%。如图5所示。

图5　2016—2021年全区旅游业发展情况

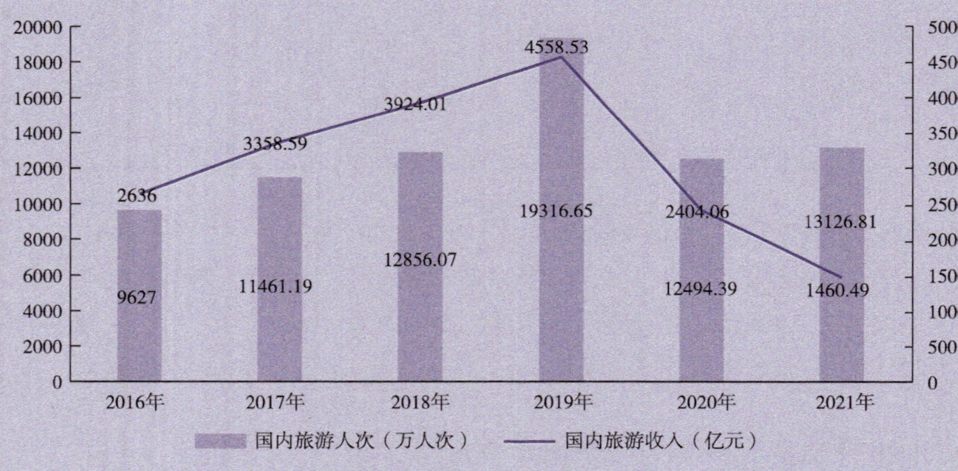

（八）文旅产业恢复发展与科技教育水平不断提升

2021年，印发《内蒙古自治区重点培育文化产业园区建设指南》《内蒙古自治区重点培育文化产业园区评定标准》，评定呼和浩特市大盛魁文化创意产业园、鄂尔多斯市科教文化创意产业园等7个第一批自治区重点培育文化产业园区。积极推动传统工艺传承和文化旅游商品创新发展，重点支持文化旅游商品实体店、文化旅游创意商品开发、精品驻场演艺、文化产业园区、全国性展会共65个项目，“内蒙古礼物”文化旅游商品标志性品牌认证商品192件。深化政银企对接合作，推动文化和旅游企业与银行达成实际融资贷款金额5.72亿元，全力助力企业纾难解困。积极培育壮大市场主体，各类活动促成项目签约12个，达成意向投资约20亿元。激发文化旅游消费潜力。呼和浩特市塞上老街、鄂尔多斯市康巴什乌兰木伦文化和旅游街区、呼伦贝尔满洲里市中俄边境旅游区套娃景区入选第一批国家级夜间文化和旅游消费集聚区。评定第一批自治区级夜间文化和旅游消费集聚区，呼和浩特市恼包村、包头市赛罕塔拉文化旅游中心等6个集聚区入选，包头市入选第二批国家级文化旅游消费试点城市。培育壮大市场主体，组织文旅企业参加第七届中国西部旅游产业博览会、第九届北京国际旅游商品及旅游装备博览会等展会，推动文化和旅游产业跨区域、多渠道合作。促进文化旅游消费，成功举办黄河几字弯生态文化旅游季系列活动。积极培育新业态，成功举办内蒙古电子竞技大赛。

2021年，全区文旅系统产业增加值27.55亿元，比上年度增长1.48亿元，占全区生产总值比重为0.13%。

2021年，科技教育水平不断提升，按照“错峰、预约、限量”要求，完成全区399个A级旅游景区、185个博物馆、117个公共图书馆及120个文化馆分时预约对接工作。提升一体化平台服务能力，完成“蒙速办 · 一网办”15个PC端特色应用接入项目建设。加强社会科学研究，开展文化和旅游课题研究工作，对60个课题给予立项支持。积极申报科技教育类评选项目，“中科万象稀土釉抗菌陶瓷”项目获评“2021年度国家文化和旅游科技创新工程项目”。“内蒙古地方戏曲文献融媒体传播探索”项目入选“2021年度文化和旅游部研究院所青年科研人才扶持计划项目”。“文化教育下乡，振兴新农村”“非遗进校园职业院校师资队伍建设——以包头职业技术学院为例”“内蒙古土默特右旗红色文化融入旅游专业课思想政治教育应用路径研究”项目入选文化和旅游部“2021年度文化艺术职业教育和旅游职业教育提质培优行动计划”。推动社会艺术水平考级改革。社会艺术水平考级管理“证照分离”改革工作完成，全面实现设立申请、备案、查询、变更等各项业务“不见面”办理。举办首届旅游行业校企对接会，17家院校与旅游企业进行了校企合作签约，为620名毕业生提供实习岗位。此项工作被评为自治区文化和旅游厅“我为群众办实事”优秀案例。

（九）文化遗产保护利用成效显著

2021年，文物保护利用成效显著。实施重点文物保护项目140个，阿尔寨石窟寺危岩体加固等一批工程顺利实施。清水河县后城咀龙山时代石城址、苏尼特右旗吉呼郎图匈奴墓等26项考古发掘稳步推进，为中华民族多元一体的发展历史提供了珍贵实证。全区有4处遗址、15处长城点段入选国家“十四五”大遗址目录，3处考古发现入选全国“百年百大考古发现”。文物安全督察不断加强，与自治区人民检察院联合开展长城保护公益诉讼工作，积极探索文化遗产保护公益诉讼新机制。组织开展文物安全督察工作，实地检查文物单位3161处，对检查发现的1727个安全隐患问题全部整改完毕，关闭了7家未通过消防验收的博物馆。文物展览陈列提质增效，内蒙古革命历史博物馆基本建设完工，赤峰契丹辽博物馆、呼伦贝尔历史博物馆建设项目稳步推进。“黄河从草原上流过——内蒙古黄河流域古代文明展”被国家文物局列入2021年“弘扬优秀传统文化、培育社会主义核心价值观”

推介 100 个主题展览。2021 年末，全区国家级重点文物保护单位 149 处，自治区级重点文物保护单位 478 处。

年末全区共有文物机构 261 个，比上年减少 20 个；全区文物机构从业人员 3759 人，比上年增加 260 人。其中：高级职称 396 人，占 10.53%；中级职称 637 人，占 16.95%。文物机构中，文物保护管理机构 83 个，占 31.80%；博物馆 168 个，占 64.37%。从业人员中，文物保护管理机构 638 人，占 16.97%；博物馆 2978 人，占 79.22%。具体情况见图 6。

图 6　2016—2021 年全区文物机构及从业人员情况

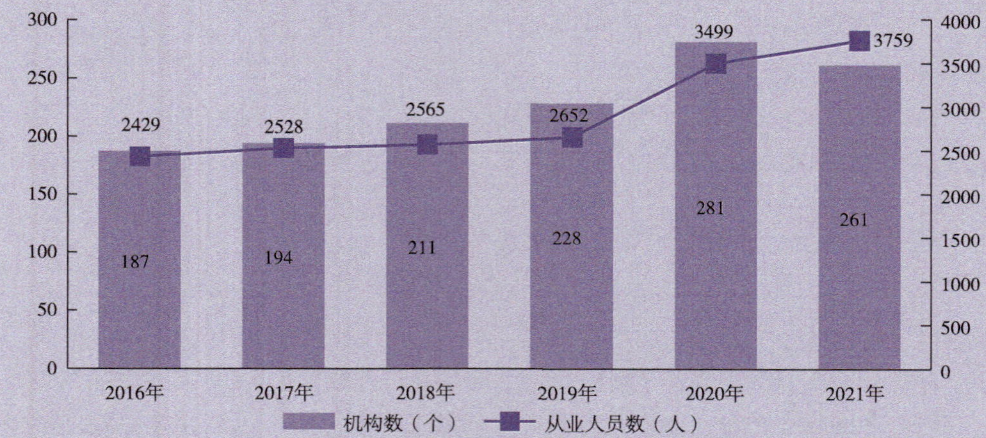

年末全区文物机构拥有藏品 131.91 万件 / 套，比上年增加 4.02 万件 / 套，增长 3.14%。其中：博物馆藏品 125.37 万件 / 套，占藏品总量的 95.04%；文物保护管理机构藏品 4.80 万件 / 套，占藏品总量的 3.64%。文物藏品中，一级文物 0.22 万件 / 套，占 0.17%；二级文物 0.61 万件 / 套，占 0.46%；三级文物 1.14 万件 / 套，占 0.86%。

全年文物机构共安排基本陈列 460 个，举办临时展览 188 个，接待参观 983.71 万人次，同比增长 19.20%。其中：博物馆接待观众 962.79 万人次，占文物机构接待观众总人次的 97.87%；文物保护管理机构接待观众 20.92 万人次，占 2.13%；参观人群中未成年人 249.73 万人次，同比增长 36.62%，占参观总人数的 25.39%。近几年文物机构参观人次见图 7。

2021 年，非遗保护传承活力增强。编制了《自治区“十四五”非物质文化遗产保护和传承规划》，印发了《自治区级非物质文化遗产代表性传承人认定与管理办法》《自治区级非物质文化遗产代表性传承人传承活动评估实施细则》等文件。推进保护传承，公布了第七批自治区级非物质文化遗产代表性传承人 120 人、第一批自治区传统工艺振兴目录项目 65 项 100 处，有 17 个项目入选第五批国家级非遗代表性项目。为强化宣传展示，组织举办了“非遗过大年 文化进万家”全区非遗年货展暨非遗扶贫产品展示展销会、“绣美新时代”内蒙古刺绣礼物大赛、文化和自然遗产日自治区主会场活动，开展了“传统文化月月传”、“传统手工艺大课堂”、非遗公开课等活动。实施 2021 年度国家级代表性传承人记录工程，举办非物质文化遗产传承人群研修研习培训 20 期。2021 年末，国家级非遗代表性项目 98 个 106 处，自治区级非遗项目 487 个 820 处，盟市级项目 1736 个，旗县级项目 3484 个；

国家级非遗代表性传承人 82 人（健在 69 人），自治区级传承人 1087 人（健在 945 人），盟市级传承人 3165 人，旗县级传承人 5399 人。

图 7　2016—2021 年全区文物机构参观人次及未成年人参观人次

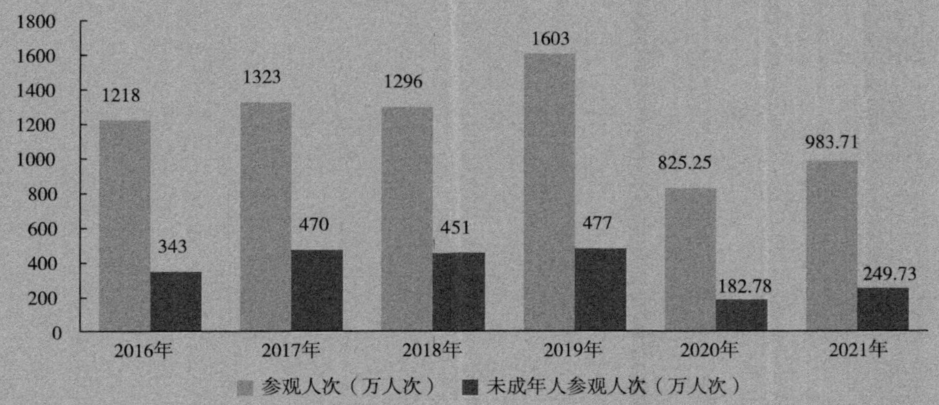

（十）文化和旅游对外交流与合作创新出彩

2021 年，构建大宣传机制，统筹"国字号""蒙字号""新字号"等各类媒体资源，围绕文化和旅游重点工作、重大活动、重点项目开展宣传，媒体发稿量和转载量超过 3500 余篇，曝光量 4 亿多人次，多条新闻在中央电视台新闻联播播报。官方微信发布稿件 704 篇，阅读量 75.4 万，微信视频号发布小视频 133 期。创新开展外宣工作，借助文化和旅游部对外交流与合作平台，与希腊大使馆联合举办线上欢乐春节活动，与莫斯科中国文化中心开展线上内蒙古文化周活动等。组织开展宣传活动，在中央电视台和内蒙古电视台投放内蒙古形象宣传片，受众超过 2.5 亿人。组织开展首届网红打卡地评选活动，集中发布了 66 个网红打卡地，在内蒙古卫视频道《亮丽风景线》栏目专题播出网红打卡地专题片。组织全国 32 家党媒开展"感悟黄河魂　畅游几字弯"大型采风活动，完成《有滋有味内蒙古》4 集纪录片、《沿着高速看中国》《直播长城》央视节目宣传工作。积极开展客源地营销，赴广州、苏州、南京等 5 地开展宣传推广活动，北京晚报平台融媒体宣传累计点击量超过 350 万，曝光量超过 8000 万。围绕 G7 高速公路自驾游、四季旅游线路产品开展攻略宣传，话题互动量超过 3000 万。设立香港内蒙古旅游营销中心，组织参加澳门国际旅游展，加强粤港澳大湾区的宣传工作。

二、文化和旅游发展中存在的困难和问题

2021 年，内蒙古文化和旅游发展取得了新成效，但同时也要看到，文化和旅游融合发展体制机制不健全，公共文化服务均等化程度有待提高，优质旅游供给与旅游消费升级不匹配等现象依然存在，具体表现在以下几个方面。

（一）公共文化服务水平有待提升

文化需求和文化供给之间的结构性矛盾比较突出，城乡之间、区域之间公共文化服务差距较大，公共文化资源配置不合理、基层文化设施利用不充分、文化服务效能不高的问题仍然突出。文化设施总体不足，文化活动不够丰富，文化队伍素质有待提高，基层文化队伍建设亟待加强。

（二）文旅产业发展动力不足

文旅骨干企业不强，知名品牌不多，产业集群发展优势不明显，品牌影响力尚待形成。特别是能够吸引国内旅游业领军企业来内蒙古投资的政策措施不多、吸引力不大，旅游投融资机制不健全，入库项目质量不高，企业融资渠道少的问题亟待解决。

（三）旅游发展不平衡不充分

内蒙古地域辽阔，东西狭长，一些旅游核心景区分布较为分散，旅游要素供给难以适应全域旅游发展要求。文旅龙头项目缺失，冬季旅游、夜间旅游、智慧旅游产品不够丰富。旅游交通不完善，每到旅游旺季，民航航班次少，铁路客运铺位紧张，公路运输距离长，部分景区可进入性差。应以市场需求为导向，培育和打造文化和旅游融合发展的新业态，丰富优质文旅融合产品供给。

三、下一步工作安排

2022年，全区立足新发展阶段，贯彻新发展理念，服务和融入新发展格局，推动高质量发展，以迎接宣传贯彻党的二十大为主线，以社会主义核心价值观为引领，以满足人民文化需求和增强人民精神力量为着力点，聚焦聚力铸牢中华民族共同体意识，努力创作优秀文艺作品，提供优秀文化产品和优质旅游产品，以优异成绩迎接党的二十大胜利召开。

（一）坚持要素驱动，加快推动文化产业和旅游业发展

一要壮大文化旅游市场主体。强化旅游招商引资力度，提高招商精准度、项目落地率，引进一批实力雄厚、管理经验先进的企业，培育一批有较大市场吸引力和影响力的文旅融合优质项目。鼓励各大旅游景区景点因地制宜，创新政策和机制，探索采取合资入股、有偿委托经营等方式，把区外善于制造旅游产品、吸引流量的旅游龙头企业引进来，带来新的旅游大项目。扶持小微，在“精”“特”“优”“新”上下功夫，从降低准入门槛、降低用地成本、落实奖励政策等方面给予大力支持，引导小微旅游企业积极融入龙头企业产业链。二是通过创新金融模式为产业赋能。多措并举，加强与各类金融机构对接沟通，研究适当延长对旅游企业的流动资金贷款周期，支持鼓励金融机构增加中小旅游企业的纯信用贷款额度，在客户准入、资产评估、抵押担保、信贷流程上进行针对性创新。鼓励保险公司、担保公司等可以为不具备实体资产的中小型旅游企业提供征信担保，推动解决中小型旅游企业担保抵押品不足产生的融资难问题。鼓励金融机构以银团贷款、联合授信、同业合作、委托代建购买服务及政府授权公司自营、发行债券等方式，对旅游重点项目、重点景区和重点企业进行资金支持。

（二）推动数字科技为文旅产业注入新动能

推进智慧旅游发展。创新智慧旅游公共服务模式，加强旅游预约平台建设，推进分时段预约游览、流量监测监控、科学引导分流等服务。建设一批智慧旅游城市、旅游景区、度假区、旅游街区，发展沉浸式互动体验、虚拟展示、智慧导览等新型旅游服务，推进以“互联网 +”为代表的旅游场景化建设。在重要景区景点、集散中心等旅客主要活动场所，大力发展免费 Wi-Fi、智能导游、电子讲解、信息推送等服务。加快新技术应用与技术创新。加快推动大数据、云计算、虚拟现实、增强现实等新技术在旅游领域的应用普及，以科技创新提升旅游业发展水平。

（三）坚持项目引领，抓好文化和旅游重大项目建设

一是加强项目储备。抢抓中央补短板、自治区走生态优先、绿色发展为导向的高质量发展新路子的政策机遇，结合本地区、本部门实际，积极谋划一批急项目、好项目、管长远的项目，将其纳入国家、自治区重大建设项目库。钻研政策，准确把握中央和自治区预算内资金投放方向，做到既吃透上级的政策，又弄清自己的情况，更掌握基层的实际，精准把握中央和自治区政策导向，认真谋划一批方向准、质量高的项目，积极争取预算内投资。二是聚焦项目建设。集中精力抓好重点项目建设，组建专班，采取“一对一”的方式，推进重大项目前期工作开展。特别是，施工季全力做好项目开复工前的各项准备工作，对计划开复工的项目，实行台账管理，并联推进手续办理、土地征迁等前期工作，确保施工季到来即可开复工。对在建重点项目，及时协调解决突出问题，加快投资和建设进度；对竣工项目，尽快组织投产投用，发挥应有作用。三是强化要素保障。按照提前谋划、重点实施的原则，充分发挥好财政性资金的杠杆作用，吸引社会投资及金融支持，优先保障并持续推进纳入规划的优质文旅项目落地实施。四是强化用地保障，将文化旅游项目新增用地需求纳入国土空间规划，积极探索“点状供地”、长期租赁、先租后让、租让结合等供地方式，保障项目建设用地需求。深入推进“放管服”改革，简化审批服务流程，压缩工作时限，实现“网上通办”“不见面办”，提升服务品质。持续优化营商环境，把“抓项目”与“抓环境”统筹起来，破解项目落地难题，营造民间投资良好发展环境。

（内蒙古自治区文化和旅游厅）

内蒙古：发挥行业优势　助力乡村振兴

2021 年，内蒙古自治区文化和旅游厅充分发挥部门职能统筹行业资源，结合文化和旅游工作实际，重点从文化服务提升、旅游产业推动、定点帮扶等方面积极推进乡村振兴工作。

一是提升文化服务效能。在艺术创作及展演方面，鼓励引导全区各级文艺院团、艺术工作者创作乡村振兴题材作品、讲好乡村振兴故事。开展“乌兰牧骑 +”综合服务活动，全区乌兰牧骑下基层演出6000余场。通过购买社会服务方式，组织 10 家民营剧团赴 10 个脱贫旗县的 93 个村开展戏曲进乡村示范性演出 140 场，农牧民观众近 4 万人。在基层公共文化服务方面，通过政府采购志愿服务，为科右中旗 80 个嘎查村均配备一名文化管理员。持续开展“阳光工程”“圆梦工程”农村牧区文化志愿服务，开展文艺演出、辅导培训、文艺创作、书画艺术等方面的乡村志愿服务活动近 400 场次，深受基层群众的欢迎。在非遗保护传承方面，积极实施中国非遗传承人群研修研习培训计划，组织举办好来宝、马具制作技艺、蒙古包营造技艺、内蒙古刺绣等研修班，帮助基层非遗项目持有者及从业者“强基础、拓眼界、增学养”，提升传承实践能力。

二是深入发展乡村旅游。印发《内蒙古自治区旅游休闲城市建设指要（试行）》《内蒙古自治区乡村旅游高质量发展三年行动计划（2021—2023 年）》等文件加强政策引导，建设城郊乡村休闲游憩带，推动创建乡村旅游重点村，对乡村旅游发展目标和工作任务提出具体要求和实施方法。推动乡村旅游重点村建设，开展自治区乡村旅游重点村名录建设和第三批全国乡村旅游重点村镇遴选推荐工作。认定 34 个村为首批内蒙古自治区乡村旅游重点村，3 个乡镇为首批内蒙古自治区乡村旅游重点镇。6 个村、3 个镇入选第三批全国乡村旅游重点村镇。强化星级乡村旅游接待户建设，印发《内蒙古自治区乡村（牧区）旅游接待户星级评定管理办法》，规范全区星级乡村旅游接待户评定工作，全区新评定五星级接待户 22 家。

三是加强人才培养培训。采取送教上门和出门观摩两种方式，开展乡村旅游人才培训。积极选派人员参加突出实用性和技能性的乡村旅游专题培训。将全区国贫、区贫旗县旅游部门负责人、乡村旅游企业带头人、从业人员以及村干部纳入培训范围，线上线下参训人数近 1 万人。2021 年，向文化和旅游部推荐乡村能人 17 人，推荐资助项目 3 个。以脱贫旗县图书馆、文化馆、艺术表演团体为支持重点，兼顾全区 60 个乡村旅游重点村镇，按照每个场馆、村镇约 3 名文化工作者的指标，积极开展文化人才选派及培养工作。

四是深入开展定点帮扶。继续巩固脱贫攻坚成果，帮扶兴安盟科右中旗吴龙宝嘎查，购置生产设备完善生产线，扩大集体经济效益；支持吴龙宝嘎查改善建档立卡贫困户居住环境卫生，推动建档立卡贫困户庭院经济发展。安排帮扶资金支持阿尔山市西口村开展特色民宿提升和文创产品研发，为乡村旅游发展扩充基础。

辽宁省 2021 年文化和旅游发展情况分析

2021 年是"十四五"规划开局之年。全省文化和旅游系统坚持以习近平新时代中国特色社会主义思想作为指导，深入学习领会习近平总书记重要讲话，特别是关于文化和旅游工作重要论述和指示批示精神，隆重庆祝中国共产党成立一百周年，扎实开展党史学习教育、推进全面从严治党，坚定理想信念、凝聚奋进力量。推进疫情防控常态化背景下文化和旅游产业韧性恢复。坚持守正创新、奋发有为，推动文化和旅游各项工作取得新进展、迈出新步伐。

一、机构和人员情况

2021 年，全省各级各类文化和旅游机构数 7479 个，从业人员 6.6 万余人。全省专业艺术院团 29 个，从业人员 2615 人；专业艺术演出剧场 30 个，从业人员 351 人；公共图书馆 129 个，从业人员 2193 人；群众艺术馆（文化馆）123 个，从业人员 1791 人；乡镇和城市街道文化站 1355 个，其中乡镇综合文化站 923 个；文化系统所属博物馆 65 个，拥有文物藏品 146.8 万余件 / 套；全省各级文化市场经营机构（不包括非公有制院团和场馆）3947 个，安排就业人员 1.8 万余人。旅游机构 1365 个，从业人员 2.4 余万人。具体情况如表 1 所示。

表 1　2020—2021 年辽宁省文化旅游机构和从业人员情况

项目	机构数（个）		从业人员数（人）	
	2020 年	2021 年	2020 年	2021 年
合计	8057	7479	71022	66041
一、文化和旅游合计	7915	7337	67121	62122
艺术表演团体业	186	184	6188	6488
其中：公有制艺术表演团体	29	29	2636	2615
艺术表演场馆	93	85	3184	2815
其中：公有制艺术表演场馆	30	30	356	351
图书馆	129	129	2295	2193
文化馆	123	123	1801	1791
文化站	1354	1355	2712	2671
艺术展览创作机构	4	6	52	66
文化和旅游部门教育机构	3	3	83	82
文化和旅游科研机构	6	6	101	94
文化市场经营机构	4315	3947	18718	18158
旅行社	1273	1111	7471	5495

续表

项目	机构数（个）		从业人员数（人）	
	2020 年	2021 年	2020 年	2021 年
星级饭店	292	254	21126	19093
文化和旅游行政部门	98	98	2269	2462
其他文化和旅游机构	39	36	855	714
二、文物合计	142	142	3901	3919
博物馆	65	65	2460	2465
文物保护管理机构	61	61	1156	1253
文物科研机构	4	4	151	79
文物行政部门	11	11	119	107
其他文化机构	1	1	15	15

二、资金投入和基础设施建设

2021 年，全省文化投入 39.69 亿元 ，比上年增长了 12.60%。全省文物投入 8.86 亿元，比上年减少 1%（见表 2）。其中艺术表演团体、艺术表演场馆、图书馆、文化科研机构、文化行政主管部门、博物馆等经费分别有不同程度增长，文化馆、文化站、艺术展览创作机构、文物保护管理机构、文物科研机构、文物行政部门等经费有不同程度的减少，主要是因为 2021 年部分地区新冠肺炎疫情暴发，限制或禁止有关大型文化活动，年初安排的经费没有支出，经费指标年底由财政收回。

推进公共文化服务城乡一体发展，完成省政府民生实事任务，基本实现了全省“一村一广场”的目标。做好“厕所革命”工作，全省新建旅游厕所 120 座。沈阳、大连建成一批城市书房、城市书屋。锦州满族民间刺绣博物馆竣工，北京评书（本溪）项目主体工程已完工。公共文化设施实现全面免费开放，服务水平和服务能力大幅提升。2021 年，全省完成文旅项目投资 140 亿元，实现同比增长 16.7%。

表 2　2020—2021 年主要行业经费投入对比

项目	2020 年投入（亿元）	2021 年投入（亿元）	增减数（亿元）	增减（%）
一、文化合计	35.25	39.69	4.44	12.60
艺术表演团体	3.93	4.58	0.65	16.54
艺术表演场馆	0.69	1.13	0.44	63.77
公共图书馆	4.51	4.87	0.36	7.99
文化馆	2.63	2.51	-0.12	-4.56
文化站	1.14	0.98	-0.16	-14.04
艺术展览创作机构	0.2	0.18	-0.02	-10.00
艺术教育业	0.2	0.2	0	0
文化科研机构	0.2	0.22	0.02	10.00

续表

项目	2020年投入（亿元）	2021年投入（亿元）	增减数（亿元）	增减（%）
文化行政主管部门	19.86	23.13	3.27	16.47
其他文化机构	1.89	1.89	0	0
二、文物合计	9.01	8.86	–0.15	–1.66
博物馆	5.14	5.76	0.62	12.06
文物保护管理机构	0.83	0.65	–0.18	–21.69
文物科研机构	0.74	0.56	–0.18	–24.32
文物行政部门	2.26	1.85	–0.41	–18.14
其他文物机构	0.04	0.04	0	0
总计	44.26	48.55	4.29	9.69

三、艺术创作演出

艺术创作持续繁荣，各类艺术活动精彩纷呈。出色完成中央庆祝中国共产党成立100周年大型情景史诗《伟大征程》参演任务。紧紧围绕庆祝建党100周年主题开展艺术创作，集中推出了一批重点舞台剧，歌剧《苍原》、话剧《干字碑》、芭蕾舞剧《八女投江》、杂技《炫彩车技》、话剧《无风地带》、话剧《孟泰》、舞蹈《本溪社火》7部作品入选文化和旅游部“庆祝中国共产党成立100周年优秀舞台艺术精品创作工程”。话剧《北上》等4部艺术作品进京展演获得好评。成功举办辽宁省庆祝中国共产党成立100周年优秀舞台艺术作品展演，展演作品34部，演出68场。全省26个项目入选国家艺术基金2020年度资助项目。举办辽宁省青年声乐大赛，138位选手参加比赛。举办辽宁省第十一届艺术节优秀剧目展播活动，辽宁文化云平台播出17台剧（节）目。以政府购买服务的形式，开展公益惠民演出800场。芭蕾舞剧《铁人》在国家大剧院的演出创近两年来票房新高，在第17届深圳文博会上完成巡演签约100场。地方戏曲保护传承取得新成绩，5部地方戏剧目获国家资助扶持。成功举办辽宁省第一届地方戏曲小戏展演活动，28个地方戏曲小戏剧目参演，组织开展2021年戏曲公益性演出，海城喇叭戏和阜新蒙古剧各完成演出100场。

2021年，全省艺术表演团体（事业）14个，本团创作首演剧目10个，比上年减少5个，减少了33%；全年演出700场，与上年持平，实现演出收入1060万元，比上年减少549万元，减少34%；观众人次比上年增加0.4万人，增长1%。具体情况如表3所示。

表3　2017—2021年全省艺术表演团体（事业）综合情况

年份	机构数（个）	从业人员（人）	本团创作首演剧目（个）	演出场次（场）	国内演出观众人次（万人次）	财政拨款（万元）	演出收入（万元）
2017	18	1611	15	1900	107.6	33228	2495
2018	18	1491	13	1550	85.2	28766	3402
2019	14	1417	8	1050	81.9	27925	1947
2020	14	1449	15	700	37.9	26076	1609
2021	14	1417	10	700	38.3	29129	1060

四、公共服务体系

公共文化服务效能不断提升，推动公共文化服务设施提质、增效、扩容。落实省人大常委会《关于我省贯彻实施〈中华人民共和国公共文化服务保障法〉情况的执法检查报告》监督建议，制定落实措施，在全省执行。落实智慧图书馆体系、公共文化云建设项目，2个项目入选全国文化和旅游装备技术提升优秀案例。推进乡镇综合文化站、村级综合性文化服务中心和社会性文化机构等基层文化单位设立分馆或服务点。完成县级图书馆总分馆制建设1258个、县级文化馆总分馆制建设1194个。立项8个行业省级地方标准，公布实施4个旅游地方标准。5个项目获国家社科基金艺术学项目立项，在东北、内蒙古四省区中位列第一。广泛开展群众性文化活动，举办“奋斗百年路·起航新征程”各类文化活动300余场、“文化进万家”群众文化活动900多场、乡村“村晚”700多场，线上线下达2700多场次。2个志愿服务组织和项目获全国最佳荣誉称号。开展公共文化“按需点单”服务，完成戏曲进乡村演出活动200场。实施优秀传统文化传承工程，开展辽宁省第十七届“群星奖”评奖活动和中国（辽宁省）民间文化艺术之乡展览展示暨文化进万家活动，6个中国民间文化艺术之乡、17个省级代表性项目进行集中展览展示。全年新增全国民间文化艺术之乡7个、辽宁省民间文化艺术之乡24个。开展辽宁省珍贵古籍名录及辽宁省古籍重点保护单位评审工作，12家古籍收藏单位、869部古籍参与申报。

（一）公共图书馆

2021年末，全省共有公共图书馆129个，其中少儿图书馆15个；全省公共图书馆从业人员2193人，比上年末减少102人。实际使用房屋建筑面积62.2万平方米；图书总藏量4670万册，增长3%；阅览室座席数4.1万个。全省平均每万人公共图书馆建筑面积146.04平方米，比上年末增加1.57平方米；全省人均图书藏量1.09册，高于全国人均图书藏量，全年全省人均购书费1.26元，比上年增加0.14元，增加了12.5%。

全省公共图书馆发放借书证230万个，与上年持平；总流通人次1737万人次，增长了11.2%。书刊文献外借册次1888万，增长了36.1%；为读者服务举办各类讲座1439次，参加活动33万人次。具体情况如表4所示。

表4　全省图书馆情况

指标	计量单位	2019年	2020年	2021年
机构数	个	130	129	129
业人员	人	2423	2295	2193
总藏量	万册、件	4395	4533	4670
本年新购藏量	万册、件	154	113	106
实际使用公共房屋建筑面积	万平方米	61.4	61.5	62.2
书库	万平方米	10.2	10.3	11
阅览室	万平方米	17	17.5	17.5
阅览座位	万个	4.1	4.2	4.1
少儿阅览室	万个	0.8	0.8	0.9

续表

指标	计量单位	2019 年	2020 年	2021 年
图书借阅情况	—			
总流通人次	万人次	3122	1562	1737
书刊文献外借册次	万册次	1981	1387	1888
累计发放有效借书证数	万个	172.9	230	230
为读者举办各种活动	—			
各类讲座次数	次	2636	1533	1439
参加人次	万人次	23.2	36	33
年末固定资产净值	亿元	69.7	25.3	27.5

（二）群众文化机构

2021 年末，全省共有群众文化机构 1478 个，其中文化馆 123 个，文化站 1355 个（其中乡镇综合文化站 923 个）。全省群众文化机构从业人员 4462 人，比上年末减少 51 人，减少 1%。减少原因主要是城市街道文化站改革，撤销合并所致。实际使用房屋建筑面积 114.1 万平方米。年末全省平均每万人群众文化设施建筑面积 267.9 平方米，与上年持平。全年共组织开展文艺活动 16132 次，比上年增加了 562 次，增长了 3.6%；文化服务惠及 682.79 万人次，减少了 396.21 万人次，减少了 36.7%。减少的主要原因是受新冠疫情影响，大型群众文化活动受到限制。

五、文物保护利用

文物保护利用成效显著，健全“先考古后出让”国土空间利用机制，印发实施《辽宁省文物保护区域评估工作指南（试行）》，保障省内大型建设工程项目考古调查勘探 73 项，向国家文物局申报获批考古发掘项目 23 项。高起点、高规格实施“中华文明探源”工程、“考古中国”项目，建立辽冀蒙联合申遗机制，“红山文化社会发展进程研究”列为考古中国项目。营口金牛山遗址、朝阳牛河梁遗址入选中国“百年百大考古发现”名单。成功举办“首届红山文化论坛”。开展革命文物遗迹调查，公布辽宁省第一批不可移动革命文物名录 650 处。公布辽宁省第十一批省级文物保护单位（革命文物类）33 处。启动 26 处保护性建筑修缮改造工程，总投资 1.9 亿元。组织开展“文化和自然遗产日”和 2021 年度“辽宁 · 沈阳公众考古”等系列活动。沈阳故宫古建筑油饰彩画保护修复工程、锦州义县奉国寺彩绘泥塑文物保护修复工程公共示范活动均取得良好社会反响。全省国有博物馆开设重点展览 41 个、举办临时展览 120 个。开展送展览进社区、进军营、进学校、进乡村活动 30 场。“山高水长——唐宋八大家”主题文物展，在“第十八届全国博物馆十大陈列展览精品”推介活动中获精品奖，“抗美援朝 保家卫国”展览获特别奖。

编制实施《长城国家文化公园（辽宁段）建设保护规划》，重点项目开工 15 项，总投资 2.6 亿元。在丹东市举办首届“长城文化发展论坛”，国家部委和长城沿线省相关部门及专家学者等百余人出席论坛。组织开展我省石窟寺专项调查工作，调查石窟寺（含摩崖造像）共 50 处，完成石窟寺单体调查报告 50 篇。调查信息全部录入“全国石窟寺专项调查信息管理系统”，形成《辽宁省石窟寺文物名录》《辽宁省石窟寺专项调查工作报告》《辽宁省石窟寺安全防范情况报告》等多项调查成果。在全国率先完成石窟寺专项调查，省委省政府向国务院报告工作，国家文物局给予充分肯定，并将我省调查成果作为示范文本加以推荐。

全省文博系统举办展览472个，去博物馆参观1361万人次，比上年增加546万人次，增长了67%。如表5所示。

表5 文物业综合情况

年份	机构数（个）	从业人员（人）	藏品数（件/套）	一级品	二级品	三级品	本年新增藏品数（件/套）	举办展览（个）	参观人次（万人次）
2017	143	3617	624845	2266	14720	161561	7083	509	1992
2018	144	3478	644488	1945	14616	128433	4328	409	2118
2019	144	3554	890550	2002	15224	157789	4670	536	2722
2020	142	3901	614612	2291	16103	158346	4516	442	815
2021	142	3919	1468786	4839	29394	291436	13108	472	1361

六、非物质文化遗产保护传承活力增强

推进非物质文化遗产整体性保护，启动辽河文化生态保护区建设工程。省政府公布第六批省级非遗代表性项目保护单位46个，新增国家级非遗代表性项目9个。开展非遗抢救性保护工作，对2名国家级代表性传承人进行图文音像的采录；制作完成文献类纪录片约20小时，整理照片约2万张，整理文字资料近2000万字。推进非遗保护利用设施建设，锦州满族民间刺绣博物馆已落成，北京评书（本溪）项目主体工程已完工。加强非遗传承人队伍建设，开展薪火工程传承活动，177名学徒开始非遗技艺学习。开展传承人考核，全年培训传承人80人。开展非遗展示交流，组织进校园、进社区公益惠民活动100场，“非遗直播家乡年”近500场次。选派我省13个非遗代表性项目、16件非遗作品参加“百年百艺·薪火相传”中国传统工艺邀请展。与恭王府博物馆共同主办“贝阙天工 万物更新”辽宁省非物质文化遗产项目大连贝雕精品展。组织丹东朝鲜族民歌《太平歌》参加2021年中国原生民歌节。锦州市“剪纸（医巫闾山满族剪纸）”项目报送的《剪不断的乡愁》短视频在微博“非遗过大年 文化进万家”最受网友喜欢的视频评选活动中位列前十。

七、产业发展与资源开发利用

2021年，全省文化和旅游市场韧性恢复，全年完成旅游总收入3288亿元，实现同比增长21%。全省新增国家级文化和旅游消费试点城市1个、国家级夜间文旅消费集聚区3个、全国民间艺术之乡7家、国家级滑雪旅游度假地1家，新增全国乡村旅游重点乡镇3个、全国乡村旅游重点村5个、五星级旅游饭店1家。沈阳市、大连市分别成为2023年、2024年“东亚文化之都”候选城市。公布命名省级全域旅游示范区12家、省级旅游度假区2家、省级旅游休闲街区6家、省级乡村旅游重点乡镇5个、省级乡村旅游重点村32个、四星级旅游饭店3家。建设辽宁智慧旅游平台，提升辽宁文化和旅游品牌形象。深化“引客入辽”工程，制定《辽宁省旅行社2020年“引客入辽”奖励工作实施

方案》。培育推介沈阳都市旅游圈都市旅游板块、10条四季旅游经典线路、10条精品自驾游线路和150个旅游好去处。实施全省旅游“后备箱”工程，组织各地建成一批“后备箱”研发生产、展示销售和电商平台、实体购物店。组织开展100个文博单位和景区延长夜间营业时间、推出100个特色旅游伴手礼、增加100项游客自主选择消费项目“三个一百”消费延伸活动。指导110家景区推出旅游惠民措施139项。推进“互联网＋旅游”，加快智慧景区建设。1个区、2家企业、2个项目列入国家重点文化出口名单。

资源开发利用成效明显，启动第三批国家级乡村旅游重点村镇和第二批省级乡村旅游重点村镇建设工作，新增国家级乡村旅游重点村6个和获评国家级乡村旅游重点乡镇3个。5个重点乡镇和32个重点村列入省级乡村旅游重点村镇名录。制定省冰雪旅游三年行动计划，召开辽宁省2020—2021雪季总结大会暨辽宁冰雪旅游发展峰会。培育建设省级全域旅游示范区2个。有序推动我省国家级度假区创建工作，公布2家省级旅游度假区。扩大5A级景区创建梯队，开展全省4A级旅游景区创建评定工作。共有6家景区完成创建工作，完成52家4A级及以上旅游景区和省级旅游度假区进行年度复核。开展红色文化资源普查，编制《辽宁省红色旅游规划》。围绕抗日战争起始地、解放战争转折地、新中国国歌素材地，抗美援朝出征地、共和国工业奠基地、雷锋精神发祥地这“辽宁六大红色标识地”，重点建设10条红色旅游景点线路，策划推广5条红色旅游线路入选“建党百年红色旅游百条精品线路”。成功举办辽宁省红色旅游展示推介大会。举办辽宁省首届红色旅游五好讲解员大赛，评选产生10名“辽宁省红色旅游十佳五好讲解员”、50名省级红色旅游五好讲解员。

八、文化和旅游市场管理

市场培育监管两手抓实，坚持依法行政，制定实施《省文化和旅游厅法治政府建设五年（2021—2025）行动计划》。服务好市场主体，受理并办结行政审批事项622项。梳理“一网通办”重点工作，共梳理涉及重点工作16大项25小项、“即来即办”清单125项、权责清单及事项服务目录省级依申请行政事项57项。开展“文旅审批大课堂”系列培训活动3期，280余人次参训。按照《旅游饭店星级的划分与评定》等相关规定，开展四星级饭店、4A级景区的评定性复核工作。推进文化和旅游市场信用分级分类监管，向文化和旅游部申报2个文明旅游示范单位。落实全国和我省文化和旅游市场黑名单管理相关规定，大连市完成1起旅游市场黑名单列入工作。建立省、市、县三级培训机制，举办全省平安文化市场综合执法工作暨全省文化市场综合执法平台应用培训班和旅游市场专项培训班，共培训100余人次。在大连市承办文化和旅游部文化市场综合执法监督局重大案件办理培训班，全国各省100余名一线执法骨干参加培训。全年全省出动执法人员近31万人次，检查经营场所9万余家，办理文化市场各类案件1000余件。全年指导办理国家文物局督办、转办、情况核实案件18件，办理文物违法案件8件。开展未经许可经营旅行社业务专项整治行动，共办理案件44件。

全年全省旅行社累计组团86861个、总游客数567.3万人次，同比增长75.7%；因受疫情影响，临时调整或取消旅游团队6956个，涉及游客166237人次。

2021年，全省互联网上网服务营业场所（网吧）1429个，比上年减少337个，减少19%；娱乐场所2118个，比上年减少142个，减少6%；非公有制艺术表演团体155个，比上年减少2个，减少1%。受新冠肺炎疫情影响，行业不景气，上座率低，互联网上网服务营业场所（网吧）、娱乐场所从业人员减少较多。具体情况如表 6 所示。

表 6　2020—2021 年文化市场经营机构基本情况

项目	机构数（个）		增减（个）	从业人员（人）		增减（人）
	2020 年	2021 年		2020 年	2021 年	
娱乐场所	2260	2118	-142	10849	10009	-840
互联网上网服务营业场所（网吧）	1766	1429	-337	4600	3343	-1257
非公有制艺术表演团体	157	155	-2	3552	3873	321
非公有制艺术表演场馆	63	55	-8	2828	2464	-364
经营性互联网文化单位	99	218	119	2178	3315	1137
艺术品经营机构	79	75	-4	266	207	-59
演出经纪机构	111	107	-4	1091	1284	193
合计	4535	4157	-378	25364	24495	-869

九、对外文化交流活动

交流合作和推广营销深入开展，实施文化和旅游推广工程，全年各类媒体刊发新闻报道 3000 余篇（条）。在央视总台加大文旅形象宣传力度。与新媒体、自媒体合作，举行旅游达人和自驾团队游辽宁活动，组织开展四季旅游营销推广。在抖音开展“抖来发现辽宁之美”话题挑战赛，推出 18 部辽宁旅游作品，总播放量 1.5 亿次。与辽宁广播电视台合作，展示全省 100 余处辽宁旅游景区，播出全省四季 14 座城市旅游好去处，开展走进春天——辽宁文化旅游云展播活动。在北京、深圳等重点城市举办区域营销活动。邀请江苏省文化和旅游业界代表参加第十六届辽宁 · 阜新玛瑙节，紧密开展辽苏对口合作交流。持续打造四季文化旅游品牌和主题活动。打造辽宁假日旅游好去处 152 个，组织沈阳都市旅游圈七市一区，共同举办“2021 沈阳都市旅游圈四季游暨春季游活动”。组织沿海经济带城市联合举办辽宁沿海经济带滨海公路自驾游宣传推广活动。推出 2000 台“寻访红色地标 重温伟大征程”红色地标宣传车、3000 台“辽宁六大红色标识”党史宣传车，对我省代表性的红色地标进行宣传。“红海行动——小海军体验营”产品被文化和旅游部评为 2021 年度“港澳青少年内地游学潜力产品”。深耕日韩俄及东北亚国家旅游市场，深化与“一带一路”沿线重点国家文化和旅游交流合作，借助中国进博会、服贸会等国家级展会平台、大连赏槐会和中日文化旅游大连交流大会等省内国际展会资源，积极利用“东北亚文化和旅游产业发展论坛”“中国（辽宁）—中东欧国家文化旅游交流会”等平台，依托海外中国文化中心和驻外旅游办事处，进行辽宁文化和旅游资源推介。在韩国首尔、蒙古乌兰巴托、日本大阪开展辽宁文旅推介活动。

2021 全年，文旅系统对外文化交流项目 9 起，比上年减少 1 起，减少 10%。受新冠肺炎疫情影响，对外文化交流项目有所减少。

（辽宁省文化和旅游厅）

辽宁：地方小戏反映现实生活

2021 年辽宁省第一届地方戏曲小戏展演，来自全省各地 24 个艺术团体的 28 个地方戏曲小戏剧目参加演出，涵盖辽剧、评剧、海城喇叭戏、阜新蒙古剧、铁岭秧歌剧、凌源影调戏、拉场戏、皮影戏、木偶戏等省内所有地方戏曲剧种，共演出 10 场，并组织专家开展“一戏一评”，这是全省地方戏曲的一次全面展示，旨在弘扬中华优秀传统文化。

展演中涌现了一批优秀作品，如拉场戏《送兔》、铁岭秧歌剧《山乡春晚》、海城喇叭戏《绿水青山情满天》、评剧《七月枣八月红》、辽剧《创业》《夜审》、木偶戏《红缨如火》等，反映了脱贫致富、振兴乡村、保护环境、建设美好家乡、歌颂英模等主题。小戏投入少、创作周期短、方便演出、贴近生活、接地气，有利于培养人才。一些编剧的作品首次登上舞台，有的年轻演员首次担纲主演。小戏作品以小见大、小故事寓意大道理，小舞台揭示大世界，全面集中展示了辽宁地方戏曲的艺术特色和创作水平，得到专家和观众的一致好评，被称为辽宁地方戏曲的一次总动员，吹响了辽宁地方戏曲传承发展的号角。

此次展演最令人感动的是，凌源影调戏《婆婆还乡》主演白云花，在演出前排练时不慎摔伤，造成骨折，为了不错过这次演出，年近七旬的她忍着剧痛，坐在轮椅上完成了精彩表演。同样年近七旬的本剧导演黄中东推着轮椅，倾情助力。两位老人用这种特殊的表演方式，彰显了基层艺术工作者戏比天大的文化情怀和坚定执着的文化信念。

辽宁省第一届地方戏曲小戏展演被列为辽宁省和西藏自治区文化交流项目，西藏那曲市艺术团应邀参加本届展演。那曲市艺术团在朝阳期间演出 7 场 36 个节目，其中参加辽宁省第一届地方戏曲小戏展演 4 场，还到北票市大黑山景区、喀喇沁左翼蒙古族自治县龙源湖景区、朝阳人民公园社区演出，为本届小戏展演增添了风采。

本届展演全部为公益惠民演出，让广大观众共同领略戏曲艺术的魅力，实现“戏曲小戏的盛会、城乡人民的节日”宗旨。参加展演的 28 个剧目以 5 场组台演出形式进行剧场演出，每台剧目演出 2 场，共演出 10 场。为进一步扩大活动的受众传播和社会影响，本次展演还通过辽宁广播电视台“欢乐集结号”和辽宁文化共享频道、辽宁文化云等平台进行录播和线上直播。“欢乐集结号”快手平台从 10 月 8 日开始对辽宁第一届地方戏小戏展演活动进行宣传，将优秀剧目实时送到 23.7 万粉丝的手机端。“欢乐集结号”快手平台和微博平台将依据计划，陆续将展演剧目依次展播，延续活动影响，扩大辽宁地域文化传播。

展演极大调动了全省地方戏曲院团的创作热情，涌现了一批优秀作品，受到城乡人民群众热烈欢迎。

吉林省2021年文化和旅游发展情况分析

2021年，吉林省文化和旅游系统坚持以习近平新时代中国特色社会主义思想为指导，落实省委、省政府“一主六双”战略部署，围绕“双环线”建设任务和打造“万亿级”支柱产业以及建设冰雪强省、文化强省战略目标，牢牢把握疫情常态化大背景下旅游业发展的趋势变革，坚持应势而变、顺势而为、乘势而进，推动文化和旅游各项工作取得良好成效。

一、机构和人员情况

2021年末，纳入统计范围的全省各类文化和旅游单位4981个，比上年末减少490个；从业人员33135人，比上年末减少4308人。

二、扎实打造艺术精品

2021年，全省文化和旅游系统聚焦建党百年，文艺创作推出献礼精品，京剧《杨靖宇》、舞剧《红旗》、民族管弦乐《高粱红了》、情景歌舞诗《海兰江畔稻花香》参加“庆祝中国共产党成立100周年优秀舞台艺术作品展演”活动；吉剧《桃李梅》《献爱火神山》、满族新城戏《小英雄那雨芽儿》、交响乐《红太阳照边疆》等7部作品入选文化和旅游部“庆祝中国共产党成立100周年舞台艺术精品创作工程”重点扶持作品名单；组织吉林艺术学院和吉林市歌舞团共500名演员，参加在京举办的庆祝中国共产党成立100周年文艺演出，获得文化和旅游部通报表扬。长春杂技团原创情景魔术《红》获得中国杂技“金菊奖”；长春人文学院群舞《姥姥的田》获得中国舞蹈“荷花奖”；延边歌舞团舞蹈诗《海兰江畔稻花儿香》获得第六届全国少数民族文艺会演优秀剧目奖。

2021年末，全省共有艺术表演团体114个，比上年末增加10个；从业人员4142人，比上年末增加625人。其中全省各级文化和旅游部门所属艺术表演团体46个，占40.4%；从业人员2475人，占59.8%（见表1）。全年全省艺术表演团体共演出0.62万场，比上年增长93.8%；国内观众386.79万人次，增长169%；演出收入8627.9万元，增长128.3%。

全年全省文化和旅游部门所属艺术表演团体共组织政府采购公益演出1200场，与上年持平；观众75.45万人次，比上年增长11%。

2021年末，全省共有艺术表演场馆104个，比上年末增加19个；观众座席数39413个，增长73.2%。全年艺术表演场馆共演映2.15万场，比上年增长97.2%；观众74.53万人次，增长41.5%。文化和旅游部门所属艺术表演场馆22个，与上年持平；全年共开展艺术演出300场次，比上年减少40%；艺术演出观众人次15.15万，增长176%。

2021年末，全省共有美术馆13个，与上年持平；从业人员124人，增加8人。全年共举办展览85次，比上年减少14.1%；参观人次13.89万，增长99.9%。

表 1 2010—2021 年全省文旅部门艺术表演团体基本情况

年份	机构（个）	从业人员（人）	演出场次（场）			国内演出观众人次（万人次）	演出收入（万元）	实际使用面积	
				国内演出场次					
					农村演出场次				排练场（万平方米）
2010	69	4101	8806	8063	4158	885.90	3274	9.66	2.14
2011	67	4043	8955	8326	5467	893.60	4342	9.47	2.77
2012	41	2803	6591	5266	2980	588.02	5588	8.88	2.48
2013	39	2700	4912	4845	3091	389.47	2983	9.32	2.42
2014	40	2540	4467	4218	2526	372.38	2860	9.48	2.60
2015	40	2510	4980	4720	2690	349.75	3074	9.84	2.26
2016	40	2245	5080	4750	2970	351.62	3719	9.32	2.20
2017	44	2416	5010	4510	2420	367.28	4337	10.15	2.68
2018	47	2671	4890	4740	2310	306.71	4460	10.76	2.39
2019	47	2676	4570	4500	2360	304.94	5555	10.37	2.28
2020	47	2487	3200	3100	1800	143.81	3779	10.66	2.23
2021	46	2475	3100	3000	1500	144.57	4304	9.92	2.22

三、稳步提升公共服务效能

2021 年，省文化和旅游厅继续完善全省公共文化服务立法体系，牵头起草《吉林省公共文化服务保障条例》；推进乡村公共文化建设，制定《吉林省“十四五”暨 2021 年乡村公共文化建设专项行动方案》，推荐 5 个“吉林省民间文化艺术之乡”参加文化和旅游部“中国民间文化艺术之乡”评审；“阳光工程”——农村文化志愿服务行动计划、“春雨工程”——全国文化和旅游志愿服务行动计划等活动取得良好成效。

2021 年末，全省文化和旅游部门公共文化服务机构 1161 个，其中，公共图书馆 66 个，群众艺术馆 12 个，文化馆 68 个，乡镇文化站 623 个，街道文化站 287 个，博物馆（纪念馆）105 个，如图 1 所示。

（一）公共图书馆

2021 年末，全省共有公共图书馆 66 个，与上年持平；从业人员 1485 人，增加 14 人；其中：具有高级职称人员 356 人，占 23.97%；具有中级职称人员 494 人，占 33.27%。

2021 年末，全省公共图书馆实际使用房屋建筑面积 32.92 万平方米，比上年增长 6.5%；全省图书总藏量 2401.13 万册，增长 6.3%；阅览室座席数 23434 个，增长 0.3%；计算机 4398 台，其中供读者使用的电子阅览终端 2656 台。

全年公共图书馆实际持证读者 107.81 万人，比上年增长 0.8%；总流通人次 509.86 万，增长 22.9%；书刊文献外借 353.62 万册次，减少 2.7%；外借人次 161.08 万，增长 11.2%。全年共为读者举办各种活动 2920 次，比上年增长 67.5%；参加人次 117.09 万，增长 108.4%。具体情况如图 2 所示。

图 1　2021 年全省公共文化服务机构分布情况

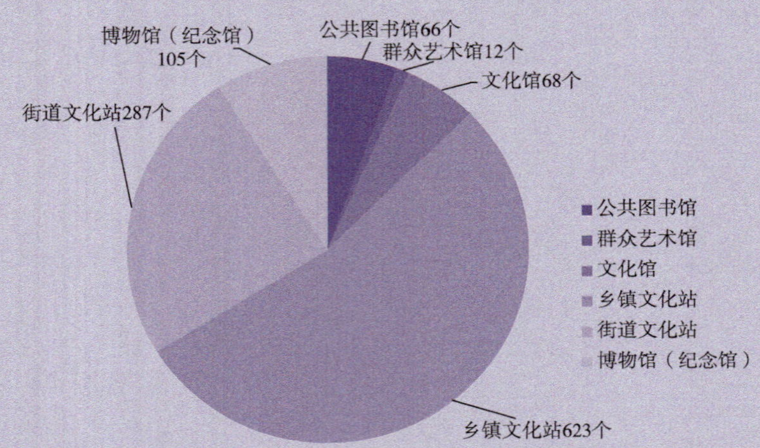

图 2　2011—2021 年全省公共图书馆总流通人次及书刊外借册次

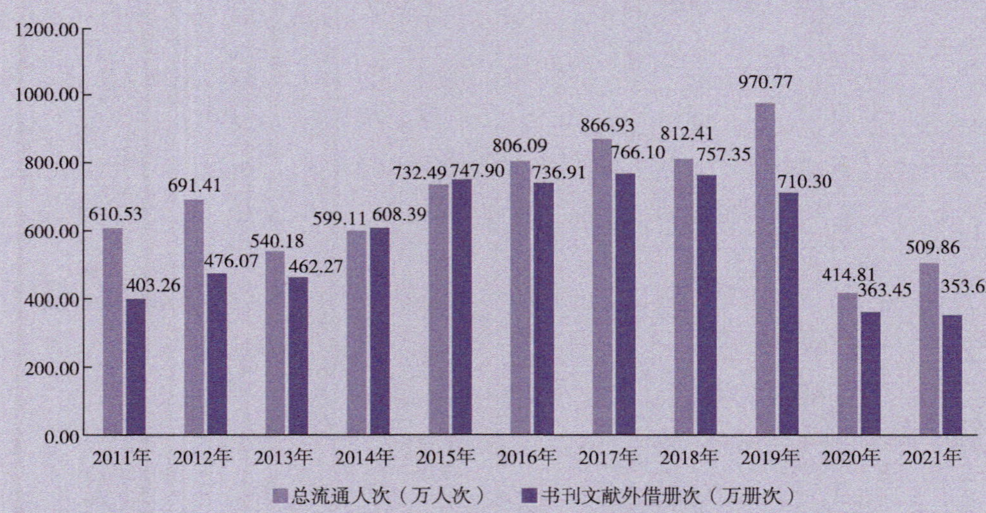

（二）群众文化机构

2021 年末，全省共有群众文化机构 990 个，比上年末增加 1 个。其中，乡镇综合文化站 623 个，与上年末持平。年末全省群众文化机构从业人员 4285 人，比上年末减少 28 人。其中：具有高级职称人员 498 人，占 11.6%；具有中级职称人员 687 人，占 16.0%。

2021 年末，全省群众文化机构实际使用房屋建筑面积 68.42 万平方米，比上年末增长 3.1%；业务用房面积 38.89 万平方米，增长 1.1%。年末全省平均每万人群众文化设施建筑面积 288.08 平方米，增长 4.5%。

全年全省群众文化机构共组织开展各类文化活动 25724 场次，比上年增长 42.7%；服务人次 730.34 万，增长 68.2%。

2021 年末，全省群众文化机构共有馆办文艺团体 211 个，全年演出 1155 场，观众 166.56 万人次。由文化馆（站）指导的群众业余文艺团体 7024 个，馆办老年大学 11 个。

四、有效规范文旅市场秩序

2021 年，吉林省文化和旅游厅以“保企业、活市场、促消费”为着力点，以省政府办公厅名义印发《关于做好常态化疫情防控工作支持文旅企业发展若干措施的通知》，通过有针对性、实效性的政策措施，扶持文旅企业渡过难关、推动文旅企业恢复发展、持续促进文旅消费；联合地方金融监督管理局、中国人民银行长春中心支行、吉林银保监局、吉林证监局等出台《关于金融支持吉林省文旅产业发展的若干政策措施》，明确每年单列不少于 30 亿元再贷款和 30 亿元再贴现限额，专项用于引导银行机构加大对文旅企业及项目的金融信贷支持；围绕文旅企业受疫情冲击经营困难的突出问题，积极协调省社保局利用失业保险结余基金为企业纾困，累计向企业返还失业保险金 7851.10 万元；以省级主导、平台对补、市（州）配比的方式，依托国内各大 OTA 平台，全省共投放 5250 万元文旅消费券，连同门票减免、消费满减等优惠措施，形成强力的市场拉动效应；监督指导文旅企业严抓疫情防控，经常性开展文化旅游市场检查、秩序整顿、乱象整治、安全生产等专项执法监督行动，做到管理与服务同步进行、同步优化。

2021 年末，全省通过统计直报系统报送的文化市场经营单位 2953 家，从业人员 9841 人，营业收入 9.31 亿元，营业利润 -464.90 万元。其中：娱乐场所 962 个，从业人员 4261 人，营业收入 3.14 亿元，营业利润 2899.70 万元；互联网上网服务营业场所 1585 个，从业人员 2762 人，营业收入 2.14 亿元，营业利润 -3219.1；演出市场单位 196 个，从业人员 2507 人，营业收入 2.07 亿元，营业利润 -4814.90 万元；艺术品经营机构 184 个，从业人员 37 人，营业收入 156.70 万元，营业利润 -9.10 万元；经营性互联网文化单位 26 家，从业人员 274 人，营业收入 1.94 亿元，营业利润 4678.50 万元。

2021 年末，全省共有旅行社 456 家。根据旅行社填报系统数据显示，全年全国旅行社营业收入 5.85 亿元，营业利润 -3175.60 万元。

2021 年末，全省旅游监管服务平台的星级饭店管理系统中共有 76 家星级饭店。填报系统数据显示，全年星级饭店营业收入 7.05 亿元，平均出租率 33.8%。

五、旅游市场持续恢复

2021 年，吉林省文化和旅游系统突出高质量发展，旅游业加快转型升级，全年接待游客 2.11 亿人次，同比增长 37.55%；实现旅游总收入 3274.83 亿元，同比增长 29.54%。具体情况如表 2 所示。

表 2　2016—2021 年全省旅游发展情况

年度	指标名称	计量单位	年绝对值	年同比增速（%）
2016	旅游总收入	亿元	2897.37	25.15
2016	接待旅客总人数	万人次	16578.77	17.32
2017	旅游总收入	亿元	3507.04	21.04
2017	接待旅客总人数	万人次	19241.33	16.06
2018	旅游总收入	亿元	4210.87	20.07
2018	接待旅客总人数	万人次	22156.39	15.15
2019	旅游总收入	亿元	4920.38	16.85
2019	接待旅客总人数	万人次	24833.01	12.08
2020	旅游总收入	亿元	2534.59	-48.49
2020	接待旅客总人数	万人次	15342.23	-38.22
2021	旅游总收入	亿元	3274.83	29.54
2021	接待旅客总人数	万人次	21074.50	37.55

一是冰雪产业持续发展壮大。编制完成《吉林省冰雪产业高质量发展规划（2021—2035 年）》《中国（长白山脉—阿尔泰山脉）冰雪经济高质量发展试验区总体规划（2021—2035 年）》，提出的《关于共建“冰雪丝路”推动“一带一路”倡议新实践的建议》获时任中共中央政治局常委、国务院副总理韩正同志批示，被国家发展改革委列为中央深改委年度重点改革事项。全省各类滑雪场和雪道数量分别较起步之年（2016 年）增长 43.2% 和 131%，雪季滑雪总接待能力达到 500 万人次，成为全国规模最大省份。2020—2021 雪季连续推出重要节事、滑雪体验等系列产品，形成“雪季开板、封板在吉林”的市场主导；把握北京冬奥会战略契机，“送冬奥祝福 带吉祥回家”——“冬奥运动号”飞机首航吉林，“长白春雪”全媒体推介活动实现引客聚流效应，北京冬奥会倒计时 100 天 ·“助力冬奥，乐享吉林”全省冰雪体验系列活动盛大开启，“冬奥在北京，体验在吉林”氛围愈加浓厚；通化万峰滑雪场即将投入运营，通梅冰雪集聚区有望成为我省冰雪产业新的增长极。在 2021 年 10 月 20 日启动的新雪季“双 11”冰雪大促中，仅 6 天时间，全省冰雪产品预售总额已达 2.25 亿元，居全国冰雪市场首位；仅飞猪平台销售额就突破 1 亿元，是河北、黑龙江等省份的 3 倍；万达长白山度假区更是创下淘宝直播冰雪单品销售纪录。

二是乡村旅游迎来发展高潮。以省委省政府名义召开首届全省乡村旅游发展大会，出台《关于推进乡村旅游高质量发展的实施意见》，形成独具吉林特色的乡村旅游发展思路、发展重点和政策体系。遴选 10 家省级乡村旅游精品村，举全省之力在项目、资金、技术等方面加大投入和倾斜力度，集中打造全国性乡村旅游品牌。3 镇 6 村成功入选第三批全国乡村旅游重点村镇，新增 6 家 5A 级、13 家 4A 级乡村旅游经营单位和 40 家省级乡村旅游重点村镇。修订实施《吉林省乡村旅游经营单位服务质量等级划分与评定》标准，推动乡村旅游标准化、品牌化建设。“雪后阳春 · 乡村游”春季推广、“乡约 · 22℃的夏天”主题营销等活动有效实现市场客流转化，乡村休闲、民俗体验等乡村旅游新业态吸引力、产品力不断提升。

三是红色旅游应势而兴强势发展。紧紧把握党史学习教育和庆祝建党百年、建国72周年重大契机，整合全省红色旅游资源，制定《活化红色资源、推动红色旅游高质量发展的实施方案》。创新推出“东北抗联、解放战争、抗美援朝、工业遗产、新时代精神、警示教育”六大红色旅游品牌和系列红色旅游产品；16个景区获评全国红色旅游经典景区；23处红色资源入选“建党百年红色旅游百条精品线路”；策划推出全省百佳红色旅游地和30条红色旅游精品线路，成功开展“初心如磐 · 使命在肩”——全省红色旅游推广活动暨红色旅游万人行活动。

四是产业基础支撑进一步夯实。2021年，全省计划建设项目183个，总投资1941.80亿元，完成投资136.50亿元。长春国际影都、查干湖生态小镇、通化冰雪产业示范新城一期、北大壶（湖）度假小镇项目、延边仙峰滑雪场、长白崖城文化旅游度假区等一批重点项目开工建设。查干湖、嫩江湾5A级景区创建进展顺利，白山市靖宇县、辽源市东辽县、通化市二道江区新增为省级全域旅游示范区创建单位，长春市天定山旅游度假小镇、国信南山温泉旅游景区、延吉市帽儿山（恐龙）文化旅游区、梅河口市城市客厅旅游景区获评4A级景区，受文化和旅游部委托编制的《东北地区全域旅游发展规划》已完成三省一区第一轮征求意见。旅游公共服务水平不断提升，省级景区预约平台搭建完成，国有景区和重点景区实现线上预约全覆盖；评选11家高等级城市旅游集散服务中心；完成省内高速公路景区标识牌设立更新；长春龙嘉机场在东北四大机场中恢复速度最快，过夜运力达到47架，创历史新高，连续三年在东北四大机场中过夜运力增幅位居第一。

六、文化遗产保护利用成效显著

2021年，吉林省文化和旅游系统聚焦保护传承，文物非遗工作取得新的进展。吉林省博物院《初心如磐——吉林省庆祝中国共产党成立100周年主题展览》、延边博物馆《永恒的旗帜——中国共产党延边历史展》入选国家文物局建党100周年精品展览。协调省财政厅建立基本建设考古经费保障机制，实现基本经费由企业承担转为财政统筹划拨，在全国形成典型示范。组织开展“考古吉林”工程，推进实施主动考古项目6个、抢救性发掘项目2个、配合性发掘项目6个；磨盘村山城考古发掘项目入选“2020年度全国十大考古新发现”，长白山神庙遗址列入国家“十四”时期大遗址保护名单，老黑河遗址被中宣部评定为全国爱国主义教育示范基地，“考古中国 · 吉林东部长白山地区古人类遗址考察与研究（2021—2025）”项目获国家文物局批准，伪满皇宫博物院获评全省首家“文物安全示范基地”。全省11个项目入选国务院公布的第五批国家级非物质文化遗产代表性名录；延边（朝鲜族）省级文化生态保护区通过验收，推动查干湖（郭尔罗斯）文化生态保护区申报国家级文化生态保护区；我省代表性非遗项目亮相“百年百艺 · 薪火相传”中国传统工艺邀请展、援疆省市非遗展；在全国“非遗过大年 文化进万家——视频直播家乡年”活动中，我省非遗项目精品短视频获得全国文旅系统官方账号视频播放量和点赞量最高荣誉。

2021年末，全省共有各类文物机构167个，比上年末减少2个。其中：文物保护管理机构52个，占31.1%；博物馆105个，占62.9%。年末全省文物机构从业人员2541人，比上年末减少14人。其中：高级职称345人，占13.6%；中级职称399人，占15.7%。

2021年末，全省文物机构藏品871955件，其中，博物馆文物藏品854346件/套，占文物藏品总量的98%。

2021年，全省各类文物机构共举办陈列展览33205个，比上年增加4281个。其中：基本陈列229个，增加16个；临时展览377个，增加104个。接待观众589.07万人次，比上年增长74.7%，其中，未成年人观众132.23万人次，增长14.2%，占参观总人数的22.4%。博物馆接待观众580.47万人次，比上年增长74.6%，占文物机构接待观众总数的98.5%。具体情况如图3所示。

图3 2011—2021年全省文物机构接待观众人次及未成年人观众人次

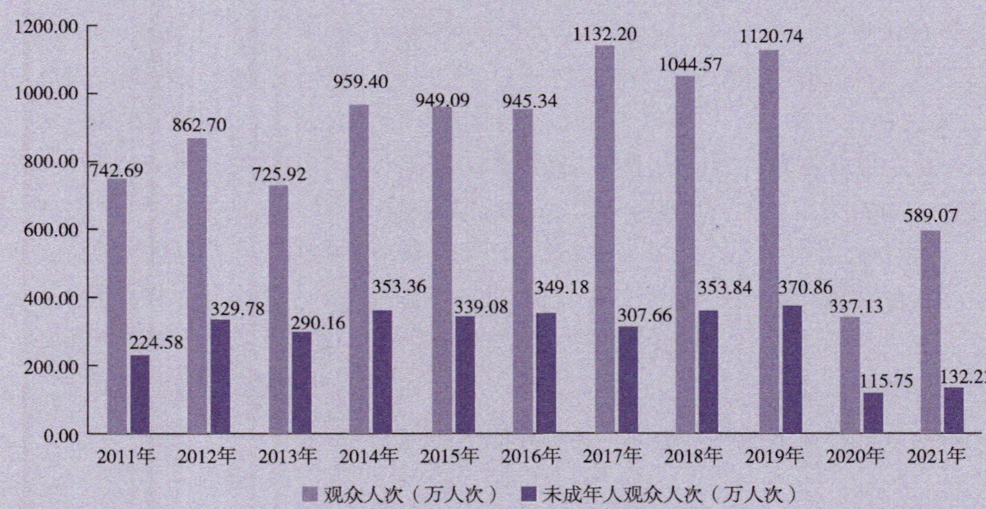

成功举办“第三届吉林非遗节”，100余位非遗传承人、50余个非遗项目、300余种非遗产品进行了展售交流，成交额60余万。

全省共有非物质文化遗产保护机构10个，从业人员438人。全年全省各类非物质文化遗产保护机构举办演出249场，比上年增长18.6%；举办民俗活动11次，与上年持平；举办展览9场，参观人次5.43万。

七、资金投入

2021年，全省文化和旅游事业费33.20亿元，比上年减少2.24亿元；文物事业费4.74亿元，比上年减少0.46亿元。

（吉林省文化和旅游厅）

吉林：推进冰雪产业高质量发展

从“世界冰雪黄金纬度带”到“世界三大粉雪基地之一”，构建吉林人的冰雪价值观；从“最美的雪花飘落在吉林”到“中国品质滑雪在吉林”，生成和推广冰雪文化，对内达成了共识，对外树立了形象。如今，吉林省“西冰东雪”产业格局已经形成，冰雪经济进一步发展。

多年来，地处冰雪黄金纬度带的吉林深入贯彻落实“冰天雪地也是金山银山”发展理念和“白雪换白银”“大力发展寒地冰雪经济，吉林要做好雪文章”要求，积极探索发展冰雪产业路径，省委、省政府出台《关于做大做强冰雪产业的实施意见》，大力推进冰雪产业发展。通过采取以下举措，收获了可喜成果：挖掘冰雪资源，生成冰雪价值；明晰产业定位，打造产品体系；强化项目支撑，提升发展质量；加强营销推广，扩大产业影响；加快产业融合，发挥保障作用；谋划产业升级，推动要素创新。尤其是连续多年高质量举办的吉林“雪博会”，已经成为国际性产业盛会，“发展寒地冰雪经济，做好雪文章”的重要载体。与此同时，以雪博会为总线，吉林雾凇节、查干湖冬捕节、长春瓦萨滑雪节等节事品牌，成为拥抱世界的“白色名片”，吉林冰雪形象更加鲜明。

作为“世界三大粉雪基地之一”，吉林是优良的冰雪运动开发区域，更是东北亚冰雪核心资源区。目前，吉林已经形成了以冰雪为核心的全产业链发展新格局，从“3+X”冰雪全产业链升级到“4+X”现代化冰雪经济体系，市场占有率居全国前列。2021—2022 冰雪季，乘着 2022 年北京冬奥会的东风，在“冬奥在北京，体验在吉林”理念的引领下，吉林省的冰雪运动和冰雪旅游持续升温，冰雪经济已成为拉动地方经济的新增长点。不仅如此，吉林还加快了布局后冬奥时代的冰雪经济步伐。2021 年 10 月 28 日，《吉林省冰雪产业高质量发展规划（2021—2035 年）》（以下简称《规划》）发布，这是全国完成的第一个省级冰雪产业高质量发展规划。《规划》提出，构建“一心、三廊、两区、三组团、两环线、多点支撑”冰雪产业空间发展格局，充分发挥冰雪产业在国家对外开放战略及区域协调发展格局中的作用，创新构建综合保障体系，探索将“冰天雪地”转化为“金山银山”的实现路径。到 2025 年，全省冰雪产业高质量发展体系初步建立，产业总规模达到 2500 亿元，成为世界知名的国际冰雪旅游胜地、“带动三亿人参与冰雪运动”的重要承载区。到 2035 年，冰雪产业消费链供应链转型升级，向价值链的中高端靠拢，国际产业合作深化，成为寒地冰雪经济高质量发展示范区，并向万亿级产业的世界级冰雪旅游目的地挺进。

黑龙江省2021年文化和旅游发展情况分析

2021年，全省文旅系统坚持以习近平新时代中国特色社会主义思想为指导，围绕中央和省委“六稳”“六保”等重大决策和部署，以文化强省和旅游强省建设为目标，在省委、省政府的坚强和正确领导下，面对新冠肺炎疫情严重冲击，积极应变、精准施策，众志成城、共克时艰，推动文化和旅游高质量发展。

一、庆祝建党100周年系列活动亮点纷呈

编制了《2020—2021迎接建党100周年全省重点创作剧目名录》，涵盖歌剧、京剧、评剧、龙江剧、话剧、音乐剧、芭蕾舞剧、木偶剧等多种题材。调动专家力量从全省各级院团创排的剧目中优中选优，确定了27台重点剧目。其中包括：弘扬龙江“四大精神的”音乐剧《铁人在非洲》、话剧《任务》、龙江剧《白马石》等；展现龙江创新创业历程的话剧《燃烧的黎明》《彩虹》、歌舞剧《兴山记忆》等；反映兴边富民建设的情景歌舞史诗《百年辉煌边疆颂》、大型音乐会《百年辉煌》等；歌颂龙江模范人物、脱贫攻坚典型、抗疫精神等的音乐剧《空降玫瑰》、龙江剧《我和我的村庄》《大“疫”面前》等。歌剧《铁人三重奏》、话剧《国之重器》等7部作品入选文化和旅游部“庆祝建党百年舞台艺术精品创作工程”重点扶持作品名单；话剧《八百里高寒》、龙江剧《扶贫书记》等4部剧目入选中宣部、文化和旅游部“庆祝建党百年优秀舞台艺术作品展演”；音乐剧《大泽鹤恋》荣获第六届全国少数民族文艺会演圆梦奖剧目创新大奖；话剧《空降玫瑰》入选文化和旅游部“第二届全国优秀音乐剧展演参演剧目名单”。推出“党在我心中”红色展览60余个，开展主题活动2 000多场次，“红色记忆——庆祝建党百年黑龙江革命文物、文献展”等3个展览入选中宣部“庆祝中国共产党成立100周年”精品展览推介项目。开展“美丽家园 · 幸福生活”社区文化艺术节等系列群众性文化活动，举办“党在非遗人心中”“庆祝建党百年百人百米百图党史”非遗剪纸作品展。

二、疫情防控常态化下文旅市场有序恢复

开展“限量、预约、错峰”旅游，国有A级景区在线预约率达100%，严格执行跨省旅游“熔断”机制，排查旅行社组团赴风险地区情况，依法妥善处理游客滞留、行程调整和退团退费等事宜，维护游客与旅游企业的合法权益。协调金融机构为文旅企业新增贷款5亿元、生产经营贷款贴息206.61万元。召开分管行业协会座谈会，听取协会工作情况及意见建议，研讨疫情防控常态化背景下文化旅游市场主体转型发展路径。深入实施旅游市场综合监管三年行动和提升旅游服务质量行动，开展冬季旅游市场突出问题专项整治。2021年，全省共接待游客1.63亿人次，同比增长14.23%，恢复至2019年的75.25%；实现旅游收入1345.09亿元，恢复至2019年的50.22%。

三、文旅产业基础得到进一步夯实

《黑龙江省促进旅游业发展条例》正式颁布，《黑龙江省“十四五”文化和旅游发展规划》印发实施。征集确立总投资570亿元的文旅产业重点招商项目109个，编制发放《黑龙江省文化和旅游招商项目册》，对外发布文旅产业招商地图。制定出台《黑龙江省文化旅游产业招商引资若干扶持政策措施》，促成北京旅游风景公司与太阳岛风景区开展运营管理合作。上年，各地累计投资10.15亿元，新建和完善公共文化设施27个。实施重点文旅产业项目100个，其中纳入黑龙江省百大项目8个，文旅融合项目30个，当年完成投资141.28亿元、建成运营34个，9家单位入选全国乡村旅游重点村（镇）。10个重大旅游基础设施项目纳入国家“十四五”文化保护传承利用工程储备库，4个项目争取到中央预算内资金10940万元。推出8条红色旅游线路，其中4条入选“建党百年红色旅游百条精品线路”。组织29户文旅企业参加2021年首届中国国际消博会、中国武汉文博会等展会4次，遴选53件特色旅游商品参加2次中国旅游商品大赛，获1金4银7铜奖项，黑龙江省文化和旅游厅获优秀贡献奖。《深化国有文艺院团改革的实施意见》正待审议。实施4A级以上景区数字化奖补政策，96家4A级以上景区视频监控数据接入全省智慧旅游平台，31家景区接入闸机客流数据系统，首批发放奖补金额560万元。

四、文化和旅游市场不断培育壮大

成功举办第十一届中俄文化大集，召开古驿路文化旅游联盟成立大会和第三届龙江东部湿地旅游联盟推进会议，发布黑龙江“黄金之路”古驿路文化旅游发展规划。黑龙江省“第十届中国伊春森林冰雪欢乐季系列活动”和“从零起步打造本土文旅代言人”宣传案例入选文化和旅游部旅游宣传推广典型案例，黑龙江是东北地区唯一入选省份。哈尔滨中央大街入选首批国家级旅游休闲街区、夜间文化和旅游消费集聚区，亚布力入选首批“国家级滑雪旅游度假地名单”；齐齐哈尔入选第二批国家文化和旅游消费试点城市；大庆入选第四批国家公共文化服务体系示范区；大兴安岭获得“中国生态康养旅游最佳目的地”称号。成立黑龙江省考古历史研究联盟，完成省保单位两线划定和公布工作，渤海国上京龙泉府遗址和金上京会宁府遗址入选全国百年百大考古发现，渤海国上京龙泉府遗址和牡丹江边墙入选国家“十四五”大遗址。举办“国粹穿林海 唱响威虎山”艺术文化活动月，组织现代革命京剧《智取威虎山》走进威虎山景区。在牡丹江举办“绿色发展 美好生活”中国旅游日黑龙江主会场活动，组织各市（地）开展各类活动109个，推出151项文旅惠民举措。携手新浪网推出“一起看中国第一缕阳光”第二季直播活动，全网观看量达到869万。在央视《朝闻天下》《新闻30分》栏目投放黑龙江省冬季旅游形象广告。

五、文化旅游市场监管和服务水平进一步提升

制定印发《关于进一步加强文化和旅游市场管理工作的通知》。召开冬季旅游市场监管电视电话会议。指导黑龙江省旅游协会完成换届，并召开第六届会员大会暨第一次理事会，通过了《黑龙江省旅游协会章程》《黑龙江省旅游行业自律公约》。开展2020年度黑龙江省文化市场经营单位统计调查，开展省内经营性互联网文化单位经营情况专项核查，举办文化市场审批管理、演出市场审批管理、网

络文化经营单位人员自审、营业性演出管理系统操作等各类培训班。推进全省游艺娱乐场所电子标识张贴，黑龙江省 174 家游艺娱乐场所 11170 台设备张贴率 82.7%，处理违法违规设备 136 台。加强对旅行社服务管理，给予 11 家旅行社“引客入省”奖励资金 96.5 万元。指导成立黑龙江省旅行社协会。与江泰保险公司多次磋商，为旅行社减免 2022 年旅游责任险 200 余万元。开展旅行社基础信息核查，对哈尔滨市进行第二轮核查。将促进旅行社发展的有关举措纳入《促进旅游发展条例》。推荐优质旅行社参加第四届旅发大会等各类招商、推广、联盟、合作等活动。在黑龙江省范围内开展满三年期星级饭店评定性复核，15 家四星级及以下饭店受到取消星级处理。指导黑龙江省导游协会举办线上导游大赛，开设导游培训线上大讲堂。开展“龙江导游讲龙江红色故事”主题活动。组织推荐国家金牌导游 5 人、特级导游 1 人。举办 2021 年黑龙江省旅游服务职业技能竞赛。加强质保金管理，为 639 家旅行社办理保证金暂退业务，暂退金额 17 194.6 万元，依申请办结率 100%。完善智慧旅游平台功能。

六、成功举办黑龙江省第四届旅游产业发展大会

2021 年 9 月 1 日至 3 日，黑龙江省第四届旅游产业发展大会在牡丹江市召开。大会围绕“镜泊胜景，林海雪原”主题，举办了开幕式暨文化旅游推介会，召开了全省旅游产业发展推进会议，组织了项目观摩考察。通过举办旅发大会，牡丹江市的旅游基础设施得到改善，公共服务体系更加健全，重大涉旅项目相继上马，经济社会发展水平整体提升，旅游产业的综合效应和拉动作用凸显，起到了“立标打样”作用，实现了“举办一届旅发大会，提升一个大会承办地”的目标，进一步叫响了“北国好风光，尽在黑龙江”品牌，有力助推龙江振兴发展，受到与会嘉宾和社会各界的高度评价。这届大会主要有四个特点：一是全区域布局。建设总投资 104 亿元的“42+N”文旅项目集群，推进重点观摩项目 29 个、配套项目 66 个，构建“镜泊湖—宁安”“海林—横道河子”“绥芬河—穆棱”和牡丹江中心城区“四大板块”，打造乡村振兴、红色研学、文旅融合和全域旅游“四大亮点”，形成全域布局、全季适宜、多点支撑、统筹协调的新发展格局。二是全谱系开发。推动 5 大主题 29 类旅游产品升级换代。新打造中兴峰悦自驾车营地、爱熊猫小镇等多业态融合产品 66 个，新推出东一中俄风情街等一批文旅综合体，新培育中兴村民俗风情园等特色旅游乡村 17 个，新建设中共六大历史资料陈列馆等红色旅游产品，新开发牡丹集团智慧科技馆等一批“科技 + 旅游”项目，新模拟恢复渤海皇城、林海雪原等历史风貌，完善了牡丹江市全域旅游产品体系。三是全产业融合。坚持“旅游 +”，将《智取威虎山》《红灯记》等经典剧目改编植入景区驻场演出，推出林海雪原旅游文化节、中俄摄影展等系列文旅节庆活动，举办招商签约会、地方名优产品及俄罗斯商品展销会等经济活动 40 余项，与多维集团、汉雅星空、华侨城集团、正威集团、牡丹集团、哈电集团、莱特兄弟和省六大投资集团等企业签约项目 71 个、投资总额 548.2 亿元，其中 39 个项目年内开工建设。四是全方位提升。新建智能化旅游服务中心 24 个、旅游标识 109 块、旅游厕所 68 座，投资 23 亿元大修高速公路 274 公里、道路 71 条、桥梁 21 座，改造服务区 6 处、收费站 28 个，上线开通“一部手机游牡丹江”App，市区和重点景区实现 5G 覆盖，一体化监管、数字化服务、便利化出行的旅游服务体系更加健全。

2021 年，黑龙江省文化旅游发展虽然取得了一定成绩，但在新冠肺炎疫情严重影响下，文化和旅游业发展的不确定性因素明显增加，发展不平衡不充分的问题变得更加突出，与全国相比还存在着一定差距。

一是产业发展实力较弱。文化市场主体“小、散、弱”，规模以上文化企业数量少、效益差、创

新能力弱，文化产业增加值占 GDP 比重低于全国平均值。

二是文旅投融资能力偏低。文旅招商引资力度不够大，缺少多元化投融资渠道，争取中央资金和地方政府债券积极性不高、主动性不强，总量较小，投资拉动效果不明显，与外省相比差距较大。

三是市场综合监管力度不强。市场综合管理责任落实还不到位。文化和旅游市场综合执法改革需要进一步深化。

四是文旅基础设施欠账较多。省博物馆、省图书馆、省群众艺术馆服务环境亟待改善，基层文化场馆达标率还不高，难以更好满足群众需求。旅游景区的交通、电力、电信、服务区、加油站等涉旅基础设施还不配套。

五是演出展览质量有待提升。艺术精品数量不足，创作力量薄弱，各地区、各艺术门类发展不平衡不充分，争取国家艺术基金资助项目需要加强。文物开放展示率和博物馆展陈水平还有待提高，非遗普及度、活化度还不够。

2022 年，我省将继续坚持以习近平新时代中国特色社会主义思想为指导，自觉承担起举旗帜、聚民心、育新人、兴文化、展形象的使命任务，围绕立足新阶段，贯彻新理念，构建新格局，守正创新，稳中求进，加快推动文化和旅游工作高质量发展，更好满足人民群众精神文化需求和优质旅游需要。

一要加强精品创作演出，推动龙江艺术繁荣发展。深入贯彻习近平总书记在中国文联十一大、中国作协十大开幕式上的重要讲话精神，围绕“喜迎党的二十大”主题，统筹重大现实题材、历史题材和革命题材，精心组织迎接党的二十大主题文艺创作，用心用情创作展现龙江政治、经济、文化、社会、生态文明建设等丰硕成果的优秀艺术作品。

二要实施文旅惠民工程，推动公共服务效能进一步提升。加快推进省博物馆新馆建设，力争把新馆打造成为全国领先的智能化、数字化博物馆。积极争取地方政府债券，推进基层图书馆、文化馆等文化基础设施提档升级。发挥文旅产业发展基金引导作用，带动各地完善游客服务中心、景区停车场、旅游标识、讲解系统、旅游厕所等基础配套设施。加快文化旅游数字化建设，升级全省文化云和智慧旅游平台，筹建黑龙江数字（线上）旅游集散中心。办好全省广场舞展演、第五届全省农民文化艺术节、第六届“冰天雪地、美好生活”等系列群众文化活动，更好满足人民群众精神文化需求。

三要突出保护传承弘扬，推动优秀传统文化融入社会生活。加快饶河小南山遗址、齐齐哈尔洪河遗址考古基地建设和渤海上京遗址、金上京遗址考古基地提档升级，启动实施渤海国上京龙泉府遗址申遗工作，推动“考古龙江”重大项目再出新成果。依法开展第八批国保单位“四有”工作，深入开展全省文物消防安全专项整治、文物火灾隐患整治和消防能力提升三年行动。开发东北烈士纪念馆、北大荒博物馆、铁人一口井井址等红色旅游资源，推出一批经典红色旅游线路。实施博物馆服务效能提升工程，开展博物馆讲解员、博物馆馆长和可移动文物专业技术三项提升行动，做好数字化专题展厅、预防性保护项目、主题展览三项引领工作。制定进一步加强非物质文化遗产保护工作的实施意见，加快推进文化生态保护区和非遗就业工坊建设，实施非遗传承人群研培计划，举办非遗过大年、冰雪非遗节等系列活动，助力全省乡村振兴和经济社会发展。

四要深化文旅资源开发，推动文旅经济提质增效。充分发挥比较优势、独特优势和地域特色，完善冰雪游、避暑游、森林游、湿地游、边境游等业态，加快建设国际冰雪旅游度假胜地、中国生态康养旅游目的地、中国自驾与户外运动旅游目的地。按照“简约、惠民、共享、安全”办会理念，推动各项政策资源向旅发大会聚焦、各方工作力量向旅发大会聚合、各类保障要素向旅发大会聚集，擦亮“石油文化”红色旅游、“温泉养生”康养旅游、“草原湿地”民俗旅游等品牌。筹备召开第二届古驿路文化旅游联盟工作会议和第四届东部湿地旅游联盟推进会议，完善全域旅游“一体两翼”发展新格局。落实文旅产业招商政策措施，开展文旅产业系列招商活动，实施百个文旅产业重点项目。着力完善文旅融资渠道，积极培育文旅金融市场，加强银文旅合作，引导银行业金融机构支持文旅重点项目建设。积极推进扎龙、五营和黑瞎子岛争创5A级景区，力争把扎龙湿地景区创建成为我省第7家5A级景区；推动雪乡、亚布力等重点潜力景区对照5A找差距、补短板，力争实现全省所有市（地）4A级景区全覆盖。谋划包装哈尔滨新区文旅集聚区、中华巴洛克历史文化街区等重点园区，争创国家文化和旅游产业融合发展示范区。抓好哈尔滨、牡丹江、齐齐哈尔3个国家级文旅消费试点城市建设，推动形成可复制、可推广的文旅促销模式。充分利用北京冬奥会、“三亿人上冰雪”契机，推进冰雪文化、艺术、体育、体验、研学、时尚融合发展，大力发展冰雪文化创意、冰雪休闲娱乐等冰雪产业，持续办好哈尔滨国际冰雪节、亚布力滑雪节、冰雪非遗节等大众性娱乐性节庆活动，让“冷资源”真正发展成为“热产业”。

五要强化宣传推广交流，推动龙江文旅品牌深入人心。策划推出观鸟赏花、生态康养、五花山色、赏冰乐雪等春夏秋冬四季旅游产品和线路，举办“两极穿越”房车露营节、黑龙江美食文化旅游节、五大连池冬捕节等品牌推广系列活动。立足国内大循环，积极开拓省外客源市场，深挖省内旅游市场潜力，联合推出系列优惠措施，刺激居民游客旅游消费。拓宽与省内外媒体和OTA平台合作渠道，统筹传统媒体、新媒体等资源建立立体宣传矩阵，加快设立黑龙江旅游营销推广中心，全面提升“北国好风光，尽在黑龙江”品牌知名度和影响力。充分发挥对俄文化交流桥头堡和枢纽站作用，深化与俄罗斯沿边州区交流合作，办好第十二届中俄文化大集，加快打造对俄沿边文旅走廊。积极参与文化和旅游部“部省对口合作”计划，借助“欢乐春节”“美丽中国”等品牌项目，筹办好中韩建交30周年、中日邦交50周年等系列文化旅游交流活动。

（黑龙江省文化和旅游厅）

黑龙江：第十一届中俄文化大集成功举办

2021年6月21日至25日，由文化和旅游部、黑龙江省人民政府、俄罗斯联邦文化部、俄罗斯阿穆尔州政府共同主办的第十一届中俄文化大集在黑龙江省黑河市和俄布拉戈维申斯克市同期举办。本届中俄文化大集的主题是“中俄携手谋发展，龙江两岸共繁荣”，首次以线上线下结合方式开展，包括线上对话、论坛推介、文旅宣传、产业链接四大板块，重点突出建党百年、乡村扶贫、冬季奥运会等元素。活动期间举办了交流直播间、招商推介会、中俄名家摄影作品展、非物质文化遗产精品展播、网络贸易大集等活动。

作为受到中俄双方真诚喜爱的人文交流平台，中俄文化大集的举办，使得黑河市与布拉戈维申斯克市情感走得更近了。其文化魅力，正在中俄两国产生良好的经济效益和影响力。近几年，中俄双方在黑河市、布拉戈维申斯克市设立了主办城市，中方还在黑龙江省10个沿边城市设分会场，俄方增加马加丹州、滨海边疆区、哈巴罗夫斯克边疆区等9个州区城市，共同参与中俄文化大集活动。俄远东地区主体城市的文艺团体赴中国其他城市举办专场演出，黑龙江省歌舞剧院、杂技团、龙江剧艺术中心、评剧艺术中心等省直艺术院团赴俄罗斯各大城市演出，使得文化大集更具开放性，带动范围更大，带动领域更宽。而黑河和布市无疑成为中俄跨境文化旅游集市及文化艺术交流、艺术品展销、文化经济贸易集散地，有力促进了双方经济社会繁荣发展。

随着中俄文化大集规模和质量的逐年提升，中俄主办方立足本地的同时，把目光放远，面向欧亚、北美、南美等国际市场，以贸易为统领，以旅兴贸，做强经济贸易和旅游产业，举办了“海外侨领侨商黑河产业项目招商对接会”“中俄进出口商品展销订货会”“中国工艺品俄罗斯展销会”“中俄文化旅游推介会”“沿黑龙江旅游产业带推进工作会议”等一系列以文化贸易、文化旅游为内容的经贸活动，促进了文化与传承、文化与旅游、文化与科技、文化与经贸深度融合，让两国民众享受到更为丰富多彩的文化大餐。

中俄文化大集自2010年创办以来，历经十余载精心培育，中俄文化大集的影响力已扩展至两国86个省州（共和国）和地市县级市，已经成为中俄两国国家级、区域性、协作性、机制性和民众性的文化贸易交流品牌，是中俄文化交流合作的一个成功范例，对促进两国共同发展，加强各领域合作，发挥着重要的作用，更是中俄毗邻地区两国人民共同的盛大节日。

上海市 2021 年文化和旅游发展情况分析

一、机构、人员和经费支出情况

2021 年末，全市共有纳入统计的文化（文物）和旅游机构 5191 个（含旅行社、星级饭店），如表 1 所示。

表 1 2021 年底上海市文化（文物）和旅游机构、从业人员

	机构数（个）	从业人员（人）
总计	5191	138463
一、文化和旅游合计	5015	133339
艺术表演团体	298	10546
其中：公有制艺术表演团体	21	3290
艺术表演场馆	83	3807
其中：公有制艺术表演场馆	31	1428
公共图书馆	22	2158
文化馆	23	911
文化站	218	3908
其中：乡镇综合文化站	107	2475
艺术展览创作机构	22	530
其中：美术馆	22	530
文化市场经营机构（不包括非公有制院团和场馆）	2720	51187
旅行社	1353	23727
星级饭店	164	33492
文化和旅游行政部门	17	575
其他文化和旅游机构	95	2498
其中：文化市场执法机构	17	467
二、文物合计	176	5124
博物馆	116	4178
文物保护管理机构	5	98
文物行政部门	17	132
其他文物机构	38	716

如表2所示，上海市文化和旅游经费支出决算数671410万元，其中，市级264125万元（占39.34%），区级407 285万元（占60.66%）。如表3所示，上海市文物经费支出决算数137747万元，其中：市级102203万元（占74.20%），区级35544万元（占25.80%）。

表2 2021年上海市文化和旅游经费决算数

项目	金额（万元）	比重(%)
行政运行	31948	4.76
一般行政管理事务	46068	6.86
机关服务	476	0.07
图书馆	122194	18.20
文化展示及纪念机构	29890	4.45
艺术表演场所	58907	8.77
艺术表演团体	52825	7.87
文化活动	8137	1.21
群众文化	101545	15.12
文化和旅游交流与合作	9735	1.45
文化创作与保护	9869	1.47
文化和旅游市场管理	15409	2.30
旅游宣传	15737	2.34
文化和旅游管理事务	9588	1.43
其他文化和旅游支出	159082	23.69
文化和旅游	671410	100.00

表3 2021年上海市文物经费决算数

项目	金额（万元）	比重(%)
文物保护	17350	12.60
博物馆	110896	80.51
历史名城与古迹	16	0.01
其他文物支出	9485	6.89
文物	137747	100.00

二、艺术表演团体和艺术展览创作情况

2021年末，全市有列入统计系统的艺术表演团体298个，从业人员10546人。国有（文化和旅游系统、宣传系统的）艺术表演团体21个（其中，市属的文化和旅游系统1个，宣传系统17个；区属的文化和旅游系统3个），从业人员3290人。文化和旅游部门所属艺术表演团体4个，从业人员317人。全年艺术表演团体演出场次2.8万场次；国内演出场次2.8万场次，其中，农村演出场次0.9万场次；国内演出观众1410.94万人次，其中，农村观众317.23万人次。

2021 年末，全市有列入统计系统的艺术表演场馆 83 个，从业人员 3807 人。按登记注册类型分，其中国有艺术表演场馆 23 个，从业人员 621 人。全市艺术表演场馆的观众座席数 165224 个，演（映）出场次 1.99 万场次，观众人次 802.16 万人次。国有艺术表演场馆的观众座席数 25442 个，演（映）出场次 0.63 万场次，观众 203.84 万人次。文化和旅游部门的艺术表演场馆的观众座席数 11980 个，演（映）出场次 0.34 万场次，观众 77.58 万人次。

2021 年末，全市有列入统计的艺术展览创造机构 22 家，其中独立核算的国有艺术展览创作机构 12 家（市级 5 家、区级 7 家），列入试统计的其他（非国有）美术馆 10 家。从业人员 530 人。全年共举办展览 312 个，参观人次 239.69 万人次。

举办"庆祝中国共产党成立 100 周年上海市美术馆展览季""海上风华美术季"，6 部上海作品参加全国"庆祝中国共产党成立 100 周年优秀舞台艺术作品展演活动"。中华艺术宫、上海中国画院、上海油画雕塑院参与"日出东方——上海市庆祝建党百年青年美术创作项目"。上海交响乐团组织创作《中国颂》等 4 部主旋律作品并开展全国巡演。中国上海国际艺术节中心举办"艺享申城"系列展演活动。办好重大主题展览展示，上海市历史博物馆举办"初心之地 美好生活"——庆祝建党 100 周年文物史料展。上海艺术研究中心举办"昆剧传字辈"百年纪念展。刘海粟美术馆举办第十六届上海青年美术大展。上海鲁迅纪念馆出版《鲁迅图传》。上海市剧本创作中心完成 98 部《上海文艺创作"百部精品"舞台艺术重点选题汇编》。推出庆祝建党百年主题展播，指导上海广播电视台推出《时间的答卷》《老外讲故事》等专题节目，组织"一月一主题　献礼建党百年"网络视听主题宣传活动，第 27 届上海电视节开展"百年风华 · 视听共享"全球播映。打造影视节目精品力作，23 部沪产电视剧首轮播出，《功勋》《光荣与梦想》等入选国家新闻出版广电总局庆祝建党百年展播重点剧目，网络剧《启航：当风起时》、网络电影《我们的新生活》等列为国家新闻出版广电总局重点网络影视项目。

三、公共文化设施情况

2021 年末，全市有列入统计系统的公共文化设施机构数 401 个，从业人员 11685 人，其中：公共图书馆 22 个，从业人员 2158 人（占 18.47%）；文化馆 23 个，从业人员 911 人（占 7.80%）；文化站 218 个，从业人员 3908 人（占 33.44%）；博物馆 116 个，从业人员 4178 人（占 35.76%）；美术馆 22 个，从业人员 530 人（占 4.53%）。

2021 年末，全市公共图书馆 22 个（市级 2 个、区级 20 个），其中少儿图书馆 4 个（市级 1 个、区级 3 个）。从业人员 2158 人，其中具有高级职称人员 241 人(占 11.17%)，具有中级职称人员 817 人(占 37.86%)①。

2021 年末，全市公共图书馆总藏量 8222.16 万册；总流通人次 1293.6 万人次；组织各类讲座 1632 次，参加人次 29.92 万人次；举办展览 333 个，参加人次 141.32 万人次；举办培训班 1078 个，培训人次 5.3 万人次。实际使用房屋建筑面积 44.29 万平方米。阅览室座席数 22565 个，其中少儿阅览室座席数 5446 个（占 24.13%）；计算机 6713 台，其中供读者使用的电子阅览终端 2697 台（占 40.18%）。

2021 年末，全市有群众艺术馆、文化馆 23 个（市级 1 个、区级 22 个），全市有 218 个文化

① 因机构改革，本市部分区的公共图书馆机构合并，机构的财政决算仍单独进行，故依独立核算要求，统计上仍按独立核算单位口径进行。

站，其中乡镇文化站107个（占49.08%），街道文化站111个（占50.92%）。群众文化机构从业人员4819人，其中具有高级职称人员72人（占1.49%），具有中级职称人员299人（占6.20%）。

2021年，全市群众艺术馆、文化馆（站）提供文化服务人次128023次，其中群艺馆、文化馆的为22968次（占17.94%），文化站的为105055次（占82.06%）。文化服务惠及人次3626.32万人次，其中群艺馆、文化馆的为482.08万人次（占13.29%），文化站的为3144.24万人次（占86.71%）。

2021年末，全市群众文化机构实际使用房屋建筑面积148.84万平方米，其中群艺馆、文化馆的为20.42万平方米（占13.72%），文化站的为128.42万平方米（占86.28%）。

（一）完善公共服务政策

出台指导意见，制定《上海市关于推进公共文化服务高质量发展的意见》，明确构筑公共文化空间新格局、提升数字文化服务新能级等五大任务。细化服务标准，编制《上海市基本公共服务目录清单》，制定《上海市公共文化设施开放及服务收费管理办法》。加强立法宣贯，依托社区、场馆阵地，开展公共文化条例、红色资源条例等普法宣传，营造人人共建共享氛围。

（二）打造公共服务品牌

精心办好上海市民文化节，紧扣"同庆建党百年 · 共享人民节日"主题，全年举办5万余项活动，吸引2000余万人次参与。打造"建筑可阅读"3.0版，开展体验数字化和服务体系化十大行动，首次推出建筑可阅读线上总入口、专线游巴士，"上海最受关注二十大优秀建筑"评选浏览量1.09亿次、投票数达4065万人次。培育文旅民生品牌项目，建成100个"演艺新空间"，推出100个"家门口的好去处"，举办长三角及全国部分城市最美公共文化空间大赛。上海市群众艺术馆推动市民艺术夜校延伸至10个区、开设80余门艺术课程，被《人民日报》头版点赞。

（三）提升公共服务能级

建好公共文化设施，上海博物馆、上海少年儿童图书馆有序推进上博东馆、少儿馆新馆建设。丰富公共服务内容，完善优质公共文化资源配送，直接服务市民2685万人次；依托"5 · 18国际博物馆日""5 · 19中国旅游日""文化和自然遗产日"，扩大文旅场馆惠民举措。创新公共服务方式，建成6200余个文化馆外创新服务空间，推出"夜游美术馆""博物馆奇妙夜"等延时开放服务。做优便民服务平台，打造"乐游上海"总入口，全新上线"四季上海"文旅消费信息发布平台，新增挂牌112个旅游咨询社区服务点。《旅游时报》社积极做好文旅宣推服务。

四、文化市场经营机构基本情况

2021年末，全市有文化市场经营机构3049家，按经营范围分：娱乐场所980个（占32.14%）；互联网上网服务营业场所（网吧）711个（占23.32%）；非公有制艺术表演团体277(占9.08%)；非公有制艺术表演场馆52个（占1.71%）；经营性互联网文化单位519个（占17.02%）；艺术品经营性机构267个（占8.76%）；演出经纪机构243个（占7.97%）。

五、非物质文化遗产保护情况

2021 年末，全市有非物质文化遗产保护中心 17 家，其中，市级的 1 家，区级的 16 家。从业人员 106 人。

2021 年末，全市有非物质文化遗产项目情况为：国家级项目 63 个，保护单位 76 个，代表性传承人 120 人；省级项目 251 个，保护单位 371 个，代表性传承人 794 人。

深入推进非遗保护传播，举办“百年百艺 · 薪火相传”中国传统工艺邀请展，推进上海古镇文旅业态融合提升，深化“非遗在社区”试点。

六、文物保护基本情况

2021 年末，上海市的文物资源情况为：有全国重点文物保护单位 40 处，有上海市市级文物保护单位 227 处，有上海市区级文物保护单位 451 处。

2021 年末，上海市有不可移动革命文物 250 处，国有可移动革命文物 4415 件 / 套。

2021 年末，全市有列入统计的文物保护机构 5 个，其中，市级 1 个（上海市文物保护研究中心），区级 4 个。从业人员 98 人。

出台首部省级红色资源地方性法规《上海市红色资源传承弘扬和保护利用条例》，推出联席会议机制、名录制度等全国独有的创新举措。完善重点保护机制，分两批发布上海市革命文物名录，完成“一馆五址”保护修缮，发布红色文化地图，6 家革命场馆展陈入选国家文物局“庆祝中国共产党成立 100 周年精品展览”。创建红色 5A 级景区，推动中共一大 · 二大 · 四大纪念馆成功创建并实现上海 10 年来零的突破，制定《关于全面提升上海市红色旅游发展水平的指导意见》，推出红色旅游观光巴士、精品线路和视听节目。

创新开展社会文物管理综合改革试点，首次创设进博会文物艺术品板块，11 个国家和地区 20 家境外机构参展，购买意向达 7.6 亿元，较 2020 年 200 余万成交额大幅提升。会同浦东新区共建“上海国际文物交易中心”，实施全国唯一文物临时进境“6 个月 × *N*”制度，全年进出境文物艺术品货值超过 170 亿元。上海市文物交流中心全力保障第四届进博会文物类展品和部分艺术品进境销售代理。积极推动文物保护重大项目，推动长江口二号古船整体迁移保护，完成现场 1 : 1 试验。上海市文物保护研究中心全力参与水下考古及文物打捞工作。完成南翔古猗园等市级文物保护单位文物修缮工程。

七、博物馆基本情况

2021 年末，全市有列入统计的博物馆 116 个，（实际备案博物馆 158 个），从业人员 4178 人，全年参观人次 2003.91 万人次。藏品 340.7 万件 / 套，其中文物藏品 44.0 万件 / 套。

八、对外、对港澳台文化交流活动

2021 年，有列入统计的对外、对港澳台项目共有 80 个：

第一，按交流活动性质分：出访 6 个、来访 74 个。

第二，按交流活动分类分：演出 20 个、展览 53 个、人员交流 7 个。

第三，按交流活动范围分：国外 64 个、香港 2 个、澳门 8 个、台湾 6 个。

第四，按主办方类型分：官方 28 个、民间 52 个。

第五，按组团性质分：商业 16 个、非商业 64 个。

主动服务国家文化外交战略。加强国际交流，发挥布鲁塞尔、哥本哈根中国文化中心辐射作用，深化“一带一路”艺术节、博物馆等合作机制，开展上海与汉堡友城 35 周年庆祝活动。上海博物馆举办疫情以来国际参展规模最大的“东西汇融——中欧陶瓷与文化交流特展”。上海世博会博物馆组织参展迪拜世博会。上海当代艺术博物馆成功举办第 13 届上海双年展。深化港澳台合作，首次签署沪澳文化、旅游合作交流意向书，成功举办“上海澳门周”活动，深耕“情系青春”“欢乐庆元宵”“海派文旅体验季”等对台交流平台。

九、动漫企业基本情况

2021 年末，全市有动漫企业 34 家，系经文化和旅游部、财政部、国家税务总局三部门联合认定的从事漫画创作、动画创作、网络动漫（含手机动漫）创作、动漫舞台剧制作、动漫软件开发和动漫衍生产品研发等动漫业务的企业。

第一，按部门分：系其他部门 34 家。

第二，按机构类型分：漫画创作企业 9 家、动画创作制作企业 19 家、网络动漫（含手机动漫）创作制作企业 3 家、动漫衍生品研发设计企业 3 家。

十、文化产业示范基地基本情况

2021 年末，全市有列入统计的文化产业示范基地 19 家，其中，国家级文化产业示范基地（企业类)4 家、国家文化产业示范基地（项目类）11 家、省级文化产业示范基地 4 家。

十一、旅游基本情况

2021 全市旅游总收入为 3860.53 亿元，比 2020 年增长 22.96%。其中：国内旅游收入 3536.53 亿元，同比增长 25.88%；旅游外汇收入 35.85 亿美元，减少 5.00%。全市接待国内旅游者 2.94 亿人次，同比增长 24.47%，其中外省市国内旅游者 1.42 亿人次，增长 20.23%。接待入境旅游者 103.29 万人次，同比减少 19.70%，其中入境过夜游客 102.69 万人次，减少 1.43%。

全年实现旅游产业增加值 1500.52 亿元，比上年增长 12.2%，占全市生产总值（GDP）的 3.5%。

至 2021 年末，全市星级饭店 177 家，其中五星级饭店 71 家，四星级饭店 56 家，三星级饭店 43 家，二星级饭店 7 家。全市旅行社 1865 家，其中，经营出境旅游业务的旅行社 296 家。A 级旅游景区 134 个，其中，5A 级景区 4 个，4A 级景区 69 个，3A 级景区 61 个。

（一）旅游市场情况

国内旅游市场恢复约 8 成，总体呈“先高后低”态势。2021 年度，全市接待国内游客 2.94 亿人次，同比增长 24.47%，恢复至 2019 年的 81.3%；实现国内旅游收入 3536.53 亿元，同比增长 25.88%，恢复至 2019 年的 73.8%。其中，上半年国内旅游市场持续恢复，二季度恢复近九成，但下半年恢复进程明显放缓。重大节假日表现更为直观，春节、清明、五一假期恢复较好，尤其是五一假期恢复程度达到高点，共接待游客 1688.9 万人次，同比增长 138.88%，但国庆假期复苏程度有所下行，宾馆旅馆平均客房出租率同比下降 4 个百分点。

入境游市场仍未破冰，澳门为当前唯一出境自由行目的地。2021 年度，全市接待来沪入境游客 103.29 万人次，同比减少 19.70%，仅为 2019 年规模的 11.5%；全年旅游外汇收入 35.85 亿美元，同比减少 5.0%。其中，入境过夜游客 102.69 万人次，同比减少 1.43%，为 2019 年的 14%。出境游仍受政策严格管控，尚未完全开放。目前仅恢复了澳门旅游签注开放内地居民赴澳门自由行，澳门尚未对上海旅行社开放团队游。

（二）旅游行业情况

1. 旅游住宿

星级饭店整体恢复近八成，但下半年营收明显下滑。2021 年，星级饭店平均出租率为 50.74%，同比增加 13.95 个百分点，恢复至 2019 年的 77%；星级饭店平均房价为 629.48 元 / 间天，同比增长 3.38%，恢复至 2019 年的 83%；星级饭店营业收入 123.78 亿元，同比增长 22.1%，恢复至 2019 年的 67.7%。从平均客房出租率看，7 月达全年最高水平（69.15%），8 月断崖式下跌至 36.22%，9—12 月有所回升但普遍低于上年同期水平。从营业收入看，上半年星级饭店营收稳步复苏，尤其是二季度营收 36.7 亿元、恢复至 2019 年同期的 77.3%，但下半年营收下滑明显，三季度、四季度分别营收 31.19 亿元、30.51 亿元，为别为 2019 年同期的 72.05% 和 61.24%。如图 1 所示。

图 1　2021 年星级饭店客房出租率分月趋势图

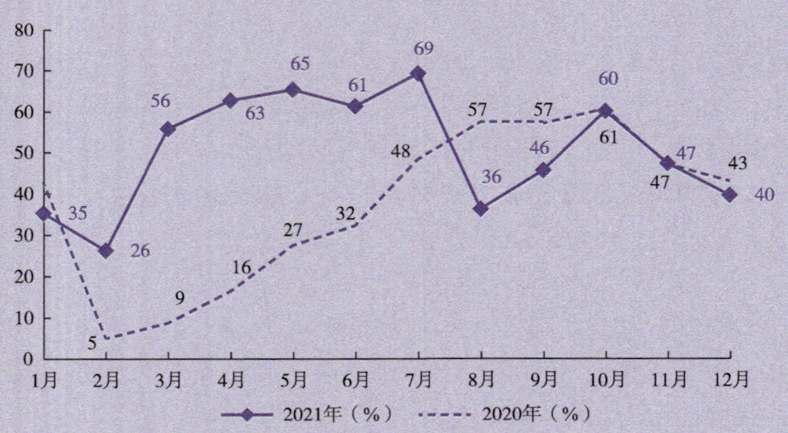

2. 旅游景区

景区营收超过疫情前水平，逐渐摆脱“门票经济”。2021 年，全市 A 级景区（点）共计接待游客总数达到 1.78 亿人次，恢复至 2019 年的 92.8%；实现营业收入 88.14 亿元，超过 2019 年的水平（82.23 亿元），其中门票收入 18.12 亿元，占营业收入的 20.6%。上海主要旅游景区（点）数据显示，2021 年上海主要旅游景区（点）的门票收入在营业收入中的比重为 35.02%，明显低于 2019 年的水平（46.12%），且 2021 年各月比重均低于 2019 年同期，主要得益于景区持续推出文创产品、提升服务质量并出台相关措施，二次消费增长较为显著。

3. 旅行社

国内游业务量仅为疫前五成，营收仅为两成。2021 年，上海旅行社共计接待国内游客 360.82 万人次，同比增长 102.26%，仅恢复至 2019 年的 54%，国内游组团 520.42 万人次，同比增长 92.12%，恢复不足 2019 年的五成（47%）；全市实现营业收入 349.16 亿元，同比减少 56.66%，仅为 2019 年的两成。国际游业务仍冰封。本地游、自由行占比不断提高，游客对传统线下旅行社的需求进一步减少。

十二、其他文化和旅游机构情况

2021 年末，全市有列入文化和旅游统计的其他文化和旅游机构（事业）56 个，其中，文化行政执法机构 17 个（市级执法总队 1 个；区级执法大队 16 个，为区文化和旅游局执法大队）。

2021 年末，全市有列入文化和旅游统计的其他文化和旅游机构（企业）4 个。

2021 年末，全市有列入文物统计的其他文物机构（事业）3 个。

2021 年末，全市有列入文物统计的其他文物机构（企业）35 个。

十三、着力赋能城市空间新格局

聚焦“一江一河”建设，制定《关于支持全力打响“浦江游览”品牌的若干措施》，推进五个服务便利化，推出黄浦江旅游新版宣传片，推动“浦江游览 + 电竞赛事”融合发展。开展苏州河水岸文旅资源普查，启动专项规划编制。率先发力“五个新城”，签订战略合作协议，建立文化场馆共建、展览展示共办、公共服务共享、文旅活动共推、人才队伍共育等五大协作机制，助力五个新城打造新型都市旅游目的地。积极推动“南北转型”，量身定制文旅赋能专属方案，推动打响宝山“长江门户”、金山“上海湾区”特色文旅品牌。

积极推动长三角文旅一体化。共办节庆活动，线上线下联动，开展市民文化节“缤纷长三角”、上海旅游节“长三角餐桌计划”等主题活动。共享服务资源，依托社保卡“一卡通”，推进长三角图书馆便民服务功能建设，联合举办精品展览，合办专业人才培训，开展区域文旅宣推。共建文物市场，牵头苏浙皖三省文物局，共同签署《长三角文物市场一体化规范发展战略合作框架协议》，建立全国首个区域性文物市场一体化规范发展合作体系。

十四、注重精准施策　加快提质增能

（一）加强规划引领

编制《上海市“十四五”时期深化世界著名旅游城市建设规划》，全面启动实施上海旅游倍增计划和高峰工程。加强政策供给，出台《关于支持上海旅游业提质增能的若干措施》（新 12 条），制定郊野公园、工业旅游发展等指导性政策。加强动态管理，率先有序放开文化场所、旅游景区 75% 接待上限，创新发布区旅游发展指数，动态实施跨省旅游熔断机制。全年上海文旅各项发展指标稳中有升，预计全年旅游总收入为 3860.53 亿元，比 2020 年增长 22.96%，恢复至 2019 年的 69.9%，复苏幅度比全国平均水平高 12 个百分点。

（二）注重平台建设，力促投资消费

首次举办上海旅游投资促进大会，集中启动两个“1000 亿”重大旅游投资项目，发布《上海旅游投资推介指南（2021）》，线上线下“双线”服务旅游投资招商，强化重大项目动态管理和跟踪服务。创新办好 2021 年上海旅游节，首次设立“建筑可阅读”年度文化主题，实现破圈和迭代，接待市民游客 2 642 万人次，拉动消费 360.8 亿元，媒体报道总量达 13.8 万余条，同比增长 207%，“建筑可阅读”十二时辰全媒体大直播全域传播量 2.2 亿人次，得到了市委、市政府主要领导的充分肯定。深入推进文旅消费示范试点，浦东、虹口两区入选第二批国家文化和旅游消费试点城市，外滩风景区、衡复风貌区、南京西路商圈等 6 处获评第一批国家级夜间文化和旅游消费集聚区。打造“乐嗨上海”假日文旅品牌，上海成为国内假日旅游首选城市。

（三）注重项目带动，壮大重点产业

创新举办第三届上海国际艺术品交易月，突出“全球艺场，艺术上海”主题，首次开展艺博会和进博会、交易月和美术季、艺术收藏和艺术美育“三个联动”，集中举办艺术活动 300 余场，参与交易主体 420 余家，累积交易艺术品货值达 108 亿元。全年举办文物拍卖会 895 场，同比增长近 100%，总成交额 40 亿元。推进亚洲演艺之都建设，以演艺大世界建设为牵引，全年举办营业性演出 38 366 场，比 2020 年 30 772 场增长 24.68%，场次数量基本与 2019 年（38 960 场）持平。推进全球电竞之都建设，发布全球著名电竞城市产业发展指数，完成电竞场馆等级评定，举办第十七届中国国际动漫游戏博览会。推进“品质直播第一城”建设，挂牌成立 MCN 产业促进会，挖掘培育 MCN 品牌企业。支持乡村旅游发展，2 家郊野公园创建 4A 级景区，3 个镇被评为全国乡村旅游重点镇（乡），5 个村被评为全国乡村旅游重点村。加强文创产品开发，落实文创开发激励政策，统一上海礼物标识。

十五、提升文旅治理数字化效能

打造专业版“文旅两网”，创造性启动建设上海数字文旅中心，初步建成一站式文旅公共服务综合体。上海市文化旅游公共服务和人才服务中心全力参与上海文旅“两网大厅”建设。夯实文旅数字底座，大力推进文旅通项目建设，汇集景区客流、银联消费、航空客运等近 300 个数据资源目录

8000余万条数据。建好文旅信息系统，完成文旅突发事件管理系统、不可移动文物保护监测预警平台等项目建设。

拓展文旅生活数字化场景。推进“一码畅游”，建成“随申码 · 文旅”公共服务平台，首批45家文旅场馆完成闸机终端部署应用。推进“便捷入住”，建成775家数字酒店，实现“30秒入住、0秒离店”。推进“智慧游览”，打造21家数字景区，开展美术馆智能化改造和上海博物馆数字化转型试点。

推动文旅经济数字化转型。加强前瞻研究，建设“数字文化保护与旅游数据智能计算”等文化和旅游部重点实验室和“智慧广电安全生态创新研究实验室”。鼓励探索创新，培育数字文旅新业态，支持“云展览”“云演出”“云过节”等新模式。

（上海市文化和旅游局）

上海：推动文旅融合高质量发展

2021年，上海文旅系统和行业把握新发展阶段，贯彻新发展理念，服务新发展格局，推动文旅融合高质量发展，实现了“十四五”良好开局、平稳起步。

一是红色文旅唱响主旋律。聚焦庆祝建党百年主线，出台首部省级红色资源地方性法规《上海市红色资源传承弘扬和保护利用条例》，首次发布上海市革命文物名录，推出一批红色主题展览展演展播精品，推动中共一大·二大·四大纪念馆成功创建国家5A级景区，实现上海10年来零的突破。

二是建筑可阅读焕新升级。认真践行人民城市重要理念，推出建筑可阅读“五个民”体验数字化和“五个一”服务体系化十大行动，线上线下吸引超1.3亿人次参与。建成100家“演艺新空间”、100个“家门口好去处”双百文旅民心工程，将市民艺术夜校延伸至10个区20个服务点。

三是上海旅游节破圈迭代。创新举办2021年第32届上海旅游节，首次设立“建筑可阅读、城市微旅行”年度主题，接待市民游客2642万人次，拉动消费360.8亿元，媒体报道总量达13.8万条，同比增长207%，“建筑可阅读”十二时辰全媒体大直播全网传播量2.2亿人次。

四是文旅投资开创新局面。加强跨周期布局，成功举办首届上海旅游投资促进大会，集中启动两个“1000亿”重大旅游投资项目和招商项目，创新推出各区旅游发展指数。上海国际旅游度假区新建区、乐高主题乐园核心区等项目累计完成投资85.3亿元。

五是文物综改取得新突破。深入推进全国唯一社会文物管理综合改革试点，首次创设进博会文物艺术品板块，达成交易额7.6亿元，相比2020年200余万元大幅提升。实施全国唯一文物临时进境“6个月 ×N”制度，全年进出境文物艺术品货值超170亿元，成为全国文物进出境首选口岸。

六是假日文旅成为首选地。突出都市型旅游特色，打造“乐嗨上海”假日文旅品牌，2021年五一、国庆上海分别接待游客1688.9万人次、1794.53万人次，成为国内假日旅游首选城市。同时，徐汇、黄浦、静安、浦东、虹口五区创建成为前两批国家级文化和旅游消费示范试点城市。

七是文旅数字化全面转型。坚持整体性转变、全方位赋能、革命性重塑，夯实“文旅通”数字底座，汇集300个数据资源目录8000余万条数据，创造性启动建设上海数字文旅中心，建成“随申码·文旅”公共服务平台和775家数字酒店、21家数字景区，初步实现“一码畅游”“便捷入住”。

八是政策供给精准有力度。坚持精细化治理，出台《关于支持上海旅游业提质增能的若干措施》，在全国率先探索密室剧本杀内容管理规定，制定《关于规范本市房屋短租管理的若干规定》和促进红色旅游发展、郊野公园建设、古镇业态提升等指导性意见，推动文旅行业提质增能、转型升级。

江苏省 2021 年文化和旅游发展情况分析

2021 年江苏省文化和旅游系统围绕文化和旅游高质量发展，在省委、省政府的领导下，以习近平新时代中国特色社会主义思想为指导，全面贯彻落实党的十九大和十九届历次全会精神，积极落实文化和旅游场馆疫情常态化管理，严格线下场馆服务规范，引导线上文化和旅游活动，线下线上相结合，深入推进公共文化服务体系建设，数字文化云建设，提升了人民群众文化和旅游活动满意度。

一、文化和旅游机构及从业人员情况分析

2021 年末，全省文化和旅游及相关行业机构数 22836 个，较上年减少 2233 个；从业人员 204431 人，较上年减少 6541 人。机构和人员减少主要是因为文化市场经营机构和旅游经营机构继续受新冠肺炎疫情影响出现注销或暂停经营，具体增减变化见表 1。

表 1　文化和旅游机构及从业人员对比情况表

	机构数			从业人员数		
	2020 年（个）	2021 年（个）	增减（%）	2020 年（人）	2021 年（人）	增减（%）
总计	25069	22836	-8.90	210972	204431	-3.10
一、文化和旅游合计	24556	22325	-9.09	201983	195441	-3.24
艺术表演团体	620	704	13.55	15093	18028	19.45
其中：公有制艺术表演团体	124	123	-0.81	5776	5945	2.93
艺术表演场馆	274	329	20.07	5314	8179	53.91
其中：公有制艺术表演场馆	113	120	6.19	2754	5127	86.17
公共图书馆	120	122	1.67	3684	3825	3.83
文化馆	116	116	0.00	2189	2227	1.74
文化站	1255	1265	0.80	5574	5249	-5.83
其中：乡镇综合文化站	841	840	-0.12	3759	3566	-5.13
艺术展览创作机构	94	94	0.00	921	957	3.91
其中：美术馆	47	48	2.13	625	638	2.08
文化和旅游部门教育机构	13	13	0.00	1115	1140	2.24
文化和旅游科研机构	6	6	0.00	80	51	-36.25

续表

	机构数			从业人员数		
	2020年（个）	2021年（个）	增减（%）	2020年（人）	2021年（人）	增减（%）
文化市场经营机构（不包括非公有制院团和场馆）	18914	16592	−12.28	64981	63996	−1.52
旅行社	2408	2374	−1.41	23506	19228	−18.20
星级饭店	376	353	−6.12	54831	49739	−9.29
文化和旅游行政部门	111	111	0.00	3912	4064	3.89
其他文化和旅游机构	249	246	−1.20	20783	18758	−9.74
其中：文化市场执法机构	81	77	−4.94	1237	1330	7.52
二、文物合计	513	511	−0.39	8989	8990	0.01
博物馆	367	366	−0.27	7947	7990	0.54
文物保护管理机构	47	47	0.00	353	426	20.68
文物科研机构	5	5	0.00	145	149	2.76
文物行政部门	83	83	0.00	387	304	−21.45
其他文物机构	11	10	−9.09	157	121	−22.93

二、公共财政投入情况分析

2021 年全省各级财政投入文化和旅游经费 117.5 亿元，年投入金额较上年增长 3.8 亿元，增幅 3.34%。分行业增减情况见表 2。

表 2 各级财政分类投入情况对比分析表

行业分类	2020 年（万元）	2021 年（万元）	增长额（万元）	增长（%）
总计	1137016.3	1174987.5	37971.2	3.34
艺术业	144576.5	159166.4	14589.9	10.09
图书馆业	128116.3	142200.5	14084.2	10.99
群众文化业	191883.9	203240.9	11357.0	5.92
其他文化业	403448.8	376095.0	−27353.8	−6.78
文物业	268990.8	294284.7	25293.9	9.40

从表 2 可以看出，公共财政对文化和旅游投入仍保持增长，但增幅较小，与上年增幅 16.27% 相比下降了 12.93 个百分点，受新冠肺炎疫情影响，其他文化业财政投入出现明显下降，主要原因是文化和旅游行政机构投入出现下降。

2021 年江苏省文化事业费为 87.15 亿元，较上年 86.06 亿元增长 1.09 亿元，增幅 1.27%。江苏按地域通常分为苏南、苏中和苏北三个区域，受制于区域间的经济基础、经济发展速度等因素，财政对文化的投入表现出非均衡性。从表 3、图 1 对三个区域与全省、全国人均文化事业费的比较可以看出，2021 年江苏省人均文化事业费 102.47 元，比全国平均水平高 22.27 元，2021 年全国平均增长 4.05%，江苏省平均增长 0.91%，江苏省年增速低于全国 3.14 个百分点。按照年增速排序，2021 年依次为苏北 7.65%、苏中 3.66%、苏南 -1.99%，苏北、苏中增速高于苏南，苏南出现负增长，应引起高度重视。

表 3　苏北、苏中、苏南与全省及全国人均文化事业费对比表

区划	2020 年（元）	2021 年（元）	年增速（%）
全国	77.08	80.2	4.05
全省	101.55	102.47	0.91
苏北	49.56	53.35	7.65
苏中	80.77	83.73	3.66
苏南	128.38	125.83	-1.99

从图 1 可以看出，人均文化事业费水平江苏高于全国，全国和江苏增速呈现放缓并有下降趋势。江苏三个地区人均文化事业费苏南高于苏中、苏中高于苏北的格局仍然保持，但苏北增速高于苏中、苏南并呈正增长趋势，苏南应引起重视。

图 1　苏北、苏中、苏南与全省及全国人均文化事业费对比图

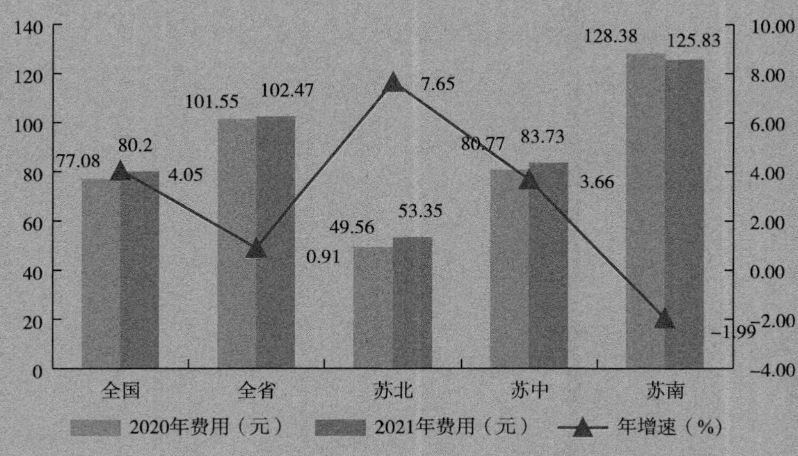

三、艺术创作表演基本情况

2021 年在艺术创作表演方面组织举办第五届江苏省文华奖、首届紫金戏剧文学奖评选，联合中国美协举办“抱石风骨 · 首届中国画双年展”，在全国首家探索国有文艺院团评估定级试点，促进艺术繁荣发展。

2021年昆剧《梅兰芳·当年梅郎》等12部剧目和话剧《雨花台》等4部剧目入选文化和旅游部“百年百部”工程，数量居全国前列；杂技剧《大桥》入选2021年“中国杂技艺术创新工程”国家重点扶持作品；锡剧《追梦路上》荣获第六届全国少数民族会演优秀剧目；京剧《梅兰芳·蓄须记》入选第九届中国京剧艺术节；昆剧《瞿秋白》入选第八届中国昆剧艺术节；歌剧《周恩来》入选第四届中国歌剧节；舞剧《歌唱祖国》等4部作品入选第十三届全国舞蹈展演；苏州民族管弦乐团和常州市歌舞剧院“心韵组合”入选全国民族器乐展演；音乐剧《之爱》入选第二届全国优秀音乐剧展演等。众多优秀作品的展演充分展现了江苏文艺繁荣发展的蓬勃气象。

2021年末，全省共有艺术表演团体704个（含非公有制艺术表演团体581个，从业人员12803人），从业人员18028人，其中中高级职称以上人员2840人，占从业人员的15.75%。

2021年，艺术表演团体原创首演剧目193个，演出9.88万场次，国内演出观众3069.5万人次，年度总收入32.17亿元，其中艺术演出收入8.76亿元。2021年政府购买的公益性演出8400场次，观众409.32万人次，购买公益演出财政投入19084.5万元；与2020年相比，公益演出增加2.47万场次，观众减少45.37万人次，购买公益演出财政投入增加12156万元。

2021年末，全省共有艺术表演场馆329个（含非公有制艺术表演场馆209个，从业人员3052人），从业人员8179人，其中中高级以上从业人员251人，占从业人员的3.07%。全年艺术演出场次2.38万场，艺术演出观众569.79万人次，总收入24.97亿元，其中艺术演出收入4.95亿元。与2020年相比艺术演出增加1.16万场次、观众增加268万人次。

2021年艺术团体、表演场馆总收入增长81.19%，艺术演出收入增长59.56%，财政补助收入增长70.55%（见表4），总收入、艺术演出收入、财政补贴均出现大幅增长趋势，主要原因是部分设区市将综合性演艺场馆纳入统计，提升了艺术业整体指标数据，两年数据不具有可比性。

表4　艺术表演团体、表演场馆收入占比情况对比表

年份	总收入（万元）	艺术演出收入（万元）	财政补贴收入（万元）	艺术演出收入占总收入的比重(%)	财政补贴收入占总收入的比重(%)
2020	314155.7	85932.5	113127.6	27.35	36.01
2021	571358.1	137109.9	192941.7	24.00	33.78

四、公共文化服务基本情况

2021年全省拥有公共图书馆122个，其中一级图书馆100个；拥有公共文化馆116个，其中一级文化馆105个；拥有街道和乡镇文化站1265个，其中一级文化站239个；建成综合性文化活动中心20366个。全省四级公共文化服务体系基本建成。

（一）公共图书馆

2021年末，全省文化系统共有公共图书馆123个，其中少儿图书馆10个；从业人员3825人，其中高级职称447人。如表5所示，全省各级公共图书馆总藏量11160.84万册，音视频资源总量6.96千万小时，电子文本、图片文献资源总量1990.16TB。本年新增藏量603.92万册，新增电子图

书 253.88 万册，总流通人次 10960.86 万人次，书刊文献外借人次 4499.65 万人次，书刊文献外借 8019.63 万册次，年度增减情况见表 5。

表 5　公共图书馆主要业务指标对比情况表

年份	总藏量（万册）	总流通人次（万人次）	书刊文献外借人次（万人次）	书刊文献外借册次（万册次）
2020	10546.24	9046.65	3369.57	6239.86
2021	11160.84	10960.86	4499.65	8019.63
年增长率（%）	5.83	21.16	33.54	28.52

2021 年，公共图书馆主要指标均呈现增长趋势，其中公共图书馆总藏量年均增长 5.83%，总流通人次年均增长 21.16%，书刊文献外借人次年均增长 33.54%，书刊文献外借册次年均增长 28.52%。

2021 年公共图书馆为读者举办的各类活动 15343 个，受众达 1906.28 万人次。全省各级公共图书馆共有计算机 13144 台，其中供读者使用电子阅览室终端 6886 台；阅览室座席 79767 个，其中少儿阅览室座席 22000 个、盲人阅览室座席 1602 个。

（二）文化馆

2021 年末，全省共有文化馆 116 个，从业人员 2227 人，其中高级职称 388 人。全年组织品牌文化活动 643 个，组织文艺活动 50812 场次，参加人次 2925.15 万人次；全省各级文化馆利用流动舞台车演出 1748 场次，观众 112.4 万人次，占到总活动场次和总观众人次的 3.44% 和 3.84%，组织文艺活动场次及观众人次较上年分别增长 34.49%、124.98%，流动舞台车演出场次增长 28.62%，流动舞台车演出观众人次增长 64.79%。

（三）文化站

2021 年末，全省文化站共有 1265 个，其中街道文化站 425 个，乡镇文化站 840 个，从业人员 5249 人。各级财政对文化站的投入达到 11.98 亿元，与 2020 年相比增长 0.38 亿元。全省文化站总面积 438.96 万平方米，其中文化活动用房面积 353.27 万平方米，综合性文化服务中心总面积 1578.16 万平方米；藏书 3546.83 万册，较上年减少 200.15 万册，减幅 5.34%。全省文化站提供文化服务 143256 次，文化服务惠及 7112.12 万人次。主要业务活动对比情况见表 6，从中可以看出分项指标均呈现大幅增长态势。

表 6　文化站主要业务活动指标情况对比表

年份	组织文艺活动次数	参加人次（万人）	举办展览次数	参观人次（万人）	举办培训班班次	培训人次（万人）
2020	70151	2068.21	9418	820.56	33141	333.12
2021	83012	3984.21	12753	2503.82	47491	624.09
年增长率（%）	18.33	92.64	35.41	205.14	43.30	87.35

2021 年文化站组织文艺活动次数、参加人次、举办展览次数、参观展览人次、举办培训班班次、培训人次较上年分别增长 18.33%、92.64%、35.41%、205.14%、43.3%、87.35%。自 2020 年起，文化场馆服务人次纳入文化高质量发展监测评价考核体系，推动了文化业务活动开展，提升了服务人次增长。

（四）美术馆

2021 年末，全省有建制的美术馆达到了 48 座，年新增 1 座。目前免费开放的美术馆为 46 座，免费开放率为 95.83%。全省各级建制美术馆从业人员共计 638 人，具有中高级职称为 292 人。全年举办各种展览 1180 个，观众达 424.1 万人次，未成年参观人次 107.72 万人次，2021 年举办展览个数，观众人次较上年分别增长 103.10%、85.03%。2021 年美术馆主要业务指数情况见表 7。

表 7　美术馆主要业务活动情况对比表

年份	美术馆（个）	举办展览（个）	参观人次（万人）
2020	47	581	229.2
2021	48	1180	424.1
年增长率 (%)	2.13	103.10	85.03

2021 年美术馆机构年增长 2.13%，举办展览和展览参观人次分别增长为 103.1%、85.03%，疫情以来美术馆业务恢复性增长。

五、非物质文化遗产保护情况

2021 年，全省共有各级非物质文化遗产保护机构（含非物质文化遗产保护中心）111 个，共普查项目资源总量（累计）16386 个、征集实物 7501 件 / 套、征集文本资料 2680 册、完成录音资料 4272 小时、完成录像资料 6670 小时、撰写调查报告 425 篇、出版图书 478 册，其中，出版非遗图书 99 册、出版非遗专刊 119 册、出版非遗乡村教材 180 册、完成资源清单 714 册。入选联合国教科文组织“人类非物质文化遗产代表作名录”10 项；共有国家级非遗项目 146 项、省级 699 项、市级 2073 项、县（区）级 3069 项。根据分级保护原则，列入各级名录的项目都分别落实了保护主体、保护计划和保护措施，共命名各级代表性传承人 7532 名，其中国家级传承人 161 名、省级 745 名、市级 2513 名、县（区）级 3796 名。全年举办各类宣传展示活动 16043 个，参与非遗展示活动 1898.48 万人次。

六、对外文化交流基本情况

2021 年，对外交流与合作以助力“强富美高”新江苏现代化建设为己任，在新冠肺炎疫情防控常态化管理下，调整工作思路、创新工作举措，认真开展对外及对港澳台地区的文化交流和旅游推广，在线举办“欢乐春节”活动，以内容丰富、形式多样的主题线上文旅项目，向海外观众推送江苏民乐、交响乐、木偶、杂技、非遗等“云”演出和“云”展览，展现中华文化内涵的民俗和非遗活动，使全球观众足不出户感受中华传统文化的魅力。

2021 年，结合第三届大运河文化旅游博览会成功举办“国际友人运河行”活动，“一带一路”沿线国家 60 多名驻华使节赴苏州参加“水韵江苏”专场推介会和系列文化体验活动，举办孤独星球版《水韵江苏 · 千年运河》专刊和 Tripadvisor 3D 版“水韵江苏”入境游线路，共同传播运河国际“朋友圈”的无限精彩。

2021 年，举办第三届运博会“丝路与运河的邂逅”国际展，“一带一路”沿线国家文化和旅游局驻华办事处、商会和在华企业参展，汇聚各国艺术产品、地道风味和特产名品，引发民众逛展购买热潮。

2021 年，以“欢乐春节”“中国旅游文化周”“天涯共此时 · 中秋节”“云游中国”和“四季中国”等 5 大主题活动，通过线上线下展览、讲座、工作坊及研讨交流等形式向驻在国民众宣传中国和江苏特色文化，发挥对口合作和部省合作海外中国文化中心外宣窗口作用。

2021 年，组织演出团体开展文化交流活动，其中出访团体 4 个，来访团体 8 个，参与活动 652 人次，其中出访参与 138 人次，来访参与 514 人次；组织演出（展览、旅游推介）14 场次，其中出访 6 场次，来访 8 场次。

七、文物业发展

（一）文物业机构和人员情况

2021 年末全省文物业机构数 511 个，从业人员 8990 人，机构和人员数与上年保持平衡。文物行政机构人员减少的原因是调整了统计口径，列入文化行政机构已填报的从业人员不再在文物行政机构表中反映，避免重复统计，具体增减变化见表 8。

表 8　文物业机构及从业人员对比情况表

	机构数			从业人员数		
	2020 年（个）	2021 年（个）	增减（%）	2020 年（人）	2021 年（人）	增减（%）
总计	514	511	-0.58	8989	8990	0.01
文物科研机构	5	5	0.00	145	149	2.76
文物保护管理机构	47	47	0.00	353	426	20.68
博物馆（纪念馆）	368	366	-0.54	7947	7990	0.54
文物行政部门	83	83	0.00	387	304	-21.45
其他文物机构	11	10	-9.09	157	121	-22.93

（二）文物业主要业务活动情况

2021 年末，全省文物业藏品 2478972 件 / 套，其中一级品 3875 件 / 套、二级品 21471 件 / 套、三级品 298053 件 / 套，全年举办基本陈列 1075 个，临时展览 1109 个，年入馆参观 6435.12 万人次，其中未成年人 1562.81 万人次、境外观众 8.70 万人次，境外观众降幅较大原因是受新冠疫情影响，藏品下降主因是未备案博物馆退出统计。

2021年文物业收入合计37.16亿元，其中财政拨款预算收入32.21亿元。文物事业费27.65亿元，较上年增加1.74亿元，排名全国第七，较上年下降2个位次；人均文物事业费32.51元，较上年增长1.94元。文物机构实际使用房屋建筑面积307.87万平方米，其中展览用房130.64万平方米、文物库房15.40万平方米。主要指标与上年对比增减变动情况见表9。

表9 文物业藏品、面积及主要业务活动情况对比表

	单位	2020年	2021年	增减（%）
藏品	件/套	2566899	2478972	-3.43
其中：一级品	件/套	3713	3875	4.36
二级品	件/套	21330	21471	0.66
三级品	件/套	286462	298053	4.05
基本陈列	个	1108	1075	-2.98
临时展览	个	1006	1109	10.24
参观人次	万人次	5498.94	6435.12	17.02
其中：未成年人	万人次	1356.47	1562.81	15.21
境外观众	万人次	50.34	8.70	-82.72
本年收入	万元	340076.10	371563.40	9.26
财政拨款预算收入	万元	294094.40	322084.70	9.52
实际使用房屋建筑面积	万平方米	301.07	307.87	2.26
其中：展览用房	万平方米	134.36	130.64	-2.77
文物库房	万平方米	14.98	15.40	2.80

（三）文物科研

2021年全省共有文物科研机构5个，从业人员149人，机构和人员与上年保持平衡，文物科研机构主要人事文物勘探发掘和研究。年末拥有藏品26707件/套，其中本年新增藏品4136件/套，本年收入合计30015.7万元，其中财政拨款预算收入29773.3万元。年末固定资产净值1484.7万元，实际使用房屋建筑面积7559平方米，其中文物库房（含标本室）面积1602平方米。

（四）文物保护管理

2021年全省共有文物保护管理机构47个，从业人员426人，机构与上年保持一致，从业人员较上增加73人。年末拥有藏品9109件/套，其中本年新增藏品79件/套，本年收入合计26705.7万元，其中财政拨款预算收入23168.4万元。年末固定资产净值4812万元，实际使用房屋建筑面积72083万平方米，其中展览用房34448平方米、文物库房（含标本室）2727平方米。

（五）博物馆（纪念馆）

2021 年全省共有博物馆（纪念馆）机构 366 座，从业人员 7990 人，机构数总量与上年相比减少 2 座，主要是调减了未经省级文物主管部门博物馆备案的博物馆如南京中国近代史遗址博物馆等 14 座，本年实际新增博物馆 12 座，从业人员较上年增加 43 人。年末拥有藏品 1970348 件 / 套，其中本年新增藏品 28308 件 / 套，在藏品中文物藏品 1051022 件 / 套，其中，一级品 3834 件 / 套，二级品 21305 件 / 套，三级品 296728 件 / 套。本年举办基本陈列 1044 个、临时展览 1097 个，入馆参观 6329.86 万人次，其中未成年人观众 1544.69 万人次，境外观众 8.65 万人次。全年举办社会教育活动 16641 次，参加活动 876.86 万人次，其中未成年人参加 328.31 万人次。2021 年收费博物馆门票销售总额 10770.4 万元，本年收入合计 270220.5 万元，其中财政拨款预算收入 238819.4 万元。年末固定资产净值 10155164.4 万元，实际使用房屋建筑面积 2968038 平方米，其中展览用房面积 1264091 平方米、文物库房（含标本室）面积 151456 平方米。

（六）不可移动文物资源

2021 年末，全省拥有不可移动资源总量为 15559 个单位，其中全国重点文物保护单位 266 个，省级文物保护单位 659 个，市县级文物保护单位 3860 个，尚未核定公布的不可移动文物 10774 个单位，具体按古遗址、古墓葬、古建筑、石窟寺及石刻、近现代重要史迹及代表性建筑、其他分类，请参见表 10。

表 10　不可移动文物资源情况表

类别	总计	全国重点文物保护单位（个）	省级文物保护单位（个）	市县级文物保护单位（个）	尚未核定公布的不可移动文物（件）
合计	15559	266	659	3860	10774
1. 古遗址	1614	44	73	397	1100
2. 古墓葬	1245	24	64	278	879
3. 古建筑	7491	114	251	1748	5378
4. 石窟寺及石刻	500	13	31	188	268
5. 近现代重要史迹及代表性建筑	4468	67	233	1158	3010
6. 其他	241	4	7	91	139

八、文化和旅游产业发展

推动旅游创建融入文化内涵、文化创建增加旅游功能，新增 11 家国家 4A 级旅游景区，4 家国家级乡村旅游重点镇、7 家重点村；1 家五星级旅游饭店，2 个单位获评首批国家级文明旅游示范单位，4 家民宿获评国家乙级以上旅游民宿；中华恐龙园旅游度假区获评首批国家旅游科技示范园区。认定第三、四批省级全域旅游示范区 17 家，60 家江苏省乡村旅游重点村，16 家首批省级旅游休闲街区，16 家省级旅游休闲街区培育单位。

下达省级文化和旅游专项资金 9000 万元，对 102 个项目给予支持；出台助力文旅企业应对疫情影响加快恢复发展“苏八条”，增加调剂安排 8100 万元省级文化和旅游发展资金，减免省旅游产业发展基金在贷项目利息 1500 万，为文旅企业送上纾困解难“及时雨”，注入恢复发展“强心剂”。旅游业快速恢复，全年接待境内外游客 7.1 亿人次，比上年增长 49.6%；实现旅游业总收入 11672.7 亿元，增长 41.5%。接待入境过夜旅游者 61.9 万人次，下降 19.7%。其中：外国人 39.8 万人次，下降 23%；港澳台同胞 22.1 万人次，下降 12.9%。旅游外汇收入 11.4 亿美元，下降 31%。国内旅游快速增长。接待国内游客 7.1 亿人次，比上年增长 49.7%；实现国内旅游收入 11593.9 亿元，增长 42.5%。

九、文化市场发展情况

截至 2021 年底，江苏省共有网络文化、娱乐、艺术品、演出等文化市场经营机构数 15946 家，比上年减少 2210 家。从业人员 63331 人，比上年减少 24616 人。资产总计 4990794.2 万元，营业收入 1970021.9 万元，营业利润 271618.2 万元，分别同比增长 33.33% 、24.42%、131.53%。

（一）网络文化市场

截至 2021 年底，全省共有互联网上网服务营业场所 10554 家，比上年增加 597 家。从业人员 12567 人，比上年减少 2997 人。资产总计 216711.1 万元，营业收入 123509.9 万元，分别同比下降 16.05%、9.5%；营业利润 -8539.8 万元，同比增长 5905.7 万元。2021 年，全省共有经营性互联网文化单位 500 家，比上年增长 133 家。从业人员 10480 人，比上年增加 1603 人。资产总计 1324393.2 万元，营业收入 929597.5 万元，营业利润 269608.3 万元，分别同比增长 34.03%、16.56%、92.81%。

（二）娱乐市场

截至 2021 年底，全省共有歌舞、游艺等娱乐场所 2695 家，比上年减少 3244 家。从业人员 15479 人，比上年增加 1021 人。资产总计 274881.9 万元，营业收入 199654.3 万元，营业利润 9083.2 万元，分别同比增长 5.71%、23.81%、4.60%。

（三）艺术品市场

截至 2021 年底，全省共有艺术品经营机构 823 家，比上年增加 133 家。从业人员 2675 人，比上年减少 189 人。资产总计 484859.2，同比增长 17.82%；营业收入 100212.2 万元，同比下降 15.13%；营业利润 31648.5 万元，同比增长 9.25%。

（四）演出市场

截至 2021 年底，全省共有文艺表演团体 581 家，比上年增加 37 家。从业人员 11217 人，比上年减少 2256 人。资产总计 443754.2 万元，营业收入 87843.7 万元，分别同比下降 15.91%、20.31%；

营业利润 -23771.8 万元，同比增加 9577.8 万元。演出场所经营单位 209 家，比上年增加 14 家。从业人员 3052 人，比上年减少 757 人。资产总计 457599.9 万元，营业收入 54102.5 万元，同比下降 46.70%、32.59%；营业利润 -32215.9 万元，同比降低 4689.6 万元。演出经纪机构 584 家，比上年增加 120 家。从业人员 7861 人，比上年增加 2058 人。资产总计 1788594.7 万元，营业收入 475191.8 万元，营业利润 25805.7 万元，分别同比增长 307.47%、164.56%、70.32%。

2021 年，江苏文化市场大部分行业统计数据较 2020 年稍有增长。原因主要为以下几点：一是大部分文化市场经营单位受新冠肺炎疫情影响程度较 2020 年有所减轻，处于停业状态的时间有所减少；二是经营性互联网文化单位和演出经纪机构数量有所增加，资产和营收数据都大幅增长，对全省文化市场数据影响较大；三是互联网上网服务营业场所、娱乐场所一旦出现新冠肺炎疫情，皆须暂停经营活动，行业所受冲击较大，停业、注销的场所数量大幅增加；四是歌舞娱乐场所除了要消化房租、人力成本增加，承受店铺升级以及行业竞争带来的压力外，还面临音乐版权的问题，在线 K 歌的普及更加深了对线下歌舞娱乐场所的冲击。

十、文化和旅游建设发展综述

2021 年，在省委、省政府坚强领导下，江苏省文化和旅游系统深入学习贯彻习近平新时代中国特色社会主义思想，特别是习近平总书记关于文化、文物和旅游工作最新重要论述，坚决贯彻落实中央和省委、省政府决策部署，助力“强富美高”新江苏现代化建设，严格做好文化和旅游场馆新冠肺炎疫情防控，建立健全基本公共服务体系，积极推进文化和旅游云平台建设，以线下和线上相结合方式提供更多人民群众需要的文化和旅游活动，紧扣文化和旅游高质量发展主题，以庆祝建党百年为工作主线，以党史学习教育为强大动力，统筹抓好文化事业、文化产业和旅游业发展，实现了“十四五”良好开局。

（江苏省文化和旅游厅）

江苏：用数字化赋能公共文化服务

江苏公共文化云平台是文化馆（站）、村综合文化中心开展公共文化数字化服务的重要支撑平台。江苏省文化和旅游厅基于全省一个平台的定位，建立“线上＋线下”融合服务体系，持续深化平台与业务融合创新，搭建文化数据服务平台，推动公共文化云推广和应用工作列入地方政府工作考核，用数字化赋能公共文化服务。

一是统筹建设全省文化馆系统公共文化服务的总平台。江苏公共文化云为全省公共文化服务的主阵地，已覆盖省、市、县（区）、乡镇（街道）、村（社区）等5级公共文化服务机构，全省13个设区市、95个县（市、区）文化馆，1300余个乡镇（街道）综合文化站，1600多个村综合文化中心已入驻平台，形成全省文化馆（站）公共数字文化服务一个平台进入、预约、获取、评价、管理的服务模式，充分发挥了平台建设和运营的集约优势，让江苏全省文化馆公共文化数字化服务进入快车道。目前平台入驻公共文化机构、团队2700余家，用户超251万，发布活动6.9万余场，总服务人次突破2.6亿，并与国家公共文化云对接，实现了公共文化服务的六级联动。

二是创新数字平台服务模式。利用“互联网＋文旅”，对内实现各级公共文化服务机构数据的互联互通，率先与国家公共文化云实现全量数据对接，对外实现平台与美团、我的南京等第三方平台的数据对接，全省文化馆（站）的演出、活动、场馆都可在线呈现、获取、评价，为更大范围的群众提供更为丰富、高效、便捷的公共数字文化服务。

三是持续深化平台与业务融合创新。坚持平台与业务融合原则，先后在平台上线了“五星工程奖线上服务总入口”，以及“江苏省优秀群众文化团队申报及培育管理系统”“江苏省戏曲进乡村服务管理系统”等10余个业务管理系统，为基层工作提供便捷的信息化支撑，为基层减负，利用平台呈现活动内容和服务效能，将业务开展与数字服务紧密融合提升工作质效。

四是打造乡村公共数字文旅服务应用系统“文旅e乡村”。针对乡村文旅服务特点，依托江苏公共文化云平台定制打造了“文旅e乡村”系统，紧扣乡村文旅数字化应用，整合国家、省级文化云平台资源和乡村特色文化、旅游、文创等内容，打造特色样板村，拍摄文旅宣传片。目前系统已覆盖乡镇（街道）1303家、村1775个，完成文创订单近千个。通过数字化手段，打通公共文化服务的“最后一公里”，在最基层的村践行“以文塑旅、以旅彰文”，推动文旅融合发展。

五是推动公共文化云推广和应用列入地方政府工作考核。强化建、管、用一体推进，把持续运营推广作为各级公共文化服务机构的重要工作任务，“公共文化云”覆盖率被《江苏省“十四五”信息化发展规划》《2022年度全省推进乡村振兴战略实绩考核实施方案》等多个政府文件纳入考核指标。

浙江省 2021 年文化和旅游发展情况分析

2021 年是“十四五”开局之年，全省文化和旅游系统以习近平新时代中国特色社会主义思想为指导，全面贯彻党的十九届五中、六中全会精神，聚焦高质量竞争力现代化目标，加快打造新时代文化高地，为浙江高质量发展建设共同富裕示范区贡献文旅智慧和力量。在科学研判、分类指导、动态调整、精准防控下，全省公共文化服务有序开展，旅游经济较上年实现增长。

一、机构和人员

如图 1 所示，2021 年，浙江省纳入统计范围的各类文化和旅游单位 14083 家，比上年末减少 2589 家；从业人员 24.46 万人，比上年末减少 1.29 万人。其中：各级文化部门所属单位 2284 个，比上年末增加 3 个；从业人员 3.9 万人，比上年末增加 2658 人。

图 1　2017—2021 年浙江省文化单位机构数及从业人员数

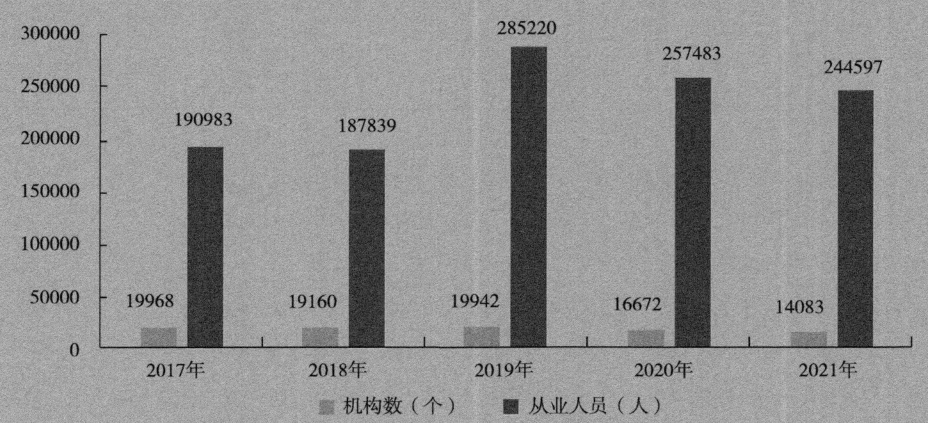

二、艺术创作演出

艺术事业发展势头良好。一是文艺精品创作推陈出新。加快实施新时代文艺精品创优工程，精心打磨歌剧《红船》、交响乐《大潮之上》、京剧《战士》、婺剧《信仰的味道》等一批优秀作品。实施全省舞台艺术创作重点题材计划，评选推出交响乐《大潮之上》、越剧《绿水青山》等 10 个重点题材项目。二是演艺事业蓬勃发展。振兴发展传统戏剧，命名 15 个“浙江省戏曲之乡”，评选 25 个省经典保留剧目并展演。推进旅游演艺发展，培育5个旅游演艺集聚区和10个省级旅游演艺精品项目。优化景区演艺机制，推出山水实景剧《我在廊桥等你》、轩辕黄帝祭祀大典等一批大型艺术作品。三是美育赋能乡村成效初显。实施"艺术赋能乡村振兴"计划，建成94家美育村。创建美育阵地158处、乡村美术馆22个、写生基地25个，引进驻村艺术家199位，开展美育活动3171场，展览496场，参观人次达112万人次，文创收入达1537万元。联合浙江广电集团开展"美美与共，村艺盎然——浙江省美育村大型主题推广活动"。

2021年，全省共有艺术表演团体1357个，比上年增加121个；从业人员41543人，增加374人。其中：各级文化和旅游部门所属的艺术表演团体58个，占4.3%；从业人员4102人，占9.9%。全年全省艺术表演团体共演出26.51万场，比上年增长30.1%，其中赴农村演出6.57万场，增长7.0%，赴农村演出场次占总演出场次的24.8%，国内观众5947.25万人次，下降14.6%，其中农村观众2990.94万人次，比上年下降17.5%；总收入18.40亿元，比上年下降13.0%，其中演出收入7.91亿元，下降17.4%。如表1所示。

表1　2012—2021年浙江省艺术表演团体基本情况

年份	机构数（个）	从业人员数（人）	演出场次（万场）	国内演出观众人次（万人次）	总收入（万元）	其中：演出收入（万元）
2017	1410	43276	37.05	20973.18	580311	455685
2018	1573	45485	37.87	20787.57	572211	441873
2019	1550	45700	37.54	18261.23	361244	174610
2020	1236	41169	20.38	6966.40	211473	95738
2021	1357	41543	26.51	5947.25	184001	79071

2021年全省文化和旅游部门所属艺术表演团体共组织政府采购公益演出3500场次，观众200.35万人次。利用流动舞台车演出200场次，观众10.71万人次。

2021年全省共有艺术表演场馆273个，观众座席数42.54万个。各级文化部门所属艺术表演场馆55个，观众座席数5.61万个，演（映）出场次合计4.02万场次，演（映）出观众人次218.41万人次，全年共举行艺术演出0.34万场次，艺术演出观众人次122.60万人次。

2021年全省共有国有美术馆10个，从业人员224人，全年共举办展览192次，参观人次120.27万人次。

三、公共服务体系

公共文化服务优化升级。一是现代化体系建设有力推进。全面启动公共文化服务现代化先行县（领航项目）创建工作，确定首批先行县创建单位8家、培育单位5家和领航项目创建单位10个。出台《高质量推进城市公共文化服务体系建设三年行动计划（2021—2023年）》。开展公共文化馆、公共博物馆、非遗馆、公共美术馆等四类公共场所服务大提升行动。二是基层文化服务能力加快提升。完成乐清图书馆等6家单位国家级试点建设任务。安排3个县（市、区）的15个公共图书馆和文化馆、30个乡镇（街道）综合文化站和147个农村文化礼堂开展公共文化场馆服务功能拓展先行先试。完成第七次乡镇（街道）综合文化站评估定级工作，等级站比例达97%，比上一轮提升了96.02%。全省96家公共图书馆达到“满意图书馆”服务标准。累计建成图书馆分馆1491个、文化馆分馆1188个。93个文化馆获评一级馆，全省一级馆率达到93.9%；成立浙江省文化和旅游志愿者总队，志愿者总数达28.9万人。评选文化示范户966个、乡村文化能人2620名。6家单位获评“2021—2023年度中国民间艺术之乡”，34家单位获评“浙江民间艺术之乡”。三是文化惠民活动扎实开展。开展全民阅读月系列活动，全省百家公共图书馆联动“图书馆之夜”活动累计近2000场，线上线下参与人数超过300万人次。开展各类线上活动32660场，参与人次达1.99亿人次。

（一）公共图书馆

2021年末，全省共有公共图书馆103个，其中少儿图书馆4个。全省公共图书馆从业人员3876人，其中：具有高级职称的人员327人，占8.4%；具有中级职称的人员1069人，占27.6%。

2021年末，全省公共图书馆实际使用房屋建筑面积156.21万平方米，比上年增长18.6%；图书总藏量10619.26万册，增长7.6%，其中古籍191.85万册。新增电子图书750.35万册，阅览室座席数9.79万个，计算机1.18万台，供读者使用的电子阅览终端7169台。

如图2所示，2021年，全省平均每万人公共图书馆建筑面积238.85平方米，比上年增加34.82平方米；全省人均公共图书馆藏量1.62册，增加0.09册；全年全省人均购书费4.06元，减少0.15元。

图2　2017—2021年浙江省公共图书馆人均资源情况

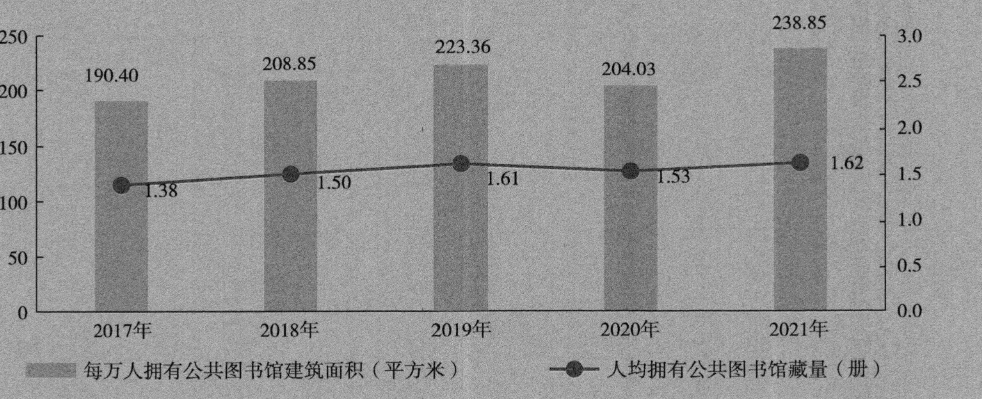

2021年，全省公共图书馆有效借书证793.08万个，比上年增长10.5%；总流通人次10998.80万人次，比上年增长30.0%。2021年，书刊文献外借册次7398.97万册次（见图3），增长33.4%；外借人次1823.50万人次，增长24.2%。全年共为读者举办各种活动2.27万次，增长31.3%；参加人次1240.86万人次，增长60.6%。

图 3　2017—2021 年浙江省公共图书馆藏书流通情况

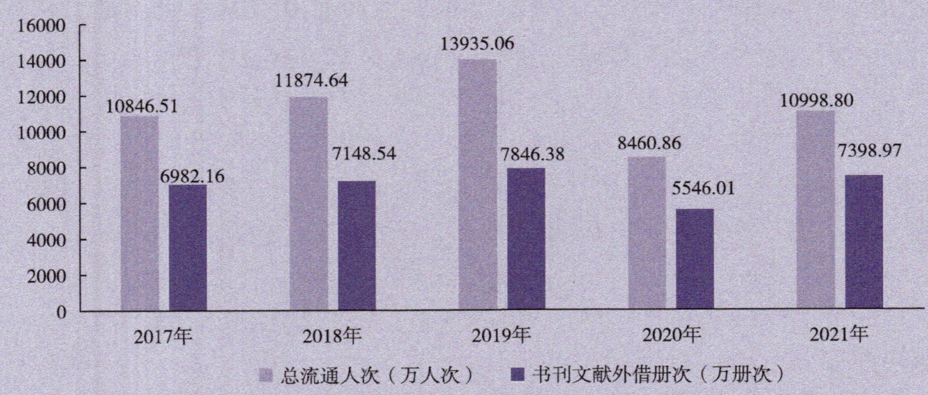

（二）群众文化机构

2021 年末，全省共有群众文化机构 1451 个，其中综合文化站 1350 个。2021 年，全省群众文化机构从业人员 9304 人，比上年增加 1118 人。其中：具有高级职称的人员 463 人，占比 5.0%；具有中级职称的人员 767 人，占比 8.2%。

2021 年末，全省群众文化机构实际使用房屋建筑面积 558.10 万平方米，比上年末增长 8.7%；2021 年全省平均每万人群众文化设施建筑面积 853.36 平方米（见图 4），比上年增加 58.01 平方米。

图 4　2017—2021 年群众文化设施平均每万人建筑面积

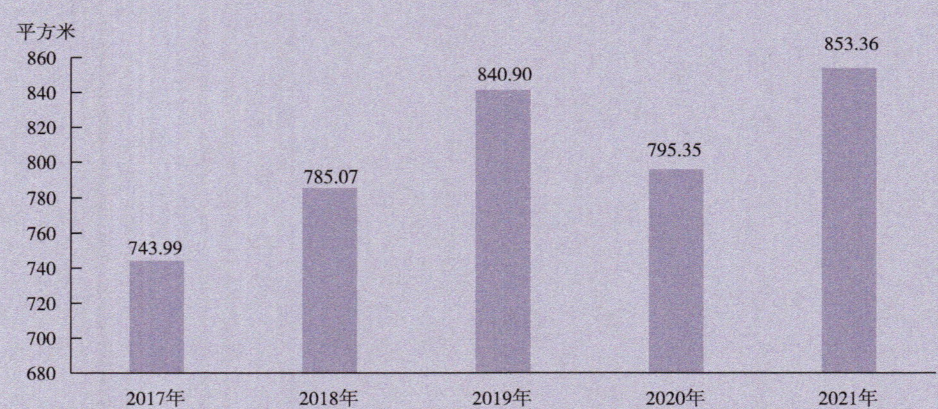

如表 2 所示，2021 年，全省群众文化机构共组织开展各类文化活动 29.36 万场次，比上年增长 23.9%；服务人次 10641.88 万人次，比上年增长 50.7%。

表 2 2021 年浙江省群众文化机构开展活动情况

	总量		比上年增长（%）	
	活动次数（次）	服务人数（万人次）	活动次数	服务人次
各项活动总计	293638	10641.88	23.9	50.7
其中：展览	18347	1537.48	17.2	33.3
文艺活动	147958	8268.17	21.0	54.2
公益性讲座	8554	96.12	129.3	116.3
训练班	118779	740.11	24.7	47.3

2021 年末，全省群众文化机构共有馆办文艺团体 527 个，演出 0.75 万场，观众 421.56 万人次。由文化馆（站）指导的群众业余文艺团体 3.62 万个，馆办老年大学 12 个。

四、文化和旅游市场

文化和旅游市场治理体系、治理能力全面提升。一是常态做好疫情防控工作。指导督促全省公共文化场馆和 A 级旅游景区严格执行“限量、预约、错峰”要求，认真实施测温、亮码、戴口罩、日常清洁、通风消毒、保持社交距离、减少人员集聚等防疫规定，全年处置疫情防控隐患问题 2566 个，未发生因文旅活动导致疫情传播的情况。二是全面推进文娱领域综合治理。制订行动方案、任务清单，建立例会制度，全面推进工作。妥善处理涉及演员签名造假，演出合同、演出内容不规范，演员出入境证照、演出经纪人资格证书不合规等问题。三是深化行政审批改革。承诺压缩比、即办率等核心指标继续保持全国领先，文化和旅游营商环境指数领跑全国。文化和旅游市场行政许可事项“告知承诺”全覆盖，103 项政务服务全面实现“全省通办”。率先建立网络表演内容专家审核机制。四是加强标准引领。修订完善品质饭店、品质旅行社评价规范实施细则，在全国率先制定出台《演出经纪机构评价指标》，发布《博物馆教育服务规范》。推进标准数字化工作，制定《公共美术馆数字化服务与管理规范》，出台智慧景区导则。入选 2021 年度国家级服务业标准化试点项目 2 个，首获国际标准提案立项。五是优化市场监管。深入打造“浙江省文化和旅游信用监管平台”，获评“全省信用数字化应用场景十大优秀案例”。制定《关于在文化和旅游领域推行轻微违法行为告知承诺制的意见（试行）》，推行审慎包容柔性执法。全省文化市场综合行政执法队伍掌上执法率 100%，“双随机 · 一公开”监管事项覆盖率 100%，应用信用规则率达 96.1%。

（一）文化市场

如表 3 所示，2021 年末，全省文化市场经营单位 0.86 万家，从业人员 12.65 万人，营业总收入 839.83 亿元，营业利润 59.26 亿元。分区域看，2021 年末城市文化市场经营单位 3075 个，占文化市场经营单位总量的 35.8%；县城 3640 个，占 42.3%；县以下地区 1879 个，占 21.8%。2021 年末全省共有娱乐场所 2954 个，从业人员 4.72 万人，全年营业总收入 51.06 亿元，营业利润 4.86 亿元。2021 年末全省共有互联网上网服务营业场所（网吧）2987 个，从业人员 1.06 万人，全年营业总收入 11.34

亿元，营业利润 -0.59 亿元。

表 3　2021 年按区域浙江省文化市场经营单位主要指标

		机构数（个）	从业人员数（人）	营业总收入（亿元）	营业利润（亿元）
总量	总计	8594	126478	862.48	59.26
	城市	3075	49003	787.67	54.62
	县城	3640	66726	63.02	3.70
	县以下	1879	10749	11.79	0.94
比重（%）	总计	100	100	100	100
	城市	35.78	38.74	91.33	92.07
	县城	42.36	52.76	7.30	6.24
	县以下	21.86	8.50	1.37	1.52

（二）旅游市场

2021 年，受局地多点散发疫情影响，旅游经济呈现高开低走趋势，复苏进程在下半年出现明显向下波动。根据抽样调查初步测算，2021 年全省累计接待游客 4 亿人次，实现旅游总收入 6184.24 亿元，比上年分别增长 9.6% 和 10.5%，恢复至 2019 年的 86.1% 和 83.8%。

1. 国内旅游市场

（1）总体情况。根据国内旅游抽样调查测算，2021 年全省接待国内游客 3.99 亿人次，比上年增长 9.6%，恢复至 2019 年的 86.5%；实现国内旅游收入 6171.07 亿元，比上年增长 10.5%（见图 5），恢复至 2019 年的 85.1%。从各季度情况看，全年旅游业主要指标呈现“高开低走”特征。上半年国内疫情控制进入平稳期，全省旅游市场复苏进程最快，国内旅游人次和国内旅游收入均恢复至 2019 年同期的九成。三季度全国出现多点散发疫情，在全年最为关键的暑期被迫进入蛰伏期，前三季度国内旅游人次和国内旅游收入恢复程度较上半年下降约 6 个百分点。四季度旅游需求在国庆假期有所释放，旅游市场呈加速回暖的可喜势头，持续 2 个月后，12 月份全省部分地区相继出现疫情，受疫情防控影响，消费者出游意愿回落。

（2）游客消费。常态化疫情防控政策下，游客消费习惯发生转变，本地近程游拉动旅游购物、游览和娱乐消费结构性增长。国内旅游抽样调查显示，2021 年全省国内游客人均花费 1545 元，较上年增长 6.5%。其中，旅游购物人均花费为 453 元，较上年增长 7%；旅游景区游览人均花费为 122 元，较上年增长 9.3%；文化娱乐人均花费为 107 元，为 2019 年的 3 倍。

如图 6 所示，从花费结构看，构成中占比最高的三项依次是购物、餐饮和住宿，合计占总花费比重近七成。其中：购物占比 29.3%，与上年基本持平，较 2019 年提高 11.9 个百分点；住宿占比 18.2%，较上年下降 3.7 个百分点，较 2019 年下降 5.2 个百分点。花费构成中自驾车 / 租车占比为 7.1%，长途交通占比为 2.7%，在“行”的选择上游客花费占比接近一成，较上年下降 4.7 个百分点。

图 5　2017—2021 年浙江省国内旅游市场发展速度

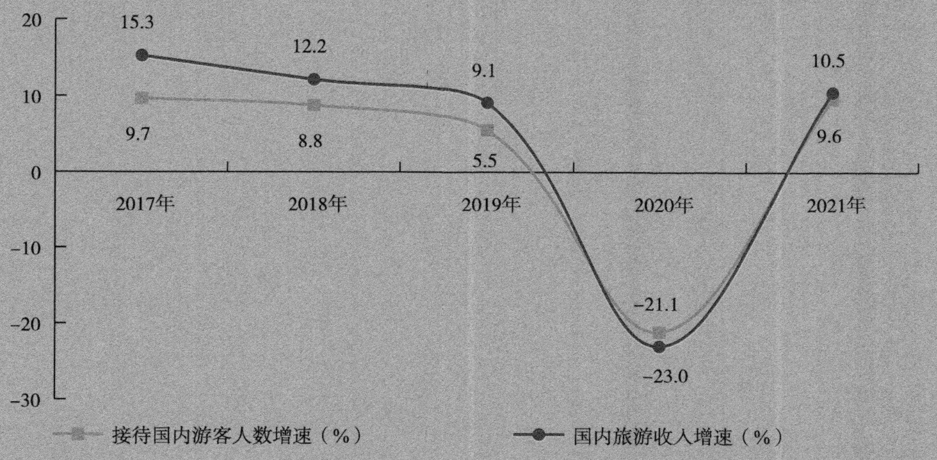

图 6　2021 年浙江省国内游客人均花费构成

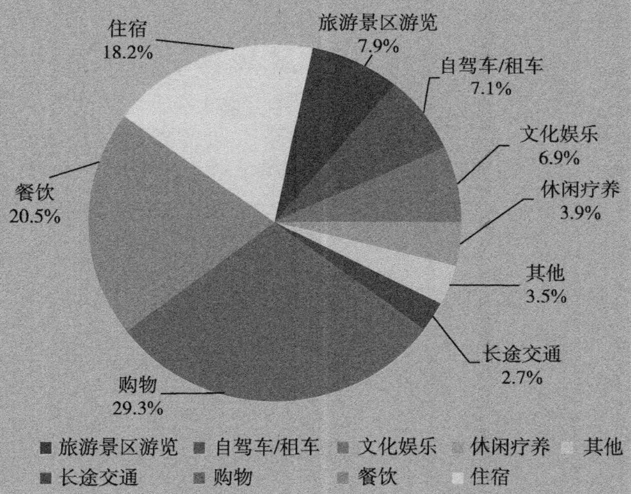

（3）旅游行为。省内游客比重大幅提升，游客近程游趋势特征明显。2021 年浙江省国内旅游抽样调查结果显示，省内游客比重达 75.9%，较上年大幅提高 18.8 个百分点；省外客源地中，排名前五的均为周边省（市），分别是江苏、上海、福建、安徽和江西，合计占比达到 73.8%，较上年增长 4.5 个百分点，如表 4 所示。

游客出行方式发生变化，自驾成为游客出行的主要选择。2021 年，来浙国内游客选择自驾车出行的占比为 49.5%，乘坐公共交通工具（飞机、火车、轮船、汽车等）出行的占到 46.4%，租车自驾出行的占比为 3.5%，骑行、徒步等其他出行方式的占比为 0.6%。

表 4　2019—2021 年浙江省外客源地国内游客占比前 10 位

序号	2019 年		2020 年		2021 年	
	省份	占比（%）	省份	占比（%）	省份	占比（%）
1	江苏	24.2	江苏	27.1	江苏	31.0
2	上海	21.4	上海	20.7	上海	17.1
3	安徽	7.7	安徽	8.0	福建	9.2
4	江西	6.8	福建	7.0	安徽	8.8
5	福建	6.2	江西	6.5	江西	7.7
6	湖北	3.2	山东	3.6	山东	4.2
7	湖南	3.1	广东	3.3	河南	3.9
8	河南	3.0	河南	2.9	湖南	2.0
9	广东	2.9	河北	2.7	四川	1.8
10	北京	2.8	四川	2.1	广东	1.8

注：上表数据为客源地游客占省外游客总量的比重。

2. 出入境旅游市场

如表 5 所示，2021 年，全省接待入境过夜游客[①]42.84 万人次，比上年增长 11.7%，实现国际旅游（外汇）收入 2.04 亿美元，比上年增长 24.4%。其中：接待外国游客 32.74 万人次，比上年增长 24.1%；接待香港同胞 3.76 万人次，比上年增长 6.8%；接待澳门同胞 1.19 万人次，比上年增长 69.4%；接待台湾同胞 5.15 万人次，比上年下降 25%。2021 年组织出境游客为 0。

表 5　2018—2021 年浙江省接待入境过夜游客主要指标

年份	入境游客（万人次）	外汇收入（亿美元）
2018	456.76	25.96
2019	467.11	26.68
2020	38.35	1.64
2021	42.84	2.04

（三）旅游行业企业

从行业企业看，2021，A 级景区接待游客比上年增长 16.9%，与 2019 年相比，2021 年住宿业恢复进度仍保持最快，A 级景区次之，旅行社复苏相对缓慢。全省 A 级景区游客接待量和营业收入恢复超八成；住宿业恢复最快，全省住宿业营业收入恢复到 2019 年的九成以上。旅行社整体复苏进度逊于其他业态。

1. A 级景区

如表 6 和表 7 所示，截至 2021 年底，全省共有 A 级景区 903 家，比上年增加 76 家。从各市 A

① 自 2018 年年报开始，全省入境旅游统计口径调整为“住宿单位接待入境过夜游客”。

级景区分布看，杭州市A级景区数量最大，共有111家，占全省A级景区总量的12.3%。台州市A级景区共有100家，列全省第二。从星级分布来看，2021年底，4A、5A级景区占A级景区总量的28.6%。其中，5A级、4A级、3A级、2A级、1A级景区占比分别为2.1%、26.5%、58.8%、12.3%、0.3%。

2021年，全省A级景区全年平均从业人员4.56万人，比上年下降4%，其中大专以上学历1.83万人，比上年增长5.8%。

表6　2021年浙江省A级景区分布情况

单位：家

设区市	合计	5A级	4A级	3A级	2A级	1A级
浙江省	903	19	239	531	111	3
杭州市	111	3	44	54	10	0
宁波市	78	2	35	41	0	0
温州市	81	2	21	50	8	0
嘉兴市	90	3	11	47	29	0
湖州市	89	1	27	61	0	0
绍兴市	82	1	18	36	26	1
金华市	94	1	21	64	8	0
衢州市	72	2	14	53	3	0
舟山市	33	1	6	17	7	2
台州市	100	2	18	67	13	0
丽水市	73	1	24	41	7	0

表7　2017—2021年浙江省A级景区数量及增减情况

年份	A级景区（家）	比上年增减（家）
2017	700	223
2018	806	106
2019	798	-8
2020	827	29
2021	903	76

全省各地通过景区门票减免、淡季免费开放等政策拉动旅游消费。如图7所示，2021年全省A级景区共接待游客5.48亿人次，较上年增长16.9%，恢复至2019年的81.1%，其中免票游客3.96亿人次，较上年增长17.6%，比2019年增长11.8%；实现营业收入448.9亿元，较上年增长12.4%，恢复至2019年的87.9%，门票收入64.46亿元，较上年增长38.8%，恢复至2019年的63.7%。

图 7　2017—2021 年浙江省 A 级景区接待和经营情况

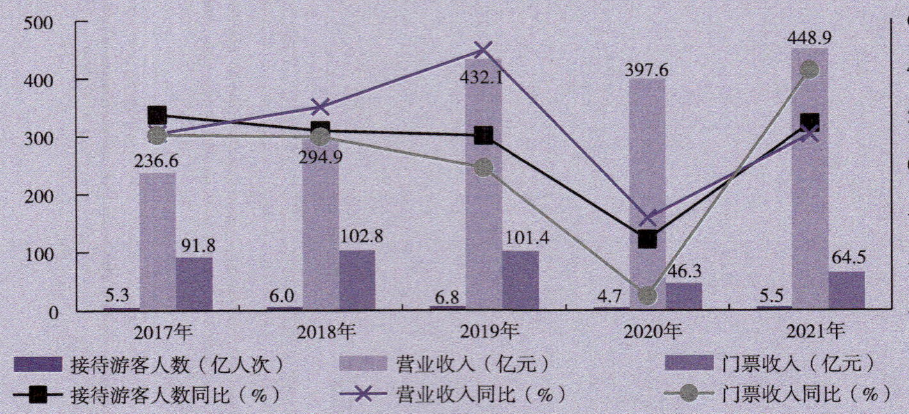

2. 星级饭店

如表 8 所示，截至 2021 年底，全省共有星级饭店 505 家，较上年减少 28 家。从各市星级饭店分布看，杭州市星级饭店数量最大，共有 105 家，占全省星级饭店总量的 20.8%。宁波市星级饭店共有 80 家，列全省第二，占全省星级饭店总量的 15.8%。从星级分布来看，五星级、四星级饭店占星级饭店总量的 50.3%。其中，五星级、四星级、三星级、二星级和一星级饭店占比分别为 16.8%、33.5%、40.4%、8.9%、0.4%。

如图 8 所示，2021 年，全省星级饭店全年平均从业人员 6.19 万人，比上年下降 3.2%，为 2019 年的 86.5%，其中大专以上学历 1.36 万人，比上年下降 9.8%。

表 8　2021 年浙江省星级饭店分布情况

单位：家

设区市	合计	五星级	四星级	三星级	二星级	一星级
浙江省	505	85	169	204	45	2
杭州市	105	22	39	31	13	0
宁波市	80	21	26	25	7	1
温州市	56	7	18	27	4	0
嘉兴市	41	7	10	24	0	0
湖州市	28	3	12	10	3	0
绍兴市	37	11	11	12	3	0
金华市	42	3	20	16	3	0
衢州市	30	2	13	11	4	0
舟山市	13	1	3	9	0	0
台州市	32	6	11	13	2	0
丽水市	41	2	6	26	6	1

图 8 2017—2021 年浙江省星级饭店数量及从业人员数

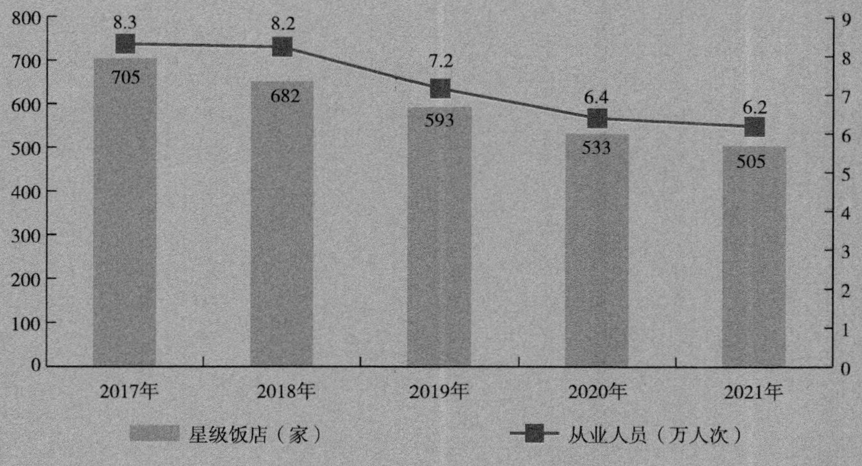

星级饭店全年营收为上年的八成，恢复至 2019 年的七成，平均客房出租率和平均每间可售房收入均恢复至 2019 年的八成左右。如图 9 所示，2021 年，全省星级饭店实现营业收入 160.75 亿元，较上年下降 18.2%，恢复至 2019 年的 70.2%；平均客房出租率 45.32%，较上年下降 4.97 个百分点，较 2019 年下降 9.64 个百分点；平均房价为 345 元 /（间 · 天），较上年增长 2.1%，恢复至 2019 年的 96.2%；平均每间可售客房收入 156.3 元 /（间 · 天），恢复至 2019 年的 79.3%。

图 9 2017—2021 年浙江省星级饭店经营情况

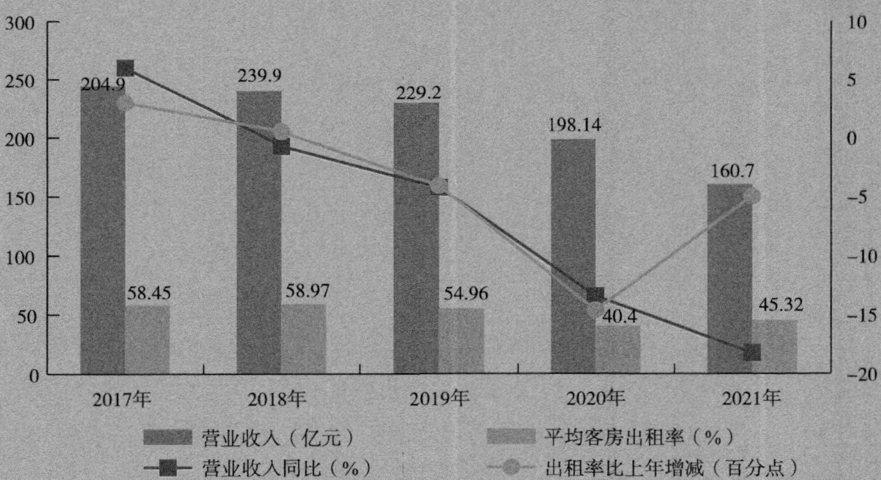

3. 旅行社

如表 9 和表 10 所示，截至 2021 年底，全省共有旅行社 3015 家，其中出境社 302 家。从各市旅行社分布看，杭州市旅行社数量最大，共有 962 家，占全省总量的 31.9%。宁波市旅行社共有 403

家，列全省第二，占全省总量的13.4%。出境社主要分布在杭州，占全省出境社总量的39.4%。

2021年，全省旅行社全年平均从业人员2.05万人，比上年下降8.7%，为2019年的75.9%，其中大专以上学历1.47万人，比上年下降4.6%。

表9　2021年浙江省旅行社分布情况

单位：家

设区市	旅行社数量	其中：出境社
浙江省	3015	302
杭州市	962	119
宁波市	403	29
温州市	283	29
嘉兴市	225	37
湖州市	153	27
绍兴市	166	19
金华市	207	16
衢州市	134	4
舟山市	190	8
台州市	162	13
丽水市	130	1

表10　2017—2021年浙江省旅行社数量

年份	旅行社（家）	其中：出境社（家）
2017	2522	258
2018	2851	309
2019	2769	307
2020	2896	306
2021	3015	302

旅行社遭遇市场萎缩困境，部分中小微企业歇业求存，行业整体复苏进度比较艰难。2021年，全省旅行社实现营业收入194.47亿元，较上年增长30.3%，恢复至2019年的50.6%。全省旅行社外联入境游客578人次，比上年下降93%；接待入境游客539人次，比上年下降97%；旅行社出境业务仍未解禁，旅行社组织出境游客0人次。

从国内接待情况看，2021年全省旅行社共接待国内游客1395.58万人次，较上年增长59.2%，恢复至2019年的78%。从客源结构看，全年有63%的游客来自本省，本省游客接待量较上年增长33.4%，恢复至2019年的83%；省外游客量为516.72万人次，较上年增长137.6%，恢复至2019年的70.8%，省外客源地主要集中在上海、江苏、福建和安徽，占旅行社接待国内游客总量的21.9%。从客源构成看，全省旅行社接待省内游客量占比较上年下降12.2个百分点，较2019年提高3.8个百分点，如表 11 所示。

表 11　2019—2021 年浙江省旅行社接待国内游客客源地结构（TOP10）

序号	2019 年		2020 年		2021 年	
	省份	占比（%）	省份	占比（%）	省份	占比（%）
1	浙江	59.2	浙江	75.2	浙江	63.0
2	上海	12.5	上海	8.5	上海	8.0
3	江苏	11.7	江苏	6.5	江苏	7.2
4	福建	3.9	福建	3.2	安徽	3.4
5	安徽	3.4	安徽	1.8	福建	3.4
6	广东	2.3	广东	1.0	江西	1.7
7	北京	1.3	江西	0.8	湖南	1.4
8	江西	0.8	北京	0.6	广东	1.1
9	山东	0.5	湖南	0.3	四川	1.1
10	湖南	0.5	四川	0.3	湖北	1.0

从国内组团情况看，2021 年全省旅行社共组织国内游客 1085.66 万人次，较上年增长 29.6%，恢复至 2019 年的 64.6%。从目的地分布看，疫情影响下旅行社组团以省内游为主，省内游占到 79.9%，较上年下降 8 个百分点，较 2019 年提高 14.2 个百分点。省外目的地主要分布在江苏、福建、上海和江西等周边省份，合计占比为 8%，旅行社组织前往四川省的游客量较上年大幅增长 1.9 倍，较 2019 年增长 5.7%，跃居省外目的地第 5 位，如表 12 所示。

表 12　2019—2021 年浙江省旅行社组织国内游客目的地结构（TOP10）

序号	2019 年		2020 年		2021 年	
	省份	占比（%）	省份	占比（%）	省份	占比（%）
1	浙江	64.6	浙江	88.0	浙江	79.9
2	江苏	6.3	江苏	2.3	江苏	2.7
3	上海	5.8	云南	1.1	福建	2.1
4	福建	3.2	上海	0.9	上海	1.8
5	北京	2.3	福建	0.9	江西	1.4
6	安徽	2.0	海南	0.8	四川	1.1
7	云南	1.6	北京	0.7	海南	1.1
8	海南	1.5	江西	0.7	北京	0.9
9	广东	1.4	广东	0.6	广东	0.9
10	江西	1.4	安徽	0.6	云南	0.7

五、产业与科技

培育壮大市场主体。启动企业梯度培育计划，遴选产生了29家领军型企业、55家骨干型企业、78家新锐型企业。新创建2家五星级旅游饭店、3家四星级旅游饭店、27家绿色旅游饭店、45家“品质饭店”、21家特色文化主题饭店、4家五星级品质旅行社。

加大平台建设和产品开发力度。建立文化和旅游产业运行分析数字化平台和联席工作机制。上线文化和旅游产业投融资平台。积极推动文旅金融改革，支持指导宁波、绍兴等地推进文旅与金融合作示范区。做大做优重大节庆展会平台，成功举办“5·19”中国旅游日、中国义乌文化和旅游产品交易博览会、十六届浙江山水旅游节等大型节庆展会活动。全面布局“诗画浙江·百县千碗”消费体验场所，培育认定第三批241家省级体验店，持续开展“六进”活动。全年评定工业旅游示范基地26个、中医药文化养生旅游示范基地12个、省级运动休闲旅游示范基地9个。

提振文化和旅游消费。持续加大对文旅企业的纾困力度。组织举办形式多样的文化和旅游促消费活动，各地累计推出文化和旅游惠民措施550余项、惠民活动836场，参加人次达5118.4万人次。认定首批省级夜间文化和旅游消费集聚区13家。开展国内市场精准宣传和推广，全省累计开展200余场宣传推广活动，分别与安徽、山西、四川等10余省召开专场推介会。

六、文化遗产保护

（一）文物保护利用

文物活化利用水平实现跃升。一是考古工作成果丰硕。井头山遗址入选2020年度“中国考古新发现”“全国十大考古新发现”。上山遗址等9处遗址入选“十四五”国家大遗址名录，上山遗址、河姆渡遗址、良渚遗址、南宋临安城遗址及官窑遗址入选“百年百大考古发现”，良渚遗址入选“考古遗址保护展示优秀项目”。泰顺廊桥灾后修复工程作为全国唯一项目入选《全球文化遗址恢复和重建案例研究》。浙江衢州发现疑似西周姑蔑国王陵，入选中央广播电视总台2021年度国内十大考古新闻。二是文物保护成效显著。在全国率先实现市、县（市、区）设立文物局全覆盖。启动实施革命文物保护利用三年行动计划和五大工程，公布第一批革命文物名录。督导绍兴市查处大禹陵周边违法建设案等文物安全事故、违法案件9起。召开全省文物安全专题工作会议，启动全省文物安全大排查大整治大提升行动，并对6市12县开展专项督查。将文物安全工作纳入全省地方党政领导班子和领导干部年度考核、党委（党组）意识形态专项检查、高质量发展综合评价和“平安浙江”等指标体系。三是利用水平大幅提升。乡村博物馆建设工作被列入全国试点，编制形成《乡村博物馆建设认定办法》，提升改造乡村博物馆40家。2个展览入选国家文物局2021年度主题展览20个重点推荐名单。2个展览分获全国十大陈列展览精品奖、优胜奖。完成大型纪录片《良渚文明》的制作并在浙江卫视播出。全省各级博物馆举办展览1578场次，观众数量达2651.7万人次。

如图10所示，2021年全省共有文物机构609个，比上年增加10个。其中：文物保护管理机构86个，占14.1%；博物馆425个，占69.8%。2021年全省文物机构从业人员11822人，比上年增加638人。其中：高级职称766人，占6.5%；中级职称1284人，占10.9%。

图 10　2017—2021 年浙江省文物机构及从业人员情况

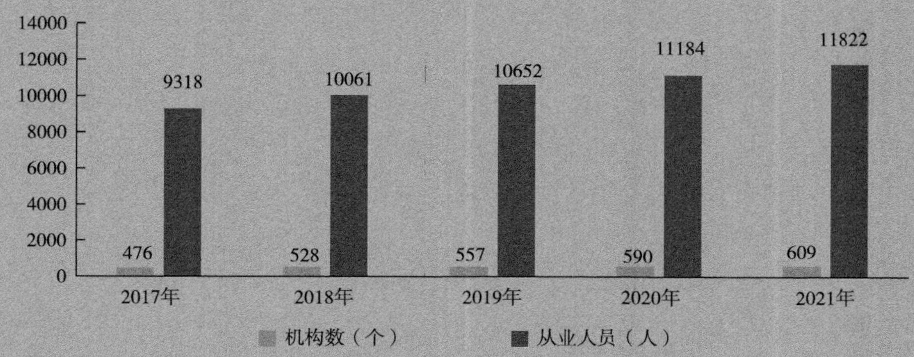

2021 年末，全省文物机构拥有藏品 178.30 万件，比上年末增加 11.7 万件，同比增长 7.0%。其中，博物馆藏品 157.2 万件，占文物藏品总量的 88.2%。一级文物 2351 件，占 0.1%；二级文物 11258 件，占 0.6%；三级文物 84960 件，占 4.8%。

2021 年末，全省文物机构共有基本陈列 1486 个，比上年末增加 127 个；举办临时展览 1493 个，比上年末增加 280 个；接待参观人次 5446.01 万人次，比上年增长 20.8%。其中未成年人 1293.30 万人次，比上年增长 36.8%，占参观总人数的 23.8%。博物馆接待观众 4070.23 万人次，比上年增长 39.6%，占文物机构接待观众 74.7%，如图 11 所示。

图 11　2017—2021 年浙江省文物机构接待观众情况

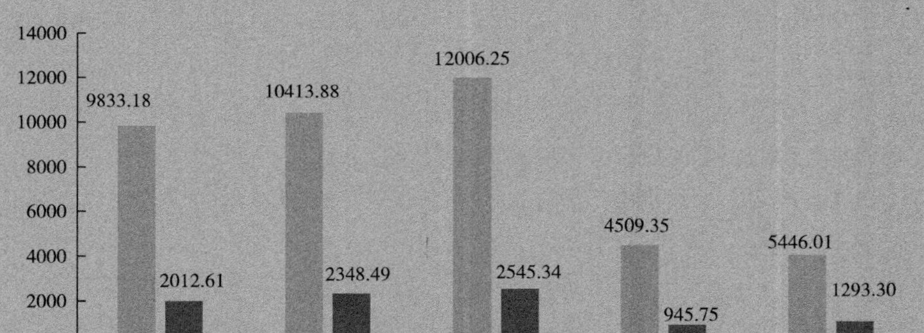

（二）非遗保护传承

截至 2021 年底，全省有国家级非遗项目名录 241 项，国家级非遗代表性传承人 196 人，省级非遗代表性名录 886 项，省级非遗代表性传承人 1441 人。非遗保护传承卓有成效。一是挖掘遴选不断深入。“中国传统制茶技艺及其相关习俗”申遗材料正式递交联合国教科文组织。评审通过第六批省级非遗代表性传承人 226 名，评审公布第三批优秀非遗旅游商品 100 项。二是抢救保护及时有效。海洋渔文化（象山）国家级生态保护区正式授牌。指导推进 17 个省级文化传承生态保护区创建工作。优化省非遗保护信息化平台。推进省非遗网络传习所建设。推进大运河非遗保护传承利用协同机制建设，制订行动计划。组织抢救民间戏曲曲牌，完成浙江省戏曲曲牌数据库调查摸底。三是宣传推广措施有力。启动传统工艺工作站建设，推进非遗曲艺书场试点工作。举办第 13 届浙江・中国非遗博览会、“文化和自然遗产日”、第二届“非遗购物节・浙江消费季”等系列活动。

2021 年，全省共有非物质文化遗产保护机构 97 个，从业人员 540 人。2021 年，全省非物质文化遗产保护机构共举办展览 2207 个，接待观众 297.41 万人次，比上年下降 46.1%；举办演出 7214 场，比上年下降 14.6%，观众 1130.80 万人次，比上年增长 100.3%；举办民俗活动 1519 次，比上年下降 26.5%，观众 320.33 万人次，比上年下降 51.1%；开展非遗工作人员培训班 791 次，比上年增加 284 次，培训人数 3.31 万人次，比上年增长 19.1%。

七、对外和对港澳台文化交流

文化和旅游交流合作走深走实。一是对外合作交流持续推进。全年共实施对外文化交流项目 587 项。成功举办 2021 绍兴“东亚文化之都活动年”、“欢乐春节”（线上）、丝绸之路周、“良渚揽秀 诗路寻音”诗画浙江主题推广活动等，传递浙江好声音。开展第二批省国际人文交流基地培育建设工作，完成第二批国际人文交流基地 13 家认定。培育 60 余名来自 10 个国家和地区“诗画浙江”友好使者（外籍）。在日本、韩国、东南亚（马来西亚）设立浙江文化和旅游推广中心。面向东南亚发布“云上浙江”万象馆。开设浙江文旅海外社交媒体账号。参加东盟博览会旅游展，获“最佳组织奖”和“最佳展示奖”。二是与港澳台地区交流合作不断深化。全年实施对台、对港澳文化交流活动分别为 102 起、19 起。举办“双水擎莲・两地跨虹”诗画浙江推介会走进澳门活动，发布为澳门同胞量身打造的精品旅游线路 6 条；为 400 多名港澳青少年举办内地游学专题线上培训；参加第十七届海峡旅游博览会和 2021 第七届中国（厦门）国际休闲旅游博览会，获“最佳组织奖”和“最佳展台奖”。三是区域合作交流更加紧密。轮值长三角文化和旅游联盟，成立长三角文化馆联盟、交响乐联盟；推进全省 212 个公共图书馆、146 个国有博物馆、212 个 A 级景区均实现长三角社保卡“一卡通”应用；联合印发《长三角生态绿色一体化发展示范区江南水乡古镇生态文化旅游圈建设三年（2021—2023）行动计划》以及嘉善片区文化和旅游发展专项规划；推进杭黄自然生态和文化旅游廊道、环太湖生态文化旅游圈、浙皖闽赣（衢黄南饶）“联盟花园”、大运河文化带建设。开展“我爱浙疆・文润百年”文化润疆“百万”系列活动，做好新一轮浙川文化和旅游协作合作。

八、资金投入

2021 年全省文化事业费 104.48 亿元，比上年增加 19.48 亿元，增长 22.9%；全省人均文化事业费 159.75 元，比上年增加 28.11 元，增长 21.4%，如图 12 所示。

图 12　2017—2021 年浙江省人均文化事业费及增速情况

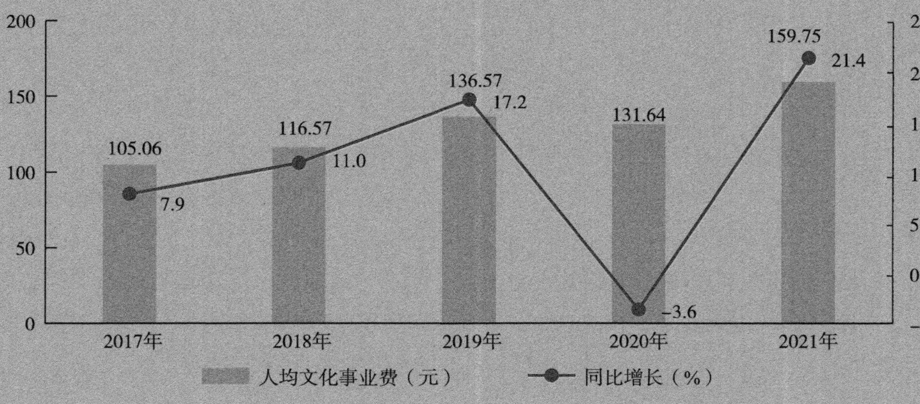

2021 年全省文化事业费占财政总支出的比重为 0.95%，比重较上年提高 0.11 个百分点，如图 13 所示。

图 13　2017—2021 年浙江省文化事业费占财政支出的比重

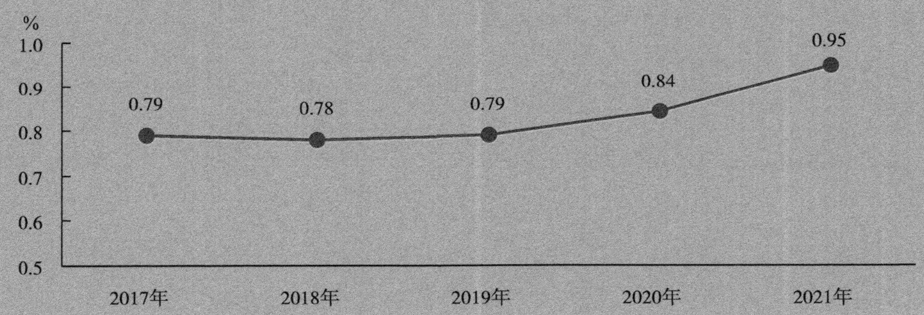

2021 年全省文物事业费 37.5 亿元，文物事业费占财政总支出的比重为 0.4%，比上年增长 0.03%。

（浙江省文化和旅游厅）

浙江：努力打造“重要窗口”

浙江省文化和旅游厅围绕中心、服务大局，努力扛起打造“重要窗口”的使命担当。圆满完成建党100周年庆祝活动。隆重举办“百年红船 扬帆远航”浙江省庆祝建党100周年大型交响诗画文艺演出。圆满完成全国大型情景史诗《伟大征程》演出的舞台搭建任务，被文化和旅游部通报表扬。积极争取国家层面政策支持和改革授权，促成文化和旅游部与省政府联合印发了《关于高质量打造新时代文化高地推进共同富裕示范区建设行动方案（2021—2025年）》。“窗口性”成果丰硕呈现，全年全系统共获得省部级以上奖项512项。安吉余村成功入选联合国世界旅游组织首批世界最佳旅游乡村；推动亚洲之光国际艺术节、世界旅游联盟总部落户杭州；温州市入选2022“东亚文化之都”；全省文化和旅游系统11个单位、25人被文化和旅游部表彰为先进集体和先进个人，数量位居全国第一；入选第五批国家级非遗项目24个，实现国家级非遗项目“五连冠”。

克服疫情影响，推动文化和旅游产业平稳复苏。一是常态做好疫情防控工作。指导督促全省公共文化场馆和A级旅游景区严格执行“限量、预约、错峰”要求，认真实施测温、亮码、戴口罩、日常清洁、通风消毒、保持社交距离、减少人员集聚等防疫规定，全年处置疫情防控隐患问题2566个，未发生因文旅活动导致疫情传播的情况。二是提振文化和旅游消费持续加大对文旅企业的纾困力度。组织举办形式多样的文化和旅游促消费活动，各地累计推出文化和旅游惠民措施550余项、惠民活动836场，参加人次达5118.4万人次。三是持续推进文旅项目投资建设。全省文化和旅游项目总数2857个，实际完成文化和旅游项目投资2769.7亿元，同比增长7.2%，完成年度计划137.1%。文化和旅游产业平稳复苏，全年实现旅游总收入增长10.5%，旅游人次和总收入分别恢复至2019年同期的85%和84%。

安徽省 2021 年文化和旅游发展情况分析

2021 年是中国共产党建党 100 周年，也是“十四五”规划的开局之年。安徽省文化和旅游系统以习近平新时代中国特色社会主义思想为指导，全面贯彻落实党的十九大和十九届历次全会精神，弘扬伟大建党精神，坚持稳中求进工作总基调，完整、准确、全面贯彻新发展理念，统筹疫情防控和文旅产业发展，继续推动文化和旅游的高质量发展。

一、机构和从业人员

如图 1 所示，2021 年末，纳入统计范围的全省各类文化和旅游单位 16440 个，比上年增加 222 个。其中：文化和旅游单位 16128 个，增加 233 个；文物单位 312 个，减少 11 个。各类文化和旅游从业人员 121429 人，比上年减少 9045 人。

图 1　2017—2021 年机构人员情况

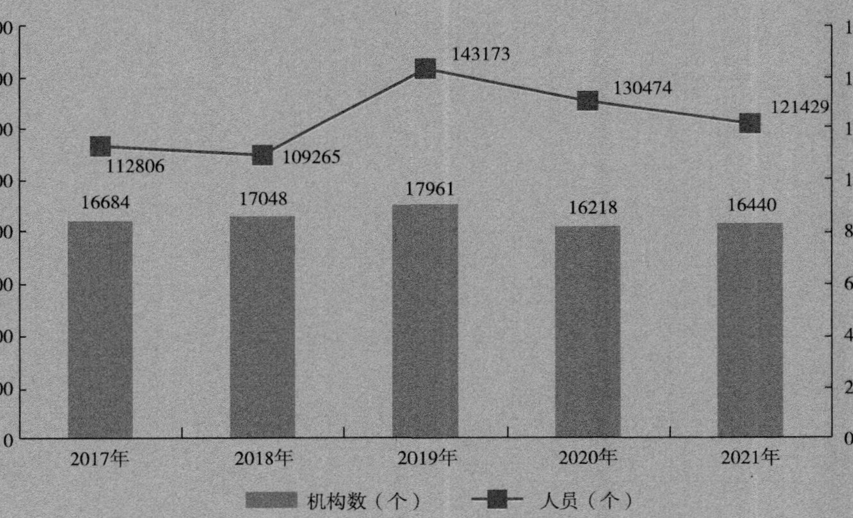

二、文化艺术创作出新出彩

（一）艺术表演团体基本情况

如表 1 所示，2021 年末，全省共有艺术表演团体 2870 个，比上年末增加 536 个，从业人员

41314 人，比上年末增加 2140 人。全年全省艺术表演团体共演出 40.77 万场，比上年增加 35.45%；国内观众 0.61 亿人次，比上年减少 35.96%；演出收入 8.38 亿元，比上年减少 8.42%。全国国有艺术表演团体共组织政府采购公益演出 4500 场，观众 166 万人次，分别比上年减少 4.00% 和 31.97%。

表 1　2017—2021 年全省艺术表演团体基本情况

年份	机构数（个）	从业人员（人）	演出场次（万场次）	国内演出观众人次（万人次）	演出收入（万元）
2017	2639	46573	58.20	25330.10	119779
2018	2859	43000	50.50	19959.90	140537
2019	2628	37900	34.70	13398.30	93476
2020	2334	39174	30.10	9555.10	91481
2021	2870	41314	40.77	6119.07	83782

（二）艺术创作和服务水平进一步提升

2021 年，安徽省聚焦建党百年等主题，实施戏剧创作孵化计划，新创 9 部大戏、20 个小戏。黄梅戏《不朽的骄杨》等 10 部剧目入选全国“百年百部”工程剧目创排、演出。黄梅戏《献船》获第六届全国少数民族文艺汇演“剧目创新奖”。举办了第九届中国（安庆）黄梅戏艺术节，推出黄梅戏新创优秀剧目展演等 6 大类 30 多场活动。通过设专题、专辑等形式，组织刊发剧评文章 40 多篇。开展“百年光辉映江淮”新创优秀剧目展演、主题美术作品创作展览、传统戏剧扶持项目会演等，近 10 万观众走进剧场。“舞动美好安徽 共庆建党百年”广场舞大赛、“唱支山歌给党听”大家唱歌咏活动，参与人次超 3000 万人次。组织起草我省《深化国有文艺院团改革的实施意见》，首次开展国有文艺院团社会效益评价考核。评选发布 2019—2021 年度“百佳”民营艺术院团。实施地方戏曲“名师传戏”工程，培养表演、演奏、作曲类青年人才 20 组。

三、公共文化服务惠民乐民

2021 年安徽省围绕提升村级综合文化中心覆盖率、送戏进村、实现“一卡通”全覆盖等推动公共文化服务实现新提升。村级综合文化中心覆盖率由 96% 提高到 98%，总数达 1.75 万个。全省公共文化场馆免费开放全覆盖，开展各类活动 2.5 万场、参加人次 4000 多万人次。对 288 个乡镇文化站、720 个村级文化中心进行抽查暗访，督促整改，提升效能。通过政府购买服务方式，送戏进村演出 1.7 万多场。成功举办“希望的田野——最美颂歌献给党”第八届中国农民歌会，集中展示了全国大家唱群众歌咏活动成果。“乡村春晚”活动成为全国 8 个示范点之一。民间文化艺术工作在全国交流。实现 A 级旅游景区、公共文化场馆社保卡“一卡通”全覆盖。

（一）公共图书馆

2021 年末，全省共有公共图书馆 133 个，比上年末增加 2 个。2021 年末，全省公共图书馆从业人员 1622 人，比上年末增加 50 人。其中：具有高级职称的人员 124，占 7.6%；具有中级职称的人员 451 人，占 27.8%。

2021 年末，全省公共图书馆实际使用房屋建筑面积 63.55 万平方米，比上年末增长 5%；总藏量

3770 万册，比上年末增长 6.3%；线上服务人次 8458.23 万人次；阅览室座席数 50833 个，比上年末增长 4.5%；计算机 8198 台，其中供读者使用的电子阅览终端 5696 台。

2021 年末，全省平均每万人公共图书馆建筑面积 103.96 平方米，比上年末增加 4.79 平方米；全省人均藏量 0.62 册，比上年末增加 0.04 册。如图 2 所示。

图 2　2017—2021 年全省公共图书馆人均资源情况

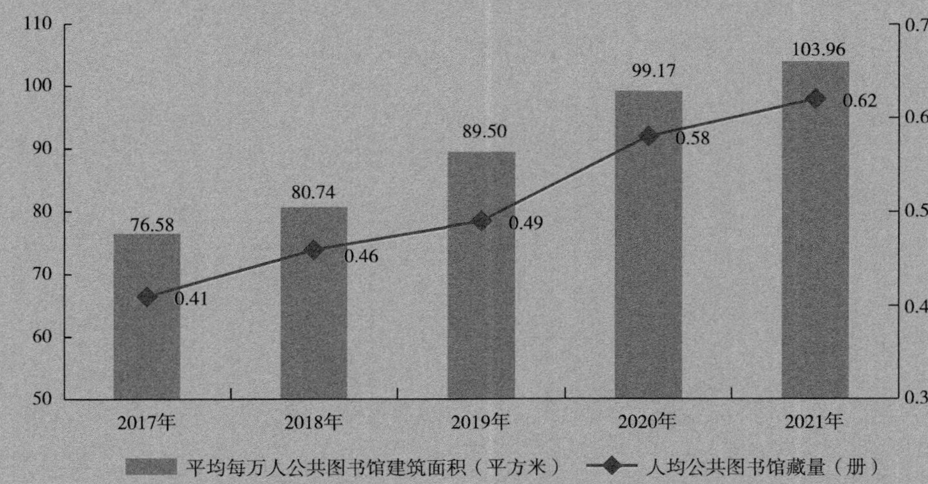

2021 年全省公共图书馆发放借书证 367.7 万个，比上年增长 24.1%；因疫情好转，图书馆总流通人次 4099 万，增长 71.36%。书刊文献外借册次 2281 万册次，比上年增长 33.16%；外借人次 1135 万人次，比上年增长 28.97%。如图 3 所示。

图 3　2017—2021 年全省公共图书馆总流通人次及书刊外借册次

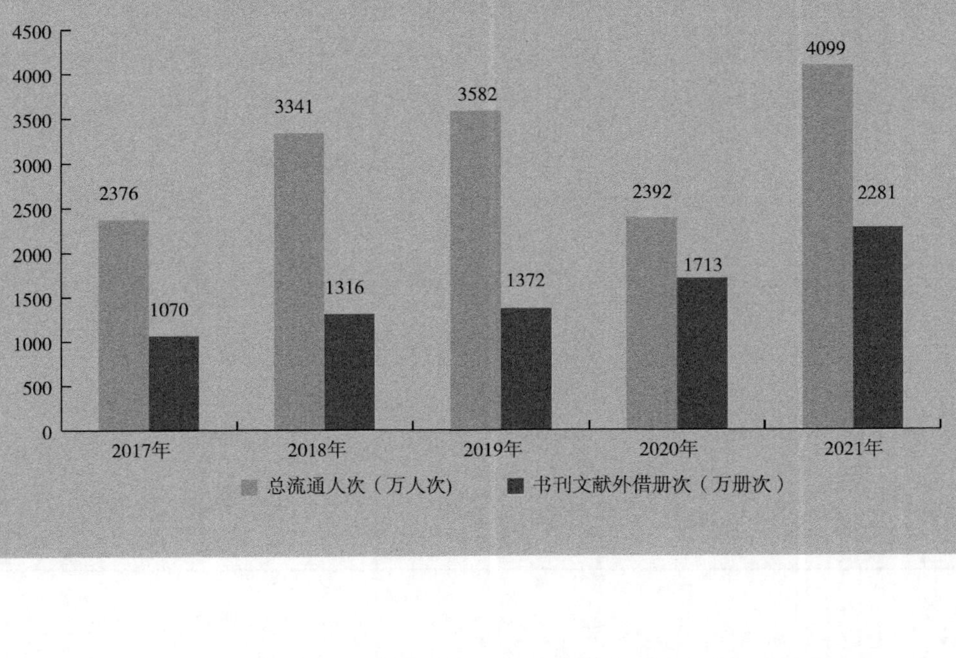

（二）群众文化机构

2021 年末，全省共有群众文化机构 1628 个，文化馆数保持不变，其中综合文化站 1505 个，保持不变。年末全国群众文化机构从业人员 6141 人，其中：具有高级职称的人员 137 人，占 2.2%，比上年增加 0.2%；具有中级职称的人员 511 人，占 8.3%，比上年增加 0.6%。

2021 年末，全省群众文化机构实际使用房屋建筑面积 140.85 万平方米，比上年末增长 6.1%；业务用房面积 111.66 万平方米，比上年末增长 4.3%。2021 年末，全省平均每万人群众文化设施建筑面积 230.41 平方米，比上年末提高 12.77 平方米，如图 4 所示。

图 4　2017—2021 年全省平均每万人群众文化设施建筑面积

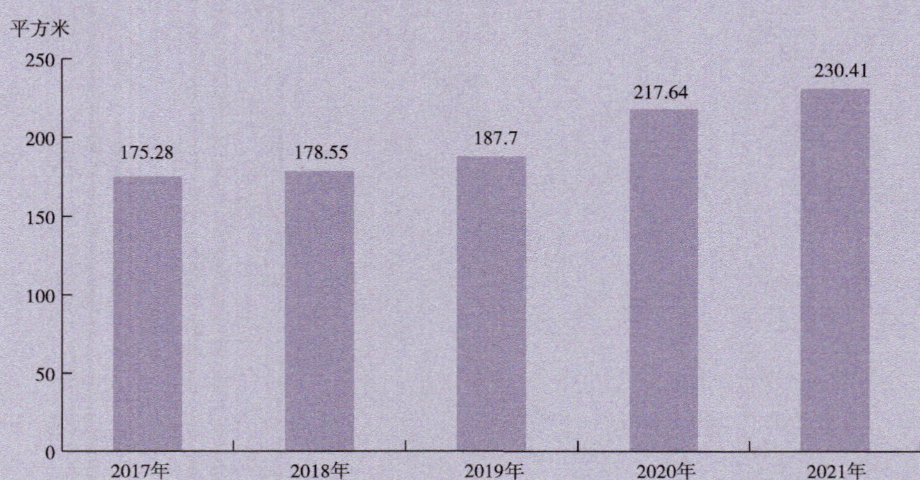

2021 年末，全省群众文化机构共有馆办文艺团体 473 个，比上年增加 50 个；演出 2978 场，观众 235 万人次。由文化馆（站）指导的群众业余文艺团体 14625 个；馆办老年大学 13 个，比上年增加 1 个。

2021 年，全省群众文化机构开展各项活动总计 84999 次，比上年增长 9.95%；服务人次 2460.33 万人次，比上年增长 9.26%。如表 2 所示。

表 2　2021 年全省群众文化机构开展活动情况

项目	总量		比上年增长（%）	
	活动次数（次）	服务人次（万人次）	活动次数	服务人次
各项活动总计	84999	2460.33	9.95	9.26
其中：展览	5943	356.63	0.32	26.13
文艺活动	45064	1905.28	0.97	6.72
公益性讲座	973	20.65	21.47	6.99
训练班	33019	177.77	27.26	8.09

四、旅游业发展情况

（一）国内旅游市场运行情况

1. 国内旅游人数同比增长超两成

2021 年，全省接待国内旅游人数 5.81 亿人次，同比增长 23.42%；实现国内旅游花费 5578.35 亿元，同比增长 32.14%，国内旅游人均花费 960.69 元。随着居民出游需求不断增强，各地持续优化文旅产品，释放消费潜力，全省文旅市场持续稳步恢复。国内旅游者来皖人均消费具体支出构成如图 5 所示。

图 5　2021 年国内旅游者来皖人均消费支出构成

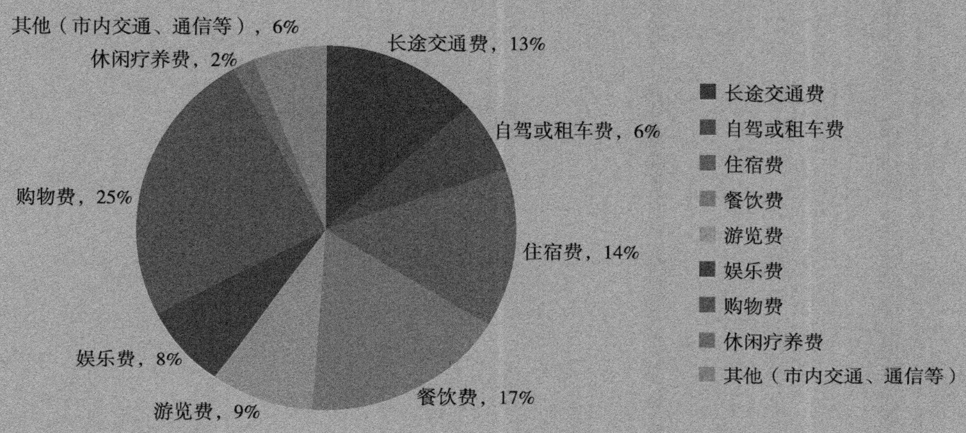

2. 三大旅游板块形势分析

如表 3 所示，分区域看，皖北旅游区接待国内旅游人数 1.42 亿人次，同比增长 24.64%；国内旅游花费 1009.53 亿元，同比增长 34.66%。合肥经济圈接待国内旅游人数 1.53 亿人次，同比增长 22.76%；国内旅游花费 1716.22 亿元，同比增长 29.83%。皖南国际文化旅游示范区（简称“皖南示范区”，下同）接待国内旅游人数 2.86 亿人次，同比增长 23.18%；国内旅游花费 2852.60 亿元，同比增长 32.68%。

表 3　分区域国内旅游主要经济指标

区域	2021 年国内旅游人数（万人次）	同比增长（%）	2021 年国内旅游花费（亿元）	同比增长（%）
皖北旅游区	14208.42	24.64	1009.53	34.66
合肥经济圈	15289.83	22.76	1716.22	29.83
皖南示范区	28567.77	23.18	2852.60	32.68
合计	58066.03	23.42	5578.35	32.14

如图6和图7所示，皖南示范区、合肥经济圈、皖北旅游区国内旅游人数分别占全省比重为49.20%、26.33%、24.47%，实现国内旅游花费分别占全省比重为51.14%、30.76%、18.10%。

图6　分区域国内旅游人数占比

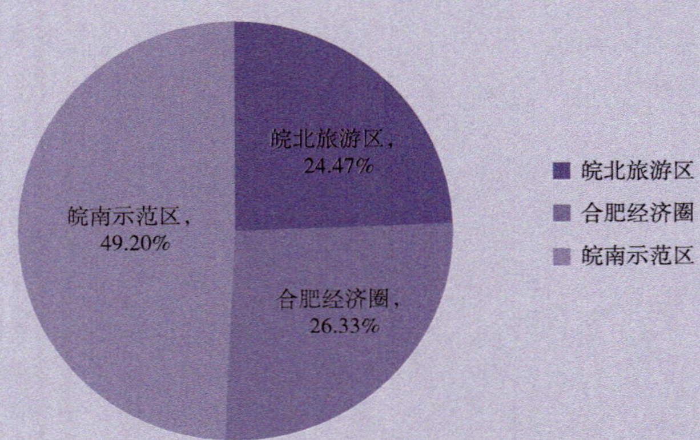

图7　分区域国内旅游收入占比

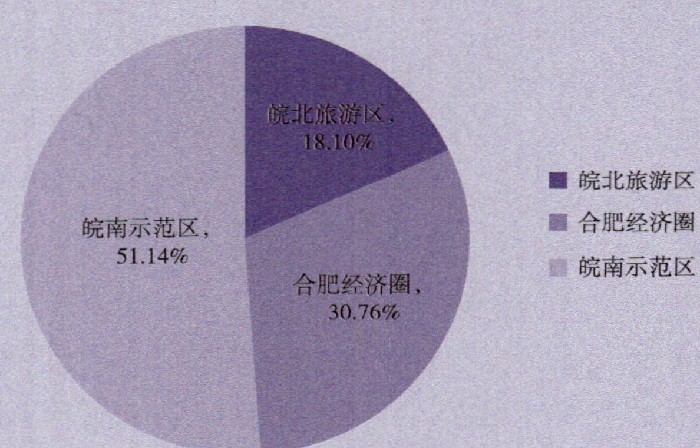

（二）全省主要旅游企业经营恢复情况

1. 景区接待同比增长趋势良好

如表4所示，全省纳入监测（可比口径）的540家A级景区，2021年累计接待人数2.45亿人次，同比增长25.59%；门票收入27.27亿元，同比增长31.10%。全省各大景区在做好疫情防控工作的同时，围绕五一国际劳动节、端午节、国庆节等重要节庆节点，不断优化文旅产品，民俗文化、乡村休闲、周边自驾、亲子研学等出游主题需求较高。

表 4　分等级景区主要经营数据

景区级别	接待人数（万人次）	同比增幅（%）	门票收入（亿元）	同比增幅（%）	景区数量（个）
5A	2776.73	21.82	13.77	40.04	17
4A	10430.64	28.24	10.63	18.55	195
3A 及以下	11249.97	24.17	2.87	43.48	328
合计	24457.34	25.59	27.27	31.10	540

从景区等级看，5A 级景区接待人数 2776.73 万人次、同比增长 21.82%，景区门票收入 13.77 亿元、同比增长 40.04%；4A 级景区接待人数 1.04 亿人次、同比增长 28.24%，景区门票收入 10.63 亿元、同比增长 18.55%。

2. 旅行社组织国内旅游人数同比增长近六成

如图 8 所示，2021 年，全省纳入监测（可比口径）的 863 家旅行社组织国内旅游人数 168.19 万人次，同比增长 58.19%；接待国内旅游人数 227.38 万人次，同比下降 26.14%。

图 8　旅行社组织 / 接待国内旅游人数及同比情况

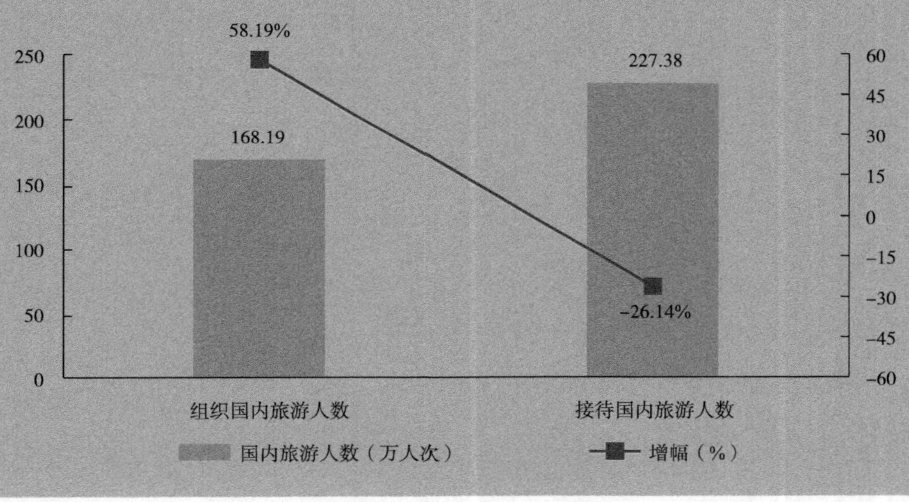

3. 星级宾馆 / 饭店接待人数同比略有增长

如表 5 所示，2021 年，全省纳入监测（可比口径）的 196 家星级宾馆 / 饭店接待人数 462.70 万人次，同比增长 6.48%；实现营业收入 32.55 亿元，同比增长 13.56%。其中：客房收入为 11.90 亿元，同比增长 7.73%；餐饮收入为 15.97 亿元，同比增长 10.96%。

（三）旅游经济运行特点

2021 年，安徽省旅游市场活跃度指数为 29.4，同比增长 104.9%。分月来看，5 月、6 月、7 月伴随气温转好，加之小长假影响，市场活跃度较高；8 月受疫情反弹影响市场活跃度环比下滑明显；2 月、10 月受春节、国庆假日的拉动作用，各地文旅部门和相关企业开展了一系列文旅节庆活动，有效活跃了全省文旅市场；11月、12月进入旅游淡季，受局部疫情散发影响，全省文旅市场活跃度低于去年同期水平。从全年趋势看，受国内疫情反复影响，活跃度指数呈下降态势，但总体活跃度高于去年同期，全省文旅市场持续恢复。具体情况如图9所示。

表5　星级宾馆/饭店各旅游经济指标发展状况

指标	2021年全年	同比增长（%）
住宿接待人数（万人次）	462.70	6.48
营业收入（亿元）	32.55	13.56
其中：客房收入（亿元）	11.90	7.73
餐饮收入（亿元）	15.97	10.96

图9　2021年全省旅游市场活跃度

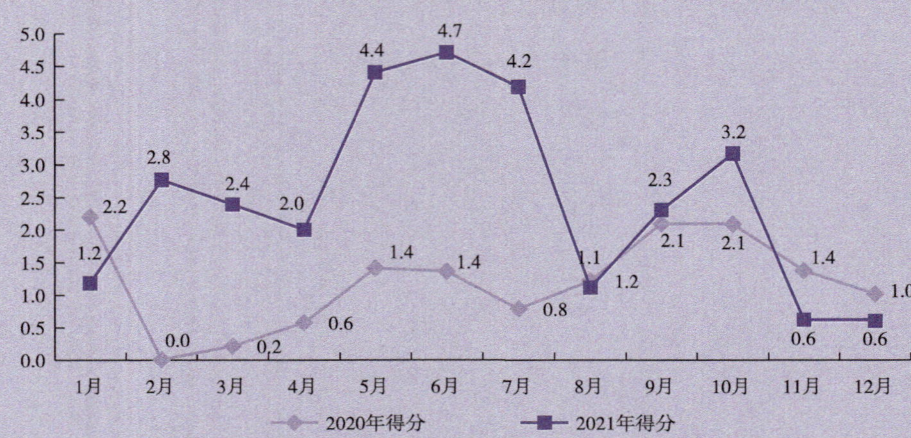

五、市场监管和综合执法

2021年，全省文旅行业实现疫情"零传播"、安全"零事故"。安全生产三年专项整治行动深入推进，多部门、全覆盖、下沉式和第三方暗访已成常态。牵头编制全国首个文明旅游行业标准，2家单位获评首批国家级文明旅游示范单位。牵头发布长三角旅游市场守信激励名单和严重失信名单。国务院对省政府质量工作考核中，文化旅游行业位居全国前列。"旅游服务质量江淮行""服务质量演讲故事大赛"成为重要工作品牌。综合行政执法改革取得新进展，全省所有市、县（区）全部完成队伍整合、执法职责整合，实现"同城一支队伍"和"局队合一"，全国率先统一着装。全省4A级以上旅游景区视频监控信号全部接入省级平台，实现对1000家网吧的实时监控巡查。"双随机一公开""扫黑除恶""扫黄打非""打击防范文物犯罪""文物法人违法专项治理"等取得成效。深化"放管服"改革，推进"皖事通办"和"证照分离"，文化和旅游窗口办件办结率和满意率均达100%。

2021年末，全省文化市场经营单位共计12414家，较上年末增加261家；从业人员68895人；

营业收入 115.03 亿元，营业利润 21.4 亿元。其中：娱乐场所 2018 个，从业人员 15560 人，营业收入 14.6 亿元，营业利润 1.4 亿元；互联网上网服务营业场所 6992 个，从业人员 10700 人，营业收入 10.1 亿元，营业利润 0.5 亿元。

2021 年末，全省旅行社 1342 个，2021 年度全省旅行社营业收入 28.6 亿元，直接从业人员 8395 人。2021 年末，全省星级饭店 247 家，比上年增加 2 家；从业人员 22418 人，比上年减少 2198 人；营业收入 39.9 亿元，较上年末增加 3.7 亿元。

六、文化产业和旅游资源开发利用

2021 年，项目建设加快推进，安徽省在建项目 1550 个，其中，续建项目 1138 个，新开工项目 412 个，全年完成投资 1286 亿元，同比增长 10.2%。黟县西递荣获首批“世界最佳旅游乡村”，金寨县大湾村等 2 个项目入选世界旅游联盟“旅游助力乡村振兴案例”，10 个村（镇）获评全国乡村旅游重点村（镇）。新增 4A 级旅游景区 7 家、省级旅游度假区 8 家，推出研学旅游示范基地 32 个、避暑旅游休闲目的地 10 家。制定出台《关于促进旅游民宿发展的指导意见》，庐江县云里安凹等 2 家民宿获全国首批甲级旅游民宿。成功举办太湖世界文化论坛第六届年会“文旅融合高质量发展高端对话”。池州等 3 市获第二批国家文化和旅游消费试点城市。《中国传统文化故事绘本大系》获中国文化艺术政府奖第四届动漫奖，实现全省零的突破。举办了第六届省动漫大赛暨第二届乡村文旅创意大赛。开展了专项债培训辅导，支持全省 47 个文旅项目发行专项债券近 50 亿元。积极推进纾困政策落实，及时为文旅企业推送 6 个方面 22 条“政策工具包”。

2021 年，数字创意产业专班编制了全国第一个省级数字创意产业发展规划，明确了数字出版、智慧文旅体育等九大主攻方向，提出了“一核、一极、十基地”空间布局。发起成立省数字创意产业协会、长三角数字创意产业联盟、专家咨询委员会等平台，推动组建了文化和数字创意产业投资基金。举办了长三角数字创意产业发展大会、中外文化创意产业安徽发展大会，省市县联动，大力开展“双招双引”。截至 2021 年底，全省在谈项目 144 个，金额 2400 多亿元，已签约开工项目 99 个。

七、文化遗产保护传承卓有成效

2021 年，安徽坚持创新创造，激发文化遗产传承新活力。出台了《安徽省大运河文化遗产保护传承专项规划》《省级非遗代表性传承人认定与管理办法》等规划办法。大工山—凤凰山铜矿等 7 处遗址入选国家“十四五”大遗址目录。凌家滩遗址入选全国“百年百大考古发现”。配合引江济淮等工程，完成勘探发掘迁移项目 91 个。全面完成 131 个省级开发区文物资源评估工作。公布全省首批革命文物名录、十大文物活化利用优秀案例。全省新增国家级非遗项目 11 个，总数达 99 项，认定公布了 99 个省级非遗传承基地。新设立宣纸省级文化生态保护区。

开展了“安徽考古走进中小学”“百万青少年走进博物馆”等活动。组织了“百名红色讲解员讲百年党史”宣讲活动 1200 多场。牵头举办长三角红色旅游创新发展合作交流活动。“淮海战役 · 伟大胜利”等 7 条线路入选全国“建党百年红色旅游百条精品线路”。举办第五届中国非物质文化遗产传统技艺大展，23 个省参加展览。视频直播家乡年、长三角非物质文化遗产特展、“游江淮——非遗进景区”等活动丰富多彩。

2021 年末，全省共有各类文物机构 312 个，比上年末减少 11 个。其中，文物保护管理机构 79 个，占 25.3%；博物馆 223 个，占 71.5%。2021 年末，全省文物机构从业人员 4009 人，比上年末增加 123 人。其中：高级职称 279 人，占 7%，中级职称 591 人，占 14.7%。

2021 年，全省各类文物机构共举办陈列展览 1322 个，比上年增加 108 个。其中：基本陈列 649 个，比上年减少 21 个；临时展览 673 个，比上年增加 129 个。2021 年，全省文物业文物藏品数达 981711（件 / 套），比上年增加 18571（件 / 套）；博物馆藏品数达 925034（件 / 套），比上年增加 16192（件套），如图 10 所示。接待观众 2062 万人，比 2020 年增加 35.48%，其中未成年人 540 万人，占参观总人数的 26.2%，如图 11 所示。博物馆接待观众 1962 万人，比上年增加 34.9%，占文物机构接待观众总数的 95.2%。

图 10　2017—2021 年文物业文物藏品数

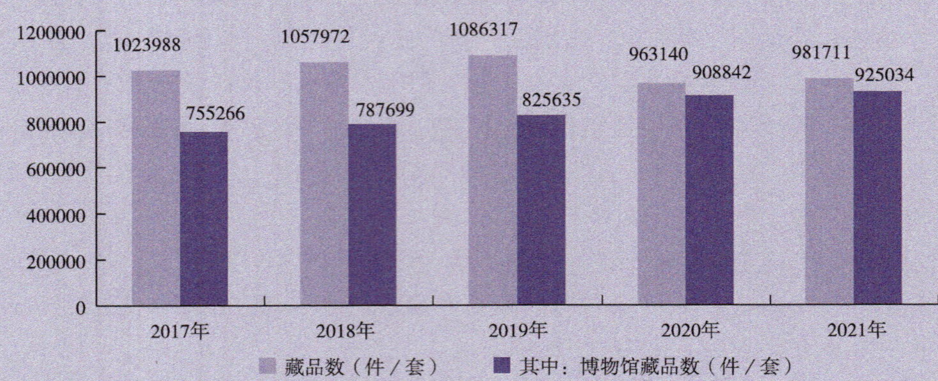

图 11　2017—2021 年文物机构接待观众人次及未成年人观众人次

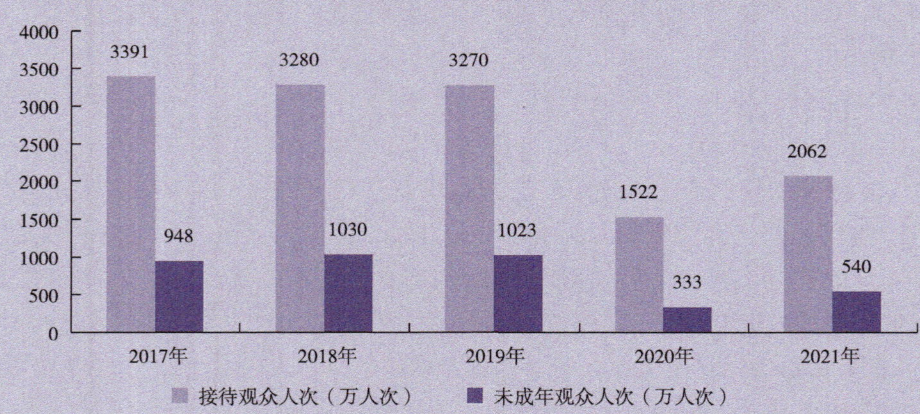

八、对外交流与合作有声有色

2021 年，全省为加快全域旅游发展，各地加强区域联动、全面布局，坚持“走出去”与“请进来”相结合，创新宣传推广模式，以品牌化活动实施精准营销，有效宣传了安徽文旅品牌，激发了旅游市场消费活力。省内外各级文旅部门秉承“优势互补、合作共赢”的原则，合作举办长三角企业家联盟和一系列旅游推介宣传活动，建立与长三角地区、广州、湖州、临沂、西藏等地合作共赢关系，创新旅游品牌互助推介、客源互送的精准营销方式。据统计，全省及各地累计组织开展80余场线上线下营销推介活动。“春游江淮请您来”活动全网发布信息9.9万篇（条），话题10多次登上头条热榜。创新举办第八届安徽自驾游大会，推出滁州江淮分水岭风景廊道建设营销新模式。“美好安徽”在各类媒体宣传深入人心，影响不断扩大。圆满完成安徽（澳门）美食文化周和旅游推介、中国西藏雅砻文化旅游节、安徽（青海）文化交流和旅游推介等活动，达成多项合作成果。“海外云推介”走进东南亚、欧美、非洲，安徽文旅新媒体国际传播力指数位居全国前列。与携程、同程、驴妈妈战略联手，发力线上经济，设立安徽文旅品牌线上旗舰店，强化了安徽文旅品牌宣传，加快文旅市场发展。

创新提出“六大特色板块”区域发展定位，即：围绕“山美、水美、村美、戏美、味美”，建设最美皖南；立足“欢乐游、欢乐食、欢乐宿、欢乐秀、欢乐购”，建设欢乐皖江；依托“红色景区、红色线路、红色小镇、红色故事、红色歌曲”，建设红色大别山；聚焦“休闲康养、休闲运动、休闲街区、休闲自驾、休闲美食”，建设休闲皖中；通过“历史风情、民俗风情、戏曲风情、小镇风情、美食风情”，建设风情淮河；推出“传奇人物、传奇故事、传奇景区、传奇线路、传奇美食”，建设传奇皖北。由此，全省区域均衡发展得到有力推进。省市联动，开展了“六大特色板块”系列宣传营销活动，区域特色进一步彰显。

九、资金投入

2021年，全省文化和旅游事业费22.89亿元，比上年增加0.38亿元，增长1.7%；全省人均文化和旅游事业费37.44元，比上年增加0.56元，增长1.52%，如图12所示。

图12　2017—2021年全省人均文化和旅游事业费情况

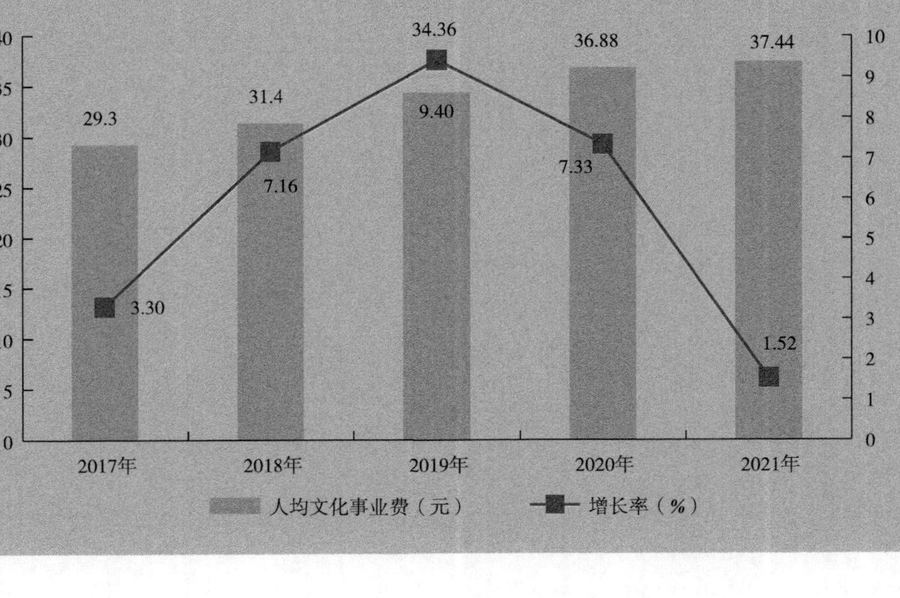

2021 年，我省文化和旅游事业费占财政总支出的比重为 0.30%，与 2020 年持平，如图 13 所示。

图 13　2017—2021 年全省文化和旅游事业费及财政支出占比情况

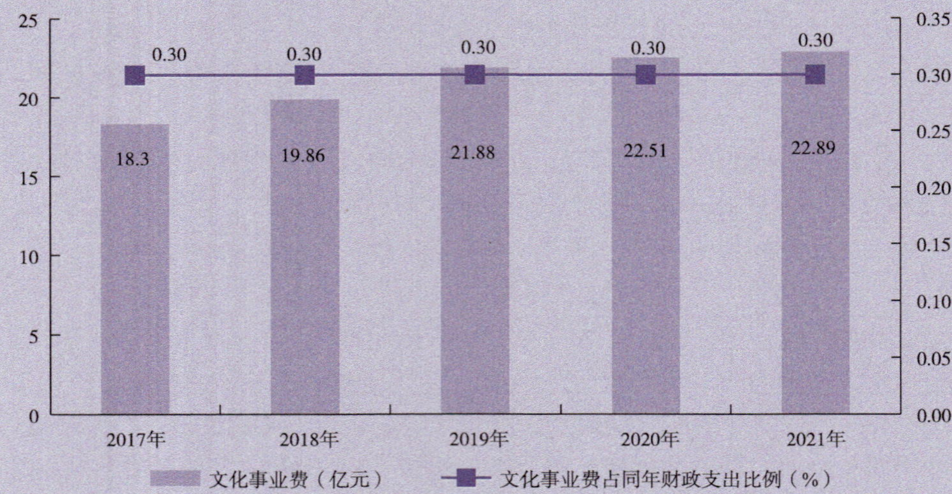

（安徽省文化和旅游厅）

安徽：自驾游大会成功举办

2021年9月24—26日，安徽自驾游大会在滁州市隆重举行，本次大会由安徽省文化和旅游厅、滁州市人民政府主办，以“驾游安徽·自在岭上”为主题。这是安徽省连续第八年举办自驾游大会，也是规格最高、规模最大的一次大会。北京、天津、上海、江苏、浙江、山东、河南、湖北、陕西等21个省（自治区、直辖市）自驾游协会、俱乐部、服务商代表，省内重点文旅企业代表，自驾游关联企业、OTA平台代表，以及省内外媒体代表400余人参会。

大会集精品自驾产品推介、项目招商、业界交流、采风踩线于一体，将促进自驾游发展与推进文旅产业“双招双引”紧密结合起来。围绕构建“六大特色板块”，升级推出黄山218、皖浙1号风景公路、皖南川藏线、皖江风景道、慢游205、环巢湖风景道、江淮分水岭风景道、大别山风景道、皖北历史文化之旅、山湖大道十条安徽自驾精品线路及“徽风皖韵”主题自驾线路。

大会策划推出了“江淮分水岭·滁州江淮岭脊线”风景道，该风景道统筹考虑满足主客共享、促进惠民富民，全面布局吃住行游购娱业态和公共服务设施。先后与一汽大众奥迪、长城魏派、奇瑞捷途、江淮大众等汽车品牌联动，推出奥迪Q8、魏派VV7等明星车型专属试乘试驾线路。培育并打响了皖南川藏线、中国红岭公路、江淮分水岭风景道等一批风景与风情完美结合、诗与远方完美融合的精品线路，安徽已经成为长三角乃至全国自驾游客喜爱的重要目的地和打卡地。

大会创新推介形式，结合地方文旅特色，融合凤阳花鼓、舞台剧、旅游歌曲、群口相声等多种艺术形式，推出“驾游安徽 自在岭上”情景剧，生动呈现江淮分水岭风景道沿线悠久的历史文化与丰富的旅游资源；邀请“国民公路G318”发起人李克琦现场分享《“万里征途”的“千里画卷”》，讲述自驾G318安徽段的故事。

大会同期举办安徽自驾游渠道资源对接会，提前摸排省内各市自驾游行业激励政策、产业项目招商需求以及参会渠道商、投资商合作意向，整合自驾游产业链，精准对接政策方、资源方、渠道方、投资方等多方力量，着力打通信息通道、解决痛点难点、直接达成合作，做深做实“招商引资 招才引智”，共同推动安徽自驾游产业高质量发展，打造“永不落幕的自驾游大会”。

本次安徽自驾游大会反响强烈，全网媒体、平台、自媒体大号共452家参与大会宣传，累计发稿1635篇，实现长三角三省一市及周边省份全网覆盖。与安徽自驾游大会相关的游记多次被各大流量平台“加精”推荐，获评去哪儿网“金骆驼”、途牛精华内容，15次登上大众点评旅游频道首页推介。

福建省 2021 年文化和旅游发展情况分析

2021 年，福建省文化和旅游系统坚持以习近平新时代中国特色社会主义思想为指导，深入学习贯彻习近平总书记关于文化和旅游工作的重要论述和对福建工作的重要讲话重要指示精神，按照福建省委和省政府、文化和旅游部的工作部署，巩固常态化疫情防控措施，持续打响“清新福建”“全福游、有全福”品牌，继续推进文化旅游业高质量发展，文化和旅游经济在波动中有序复苏，取得良好成效。

一、基本指标平稳调整

（一）文旅机构和从业人员情况

如图 1 所示，2021 年末，纳入统计范围的全省各类文化文物和旅游单位共 8500 个，较上年末减少 519 个；从业人员共 124270 人，减少 8607 人。其中：各级文化部门所属单位 8296 个，从业人员 121031 人；各级文物部门所属单位 204 个，从业人员 3239 人；各级旅行社、星级饭店 1094 个，从业人员 42601 人。

图 1　2006—2021 年福建省各类文化文物和旅游单位数及从业人数

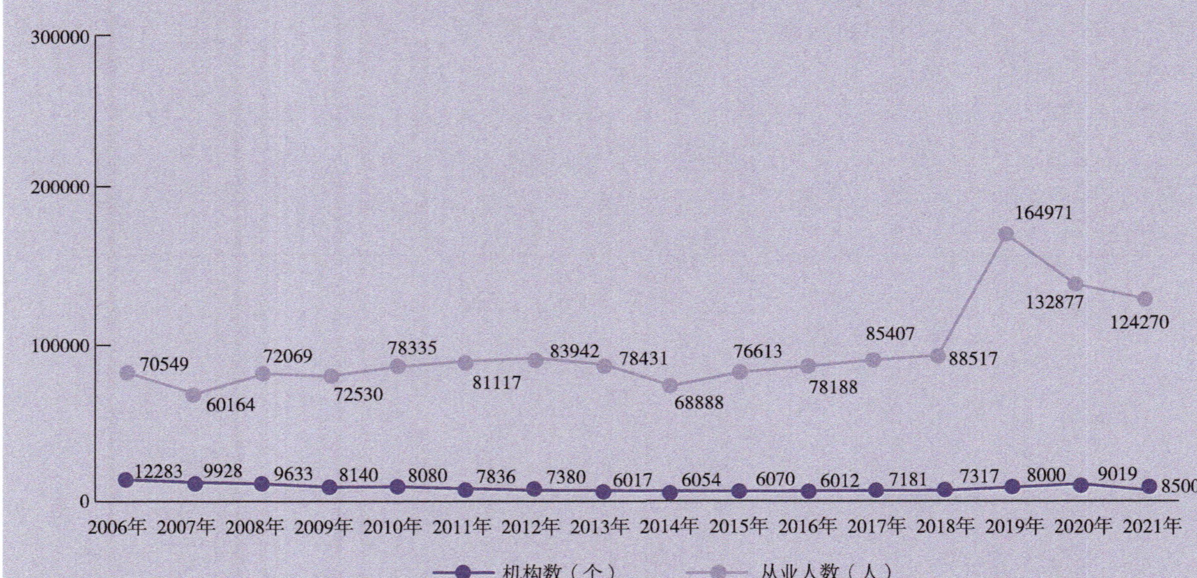

（二）文旅资金投入情况

2021 年，全年全省文化文物事业费 39.22 亿元，比上年减少 2.21 亿元，下降 5.33%；全省人均文化文物事业费 93.67 元，比上年下降 6.07 元，下降 6.08%。按文化和旅游部同口径计算，2021 年末全省文化事业费 30.48 亿元，因疫情等各方因素较上年减少 3.09 亿元，下降 9.2%。全省人均文化事业费 72.8 元，比上年减少 8.02 元，下降 9.92%，如图 2 所示。

图 2　2006—2021 年福建省人均文化事业费及增速情况

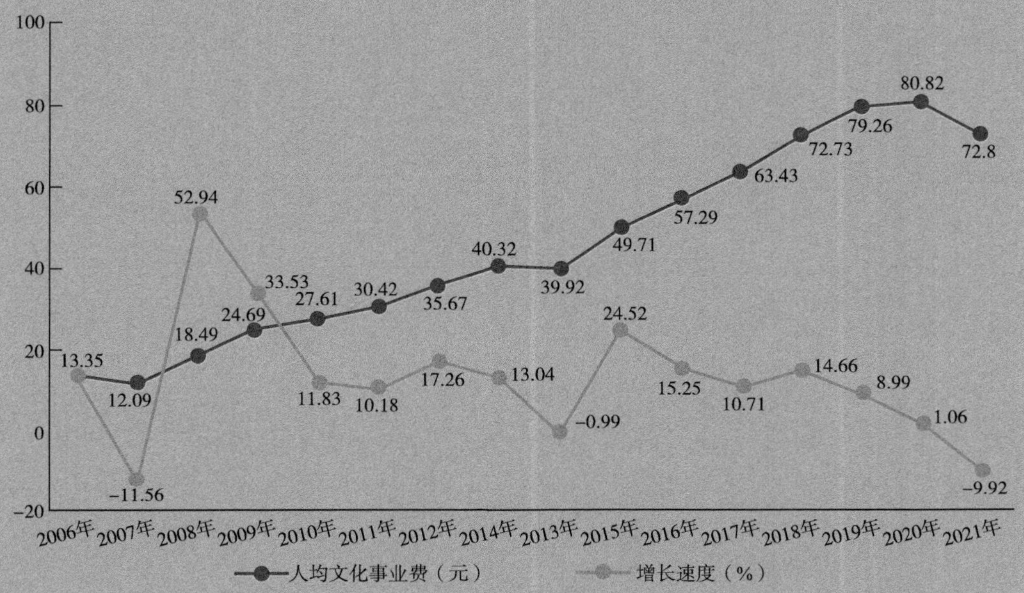

如图 3 所示，2021 年福建省文化事业费占财政总支出的比重为 0.58%，比重较上年回落 0.6 个百分点。全年全省文物事业费 7.06 亿元，较上年减少 1.03 亿元，下降 12.73%；文物事业费占财政总支出的比重为 0.135%，较上年回落 0.02 个百分点。

据统计，2021 年全省财政支出中，文化体育传媒经费 102.83 亿元，文旅融合后，将旅游资金并入，财政支出总量明显增加，受疫情影响较上年减少了 10.04 亿元，降幅为 8.89%，总量占财政支出比重的 1.97%，较上年下降 0.2 个百分点，如图 4 所示。

2021 年，中央和省级财政通过继续实施“三馆一站”，免费开放安排 0.35 亿元，非物质文化遗产保护（中央和省级）0.94 亿元，公共数字文化建设 0.09 亿元，转移地市级公共文化设施建设等文化补助性项目 2.78 亿元（其中含旅游 2.06 亿元），合计 4.16 亿元，因疫情等因素较上年下降了 26.89%。

二、文化建设提质增效，文化活动成果丰硕

（一）艺术精品创作成果丰硕

2021 年，精心打造艺术精品力作，艺术精品创作出新出彩。一是建党百年主题系列活动成功举

图 3 2006—2021 年福建省文化事业费占财政总支出比重

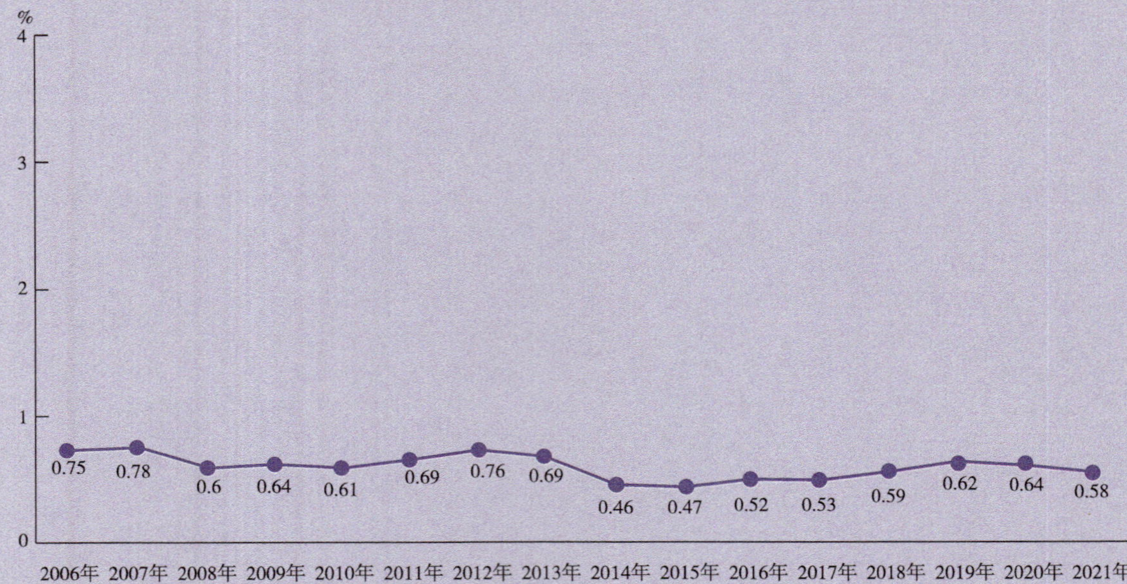

图 4 2006—2021 年福建省文化体育传媒支出及增速情况

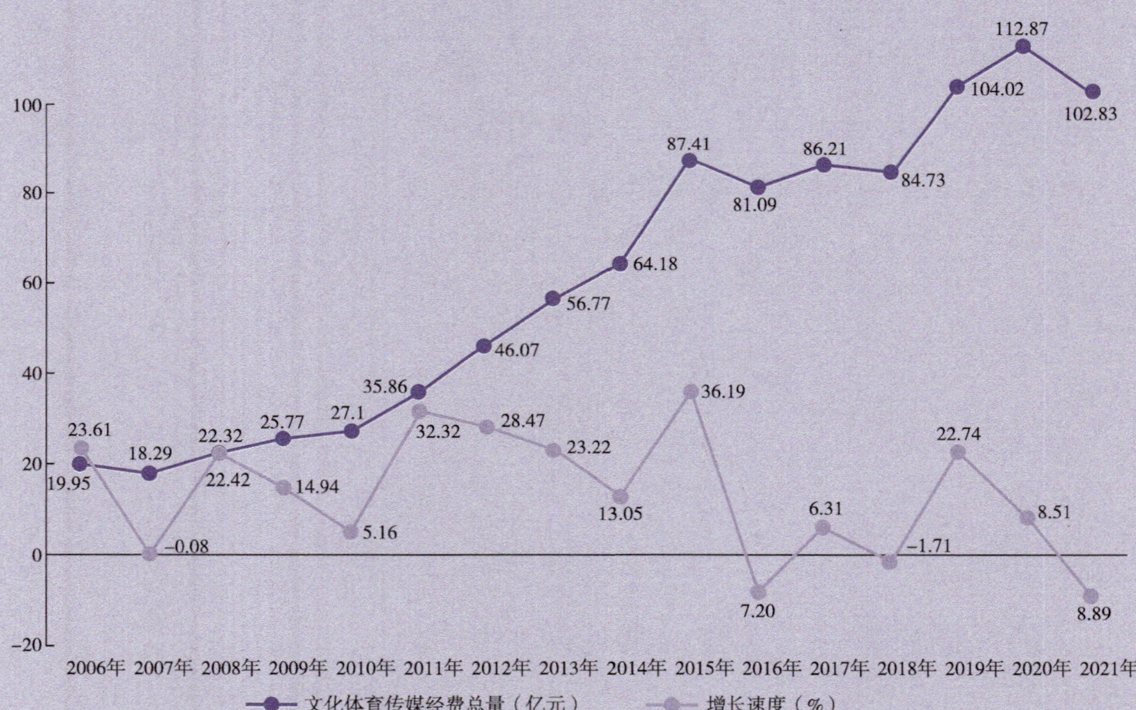

办。开展庆祝中国共产党成立 100 周年优秀剧目展演，在全省组织近百场主题性文艺展演。举办福建省美术馆馆藏美术精品展，共展出近 60 件红色题材、现实题材的美术作品。组织省属文艺院团创排提升一批优秀现实题材和红色题材剧目以及主题性歌曲音乐、美术书法作品等。二是重大文艺活动成果显著。举办“百年风华 山海交响”福建省庆祝中国共产党成立 100 周年文艺演出和第 44 届世界遗产大会开幕式文艺晚会，展示了中国风格、福建特色，受邀到世遗大会开幕式演出，受到孙春兰副总理高度评价，得到海内外观众一致好评。选调 7 个单位演员共计 416 人赴京参加庆祝中国共产党成立 100 周年文艺演出《伟大征程》，受到文化和旅游部通报表扬。举办第八届福建艺术节，全面展示近三年来福建文化艺术发展成果。三是国家级展演、奖项和工程入选取得新成绩。闽剧《生命》等 4 部剧目入选中宣部等举办的庆祝中国共产党成立 100 周年优秀舞台艺术作品展演活动。音乐剧《畲嫂》获第六届全国少数民族文艺会演优秀剧目奖。莆仙戏《踏伞行》入选全国舞台艺术优秀剧目展播。泉州南音传承中心和泉州木偶传承中心入选全国民族器乐展演。京剧《红土》入选中国京剧艺术节展演。莆仙戏一级演员黄艳艳获第 30 届中国戏剧梅花奖，实现全省该奖项十届蝉联。12 个项目入选国家艺术基金资助项目。

2021 年末，全省共有艺术表演团体 545 个，从业人员 16285 人。其中，国有艺术表演团体 71 个（见图 5），从业人员 3485 人。国有艺术表演团体执行事业会计制度的艺术表演团体 67 个，占比 94.36%；从业人员 3314 人，占比 95.09%。非公有制艺术表演团体 474 个，从业人员 12800 人。

图 5　2021 年福建省国有艺术院团机构及演出情况

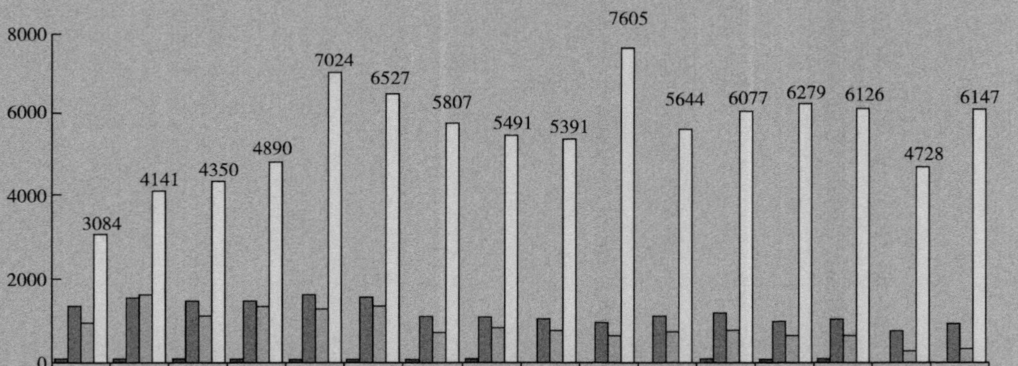

	2006年	2007年	2008年	2009年	2010年	2011年	2012年	2013年	2014年	2015年	2016年	2017年	2018年	2019年	2020年	2021年
机构数/个	92	92	90	90	93	91	74	77	69	67	70	73	72	72	71	71
演出场次/场	1380	1570	1480	1480	1630	1580	1080	1080	1030	960	1110	1170	990	1080	780	920
国内观众/千人次	993	1627	1102	1399	1304	1383	724	838	809	652	771	777	655	650	300	346
演出收入/万元	3084	4141	4350	4893	7024	6527	5807	5491	5391	7605	5644	6077	6279	6126	4728	6147

2021 年全年，全省国有艺术表演团体共演出 0.92 万场（见表 1），其中赴农村演出 0.47 场，增长 42.42%，赴农村演出场次占总演出场次的 51.09%，增长了 8.77 个百分点；国内观众 345.71 万人次，其中农村观众 172.7 万人次，总收入 7.93 亿元，比上年增加了 15.26 个百分点，其中演出收入 0.542 亿元，增长了 15.56 个百分点。全省线上演出展播次数 10604 场，线上演出展播观众 6851.08 人次，这是出现疫情以后，艺术院团在线上展播的新突破。

表 1　2006—2021 年福建省国有艺术表演团体基本情况

年份	机构数（个）	从业人员数（人）	演出场次（万场）	国内演出观众人次（万人次）	总收入（万元）	其中：演出收入（万元）
2006	92	4175	1.38	992.6	20575	3084
2007	92	4059	1.57	1626.6	24994	4141
2008	90	4208	1.48	1102.2	29711	4350
2009	90	4109	1.48	1399.2	34003	4893
2010	93	4468	1.63	1304.2	40706	7024
2011	91	3957	1.58	1382.9	42646	6527
2012	74	3465	1.08	723.76	48404	5807
2013	77	3452	1.08	838.38	52922	5491
2014	69	3341	1.03	808.95	49430	5391
2015	67	3360	0.96	651.61	62067	7605
2016	70	3657	1.11	771.38	60290	5644
2017	73	3838	1.17	777.28	67221	6077
2018	72	3727	0.99	654.83	70163	6279
2019	72	3631	1.09	650.13	73515	6126
2020	71	3492	0.78	300.36	68799	4728
2021	71	3485	0.92	345.71	81396	6147

2021 年，全省文旅部门所属艺术表演团体共组织政府采购公益性演出 0.41 万场，观众 158.43 万人次，均与上年持平。全省现共有流动舞台车 31 辆，利用流动舞台车演出 300 场次，较上年增长了 2 倍；观众 21.32 万人次，与上年持平。

2021 年末，省属六个国有艺术表演团体共演出 1020 场，其中赴农村演出 126 场。其中，省人民艺术剧院 161 场，芳华越剧院 186 场，福建京剧院 179 场，省实验闽剧院 176 场，省歌舞剧院 218 场，福建杂技团 100 场，如图 6 所示。省属六院团的国内观众 28.94 万人次，其中农村观众 5.88 万人次。全省线上演出展播次数 314 场，线上演出展播观众 3917.17 万人次。全年演出收入 1751 万元，全年政府购买演出服务 600 场，购买资金 1800 万元，如图 7 所示。

2021 年末，全省共有艺术表演场馆 72 个，从业人数 2926 人。其中：执行事业会计制度的国有艺术表演场馆 28 个，执行企业制度的国有艺术表演场馆 8 个；非公有制艺术表演场馆 36 个；观众座席数 79273 个，较上年增加 30046 个；全年共举行艺术演出 9000 场；艺术演出观众人次 172.23 万人次。

图 6　2021 年福建省属六院团演出场次及演出收入情况

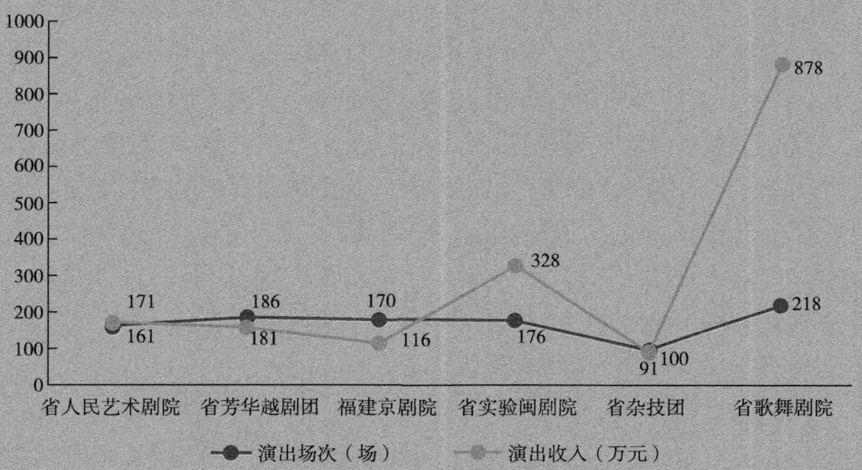

图 7　2021 年福建省属院团政府采购公益性演出场次和补贴情况

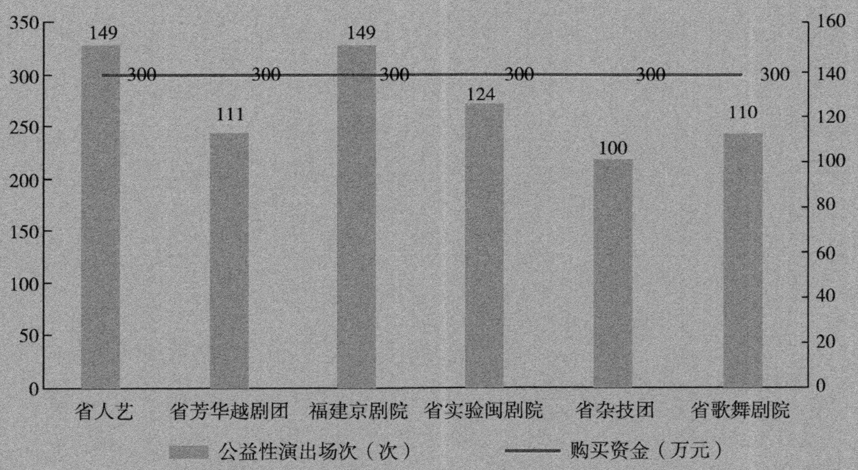

（二）公共服务效能更加完善

2021 年，全省公共服务体系更加完善。一是积极提升公共文化服务效能。全省 160 多家公共图书馆、文化馆实行错时延时开放。全年共举办各类街头文化活动近 1500 场，登记持证艺人 108 人，布局打造"清新书苑""百姓书房"等公共文化新型空间 293 个。根据全国公共服务质量监测情况通报，我省公共文化服务质量满意度排在全国第 6 位。二是扎实推进乡村文化振兴。出台《福建省村综合文化服务中心管护指南》，乡村文化振兴典型案例在学习强国"实播中国"栏目进行展示宣传，13 名乡村网红入围全国"乡村网红"培育计划。福建乡村文化记忆丛书完成编辑 2 册，武夷山（茶文化）等 6 个地区荣获 2021—2023 年度中国民间文化艺术之乡荣誉称号。三是广泛组织开展群众文化活动。全省各地共举办“读中华经典 颂时代华章”诵读比赛、乡村村晚、福建乡村音乐会、福建音舞节优秀节目文化惠民演出、“我们的中国梦 · 文化进万家”等各类群众文化活动近 7500 多场，参与群众近 5900 万人次。省文旅厅百姓大舞台演出 20 场，其中社会力量演出 12 场。四是健全完善旅游公共服务网络。持续推进旅游厕所革命，建设 39 座示范性旅游厕所，实现全省旅游厕所“一厕一码”扫码点评全覆盖。建设完成 32 个旅游服务中心（点）、1 个全国首批 4C 级自驾车露营地。维护和管理好 1800 多面通往 4A 级以上景区旅游交通标识标牌，搭建完成“新基建”智能管控平台，初步实现标识标牌管理数字化智能化。

1. 公共图书馆

2021 年末，全省共有公共图书馆 96 个，其中少儿图书馆 8 个，公共图书馆从业人员 1672 人，较上年增加 29 人。其中：具有高级职称的人员 116 人，占比 6.93%；具有中级职称的人员 520 人，占比 31.1%。

年末全省公共图书馆实际使用房屋建筑面积 66.79 万平方米；图书总藏量 5311.78 万册，增长 15.31%，其中古籍 46.06 万册；全省共有电子文本、图片文献资料 2039.77TB；阅览室座席数 45217 个；计算机 7298 台；供读者使用的电子阅览终端 4422 台。全年图书馆网站访问量 7103.58 万页次。志愿者服务队 221 支，志愿者服务人数 1.02 万人。

如图 8 所示，2021 年末，平均每万人公共图书馆建筑面积 159.52 平方米，较上年增加了 11.18 平方米；全省人均图书藏量 1.27 册，增加 0.16 册；全省人均购书费 1.77 元，比上年下降 0.19 元。

图 8　2006—2021 年福建省公共图书馆人均资源情况

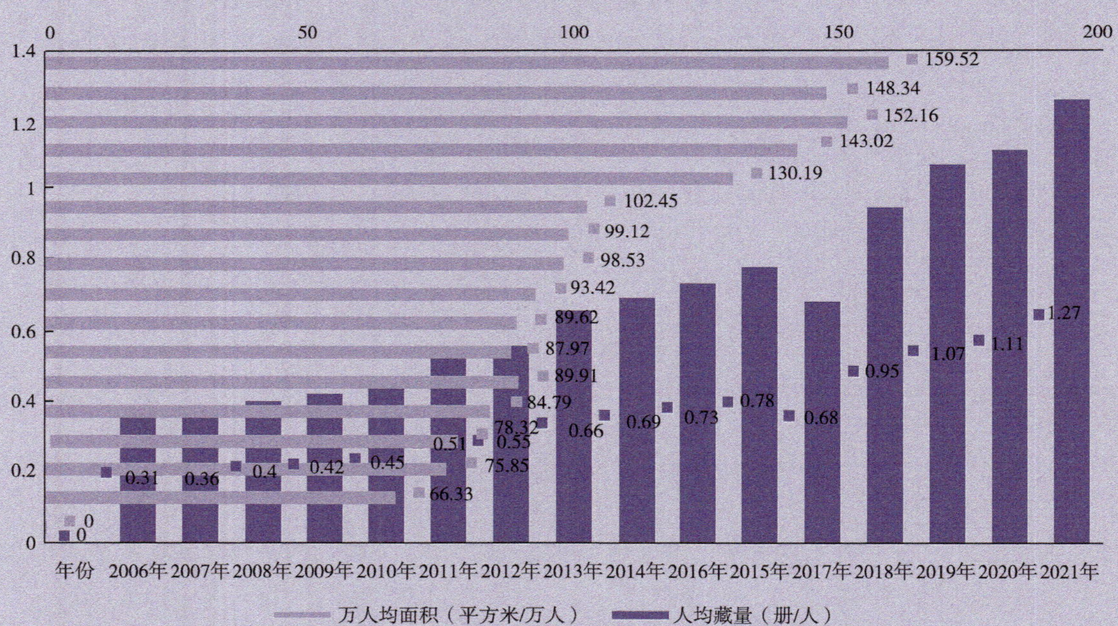

如图 9 所示，2021 年全年，全省公共图书馆发放借书证 236.58 万个；总流通人次 2342 万人次，均较疫情前有较大幅度提升。书刊文献外借 3389 万册次，较上年增长近七成；外借人次 1091.05 万人次，增长 47.81%。全年共为读者举办各种活动 4302 次，参加人次 171.13 万人，较上年增长近七成。全省共有流动图书车 31 辆，为读者提供流动服务、书刊借阅 43.36 万人次，借阅 233.66 万册次。全省图书馆分馆 899 个，开发图书馆文化创意产品 78 个。

图 9　2006—2021 年度福建省公共图书馆总流通人次及外借册次

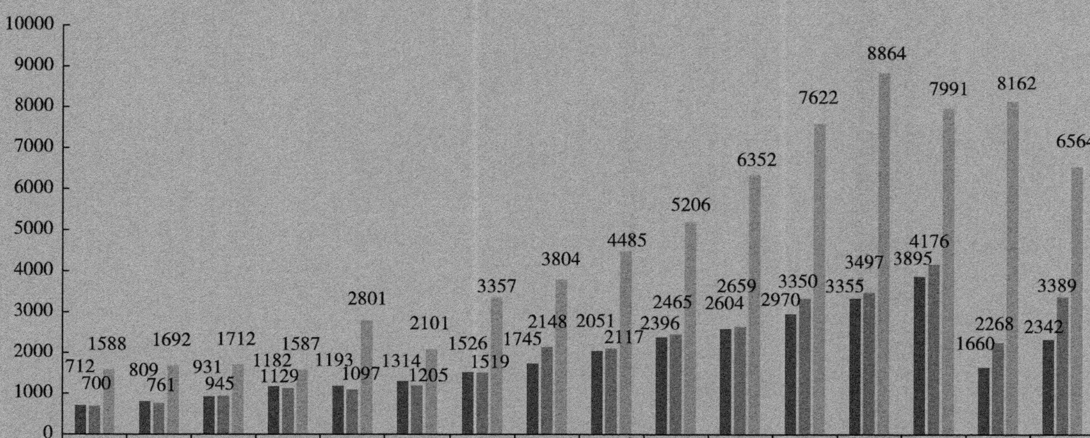

	2006年	2007年	2008年	2009年	2010年	2011年	2012年	2013年	2014年	2015年	2016年	2017年	2018年	2019年	2020年	2021年
■总流通人次（万人次）	712	809	931	1182	1193	1314	1526	1745	2051	2396	2604	2970	3355	3895	1660	2342
■书刊外借册次（万册次）	700	761	945	1129	1097	1205	1519	2148	2117	2465	2659	3350	3497	4176	2268	3389
■购书经费（万元）	1588	1692	1712	1587	2801	2101	3357	3804	4485	5206	6352	7622	8864	7991	8162	6564

2. 群众文化机构

2021 年末，全省共有群众文化机构 1210 个，其中乡镇综合文化站 937 个，因乡镇撤并等因素减少了 18 个。2021 年末，全省群众文化机构从业人员 4054 人，比上年增加了 35 人。其中：具有高级职称的人员 166 人，占比 4.09%；具有中级职称的人员 323 个，占比 7.97%。

2021 年全年，全省群众文化机构共组织品牌节庆活动 337 个，开展提供各类文化活动 35117 场次，较上年增长 3.9%；服务 884.16 万人次，与上年基本持平。其中，为老年人组织专场 440 场，为未成年人组织专场 463 场，为残障人士组织专场 66 场，为农民工演出 267 场。全年共举办展览 3632 个，举办公益性讲座 756 个，参观人数 277.69 万人，较上年增加了 23.38%，如表 2 所示。

表 2　2021 年福建省群众文化机构开展活动情况

各项活动	总量		比上年增长（%）	
	活动次数（次）	服务人数（万人次）	活动次数	服务人次
总计	35117	884.16	3.90	−1.41
其中：展览	3632	270.51	−1.89	23.66

续表

各项活动	总量		比上年增长（%）	
	活动次数（次）	服务人数（万人次）	活动次数	服务人次
文艺活动	16444	514.26	1.86	-16.27
公益性讲座	756	7.18	41.04	13.79
训练班	14285	65.08	6.47	13.20

全省群众文化机构实际使用房屋建筑面积 135.92 万平方米；计算机 9358 台，年末全省平均每万人群众文化设施建筑面积 324.62 平方米（见图 10），较上年增加了 14.83 平方米。

图 10　2006—2021 年万人拥有群众文化设施面积

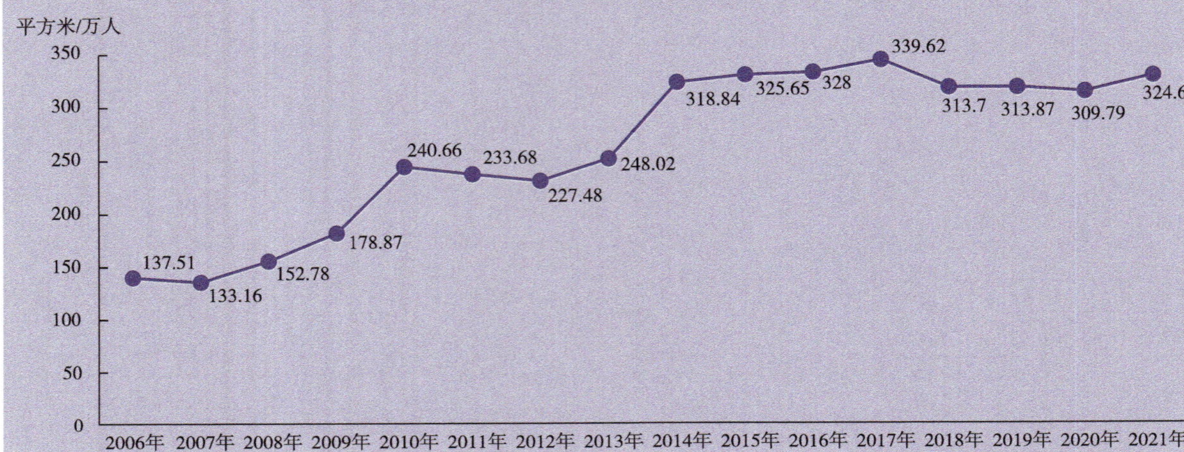

2021 年末，全省群众文化机构共有馆办文艺团体 185 个，演出 1521 场，观众 48.69 万人次。由文化馆（站）指导的群众业余文艺团体 8692 个，参加人数 40021 人。馆办老年大学 13 个，全省共有志愿者服务队伍数 12521 个，志愿者服务队伍人数 41.1 万人；流动舞台车 12 辆，利用流动舞台车演出场次 108 场，服务观众 3.48 万人次，流动服务均因疫情下降近七成。

3. 国有美术馆

2021 年末，全省共有国有美术馆 15 个，从业人员 72 人，涵盖油画、国画、版画、漆画等 13 个门类名目藏品 7065 件套。全年共举办展览 148 次，其中自主办展 108 次。全年参观人次 31.37 万人次，其中未成年人观众人数 10.47 万人。参观人数较疫情前增加了八成以上。

（三）非遗系统性保护成效明显

2021 年末，全省共有非物质文化遗产保护机构 82 个，从业人员 403 人。开展宣传展示培训等系列非遗活动，其中：举办 680 个展览，参观人数 123.11 万人次；组织非遗演出 1877 场，举办民俗活动 1269 场，参加人数 74.98 万人次；开展非遗工作人员和传承人培训 443 个，共有 2.07 万人参训；

组织 118 次非遗研讨会和 258 次讲座。如表 3 所示。

共有一批普查成果，收集非遗资源项目总量 6373 件，征集实物 2949 件 / 套、文本资料 3536 册、录音资料 700 个小时、录像资料 1975 个小时，书写了 387 篇调查报告，出版了非遗图书、非遗专利、乡土教材和资源清单 492 册，如表 4 所示。

表 3　2021 年福建省开展非遗宣传展示培训活动情况

活动项目	单位	数量
举办展览	个	680
参观人次	万人次	123.11
举办演出	场	1877
其中：进社区次数	场	888
进校园次数	场	475
观众人次	万人次	101.50
举办民俗活动	次	1269
参与人次	万人次	74.98
开展非遗工作人员培训班次	班	139
培训人次（万人次）	万人次	0.58
开展传承人群培训班班次	次	304
培训人次	万人次	1.49
组织非遗研讨会次数	次	118
组织非遗讲座数量	次	258

表 4　2021 年福建省非物质文化遗产普查成果情况

非遗普查成果	单位	数量
累计项目资源总量	套 / 件 / 册、小时	6503
征集实物	件 / 套	2949
录音资料	小时	700
录像资料	小时	1975
调查报告	篇	387
出版成果	册	492
其中：非遗图书	册	168

2021 年，全省非遗保护利用工作持续加强。一是加强非遗代表性项目及传承人的认定和管理。新增国家级非遗代表性项目 15 个，现有国家级非遗代表性项目 145 项，代表性传承人 143 人。新增省级非遗代表性传承人 182 名，数量达 917 名。二是加强文化生态整体保护。加强闽南文化生态保护

区泉州、漳州、厦门三个片区的协调联动，出台《闽南文化生态保护区协调联动会商机制》。推进客家文化（闽西）生态保护区建设。三是加强非遗宣传阐释。组织2021年“文化和自然遗产日”非遗宣传展示活动。在第44届世界遗产大会召开期间，举办福建省入选“联合国教科文组织非遗序列项目展示”等。完成福建特色文化“非遗精粹”部分线上展播工作。组织项目参与2021中国原生民歌节活动等。四是加强非遗工作机制保障。做大做强全省非遗工作，积极争取中央转移支付非遗项目补助资金。做好福建省国家级、省级非物质文化遗产代表性项目基础信息汇编工作。推进宁德市下党乡乌金陶非遗工坊、长汀刻纸龙灯和福建乡村非遗博览苑（泰宁）等非遗工坊建设。

（四）文化遗产保护有序推进

全省文化遗产保护利用成效显著。一是打造了世界文化遗产福建工作品牌。成功举办第44届世界遗产大会，顺利完成“六个一批”和“一城七线”项目，全省文化遗产保护和城乡面貌实现两个“新提升”。“泉州：宋元中国的世界海洋商贸中心”成功列入《世界遗产名录》，我省世界遗产数量居全国第二位，步入世界文化遗产大省行列。二是深化了革命文物保护利用。组织召开全省革命文物工作会议，国家文物局局长李群和省委书记尹力出席会议并讲话。公布首批不可移动革命文物1657处，可移动革命文物142581件（套）。3个展览入选中宣部、国家文物局“庆祝中国共产党成立100周年精品展览”。三是推进了文物保护重点项目。南岛语族考古研究课题列入国家“考古中国”重大项目。泉州府文庙大成殿、鼓浪屿日本领事馆旧址修缮工程获评2020年度全国优秀古迹遗址保护项目。福建省昙石山遗址入选“百年百大考古发现”，万寿岩遗址入选考古遗址保护展示优秀项目。四是创优了文物活化利用路径。重点打造一批特色主题展览，3个展览入选全国百项2021年度“弘扬中华优秀传统文化、培育社会主义核心价值观”主题展览。出版《福建文化遗产精粹》《福建文物概览》等图书。拍摄海丝文物故事等视频，引起广泛关注。

2021年末，全省共有文物机构204个（见图11）。其中：文物科技和保护管理机构57个，占比27.94%；博物馆140个，占比68.63%。2021年末，全省文物机构从业人员3239人（见图11）。其中：高级职称265人，占比8.18%；中级职称423人，占比13.06%。

2021年末，全省文物机构拥有文物藏品75.31万件，比上年末增加0.33万件，增长0.44%。其中：博物馆文物藏品74.88万件，占文物藏品总量的99.43%；文保单位藏品0.43万件，占0.57%。文物藏品中，一级文物1099件，二级文物3212件，三级文物103246件。2021年末，全省不可移动文物共有33188件，其中，古遗址5011处，古墓葬2175处，古建筑20264处，石窟寺及石刻1571处，近现代重要史迹及代表性建筑3885处。此外，全省共有全国重点文物保护单位169处300多个文物点，省级文物保护单位942处，市（县、区）级文物保护单位5200余处。2021年全年，全省文物机构登记注册志愿者服务5525人，文物机构共举办基本陈列409个、临时展览801个，接待观众2136万人次（见图12），较上年增长61.08%。其中未成年观众784万人次（见图12），增长109.85%，占参观总人数的35.02%。博物馆接待观众1778.92万人次，增长49.02%，占文物机构接待观众的83.27%。全省博物馆实际使用房屋建筑面积86.82万平方米；全省博物馆面积每万人占有量200.19平方米。2021年末，博物馆共举办社会教育活动3419次，完成举办线上展览973个，网站年访问量2641.54万人次，举办微信公众号、微博742个，关注人数达170.97万人次；完成省部级及以上科研课题7个，论文103篇，获国家奖2个，省部奖7个。国际合作项目5个，主办刊物13个。文化创意产品1688个。

图 11 2006—2021 年福建省文物机构及从业人数情况

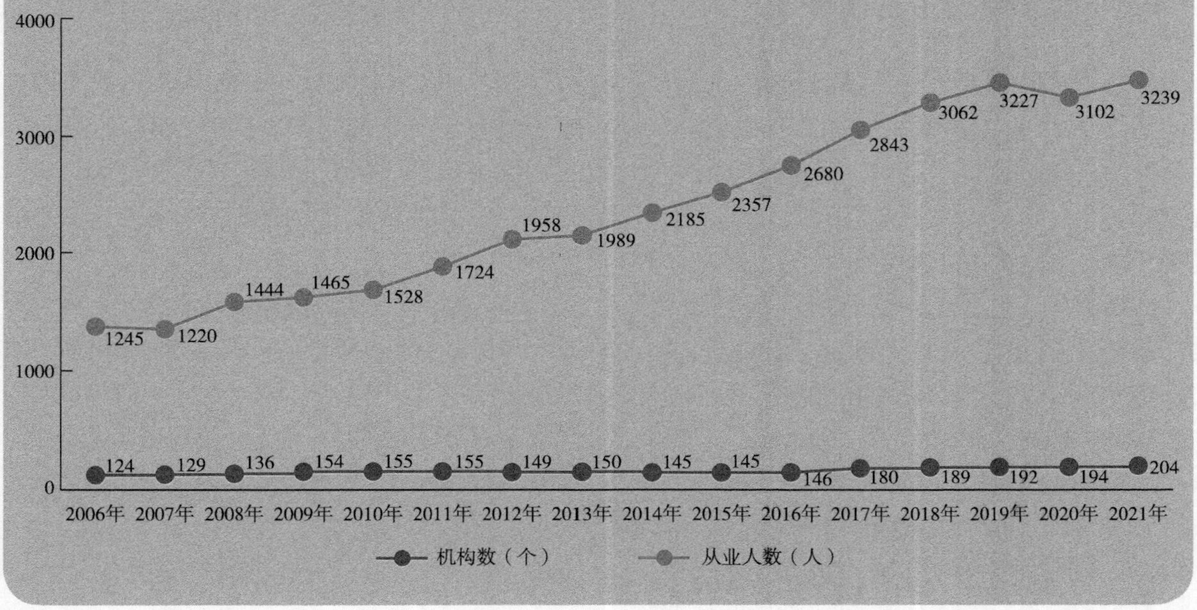

图 12 文物机构接待观众人次及未成年观众人次情况

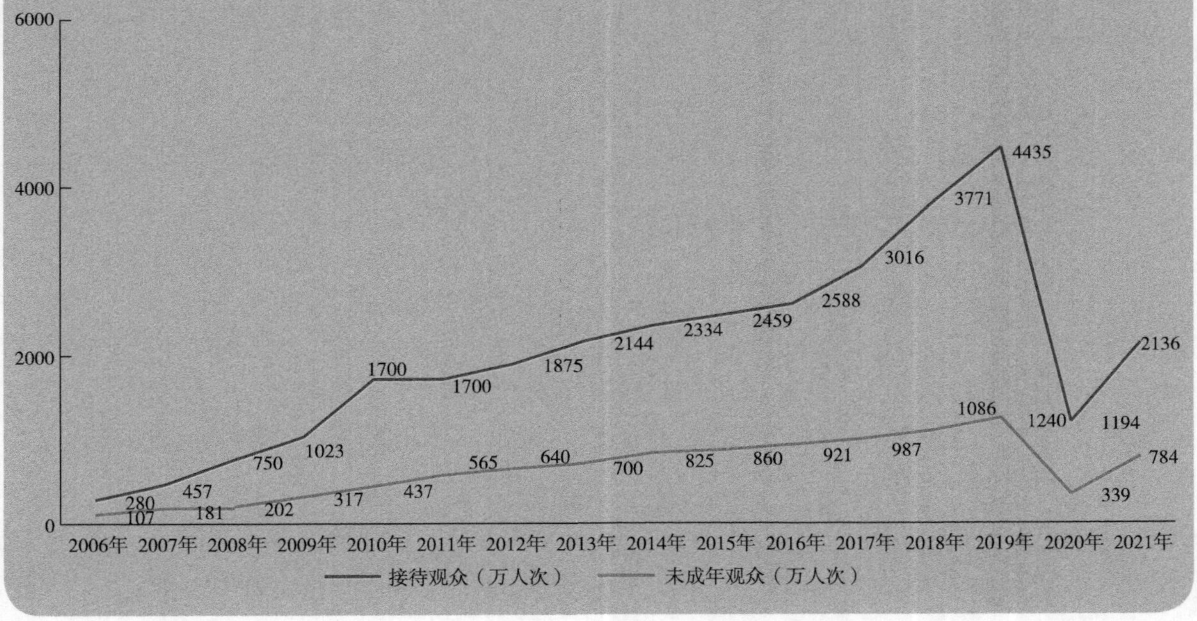

三、旅游产业平稳发展，市场恢复积极向好

2021 年，全省接待旅游总人数 4.07 亿人次，比 2020 年增长 15.1%，其中过夜游客 1.22 亿人次，比上年增长 9.4%，过夜游客人数占全省旅游总人数的比重为 30.1%。2021 年全省累计实现旅游总收

入 4894.04 亿元，比 2020 年增长 2.8%。全省游客人均花费 1201 元，比上年下降 10.6%。

（一）国内旅游市场波动复苏

2021 年，全省累计接待国内旅游人数 40680.51 万人次，比上年增长 15.6%；实现国内旅游收入 4862.34 亿元，比上年增长 5.3%；国内游客人均花费 1195 元，比上年下降 8.9%。餐饮费、住宿费、购物费、长途交通费和自驾车或租车的花费依旧是国内游客出游的前五大支出项，费用占比分别为 22.7%、19.7%、16.1%、13.5% 和 10.8%，合计占比 82.8%；景区游览费占比 9.1%；旅行社或单位的费用、文化娱乐费和休闲疗养费占比分别为 2.6%、2.2% 和 1.1%。

纵观全年，福建省国内旅游市场在波动中复苏。上半年，全省文旅消费热度不断提升，旅游经济复苏态势明显，国内旅游市场全面复苏，游客出游距离、停留时长和游憩半径呈扩张态势，跨省游逐步向疫前常态回归，全省接待省外游客、过夜游客人数明显增加。下半年，7 月底、9 月初两波省内本土疫情对全省旅游市场加快恢复、逐步进入发展常态的进程造成了明显遏制。尤其是第四季度，受省内疫情后续影响及国内多个省份持续发生本土疫情冲击、跨省旅游再启熔断机制等因素影响，全省国内旅游市场总体偏于冷淡。当季全省国内旅游人数和国内旅游收入同比下降 52.1%、53.6%，如表 5 所示。

表 5　2021 年分季度福建省国内旅游经济主要指标

周期	国内旅游人数（万人次）	同比增长（%）	国内旅游收入（亿元）	同比增长（%）
第一季度	9736.73	164.0	1091.56	154.6
第二季度	14285.22	135.4	1824.87	147.8
第三季度	9719.27	–11.1	1043.78	-30.9
第四季度	6939.28	–52.1	902.13	-53.6

（二）入境旅游市场恢复仍需时日

2021 年，我国出入境旅游业务仍未恢复，全省入境旅游市场延续 2020 年的低迷态势，几乎处于停滞状态。如表 6 所示，2021 年，全省累计接待入境旅游人数 65.11 万人次，比 2020 年下降 71.7%；实现旅游外汇收入 4.92 亿美元，比上年同期下降 76.2%。其中：接待台湾同胞 17.75 万人次，占入境市场比重为 27.3%；接待香港同胞 12.37 万人次，占比 19.0%；接待澳门同胞 4.02 万人次，占比 6.2%。

表 6　2021 年福建省入境旅游主要经济指标

指标	入境旅游人数（万人次）	比上年增长（%）	占比（%）
接待入境游客（万人次）	65.11	–71.7	100.0
其中：台湾同胞	17.75	–78.6	27.3
澳门同胞	4.02	–41.6	6.2
香港同胞	12.37	–73.0	19.0
外国人	30.97	–67.0	47.6
旅游外汇收入（亿美元）	4.92	–76.2	—

外国人依旧是全省入境旅游市场的最主要构成部分，2021 年全省累计接待外国人 30.97 万人次，比上年下降 67.0%，占入境旅游市场的比重为 47.6%。其中：分别接待亚洲、美洲和欧洲游客 13.61 万人次、8.37 万人次和 6.96 万人次，比上年分别下降 73.8%、56.3% 和 52.4%，占外国人市场的比重分别为 44.0%、27.0% 和 22.5%；分别接待大洋洲和非洲游客 1.18 万人次和 0.85 万人次，分别下降 78.4% 和 68.8%，占比均不足 5%。具体占比情况如图 13 所示。

图 13　2021 年福建省分洲际接待外国人游客情况

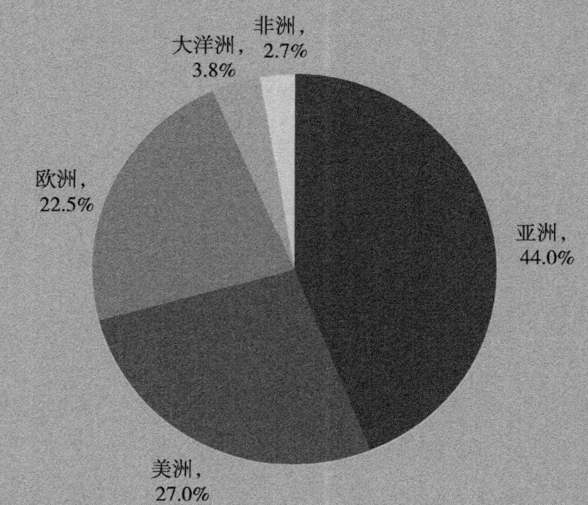

2021 年，全省前十大入境客源国依次为日本、美国、韩国、德国、加拿大、英国、澳大利亚、法国、马来西亚和俄罗斯，合计入闽旅游人数为 22.71 万人次（见表 7），占外国人市场的比重为 73.3%。与上年相比，前十大入境客源国入闽旅游人数均不同程度下降，其中马来西亚人数降幅高达 91.7%，澳大利亚和韩国人数降幅分别为 75.4% 和 72.0%，英国人数下降 67.4%。

表 7　2021 年福建省前十大入境客源国接待情况

国别	入闽旅游人数（万人次）	比上年增长（%）	位次（位）
日本	6.67	−34.5	1
美国	5.96	−52.6	2
韩国	2.50	−72.0	3
德国	1.88	−20.7	4
加拿大	1.81	−58.4	5
英国	1.04	−67.4	6
澳大利亚	0.85	−75.4	7
法国	0.73	−54.7	8
马来西亚	0.70	−91.7	9
俄罗斯	0.57	−48.5	10

（三）市域旅游市场均衡发展

2021 年，除厦门、漳州、泉州和莆田四地受本土疫情影响旅游总人数恢复较慢外，其他设区市旅游总人数均恢复到 2019 年的八成以上。福州、厦门和泉州旅游总人数分别为 8958.87 万人次、7018.54 万人次和 6676.44 万人次，分列全省前三位，累计总量占全省一半，达 55.6%；南平、漳州、龙岩、宁德和三明旅游总人数均超过 4000 万人次，莆田旅游总人数为 2191.17 万人次，平潭旅游总人数为 684.19 万人次。与上年相比，各设区市旅游总人数平稳增长，其中宁德、平潭和南平旅游总人数增速分别为 23.9%、22.2% 和 19.0%，排在全省前三位。全省基本呈现东南热西北温状态，旅游经济发展结构逐渐均衡。福建全省人口数量排名前五的是泉州、福州、漳州、宁德和莆田市，其中宁德和莆田市还未充分发挥人口红利优势，旅游接待人数仅分列全省第七和第九位，旅游活跃度亟待进一步激发释放。

四、文化旅游融合，“一盘棋”格局显现

（一）产业融合加快项目发展

2021 年，全省文旅产业加快发展。一是紧抓产业顶层设计。省政府召开全省旅游发展工作视频会议，印发《关于促进旅游业高质量发展的意见》和《福建省“十四五”文化和旅游改革发展专项规划》。我厅印发实施《关于促进我省旅游演艺发展的实施意见》《福建省邮轮旅游产业发展规划》《福建省低空旅游产业发展规划纲要（2021—2035）》。二是大力推进项目落地。把 2021 年作为文化旅游项目建设年，加强与央企、文化企业 30 强、旅游企业 20 强等重点文旅企业对接洽谈，积极推动华侨城平潭“欢乐南岛”项目、中国旅游集团免税商业项目、中青旅与武夷山旅游合作项目、复星旅文与厦门丙洲岛合作项目等落户福建。跟踪推进 215 个在建项目，累计完成投资 228.71 亿元，占年计划的 107.79%。谋划招商大项目 100 个，计划总投资 1334 亿元。推动省政府与携程集团签订文旅战略合作框架协议，福建省文化和旅游厅与景域驴妈妈集团签订战略合作共识。三是积极培育文旅经济新增长点。制订《福建省打造国际滨海旅游目的地工作方案》；举办第四届福建文创市集、第二届最美福建 · 文化旅游创意设计大赛；联合省总工会新评定 34 家“福建省职工疗休养示范基地”。福州市、厦门市、三明市等第一批文化和旅游消费试点城市工作全面展开。泉州市、龙岩市入选第二批国家文化和旅游消费试点城市。福州市三坊七巷历史文化街区、福州市上下杭街区等五地入选第一批国家级夜间文化和旅游消费集聚区。四是加快发展数字文旅。持续完善升级“一部手机全福游”App，重新设计和绘制用户界面，进一步优化用户交互体验。闽台非遗文化数字化保护与智能处理实验室（厦门大学）被文化和旅游部认定为文化和旅游部重点实验室。厦门大学“面向旅游领域的多语言神经机器翻译系统”和福建省华渔教育科技有限公司“智慧研学旅行基地”项目入选 2021 年度国家文化和旅游科技创新工程项目。

如表 8 所示，2021 年末，文化部门统计的小文化产业增加值 116.27 亿元。其中，艺术业 11.17 亿元，图书馆业 3.23 亿元，群众文化 2.78 亿元，艺术教育 1.58 亿元，文化市场经营机构 50.76 亿元，动漫企业 7.29 亿元，文艺科研 0.29 亿元，文物业 3.57 亿元，其他 35.60 亿元。

表 8　2021 年文化产业增加值综合情况（小文化）

	总产出（亿元）	增加值（亿元）
总计	295.69	116.27
艺术业	14.04	11.17
其中：艺术表演团体	13.44	10.68
艺术表演场馆	0.60	0.49
图书馆	4.41	3.23
群众文化	3.71	2.78
艺术教育	2.09	1.58
文化市场经营机构	114.08	50.76
动漫企业	14.04	7.29
文艺科研	0.33	0.29
文物业	6.67	3.57
其他	136.32	35.6

如表 9 所示，2021 年末，福建省经营性文化产业增加值 93.94 亿元，其中，文化艺术服务 8.23 亿元，文化休闲娱乐（网吧娱乐）78.34 亿元，动漫企业服务 7.29 亿元，其他 0.08 亿元。

表 9　2021 年福建省经营性文化产业增加值综合情况

增加值项目	总产出（亿元）	增加值（亿元）	营业盈余（亿元）
总计	250.52	93.94	21.74
文化艺术服务	10.65	8.23	0.66
文艺创作与表演	0.07	0.12	0
艺术表演场馆	0.21	0.25	0.01
文化休闲娱乐服务	225.69	78.34	18.43
娱乐场所	32.36	16.04	3.95
互联网上网服务营业场所（网吧）	3.67	1.67	0.32
动漫企业服务	14.04	7.29	2.64
其他	0.14	0.08	0.01

如表 10 所示，2021 年末，福建省文旅部门文化产业增加值 25.34 亿元，其中，艺术业 5.93 亿元，图书馆 3.23 亿元，群众文化 2.78 亿元，艺术教育 1.58 亿元，文艺科研 0.29 亿元，文物业 3.41 亿元，其他 8.12 亿元。

表 10　2021 年文化部门文化产业增加值综合情况

总计	总产出（亿元）	增加值（亿元）	营业盈余（千元）
	50.22	25.34	15224
艺术业	8.07	5.93	10656
其中：艺术表演团体	7.47	5.44	8875
艺术表演场馆	0.59	0.49	1781
图书馆	4.41	3.23	128
群众文化	3.71	2.78	28
艺术教育	2.09	1.58	5
文艺科研	0.33	0.29	1
文物业	6.47	3.41	1986
其他	25.14	8.12	2420

（二）文旅交流合作持续深化

2021 年末，共有 35 批次对外、对港澳台文化交流活动。参与交流人员 8631 人次，其中演展人员 797 人次。线上演出活动 12 场，线下演出活动 73 场，演出参观人数 56.5 万人次。按性质分：出访 7 批，来访 28 批。按分类分：演出类 8 批，展览类 2 批，人员交流 9 批，国际性交流活动 6 个，其他 10 批。按范围分：国外 14 批，中国澳门 2 批，中国台湾 19 批。具体情况如表 11 所示。

表 11　2021 年福建省对外、对港澳台文化交流活动情况

项目	演出团体机构数（个）	参与交流人员（人）		演出（展览、旅游推介）场次			演出（展览、旅游推介）人次
			演展人员		线上活动场次	线下活动场次	
总计	35	8631	797	85	12	73	565
按交流活动性质	—	—	—	—			—
出访	7	7483	246	9	3	6	255
来访	28	1148	551	76	9	67	310
按交流活动分类	—	—	—	—			—
演出	8	7491	246	10	3	7	263
展览	2	33	0	22	0	22	45
人员交流	9	180	484	25	0	25	146
国际性交流活动	6	486	67	24	7	17	56
其他	10	441	0	4	2	2	55
按交流活动范围	—	—	—	—			—
国外	14	3571	514	27	10	17	86
中国香港	0	0	0	0	0	0	0
中国澳门	2	4003	3	4	0	4	12
中国台湾	19	1057	280	54	2	52	467

2021年，全省对外、对台港澳文化交流持续深化。一是扎实推进海外平台建设。依托8个福建文化海外驿站及8个福建旅游海外推广中心举办2021年新年线上音乐会（福建）、2021年中国春节年俗展、2021年中国端午习俗文化图片展等，在海外营造了浓厚的端午过节氛围。二是稳步推进部省合作项目。在日本举办“清新福建”“全福游、有全福”福建精品旅游线路线上推介会、“一脉承传”——黄檗文化展。举办“东盟+中日韩博物馆云论坛”，促成福建省与亚洲地区3对6家博物馆签署开展友好交流合作协议。三是着力做好对外宣传工作。制作“全福游、有全福”对外多语种宣传视频和宣传折页，在《闽声》杂志、《华人头条》App，以及Facebook（脸书）、Twitter（推特）、Youtube（优兔）等三大国际社交媒体平台上开展福建文化和旅游宣传。四是先行先试推进对台、对港澳交流。发挥“清新福建”台港澳旅游服务中心作用，优化宣传渠道，进一步巩固福建文旅品牌在台港澳的知名度与影响力。联手港澳旅游业界，共同宣传闽港澳“一程多站”旅游产品线路。

（三）文旅市场秩序规范井然

2021年，全省文旅市场环境持续优化。一是夯实安全基石。坚守红线意识和底线思维，进一步压紧压实安全生产责任，持续深入开展安全隐患大排查大整治、安全生产专项整治三年行动和安全生产集中攻坚专项行动，全面排查整治安全风险隐患，广泛开展“文明旅游、安全出行”系列宣传活动，全省文旅系统实现安全“零”责任事故。二是深化“放管服”改革。规范和完善全省文旅系统行政审批和公共服务事项《标准化目录清单》，实现省、市、县100%关联绑定。行政审批办理时限进一步压缩，申报材料进一步精简，省级“一趟不用跑”事项占比超过80%。三是优化市场管理。深化“放心游福建”服务承诺综合监管机制，联合相关部门，全力开展“双随机”检查等，严格落实“双公示”制度，及时上传失信主体和从业人员，依法实施联合惩戒等信用监管措施。出台《加强旅游服务质量监管提升旅游服务质量的实施方案》，全面提升旅游服务品质。

2021年末，全省文化市场经营单位5522家，从业人员62214人，文化市场经营单位营业总收入1244461万元，较上年下降21.07%；营业利润90852万元，较上年下滑43.21个百分点。分区域看，城市文化市场经营单位3341个，占文化市场经营单位总量的60.50%；县城1526个，占比27.63%；县以下地区655个，占比11.86%。具体情况如表12所示。

2021年末，全省共有娱乐场所2084个，从业人员34667人，全年营业总收入32.3亿元，较上年增长10.84%；营业利润2.11亿元，较上年增长29.44%，全省经济效益较好的娱乐企业主要集中在厦门、福州等地，主要是省直属企业。游戏游艺设备数量20715个，进出口游戏游艺设备2131个，全年娱乐场所资产累计96.41亿元，较上年增长93.28%。

表12　2021年按区域分福建省文化市场经营单位主要指标

		机构数（个）	从业人员数（人）	营业总收入（万元）	营业利润（万元）
总量	总计	5522	62214	1244461	90852
	城市	3341	28548	969756	95185
	县城	1526	28180	225373	–8497
	县以下	655	5486	49332	4164

续表

		机构数（个）	从业人员数（人）	营业总收入（万元）	营业利润（万元）
比重（%）	总计	100	100	100	100
	城市	60.50	45.88	77.92	104.77
	县城	27.63	45.29	18.11	-9.35
	县以下	11.87	8.83	3.97	4.58
其中：旅行社		845	10703	5263340	-6134
星级饭店		249	31898	589779	-25760

2021年末，全省共有互联网上网服务营业场所2190个，从业人员3833人；全年营业收入3.67亿元，营业利润-0.35亿元，均与上年持平。终端数量80068个，门店1631个，资产累计5.26亿元。演出经纪机构161个，从业人员2206万人，全年营业总收入17.5413.34亿元，较上年增长31.48个百分点；营业利润1.6亿元，较上年增长122.22%。

2021年末，全省共有经营性互联网文化单位359个，从业人员55959人，全年营业收入57.84亿元，较上年下降43.09%；营业利润7.41亿元，较上年回落近五成。知识产权35923种，其中，拥有自主知识产权网络音乐419种，拥有自主知识产权网络动漫7587种。累计注册用户27.44亿个，资产62.84亿元。运营网络文化产品数83284个，其中，网络音乐55064首，网络动漫24038个，网络表演主播4182个。

2021年末，全省共有非国有制艺术表演团体474个，从业人员12800人。全年共开展国内演出6.56万场次，其中，农村演出3.67万场，国外演出0.08万场。国内演出观众2664.96万人次，其中，农村演出观众967.01万人次，旅游演出观众380.43万人。全年营业收入5.94亿元，其中，企业赞助1534.2万元，演出收入3.14亿元（其中农村演出收入1.4亿元，城市演出收入1.74亿元），营业利润-0.86亿元。

2021年末，全省旅行社845家，从业人员10703人。星级饭店249家，从业人员31898人。全年营业收入58.97亿元，与上年持平。其中，客房收入24.72亿元，餐饮收入27.35亿元，其他收入6.9亿元，与上年持平。全年实现营业利润-2.66亿元，较上年增长了34.15%。

福建省：文化和旅游发展重点工作成效显著

2021年，福建省在巩固常态化疫情防控措施的前提下，召开旅游发展大会，提振文化和旅游发展信心，开展丰富多元营销，持续打响“清新福建”“全福游、有全福”品牌，全省文旅经济迎来了重大发展机遇。

一是艺术精品创作成果丰硕。开展庆祝中国共产党成立100周年优秀剧目展演和美术精品展。举办“百年风华 山海交响”福建省庆祝中国共产党成立100周年文艺演出和第44届世界遗产大会开幕式文艺晚会，举办第八届福建艺术节。闽剧《生命》等4部剧目入选中宣部等举办的庆祝中国共产党成立100周年优秀舞台艺术作品展演活动，多个剧目入选全国舞台艺术优秀剧目展播、全国民族器乐展演、中国京剧艺术节展演，音乐剧《畲嫂》获第六届全国少数民族文艺会演优秀剧目奖。

二是公共服务效能更加完善。推动公共图书馆、文化馆等实施错时延时开放。全年共举办各类街头文化活动近1500场，公共文化服务质量满意度位列全国第6位。出台《福建省村综合文化服务中心管护指南》，13名乡村网红入围全国“乡村网红”培育计划。6个项目荣获2021—2023年度中国民间文化艺术之乡荣誉称号。全省各地共举办各类群众文化活动近7500多场，参与人次近5900多万人次。

三是非遗保护体系不断健全。新增国家级非遗代表性项目15个；新增省级非遗代表性传承人182名。加强闽南文化生态保护区泉州、漳州、厦门三个片区的协调联动，出台《闽南文化生态保护区协调联动会商机制》。推进客家文化（闽西）生态保护区建设。

四是文化遗产保护持续推进。成功举办第44届世界遗产大会，顺利完成“六个一批”和“一城七线”项目，全省文化遗产保护和城乡面貌实现两个“新提升”。“泉州：宋元中国的世界海洋商贸中心”成功列入《世界遗产名录》，福建省世界遗产数量位居全国第二位，步入世界文化遗产大省行列。南岛语族考古研究课题列入国家“考古中国”重大项目。福建省昙石山遗址入选“百年百大考古发现”。

五是旅游品牌资源扎实推广。全国乡村旅游工作现场会在龙岩市永定区召开。成功编制“红绿蓝”专项规划和完成滨海民宿休闲度假带规划和森林步道专项规划。三条精品线路入选“建党百年红色旅游百条精品线路”。在央视总台举办2021福建旅游（北京）全媒体推介会，《有福相见》宣传片入选首届全国旅游公益广告作品。

六是文旅交流合作持续深化。依托8个福建文化海外驿站及8个福建旅游海外推广中心举办新年线上音乐会（福建）、中国春节年俗展和端午习俗文化图片展。在日本举办“清新福建”“全福游 · 有全福”福建精品旅游线路线上推介会和“一脉承传”——黄檗文化展。举办“东盟＋中日韩博物馆云论坛”和制作“全福游、有全福”对外多语种宣传视频和宣传折页，在三大国际社交媒体平台上开展福建文化和旅游宣传。

江西省 2021 年文化和旅游发展情况分析

2021 年，全省文化和旅游系统坚持以习近平新时代中国特色社会主义思想为指导，全面落实党的十九大和十九届历次全会精神，全面落实习近平总书记视察江西重要讲话精神，按照省委、省政府工作部署和要求，立足新发展阶段、贯彻新发展理念、构建新发展格局，以推动高质量发展为主题，以改革创新为动力，以社会主义核心价值观为引领，以满足人民文化需求和增强人民精神力量为着力点，加快推进文化强省、旅游强省建设，全省文化和旅游高质量发展迈出坚实步伐。

一、文化文物主要指标稳中有升

（一）文化文物和旅游机构数保持平稳

截至 2021 年末，纳入统计范围的全省各级文化文物和旅游单位 7992 个，同比增长 0.3%；从业人员 75439 人，同比下降 4.8%。其中：全省各级文化和旅游部门所属单位 7719 个，同比增长 0.2%，从业人员 70522 人，同比下降 5.0%；全省各级文物部门所属单位 273 个，同比增长 2.6%，从业人员 4917 人，同比下降 2.0%。

（二）人均文化和旅游事业费稳步增长

2021 年，全省文化和旅游事业费为 267697.2 万元，较 2020 年增长 37683 万元，同比增长 16.4%；全省人均文化和旅游事业费 59.26 元，较 2020 年增加 8.36 元，同比增长 16.4%。具体情况如图 1 所示。

二、艺术精品创作繁荣发展

（一）文艺精品创作不断涌现

聚焦建党百年，策划举办了“2021 年‘茶香中国’第二届全国采茶戏会演”“重温百年党史传承红色基因——优秀舞台艺术作品巡演”“红星照耀中华——全国工艺美术红色主题作品展”等一系列展演展览活动，丰富了人民群众的精神文化生活，为庆祝中国共产党百年华诞营造了浓厚氛围。大力实施文艺创作繁荣工程，指导创排了赣南采茶戏《一个人的长征》、赣剧《血火熔炉》和歌剧《山茶花开》等一批优秀舞台艺术剧目。5 部作品入选中宣部庆祝建党百年优秀舞台作品展演活动剧目，赣南采茶戏《一个人的长征》入选国家艺术基金庆祝中国共产党成立 100 周年大型舞台剧主题创作资助项目，赣南采茶戏《八子参军》入选 2021 年全国舞台艺术优秀剧目网络演播活动作品名录，音乐剧《云上凤凰》在第六届全国少数民族文艺汇演中荣获优秀剧目奖。

图 1　2016—2021 年江西省文化和旅游事业费

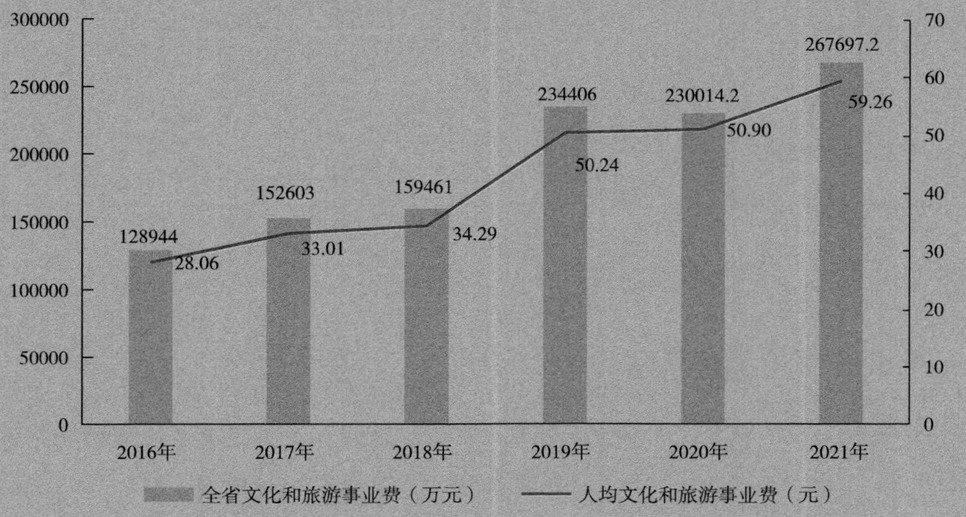

（二）文艺院团改革持续深化

2021 年，全省文化和旅游系统贯彻落实《关于深化国有文艺院团改革的实施意见》，持续深化国有文艺院团改革，充分激发其创新创造活力。截至 2021 年末，全省共有艺术表演团体 395 个，同比增长 3.9%；演出 6.86 万场次，同比增长 43.2%；演出收入 26561.6 万元，同比增长 55.8%。具体情况如表 1 所示。

表 1　江西省艺术表演团体基本情况年报

年份	机构数（个）	从业人员（个）	演出场次（万场次）	国内演出观众人次（万人次）	总收入（万元）	其中：演出收入（万元）
2017	425	9701	6.68	3134.12	53638.4	26029.7
2018	379	9616	7.70	2326.36	57787.9	24965.4
2019	337	8022	4.36	3124.50	57609.2	19223.9
2020	380	10334	4.79	1904.71	56733.3	17050.2
2021	395	8217	6.86	1406.31	54797.4	26561.6

截至 2021 年末，全省共有艺术表演场馆 82 个，同比增长 6.5 %；从业人员 1092 人，同比下降 27.9%；观众座席数 45092 个，同比增长 16.9%。全年艺术演出场次 9.09 万场次，艺术演出观众人次 447.87 万人次，实现艺术演出收入 9901.5 万元。具体情况如表 2 所示。

表 2　江西省艺术表演场馆基本情况年报

年份	机构数（个）	从业人员（人）	座席数（个）	艺术演出场次（万场次）	艺术演出观众（万人次）	艺术演出收入（万元）
2017	61	1020	39527	0.35	69.634	1726.1

续表

年份	机构数（个）	从业人员（人）	座席数（个）	艺术演出场次（万场次）	艺术演出观众（万人次）	艺术演出收入（万元）
2018	57	898	51355	0.26	102.70	639
2019	89	1639	45513	1.17	156.84	7192
2020	77	1514	38580	1.41	148.29	7508.8
2021	82	1092	45092	9.09	447.87	9901.5

三、公共文化服务效能有效提升

（一）公共文化惠民服务不断优化

正式出台《江西省公共文化服务保障条例》，标志着我省公共文化服务体系法治化建设进入快车道。精心培育群众文化品牌，组织开展了“永远跟党走”全省广场舞展演、首届江西省现代地方小戏大赛等活动，开展中国民间文化艺术之乡推荐暨“江西民间文化艺术之乡”评审命名工作，6地入选“2021—2023年度”中国民间文化艺术之乡，命名31个“江西省民间文化艺术之乡”，在“华东六省一市现代地方小戏大赛”中喜获1金3银。开展2021年江西“最美基层文化人”学习宣传活动，启动“春雨工程”“阳光工程”“圆满工程”文化和旅游志愿服务工作。

（二）公共文化服务设施加速完善

全省统筹推进文化事业、文化产业和旅游业高质量发展，覆盖城乡的公共文化服务体系基本建成。加快省级文化设施建设，有序推进省赣剧院新院建设、江西艺术职业学校置换迁建，江西省文化中心、广昌县文化馆新馆、余干县四馆（文化馆、图书馆、美术馆、博物馆）、婺源县文化馆新馆等一批文化馆正式对外开放，各地新增或提升改造一批乡镇（街道）综合文化站。县级文化馆总分馆制建设全面实施，各级文化馆分馆达到378家。

1. 公共图书馆

截至2021年末，全省共有公共图书馆114个，与2020年持平，其中，省级图书馆1个，地市级图书馆11个，县区级图书馆102个，如表3所示。

表3　2021年江西省各等级图书馆数量

单位：个

全省公共图书馆	省级图书馆	地市级图书馆	县区级图书馆
114	1	11	102

全省公共图书馆实际使用公用房屋建筑面积58.63万平方米，同比增长8.1%；阅览座席52462个，同比增长9.9%；图书总藏量3110.99万册，同比增长8.9%；本年新增藏量193.51万册，同比增长8.2%。总流通人次2650.69万人次，同比增长89.8%；书刊文献外借册次1752.22万册，同比增长37.8%。具体情况如表4所示。

表 4　2017—2021 年江西省公共图书馆基本情况表

年份	机构数（个）	总藏量（万册）	本年新购藏量（万册）	总流通人次（万人次）	书刊文献外借册数（万册次）	实际使用公用房屋建筑面积（万平方米）	阅览室座席数（个）
2017	113	2428.77	206.84	1722.10	1561.39	40.22	36248
2018	113	2522.12	103.72	1754.03	1584.30	41.43	36961
2019	114	2659.05	134.28	1858.71	1688.28	44.44	39590
2020	114	2857.01	178.92	1396.37	1271.25	54.26	47745
2021	114	3110.99	193.51	2650.69	1752.22	58.63	52462

2. 美术馆

截至 2021 年末，江西省共有美术馆 45 个，同比增长 4.7%；从业人员数为 398 人，同比增长 7.0%；年度展览总数为 426 个，同比增长 15.4%；参观人数为 185.80 万人次，同比增长 61.8%。具体情况如表 5 所示。

表 5　2017—2021 年美术馆基本情况

年份	机构数（个）	从业人员数（人）	年度展览总量（个）	参观人数（万人次）
2017	36	281	314	86.87
2018	37	366	322	99.64
2019	42	395	392	144.38
2020	43	372	369	114.81
2021	45	398	426	185.80

3. 文化馆（站）

截至 2021 年末，全省共有群众文化机构 1854 个，同比下降 0.3%。其中：文化馆 117 个，同比下降 2.5%；文化站 1737 个，同比下降 0.1%。全省群众文化机构从业人员 6303 人，同比增长 1.4%；文化馆从业人员 1795 人，同比下降 5.1%；文化站从业人员 4508 人，同比增长 4.3%。具体情况如表 6 所示。

表 6　2020—2021 年群众文化机构数和人员数

项目	机构数			从业人员数		
	2020 年（个）	2021 年（个）	同比（%）	2020 年（人）	2021 年（人）	同比（%）
总计	1859	1854	–0.3	6215	6303	1.4
文化馆	120	117	–2.5	1891	1795	–5.1
其中：省级	1	1	0.00	50	52	4.0
地市级	13	13	0.00	444	365	–17.8

续表

项目	机构数			从业人员数		
	2020 年（个）	2021 年（个）	同比（%）	2020 年（人）	2021 年（人）	同比（%）
县市级	106	103	-2.8	1397	1378	-1.4
其中：县文化馆	66	66	0.00	839	844	0.6
文化站	1739	1737	-0.1	4324	4508	4.3
其中：乡镇文化站	1594	1589	-0.3	3841	3901	1.6

群众文化活动丰富多彩。2021 年，常态化疫情防控下，各地以建党 100 周年为契机，积极组织开展"'永远跟党走'全省广场舞展演"、"百姓大舞台"、送戏下乡、文艺培训等各类群众性文化活动，全年全省国有文艺院团组织送戏下乡、进社区演出 6148 场，文化馆（站）累计组织品牌节庆活动 442 个，群众文化机构共组织开展各类文化活动 10.98 万次，同比增长 131.7%；服务人次 3782.92 万人次，同比增长 169.7%（见表 7）。2021 年，全省共下发各级财政预算拨款 576791 千元，比上年度增长 46481 千元，各级文化馆（站）均配备免费开放资金，强化群众文化资金供给。

表 7　2021 年群众文化机构开展活动情况

项目	活动次数（次）	服务人次（万人次）	比上年增长（%）	
			活动次数	服务人次
各项活动总计	109757	3782.92	131.7	169.7
其中：文艺活动	63729	3082.65	127.2	196.4
训练班	33745	213.84	141.3	153.1
展览	10003	461.46	118.8	72.8
公益性讲座	2280	24.97	196.5	124.6

四、文化产业质量稳步提高

（一）文化产业示范基地高质量集约化发展

截至 2021 年末，全省共有 41 个文化产业示范基地，同比减少 1 个。其中，国家文化产业示范基地（企业类）1 个，国家文化产业示范基地（集聚类）1 个，国家文化产业示范基地（项目类）9 个，省级文化产业示范基地 30 个。按隶属关系划分，隶属于地市的有 19 个，隶属于县（市、区）的有 22 个。如表 8 所示：全省文化产业示范基地从业人员为 9275 人，同比增长 24.2%；经营面积 1062.11 万平方米，同比下降 11.9%；辖区内企业数 369 个，同比下降 6.3%。企业平均经营面积由 3.06 万平方米 / 个降低至 2.88 万平方米 / 个，企业平均从业人员 19 人 / 个增加至 25 人 / 个，产业示范基地企业更加注重提升质量，文化产业呈现集中化、集约化、集聚化的发展趋势。

表 8　2020 年、2021 年江西省文化产业示范基地基本情况

年份	机构数（个）	从业人员（人）	经营面积（万平方米）	辖区内企业数量（个）
2020	42	7467	1205.23	394
2021	41	9275	1062.11	369
同比（%）	–2.4	24.2	–11.9	–6.3

（二）动漫企业资产总额快速提升

2021 年，江西省经过国家认定的动漫企业 16 家，与 2020 年持平。从业人员 377 人，同比下降 9.2%；资产总额 2.74 亿元，同比增长 22.3%；总利润 2917 万元，同比下降 17.7%；共有经营面积 1.20 万平方米，年生产原创漫画作品 8 部，同比下降 46.7%；年生产原创动画作品 11 部，同比下降 63.3%；自主知识产权动漫软件 84 个，同比增长 833.3%。具体情况如表 9 所示。

表 9　2017—2021 年江西省动漫企业情况对比表

年份	数量（个）	从业人员（人）	资产总额（亿元）	总收入（万元）	总利润（万元）	原创漫画（部）	原创动画（部）	网络动漫下载次数（万）
2017	19	647	3.20	29400	4216	6	41	1522
2018	16	463	2.73	24545	3910	5	10	1688
2019	16	318	1.46	21831	3937	4	9	15
2020	16	415	2.24	22351	3543	15	30	19
2021	16	377	2.74	17615	2917	8	11	80

五、文物保护利用举措有力

（一）文物遗产保护传承有力推进

加快推进景德镇国家陶瓷文化传承创新试验区建设，推动景德镇御窑厂遗址申报世界文化遗产，保护规划修编获国家文物局正式批准。制定出台《关于进一步加强考古和石窟寺保护利用工作的意见》《江西省省级考古遗址公园管理暂行办法》，实施吴城遗址和筑卫城遗址展示利用、南昌西汉海昏侯刘贺墓保护性设施建设等一批重点项目。4 处遗址入选全国“百年百大考古发现”（数量并列全国第五）。

（二）革命文物保护纳入法治轨道

江西以传承红色基因、赓续红色血脉、打造全国红色基因传承示范区为目标，加强革命文物的保护利用。首次召开全省革命文物工作会议，对全省革命文物保护利用进行系统部署，组织开展革命文物资源普查和长征文物资源专项调查。推动出台《江西省革命文物保护条例》，对革命文物的调查认定、保护管理、传承运用以及相关工作进行全面规范，是全国首部革命文物保护地方性法规。

（三）文化展览展陈亮点纷呈

4个展览入选2021年度"弘扬中华优秀传统文化、培育社会主义核心价值观"主题展览。重点推介展览1项：瑞金中央革命根据地纪念馆"人民共和国从这里走来——中华苏维埃共和国史"。其余推介项目3项：江西省博物馆"初心耀征程——百件珍贵革命文物档案说江西展"、南昌汉代海昏侯国遗址博物馆"金色海昏——汉代海昏侯国历史与文化展"、安源路矿工人运动纪念馆"红色安源工运旗帜——安源路矿工人革命斗争史展览"。南昌八一起义纪念馆"百年回望 红心向党——庆祝中国共产党成立100周年主题展"、江西省博物馆"红色摇篮——江西革命史陈列"、井冈山革命博物馆"井冈山革命斗争史"等7个展览入选全国庆祝中国共产党成立100周年精品展览。江西省博物馆"江西古代历史文化陈列""江西革命史陈列"荣获全国博物馆十大陈列展览精品奖。

（四）文物业机构稳步增长

1. 文物业机构基本情况

2021年，江西省文物业机构共有273个，同比增长2.6%；从业人员4917人，同比下降2.0%。其中，各级博物馆189个，同比增长9.9%，从业人员4164人，同比增长3.2%；文物保护管理机构63个，同比下降4.5%，从业人员446人，同比下降4.9%；文物科研机构2个，与2020年持平，从业人员95人，同比下降13.6%；文物行政部门18个，同比下降25.0%，从业人员197人，同比下降29.1%；其他文物机构1个，从业人员15人。具体情况如表10所示。

表10　2021年文物业基本情况

项目	机构		从业人员	
	总数（个）	同比（%）	总数（人）	同比（%）
总计	273	2.6	4917	-2.0
博物馆	189	9.9	4164	3.2
文物保护管理机构	63	-4.5	446	-4.9
文物科研机构	2	0.0	95	-13.6
文物行政部门	18	-25.0	197	-29.1
其他文物机构	1	-50.0	15	-88.1

2021年末，江西省文物机构拥有文物藏品793978件，比上年末增长15.6%，在江西省文物机构的文物藏品中，博物馆的文物藏品为725931件，占比为91.4%。

全年江西省文物机构共安排基本陈列664个，举办临时展览738个，参观人次4768.86万人次（见表11），比上年增长30.7%，未成年人参观人次1567.45万人次，同比增长42.1%。博物馆参观人次4353.76万人次，占全省文物机构参观人次比重为91.3%。

表 11　2017—2021 年江西省文物机构藏品及参观情况

项目	2017 年	2018 年	2019 年	2020 年	2021 年
文物藏品（件 / 套）	627413	626591	614460	687073	793978
参观人次（万人次）	3499.22	3798.74	4100.90	3649.76	4768.86

2. 博物馆

如表 12 所示，截至 2021 年末，全省纳入文化文物统计系统的博物馆共有 189 个，同比增长 9.9%，免费开放的博物馆 182 个；博物馆从业人员 4164 人，同比增长 3.2%；藏品数 72.59 万套，同比增长 20.6%；参观人数 4353.76 万人次，同比增长 34.4%。2021 年全省 189 家博物馆共有基本陈列 590 个，临时展览 666 个。

表 12　2017—2021 年江西省博物馆基本情况

年份	机构数（个）	从业人员（人）	藏品数（件 / 套）	参观人次（万人次）
2017	139	3101	418234	3233.00
2018	144	3418	444241	3697.00
2019	143	3347	448155	3791.90
2020	172	4033	601851	3238.67
2021	189	4164	725931	4353.76
2021 年同比增减（%）	9.9	3.2	20.6	34.4

六、非遗保护工作扎实推进

江西省根据《中华人民共和国非物质文化遗产法》《江西省非物质文化遗产条例》《江西省非物质文化遗产研究、传承、传播基地管理办法》等文件精神，贯彻“保护为主、抢救第一、合理利用、传承发展”的工作方针，深入实施非物质文化遗产传承发展工程，切实提升非物质文化遗产系统性保护水平，让人民群众共享非物质文化遗产保护发展成果。

全省目前共有国家级文化生态保护（实验）区 3 个，修水宁河戏、进贤文港毛笔制作技艺、萍乡莲花落、婺源甲路纸伞制作技艺等 18 个非遗项目入选第五批国家级非遗代表性项目名录。成功举办“视频直播家乡年 · 我的江西年”线上非遗展、“百艺庆百年”、“江西非遗购物节”、“非遗中的红色资源”寻访活动，以及“非遗进景区”“非遗进社区”“非遗进校园”等传承展示活动，旨在让广大人民群众在消费体验中参与非遗保护，共享非遗保护成果。

如表 13 所示：2021 年，全省共有非物质文化遗产保护机构 84 个，同比下降 2.3%；从业人员数为 699 人，同比下降 4.6%；共举办展览 580 个，同比增长 7.2%；参观人次为 154.73 万人次，同比增长 39.4%。

表 13　2017—2021 年全省非物质文化遗产保护情况

年份	机构数（个）	工作人员数（人）	举办展览（个）	参观人次（万人次）
2017	87	876	566	71.26
2018	87	833	549	77.61
2019	86	773	592	127.16
2020	86	733	541	111.00
2021	84	699	580	154.73
2021 年同比增减（%）	-2.3	-4.6	7.2	39.4

七、旅游产业发展态势稳中向好

（一）顶层设计更加完善

坚持规划引领，统筹推动文化和旅游“十四五”规划编制和实施工作，建立“1+5+N”的规划编制体系。推动出台《关于推进文化和旅游高质量发展若干措施》，高起点、全局性绘制“十四五”时期江西省文化和旅游业发展蓝图。深入实施文化和旅游产业链“链长制”，印发实施 2021 年链长制工作要点，着力解决制约产业链发展的重大问题，推动旅游业创新发展。

（二）旅游市场稳步复苏

2021 年，全省共接待国内游客 74297.31 万人次，同比增长 33.4%，其中：一日游游客人数 61310.88 万人次，同比增长 29.0%；过夜游客人数 12986.43 万人次，同比增长 59.1%。国内旅游收入为 6769.02 亿元，同比增长 24.9%，其中：一日游收入 3907.18 亿元，同比增长 4.1%；过夜游客收入 2861.84 亿元，同比增长 71.7%。具体情况如表 14 所示。

表 14　2021 年江西省旅游统计情况

项目内容	2021 年	同比（±%）
一、2021 年旅游总人数（万人次）	74297.31	33.4
1. 国内旅游人数（万人次）	74297.31	33.4
2. 入境过夜游客人数（人次）	—	—
二、2021 年旅游总收入（亿元人民币）	6769.02	24.9
1. 国内旅游收入（亿元人民币）	6769.02	24.9
2. 旅游外汇收入（万美元）	—	—

（三）助企纾困举措扎实

江西省文化和旅游厅牵头协调相关部门和单位，共同推出“文旅贷”产品，制定出台《关于金融支持文化和旅游中小微企业发展的若干措施》《江西省中小微文旅企业贷款风险补偿资金管理办法》

等文件，每年常态化开展“文旅贷”名录库入库企业申报工作。建立全省中小微文旅企业贷款风险补偿资金池，为78家企业新增授信金额达23.35亿元，破解文旅企业融资难、融资贵、融资慢的困局。

（四）品牌创建成果丰硕

新增25家4A级旅游景区，全省4A级旅游景区总数达191家。完成第三批全国乡村旅游重点村镇名录遴选推荐，赣州市于都县梓山镇潭头村等7家入选第三批全国乡村旅游重点村，井冈山市茅坪镇、婺源县江湾镇、湾里管理局太平镇入选第一批全国乡村旅游重点镇（乡），新增省级重点村19个、重点镇（乡）9个。验收评定省5A级乡村旅游点6个、4A级乡村旅游点22个。6家度假区成功创建省级旅游度假区，3家景区被评定为2021年省级生态旅游示范区。10条乡村旅游学习体验线路获文化和旅游部、国家发改委联合推荐，5条红色旅游线路入选“建党百年红色旅游百条精品线路”。

（五）消费活力充分释放

实施“百县百日”文旅消费季系列活动，文旅消费新业态新模式不断涌现，有力促进消费回补。全省开展“文化和旅游消费试点城市”“夜间文旅消费集聚区”等创建培育工作，南昌、新余、抚州、景德镇、宜春5市入选国家文化和旅游消费试点城市；抚州市文昌里明清街区等5地入选国家级夜间文旅消费集聚区，入选个数中部第一，全国第二；7地评为首批省文化和旅游消费试点城市创建单位，14地入选首批省夜间文旅消费集聚区；13家街区被评定为省级旅游休闲街区。

（六）“风景独好”品牌更加响亮

实施“江西风景独好”品牌提升计划和“引客入赣”计划，推出“嘉游赣”文旅电子护照，组织开展“嘉游赣”四季旅游宣传推广系列活动、“全国学子嘉游赣”等系列宣传营销、“新百年新百景”推选推广等活动。构建全媒体宣传推广矩阵，“江西风景独好”抖音号多次上榜全国省级文旅新媒体传播力指数TOP10榜单，“景秀江西 · 正当燃”“江西春天的样子”“戏出抚州”3个宣传片入选文化和旅游部、国家新闻出版广电总局首届全国旅游公益广告作品，“2020年婺源篁岭土味晒秋节”案例入选国内旅游宣传推广典型案例，20个案例入选2020年江西省旅游宣传推广典型案例名单。

八、市场监督管理持续加强

（一）着力加强市场培育监管

深入推进文化市场综合行政执法改革，制定印发《江西省文化市场综合执法运行机制》《江西省文化市场管理工作领导小组成员单位分工协作机制》，建立健全省级层面文化市场综合执法的组织领导、职责分工、协调联动、信息共享、执法保障等工作体系。在全省开展为期5个月的文旅市场“风暴”整治行动、安全生产专项整治三年行动，严厉打击各类违法违规行为，确保建党100周年、党的十九届六中全会等重要时间节点全省文化和旅游市场平稳有序。开展导游资格审查、从业培训，大力倡导文明旅游。全力做好文化和旅游市场疫情防控工作，及时出台加强疫情防控的政策文件，不定期派出督查组实地督查，督促各地文化和旅游场所严格按照“限量、预约、错峰”要求，落实“三验一戴”措施，压实疫情防控责任。

（二）着力推进文化和旅游治理

不断深化文化和旅游领域“放管服”改革，全面推行证明事项告知承诺制清单管理，建立完善行政规范性文件合法性审查和涉企政策措施公平竞争审查机制，严把政策文件制定关，从源头治理来优化文化和旅游领域营商环境。积极贯彻落实《江西省旅游者权益保护条例》，推动旅游消费先行赔付机制广泛实施，省、市、县三级全覆盖，旅游诚信退赔工作在全省范围内取得了“从无到有”“从有到全”的突破，树立了江西旅游的“金口碑”。坚持用改革推动发展、强化治理，严格落实主要负责同志抓改革要求，建立《省文化和旅游厅2021年全面深化改革工作要点台账》，稳步推进公共文化机构法人治理、红色文化资源保护利用等改革工作，推动出台《江西省红色文化资源保护与利用总体规划》等政策规划文件，改革成效不断呈现。

（江西省文化和旅游厅）

江西：贯彻新时代发展理念，推动文旅高质量发展

2021年，全省文化和旅游系统坚持以习近平新时代中国特色社会主义思想为指导，全面落实党的十九大和十九届历次全会精神以及习近平总书记视察江西重要讲话精神，按照省委、省政府工作部署和要求，立足新发展阶段，贯彻新发展理念，构建新发展格局，加快推进文化强省、旅游强省建设。

一是着力繁荣文艺精品创作。《支部建在连上》《血火熔炉》《山茶花开》《一个人的长征》《八子参军》等5部作品入选中宣部庆祝建党百年优秀舞台作品展演活动剧目，赣南采茶戏《一个人的长征》入选国家艺术基金庆祝中国共产党成立100周年大型舞台剧主题创作资助项目，赣南采茶戏《八子参军》入选2021年全国舞台艺术优秀剧目网络演播活动作品名录，音乐剧《云上凤凰》获第六届全国少数民族文艺汇演优秀剧目奖。

二是着力提升文旅公共服务。成立全省图书馆、文化馆联盟，新建一批融合图书阅读、休闲娱乐等服务业态的新型文化空间，智慧图书馆、公共文化云、数字文化馆智能提升工程等加快推进，县级文化馆、图书馆总分馆制建设全面实施，“一部手机游江西”智慧旅游平台建设扎实推进。

三是着力推进遗产保护利用。4处遗址入选全国“百年百大考古发现”。稳步提升博物馆建设水平，新增6家一级博物馆、12家二级博物馆。扎实推进非物质文化遗产保护工作，18个非遗项目入选第五批国家级非遗代表性项目名录，成功举办“视频直播家乡年 · 我的江西年”线上非遗展、“百艺庆百年”“江西非遗购物节”等传承展示活动。

四是着力加快文旅产业发展。聚焦推动城市旅游发展，在全国率先制定出台《关于加快城市旅游发展的意见》。策划开展了“百县百日”文旅消费季系列活动，累计开展文旅促销活动3004场，总人流6586.74万人次，实现旅游收入405.10亿元。推进转型升级，5地入选国家文化和旅游消费试点城市，5地入选国家级夜间文旅消费集聚区，新增25家4A级旅游景区。新增国家乡村旅游重点村7个、重点镇（乡）3个，10条乡村旅游学习体验线路获文化和旅游部、国家发改委联合推荐，5条红色旅游线路入选“建党百年红色旅游百条精品线路”。

五是着力推进文化和旅游治理。坚持规划引领，建立“1+5+N”的规划编制体系，统筹推动全省文化和旅游系统“十四五”规划编制和实施工作。出台《江西省公共文化服务保障条例》《江西省革命文物保护条例》，文化和旅游法治化建设进入快车道。

山东省 2021 年文化和旅游发展情况分析

2021 年，全省文化和旅游战线坚持以习近平新时代中国特色社会主义思想为指导，认真贯彻习近平总书记对山东工作重要指示要求，紧紧围绕“走在前列、全面开创”“三个走在前”总遵循、总定位、总航标，奋发有为、创新实干，文化和旅游工作在经济社会发展大格局中的贡献度、影响力进一步彰显。

一、机构和人员

如图 1 所示，2021 年末，纳入统计范围的全省各类文化（文物）单位 19437 个，比上年增加 524 个；从业人员 104958 人，比上年增加 6232 人。其中：各级文化文物部门所属单位 3104 个，比上年增加 9 个；从业人员 35979 人，比上年增加 2196 人。

图 1　2017—2021 年山东省文化单位机构数及从业人员数

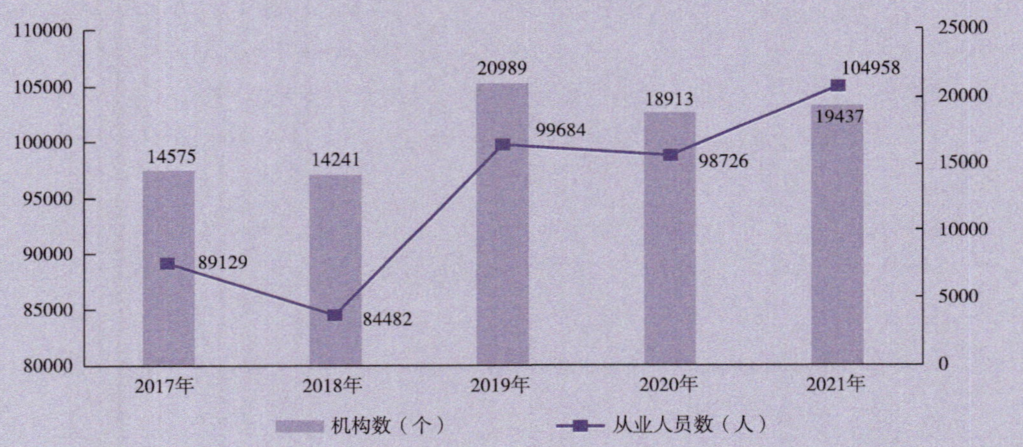

二、艺术创作演出

在文化和旅游部组织实施的“百年百部”工程中，全省 11 部入选作品全部通过验收。成功举办第十二届山东文化艺术节，组织 140 余部优秀剧目演出 350 余场，网上累计观众近亿人次。

从全省选调 1000 余人参加中央组织开展的庆祝中国共产党成立 100 周年大型演出活动，受到文化和旅游部通报表彰。6 部作品入选“庆祝中国共产党成立 100 周年全国优秀舞台艺术作品展演”，民族歌剧《沂蒙山》被遴选确定为开幕式演出剧目。

成功举办第四届中国歌剧节，成为迄今为止入选剧目、演出场次、参演人数、承办城市最多的歌剧节，全省2部作品入选。

2021年末，全省共有公有制艺术表演团体101个，比上年减少2个，从业人员5237人，比上年减少144人。全年共演出2.4万场，比上年增加0.24万场，其中赴农村演出1.7万场，比上年增加0.08万场；国内观众1579万人次，比上年减少84万人次，其中农村观众1111万人次，比上年减少196万人次；演出收入10655万元，比上年增加2358万元。具体情况如表1所示。

表1 2017—2021年我省国有艺术表演团体基本情况

年份	机构数（个）	从业人员数（人）	演出场次（万场）	国内演出观众人次（万人次）	演出收入（万元）
2017	105	5689	2.67	2227	7782
2018	105	5539	2.67	2128	9668
2019	104	5665	2.52	2063	13363
2020	103	5381	2.16	1663	8297
2021	101	5237	2.40	1579	10655

2021年末，全省公有制艺术表演团体共组织政府采购公益演出1.41万场，比上年减少5.37%；观众917万人次，比上年减少16.90%。利用流动舞台车演出1.24万场，比上年减少6.77%；观众940.5万人次，比上年减少15.95%。

2021年末，全省公有制艺术表演场馆82个，比上年减少5个，观众座席数59474个，比上年减少2633个；全年共举行艺术演出3843场次，比上年增加88.20%，艺术演出观众人次182.13万人次，比上年增加57.46%。

2021年末，全省共有国有美术馆56个，比上年减少2个，从业人员467人，比上年增加40人。全年共举办展览731个，比上年增加9.43%，参观人次334.52万人次，比上年增加42.08%。

三、公共文化服务体系

全省共有4个国家公共文化服务体系示范区城市，8个国家公共文化服务体系示范项目；5个省级公共文化服务体系示范区，17个省级公共文化服务体系示范项目；6个国家级公共文化机构文旅融合试点单位和22个省级试点单位。全省1826个乡镇（街道）综合文化站建成率99.7%；64819个行政村（社区）基本建成综合性文化服务中心或综合性文化活动室。8个县（市、区）、街道（乡镇）被文化和旅游部公布为2021—2023年度中国民间文化艺术之乡，数量居全国第四（并列）。

在第三届华东六省一市现代地方小戏大赛上，全省选送的两夹弦小戏曲《公鸡过寿》获剧目大奖；山东梆子现代小戏《三进门》获金奖；吕剧小戏《卖房》、小吕剧《桃花源记》获银奖。在全省开展“五个大家”（“大家创”“大家唱”“大家演”“大家拍”“大家评”）系列活动，全省围绕庆祝建党100周年主题共举办各类群众文化活动2.8万余场次，总参与群众3101万人次。举办各类村晚活动1510场，覆盖2945个村，参与总人数143万人次。在全省开展文化和旅游领域学雷锋志愿服务

“四个 100”先进典型宣传推选活动，全省推荐的 4 个项目全部入选全国 2021 年文化和旅游领域学雷锋志愿服务先进典型名单，入选数量居全国第一（并列）。

（一）公共图书馆

2021 年末，全省共有公共图书馆 153 个，比上年减少 1 个，其中少儿图书馆 1 个，与上年持平。公共图书馆从业人员 2995 人，比上年增加 91 人。其中：具有高级职称的人员 468 人，占从业人员的 15.63%；具有中级职称的人员 1117 人，占从业人员的 37.30%。

2021 年末，全省公共图书馆实际使用房屋建筑面积 121.56 万平方米，比上年增加 5.94%；图书总藏量 7525.6 万册，比上年增长 7.9%，其中古籍 141.4 万册；阅览室座席数 74398 个，比上年增长 6.86%；计算机 11690 台，比上年减少 0.40%。

2021 年末，全省平均每万人公共图书馆建筑面积 119.5 平方米，比上年增加 6.5 平方米；全省人均图书藏量 0.74 册，增加 0.05 册；全年全省人均购书费 0.95 元，比上年下降 0.06 元。具体情况如表 2 所示。

图 2　2017—2021 年山东省公共图书馆人均资源情况

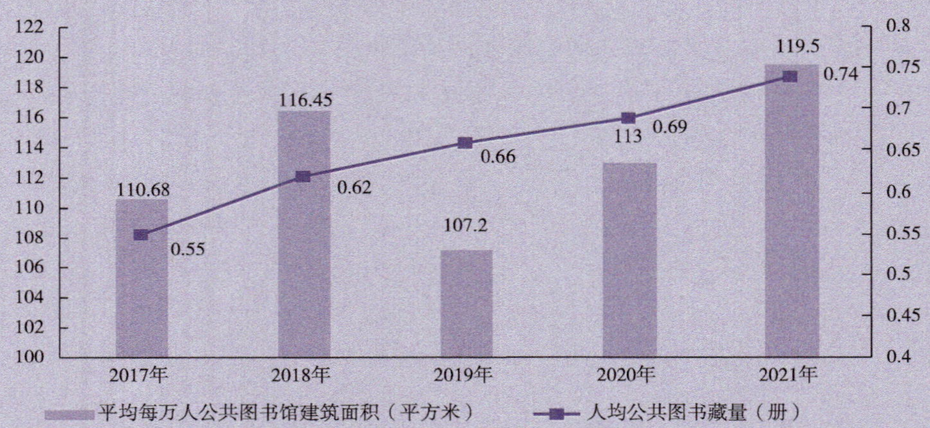

2021 年全年，全省公共图书馆实际持证读者 597.9 万个，比上年减少 14.90%；总流通人次 4251 万人次（见图 3），比上年增加 18.94%。书刊文献外借册次 3493 万册次（见图 3），比上年增加 44.86%；外借人次 1755 万人次，比上年增加 17.81%。全年共为读者举办各种活动 17172 次，比上年增加 16.91%；参加人次 463 万人次，比上年减少 0.35%。

（二）群众文化机构

2021 年末，全省共有群众文化机构 1979 个，与上年持平。其中乡镇综合文化站 1197 个，比上年减少 10 个。年末全省群众文化机构从业人员 9168 人，比上年增加 653 人。其中：具有高级职称的人员 540 人，占 5.90%；具有中级职称的人员 1218 人，占 13.29%。

图 3　2017—2021 年山东省公共图书馆总流通人次及书刊外借册次

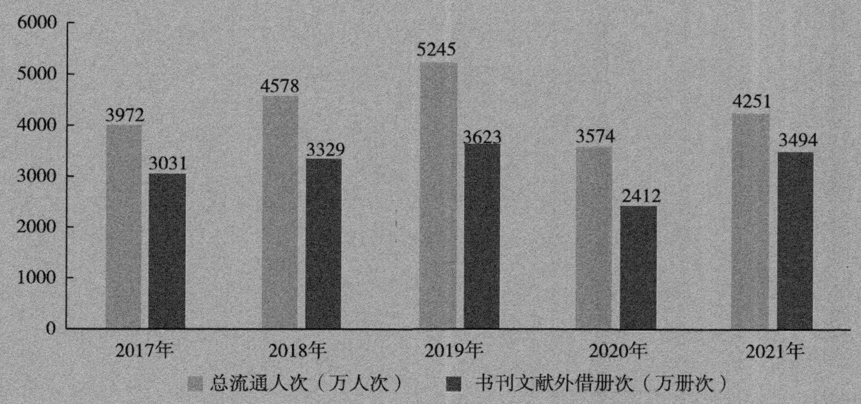

2021 年末，全省群众文化机构实际使用房屋建筑面积 295.22 万平方米，比上年增长 1.92%；平均每万人群众文化设施建筑面积 290.3 平方米，比上年提高 5 平方米。如图 4 所示。

图 4　2017—2021 年山东省平均每万人群众文化设施建筑面积

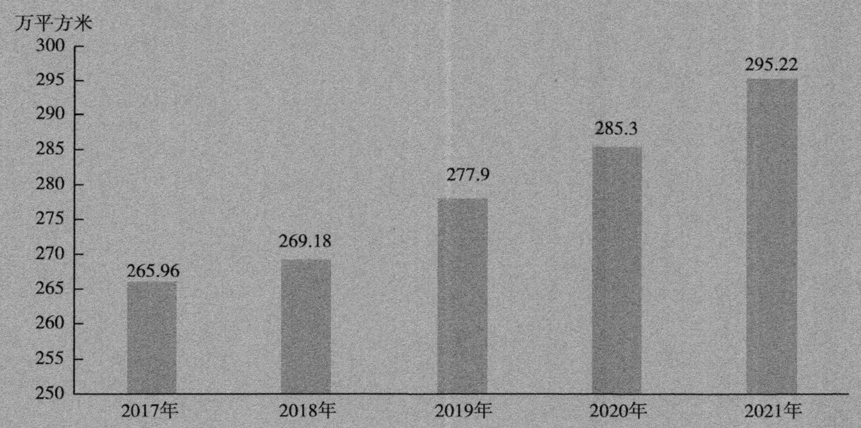

如表 2 所示：2021 年全年，全省群众文化机构共提供文化服务 220708 次，比上年增加 24.18%；服务人次 5458.07 万，比上年减少 1.93%。

2021 年末，全省群众文化机构共有馆办文艺团体 682 个，演出 13097 场，观众 525.18 万人次。由文化馆（站）指导的群众业余文艺团体 33209 个，馆办老年大学 54 个。

四、文化市场

（一）文化市场经营

2021 年末，全省文化市场经营单位 15947 家，比上年增加 470 家；从业人员 62062 人，比上年增加 3504 人。2021 年全年，全省文化市场经营单位营业总收入 965200 万元，营业利润 24032 万元。具体情况如表 3 所示。

表 2　2021 年全省群众文化机构开展活动情况

	总量		比上年增长（%）	
	活动次数（次）	服务人数（万人次）	活动次数（次）	服务人次（万人次）
	2021 年	2021 年		
各项活动总计	220708	5458.07	24.20	-1.93
其中：展览	9894	570.40	0.93	4.11
文艺活动	145666	4466.35	23.72	-3.07
公益性讲座	3224	38.07	18.44	-31.86
训练班	61924	383.16	30.45	8.33

分区域看，2021 年末，城市文化市场经营单位 11234 个，占文化市场经营单位总量的 70.45%；县城 3686 个，占 23.11%；县以下地区 1027 个，占 6.44%。

表 3　2021 年分区域全省文化市场经营单位主要指标

		机构数（个）	从业人员数（人）	营业总收入（万元）	营业利润（万元）
总量	总计	15947	62062	965200	24032
	城市	11234	18404	638346	38203
	县城	3686	39914	306678	-16177
	县以下	1027	3744	20177	2006
比重（%）	总计	100	100	100	
	城市	70.45	29.65	66.14	
	县城	23.11	64.31	31.77	
	县以下	6.44	6.03	2.09	

2021 年末，全省共有娱乐场所 2064 个，从业人员 12990 人，全年营业总收入 113640 万元，营业利润 9756 万元。

2021 年末，全省共有互联网上网服务营业场所 10724 个，从业人员 9869 人，全年营业总收入 79293 万元，营业利润 468 万元。

2021 年末，全省共有非公有制艺术表演团体 1471 个，从业人员 28471 人，全年共演出 15.52 万场，全年营业总收入 117001 万元，其中演出收入 62784 万元。

（二）文化市场管理

推进互联网 + 监管取得新进展，拓展全国文化市场技术监管与服务平台和山东省“互联网 + 监管平台”使用，实现“互联网+监管”平台290余项监管子项与政务事项服务系统全部关联，极大促进数据汇聚；广泛应用“文旅通App”，目前，注册人员已超过51万人。制定《山东省文化和旅游市场暗访工作规范》等7项执法制度，编制省级《文化市场综合行政执法指导目录》，动态调整《裁量基准》，推动文化市场综合执法制度建设。

加强风险隐患双重预防体系建设。研究制定《山东省文化和旅游企业安全生产防控制度》，先后梳理形成网吧、KTV等行业企业《安全生产风险分级管控制度》《安全生产风险排查目录》《突发事件应急预案》，指导督促企业建立风险分级管控机制，严格落实风险点排查、评价和分级管控措施，对重大风险实施专项管控、实时监控。

开展全省文娱领域专项整治工作。共检查互联网文化单位207家次，歌舞娱乐场所420家次，营业性演出40场次，互联网文化产品（音乐、演出剧目、表演、艺术品、动漫等）数量567个，曲目58086个。

五、文化产业与旅游

充分发挥文化创意和精品旅游两个专班职能作用，跟踪调度重点项目进展情况，协调智库、协会、基金等高效运作。推荐121个项目纳入省级重点项目库。

推进精品景区建设和度假区规范化发展，制定印发《山东省旅游景区质量等级管理办法》，依据最新法律要求推动省政府对《山东省省级旅游度假区管理办法》做部分修改，景区、度假区政策供给进一步完善。扎实推进景区体制机制改革，印发改革试点方案和工作推进方案，7家试点景区“管委会+公司”的管理运营模式基本建立，市场主体规模实力得到壮大，人事薪酬制度改革迈向深入。大力发展红色旅游，3条红色旅游精品线路入选全国“建党百年百条精品红色旅游线路”。实施乡村旅游精品工程，命名精品文旅小镇35个、景区化村庄284个，打造一批乡村旅游发展亮点。实施“文旅+”工程，出台各类规范标准，康养旅游、工业旅游、体育旅游、研学旅游等新业态发展势头良好。

成功举办2021山东省旅游发展大会、中国国际文化旅游博览会、国际孔子文化节（尼山世界文明论坛）等重大活动，对于克服新冠肺炎疫情影响、有效提振市场信心和消费者信心、提升“好客山东”美誉度，产生重要推动作用。创新举办第五届“山东文化和旅游惠民消费季”，组织开展八大系列3000多项主题活动，推出更多消费惠民措施。

六、文物业

组织编制《山东省黄河文化保护传承弘扬规划》《长城国家文化公园（齐长城）建设保护规划》等，全省被列为黄河国家文化公园建设五个重点省份之一。完成183处石窟寺实地调查工作，开展第六批省级文物保护单位、第一批水下文物保护区申报评选和1–8批全国重点文物保护单位保护区划勘定工作。加强考古研究，规范考古项目管理，开展“2020年度山东省考古新发现奖”评选。积极筹建省级考古遗址公园，加快制定《山东省考古遗址公园管理办法》。

全国博物馆改革发展工作会在济南召开，山东省做典型发言。山东博物馆与孔子博物馆联合主办的“衣冠大成——明代服饰展”获评全国博物馆十大精品展览。启动“红色文化主题月”，开展“8个

100 庆祝建党百年”系列活动，推动革命文物保护利用与党史教育、乡村振兴、旅游开发相结合，打造红色基因传承品牌。《山东省红色文化保护传承条例》颁布实施，为全国第一个省级红色文化保护传承条例。

2021 年末，全省共有文物机构 795 个，比上年增加 47 个。其中，文物保护管理机构 85 个，占 10.69%，博物馆 629 个，占 79.12%。2021 年末，全省文物机构从业人员 13815 人，比上年末增加 1414 人。其中：高级职称 959 人，占 6.94%，中级职称 2049 人，占 14.83%。

2021 年末，全省文物机构拥有文物藏品 490.08 万件，比上年增加 2.53 万件。其中：博物馆文物藏品 471.24 万件，占文物藏品总量的 96.16%；文物保护管理机构文物藏品 7.94 万件，占 1.62%。一级文物 0.6 万件，占 0.12%；二级文物 1.5 万件，占 0.31%；三级文物 11.07 万件，占 2.26%。

2021 年全年，全省文物机构共举办基本陈列 2891 个，临时展览 1275 个，接待观众 5539.7 万人次，比上年增加 31.77%。其中未成年人 1587 万人次，比上年增加 33.92%，占参观总人数的 28.65%。博物馆接待观众 4956 万人次，比上年增加 40.60%，占文物机构接待观众人数的 89.46%。

七、非物质文化遗产

非遗保护传承水平不断提升。“千年非遗 百年福至”2021 年山东省暨济南市“非物质文化遗产月”启动仪式在济南市举办，以线上线下相结合的方式开展丰富多彩的非遗宣传展示活动共计 520 余场次。在“文化和自然遗产日”非遗宣传展示活动中，全省各地举办的非遗宣传展示线上、线下活动达 460 余项。加紧筹备“河和之契：首届黄河流域、大运河沿线非物质文化遗产交流展示周”，该活动作为全国第一个融合黄河、大运河下称“两河”非遗共同集中展示的重大活动，集中展示“两河”区域非遗的丰富性和多样性，展现“两河”区域非遗保护传承弘扬工作系列成果，彰显黄河文化、大运河文化的历史价值和时代意义。成功举办“国庆吃面 国泰民安”新民俗倡议活动，展现丰富多彩的面食文化及饮食习俗，彰显出共享国庆面、同叙家国情的新民俗文化内蕴，形成新时期爱国主义的时代共振。积极推进实施“山东手造”工程，组织开展“山东手造”展示展览活动，摸底全省手造资源底数，挖掘地方优势，支持各市发展手造重点产业，完善产业链条，做大做强山东手造产业集群，推动非遗融入新旧动能转换重大战略。

全省共有联合国教科文组织认定的“人类非遗代表作名录”项目 8 个，国家级代表性项目名录 186 项，省级代表性项目名录 1073 项；国家级代表性传承人 88 名，省级代表性传承人 424 名。全省有 1 个国家级文化生态保护实验区，即齐鲁文化（潍坊）生态保护区，有曹州文化生态保护实验区等 13 个省级文化生态保护实验区，青岛、东营分别成为全国 8 个“非遗在社区”试点市之一。在高校、科研院所设立 37 个省级非遗研究基地，山东大学在全国率先设立非遗研究院。

2021 年末，全省共有非物质文化遗产保护机构 146 个，从业人员 778 人。2021 年全年，全省非物质文化遗产保护机构共举办展览 1326 次，比上年增加 22.89%，接待观众 234.68 万人次，比上年增加 39.33%；举办演出 6305 场，比上年减少 1.70%，观众 268.42 万人次，比上年增加 2.61%；举办民俗活动 988 次，比上年增加 7.98%，观众 154.33 万人次，比上年减少 47.50%；举办培训班 1187 次，比上年减少 16.76%，培训人数 5.08 万人次，比上年减少 31.26%。

八、对外和对台港澳文化交流

举办“好客山东过大年”与海外民众云端相约活动。继续实施“孔子文化和旅游使者”计划，通过海外合作伙伴和孔子学院线上线下各类推介活动，招募“孔子文化和旅游专家”“孔子文化和旅游使者”达23000余名，进一步深化“好客山东”国际品牌的影响力和号召力。举办“2021卢森堡·中国山东文化年”交流活动、“中韩文化交流年——鲁韩交流周”活动，联合东京中国文化中心，开展“日本 · 中国山东文化月”活动，举办“好客山东　赏月之旅”和“好客山东 赏秋之旅”活动，积极拓展海外宣传营销渠道。

组织5市文旅游部门及文旅企业代表参加第九届澳门国际旅游（产业）博览会，并以“孔子家乡 好客山东”为主题针对澳门入境旅游市场需求，举办文旅产品推介会。举办第七届“跨越太平洋——中国艺术节”云端山东文旅周、对话山东——“孔子家乡 好客山东”文化和旅游产品推介会、“美丽中华”线上系列推广活动山东“黄河之旅”推介会、参加2021柏林线上旅游交易会、积极参与2021年中国旅游文化周，有序开展对外文化交流和旅游推广。

九、文化资金投入

（一）文化事业费

2021年，我省文化事业费53.02亿元，比上年增加2.71亿元，增长5.39%，如图5所示。分地区看，有6个市文化事业费投入超过3亿元，分别是青岛5.24亿元、临沂4.97亿元、济宁4.59亿元、济南4.53亿元、烟台3.46亿元、潍坊3.20亿元。日照、临沂、滨州、德州、威海、枣庄、泰安、东营、聊城、潍坊10市文化事业费增长幅度超过全省平均水平。

文化事业费占财政总支出的比重为0.45%（见图6），比重与上年持平。

图5　2017—2021年文化事业财政拨款及增长速度

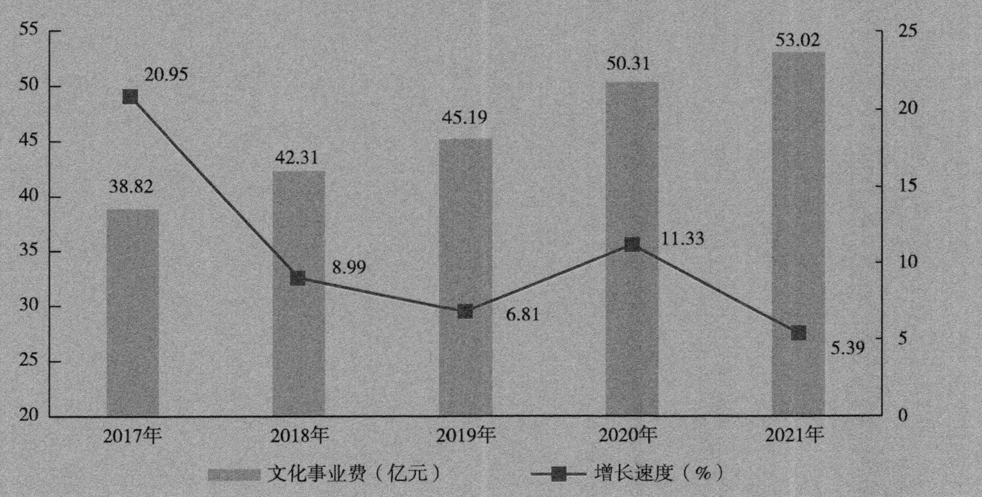

图 6　2017—2021 年文化事业费占财政总支出比重

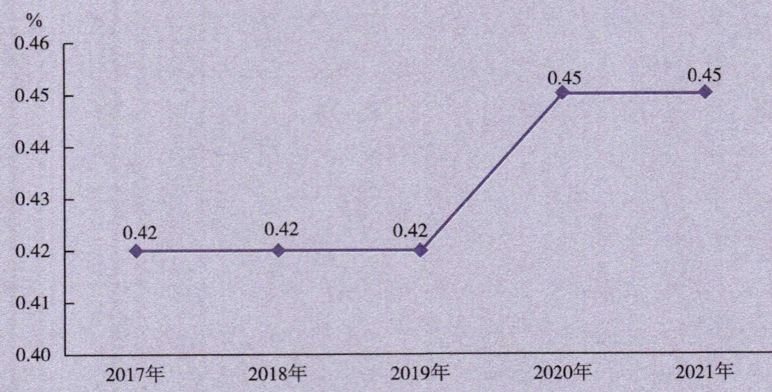

（二）文物事业费

2021 年，全省文物事业费 13.07 亿元，比上年增加 0.6 亿元，增加 4.81%，如图 7 所示；文物事业费占财政总支出的比重为 0.11%。分地区看，有 6 个市的文物事业费投入超过 1 亿元，分别是济宁 1.57 亿元、烟台 1.18 亿元、淄博 1.16 亿元、潍坊 1.13 亿元、济南 1.10 亿元、青岛 1.02 亿元。

图 7　2017—2021 年文物事业财政拨款及增长速度

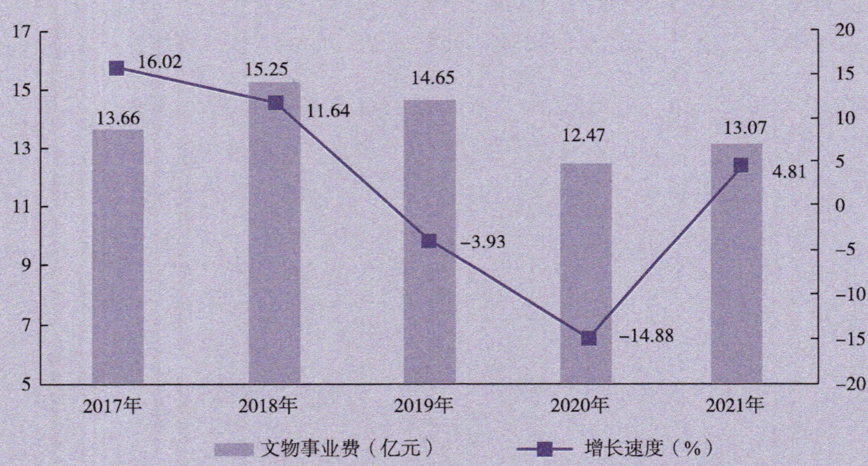

（三）人均文化事业费

2021 年，全省人均文化事业费 52.13 元，比上年增加 2.58 元，增长 5.21%，如图 8 所示。

图 8　2017—2021 年全省人均文化事业费及增速情况

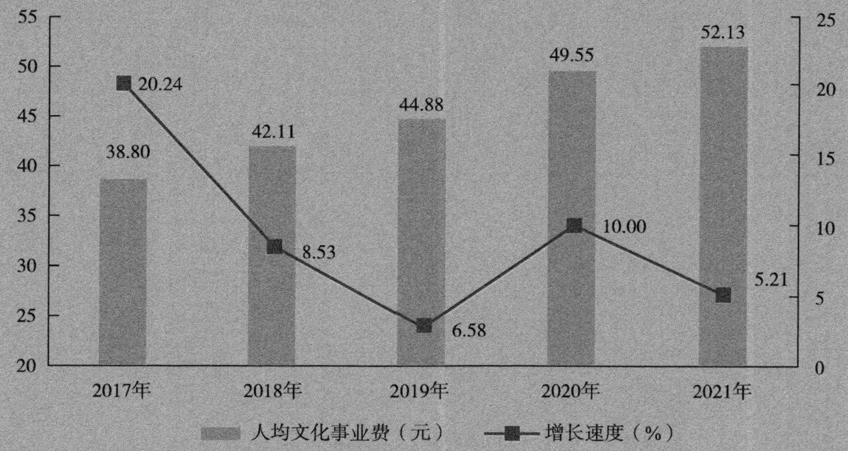

分地区看，2021 年全省有 4 个市人均文化事业费超全省平均水平，分别是东营 82.32 元、威海 72.67 元、日照 56.10 元、济宁 55.11 元。

从文化事业费占地方财政支出的比重来看，有 5 个市超过全省平均水平，最高的济宁市 0.63%，最低的菏泽市 0.27%（见表 4）。

表 4　2021 年各市文化事业费占财政支出与人均文化事业费情况表

地区	文化事业财政拨款（亿元）	人均文化事业费（元）	文化事业财政拨款占地方财政支出的比重（%）
全省	53.02	52.13	0.45
济南市	4.53	48.55	0.35
青岛市	5.24	51.06	0.31
淄博市	2.09	44.40	0.40
枣庄市	1.00	25.90	0.37
东营市	1.81	82.32	0.60
烟台市	3.46	48.81	0.43
潍坊市	3.20	34.05	0.36
济宁市	4.59	55.11	0.63
泰安市	1.55	28.45	0.36
威海市	2.12	72.67	0.62
日照市	1.67	56.10	0.62
临沂市	4.97	45.06	0.62
德州市	2.22	39.58	0.45

续表

地区	文化事业财政拨款（亿元）	人均文化事业费（元）	文化事业财政拨款占地方财政支出的比重（%）
聊城市	1.83	30.82	0.38
滨州市	1.68	42.83	0.35
菏泽市	1.73	19.81	0.27

（山东省文化和旅游厅）

山东：抢抓机遇、乘势而上，全面推动公共文化服务高质量发展

近年来，山东省文化和旅游系统以全力推进公共文化服务标准化、均等化，着力丰富群众精神文化生活为主要抓手，完善文化设施，打造文化品牌，创新服务方式，大力开展文化惠民工程，全省公共文化服务呈现蓬勃发展的良好态势。

一、实施均等化配置，公共文化基础设施不断完善

全省共有4个国家公共文化服务体系示范区城市，8个国家公共文化服务体系示范项目；5个省级公共文化服务体系示范区，17个省级公共文化服务体系示范项目；6个国家级公共文化机构文旅融合试点单位和22个省级试点单位。在百度电子地图标注旅游厕所1.2万座，数量全国第一。评审命名2021—2023年度“山东省民间文化艺术之乡”62个，8个县（市、区）、街道（乡镇）被文化和旅游部公布为“2021—2023年度中国民间文化艺术之乡”，数量居全国第四（并列）。

二、繁荣群众文艺创作，积极组织惠民演出

制定出台《山东省群众艺术优秀作品创作及评奖办法》，在全省培育打造了一批时代性强、特色鲜明、艺术精良、示范明显的优秀群众文艺作品，平均每年推出300余件新创作品。在第三届华东六省一市现代地方小戏大赛上，全省选送的两夹弦小戏曲《公鸡过寿》获剧目大奖；山东梆子现代小戏《三进门》获金奖；吕剧小戏《卖房》、小吕剧《桃花源记》获银奖。

三、搭建“五个大家”平台，广泛开展群众性文化活动

在全省开展“五个大家”（“大家创”“大家唱”“大家演”“大家拍”“大家评”）系列活动，为群众提供更多内容健康、形式活泼，群众乐于参与、便于参与的活动载体，真正让“五个大家”系列活动植根群众、服务群众、快乐群众，在全省营造繁荣兴盛的群众文化活动氛围。2021年，全省围绕庆祝建党100周年主题共举办各类群众文化活动2.8万余场次，总参与群众3101万人次。

四、创新开展尼山书院和儒学讲堂建设，推动优秀传统文化创造性转化、创新性发展

创新推进“图书馆+书院”模式，成立山东省尼山书院理事会，制定“尼山书院”建设标准，建立专家库和推荐书目，开通官方网站。省、市、县三级公共图书馆全部建成尼山书院，共计150个。建成乡村儒学讲堂2.2万个，开展活动11万余场次，参与群众267万余人次，成为弘扬优秀传统文化和推动乡村文化振兴的重要力量。

五、构建新型公共文化空间，全面启动城市书房、乡村书房建设

山东16市全部建有城市书房或乡村书房，共建成城市书房和乡村书房400多家，建筑面积合计10.68万平方米，总藏书量1590万余册。坚持平等、开放、共享的理念，科学整合市、区公共图书馆文献资源，基本实现书刊的统一检索和通借通还，作为县（市、区）级图书馆借阅服务的拓展平台，城市书房通过统一管理、连锁运营的方式，实现了规范化、标准化、节约化发展，逐步成为全省公共文化服务新阵地。

河南省2021年文化和旅游发展情况分析

2021年，河南省文化和旅游系统坚持以习近平新时代中国特色社会主义思想为指导，在省委、省政府的坚强领导下，以庆祝建党100周年为主线，以保护传承弘扬黄河文化为主题，以党史学习教育为动力，以文旅文创融合战略为统领，始终坚持以人民为中心，以满足人民群众多元需求为导向，知重负重，迎难克难，唯干唯实，推动全省文化和旅游工作取得新进展，开创新局面。

一、机构和人员

截至2021年末，河南全省共有文化、旅游（含旅行社、星级饭店）和文物机构21247个，同比减少5.0%，从业人员163378人，同比减少9.0%。其中，全省文化和旅游机构共20562个，同比减少5.7%，从业人员150940人，同比减少9.7%；全省文物机构685个，同比增长4.4%，从业人员12438人，同比增长0.3%。表1为河南全省文化、旅游和文物机构及人员情况表。

表1　全省文化、旅游和文物机构及人员情况表

指标名称	总计	
	机构数（个）	从业人员数（人）
总计	21247	163378
一、文化和旅游合计	20562	150940
艺术表演团体	2249	51545
其中：公有制艺术表演团体	160	7850
艺术表演场馆	222	4859
其中：公有制艺术表演场馆	128	2163
公共图书馆	169	2877
文化馆	207	3205
文化站	2485	8532
其中：乡镇综合文化站	1891	6846
艺术展览创作机构	13	141
其中：美术馆	11	137
文化和旅游部门教育机构	7	246
文化和旅游科研机构	16	189

续表

指标名称	总计	
	机构数（个）	从业人员数（人）
文化市场经营机构（不包括非公有制院团和场馆）	13608	39486
旅行社	977	6916
星级饭店	278	24171
A 级旅游景区		
文化和旅游行政部门	174	5893
其他文化和旅游机构	157	2880
其中：文化市场执法机构	110	2219
二、文物合计	685	12438
博物馆	367	7837
文物保护管理机构	126	2186
文物科研机构	17	926
文物行政部门	167	1386
其他文物机构	8	103

二、艺术创作生产

围绕庆祝建党百年推动艺术精品创作生产，全省排演剧目近百部。全省豫剧《朝阳沟》《重渡沟》、话剧《红旗渠》、大型民族歌剧《银杏树下》等 8 部作品入选文化和旅游部百年百部重点扶持作品。其中，豫剧《焦裕禄》、话剧《红旗渠》进京参加演出，受到高度评价。组织开展“百年百场”河南省优秀文艺作品展演。开展庆祝建党百年“群星耀中原”“百工献百艺”等系列展演、展览、展示活动。特别是组织 1300 多名演职人员参加了庆祝建党百年大型情景史诗《伟大征程》文艺汇演活动，受到了文化和旅游部通报表扬。

截至 2021 年末，全省共有艺术表演团体 2249 个，比上年末减少 142 个，从业人员 51545 人，减少 5120 人。其中各级文化和旅游部门所属的艺术表演团体 160 个，占全部艺术表演团体的 7.1%，从业人员 7850 人，占全部从业人员的 15.2%。

2021 年，全省艺术表演团体共演出 22.90 万场，比上年减少 25.2%，其中赴农村演出 12.58 万场，赴农村演出场次占总演出场次的 54.9%；国内观众 11748.0 万人次，比上年减少 4.9%，其中农村观众 5942.5 万人次；总收入超过 16.5 亿元，比上年增加 22.1%，其中演出收入约 6.6 亿元，增长 24.3%。表 2 为 2016—2021 年河南全省艺术表演团体基本情况。

表 2 2016—2021 年全省艺术表演团体基本情况

年份	机构数（个）	从业人员（人）	演出场次（万场）	国内演出观众人次（万人次）	总收入（万元）	其中：演出收入（万元）
2017	1671	49300	64.68	15048.0	141277	65493
2018	2017	48338	39.23	15348.6	174045	100336
2019	2221	51542	38.98	20174.0	357160	107625
2020	2391	56665	30.62	12351.5	135283	52859
2021	2249	51545	22.90	11748.0	165198	65719

截至 2021 年末，全省共有艺术表演场馆 222 个，比上年末增加 24 个。全年共举行演出 1.73 万场次，比上年末增加 61.7%；演出观众人次 466.52 万人次，增长 61.3%；总收入 71872.1 万元，增长 27.8%，其中各级文化和旅游部门所属艺术表演场馆 127 个，比上年减少 4 个。全年共举行艺术演出 1.52 万场次，比上年增长 80.9%；艺术演出观众人次 357.73 万人次，增长 133.3%。

三、公共文化服务

河南省公共文化服务工作以贯彻落实国家三部委下发的《关于推动公共文化服务高质量发展的意见》为主线，以庆祝中国共产党百岁华诞各项活动为主体，推进工作落实，推动实践创新，为公共文化高质量发展奠定了坚实基础。组织完成了 2020 年度现代公共文化服务体系建设绩效考核，奖励资金总额 4000 万，进一步夯实了基层公共文化阵地。

（一）公共图书馆

截至 2021 年末，全省共有公共图书馆 169 个，比上年末增加 3 个（见表 3）；全省公共图书馆从业人员共 2877 人，比上年末减少 29 人。其中，具有高级职称的人员 250 人，约占全部从业人员的 8.7%；具有中级职称的人员 748 人，约占 26%。

截至 2021 年末，全省公共图书馆实际使用房屋建筑面积 83.21 万平方米，比上年末增长 5.3%；图书总藏量约 4105.9 万册，增长 1.0%（见表 3）；阅览室座席数 67239 个，增长 2.9%；计算机 10512 台，减少 1.5%，其中供读者使用的电子阅览终端 6853 台，减少 2.5%。

截至 2021 年末，全省平均每万人拥有公共图书馆建筑面积 84.2 平方米，比上年末增加 4.7 平方米（见表 3）；全省人均图书藏量 0.42 册，增加 0.1 册。此外，2021 年全省人均购书费 0.62 元，比上年减少 0.08 元（见图 1）。

表 3 2016—2021 年全省公共图书馆主要业务指标

年份	机构数（个）	总藏量（万册）	总流通人次（万人）	书刊外借册次（万册）	本年新购图书（万册）	人均购书费（元）	公共用房建筑面积（万平方米）
2017	158	2874.0	2950.8	2097.2	201.9	0.61	61.4
2018	160	3168.7	3360.1	2270.7	250.6	0.57	67.5

续表

年份	机构数（个）	总藏量（万册）	总流通人次（万人）	书刊外借册次（万册）	本年新购图书（万册）	人均购书费（元）	公共用房建筑面积（万平方米）
2019	164	3409.4	4295.2	2465.4	229.9	0.63	72.6
2020	166	4065.3	2526.0	1602.1	252.2	0.70	79.5
2021	169	4105.9	3090.6	2014.0	208.6	0.62	84.2

注：总藏量中不包含电子图书。

图 1　2016 包含电子图年全省人均购书经费情况

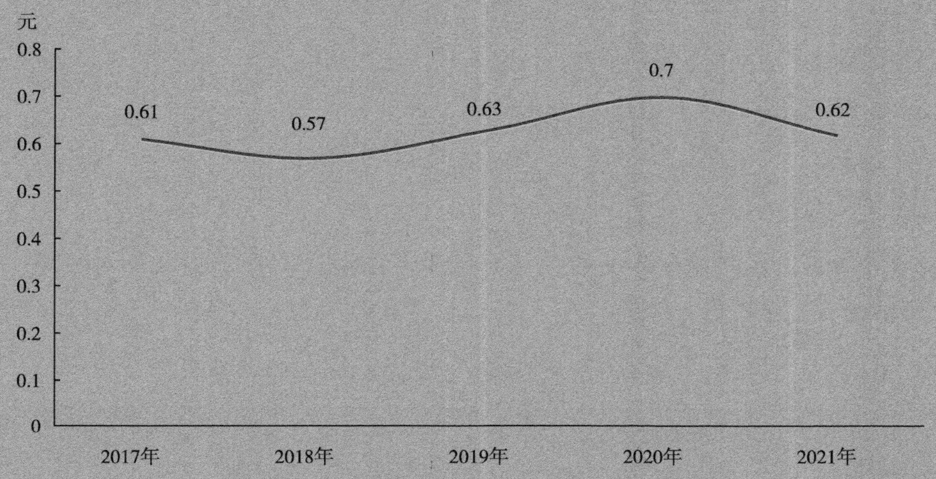

图 2　2016—2021 年全省公共图书馆总流通人次及藏量情况

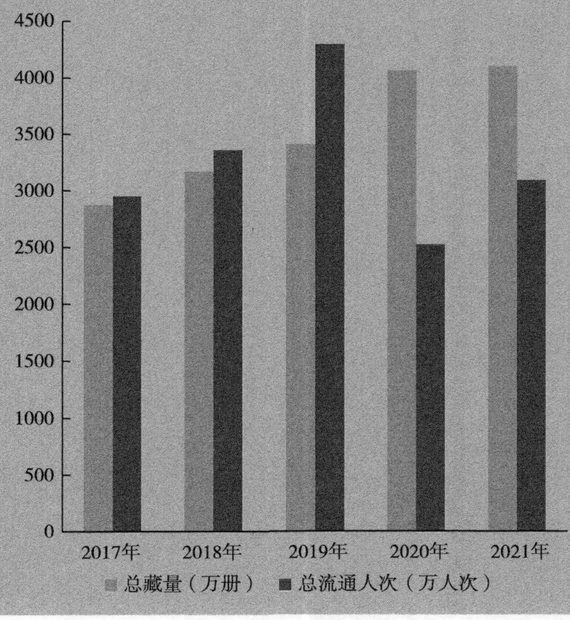

2021年全省公共图书馆发放借书证258.5万个，比上年增长13%；总流通人次约3090.6万，同比增长22.4%。书刊文献外借册次约2014.0万，增长25.7%；外借人次1280.47万，增长34.7%。全年共为读者举办各种活动8468次，增长7.9%；参加人次386.9万，减少54.5%。图2为2016—2021年河南全省公共图书馆总流通人次及藏量情况。

（二）群众文化机构

截至2021年末，全省共有群众文化机构2692个，比上年末增加9个；其中乡镇综合文化站1891个，比上年末减少3个。截至2021年末，全省群众文化机构从业人员11737人，比上年末增加338人；其中具有高级职称的人员192人，占全部从业人员的1.6%；具有中级职称的人员781人，占6.7%。

截至2021年末，全省群众文化机构实际使用房屋建筑面积176.15万平方米，比上年末增长4.8%，其中业务用房面积131.67万平方米，增长5%；全省平均每万人群众文化设施建筑面积178.24平方米，比上年末增加9平方米。

（三）公共文化服务

2021年全年群众文化机构共组织开展各类文化活动138721场次，比上年增长38.9%；服务人次4525.45万，增长65.5%（见表4）。

表4　2021年全省群众文化机构开展活动情况

	总量		比2019年增长（%）	
	活动次数（次）	服务人次（万人次）	活动次数	服务人次
各项活动总计	138721	4525.45	38.9	65.5
其中：展览	11442	724.40	34.1	77.9
文艺活动	92901	3542.77	45.8	65.3
公益性讲座	1993	32.66	47.7	101
训练班	32385	225.38	23.2	34.3

截至2021年末，全省群众文化机构中共有馆办文艺团体539个，演出5708场，观众207.78万人次；由文化馆（站）指导的群众业余文艺团体31977个，馆办老年大学39个。

四、市场管理和综合执法

落实意识形态工作责任制，把牢牢抓好演艺市场意识形态安全作为演出管理工作的重中之重。加大对涉外演出活动中外籍人员入境准予情况核验、演出内容审核，严把市场审批准入关，确保意识形态安全工作落到实处。加大对重点演出活动的监管，对演出批准文件、许可证照及相关手续进行检查，核验文艺表演团体、人员及演出节目内容，严禁篡改或擅自增加节目、变更演出内容等违法违规行为，严厉打击一切反动、淫秽色情及违反法律法规的演出活动，维护文化市场意识形态领域安全。

截至2021年末全省文化市场共有经营单位15791家（含非公有制艺术表演团体和场馆），从业人员85877人。其中：娱乐场所共有1542个，从业人员13102人，全年营业收入8.1亿元，营业利润5331.3万元；互联网上网服务营业场所10100个，从业人员15140人，全年营业收入8.5亿元，营业利润-9255.9万元。

五、旅游资源与旅游市场

以“文旅文创融合战略”为统领，文化旅游高质量发展开新局。省委、省政府把实施文旅文创融合战略作为锚定“两个确保”、加快现代化河南建设的“十大战略”之一，将其摆在重要位置，制定出台《实施文旅文创融合战略工作方案》《河南省“十四五”文化旅游融合发展规划》，提出打造“中华文化传承创新中心、世界文化旅游胜地”两大目标，构建“行走河南·读懂历史”品牌体系，打造国际级黄河文化旅游带，谋划建设休闲康养基地，发展特色鲜明的全链条文创产业，培育旗舰劲旅等重点任务，明确了加快河南由文化旅游资源大省向文化旅游强省进军的路线图、任务书、时间表。全省文化和旅游工作对标文旅文创融合战略，坚持工程化、项目化、方案化推进，着力打造战略性支柱产业和现代化河南重要支点。2021年，全省旅游接待人次近7.94亿，较2020年增长44.10%，恢复到2019年的近88.03%；全年旅游收入6078.87亿元，较2020年增长26.30%，恢复到2019的63.28%（如表5所示）。

表5　2017—2021年旅游业主要发展指标

年份	旅游总人数		旅游总收入		入境游客		入境旅游收入		国内游客		国内旅游收入	
	绝对量（亿人次）	增长率（%）	绝对量（亿元）	增长率（%）	绝对量（万人次）	增长率（%）	绝对量（亿美元）	增长率（%）	绝对量（亿人次）	增长率（%）	绝对量（亿元）	增长率（%）
2017	6.65	14.00	6751.01	17.00	307.32	5.0	9.82	10.0	6.62	14.0	6684.72	17.0
2018	7.86	18.00	8120.21	20.28	321.73	4.7	10.34	5.3	7.83	18.3	8051.81	20.5
2019	9.02	14.76	9607.06	18.31	351.47	9.2	13.04	26.1	8.98	14.7	9516.96	18.2
2020	5.51	-38.91	4812.85	-49.90	64.37	-81.7	1.90	-85.4	5.50	-38.8	4800.00	-49.6
2021	7.94	44.10	6078.87	26.30								

六、产业创新与科技

以文旅产业提速增效为目标，文旅新业态发展势头强。一是文旅产品提品质。全省组织开展“学党史 提品质”全省A级旅游景区“2021质量提升年行动”，采取明察暗访、体验式检查等方式，责成23家问题景区进行整改，景区品质得到持续提升。二是智慧旅游成典范，按照“根扎实，线连通，网织好，数用活”的思路推进智慧旅游。全省在全国率先编制了一系列智慧化标准规范，并推动近百家景区完成智慧化改造，涌现出“互联网+龙门”、智能云台山、5G红旗渠等一批影响业界的特色智慧景区。河南智慧旅游开放平台在国内率先与航空、高铁和健康码等大数据平台实现对接，初步形成了全省监测一张图、服务一张网和调度一盘棋的智慧旅游框架体系。2021 年 4 月 7 日，全国“互联网 + 旅游”论坛暨 2021 智慧旅游大会在郑州召开，会上，文化和旅游部推广了全省智慧旅游的做法及相关建设标准。三是研学旅游有亮点。全省坚持“聚焦一条线（黄河）、突破两座城（开封、洛阳）、点亮几颗星（林州、新县、鹿邑）”，引进上海乐其、上海东方绿舟、北京启行、北京世纪明德、安徽工程大学等专业研学旅行机构，深度打造“认知中华从河南开始”入境游研学品牌体系。2021 年 4 月 26 日，召开全省研学旅行大会，启动首届河南省国际研学大赛。四是文旅消费成热点。“只有河南· 戏剧幻城”等文旅融合项目投产运营后，开城至今共迎来全国 235 个城市的 50 余万游客，观剧人次超过 300 万，演出场次突破 9000 场，成为全省文化旅游新名片。其中，黄帝千古情旅游演艺、银基造氧音乐节、开封清明上河园国潮文化特色演出、云台山景区电音节等主题活动深受游客欢迎。此外，全省还举办了“巨惠夏季 · 火热中原”促消费专项行动、“豫见金秋 · 惠游老家”免门票惠游活动和“河南人游河南”活动等，文旅消费日趋旺盛。

七、文化遗产保护传承

以创新创意为引擎，“黄河非遗点亮计划”出新彩。2021 年，河南省举办“黄河非遗点亮老家河南 · 首届全国大学生乡村振兴创意大赛”，采取“乡村出题、高校答题、真题真做、成果落地”的方式，确定温县陈家沟村等 10 个村为实施点，吸引全国 500 余所高校、近 1 万余名学生参赛，共评选出 200 个落地项目、10 个精品项目。同时，黄河非遗国际创意周、太极拳申遗成功一周年、“百工献艺庆百年——河南非遗讲述的中国共产党百年历史故事”等活动也都取得良好效果。在国务院公布的第五批国家级非物质文化遗产代表性项目名录中，洛阳玄奘传说等 12 个项目入选，由此全省国家级非遗代表性项目增加至 125 个。此外，在省政府正式公布的第五批河南省非物质文化遗产代表性项目名录中，有 302 个项目入选，全省省级非物质文化遗产代表性项目增加至 1030 个。

成功举办仰韶文化发现暨中国现代考古学诞生 100 周年纪念大会。习近平总书记专门为此次大会发来贺信。颁布实施《河南省安阳殷墟保护条例》《河南省大运河文化遗产保护传承规划》等。成立夏文化研究中心，仰韶文化、夏文化、殷商文化等研究取得新成果。省舞阳贾湖遗址等 14 项考古项目入选“全国百年百大考古发现”，数量位居全国第一；双槐树等 3 个考古项目入选 2020 年度全国十大考古新发现，至此全省在历年全国十大考古新发现评选中的入选总数已达 49 个，数量居全国首位。郑州博物馆新馆、南阳博物馆、漯河博物馆建成并正式对外开放。此外，河南博物院“泱泱华夏 择中建都”展荣获全国博物馆十大陈列展览“优胜奖”。

截至 2021 年末，全省共有各类文物机构 685 个，比去年同期增加了 29 个。其中，文物保护管理机构 126 个，占全部文物机构数的 18.4%；博物馆 367 个，占 53.6%。截至 2021 年末，全省文物机构从业人员 12438 人，比上年末增加 37 人。其中：高级职称 612 人，占全部从业人员数量的 4.9%；中级职称 1258 人，占 10.1%。

截至 2021 年末，全省文物机构拥有文物藏品共计 219.3 万件 / 套，比上年末增加 7.31 万件 / 套，增长 3.4%。其中，博物馆文物藏品 125.7 万件 / 套，占文物藏品总量的 57.3%；文物保护管理机构文物藏品 11.2 万件 / 套，占 5.1%。

截至 2021 年末，全省各类文物机构共举办陈列展览 1576 个，比上年增加 128 个。其中，基本陈列 796 个，比上年增加 49 个；临时展览 780 个，比上年增加 79 个。接待观众 5996.41 万人次，比上年增长 48.4%，其中博物馆接待观众 5081.81 万人次，增长 59.3%，约占文物机构接待观众总数的 84.7%。

八、资金投入情况

2021 年全省文化事业费 35.82 亿元，人均文化事业费 36.25 元（如表 6、图 3 所示）。

表 6　2016—2021 年全省各级投入

年份	文化事业费总量（亿元）	中央投入（亿元）	省级投入（亿元）	市县投入（亿元）	人均文化事业费（元）
2017	25.15	2.44	5.2	17.51	26.31
2018	27.76	2.30	6.1	19.36	28.90
2019	31.81	2.56	6.6	22.65	33.00
2020	33.28	2.80	9.3	21.18	33.49
2021	35.82	2.53	9.5	23.79	36.25

图 3　2017—2021 年文化事业费总量及人均情况

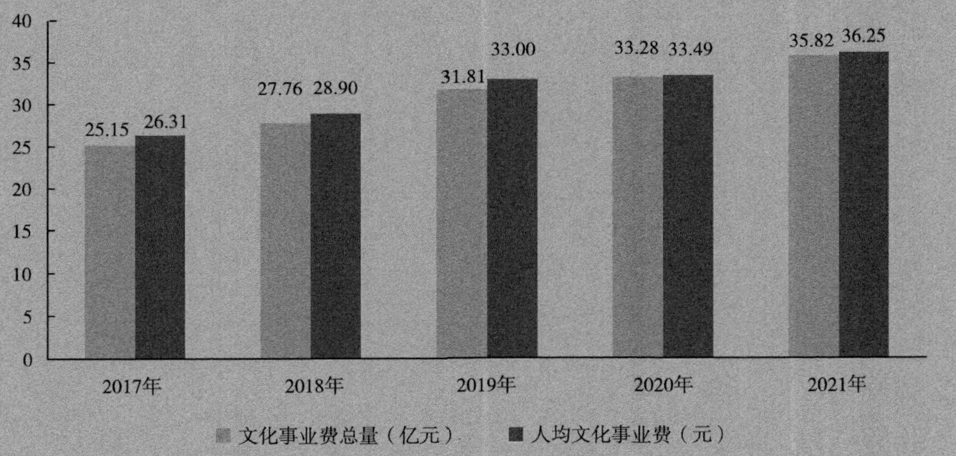

九、未来预期

2022 年，全省文化和旅游工作坚持以习近平新时代中国特色社会主义思想为指导，深入贯彻党的十九大和十九届历次全会精神，贯彻落实习近平总书记关于文化和旅游工作重要论述和指示批示精神，弘扬伟大建党精神，拥护“两个确立”，做到“两个维护”，紧紧围绕举旗帜、聚民心、育新人、兴文化、展形象的使命任务，以迎接、宣传、贯彻党的二十大为主线，以满足人民文化需求和增强人民精神力量为着力点，强力实施文旅文创融合战略，着力塑造“行河南·读懂中国”品牌，加快建设文化强省，努力把文旅文创培育成为我省战略性支柱产业和现代化河南重要支点，以优异成绩迎接党的二十大胜利召开。

（河南省文化和旅游厅）

河南：研学旅行、黄河非遗点亮“老家河南”

围绕“行走河南·读懂中国”研学旅行品牌体系塑造，坚持“聚焦一条线（黄河）、突破两座城（开封、洛阳）、点亮几颗星”的基本思路，重点推动“营地＋课程”建设。2021年4月，河南省研学旅行大会召开，制定了《2021年全省研学旅行工作方案》，整合河南优秀历史文化资源和旅游资源，引进上海乐其、北京启行、北京世纪明德、上海东方绿舟、安徽工程大学等省外优质研学旅行机构，同时积极与世界研学旅游组织（WRTO）开展合作，其河南代表处已落户洛阳，并拟在河南省举办2022第三届世界研学旅游大会。拨付2000万元建立全省研学旅行资金奖补机制，推动省文投、中豫文旅投资有限公司分别设立1.5亿元、1亿元两只研学旅行基金。举办了两期全省研学旅行人才专题培训班，评审命名了研学实践教育精品课程和特色课程30节，设立了32家河南省中小学生研学旅行实践基地，推动河南研学旅行全面提速。目前，全省共有研学旅行营地18个、基地277个、课程2798节。其中，红旗渠、新县大别山露营公园、鹿邑老子学院、东方博物馆之都等研学营地已成为“河南标杆”。

举办“黄河非遗点亮老家河南·首届全国大学生乡村振兴创意大赛”，采取“乡村出题、高校答题、真题真做、成果落地”的方式，确定温县陈家沟村等10个村为实施点，吸引全国500余所高校、近1万余名学生参赛，评选200个落地项目。大赛中，平顶山郏县早茶庭院空间改造、安阳林州高家台的“绘石台”、洛阳栾川重渡沟景区的“一线织忆”、三门峡卢氏县百草堂改造设计、新乡辉县郭亮小学改造、郑州巩义南岭新村的黄河窑——新时代文明实践站、焦作修武陪嫁妆村的竹林七鲜、平顶山宝丰龙王沟乡村振兴示范区芳草之盒、鹤壁浚县古城的皮影文化体验馆、焦作温县陈家沟祖祠东西厢房文化提升这10个方案，凝结了参赛师生和驻村创意导师的心血，创新性、可行性与实用性兼具，令人眼前一亮。同时，黄河非遗国际创意周、太极拳申遗成功一周年、“百工献艺庆百年——河南非遗讲述的中国共产党百年历史故事”等活动也取得良好效果。在国务院公布的第五批国家级非物质文化遗产代表性项目名录中，洛阳玄奘传说等12项个项目入选，至此河南省国家级非遗代表性项目增加至125个。此外，在省政府正式公布的第五批河南省非物质文化遗产代表性项目名录中，共有302个项目入选，由此河南省省级非物质文化遗产代表性项目已增加至1030个。

湖北省2021年文化和旅游发展情况分析

2021年是“十四五”规划开局之年，也是湖北疫后恢复重振的关键之年。在省委、省政府的坚强领导下，湖北省文化和旅游系统坚持以习近平新时代中国特色社会主义思想为指导，深入学习贯彻党的十九大和十九届历次全会精神，立足新发展阶段、贯彻新发展理念、构建新发展格局，推动高质量发展，始终保持“拼”“抢”“实”的状态和作风，在“稳”的前提和基础上奋力求“进”，实现了“开局漂亮、全年精彩”，为湖北“建成支点、走在前列、谱写新篇”作出了积极贡献。

一、围绕庆祝建党百年，推动艺术事业勇攀高峰

截至2021年底，全省共有艺术表演团体415个，其中专业艺术表演团体81个。共为社会提供各类演出3.8万场，其中赴农村演出2.16万场，农村观众1021.6万人次。本省艺术表演团体共计收入10.99亿元。截至2021年末，全省共有艺术表演场馆70个，全年共为社会提供各类演出1.84万场次，观众座席数6.4万个，观众249.37万人次。其中，各级文化和旅游部门所属艺术表演场馆35个，全年共举行各类演出1.42万场次，观众76.43万人次。

以“党的盛典、人民的节日”为主题，举办“壮丽航程”庆祝建党100周年湖北优秀剧目展演，推出京剧《连心带》《母亲》、歌剧《天使日记》、舞剧《洪湖水浪打浪》、话剧《逆行》、音乐剧《太阳照进山窝窝》等一批讴歌党、讴歌祖国、讴歌人民、讴歌英雄的优秀剧目。举办庆祝中国共产党成立100周年湖北优秀美术作品展，展出优秀美术作品239件，礼赞中国特色社会主义辉煌成就。举办第四届湖北艺术节，31台入选剧目和群众文艺作品惠民演出遍及全省，并从中评选出楚天文华大奖5部、楚天文华剧目奖10部、楚天文华奖提名剧目5部。组织参加庆祝中国共产党成立一百周年大型情景史诗《伟大征程》排练演出和电影拍摄制作，受到文化和旅游部表扬并获颁纪念奖杯。

二、围绕增进民生福祉，全力推进公共文旅服务建设

截至2021年末，全省共有公共图书馆117个，从业人员2155人，其中专业技术人才1614人，具有正高级职称的人员28人，具有副高级职称的人员206人，具有中级职称的人员848人。全省公共图书馆实际使用房屋建筑面积74.76万平方米；图书总藏量4650.84万册，其中少儿文献藏量497.89万册，盲文图书5.86万册；阅览室座席数50777个，其中少儿阅览室座席数12790个，盲人阅览室座席数1250个；全年全省公共图书馆发放借书证281.24万个，总流通人数1996.26万人次。

截至2021年末，全省共有群众文化机构1428个，其中文化馆126个，文化站1302个；全年共为社会提供文化服务68253次，文化服务惠及2602.52万人次；全省群众文化机构共有馆办文艺团体348个，演出2608场，观众136.9万人次。

一是公共服务设施不断完善。支持 53 个县的公共文化设施建设，提升基层公共文化阵地保障水平。推进“15 分钟文化圈”建设，2021 年全省设立图书分馆 1410 家、文化分馆 1309 家，已覆盖全省 85% 的乡镇；建成城市书房 150 余家，拓展了市民阅读空间。推进博物馆建设，截至 2021 年末全省登记备案博物馆、纪念馆共 224 家，其中三级以上博物馆 59 家，数量均居全国前列。2021 年省博物馆三期新馆正式对外开放，馆舍面积从 4.96 万平方米增加到 11.77 万平方米，居全国第二；展览面积从 1.2 万平方米增加到 3.6 万平方米，展陈能力全国领先。加强旅游公共服务建设，“一部手机游湖北”全域智慧文旅综合服务平台于 2021 年上线运行，此外建成游客集散中心 18 家，新改扩建旅游厕所 187 座，并推动 14 条通达 4A 级以上旅游景区的公路建设项目纳入全省“十四五”交通建设规划。

二是群众文化生活持续丰富。联合湖北卫视播出“荆楚涌春潮”2021 湖北省春节电视文艺晚会和“春韵荆楚”2021 湖北省新春电视戏曲晚会。开展百团上山下乡暨新春金秋巡回演出季，荆楚“红色文艺轻骑兵”“灵秀湖北 · 四季村晚”“我们的中国梦——文化进万家”“唱支山歌给党听”群众大合唱交流展演等系列惠民演出活动万余场。组织全省 12 个濒危剧种院团全年开展公益性演出 1200 场，线上线下惠及群众 4000 余万人次。评选“楚天群星奖”获奖作品 70 件、“最受观众喜爱的节目”12 个。

三是公共文化品牌建设得到加强。推进全省民间文艺之乡建设，评选“湖北省民间文化艺术之乡”49 个，入选“中国民间文化艺术之乡”8 个。推进现代公共文化服务体系示范区建设，验收评定第三批省级公共文化服务体系示范区 9 个。推进文旅志愿服务“阳光工程”“圆梦工程”，省博物馆“礼乐学堂”文化志愿服务项目荣获第十三届“中国青年志愿者优秀项目奖”，另有 3 个项目获评文化和旅游部学雷锋志愿服务先进典型，2 个项目获得湖北新时代文明实践志愿服务银奖，2 个项目入选 2021 湖北新时代文明实践志愿服务优秀项目。

三、围绕弘扬荆楚文化，全力推进文化遗产保护传承

截至 2021 年末，全省文物业机构共计 347 个，其中博物馆 227 个、文物科研机构 3 个、文物保护管理机构 41 个、其他文物机构 11 个，全省文物机构从业人员共 6073 人。文物藏品按等级分类，一级品、二级品、三级品的种类分别为 3606 件 / 套、10064 件 / 套和 129747 件 / 套，其中本年新增藏品为 10934 件 / 套。全省博物馆从业人数 4664 人，其中中级以上职称专业技术人员 1209 人，占博物馆从业人员总数的 25.92%。2021 年共举办各类展览 1289 个，其中基本陈列 759 个，临时展览 530 个。接待观众 3051.91 万人次，其中未成年人参观人次 797.8 万。开展社会教育活动 41408 场次，参加活动人次 1844.16 万，其中未成年人参加活动人次 820.42 万。全省共 214 家博物馆免费开放，占省内博物馆总量的 94.27%。

一是考古工作实现新突破。成立“湖北省文物考古研究院”，省委书记应勇，文化和旅游部副部长、国家文物局局长李群为研究院揭牌。联合湖北大学共建文化遗产学院，推动荆楚文化遗产研究工作。武汉郭元咀商周遗址入选“2020 年中国十大考古新发现”。荆门屈家岭遗址等 6 个项目入选“百年百大考古发现”，入选数量居全国第三。云梦郑家湖墓地出土年代最早（秦代）、文字最多的“中华第一长文觚”，觚上文字达 700 余字。

二是文物保护利用开创新局面。召开全省荆楚大遗址传承发展工程推进会，发布《荆楚大遗址传承发展工程规划纲要》，新增湖北省文化遗址公园 6 处、湖北省文物保护单位 80 处、湖北省历史文化

街区 2 处。联合省自然资源厅印发《关于在国土空间规划编制和实施中加强历史文化遗产保护管理的通知》，推进文物保护纳入国土空间统一规划。完成全省石窟寺与石刻调查、湖北三峡库区历史文化遗产资源调查。加强世界文化遗产工作，成立湖北省万里茶道申报世界文化遗产领导小组，召开关圣文化史迹申遗推进会，完成世界文化遗产第三轮定期评估，举办第四届唐崖论坛；此外，武当山古建筑保护状况报告获得第 44 届世界遗产大会赞赏。

三是革命文物保护迈出新步伐。召开全省革命文物工作视频会议，省委书记应勇作出重要批示："湖北是革命文物大省，做好革命文物工作责任重大。"公布第一批湖北省革命文物名录，包括不可移动文物 1018 处、可移动文物 2810 件（套）。开展全省 1772 处革命文物保护状况排查，全面掌握保存现状。推进鄂豫皖大别山区革命文物保护利用，联合河南、安徽两省编制完成《大别山区革命文物保护利用总体规划》。开展长征国家文化公园（湖北段）建设工作，建设保护规划已获国家批复。"荆楚大地红旗飘"湖北革命文物图片展在全省革命老区巡回展出，产生良好反响。

四是文物展陈利用斩获新荣誉。湖北省博物馆"华章重现——曾世家文物特展"荣获第十八届（2020 年度）全国博物馆陈列展览十大精品推介精品奖，湖北省是全国唯一连续两年有 3 个项目获奖的省份。随州叶家山墓地出土珍贵青铜器文物保护修复荣获"2021 年全国十佳文物藏品修复项目"，湖北省博物馆"荆楚百年英杰"、武汉革命博物馆"紧急时期的艰难探索"展列入中宣部和国家文物局庆祝建党 100 周年精品展览推介名单，武汉博物馆"汉风楚韵 与君偕行"入选 2021 年度中华文物全媒体传播精品（新媒体）项目。"物联网 + 藏品修复综合管理和应用平台"荣获"第七届全国十佳文博技术产品及服务奖"。

五是非遗活化利用再创新成绩。贯彻中办、国办《关于进一步加强非物质文化遗产保护工作的意见》，举办专题培训班，推动出台全省实施方案。召开全省非遗保护工作座谈会、武陵山区（鄂西南）土家族苗族文化生态保护实验区建设领导小组专题会议，进一步推动全省非遗工作。完成 20 名省级代表性传承人记录，评估验收 79 名国家级代表性传承人传习工作，通过验收 9 名国家级非遗代表性传承人记录工作成果；18 个项目入选第五批国家级非遗代表性项目名录，数量居全国第四。开展非遗进校园、进景区活动 120 余场。举办第五届鄂湘赣皖非物质文化遗产联展，凸显"融合、发展、共享"主题，首创新中式生活场景特展，首推非遗研学旅游线路，首开非遗市集夜市，吸引 16 万余观众观展。举办 2021 年文化和自然遗产日非遗宣传展示系列活动、第二届非遗购物节等，大力宣传非遗法规、非遗保护成果和优秀实践案例。

六是地方志工作取得新进展。巩固"两全目标"成果，编纂完成《湖北年鉴（2021）》，继续实现省市县三级综合年鉴全部编纂，出版乡镇村志 62 部。累计出版"湖北要览丛书"75 册，覆盖 17 个市（州、林区）和半数以上县（市、区）。推进湖北省抗疫志编纂工作，搜集资料 100 余万字，指导武汉市开展抗疫志试点撰写工作。在第八届全国地方志优秀成果（年鉴类）评审中，全省获奖年鉴 14 部，其中特等年鉴 2 部、一等年鉴 3 部、二等年鉴 5 部、三等年鉴 4 部；宜昌市获评为全国地方志系统先进集体。

四、围绕疫后恢复重振，全力推进文旅产业提质增速

一是重点项目建设强力推进。加强重点项目调度，新谋划入库的 42 个省级重点项目已转化开工 26 个，开工转化率达 61.9%，超额完成省定 30% 的目标任务。举办文化和旅游重点项目招商签约大

会，签约重点项目50个、签约金额1655.86亿元，其中5个项目超100亿元。建立领导联系重大项目制度，解决项目建设中存在的困难和问题。

二是市场主体培育持续用力。出台《关于用好普惠金融政策支持中小微文化企业和旅游企业繁荣发展的若干措施》《进一步加强湖北省文化和旅游企业金融服务的十项举措》《关于进一步支持旅行社纾困发展的措施》，为企业发展营造良好政策环境。召开企业座谈会，深入企业调查研究，提出帮扶对策措施。金融机构累计为11155户文化和旅游企业投放贷款金额412.3亿元，为597户小微文旅企业实施延期还本付息7.5亿元，支持骨干文旅企业发行债务融资工具49只、融资424亿元。

三是文旅消费促进务实有效。开展"相约春天赏樱花"活动，引发春季出游热潮，省委书记应勇批示："'相约春天赏樱花'活动展现了湖北、武汉的健康与活力。"承办2021年全国文化和旅游消费促进活动暨湖北武汉文化和旅游消费月启动仪式，推出"应约而定 · 畅游湖北""随'鄂'出发 · 推介湖北""非遗展示 · 翘楚湖北""荆楚味道 · 品味湖北"等十大主题活动，激发文旅消费市场。承办"中国旅游日"主会场活动，推出"开往湖北的519次文旅号"创意市集、房车游湖北首发团启动仪式等8项配套活动，拓宽文旅消费领域。推出扩大文旅消费政策，联合美团、携程、同程和湖北文旅集团共同发放4000万元文旅消费优惠券，带动综合消费比例达到1 ∶ 6.2。挖掘夜间消费增量市场，争取省政府出台促进夜间文化和旅游消费的若干措施，推出宜昌长江夜游等一批夜游项目，创成4个国家级夜间文旅消费集聚区，推动襄阳、荆州入选第二批全国文化和旅游消费试点城市。

四是省外客源市场得到拓展。组织赴京津、长三角、珠三角、中部四大区域十座城市开展"极目楚天 畅游湖北"宣传推介，取得明显成效，王忠林省长批示："此项活动组织得很有效，要认真总结经验，进一步加大对湖北推介力度。"组织参加在陕西西安、海南海口、湖南长沙、江西井冈山、浙江义乌等地举办的旅游博览（交易）会，积极拓展省外旅游客源市场。开展千家旅行社"引客入鄂"活动，同时开展全省A级旅游景区提质惠民行动和星级饭店"双优"（优质服务、优惠活动）行动等，推动了入鄂旅游增长。

五是文旅品牌创建结出硕果。开展旅游景区创建，恩施州腾龙洞创成5A级旅游景区，目前全省5A级景区已达13家，数量居全国第六；新增4A级旅游景区14家。开展旅游镇村等创建，入选首批全国乡村旅游重点镇（乡）4个、第三批全国乡村旅游重点村7个，入选数量居全国第一；评选表彰湖北旅游名镇10个、湖北旅游名村20个、湖北旅游名街5个；新增全国首批甲级民宿2家、乙级民宿1家。持续推进全域旅游发展，评定省级全域旅游示范区5家；认定省级旅游度假区6家；评定首批湖北省旅游休闲街区10家，其中襄阳北街被评为首批国家级旅游休闲街区；神农架国际滑雪场获评国家体育旅游示范基地；宜昌国际房车营地、洈水房车营地获评国家5C级自驾车旅居车营地。开展红色旅游"双十佳"评选活动，评出十佳红色旅游经典景区和十佳红色旅游讲解员；开展"红色足迹遍荆楚"宣传活动，发布红色旅游精品线路12条，目前全省共有45个景区（点）、6条线路入选全国"建党百年红色旅游百条精品线路"，位列第一方阵。

六是文化旅游博览会浓墨重彩。突出"国家级、国际化、综合性"目标定位，成功举办中国（武汉）文化旅游博览会。该博览会为湖北有史以来规格最高、规模最大、影响最广的文化（旅游）展会，共推出4项主体活动和9项配套活动。中共中央政治局委员、中央书记处书记、中宣部部长黄坤明出席开幕式。国内30个省区市和港澳台地区，以及15个国家或国际组织共1062家单位参展，50个大型文旅投资项目落户湖北，100多家全国骨干旅行社考察湖北旅游线路，60多位国内外知名旅游专家参加高峰论坛系列活动，298.8万人次现场参与各类活动，湖北文旅迎来"高光时刻"。

五、围绕规范有序经营，全力推进文旅市场监管

一是法治建设扎实推进。推动《湖北省公共图书馆条例（修订）》列入省人大常委会2022年度立法项目，法治建设“三项重点工作”有关问题整改顺利完成。组织法治宣传教育活动5个，清理、审查各类法规、规章及规范性文件41件，办理法规意见反馈事项38个，提供法律咨询服务54项，办理行政复议2起、行政诉讼1起。开展执法检查督查，全年检查文化场所62711家次、办结案件826件，责令整改454家次。加强行业执法队伍建设，规范执法行为和程序，开展以案说法、以案警示、以案促治，做到处罚、整改、教育相结合，不断提高行政执法效能。服务大局，常态化开展扫黑除恶、“扫黄打非”等专项行动。

二是市场监管得到加强。加强互联网上网服务场所和娱乐场所监管，引导互联网上网服务行业和娱乐市场规范发展。加强信用体系建设，落实文化和旅游市场黑名单管理制度，探索信用分级分类监管，指导武汉市做好文化和旅游市场信用经济发展试点工作。加强智慧监管，推广应用全国文化、旅游监管服务平台，推进文化和旅游市场常态化网络监测。印发《湖北省加强旅游服务质量监管提升旅游服务质量实施方案》，在全省开展旅游行业“质量月”活动，实施“文明旅游行动计划”，不断提升旅游服务质量。加强星级饭店管理，复核星级饭店214家，取消星级饭店42家，向文化和旅游部推荐评选五星级饭店2家，4家星级饭店优秀案例入选《全国星级饭店管理与服务典型案例汇编》。加强A级旅游景区管理，对复核检查排名靠后、被投诉较多、网评较差的景区进行重点暗访，共处理景区21家。举办“万名导游讲湖北故事”暨第十三届导游大赛活动，5名导游入选全国“金牌导游”培养项目，评选推荐3名全国特级导游。

三是安全管理常抓不懈。制定《全省文化和旅游行业常态化疫情防控指南》《湖北省文化和旅游安全管理规范》，全面加强全省文化和旅游行业疫情防控和安全风险防范，开展安全检查督查，排查整治安全隐患，确保了全省文旅行业疫情防控和安全生产形势总体稳定向好。全年检查文旅单位798家次，提出整改问题919个，已落实913个。及时妥善处理涉及文物安全、景区安全等四件领导批示件，省长王忠林对此作出批示：“很好。”

六、围绕彰显荆楚文化，全力推进国内外宣传推广

一是宣传推广常变常新。加强整体形象宣传，制作推出《极目楚天 畅游湖北》，改版升级《这里是湖北》等形象宣传片。精心策划“让世界看见湖北”“相约春天赏樱花”“灵秀湖北·楚楚动人”等系列主题宣传活动，联动推出“壮美三峡”“问道武当”“三国足迹”等十条最具湖北特色的精品旅游线路，以及十大春季赏花线路、十条乡村旅游线路、12条红色旅游精品线路。举办第十二届中国长江三峡国际旅游节、2021世界华人故里寻根节等系列节会活动，支持各地举办系列文旅节庆活动。在携程、美团、同程等头部在线旅行社（OTA）平台搭建湖北文化和旅游互联网平台品牌馆，拓宽对外宣传渠道。2020年“与爱同行 惠游湖北”主题宣传活动入选全国国内旅游宣传推广典型案例，《红色湖北 美好湖北》入选首届全国旅游公益广告第一批（红色旅游主题）优秀作品。

二是区域合作有声有色。主动深化与湘赣两省合作，通过了《长江中游三省文化旅游深化合作方案》，成立了长江中游三省毗邻地区旅游产业发展联盟，联合打造幕阜山文化旅游联动区、武陵山生态旅游示范区，推出“大美江湖”“红色经典”“禅宗文化”“世界遗产”四条精品旅游线路，探索推

出旅游一卡通、"周末游三省"等便民举措，着力构建中部地区文化和旅游发展新格局。推进长江三峡区域和武陵山、洞庭湖片区旅游合作，取得积极成效。

三是对港澳台地区合作用情用力。推进鄂港文化交流合作，两地签署《湖北省与香港特别行政区文化交流与合作协议书》。开展"港澳青少年内地游学推荐产品"申报工作，其中《问道武当，非遗传承》入选游学推荐产品。组团参加第九届澳门国际旅游（产业）博览会，举办湖北——澳门旅行商对接洽谈会，推动湖北与省外旅游企业建立长效合作机制。组织开展来自港澳台地区大学生的文化实践活动，并为其中22名学生协调提供实习就业岗位，使他们亲身体验和了解荆楚文化。

四是对外文化传播出新出彩。承办外交部湖北全球特别推介展览展示活动，向世界展示湖北浴火重生新形象。借助我省举办上合组织民间友好论坛、迪拜世博会"湖北日"、2021中非创新合作大会等平台，宣传推介湖北文化和旅游，吸引广泛关注。加强与文化和旅游部云平台、海外中国文化中心和旅游办事处、央广国际在线等重要外宣平台的合作，举办系列云推广活动，宣传湖北文化和旅游形象。开展与里加中国文化中心的对口交流合作，举办"线上中拉少儿画展""线上湖北文化和旅游专题图片展""线上武当功夫培训"等活动，展示湖北文化旅游魅力。承办马耳他、泰国、阿根廷等10个国家驻华外交官参加的"发现中国之旅——魅力长江"活动，接待拉美和加勒比海国家驻华使节考察我省文化旅游场所，积极传播荆楚文化。

七、围绕强动力增活力，全力推进服务保障能力提升

一是深化改革工作稳步推进。推进文艺院团改革，省深改委会议通过《关于深化国有文艺院团改革的实施意见》。推动文旅产业融合发展、荆楚大遗址传承发展工程等重点改革项目，均顺利结项。围绕"高效办成一件事"，深入推进文旅领域"放管服"改革，我省全部政务服务事项均达到或优于先进省份标准。推进扩权赋能强县改革，明确了拟下放事项和"县直报省、省直达县"改革审批（管理）事项，并出台了《实施细则》。推进"互联网＋监管"工作，省级行政检查事项实施清单全部编制完成，湖北省旅游产业监测与应急指挥平台与省"互联网＋监管"系统实现对接。

二是政策规划工作有效开展。《推动全省旅游市场恢复振兴的十项重点措施》获得省委书记应勇批示肯定，"文化和旅游发展指数"纳入《湖北省县域经济高质量发展综合评价指标体系》。1篇调研报告被评为全国文旅系统"二十佳"调研报告、4篇调研报告被评为全国文旅系统优秀调研报告，数量位居全国第二。保护传承弘扬长江文化课题研究取得初步成果。编制完成《湖北省旅游业发展"十四五"规划》《湖北省文物事业发展"十四五"规划》，配合省委宣传部编制《湖北省文化发展改革"十四五"规划》。加强与文化和旅游部、省发改委和有关单位衔接，相关规划彰显湖北文旅元素。

三是艺术科教工作取得突破。全省入选2021年度国家社科基金艺术学重大项目2项、年度项目11项，入选数量居中部第一。入选2021年度国家文化和旅游科技创新工程项目3项、文化艺术职业教育和旅游职业教育提质培优行动计划项目4项，入选数量均为中部第二。华中科技大学"光影交互服务技术实验室"获批文化和旅游部重点实验室，至此，全省文化和旅游部重点实验室已有2家，居中部第一，全国领先。杂技《扬帆追梦·浪船》入选2021年度中国杂技艺术创新工程重点扶持作品。湖北美术馆"工业记忆——'一冶'工人版画的图像叙事"入选2021年全国美术馆青年策展人扶持计划。3个项目入选2021年全国美术馆馆藏精品展出季项目。27个项目获得2020年度国家艺术基金立项资助，数量居全国第六。

四是人才队伍建设得到加强。推进第三批“两个一百”、文化工作者服务支持艰苦边远地区和基层一线专项、“三支一扶”高校毕业生到基层文化岗位等人才项目，全年重点培养文化艺术领域中青年拔尖人才200名，选派招募文化工作者594人，选派招募“三支一扶”高校毕业生170名，评选湖北乡村文旅能人50名，择优资助2020年度省直艺术院团一级演职人员93人。省博物馆（省考古所）方勤入选“全国杰出专业技术人才”，成为全国文博系统的唯一代表。省京剧院原院长朱世慧荣获首届“湖北杰出人才”奖。荣获全国文化和旅游系统先进集体10个、先进工作者和劳动模范21名；获评全省青年拔尖人才、全省有突出贡献中青年专家各1人；入选全国红色旅游“五好”讲解员3人。

五是财务统计工作保障有力。资金争取成效明显，其中中央下达6个专项提前批资金5.2亿元，省本级增加重点项目资金近1.3亿元。有序推进预算绩效管理“全方位、全过程、全覆盖”试点工作，在全省率先建立起项目绩效指标体系。顺利通过省审计厅2020年度部门预算执行和其他财政收支情况审计；省财政厅对我厅旅游形象宣传、旅游发展、艺术繁荣发展3个专项经费的绩效评价均为优秀。制定了《湖北省文化和旅游统计管理实施办法》，对全省市州一级旅游统计人员进行了专题培训。探索建立了大数据平台监测和地方逐级上报数据双轨运行的假日旅游综合数据监测机制。

（湖北省文化和旅游厅）

湖北：庆祝建党百年，全力推进精品艺术创作展演

一是艺术展演活动浸润人心。以“党的盛典、人民的节日”为主题，举办“壮丽航程”庆祝建党100周年湖北优秀剧目展演，推出京剧《连心带》《母亲》，歌剧《天使日记》，舞剧《洪湖水浪打浪》，话剧《逆行》，音乐剧《太阳照进山窝窝》等一批讴歌党、讴歌祖国、讴歌人民、讴歌英雄的优秀剧目。举办庆祝中国共产党成立100周年湖北优秀美术作品展，展出优秀美术作品239件，礼赞中国特色社会主义辉煌成就。举办第四届湖北艺术节，31台入选剧目和群众文艺作品惠民演出遍及全省，并从中评选出楚天文华大奖5部、楚天文华剧目奖10部、楚天文华奖提名剧目5部。组织参加庆祝中国共产党成立一百周年大型情景史诗《伟大征程》排练演出和电影拍摄制作，受到文化和旅游部表扬并获纪念奖杯。

二是艺术精品力作不断涌现。京剧《母亲》增补入选文化和旅游部庆祝中国共产党成立100周年舞台艺术精品工程重点扶持剧目；杂技《扬帆追梦·浪船》入选2021年度中国杂技艺术创新工程重点扶持作品；《天使日记》《连心带》等一批优秀剧目参加中宣部、文化和旅游部举办的全国性展演活动；省美术院5件作品入选中国共产党历史展览馆开馆大展“不忘初心　牢记使命——庆祝中国共产党成立100周年美术作品展览”；湖北美术馆1个项目入选文化和旅游部2021年度国家美术作品收藏和捐赠奖励项目；全省共3个美术展览入选文化和旅游部2021年全国美术馆馆藏精品展出季项目。组织实施2021年湖北省美术创作重点项目扶持工程和庆祝建党100周年湖北主题美术创作项目，并以湖北百年党史为题创作出330件优秀美术作品。

湖南省 2021 年文化和旅游发展情况分析

2021 年是中国共产党成立 100 周年，是全面建设社会主义现代化国家新征程开启之年，也是湖南省文化和旅游系统在“十四五”时期开好局、起好步、奠定坚实基础的元年。站在“两个一百年”奋斗目标的历史交汇点上，全省文化和旅游系统以习近平新时代中国特色社会主义思想为指导，全面贯彻落实党中央、国务院决策部署及省委、省政府工作安排，坚持稳中求进工作总基调，坚持高质量发展要求，坚持推进文化铸魂、旅游为民、文旅融合，统筹抓好疫情防控与文旅经济恢复振兴，协调推进文化和旅游供给侧结构性改革与需求侧管理，以“闯”的精神、“创”的劲头、“干”的作风，把“文化 + 旅游”打造成全省经济发展的重要增长点，使人民获得感、幸福感、安全感更加充实、更有保障、更可持续，为建设社会主义现代化新湖南贡献文旅力量。

一、机构和人员

2021 年，纳入统计范围的全省各类文旅单位 13432 个，同比下降 5.98%；从业人员 15.02 万人，同比增长 1.90%（见图 1）。其中，按执行会计制度划分，事业单位 3295 个，同比增长 1.35%，从业人员 3.25 万人，同比增长 11.87%；企业机构 10137 个，同比下降 8.15%，从业人员 11.77 万人，同比下降 0.52%。按单位所属部门划分，文化部门 3351 个，同比增长 0.84%，从业人员 3.42 万人，同比增长 10.21%；其他部门 10081 个，同比下降 8.05%，从业人员 11.60 万人，同比下降 0.29%。图 1 为 2012—2021 年湖南省文化和旅游单位机构数及从业人员数。

图 1　2012—2021 年湖南省文化和旅游单位机构数及从业人员数

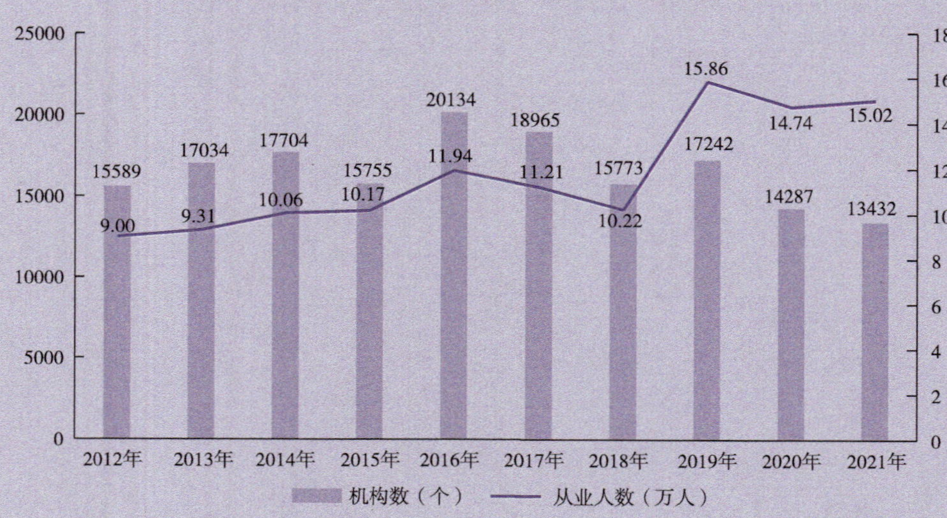

二、艺术创作演出

2021年，由湖南省文化和旅游厅组织开展的“艺心向党 · 云游湖南”——庆祝中国共产党成立100周年主题活动、湖南省庆祝中国共产党成立100周年优秀舞台艺术作品展演（播）活动、“欢乐潇湘 · 百团百角唱百年”、“百年征程”庆祝中国共产党成立100周年湖南省主题作品展、“清廉湖南 红色文旅”湖南省优秀剧目展演活动等，以音乐、舞蹈、戏剧、绘画等艺术形式展现中国共产党建党百年来的光辉历程和远大前景。

花鼓戏《蔡坤山耕田》获第24届曹禺剧本奖；《桃花烟雨》获第六届全国少数民族文艺会演剧目创新奖；民族歌剧《半条红军被》获第四届中国歌剧节优秀剧目奖，并入选文化和旅游部2020—2021年度“中国民族歌剧传承发展工程”重点扶持剧目名单。《英雄》《半条红军被》等11部作品入选全国“百年百部”舞台艺术精品创作工程；童话作品《南村传奇》获第11届“全国优秀儿童文学奖”；《小夫妻》获第11届中国杂技金菊奖。杂技《丝路芳华——柔术造型》获澳大利亚第五届国际马戏节“未来之星”青年组银奖；张家界爱乐乐团改编的《欢乐颂》获美国棕榈滩国际音乐大赛“古典作品最佳诠释奖”。

截至2021年末，全省共有艺术表演团体675个，比上年增加44个；从业人员20096人，比上年增加4109人。尽管受疫情影响，全省本年度仍演出9.75万场次，同比增长42.34%；国内演出观众6628.30万人次，同比增长103.27%；总收入16.54亿元，同比增长74.11%，其中演出收入6.56亿元，同比增长94.66%。如表1所示。

2021年度，全省共有艺术表演场馆122个，比上年增加12个；从业人员3552人，比上年增加762人；观众座席数120820个，同比增长80.68%；演（映）出5.93万场，同比增长270.63%，其中艺术演出5.55万场，占总演（映）出数量的93.59%；观众人数1177.67万人次，同比增长79.88%，其中艺术演出观众885.14万人次，占观众总数的75.16%，同比增长137.18%；总收入9.69亿元，同比增长127.51%，其中艺术演出收入2.32亿元，占总收入的23.97%，同比增长83.19%。

表1　2012—2021年全省艺术表演团体基本情况

年份	机构数（个）	从业人员数（人）	演出场次（万场）	国内演出观众人次（万人次）	总收入（亿元）	其中：演出收入（亿元）
2012	141	5431	2.72	1450.20	4.83	1.79
2013	227	7890	3.55	1774.90	8.24	2.46
2014	271	8156	4.97	1709.40	6.91	3.22
2015	273	8686	6.61	1911.40	7.04	2.99
2016	439	11631	5.55	2443.05	11.29	4.22
2017	534	12526	6.02	2488.13	10.80	3.48
2018	510	12018	5.77	2247.77	13.73	4.10
2019	575	12502	40.71	2640.25	10.72	4.36
2020	631	15987	6.85	3260.82	9.50	3.37
2021	675	20096	9.75	6628.30	16.54	6.56

三、公共服务体系

2021年，《湖南省公共文化服务体系高质量发展五年行动计划(2021—2025年)》和《湖南省公共数字文化工程管理办法（试行）》出台，并在全国率先发布省级地方标准《乡镇综合文化服务中心（综合文化站）管理服务规范》，使群众享有更高质量、更有效率、更加公平的公共文化服务。永州正式晋级国家公共文化服务体系示范区，株洲攸县"门前三小"新型公共文化空间建设经验获中央改革办推介。

出台《关于深化国有文艺院团改革的实施意见》，扎实推进全省现代公共文化服务体系建设，不断激发国有院团内生动力。截至2021年末，从全省文旅部门艺术表演团体（事业）基本情况来看，国有本团原创首演剧目79个，比上年增加24个；演出0.81万场次，同比增长8.00%；国内演出接待观众697.67万人次，同比增长23.16%；本年收入合计47759.20万元，同比增长13.84%，其中经营收入11.70万元，同比下降90.65%；利用流动舞台车演出0.51万场次，同比增长10.87%；利用流动舞台车演出接待观众387.05万人次，同比增长34.93%。从文化部门艺术表演团体（企业）基本情况来看，国有本团原创首演剧目10个，比上年增加6个；演出0.13万场次，同比下降18.75%；国内演出接待观众137.80万人次，同比增长73.25%；营业收入3423.70万元，同比增长150.23%，其中演出收入670.60万元，同比下降39.14%；利用流动舞台车演出0.11万场次，同比下降8.33%；利用流动舞台车演出接待观众54.28万人次，同比增长7.42%。

（一）公共图书馆

截至2021年末，全省共有公共图书馆144个，比上年增加1个；从业人员2168人，比上年增加102人。人员专业化水平持续提升，在1563名专业技术人才中，高级职称人员占比达到11.39%，比上年增加0.85个百分点；中级职称人员占比51.50%，比上年减少2.27个百分点。公共图书馆新增藏量466.48万册，比上年增加173.76万册；阅览室座席数5.32万个，比上年增加0.72万个；总馆藏量4828.07万册，比上年增加905.30万册；总流通人次4107.26万，比上年增加689.22万人次；书刊文献外借3582.06万册次，比上年增加1431.44万册次。此外，2021年全省平均每万人拥有公共图书馆建筑面积106.64平方米，同比增长15.86%（见图2）。

（二）群众文化机构

截至2021年末，全省共有群众文化机构2355个，比上年减少24个，其中文化馆146个，与上年持平；从业人员11171人，比上年增加2207人。全年组织文艺活动近8.76万次，同比增长174.97%；文化服务惠及7783.48万人次，同比增长65.50%（见表2）。群众文化机构实际使用房屋面积231.05万平方米，比上年末增长28.98%。同时，全省平均每万人拥有群众文化设施建筑面积348.91平方米，同比增长29.42%。图3为2012—2021年湖南省平均每万人群众文化设施建筑面积。

目前全省共有群众文化机构馆办文艺团体316个，2021年全年演出3752场，观众310.83万人次；此外还有由文化馆（站）指导的群众业余文艺团体25924个，馆办老年大学52所。

图 2　2012—2021 年湖南省公共图书馆人均资源情况

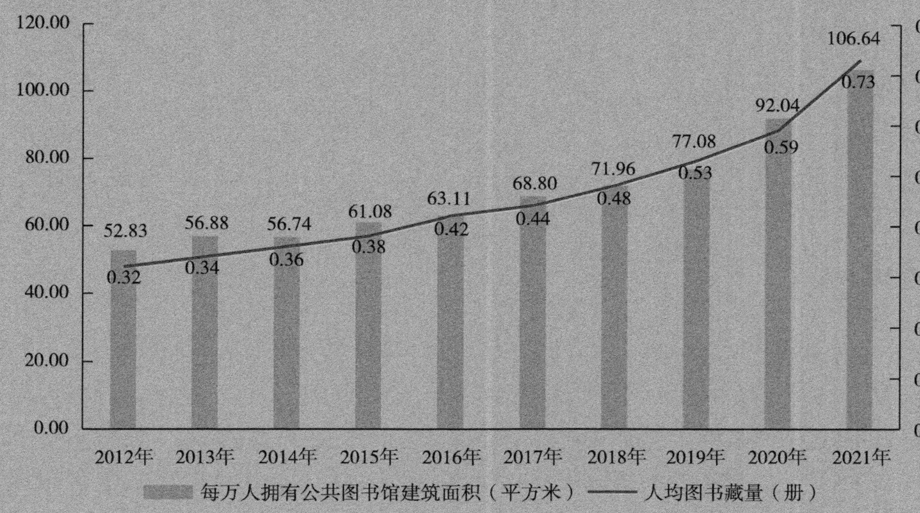

图 3　2012—2021 年湖南省平均每万人群众文化设施建筑面积

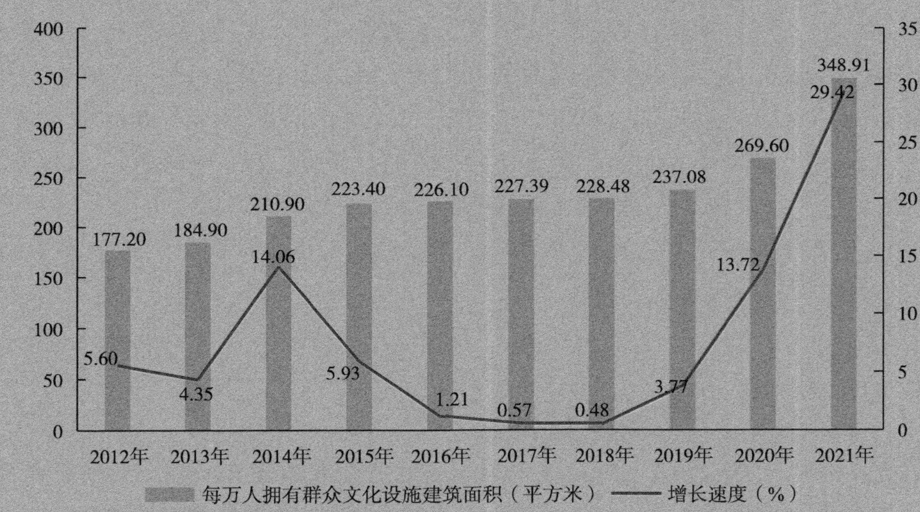

截至 2021 年，全省共有文化站 2209 个，比上年减少 24 个，其中乡镇文化站数量占比 84.29%，比上年减少 34 个；文化站从业人员 9038 人，比上年增加 2162 人，其中乡镇文化站从业人数占比 84.50%，比上年增加 1784 人；文化站服务惠及 4731.33 万人次，其中乡镇文化站服务惠及人次占比 71.23%；文化站实际使用房屋建筑面积 174.72 万平方米，其中乡镇文化站实际使用面积占比 78.26%。

表 2　2021 年湖南省群众文化机构开展活动情况

指标	2021 年总量指标	同比（%）
组织文艺活动（万次）	8.76	174.97
组织公益性讲座（次）	1609	84.31
举办训练班（万次）	4.18	87.50
文化服务惠及人次（万人次）	7783.48	65.50

（三）博物馆

截至 2021 年末，全省共有博物馆 162 家，比上年增加 40 家；从业人员 4100 人，比上年增加 855 人；藏品数 698711 件 / 套，比上年增加 50532 件 / 套，其中一级藏品数、二级藏品数、三级藏品数分别占比 0.27%、0.94%、8.73%；基本陈列 376 个，比上年增加 97 个；临时展览 393 个，比上年增加 156 个；接待观众 5776.30 万人次，比上年增加 2382.06 万人次，其中包括未成年人观众 1517.44 万人次，比上年增加 694.76 万人次。

（四）艺术展览创作机构

2021 年度，全省共有艺术展览创作机构 44 家，比上年增加 7 家；从业人员 312 人，比上年增加 125 人；藏品数 12926 件 / 套，比上年增加 3472 件 / 套；展览总量 231 个，比上年增加 36 个；接待观众 330.43 万人次，比上年增加 206.46 万人次；实际使用房屋建筑面积 8.58 万平方米，比上年增加 4.66 万平方米。

按机构类型划分，2021 年全省共有美术馆 30 家，占省内艺术展览创作机构数量的 68.18%，比上年增加 4 家；美术馆从业人员 225 人，比上年增加 106 人；藏品数 10384 件 / 套，占省内艺术展览创作机构藏品数量的 80.33%，比上年增加 3144 件 / 套；年度展览总量 196 个，比上年增加 30 个；接待观众 284.34 万人次，比上年增加 157.13 万人；实际使用房屋建筑面积 7.50 万平方米，比上年增加 3.67 万平方米。

四、市场管理和发展

在全国率先出台文化旅游安全生产责任清单、安全生产标准和检查手册，文旅安全生产工作迈入制度化轨道；印发《关于加强全省文化旅游安全生产隐患排查与整改落实工作的通知》，以文件形式规范了隐患排查、整改程序，这一做法走在全国前列。

扎实开展建党 100 周年文化市场专项保障行动、全省网络文化市场集中执法检查、全省文化和旅游市场暑期专项整治等。同时，按照文化和旅游部的统一部署，积极开展演出市场集中检查、网络文化市场集中执法检查、文化市场集中排查、疫情防控执法检查等多项集中执法检查，为庆祝中国共产党成立 100 周年营造了平安稳定的市场环境。

截至 2021 年 11 月 30 日，全省各级文化市场综合执法队伍出动执法人员 52.47 万人次，检查营业场所 189242 家次，查办案件 3985 件，其中当场处罚案件 1339 件，立案调查 2840 件，下达警告处分 2981 件，对 1989 家经营单位进行了罚款，罚款 1775.78 万元，责令停业整顿 70 家，吊销许可证 11 家，依法取缔 86 家；全省疫情防控执法检查出动执法人员 38.70 万人次，检查场所 201766 家次，发现违反指南要求的问题数量 425 件，并全部整改到位。

2021 年，全省文旅系统统筹做好新冠肺炎疫情防控与文化和旅游发展工作，产业和事业发展齐头并进。

（一）文化市场

本年度，全省文化市场经营机构数共 8606 个，比上年减少 988 个；从业人员 7.64 万人，比上年增加 0.40 万人；营业收入 383.59 亿元，同比增长 12.24%；营业利润 40.59 亿元，同比下降 5.40%。

按城乡划分，城市文化市场经营机构共计 4848 个，比上年增加 1375 个，占文化市场经营单位总量的 56.33%；县城文化市场经营机构共计 2757 个，比上年减少 114 个，占比 32.04%；县以下地区文化市场经营机构共计 1001 个，比上年减少 2249 个，占比 11.63%。

按经营范围划分，2021 年全省共有娱乐场所 1778 家，比上年减少 308 个；从业人员 2.55 万人，同比增长 1.86%；营业收入 19.93 亿元，同比增长 7.41%；营业利润 1.35 亿元，同比增长 110.68%。互联网上网服务营业场所（网吧）5751 家，比上年减少 780 家；从业人员 1.81 万人，同比下降 10.63%；营业收入 15.97 亿元，同比下降 2.19%；营业利润方面，亏损 8.85 亿元。非公有制艺术表演团体 573 家，比上年增加 39 家；从业人员 1.60 万人，比上年增加 0.40 万人；营业收入 9.41 亿元，同比增长 173.55%；营业利润方面，亏损 1.60 亿元。非公有制艺术表演场馆 61 家，比上年增加 7 家；从业人员 2313 人，比上年增加 490 人；营业收入 6.84 亿元，同比增长 208.94%；营业利润方面，亏损 2.40 亿元。经营性互联网文化单位 181 家，比上年增加 44 家；从业人员 7808 人，比上年增加 1463 人；营业收入 173.96 亿元，同比增长 21.02%；营业利润 26.71 亿元，同比增长 22.15%。艺术品经营机构 140 家，比上年增加 8 家；从业人员 1186 人，比上年增加 47 人；营业收入 2.33 亿元，同比增长 19.65%；营业利润 523.60 万元，同比下降 17.35%。演出经纪机构 122 家，比上年增加 2 家；从业人员 5495 人，比上年减少 309 人；营业收入 155.15 亿元，同比下降 0.24%；营业利润 25.34 亿元，同比增长 9.80%。图 4 为 2021 年湖南省按经营范围划分各类机构数量占比情况，图 5 为 2021 年湖南省按经营范围划分各类机构营业收入占比情况。

图 4　2021 年湖南省按经营范围划分各类机构数量占比

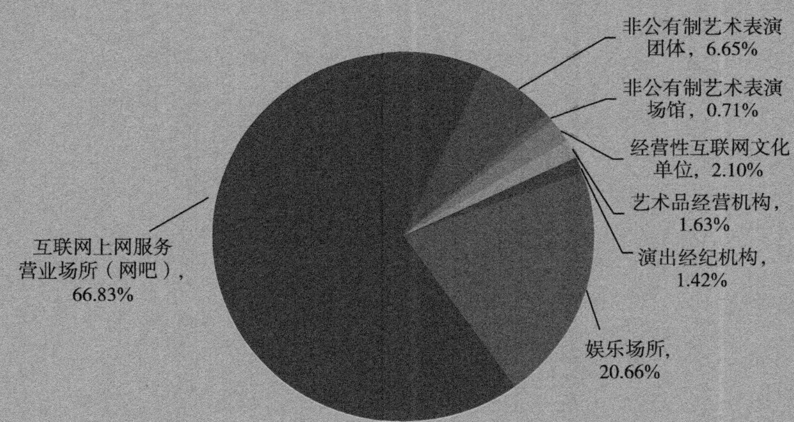

图 5　2021 年湖南省按经营范围划分各类机构营业收入占比

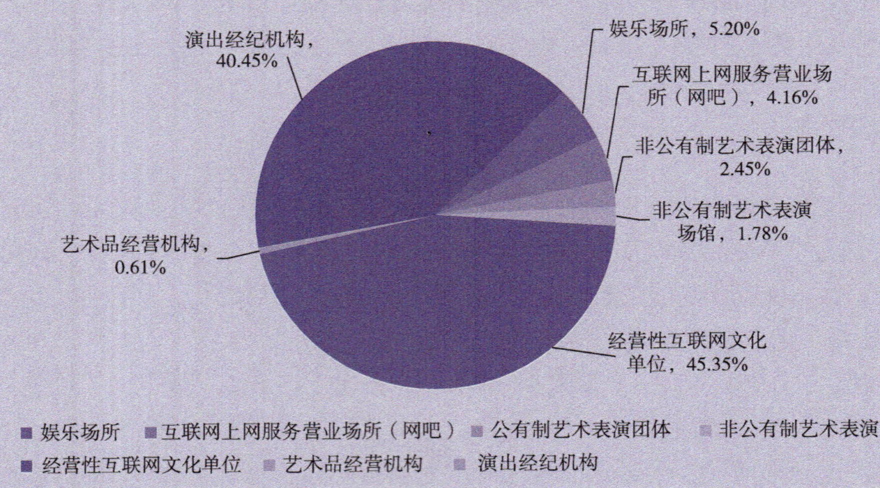

（二）旅行社

本年度，全省旅行社共计 1510 家，较上年增加 99 家，同比增长 7.02%（见图 6）。其中，出境游组团社 102 家，与上年持平；五星级旅行社 64 家，较上年增加 12 家，同比增长 23.08%；四星级旅行社 60 家，比去年减少 5 家，同比下降 7.69%；三星级旅行社 56 家，较上年减少 38 家，同比下降 40.43%。根据纳入统计的 1202 家旅行社数据显示，全年旅行社营业收入 46.98 亿元，营业利润亏损 9158.31 万元，直接从业人员 1.58 万人。

据文化和旅游部全国旅行社统计调查报告显示，在 2021 年旅行社国内旅游组织人次、旅行社国内旅游接待人次、旅行社国内旅游组织接待人次（人天）三大指标中，湖南省第一季度排名分居全国第 5 位、第 4 位、第 4 位；第二季度分居全国第 4 位、第 3 位、第 3 位；第三季度分居全国第 2 位、第 5 位、第 2 位；第四季度分居全国第 4 位、第 6 位、第 5 位。

图 6　2012—2021 年湖南省旅行社数量变化情况

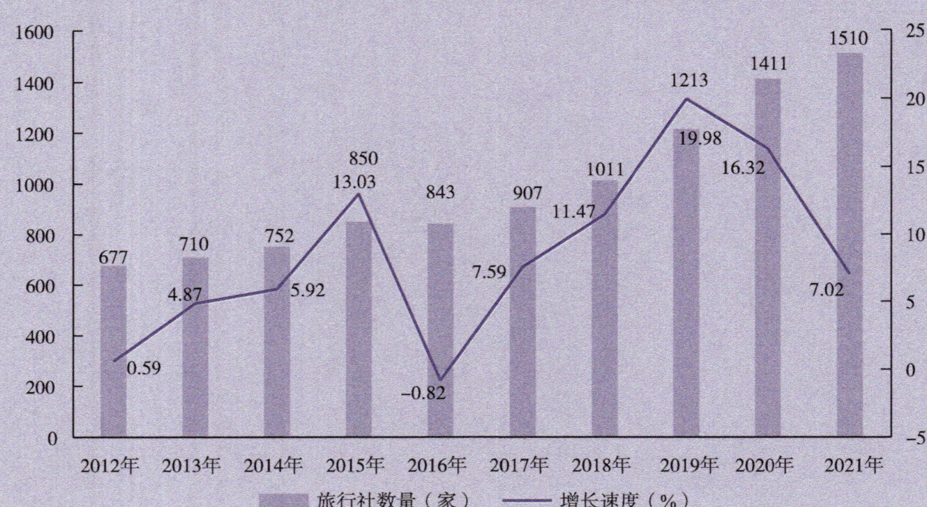

（三）星级饭店

截至2021年末，全省共有星级饭店254家，较上年减少66家，同比下降20.63%（见图7）。其中，五星级饭店共19家，与去年持平；四星级饭店共58家，较上年减少9家；三星级饭店共140家，较上年减少39家；二星级饭店共37家，较上年减少18家。总体来看，星级饭店已由最初的高速增长阶段转向高质量发展阶段，低星级饭店降幅更大，"偏高型"结构进一步增强。

纳入统计的229家星级饭店的统计数据显示，2021年实现营业收入36.42亿元，营业利润方面亏损2.46亿元；在营收构成上，客房收入达到16.00亿元，占比43.93%。餐饮收入达到15.58亿元，占比42.78%。其他收入达到4.84亿元；全省星级饭店客房平均出租率为49.16%，平均房价为264.21元/间/夜。

图7　2012—2021年湖南省星级饭店数量变化情况

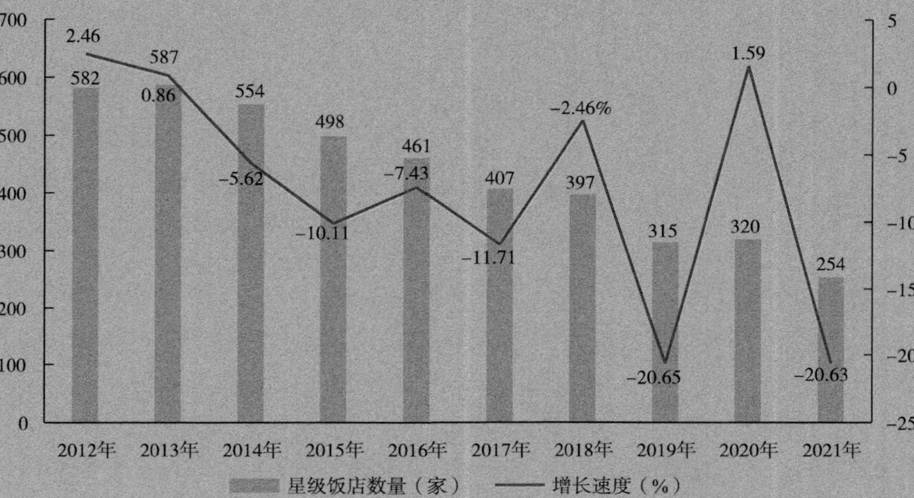

五、资源开发和利用

2021年，湖南省深化文旅融合，擦亮"锦绣潇湘"全域旅游品牌。其中：5条红色旅游精品线路入选"建党百年红色旅游百条精品线路"，成为纳入线路最多的省份之一；长沙市五一商圈、长沙市阳光壹佰凤凰街、凤凰古城旅游区、芙蓉镇景区入选首批国家级夜间文化和旅游消费集聚区；湘潭、常德、张家界入选第二批国家文化和旅游消费试点城市名单；9个地市入选"中国民间文化艺术之乡"；矮寨·十八洞·德夯大峡谷景区晋级国家5A级旅游景区，至此湖南国家5A级旅游景区已达11家；17家景区晋级国家4A级旅游景区，7个村落入选第三批全国乡村旅游重点村，3个镇（乡）入选首批全国乡村旅游重点镇（乡）；2家单位获批为首批国家级旅游休闲街区。

（一）旅游资源

截至2021年末，全省共有国家A级旅游景区553家，比上年增加33家（见图8）。其中，5A级景区增加1家，4A级景区增加16家，3A级景区增加18家；纳入统计系统的A级景区实现总收入119.58亿元，同比下降47.73%。接待游客2.91亿人次，同比增长44.07%。

图8 2012—2021年湖南省A级景区数量变化情况

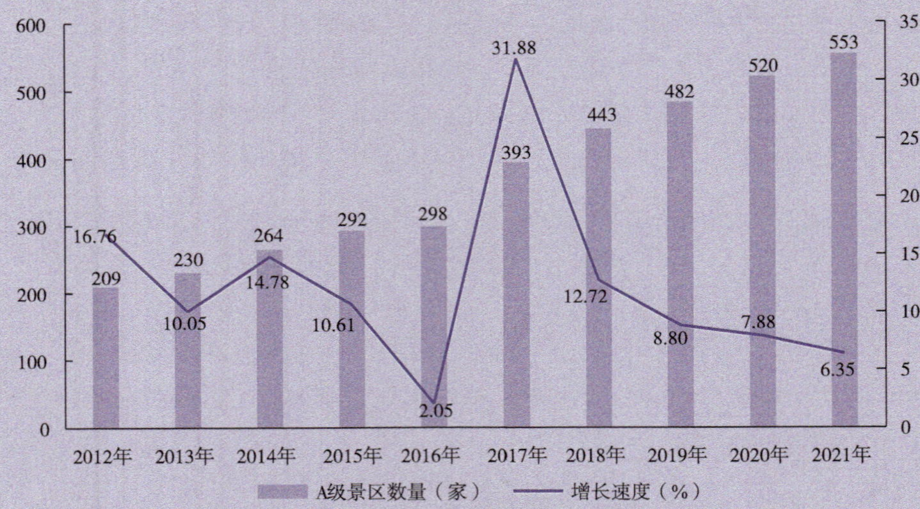

全省乡村旅游区共1227个。其中：5星级乡村旅游区451个，4星级乡村旅游区481个，3星级乡村旅游区295个；等级红色旅游景区共108个，比上年增加26个；省级工业旅游示范点共100个。

（二）旅游接待

2021年，湖南省共接待游客4.31亿人次，同比增长10.25%；实现旅游总收入近6544亿元，同比增长8.09%（见图9）。其中，接待过夜游客2.19亿人次，同比增长12.63%；接待一日游游客2.11亿人次，同比增长7.94%。

实现国内旅游收入6542.58亿元，同比增长8.14%。其中，过夜游客实现旅游收入4088.95亿元，同比增长6.07%；一日游游客实现旅游收入2453.64亿元，同比增长11.77%。

湖南省国内游客抽样调查结果显示，“湖南人游湖南”占比为87.13%；省外客源排名前十位的省市分别是广东、湖北、河南、河北、重庆、山西、江西、上海、浙江、贵州，这些省市占省外客源市场总数的70.58%；国内游客人均天花费为622.75元。其中，一日游人均天花费为801.1元，过夜游人均天花费为545.59元；花费构成中，长途交通占比2.59%，自驾车或租车占比14.10%，餐饮占比22.48%，住宿占比14.32%，购物占比17.68%，景区游览占比14.50%，娱乐占比10.51%，休闲疗养占比0.86%，其他支出占比2.96%。

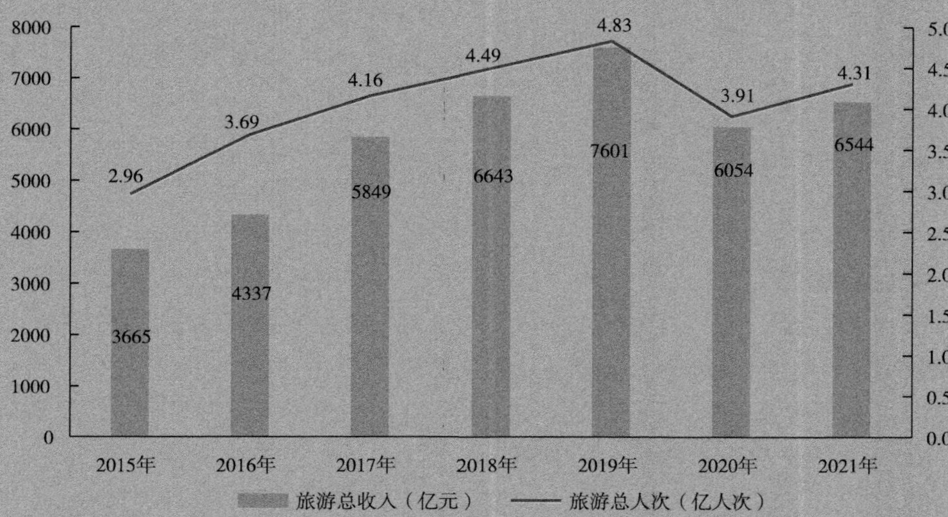

六、产业与科技

本年度，湖南擦亮“动漫湘军”名片，加快推进文化强省建设。全省纳入文化和旅游部统计的重点动漫企业共 32 个，比上年增加 9 个；从业人员 1135 人，比上年增加 115 人；营业总收入 7.26 亿元，同比增长 3.60%。其中，主营业务收入 7.10 亿元，同比增长 1.85%。本单位拥有知识产权数量 8184 个，比上年增加 5341 个；自主知识产权动漫软件共 179 个，比上年增加 32 个。

湖南省 2 家文旅企业申报的案例入选 2021 年全国文化和旅游装备技术提升优秀案例，其中“演艺视效呈现关键技术在大型情景剧《圣火南岳》中的应用示范”位居榜首；“数字文化创意智能设计技术文化和旅游部重点实验室”入选文化和旅游部认定的第三批重点实验室名单。科技助推文化和旅游产业融合发展，为行业复苏注入新动能。

加快构建“旅游 + 交通”融合发展新格局。全国首条红色旅游铁路专线——韶山至井冈山红色专列首发；抢抓全域低空开放试点重大机遇，“株洲—常德—张家界”首条固定低空旅游航线、“株洲芦淞—邵阳武冈—张家界荷花国际机场”低空旅游航班、从贵州铜仁飞往湖南张家界的首条跨省低空旅游航线“凤栖空中之旅”首航成功。

张家界上榜“2021 年海外文旅影响力最高的中国 10 大城市”；张家界大峡谷国家级全域旅游服务标准化试点项目通过创建验收，成为湖南省成功创建的首个国家级全域旅游服务标准化试点；湘潭昭山文化产业园荣膺国家级文化产业示范园区；怀化文化（广告）创意产业园（集聚类基地）、明和光电设备有限公司（单体类基地）入选第四批国家文化和科技融合示范基地名单；岳麓书院和曾国藩故居入选第九批中国华侨国际文化交流基地；张家界市武陵源核心景区上榜“国家体育旅游示范基地”名单。

七、文化遗产保护利用

2021 年，湖南 5 项展览获中宣部、国家文物局“庆祝中国共产党成立 100 周年精品展览推介”；城头山遗址、炭河里遗址、铜官窑遗址、老司城遗址、澧阳平原大遗址保护利用片区、湘桂古道国家遗产线路入选《大遗址保护利用“十四五”专项规划》；玉蟾岩遗址、城头山遗址、里耶古城遗址、马王堆汉墓入选“百年百大考古发现”；澧县鸡叫城遗址上榜 2021 年度全国十大考古新发现；澧县鸡叫城遗址、益阳兔子山遗址、桂阳桐木岭矿冶遗址当选“新时代百项考古新发现”；张家界市博物馆馆藏青铜文物保护修复项目被评为“2021 年度全国优秀文物藏品修复项目”；长沙文物故事解读传播项目入围中华文物全媒体传播精品（新媒体）推介名单；长沙简牍博物馆的“云游虚拟博物馆数字展览”和“千年简牍说反腐”分获 2021 年度全国文化遗产云传播精品项目之优秀云展示和优秀云讲解奖；4 项文物旅游融合项目跻身全国文化遗产旅游百强案例；《凤舞潇湘：桂阳千家坪出土陶器》入选 2020 年度全国文化遗产优秀图书。《长沙走马楼三国吴简 · 竹简》获第五届中国出版政府奖。

截至 2021 年末，全省共有文物机构 328 个，比上年增加 48 个；从业人员 5788 人，比上年增加 883 人（见图 10）。文物藏品 87.27 万件 / 套，同比增长 8.51%；基本陈列 392 个，比上年增加 90 个；临时展览 406 个，比上年增加 156 个；接待观众 6299.19 万人次，同比增长 63.43%，其中接待未成年人观众 1696.68 万人次，同比增长 79.37%；实际使用房屋建筑面积 109.20 万平方米，同比增长 24.69%。

图 10　2012—2021 年湖南省文物机构及从业人员数量

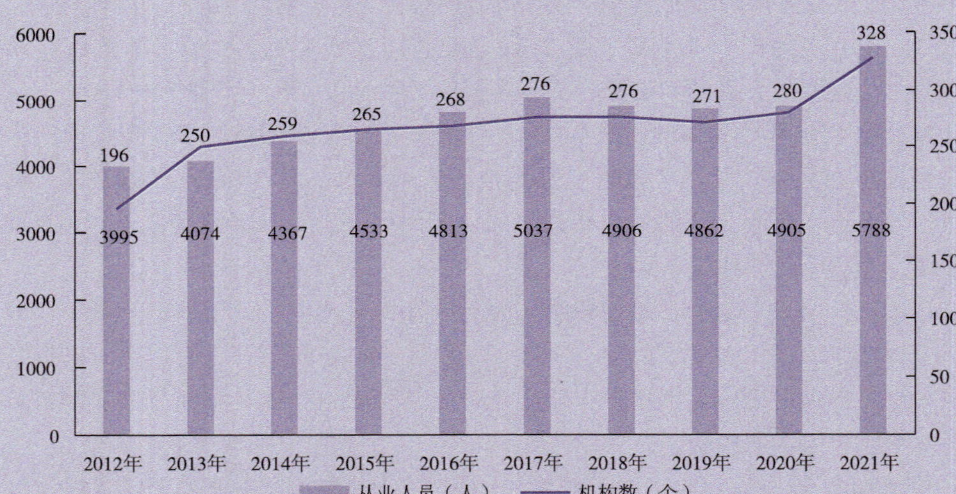

2021 年，湖南发布第一批传统工艺振兴目录，其中有 56 项非遗代表性项目被收录（含 14 项进入首批国家传统工艺振兴目录的代表性项目），涉及 12 个门类；武陵山区（湘西）土家族苗族文化生态保护区被授予国家级文化生态保护牌匾；19 个项目入选第五批国家级非遗代表性项目名录，新增省级非遗代表性项目 104 项。

截至年末，全省共有非物质文化遗产保护机构 128 个，与上年数量持平；从业人员 1112 人，比上年增加 213 人；非物质文化遗产名录 4787 个，比上年减少 96 个；非遗代表性传承人共 5319 人，比上年减少 18 人。非遗保护机构举办展览 906 个，比上年增加 147 个；展览接待观众 299.65 万人次，比上年增加 129.80 万人次。举办演出 3986 场，比上年增加 1212 场；演出接待观众 383.36 万人次，比上年增加 103.97 万人次。举办民俗活动 451 次，比上年增加 16 次；活动接待观众 225.41 万人次，比上年增加 37.69 万人次。举办非遗工作人员培训 329 班次，比上年增加 76 次，培训 1.39 万人次，比上年增加 0.14 万人次；举办传承人群培训 884 班次，比上年增加 492 次，培训 3.25 万人次，比上年增加 1.77 万人次。组织非遗研讨会 216 次，比上年增加 49 次；组织非遗讲座 791 次，比上年增加 258 次。出版成果 9020 册，比上年减少 3904 册，其中出版非遗图书 5828 册，比上年增加 35 册。

八、文化和旅游交流推广

2021 年，开展“清廉湖南红色文旅”宣传推广活动，打造“清廉湖南红色文旅”网上宣传推介平台，把开展党史学习教育同建设清廉湖南、推进清廉文化进红色景区活动相结合；开展“你学法我送票 · 锦绣潇湘任你游”暨“法治进文旅场馆”活动，实现法治宣传与文化和旅游融合发展；“策游潇湘‘营’出花 YOUNG”湖南文旅推广活动首创景区“出题”、大学生花 YOUNG 团“作答”的模式，利用新媒体宣传“锦绣潇湘”品牌，打通文旅融合通道；携手湖北省、江西省成立长江中游三省毗邻地区旅游产业发展联盟，联合发行文旅一卡通，推出四条精品旅游线路，助力整体品牌营销和文旅消费升级。

中国—东盟文化旅游活动周进一步深化湖南与东盟国家（地区）在文化和旅游领域的交流与合作；株洲醴陵市获批第二批国家文化出口基地名单，成为全国唯一入选的县级市；湖南京东方艺云科技有限公司申报的“数字文化产业及 H.629.1 国际标准创新示范应用推广”项目入选“一带一路”文化产业和旅游产业国际合作重点项目；11 家企业入选 2021—2022 年度国家文化出口重点企业。芒果 TV 自建全球文化出口平台、“纯粹中国 · 锦绣潇湘”全球巡馆入选 2021—2022 年度国家文化出口重点项目名单。

九、资金投入

2021 年，全省争取到中央和省级文化文物专项资金共计 8.21 亿元，同比减少 9.58%。其中，安排省级文化综合发展专项资金 7960 万元，与上年持平；省级文物保护发展专项资金 9000 万元，与上年持平。

全省全年文化事业费支出 37.14 亿元，同比增长 6.76%；全年文化事业费占财政总支出 0.44%，比重同比增加 0.03 个百分点（见图 11）。同时，全省人均文化事业费 56.09 元，同比增长 7.14%（见图 12）。

截至 2021 年末，全省文化文物完成投资额 9173.80 万元，同比下降 7.52%；竣工项目 10 个，比上年减少 19 个。竣工项目面积 4.81 万平方米，比上年增加 1.21 万平方米。

2021 年度，全省共争取到中央和省级旅游发展专项资金 4.56 亿元，同比下降 4.9%。其中，安排省级旅游发展专项资金 45640 万元，与上年持平；中央旅游发展基金补助地方 0 万元，同比下降 100%。全省旅游总投资额 267.71 亿元，同比下降 95.92%。

图 11　2012—2021 年全省文化事业费及占财政总支出比重

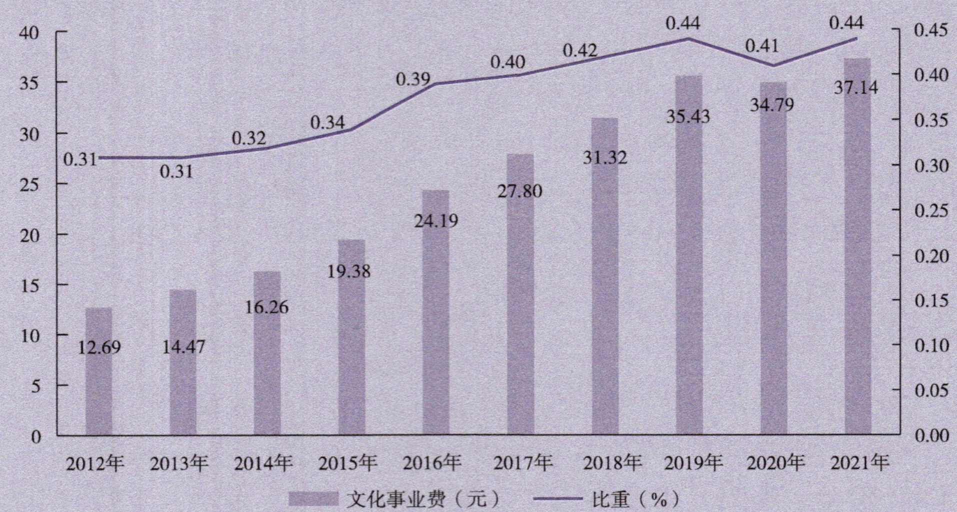

图 12　2012—2021 年全省人均文化事业费及增速

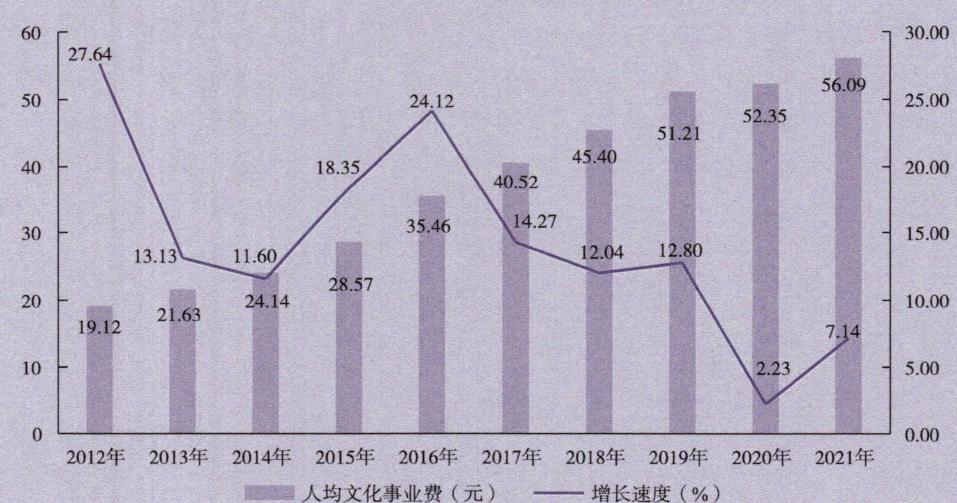

（湖南省文化和旅游厅）

湖南：以“文化 + 旅游”打造全省经济发展增长点

2021 年，湖南省统筹抓好疫情防控与文旅经济恢复振兴，协调推进文化和旅游供给侧结构性改革与需求侧管理，以“闯”的精神、“创”的劲头、“干”的作风，把“文化 + 旅游”打造成全省经济发展的重要增长点。

一是湖湘文艺影响力明显提升。花鼓戏《蔡坤山耕田》获第 24 届曹禺剧本奖；《桃花烟雨》获第六届全国少数民族文艺会演剧目创新奖；民族歌剧《半条红军被》获第四届中国歌剧节优秀剧目奖，并入选文化和旅游部 2020—2021 年度“中国民族歌剧传承发展工程”重点扶持剧目名单。《英雄》《半条红军被》等 11 部作品入选全国“百年百部”舞台艺术精品创作工程；童话作品《南村传奇》获第 11 届“全国优秀儿童文学奖”；《小夫妻》获第 11 届中国杂技金菊奖。杂技《丝路芳华——柔术造型》获澳大利亚第五届国际马戏节“未来之星”青年组银奖；张家界爱乐乐团改编的《欢乐颂》获美国棕榈滩国际音乐大赛“古典作品最佳诠释奖”。

二是公共文化服务扎实推进。出台《湖南省公共文化服务体系高质量发展五年行动计划（2021—2025 年）》和《湖南省公共数字文化工程管理办法（试行）》，并在全国率先发布省级地方标准《乡镇综合文化服务中心（综合文化站）管理服务规范》。永州正式晋级国家公共文化服务体系示范区，株洲攸县“门前三小”新型公共文化空间建设经验获中央改革办推介，省公共数字文化建设模式被评为全国文化和旅游信息化发展典型案例，省内 9 大基地入选全国爱国主义教育示范基地。

三是文物保护和非遗传承利用成效明显。城头山遗址、炭河里遗址、铜官窑遗址、老司城遗址入选《大遗址保护利用“十四五”专项规划》；玉蟾岩遗址、城头山遗址、里耶古城遗址、马王堆汉墓入选“百年百大考古发现”；澧县鸡叫城遗址上榜 2021 年度全国十大考古新发现；张家界市博物馆馆藏青铜文物保护修复项目被评为“2021 年度全国优秀文物藏品修复项目”；4 项文物旅游融合项目跻身全国文化遗产旅游百强案例；发布第一批传统工艺振兴目录，56 项非遗代表性项目被收录（含 14 项进入首批国家传统工艺振兴目录的代表性项目），涉及 12 个门类；武陵山区（湘西）土家族苗族文化生态保护区被授予国家级文化生态保护牌匾；19 个项目入选第五批国家级非遗代表性项目名录。

四是“旅游 +”推动文化和旅游业融合发展。2021 年，湖南省“演艺视效呈现关键技术在大型情景剧《圣火南岳》中的应用示范”入选本年度全国文化和旅游装备技术提升优秀案例；“数字文化创意智能设计技术文化和旅游部重点实验室”入选文化和旅游部认定的第三批重点实验室名单。全国首条红色旅游铁路专线——韶山至井冈山红色专列、怀化开往通道侗族自治县的“通道转兵号”红色专列开通，“株洲—常德—张家界”首条固定低空旅游航线、贵州铜仁飞往湖南张家界的首条跨省低空旅游航线“凤栖空中之旅”首航成功，为湖南旅游业高质量发展注入新的生机和活力。

五是讲好湖南故事，打造“锦绣潇湘”文旅品牌。株洲醴陵市获批第二批国家文化出口基地名单，成为全国唯一入选的县级市；芒果 TV 两大项目入选 2021—2022 年度国家文化出口重点项目名单，11 家企业入选国家文化出口重点企业。利用新媒体矩阵平台加强“锦绣潇湘”品牌形象的宣传推广，开展线上宣传和精准信息推送，多形式、多角度、多层次呈现湖南山水之美、风物之美、文化之美。

广东省2021年文化和旅游发展情况分析

2021年是中国共产党成立100周年，也是“十四五”开局之年，这是党和国家历史上具有里程碑意义、必将载入史册的一年。广东省文化和旅游系统以习近平新时代中国特色社会主义思想为指导，深入学习贯彻习近平总书记关于文化和旅游工作的重要论述和对广东系列重要讲话、重要指示精神，在省委、省政府的坚强领导下，在文化和旅游部、省委宣传部的指导支持下，真抓实干、奋发进取，统筹发展与安全，着力建设文化强省和推动旅游业高质量发展，实现了“十四五”发展良好开局。

一、机构与人员

2021年末，全省纳入统计范围的各类文化（含旅游）和文物单位18563个；从业人员38.88万人，其中文化和旅游机构38.01万人，文物机构0.88万人。

二、艺术创作演出

圆满开展建党百年系列活动，艺术精品创作展演不断繁荣发展。实施“建党百年”专题创作展演计划，举办建党百年主题的百场精品展演、交响音乐会、美术作品展、革命历史展，参演大型情景史诗《伟大征程》，承办第十三届全国舞蹈展演，推出交响幻想曲《中国1921》、芭蕾舞剧《旗帜》、民乐交响乐诗《岭海长歌》等一批新创舞台作品。话剧《深海》、粤剧《红头巾》等12部作品入选国家庆祝建党百年舞台艺术精品创作工程并参加展演，话剧《深海》获得第十七届中国戏剧节优秀剧目奖，舞剧《沙湾往事》在全国巡演38场。联合推出的全国首部4k粤剧电影《白蛇传·情》刷新戏曲电影票房新纪录，粤剧电影《南越宫词》荣获第34届中国电影金鸡奖（最佳戏曲片奖）。实施“广东音乐新经典工程”，征集原创民乐新作品并组织2次专场音乐会。联合举办中国美术馆与广东美术馆馆藏粤籍艺术家作品展等重大美术展，7项展览入选全国美术馆馆藏精品展出季活动目录、3项展览入选年度十大优秀项目，均位居全国第一。

（一）艺术表演

截至2021年末，全省共有艺术表演团体447个，比上年末减少28个；从业人员1.27万人，比上年末增加200人（见表1）。其中，公有制艺术表演团体76个，占全部艺术表演团体的17.0%，从业人员0.47万人，占全部从业人员的37.0%；文化部门所属艺术表演团体74个，占全部艺术表演团体的16.6%，从业人员0.46万人，占全部从业人员的36.2%。

全年全省艺术表演团体共演出8.93万场，比上年增长163.4%；国内观众0.45亿人次，增长164.7%；演出收入4.95亿元，增长21.3%（见表1）。全年全省艺术表演团体共组织政府采购公益演出0.21万场，比上年增长23.5%；观众0.02亿人次，增长129.7%。其中，由文化和旅游部门所属艺术表演团体组织的场次占95.2%，观众占98.5%。

表1　2019—2021年全省艺术表演团体基本情况

年份	机构数（个）	从业人员（万人）	演出场次（万场）	国内演出观众人次（亿人次）	演出收入（亿元）
2019	397	1.03	4.65	0.26	4.44
2020	475	1.25	3.39	0.17	4.08
2021	447	1.27	8.93	0.45	4.95

截至2021年末，全省共有艺术表演场馆136个，比上年末增加18个。全年艺术表演场馆共演映1.79万场，比上年增长96.7%；观众660.9万人次，增长190.1%（见表2）。其中，公有制艺术表演场馆43个，与上年末持平；文化和旅游部门所属艺术表演场馆44个，比上年末增加4个。

表2　2019—2021年全省艺术表演场馆基本情况

年份	机构数（个）	从业人员（万人）	演出场次（万场）	观众人次（万人次）	演出收入（亿元）
2019	84	0.28	1.14	761.1	6.77
2020	118	0.40	0.91	227.8	2.85
2021	136	0.60	1.79	660.9	12.03

（二）艺术展览

截至2021年末，全省共有艺术展览创作机构53个，比上年末增加21个，其中美术馆46个，其他画院7个；从业人员815人，增长25.4%；全年创作项目937个，增长6.1%（见表3）。全年共举办展览717次，比上年增长38.2%；参观人次432.5万，增长100.0%；营收0.52亿元，增长244.4%。

表3　2021年全省艺术展览创作机构基本情况

机构类型	统计项					
	机构数（个）	从业人员（人）	年度展览总量（次）	创作项目数量（个）	参加展览数量（项）	获省部级以上奖项的作品数（件）
美术馆	46	702	717	854	73	30
其他画院	7	113	0	83	101	22

三、公共服务体系建设

推动公共文化基础设施提质增效，公共文化服务水平进一步提升。实施公共文化基础设施提质增效工程，在实现省市县镇村五级全面覆盖的基础上，对全省 1617 个乡镇（街道）综合文化站、26011 个行政村（社区）综合性文化服务中心进行全面排查和专项治理。3 家地区和项目入选第四批国家公共文化服务体系示范区（项目），在东莞举办“粤港澳大湾区公共文化和旅游产品采购会”。群众艺术花会（戏剧曲艺）等省级群众文化活动持续举办，“三百工程”服务基层 312 场，11 个地区荣获“中国民间文化艺术之乡”，总数名列全国榜首。制定《广东省公共数字文化建设三年计划 (2021—2023 年)》，一次办理、全省通用的“粤读通”数字证卡已开通 16 万个，覆盖全省各级公共图书馆，获评全国首届数字政府建设峰会数字化发展重量级产品。加快县级文化馆、图书馆总分馆制建设，县级文化馆、图书馆达到国家二级馆以上标准的县（市、区）100% 建立总分馆制。推进省级“三馆合一”项目主体结构完工，汕头的潮汕历史文化博览中心建成开放，广州文化馆新馆、深圳美术馆新馆、湛江文化中心等市级重大项目加快建设。

（一）公共图书馆

截至 2021 年末，全省共有公共图书馆 150 个，比上年末增加 2 个；从业人员 5417 人，增加 254 人；专业技术人员中具有高级职称人员 381 人，占 12.0%[①]，具有中级职称人员 1589 人，占 50.0%。

至 2021 年末，全省公共图书馆实际使用房屋建筑面积 175.87 万平方米，比上年末增长 3.8%；全省图书总藏量 12687.2 万册，增长 8.6%，投入图书购置经费 3.25 亿元（含数字资源 0.60 亿元），增长 3.9%；阅览室座席数 13.36 万个，增长 6.6%；计算机 20155 台，增长 2.1%，其中供读者使用的电子阅览终端 12466 台。

至 2021 年末，全省平均每万人[②]公共图书馆建筑面积 138.65 平方米，比上年末增加 4.42 平方米；人均图书藏量 1.00 册，增加 0.07 册（见图 1）；投入图书购置经费为人均 2.56 元，增加 0.08 元。

图 1　2019—2021 年全省公共图书馆人均资源情况

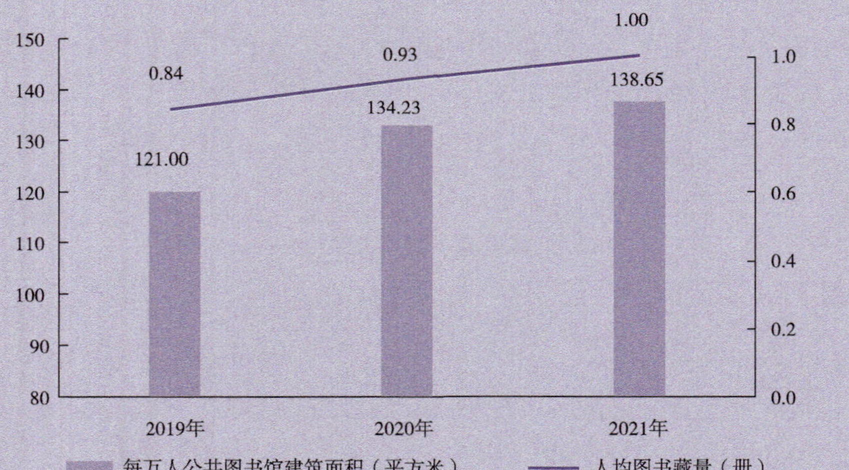

① 指占专业技术人员的比例，下同。
② 采用常住人口数，下同。

至2021年末，全省公共图书馆实际持证读者1531.10万人，比上年增长63.7%。总流通人次8654.07万，增长57.5%；书刊文献外借8675.90万册次，增长44.8%；外借人次2007.25万，增长40.2%，人均外借0.16次（见图2）。全年共为读者举办各种活动23218次，比上年增长65.9%；参加人次1946.82万，增长28.6%。截至2021年末，全省共建成公共图书馆分馆2974个，馆均19.8个。

图2 2019—2021年全省公共图书馆流通情况

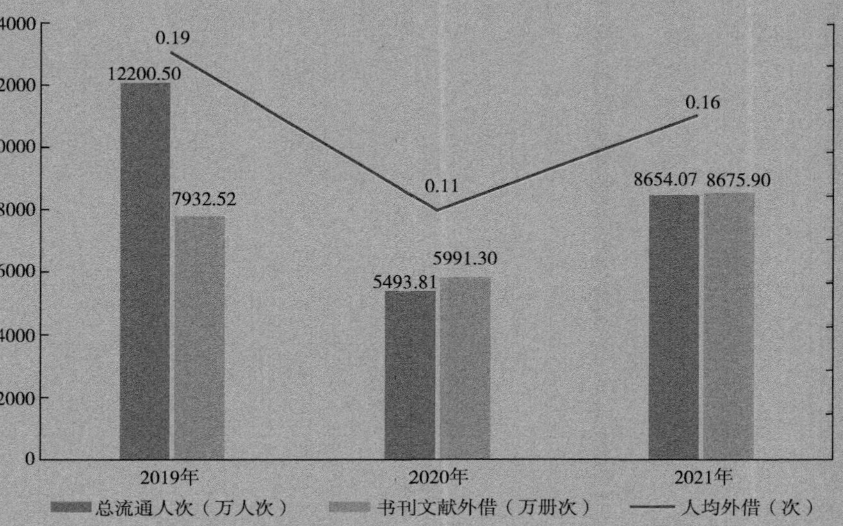

注：人均外借，指每一个常住人口的平均外借次数。

（二）群众文化机构

截至2021年末，全省共有群众文化机构1761个，比上年末减少2个，其中文化馆144个，文化站1617个。年末全省群众文化机构从业人员14197人，比上年末增加716人。专业技术人员中，具有高级职称的306人，占7.3%；具有中级职称的806人，占19.2%。至2021年末，全省群众文化机构实际使用房屋建筑面积457.27万平方米，比上年末增长2.2%，其中业务用房面积351.14万平方米，增长5.8%。年末全省平均每万人群众文化设施建筑面积360.51平方米，比上年末增长1.7%（见图3）。

2021年全省群众文化机构共组织开展各类文化活动超过16.06万场次，比上年增长17.9%；服务人次4536.71万，增长15.1%（如表4所示）。

截至2021年末，全省群众文化机构共有馆办文艺团体458个，全年演出3176场，观众259.59万人次。由文化馆（站）指导的群众业余文艺团体1.76万个，人数10.25万人，另有馆办老年大学18个。

至2021年末，全省群众文化机构共建成分馆1273个，馆均0.72个。

图 3　2019—2021 年全省平均每万人群众文化设施建筑面积

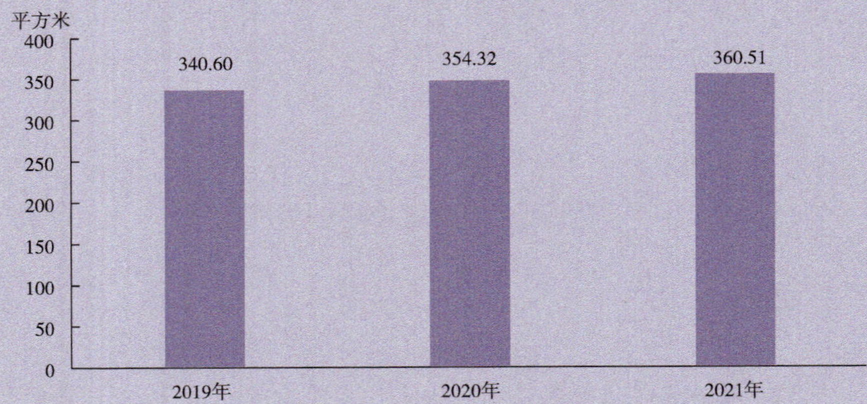

表 4　2021 年全省群众文化机构活动开展情况

项目	总量		比上年增长（%）	
	活动场次（次）	服务人数（万人次）	活动场次	服务人数
各类活动总计	160609	4536.71	17.9	15.1

四、市场管理和综合执法

紧抓市场培育监管，文化和旅游市场秩序不断向好。深化“放管服”改革，将 15 项省级行政职权事项委托广州、深圳实施，取消和免提交证明事项 175 项，589 名港澳籍导游通过考核认证可在珠海横琴执业。全省 21 个地级以上市和 122 个县（市、区）完成执法队伍整合和机构设置，实施全省网络文化市场集中巡查、旅游领域未经许可经营旅行社业务专项整治等行动，深入开展文娱领域综合治理和“平安广东”“扫黄打非”“扫黑除恶”等工作，全年组织检查经营场所 17 万家次，吊销和取缔 96 家，责令停业整顿 44 家次。开展地级以上市政府旅游市场质量考核，全省旅游市场质量在国家考核中名列前茅，完成 177 家 A 级旅游景区质量等级复核，4 家单位获评全国首批文明旅游示范单位和第 20 届全国青年文明号。联合出台《驴友野外活动极端天气应对工作指引》，开展全省旅游安全能力提升暨应急救援演练等活动，全省文化和旅游市场保持持续安全稳定、健康有序，实现全年安全生产和疫情防控零事故、零感染。

截至 2021 年末，全省共有文化行政执法机构 112 个，从业人员 1284 人；文化行政主管部门 152 个，工作人员 8129 人。

至 2021 年末，全省通过统计直报系统报送的文化市场经营单位 12824 家（含非公有制院团和场馆），比上年减少 3007 家；从业人员 23.71 万人，减少 0.51 万人；营业收入 2716.84 亿元，增长 31.6%；营业利润 320.35 亿元，增长 12.9%（如表 5 所示）。

其中，娱乐场所 4249 个，营业人员 7.48 万人，营业收入 64.55 亿元，营业利润 0.90 亿元；上网服务营业场所（网吧）5745 个，营业人员 1.57 万人，营业收入 14.90 亿元，营业利润 –1.61 亿元；

非公有制艺术表演团体 371 个，营业人员 0.80 万人，营业收入 5.62 亿元，营业利润 -2.35 亿元；非公有制艺术表演场馆 88 个，营业人员 0.43 万人，营业收入 20.48 亿元，营业利润 0.44 亿元；经营性互联网文化单位 1163 个，营业人员 11.70 万人，营业收入 2050.19 亿元，营业利润 189.31 亿元；艺术品经营机构 451 个，营业人员 0.10 万人，营业收入 3.39 亿元，营业利润 0.56 亿元；演出经纪机构 757 个，营业人员 1.62 万人，营业收入 557.71 亿元，营业利润 133.09 亿元（如表 5 所示）。

表 5　2019—2021 年全省文化市场经营机构基本情况

项目	机构数（个）	从业人员（万人）	营业收入总额（亿元）	发放工资总额（亿元）	人均月工资（元）	应交税金总额（亿元）	营业利润总额（亿元）
2019 年	13246	21.24	2616.03	292.08	11460	78.72	402.46
2020 年	15831	24.22	2063.80	280.28	9642	41.61	283.80
2021 年	12824	23.71	2716.84	476.69	16756	40.94	320.35
娱乐场所	4249	7.48	64.55	22.65	2523	2.03	0.90
上网服务营业场所（网吧）	5745	1.57	14.90	4.96	2630	0.40	-1.61
非公有制艺术表演团体	371	0.80	5.62	2.76	2883	0.31	-2.35
非公有制艺术表演场馆	88	0.43	20.48	4.39	8429	0.37	0.44
经营性互联网文化单位	1163	11.70	2050.19	111.67	7951	15.25	189.31
艺术品经营机构	451	0.10	3.39	0.77	6136	0.41	0.56
演出经纪机构	757	1.62	557.71	329.50	169747	22.18	133.09

旅行社填报系统数据显示，截至 2021 年末，全省共有旅行社 2395 家，比上年减少 50 家；从业人员 31068 人，减少 7663 人。全年全省旅行社营业收入 208.85 亿元，比上年下降 10.2%，营业利润 -9.53 亿元。

星级饭店填报系统数据显示，截至 2021 年末，全省共有 483 家星级饭店，比上年减少 57 家；从业人员 68349 人，减少 2846 人。全年星级饭店营业收入 139.76 亿元，增长 15.4%，营业利润 -10.74 亿元。平均房价 403.03 元 / 间夜，平均出租率 39.8%，比上年增加 1.7 个百分点。表 6 为 2019—2021 年广东省旅行社和星级饭店关键指标加总情况。

表 6　2019—2021 年全省旅行社和星级饭店关键指标加总情况

年份	机构总数（个）	从业人员（万人）	营业收入（亿元）	营业利润（亿元）
2019	4093	13.05	924.92	20.94
2020	2985	10.99	353.62	-23.60
2021	2878	9.94	348.61	-20.27

五、产业与科技

做强文旅融合发展的“四梁八柱”，文化和旅游产业在疫情防控常态化下不断向好发展。摘得一批“国字号”奖项，获评国家文化和旅游消费试点城市2个、国家级夜间文化和旅游消费集聚区5家、国家级旅游休闲街区2个、全国乡村旅游重点镇（村）10个、国家旅游科技示范园区和国家文化出口基地各1个，全国特级导游1人，全国“金牌导游”8人，全国红色旅游“五好讲解员”3人。编制《广东省全域旅游发展报告》，全年评定19家省级全域旅游示范区，珠海、梅州、惠州、肇庆、清远等实现辖区70%县区通过验收。完成4个县（市、区）的旅游资源普查试点，全省首次评定A级旅行社127家、省乡村民宿示范点92家、金鼎级和银鼎级文化主题旅游饭店17家，全年新增4A级旅游景区和省级旅游度假区各7家、省级旅游休闲街区5个，省文化和旅游特色村57个、省乡村旅游精品线路50条、省工业旅游精品线路20条。联合印发《关于进一步支持旅行社纾困发展有关措施的通知》等。省级安排7000多万元用于文化产业发展、重大旅游建设项目贷款贴息、消费季惠民补贴、地市促文旅消费等项目。连续第五年举办文化和旅游产业投融资对接会，成立广东滨海（海岛）旅游联盟，推出广东红色文旅护照、“潮风汕韵”文旅护照并配套制作促消费文创产品。各地分别推出穿越丹霞山50公里徒步赛、河源文旅体惠民年卡、“冬养汕尾”文旅品牌、湛江3A级景区村庄、大湾区茂名红色旅游专列、云浮乡村红色旅游标识地等特色活动或产品。中国（深圳）文博会、广东旅博会、广东旅游文化节、广州文交会等展会节庆活动圆满举办。

2020年全省文化及相关产业增加值为6210.6亿元，占地区生产总值比重为5.6%，连续7年超过5%，已成为我省现代产业体系的重要支柱。

2021年全省实现旅游总收入5433.73亿元，同比增长15.84%。各地级以上市的旅游总收入和接待过夜游客数同比2020年普遍实现提升，展现企稳复苏、向好发展的积极态势。

截至2021年末，全省共有A级景区560个，其中5A级景区15个，4A级景区192个，3A级景区340个。

至2021年末，全省共有文化艺术科研机构7个，从业人员96人，其中专业技术人员73人；发表专著10册，在省级及以上刊物公开发表论文48篇。全省文物保护科学研究机构4个，从业人员170人，其中专业技术人员126人；发表专著或图录4册、论文28篇；修复文物777件（套），考古发掘面积1.7万平方米，出土器物1897件（套）。

六、文化遗产保护利用

持续落实习近平总书记视察广东重要讲话精神，岭南文化“双创”工程成果不断涌现。广东省文化和旅游厅机关增设革命文物处，在省级层面率先出台《广东省革命遗址保护条例》，公布首批《广东省革命文物名录》，出台《梅州市红色资源保护条例》《揭阳市红色资源保护传承条例》等地方性法规。指导中共三大会址纪念馆完成改扩建，推出“广东省红色地图”“广东红色印记图册”，联合为135处省级以上革命文物保护单位免费捐赠保额达49.5亿元的保险，成为全国金融保险行业参与文物保护的首个案例。推动省政府出台《广东省加强石窟寺保护利用工作的若干措施》，公布39处广东省历史文化街区，联合印发《广东省推进汕头潮州历史文化保护和利用行动方案》，评选15处南粤古驿道重大发现，对华南教育历史研学基地的7处办学旧址实施修缮，举办华南研学成果展览。广东省文物考古研究所扩编更名为广东省文物考古研究院，清远英德岩山寨遗址入选“考古中国”重大项目，填补岭南文明起源阶段聚落考古空白，江门开平仓东遗产教育基地获联合国教科文组织评选为全球世界遗产教育创新十个优秀推荐案例之一，惠州加入“海丝申遗城市联盟”，南越国宫署遗址及南越王墓、“南海Ⅰ号”沉船2个项目入选全国“百年百大考古发现”，广东省水下文化遗产保护中心项目在阳江动工建设。18个省级非遗代表性项目入选第五批国家级项目名录后，全省非遗代表性项目总数已达165项，跃升至全国第四；新认定11家省级非遗工作站，举办“非遗过大年”“非遗少年说”等活动；出台《广东省省级非物质文化遗产代表性传承人认定与管理办法》，在全国省级层面率先探索认定传承群体。

（一）文物机构

截至2021年末，全省共有各类文物机构504个，比上年末增加55个，其中文物保护管理机构26个，占全部文物机构数量的5.2%；博物馆339个，占67.3%。年末全省文物机构从业人员8671人，比上年末增加883人。专业技术人员中，高级职称396人，占15.0%；中级职称1167人，占44.3%。

至2021年末，全省文物机构藏品288.14万件/万套，比上年末增长8.4%（见图4）。其中，博物馆文物藏品254.43万件/万套，占文物藏品总量的88.3%。

图4　2019—2021年全省文物机构藏品数及使用房屋建筑面积

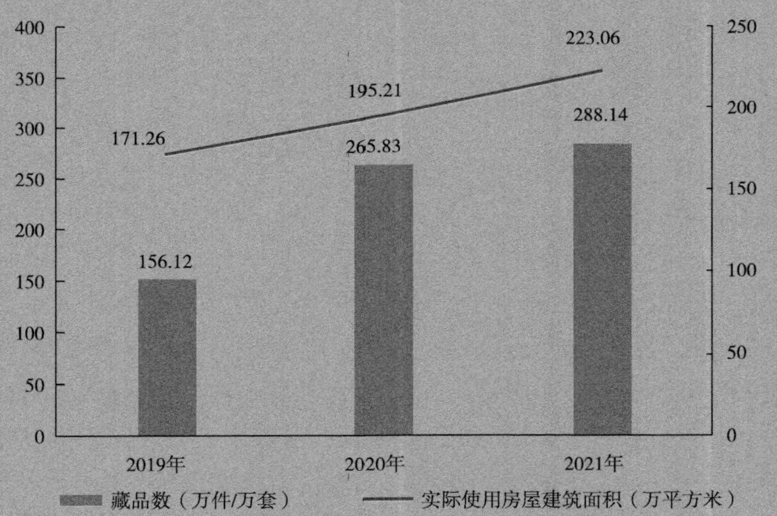

2021年，全省各类文物机构共举办陈列展览2426个，比上年增加89个，其中基本陈列1011个，减少188个；临时展览1415个，增加277个。全年共接待观众4036.65万人次，比上年增长54.3%；其中接待未成年人1012.88万人次，增长49.7%，占参观总人数的25.1%（见图5）。在上述文物机构接待的观众中，由博物馆所接待的观众为3848.95万人次，比上年增长54.3%，占文物机构接待观众总数的95.4%。

图 5　2019—2021 年全省文物机构陈展及接待观众人次

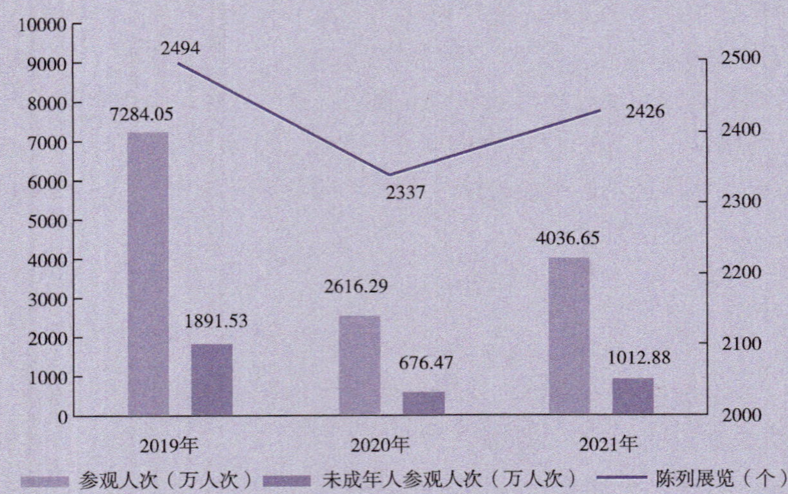

（二）非物质文化遗产保护

截至 2021 年，全省共有非物质文化遗产保护机构 121 个，从业人员 697 人。全年各类非物质文化遗产保护机构举办演出 1968 场，比上年增长 29.1%，观众 762.53 万人次，增长 7.6%；举办民俗活动 602 次，比上年增长 21.9%，观众 40.37 万人次，减少 94.8%；举办展览 897 场，比上年增长 21.5%，观众 192.87 万人次，增长 36.3%。项目资源总量 9337 个，比上年减少 46.2%；出版成果 4.25 万册，增长 312.7%。

七、文化交流和旅游推广

拓展文化交流和旅游推广，粤港澳大湾区文化和旅游合作发展不断深化。联合起草《广东省推进粤港澳大湾区世界级旅游目的地建设行动方案》，扎实推进横琴、前海两个合作区文化和旅游发展，推出 16 条第二批广东省粤港澳大湾区文化遗产游径，举办大湾区艺术精品巡演、大湾区（广东）文化创意设计大赛、大湾区公共文化和旅游产品（东莞）采购会、台湾青年岭南行等系列活动，其中粤港澳青年文化之旅被文化和旅游部评为内地与港澳文化和旅游交流重点项目示范案例，成为粤港澳三地青少年交流的经典品牌。落实中日韩三国领导人会议精神，梅州成功当选 2023 年“东亚文化之都”，佛山入围 2024 年候选城市。在湖北等地开展文化旅游推介会，在中央广播电视总台投放形象宣传片，圆满完成对口支援、两广协作和定点扶贫等任务。

2021 年，全省文化和旅游对港澳台地区及对外交流共 25 次，其中接待来访参观交流 16 次，出省、出境参加活动 9 次。参与交流人员 23 人，演出场次 14 场，其中线下演出 8 场。

八、资金投入

2021 年，全省文化和旅游事业费 115.48 亿元，比上年增加 4.75 亿元，增长 4.3%。全年全省人均文化和旅游事业费 91.04 元，比上年增加 3.33 元，增长 3.8%；文化和旅游事业费占全省一般公共预算支出的比重为 0.634%，比上年增加 0.001 个百分点（见图 6）。此外，全年文物事业费 38.51 亿元，比上年增加 7.64 亿元，增长 24.2%。

图 6　2019—2021 年全省文化和旅游事业费占财政支出比重及人均事业费情况

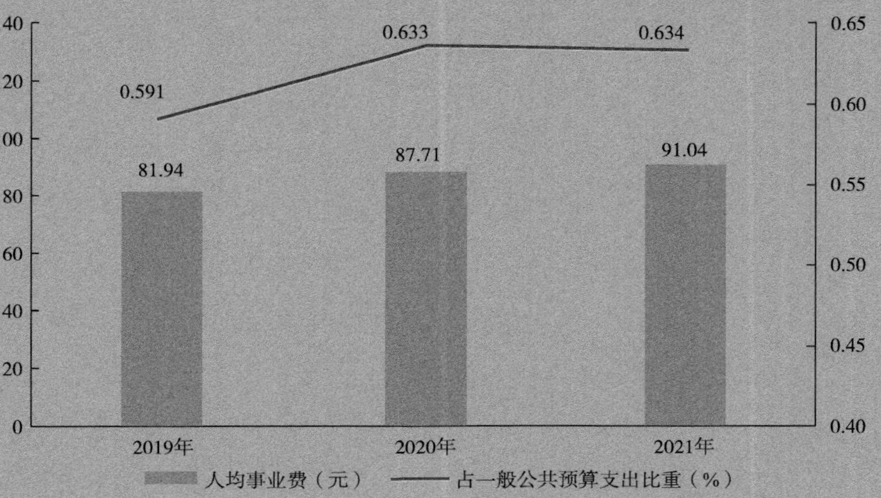

2021 年，全省文化和旅游事业费中，县以上文化和旅游事业费 61.69 亿元，占全省文化和旅游事业费的 53.4%，比重比上年提高 4.1 个百分点；县及县以下文化和旅游事业费 53.79 亿元，占 46.6%，比上年降低 4.1 个百分点。

2021 年，珠三角九市文化和旅游事业费 77.83 亿元，占 67.4%，比重比去年降低了 4.3 个百分点。粤东西七市文化和旅游事业费 17.37 亿元，占 15.0%，比上年提高了 2.2 个百分点。粤北五市文化和旅游事业费 11.71 亿元，占 10.1%，比重提高了 2.2 个百分点。省本级文化和旅游事业费 8.56 亿元，占 7.4%，比重降低了 0.3 个百分点（如表 7 所示）。

表 7　2019—2021 年全省文化和旅游事业费按城乡和区域分布情况

项目		2019 年	2020 年	2021 年
总量（亿元）	全省	102.34	110.72	115.48
	县以上	60.50	54.63	61.69
	县及县以下	41.84	56.10	53.79
	珠三角	76.47	79.39	77.83
	粤东西	7.73	14.14	17.37
	粤北	8.17	8.70	11.71
	省本级	9.97	8.50	8.56

续表

项目		2019 年	2020 年	2021 年
所占比重（%）	全省	100.0	100.0	100.0
	县以上	59.1	49.3	53.4
	县及县以下	40.9	50.7	46.6
	珠三角	74.7	71.7	67.4
	粤东西	7.5	12.8	15.0
	粤北	8.0	7.9	10.1
	省本级	9.7	7.7	7.4

（广东省文化和旅游厅）

广东：以人为本，文化惠民成果触手可及

2021年是迈入“十四五”的开局之年。广东省各级图书馆、文化馆、博物馆等公共文化场馆推出了多样的惠民活动，越来越成为群众享受休闲时光的重要场所。在文旅融合的大背景下，更多元的公共文化载体、更多样的产品选择、更丰富的发生场景，实践着以人为本的理念，更好地满足了群众的文化需求。

一是以人为本拓展群众文化活动。从“百歌颂中华”歌咏活动、广东省群众艺术花会等大型示范性品牌活动，到“我最OK”广东全民才艺大比拼、“南粤木棉红”优秀群文作品巡演、“百年风华群心向党”全省广场舞推广、“节庆‘叹非遗’”等创新项目，文化馆通过种类繁多的活动为广大群众送上覆盖各艺术领域的“文化大餐”。2021年前8个月，线上线下辐射群众近3000万人次。广东公共文化场馆举办的惠民活动，既有种类多、覆盖面大的广度，又有程度深、专业性强的深度。

二是科技赋能为文旅融合注入新活力。广东省文化和旅游厅牵头打造新型公共文化空间建设品牌“粤书吧”。在“粤书吧”不仅能找到不少与戏曲特别是粤剧相关的戏曲、文学、艺术类图书，还可在视听设备上畅享粤剧信息化资源，或参与粤剧展演、学术研讨、艺术沙龙等丰富的文化活动。同时，不少“粤书吧”在景区、景点为游客提供了更加便利的服务，不仅将文化有效融入旅游景区，还实现了景点历史文化的活化利用。如今，全省已有超过150家“粤书吧”。在“粤书吧”的示范引领下，深圳盐田智慧书房、中山共享阅读空间、韶关风度书房等新型阅读空间如雨后春笋般涌现，数量已达2000多家，探索出多种阅读空间建设新模式。舒适环境、智能服务、多元活动丰富用户的感受与体验，大大改变了传统社区阅读空间的形象，进一步编实织密基本公共文化设施网络，推动基层公共文化服务焕发生机与活力。

三是引导社会力量参与公共文化服务。在2021年12月召开的粤港澳大湾区文采会上，来自广东21个地市及香港、澳门、台湾的文旅体机构和企业汇聚一堂，网罗文旅体行业各细分领域的产品，让采购主体自由挑选。这次文采会共达成意向成交156单，线上直播间点击量5153万人次，成交金额7492万元。据国家文化和旅游研究基地（东莞市文化馆）发布的《广东社会力量参与公共文化服务实践及机制研究》显示，广东社会力量参与公共文化服务各具特色，各地也因地制宜，逐步探索形成了一批新经验新做法。粤港澳大湾区文采会为社会力量全链条参与公共文化服务开辟了渠道，正是展会利民、文化惠民的生动实践。

迈入“十四五”，如何用高水平的公共文化服务来满足广大人民群众文化需求，是摆在广东面前的待解之题。广东省将继续搭建供需对接平台，畅通采购渠道，探索社会力量参与机制，引导社会力量服务基层，丰富基层公共文化服务产品供给，推动全省公共文化服务高质量发展。

广西壮族自治区 2021 年文化和旅游发展情况分析

2021 年是中国共产党成立 100 周年，也是我们奋进“十四五”的开局之年。在自治区党委、政府的正确领导下，全区文化旅游系统坚持以习近平新时代中国特色社会主义思想为指导，深入学习贯彻党的十九届六中全会、自治区第十二次党代会精神，特别是 2021 年 4 月习近平总书记视察广西时的重要讲话和重要指示精神，坚持以人民为中心的工作导向，在谋发展、强消费、提振经济等方面取得积极成效，为推动“十四五”时期文化旅游高质量发展开好局、起好步打下了坚实基础。

一、机构与人员

2021 年，广西各类文化和旅游（文物）单位 5451 个，比上年减少 1089 个；从业人员 72301 人，比上年减少 10145 人。其中，各级文化和旅游部门所属单位 5115 个，比上年减少 1116 个；从业人员 68394 人，比上年减少 10700 人；专业技术人员 7258 人，比上年减少 29 人。广西旅游管理部门 310 个，其中旅游行政主管部门 137 个、二层机构 109 个、旅游行业协会 64 个；旅游部门职工 62048 人，其中旅游管理部门职工 5125 人、旅行社职工 5593 人、星级饭店职工 18723 人、A 级旅游区（点）职工 32607 人。

二、艺术创作演出

庆祝建党百年活动有声有色，“广西有戏”取得新突破。以庆祝建党百年为契机，积极开展精品文艺创作演出、群众文化、红色旅游等庆祝中国共产党成立 100 周年系列文化旅游活动。先后举办了“党旗高高飘扬 · 走读广西”、“文兴广西”5 · 23 广西全民艺术普及日群众文化主题活动、“红旗漫卷壮乡”广西百年革命建设文物图片展、“永远跟党走”全区博物馆讲解大赛、“感党恩　跟党走”广西红色故事大赛和红色故事“五进”宣讲活动。策划推出“邓小平足迹之旅”等 10 条红色游学精品线路，其中“湘江战役之旅”等 3 条精品线路入选全国“建党百年红色旅游百条精品线路”。围绕建党百年主题，成功举办广西优秀舞台艺术作品展演暨第十一届广西剧展、广西音乐舞蹈比赛、广西戏曲青年演员比赛、广西杂技魔术展演等全区性专业艺术活动，演出 70 台新创、复排优秀大型剧目，305 个小戏小品、音乐舞剧和杂技作品。成功推出《英雄虎胆》《苍梧之约》《黄文秀》《拔哥》《致青春》等一批优秀剧目，其中壮剧《百色起义》荣获第六届全国少数民族文艺会演最佳剧目奖和最佳导演奖，音乐剧《血色湘江》荣获最佳舞美设计奖，“广西有戏”品牌渐出声势。

2021 年全区共有艺术表演团体 72 个，比上年减少 6 个；从业人员 2210 人，减少 943 人。其中，文化和旅游部门所属的艺术表演团体 21 个，占全区艺术表演团体数量的 29.2%，从业人员 1204 人，占全区艺术表演团体从业人员数量的 54.5%。2021 年全年广西艺术表演团体共演出 0.89 万场，同比下降 5.3%，其中赴农村演出 0.51 万场，同比增长 82.1%；国内观众 259.03 万人次，同比下降 48.8%，其中农村观众 101.16 万人次，同比下降 35.8%。总收入超过 3.63 亿元，与去年基本持平，其中演出收入超过 0.47 亿元（见表 1）。

2021 年全区文化和旅游部门所属艺术表演团体共组织政府采购公益演出 0.14 万场，观众 86.88 万人次；利用流动舞台车演出 300 场次，观众 6.95 万人次。

表 1　2012—2021 年广西艺术表演团体基本情况

年份	机构数（个）	从业人员数（人）	演出场次（万场）	国内演出观众人次（万人次）	总收入（万元）	其中：演出收入（万元）
2012	68	2744	1.20	757.91	17340.0	4630.6
2013	59	3777	1.54	881.79	35746.6	9108.5
2014	67	3042	0.92	663.89	32238.3	5496.9
2015	92	4613	1.37	1824.04	65364.8	34801.0
2016	100	4716	1.19	848.43	66539.3	30884.6
2017	108	4747	1.44	973.20	61342.8	7255.4
2018	112	4727	1.71	1118.19	74168.7	34601.6
2019	95	3897	1.85	1039.07	82027.4	41075.1
2020	78	3153	0.94	505.64	36385.1	14685.5
2021	72	2210	0.89	259.03	36349.3	4711.0

2021 年全区共有艺术表演场馆 34 个，比上年减少 14 个，观众座席数 13582 个；全年共演（映）0.33 万场次，比上年下降 50.7%；观众 250.04 万人次，增长 35.4%。2021 年全区公有制艺术表演场馆共 9 个，全年共演（映）100 场次，同比下降 95.5%; 观众人次 6.75 万，比上年下降 23.8%。

2021 年全区共有国有美术馆 4 个，从业人员 63 人。全年共举办展览 103 次，参观人次 68.77 万人次，比上年增长 8.4%。

三、公共服务体系

完善公共文化服务供给，人民群众幸福感有了新收获。继续实施乡村振兴产业发展基础设施公共服务能力提升三年攻坚行动计划，争取自治区乡村振兴补助资金 1.035 亿元，支持 14 个基层文化馆建设和 19 个乡村旅游产业项目建设。争取中央专项资金 2724 万元，实施智慧图书馆体系、公共文化云建设、戏曲进乡村等项目，进一步提高公共服务优质化水平。在桂林三千漓景区、钦州老街等地建设一批阅读空间，探索公共图书馆文旅融合发展新路径。组织开展 2021 年戏曲公益性演出，全区各级文化演出院团先后开展演出活动 3000 多场次、服务观众 800 多万人次，群众精神文化生活更加丰富多彩。

（一）公共图书馆

2021 年全区共有公共图书馆 116 个，其中省级图书馆 3 个，地市级图书馆 15 个，县区级图书馆 98 个；从业人员 1763 人，比上年增加 83 人。专业技术人员 1335 人，占全部从业人员的 75.7%，其中高级职称 187 人、中级职称 618 人。

2021 年全区公共图书馆实际使用公用房屋建筑面积 49.71 万平方米，比上年增长 0.6%（见图 1）。总藏量 3026.99 万册，其中，图书 2341.83 万册，古籍 39.76 万册，此外本年新增电子图书 386.86 万册。阅览室座席数 38166 个，比上年增长 3.3%；计算机 6548 台，下降 3.2%，其中供读者使用的电子阅览终端 4316 台。

2021 年全区平均每万人公共图书馆建筑面积 101.33 平方米，比上年增加 2.74 平方米（见图 1），全区人均图书藏量 0.60 册。

图 1　2012—2021 年广西公共图书馆建筑面积情况

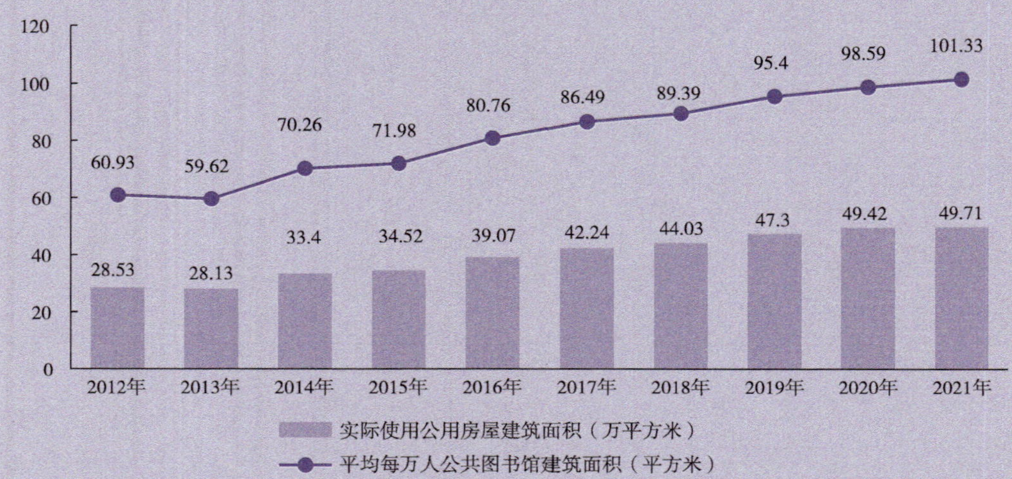

如图 2 所示，2021 年全区各级公共图书馆实际持证读者 199.11 万个，比上年增长 21.1%。全年总流通人次 1790.06 万，比上年增长 53.9%。书刊文献外借 868.96 万册次，比上年增长 45.9%。外借人次 396.49 万，比上年增长 42.8%。全年共为读者举办各种活动 4429 次，参与人次 308.66 万。

（二）群众文化机构

2021 年全区共有群众文化机构 1300 个，与上年持平，其中文化站 1175 个，亦与上年持平。年末全区群众文化机构从业人员 5608 人，比上年增加 320 人。专业技术人员 2928 人，占全区群众文化机构从业人员的 52.2%，其中高级职称 230 人、中级职称 895 人。

2021 年全区群众文化机构实际使用房屋建筑面积 85.21 万平方米，比上年增长 6.4%。2020 年广西平均每万人拥有群众文化设施建筑面积 159.79 平方米（见图 3），全年人均群众文化业务活动专项经费 3.01 元。

图 2　2012—2021 年公共图书馆总流通人次和书刊外借册次情况

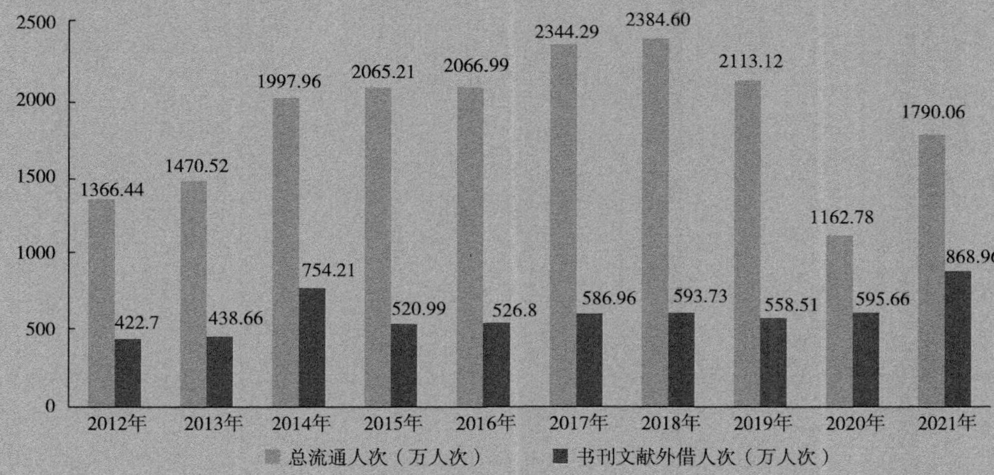

图 3　2012—2020 年广西群众文化设施人均建筑面积情况

2021 年全区群众文化机构共组织开展各类文化活动 47125 场次，其中文艺活动 32108 次，培训班 12524 次，展览 2023 个，公益性讲座 470 次；文化服务惠及 1584.41 万人次，比上年下降 13.2%。（见表 2）

2021 年全区群众文化机构共有馆办文艺团体 345 个，演出 5314 场，观众 275.06 万人次。由文化馆（站）指导的群众业余文艺团队 17414 个，馆办老年大学 18 个。

表 2　2021 年全区群众文化机构活动开展情况

项目	总量		比上年增长 (%)	
	活动次数（次）	服务人次（万人次）	活动次数	服务人次
各项活动总计	47125	1584.41	4.5	-13.2
其中：文艺活动	32108	1399.76	1.2	-8.0
训练班	12524	64.47	19.5	-13.8
展览	2023	111.59	-7.8	-14.0
公益性讲座	470	8.37	-32.9	-91.4

四、市场管理和发展

全力优化营商环境，服务水平实现新提升。一是进一步推进改革开放。统一全区文旅行政许可和其他行政权力事项，积极推进文旅系统行政审批事项“同城通办”和“跨省通办”。二是加快智慧旅游发展。会同广西旅游发展集团全力推进“一键游广西”项目建设，构建“一云一池三平台”，2021 年 10 月“一键游广西”正式上线。截至 2021 年底，实现应用景区 1013 家，酒店民宿 10525 家。三是强化文化市场综合执法。加快执法改革步伐，成立广西文化市场综合行政执法局，健全跨区域、跨行业联合执法机制，全面提升综合执法能力。深入开展不合理低价游、“扫黄打非 · 新风 2021”等专项整治行动，有力打击各类文化旅游市场违法违规行为。2021 年全区共出动执法人员 22 万余人次，检查经营单位 7.8 万余家次，办结案件 1266 件，全区文化旅游市场经营秩序进一步规范。

2021 年全区文化市场经营单位 2425 家，比上年减少 1003 家；从业人员 28566 人，减少 4378 人。全年全区文化市场经营单位营业总收入 31.46 亿元，比上年减少 3.29 亿元，下降 9.5%；营业利润 1.95 亿元，比上年减少 0.59 亿元，减少 23.2%。

分区域看，2021 年全区城市文化市场经营单位 1348 家，占总量的 55.6%；县城 722 家，占 29.8%；县以下 355 家，占 14.6%（如图 4 所示）。

图 4　2021 年广西文化市场经营机构城乡布局情况

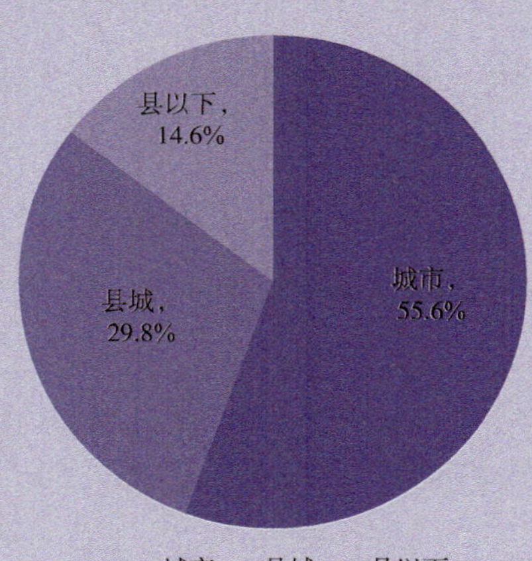

2021年全区共有娱乐场所874个，比上年减少302家；从业人员16221人，减少2369人；全年营业收入12.34亿元，比上年增加1.12亿元；营业利润0.70亿元，比上年增加0.15亿元。

2021年全区共有互联网上网服务营业场所（网吧）1031个，比上年减少833家；从业人员5347人，比上年减少1059人；全年营业收入3.52亿元，比上年减少0.23亿元。

五、产业发展和资源开发利用

加快推进重大项目建设，产业发展迈上新台阶。一是加快全区重大文旅项目建设。印发重大项目建设三年行动计划，完善重大项目统筹推进机制。创新打造招商平台，先后赴北京、上海、深圳等地开展招商活动，共签约59个项目，获投资金额1164亿元。2021年，全区推进文化旅游产业重大项目269个，完成投资270.17亿元，超额完成年度目标任务。防城港白浪滩等一批标志性重大项目加快建设，桂林融创国际旅游度假区等一批项目建成营业。二是全力推进文旅品牌创建。北海、玉林、贵港3市成功入选第二批国家文化和旅游消费试点城市，南宁三街两巷等6家单位入选第一批国家级夜间文化和旅游消费集聚区，黄姚古镇、程阳八寨创建国家5A级旅游景区工作积极推进。“壮族三月三”等8个项目入选2021—2023年度“中国民间文化艺术之乡”，韦拔群纪念馆等2个纪念设施获评全国爱国主义教育示范基地。新创建、评定五星级旅游饭店、甲级旅游民宿、全国乡村旅游重点村（镇），以及广西全域旅游示范区、广西旅游休闲街区、自治区级旅游度假区等15类文化旅游品牌共113个，首次遴选出11家文化“双创”示范企业和5家孵化示范基地，文化旅游产业品质进一步提升，高质量发展步入快车道。三是推进发展乡村旅游，助力乡村振兴。建立和完善了广西乡村旅游数据库。积极争取中央资金支持乡村旅游厕所、游客服务中心、停车场等乡村旅游配套设施建设。成功举办2021年党旗领航 · 乡村旅游嘉年华助力乡村振兴工作推进会、2021年广西休闲农业与乡村旅游精品线路推介活动，积极推进民族特色村寨与乡村旅游融合发展试点工作。在巩固拓展脱贫攻坚与乡村振兴有效衔接国家评估考核中，圆满完成了东西部协作等有关文化旅游助力乡村振兴的各项考核指标。

2021年末，全区共有A级旅游景区661个，比上年末增加50个。其中：5A级旅游景区8个；4A级旅游景区307个，比上年增加28个；3A级旅游景区335个，增加22个。

据统计，2021年全区累计接待国内游客7.98亿人次，同比增长20.7%；国内旅游收入9062.99亿元，同比增长24.8%（如图5所示）。

2021年全区文化系统文化及相关产业总产出118.14亿元，比上年下降3.7%；实现增加值102.57亿元（见图6）。目前全区共有国家文化产业示范基地10个，省级文化产业示范园区13个，省级文化产业示范基地132个。

2021年广西有规上文化产业单位804家，较上年增加73家，增长10.0%；新增企业主要集中于服务业，增加36家，增长10.2%（见表3）。这说明，规上文化服务业发展势头迅猛，其中服务业单位增长最为明显。

图 5　2012—2021 年全区国内旅游发展情况

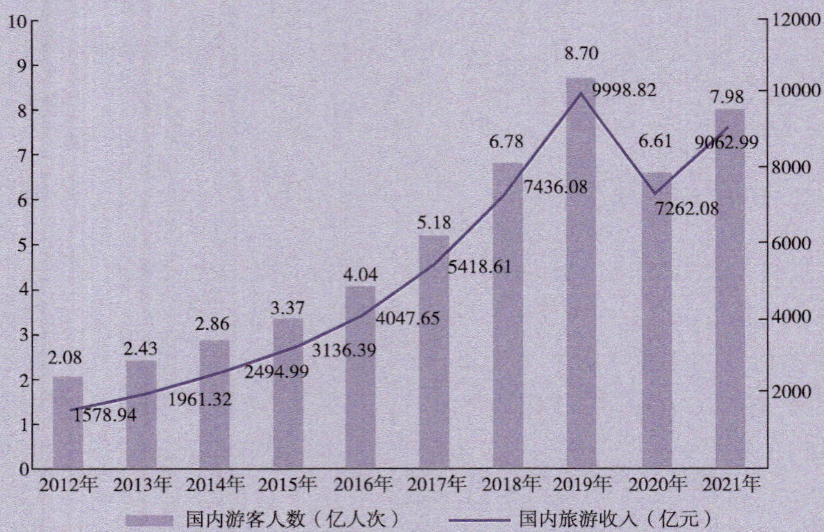

图 6　2012—2021 年广西文化产业总产出情况

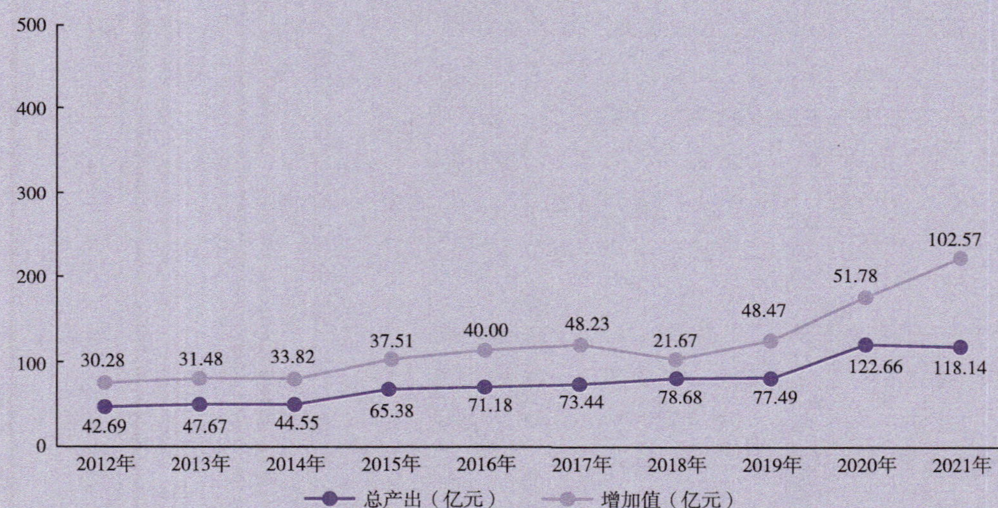

表 3　2021 年全区规模以上文化产业综合汇总表

	法人单位				从业人员期末人数				资产总计			营业收入		
	2020 年（家）	2021 年（家）	增长（%）	增加（家）	2020 年（人）	2021 年（人）	增长（%）	增加（人）	2020 年（亿元）	2021 年（亿元）	增长（%）	2020 年（亿元）	2021 年（亿元）	增长（%）
总计	731	804	10.0	73	84264	88385	4.9	4121	1297.92	1542.86	18.9	910.77	1077.20	18.3
制造业	186	206	10.8	20	42709	45047	5.5	2338	597.28	687.38	15.1	414.47	467.69	12.8

续表

	法人单位				从业人员期末人数				资产总计			营业收入		
	2020 年（家）	2021 年（家）	增长（%）	增加（家）	2020 年（人）	2021 年（人）	增长（%）	增加（人）	2020 年（亿元）	2021 年（亿元）	增长（%）	2020 年（亿元）	2021 年（亿元）	增长（%）
批发零售业	191	208	8.9	17	5256	5353	1.8	97	134.71	172.05	27.7	122.71	137.83	12.3
服务业	354	390	10.2	36	36299	37985	4.6	1686	565.93	683.43	20.8	373.59	471.68	26.3

六、文化遗产保护利用

积极推进文化遗产保护传承，优秀传统文化焕发新气象，文物保护机制进一步强化。加挂广西文物局牌子，增设革命文物处，在全国率先实现全区各市县文物局挂牌。召开全区革命文物工作会议，全面推进革命旧址、遗址公园、传统建筑壁画、石窑寺（含摩崖石刻）等保护工作，桂林甑皮岩遗址、合浦汉墓群列入中国“百年百大考古发现”名单。扎实推进长征国家文化公园（广西段）建设，“一廊一园”（一期）项目如期竣工，《长征国家文化公园（广西段）建设保护规划》获国家批复，其中 9 个规划项目被国家发展改革委列入“十四五”文化保护传承利用工程储备项目。广西博物馆改扩建工程有序推进，项目土建工程完成 80%，其中主体建筑已完成验收。“壮族天琴艺术”“北海贝雕”“瑶族祝著节”等 18 个项目入选第五批国家级非遗代表性项目名录，实现国家级非遗项目在全区内 14 个市全覆盖。指导“六堡茶制作技艺”“瑶族油茶习俗”两项茶类项目申报人类非物质文化遗产代表作。加强对国家级代表性项目和代表性传承人履职情况评估。成功举办 2021“广西有礼 · 广西有味”文旅商品暨非遗美食大集市、2021 中国 – 东盟博览会特色旅游商品展等非遗展示展销活动。

2021 年全区共有文物机构 336 个，比上年增加 27 个。其中，文物保护管理机构 70 个，占全区文物机构数量的 20.8%；博物馆 169 个，占 50.3%；年末全区文物机构从业人员 3907 人，比上年增加 555 人，其中高级职称 247 人，占 6.3%，中级职称 585 人，占 15.0%。

2021 年全区文物机构拥有文物藏品 496105 件 / 套，其中，博物馆文物藏品 411996 件 / 套，占文物藏品总量的 83.0%；文物保护管理机构文物藏品 37166 件 / 套，占 7.5%。文物藏品中，一级文物 342 件 / 套，二级文物 5780 件，三级文物 43360 件。

2021 年全区文物机构共举办陈列展览 724 个，比上年增加 127 个。其中，举办基本陈列 389 个，比上年增加 68 个；举办临时展览 335 个，增加 59 个。接待观众 2632.65 万人次，比上年增长 83.4%；其中未成年人 582.06 万人次，增长 52.9%，占参观总人数的 22.1%（见图 7）。在这之中，全年全区博物馆接待观众 2517.34 万人次，比上年增长 102.7%，占文物机构接待观众的 95.6%。

2021 年全区共有国家级非物质文化遗产代表性项目名录 70 项，自治区级非物质文化遗产代表性项目名录 914 项，市级非物质文化遗产代表性项目名录 1571 项，县级非物质文化遗产代表性项目名录 5838 项。全区共有国家级非物质文化遗产代表性项目代表性传承人 40 人，自治区级非物质文化遗产代表性项目代表性传承人 800 人。此外，全区共有国家级非物质文化遗产生态保护区 1 个，自治区级非物质文化遗产生态保护区 8 个。

图 7　2012—2021 年广西文物机构参观人次情况

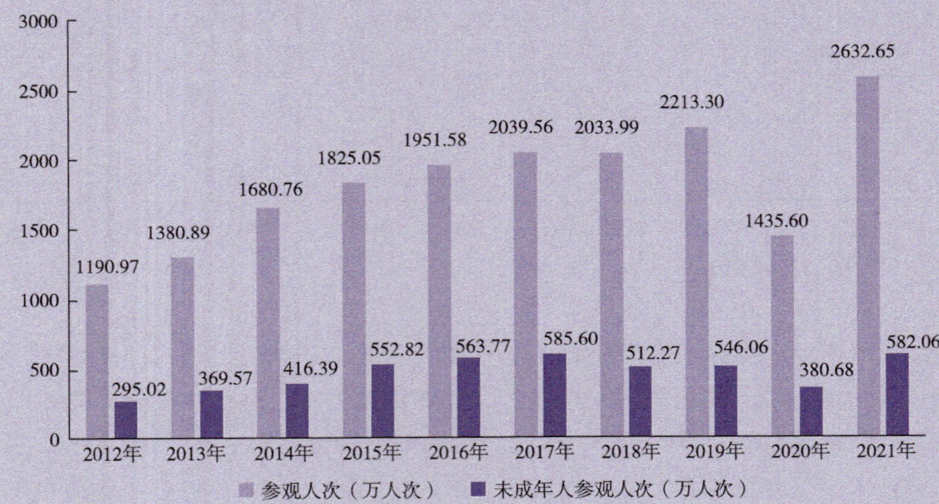

2021 年全区共有非物质文化遗产保护机构 104 个，从业人员 1737 人。全年各级非物质文化遗产保护机构共举办展览 297 次，接待观众 28.43 万人次；举办演出 3559 场，观众 237.98 万人次；举办培训班 485 次，培训 2.35 万人次。

七、宣传推广和对外交流合作

全媒体、多渠道整合宣传推广资源，打响“秀甲天下 壮美广西”文化旅游品牌形象。成功举办第 16 届中国—东盟文化论坛、2021 中国—东盟传统医药健康旅游国际论坛、2021 中国—东盟博览会旅游展、2021 广西汽车旅游大会、广西全域旅游大集市、广西文博旅游艺术活动周、金牌导游说广西等活动。持续开展“冬游广西”“广西人游广西”“壮族三月三 相约游广西”等系列主题活动，推出景区门票打折、包机专列旅游团队奖励等联合促销政策，对区内 112 家景区补助 6297.2 万元，对区内 32 家组织包机专列旅游的旅行社奖励 509.4 万元。先后赴北京、广州、武汉、南京等重要客源地开展专题营销推广。邀请广西文化旅游形象大使王鸥拍摄的文化旅游形象宣传片《遇见“心”的广西》火爆“出圈”，微博阅读量达 2 亿人次。

2021 年共审批对外文化交流事项 2 批次（其中出访 1 批次，来访 1 批次），参与交流人员 9 人（其中出访 9 人）。

八、资金投入

2021 年广西文化文物经费收入 79.52 亿元，与上年相比减少 4.70 亿元，下降 5.6%。其中，财政拨款 38.61 亿元，与上年相比减少 2.12 亿元，下降 5.2%。

全年广西文化文物经费支出 81.43 亿元，与上年支出相比，增加 0.34 亿元，下降 1.0%。其中，文化经费支出 67.53 亿元，占全区文化文物经费支出的 82.9%；文物经费支出 13.90 亿元，占 17.1%。

2020 年广西文化和旅游事业费 32.23 亿元，比上年增加 7.04 亿元，增长 27.9%。人均文化和旅游事业费 64.29 元，虽低于全国人均文化事业费的 77.08 元，但比上年增加 13.50 元，增长 26.6%（如图 8 所示）。

图 8　2012—2020 年广西文化事业费和人均文化事业费

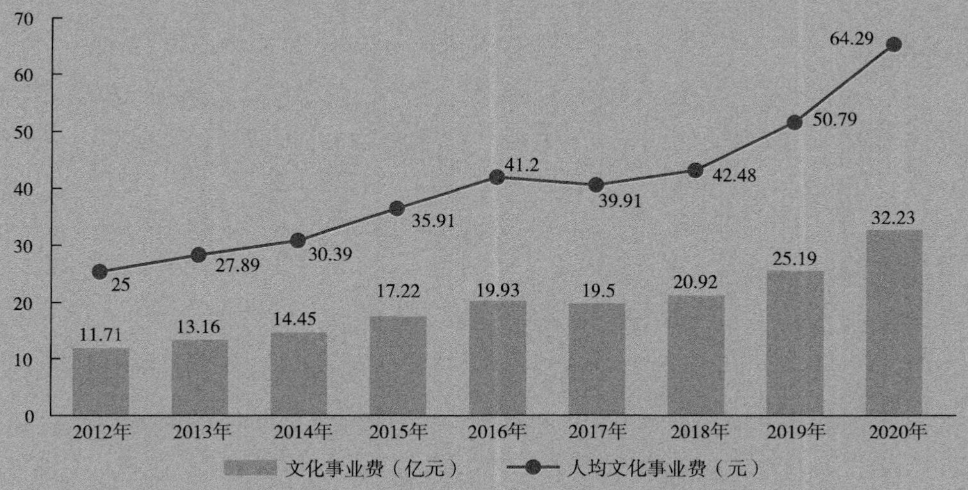

（广西壮族自治区文化和旅游厅）

广西：文化和旅游公共服务融合新模式

2020年以来，广西文化和旅游厅全新打造“走读广西”公共服务融合品牌，是全国首个提出并实践“走读”系列活动的省区。品牌创建以来，“走读广西”在理念、内容、形式、实施、宣传等方面不断创新突破，2021年聚焦“建党百年”，累计开展“党旗高高飘扬·走读广西”系列活动超500场次，遍布全区14个市110多个县区，参与群众超1000万人次，成功探索文化和旅游公共服务融合发展的新模式。

一、主要做法

一是理念创新。“走读广西”以公共图书馆、博物馆等公共文化场馆为依托，发挥馆藏和地方文旅资源优势，通过展览讲座、自驾游、研学游等形式线上线下开展阅读推广活动，打造旅途中的文化风景线，促进“读万卷书”和“行万里路”有机融合。

二是策略创新。由省级文旅部门统筹实施，广西文化和旅游厅每年制定印发“走读广西”的《实施方案》，“自上而下”的顶层设计为活动的落地实施提供指导意见和科学方案。

三是内容创新。注重共性和个性相结合。一方面全区联动扩大规模，如“走读广西·八桂美图”联展等集中展示广西公共图书馆的发展成就。另一方面各馆地方特色项目充实品牌内涵，如“走读广西·听见柳州”有声故事平台展现地方特色数字资源。

四是形式创新。开展线上活动，广西图书馆联合全区市级公共图书馆推出“走读广西”城市主题趣味推文，点击量创新高。自驾旅游，广西高铁读书驿站的建成使“车上阅读、下车归还”的旅行阅读生活成为现实，主题性读者自驾游活动成为新时尚。

五是宣传创新。加强媒体营销，“走读广西·带着书本去旅行”央媒记者广西文化行活动，体验“走读广西”的便捷与乐趣。社会合作，广西文化和旅游厅与广西广播电视台联合打造《走读广西》融媒体栏目，扩大品牌传播面和影响力。

二、取得成效

一是打开了文旅融合背景下全民阅读新模式。“走读广西”让阅读走向广阔天地，同时把图书馆的资源和服务嵌入景区景点，让读者感受到图书馆就在身边。

二是推动了文旅IP融合发展。“党旗高高飘扬——广西人游广西·走读南国抗战之旅”等活动，成功实践文化IP和旅游IP有机融合。

三、经验启示

一是统筹规划，优化资源配置。科学统筹是“走读广西”快速打开局面的关键因素和点睛之笔。

二是因地制宜，走出地方特色。广西丰富的文化旅游资源市“走读广西”可持续发展的基础和特色。

三是合纵连横，推动公共服务社会化。各行各业的合作与社会资源的合力，促使公共服务更加多元化。

海南省 2021 年文化和旅游发展情况分析

2021 年是中国共产党成立 100 周年，是“十四五”规划开局之年，是全面建成小康社会和开启全面建设社会主义现代化国家新征程的关键之年，也是统筹疫情防控和旅游业复苏发展的重要一年。2021 年，在海南省委、省政府的坚强领导下，全省旅游和文化广电体育系统深入贯彻习近平总书记“4·13”重要讲话和中央 12 号文件精神，认真落实省委、省政府决策部署，始终胸怀“国之大者”，抢抓自贸港建设重大机遇，以国际旅游消费中心建设为抓手，砥砺前行、实干创新，统筹疫情防控和行业发展，推动旅游和文化广电体育发展取得“十四五”良好开局，海南成为全国旅游业恢复最好的地区之一。2021 年，全省接待国内外游客 8100.43 万人次，同比增长 25.5%；旅游总收入 1384.34 亿元，同比增长 58.6%；全省旅游业增加值 587.45 亿元，同比增长 30.0%，占 GDP 比重 9.1%，旅游业对全省 GDP 综合贡献率 33.9%；全省文化产业增加值 229.33 亿元，同比增长 17.4%，占 GDP 比重 3.5%。

一、文化发展情况

（一）机构和人员

截至 2021 年末，海南省各级文化文物部门所属单位 407 个，比上年末增加 18 个；从业人员 4370 人，比上年末减少 94 人。

（二）艺术创作演出

2021 年，全省公共文化服务机构和群众文化工作者围绕庆祝建党一百周年，创作了琼剧《接过红旗》《奋斗百年路·启航新征程》，广场舞《母瑞芳华》《逐浪万宁》《疍家渔歌》《“乡”遇海南共建自贸》，舞蹈《追梦海之南》《椰林哒哒哒》，小品《幸福在招手》，美术作品《逐梦自贸港》《喜迎中国梦》《脱贫奔小康 实现中国梦》《苗乡新气象》等，充分展示了海南人民群众发扬红色传统，建设海南自贸港，珍惜美好生活的一批群众文化艺术作品。“送戏下乡”“戏曲进校园”“戏曲进景区”“濒危剧种公益性演出项目”等惠民演出活动相继开展，其中“戏曲进景区”在文笔峰同步实现线上展播，反响热烈。同时加大开展精品剧目惠民演出力度，引进中央民族乐团《唱支心歌给党听》音乐会，歌剧《洪湖赤卫队》，舞剧《昭君出塞》，京剧《满江红》《穆桂英挂帅》等省外精品剧目。全省艺术表演团体全年开展演出 9100 场次，比上年减少 20.9%；国内演出观众超过 237 万人次，比上年减少 73.2%。截至 2021 年末，全省共有艺术表演团体 127 个，从业人员 2593 人（见表 1）。其中：具有高级职称人员 52 人，占从业人员总数的 2.0%；中级职称人员 111 人，占 4.3%。

表 1 2011—2021 年全省艺术表演团体基本情况

年份	机构数（个）	从业人员数（人）	演出场次（场次）	国内演出观众人次（万人次）	总收入（万元）	其中：演出收入（万元）
2011	86	3067	8600	607	16939	11138
2012	61	2342	8370	413	19004	10863
2013	67	2801	9520	972	30343	15481
2014	71	2708	9740	1673	19476	8940
2015	66	2484	7720	701	18997	8849
2016	74	3232	8940	811	61412	37845
2017	77	3827	10810	941	68691	42881
2018	82	3839	9350	716	43425	13116
2019	110	4408	11130	693	88183	41544
2020	102	3320	11500	884	39230	18191
2021	127	2593	9100	237	20592	8308

（三）公共服务体系

1. 公共图书馆

2021 年，全省公共图书馆举办活动 2214 次，比上年增长 200.8%。全省公共图书馆围绕建党 100 周年开展形式多样的主题文化活动，包括“没有共产党，就没有新中国——连环画世界里的中国共产党”“庆祝中国共产党成立 100 周年——红色经典美术作品展”，以及《共产党宣言》英文版读书分享会等，围绕重大时间节点推出系列品牌文化活动。在“4 · 23 世界读书日”和五月全民阅读月期间，举办“诗文有韵 少年有梦”少儿诗会、“悦读青春，书知我心”主题朗诵会；在学校寒暑假期间，举办涵盖围棋、书法、科学实验、艺术手工等方面的“公益小课堂”系列活动。同时，深入开展“旅读海南”全民阅读主题文化讲座、“AR 神奇动物体验”、“少年颂红色经典，笔下书锦绣中华”中小学生软笔书法展览、“义务小馆员”等青少年阅读推广活动。

截至 2021 年末，全省有公共图书馆 24 家，其中一级馆 1 个，二级馆 3 个，三级馆 12 个。公共图书馆实际使用公用房屋建筑面积 10.02 万平方米，同比增长 3.9%，平均每万人拥有公共图书馆建筑面积 102.04 平方米；其中县级公共图书馆建筑面积在 2300 平方米以上的有 6 个，4500 平方米以上的有 3 个。至 2021 年末，全省公共图书馆从业人员 358 名，比上年减少 5 人；从业人员中包括专业技术人员 220 人，其中具有高级职称者 10 人，占全部从业人员的 2.8%；具有中级职称者 121 人，占 33.8%。2021 年末，全省公共图书馆阅览室座席数共 6983 个，总藏量 696.83 万册，同比增长 4.7%；流通人次 437.48 万，同比增长 41.4%。

2. 文化馆和文化站

2021 年，全省文化馆（站）组织文艺演出、培训和展览、讲座等群众文化活动 8149 次，较上年同期增长 20.5%（见表 2）。在全省范围开展了第 18 届海南省东西南北中广场文艺会演、“永远跟党走”合唱朗诵展演活动、2021 年“红色文艺轻骑兵”进基层活动等庆祝中国共产党成立 100 周年系列群众文化活动3177场，惠及现场观众250多万人次、线上观众1300多万人次（见表2）。开展了“唱支山歌给党听 · 小小红心咏向党”海南省少儿民歌文化季活动、海南省民间文化艺术季活动、海南省优秀群众文艺作品展演展览活动等。这些群众文化活动的开展极大丰富了人民群众的文化生活，为海南自由贸易港建设凝聚了强大的精神力量。

截至2021年末，全省共有文化馆（群艺馆）23个，其中一级馆6个，二级馆3个，三级馆5个；乡镇（街道）综合文化站219个。全省群众文化机构从业人员797人，比上年末减少7人。从业人员中包括专业技术人才253人，其中高级职称人员23人，占全部从业人员的2.9%；中级职称人员66人，占8.3%。全省群众文化机构实际使用房屋建筑面积15.18万平方米，同比增长5.7%；共拥有计算机2072台。

表2　2019—2021年海南省群众文化机构开展活动情况

指标	2019年		2020年		2021年	
	活动次数（次）	服务人数（万人次）	活动次数（次）	服务人数（万人次）	活动次数（次）	服务人数（万人次）
各项活动总计	7965	329	6762	264	8149	334.81
其中：展览	374	43	365	26	330	59.34
文艺活动	3762	263	3111	221	3177	254.74
公益性讲座	125	2	82	3	119	1.95
训练班	3704	20	3204	14	4523	18.78

3. 博物馆（纪念馆）

2021年省内各级博物馆（纪念馆）依托馆藏文物资源，策划推出临时展览112个，策划实施教育活动415次，参观人次268.87余万。2021年，推出“故宫 · 故乡 · 故事——故宫博物院藏黄花梨沉香文物展”“觉色敦煌——敦煌石窟艺术展”“长乐未央——大唐长安文物展”“绿色黄金——海上丝绸之路的茶叶贸易展”等精品展览；并有“涨海推舟 千帆竞渡——南海水下文化遗产大展”赴青岛、江苏等地巡回展出。此外，海南省博物馆“海南稽古 南海钩沉——海南考古七十年”入选国家文物局2021年“弘扬中华优秀传统文化、培育社会主义核心价值观”主题展览百项推介名录；中国（海南）南海博物馆和海南解放公园被中央宣传部命名为全国爱国主义教育示范基地；中国（海南）南海博物馆主题旅游项目入选2021年全国文化遗产旅游百强案例。

截至2021年末，全省纳入全国文化文物和旅游统计直报系统的博物馆（纪念馆）共39个，其中国有博物馆18个，非国有、行业博物馆16个，纪念馆5个。共有从业人员685名，较上年减少9人，其中高级职称33人，占全部从业人员的4.8%，中级职称73人，占10.7%；馆藏藏品178695件/套，其中一级文物182件/套，二级文物765件/套，三级文物3233件/套。

（四）文化市场

2021年全省文化市场经营单位1827家，从业人员1.99万人，资产总计2973039万元，营业收入6178894万元，营业利润总额137739万元。其中，文艺表演团体98个，从业人员3188人，全年营业收入35842万元，营业利润-6563万元；营业性演出场所经营单位14个，从业人员688人，营业收入33539万元，营业利润1414万元；演出经纪机构130个，从业人员1799人，营业收入3011842万元，营业利润29523万元；娱乐场所经营单位435个，从业人员6140人，营业收入50448万元，营业利润1632万元；经营性互联网文化单位764个，从业人员6301人，营业收入3035072万元，营业利润总额112610万元；互联网上网服务营业场所359个，从业人员1692人，营业收入11937万元，营业利润-755万元；艺术品经营机构27个，从业人员98人，营业收入214万元，营业利润-122万元。

（五）文化产业

目前，海南省有各级文化产业示范基地、示范园区共13家，从业人员5703人。从业人员中，具有大专以上学历者1324人，占全部从业人员的23.2%；具有中级职称以上者70人，占1.2%。全年营业收入19.15亿元，营业利润8.13亿元。据统计部门核算，2021年，海南全省文化产业增加值229.33亿元，同比增长17.4%，占GDP比重3.5%。

（六）文物保护

2021年，海南文博发展平台建设全面推进，海南国际文物艺术品交易中心落地三亚，国家南海文博产业园落地海口，国际文化艺术品交易中心上线运营，使文物保护利用取得重要进展。高标准举办文博展览，其中《二十三年红旗不倒——琼崖纵队文物史料展》入选中宣部、国家文物局庆祝建党100周年精品展览推介名单。实施文物平安工程，核定公布28处文物保护单位保护范围，公布第一批革命文物名录。考古发掘任务有序完成，西沙水下考古调查项目荣获“2021年度国内十大考古新闻”。

截至2021年末，海南省有全国重点文物保护单位35处，省级文物保护单位208处，市县级文物保护单位455处。全省列入全国文化文物和旅游统计直报系统的文物保护管理机构12个，其中11个属于文物部门，1个属于其他部门，从业人员共207人，藏品数量为973件/套，全年参观人数约为88.31万人次。

（七）非物质文化遗产保护

2021年，海南省非物质文化遗产保护传承扎实推进，疍歌、海南苗族盘皇舞、骨器制作技艺（白沙黎族骨器制作技艺）、祭祀兄弟公出海仪式4个项目入选第五批国家级非物质文化遗产代表性项目名录；13个非遗代表性项目获邀参加文化和旅游部在上海市举办的中国传统工艺邀请展；五指山市、琼中黎族苗族自治县被确定为海南岛中南部少数民族文化生态保护区；琼中黎族苗族自治县、五指山市通什镇和儋州市光村镇被文化和旅游部命名为“中国民间文化艺术之乡”；全省共有10个市县、乡镇被评定为2021—2023年度“海南省民间文化艺术之乡”。

截至2021年末，全省共有非物质文化遗产保护机构21个（另有24个为挂牌文化馆机构），从业人员587人。全年全省非物质文化遗产保护机构共举办展览67个，接待观众6.67万人次；举办演出870场，观众35.36万人次；举办民俗活动23次，观众18.23万人次；举办非遗工作人员培训班90次，培训1.42万人次。

二、旅游发展情况

（一）总体情况

1. 旅游接待

2021 年全省接待国内外游客 8100.43 万人次，同比增长 25.5%，恢复至 2019 年的 97.5%，恢复程度高于全国 32.5 个百分点；旅游总收入 1384.34 亿元，同比增长 58.6%，较 2019 年增长 30.9%，恢复程度高于全国 72.9 个百分点（如表 3 所示）。

2. 游客消费

自贸港政策发布特别是免税购物新政施行后，游客消费大幅度提高。据游客消费抽样调查，2021 年海南国内游客人均天花费 1109 元，人均逗留天数 4.4 天，人均花费 4835 元，高于去年整体水平。其中，购物消费占比 35.8%、住宿消费占比 17.3%、餐饮消费占比 15.9%、交通消费占比 23.4%。

3. 产业规模

在国际旅游消费中心建设有力带动下，旅游消费回流成效明显，旅游产业规模不断壮大。据省统计局核算，2021 年全省旅游业增加值 587.45 亿元，同比增长 30.0%，占 GDP 比重 9.1%，较 2019 年提高 0.6 个百分点。另据海南省旅游卫星账户核算，2021 年全省旅游及相关产业对全省 GDP 综合贡献率为 33.9 %，旅游业作为海南自贸港主导产业地位进一步凸显。

表 3　2019—2021 年全省旅游接待和收入情况表

项目	2019 年	同比增长（%）	2020 年	同比增长（%）	2021 年	同比增长（%）
接待游客总人数（万人次）	8311.20	9.0	6455.09	-22.3	8100.43	25.5
入境过夜游客（万人次）	143.59	13.6	22.40	-84.4	19.72	-12.0
旅游总收入（亿元）	1057.80	11.3	872.86	-17.5	1384.34	58.6

（二）国内旅游

2021 年全省接待国内游客 8080.72 万人次，同比增长 25.6%。其中，过夜游客占 71.3%、一日游游客占 28.7%。全年全省实现国内旅游收入 1379.29 亿元，同比增长 59.4%（见图 1）。其中，过夜游客旅游收入占 94.6%、一日游游客旅游收入占 5.4%。

海南拥有独一无二的气候条件和度假养生旅游资源，每年都有大量的旅居游客（俗称候鸟游客）前来海南度假养老。据海南旅游卫星账户测算，2021 年来琼候鸟游客 113.85 万人，累计逗留 11951.37 万人天，给海南带来旅游消费收入 134.86 亿元，占海南旅游总消费的 9.7%，是国内旅游一支不可忽视的消费力量。

（三）入境旅游

受疫情影响，入境旅游持续低迷。2021 年，全省共接待入境过夜游客 19.72 万人次，同比下降 12.0%，较 2019 年下降 86.3%（见表 3）；实现国际旅游收入约 7743 万美元，同比下降 30.8%，较

2019年下降92.0%（见图2）。其中，接待外国人14.56万人次，同比下降17.2%；接待香港同胞2.86万人次，同比增长5.3%；接待澳门同胞0.58万人次，同比增长22.8%；接待台湾同胞1.72万人次，同比增长5.9%。从国际客源区域来看，亚洲市场接待游客2.88万人次，同比下降33.1%，其中韩国下降18.1%、新加坡下降22.1%；欧洲市场接待游客5.20万人次，同比下降24.4%，其中俄罗斯下降81.7%；美洲市场接待游客3.45万人次，同比增长46.5%，其中美国增长34.7%；大洋洲市场接待游客0.82万人次，同比增长41.2%；非洲市场接待游客0.52万人次，同比下降111.9%。

图1　2015—2021年海南省国内旅游收入情况

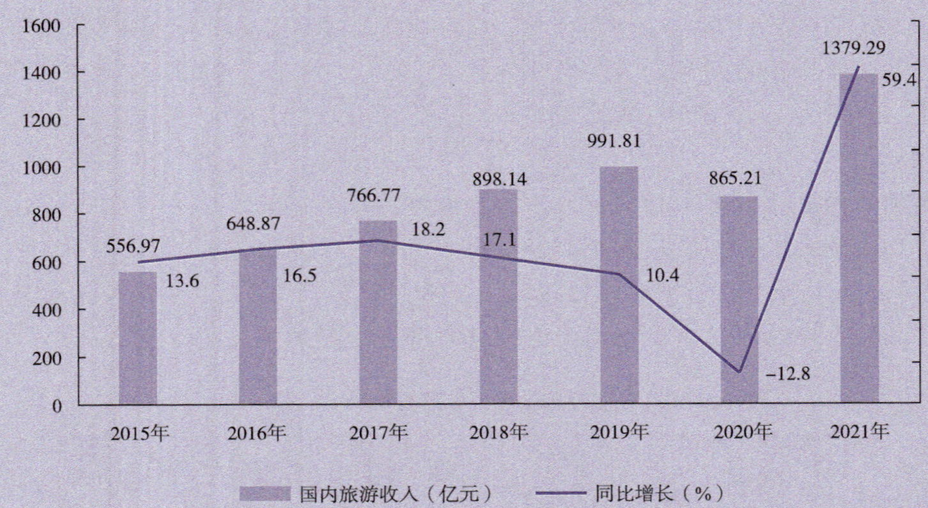

图2　2015—2021年海南省入境旅游收入情况

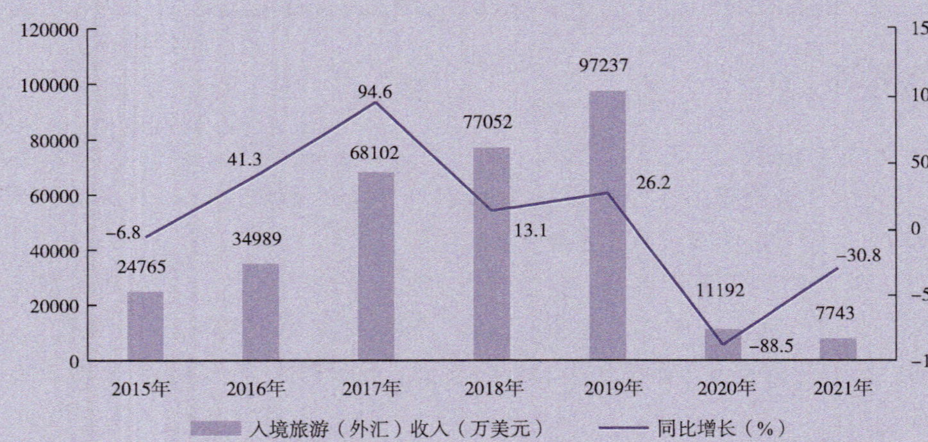

（四）旅游吸引物

疫情背景下，海南苦练内功，着力打造优质旅游吸引物，积极推进全域旅游示范区建设，取得新的进步。2021 年，评定琼海市、万宁市、定安县、海口市秀英区、三亚市海棠区 5 个省级全域旅游示范区。三亚海昌梦幻海洋不夜城获评国家级夜间文化和旅游消费集聚区，海口骑楼老街获评首批国家级旅游休闲街区。琼海市博鳌镇留客村等 5 个村被纳入第三批全国乡村旅游重点村名录，琼海市博鳌镇等 3 个镇被纳入第一批全国乡村旅游重点镇名录。全年新增 2 家省级旅游度假区、2 家旅游小镇、18 家 A 级旅游景区、43 家椰级乡村旅游点、30 家省级金银铜宿。定安母瑞山红色文化旅游区、海南石花水洞地质公园、儋州东坡文化旅游区、海南铜鼓岭景区、五指山红峡谷文化旅游区、梦幻香山旅游区成功创建 4A 级景区，红色景区实现高 A 级突破，五指山、文昌、屯昌等市县均实现高 A 级旅游景区“零”的突破。2021 年底，全省共有 A 级景区 81 家，其中 5A 级景区 6 家，4A 级景区 27 家，3A 级景区 31 家，2A 级景区 17 家；旅游度假区 6 家，其中国家级旅游度假区 1 家，省级旅游度假区 5 家；特色产业小镇 100 个、旅游小镇 8 个。图 3 为海南省 2A 级（含）以上景区占比情况。

图 3　海南省 2A 级（含）以上景区占比情况

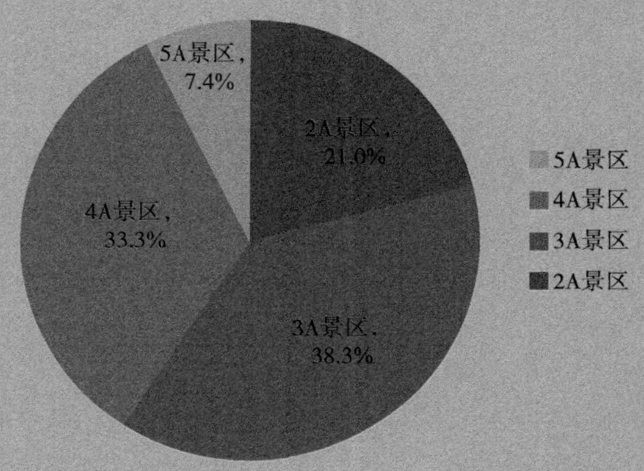

（五）旅行社

受疫情影响，旅行社经营状况尚不理想。2021 年因受局部疫情反复而带来的旅行社团队游政策性限制，旅行社团队旅游需求未能充分释放。2021 年底，全省共有旅行社 723 家，其中出境社 57 家。2021 年，全省旅行社接待国内旅游 704.44 万人次，较 2019 年同比下降 10.0%，其中海口市接待 177.00 万人次，三亚市接待 525.41 万人次；接待国内旅游 2037.25 万人天，较 2019 年同比下降 40.5%。

（六）旅游酒店

据清查摸底，2018 年底，全省共有旅游住宿单位约 6572 家，共有客房总数约 33 万间、约 50 万张床位。2021 年，全省共有五星级酒店 26 家，客房数量 10424 间；四星级酒店 41 家，客房数量 9363 间；三星级酒店 49 家，客房数量 3312 间；二星级酒店 1 家，房间数量 118 间；一星级酒店 2

家，房间数量 126 间。

（七）旅游新业态

1. 乡村旅游

2021 年，评定椰级乡村旅游点 38 家，其中五椰级 9 家、四椰级 12 家、三椰级 17 家。新认定旅游小镇 2 家，并有 3 个旅游小镇入选第一批全国乡村旅游重点镇，5 个村入选第三批全国乡村旅游重点村名单，共计 29 个村入选全国乡村旅游重点村。全年全省椰级乡村旅游点接待游客 851.49 万人次，同比增长 82.4%；实现乡村旅游收入 26.91 亿元，同比增长 82.5%。

2. 购物旅游

2021 年，海南不断挖掘购物旅游消费潜力，持续开展“健康游欢乐购”旅游推广活动，吸引大量游客至海南，带动海南旅游业快速恢复。据海口海关统计，2021 年，免税店售出离岛免税品共 7045 万件，同比增长 106.6%；购买人次 671.5 万，同比增长 49.8%；销售金额 494.7 亿元，同比增长 80.0%（见表 4）。人均购物花费 7367 元，人均同比增加 1238 元。另据游客消费抽样调查，2021 年来琼国内游客人均购物消费 1780 元，占其总消费支出的 35.8%，比重较上年提高 5.9 个百分点。

表 4　2019—2021 年海南离岛免税销售情况表

指标	2019 年		2020 年		2021 年	
	数值	同比（%）	数值	同比（%）	数值	同比（%）
免税购物金额（亿元）	134.92	38.5	274.79	103.7	494.7	80.0
免税购物人次（万人次）	376.20	35.0	448.4	19.2	671.5	49.8
免税购物件数（万件）	1819.9	37.3	3410	84.7	7045	106.6

3. 体育旅游

2021 年，国家体育旅游示范区创建稳步推进，编制《海南国家体育旅游示范区创建行动实施方案》，积极推动示范区的“一圈”（环海南岛体育旅游圈）、“五区”“五极”（海口、三亚、儋州、万宁、琼中）等体育旅游城镇建设。成功举办首届中国（海南）体育用品和装备进口博览会，举办首次体育产业推介会，包装了沙滩运动嘉年华、亲水运动季、嗨跑海南、骑行海南、高尔夫系列赛事、青少年系列赛事等体育赛事活动 IP，其中“第十四届全运会冲浪项目预决赛暨全国冲浪锦标赛”等多个赛事为首次举办。体育冬训天堂打造初见成效，“多点”布局的国家体育训练基地提质升级，参加东京奥运会的 14 支国家队 849 人以及其他省市队伍 1480 人来琼冬训。据游客消费抽样调查，以体育旅游为目的的游客人均天花费 1155 元，人均停留 4.8 天，人均消费 5565 元。

4. 文化旅游

大力推动旅游与文化、文物领域融合发展，培育新业态，打造新产品。开展“旅读海南”全民阅读主题读书活动，邀请郦波、梅国云等知名文化学者赴儋州、琼海等地进行旅读访谈并录制节目，挖掘宣传东坡文化、海洋文化和黎苗民族文化等海南特色文化，宣传推介民宿、景区景点等旅游资源，探索文旅融合路径，提升海南旅游文化内涵。首届中国国际消费品博览会（简称“消博会”）上的沉香、黄花梨和黎锦展览，现场成交额达 4484.30 万元。成功举办草莓音乐节和张信哲、华晨宇等大型演唱会。成功举办第二届非遗购物节、首届非遗研学课程设计大赛等文旅融合活动，首次推出“中国非物质文化遗产服饰秀”“故宫博物院藏黄花梨沉香文物展”“大唐长安文物展”等精品展览。先后进入冯小刚电影公社、椰林古寨、槟榔谷、天涯海角四个景区，以文旅融合方式圆满完成“中国画优秀作品进景区入酒店展览活动”。打造四张文物旅游名片，东坡书院、崖州故城、疍家博物馆、落笔洞遗址完成规划策划，其中东坡书院获评4A级景区，疍家博物馆开工建设。据海南旅游卫星账户初步核算，全省文化旅游消费34.64亿元，占旅游总收入3.0%。据游客消费抽样调查，以文化旅游为目的的游客人均天花费926元，人均停留2.1天，人均消费1944元。

5. 会展旅游

经过多年的培育发展，海南已经逐渐成为会展旅游的热门目的地。海南省“十四五”旅游发展规划明确提出构建会展高地。2021年，海南先后举办了首届消博会、健康产业（国际）生态大会（西普会）、世界新能源汽车大会、中国（海南）国际热带农产品冬季交易会（简称“冬交会”）、海南世界休闲旅游博览会（以下简称“休博会”），以及海南国际旅游美食博览会（以下简称“美食博览会”）、海南国际旅游装备博览会（以下简称“装备博览会”）等一批重点展会，规模大、人气足，具有明显的带动和示范作用。其中首届消博会“一炮打响”，成为亚太地区规模最大的消费精品展。据统计部门统计，2021年，全省会展业实现增加值92.17亿元，同比增长17.1%，占同期全省GDP的1.4%。据海南旅游卫星账户初步核算，2021年海南会展旅游总消费达95.8亿元，约占旅游总收入的6.9%。会展游客停留时间长、消费能力强。会展游客人均停留4.4天，比常规国内过夜游客多0.2天，人均消费5138元，比常规国内过夜游客多165元。

6. 海洋旅游

据海南旅游卫星账户初步核算，海洋游客人均天花费1351元，人均停留3.9天，人均消费5227元。2021年，海南成功举办全国运动会冲浪比赛、亲水运动季、沙滩运动嘉年华等品牌赛事活动，潜水、沙滩、冲浪、帆船、帆板、摩托艇、水上自行车等滨海旅游产品深受游客青睐，三亚后海、万宁日月湾冲浪小镇等冲浪地点成为全国乃至世界知名的“冲浪胜地”。以邮轮旅游为代表的远洋旅游逐步恢复。推动第一艘中国籍豪华邮轮“招商伊敦”号于2021年9月正式开通了“深圳—三亚—深圳”邮轮旅游航线，这也是第一条国内海上邮轮旅游航线，共执行26艘次，接待游客6600余人次；西沙邮轮旅游执行246艘次，接待国内游客6.7万人次，已恢复至2019年同期的90%。以游艇旅游为代表的近海旅游发展势头喜人。2021年，全省游艇出海累计达16.93万艘次，接待游客113.32万人次，较2020年分别同比增长49.7%和49.9%，较2019年分别同比增长75.0%和39.8%。另据海南旅游卫星账户初步核算，2021年，游艇游客人均花费5065元，带来旅游收入达57.39亿元，实现游艇旅游增加值27.27亿元，占全省旅游业增加值的4.2%。

7. 低空旅游

历经多年发展，海南低空旅游产品已经从直升机观光的单一项目逐步发展成为以娱乐飞行体验、低空观光、低空旅游交通为主的多类型项目。根据海南省航空运动协会统计，2021年全省共计有12个低空飞行涉旅基地，12家经营主体，覆盖7个市县（海口市/三亚市/琼海市/万宁市/陵水县/东方市/乐东县）。涉及航空运动类项目主要有：跳伞、滑翔伞、动力伞、运动飞机，共计执飞28336人次，人均项目消费1907元。当前，行业协会引领的“赛事+旅游”发展模式初见成效，成为促进行业良性运营、巩固航空运动产业基础的重要抓手。2021年“环海南岛飞行大赛”（以下简称“海飞赛”）连续两届（2020、2021）成功举办，并与国家级公开赛事有机结合，得到了国家体育总局航管中心的充分认可，《人民日报》、新华社、中央电视台、《海南日报》等权威媒体对此进行了专项报道。随着海南自由贸易港和国际旅游消费中心建设的推进，低空旅游产品越来越受度假游群体的追捧，市场需求旺盛。据企业反馈和问卷调查显示，目前海南的滑翔伞、高空跳伞、热气球体验等低空旅游产品需求量远大于供给量，有较大的发展潜力与空间，如高空跳伞项目基本须提前 1 个月预定，动力伞体验节假日可达到 70 架次 / 天的满负荷飞行，陵水红角岭航空飞行营地年接待量稳居全国前三。

（八）旅游节庆活动

全年成功举办海南乡村旅游文化节、海南国际旅游岛欢乐节、休博会、美食博览会、装备博览会、首届中国（海南）体育用品和装备进口博览会等各类活动 1523 项，极大促进了旅文消费提质升级。其中，第二十二届海南国际旅游岛欢乐节开幕式的系列活动吸引现场观众近 7 万人，线上线下旅游商品销售额合计超 2000 万，活动期间一直位居抖音同城热搜榜第一位，关注达 630 余万人次。欢乐节、“三展”（休博会、美食博览会、装备博览会）观展人数达 40 万人次，销售、签约或达成合作意向的总金额超 7 亿元，展会展览面积达 10.6 万平方米，创历史新高。此外，不断加强活动品牌化，打造了“海南健康游欢乐购”“亲子游青春季”“阳光岛欢乐季”“约‘会’自贸港”“重走琼崖红军之路 追逐百年红色足迹”等五大主题推广 IP，共举办“我和春天的约‘惠’”“海南夏天‘童’Young 嗨”“海南健康游欢乐购”、2021 年海南康养旅游推广活动、2021 年世界研学旅游大会等各类促销活动 300 余场，有力挖掘了购物旅游、康养旅游、研学旅游“三大回流”的消费潜力。

（九）旅游投资

招商引资力度持续加大。2021 年，海南省在北京、西安、海口、成都、上海等地举办 8 场招商推介会，组织参加省内外招商活动 20 余次、举行招商座谈近 90 次，促成全省集中签约、开工旅游文体产业项目 32 个。旅游项目建设稳步推进。4 个省重点社会投资项目总投资 254.90 亿元，其中 2021 年已完成投资 24.40 亿元。陵水富力海洋欢乐世界正式开园，海花岛童世界“水上王国”“海洋乐园”及多个酒店投入试运营。据统计部门统计，2021 年，全省旅游业固定资产投资 675.21 亿元，同比增长 31.6%。

（十）旅游税收

据海南旅游卫星账户初步核算，2021 年全省旅游业直接税收收入 128.35 亿元，同比增长 74.3%；占税收总收入的 9.2%，同比提高 2.2 个百分点。2021 年全省旅游综合带动税收收入 359.02 亿元，税收综合贡献率 34.2%。

三、旅游文化对外交流情况

在全球疫情持续影响的情况下，一边转变思路积极开展境外旅游宣传，一边抓紧时间深入调研，谋求合作，完善宣传平台建设和宣传物料制作等，在“国际国内双循环”思路指导下，继续做好各项宣传推广工作。通过文化和旅游部“云游中国”平台，面向国际市场密集推广海南旅游、文化、非遗等基础资源和节庆会展活动。针对香港市场，举办了海南自贸港旅游（香港）专场线上推介交流会。参加柏林国际旅游交易会（ITB）线上推广活动。通过播放推介视频、宣传视频、问答互动等方式向全世界推介海南优质旅游资源和产品。开展部省合作文化交流活动。受文化和旅游部委托，与马德里中国文化中心开展为期一年的线上交流与合作，陆续推出包括海南自贸港旅游资源宣传视频、海南省非物质文化遗产微视频展播、“海南厨房”视频等在内的9个海南文旅项目。组织海南代表团参加第十七届海峡旅游博览会。针对澳门入境旅游市场，参加第九届澳门国际旅游（产业）博览会参展和举办系列旅游宣传交流等活动。赴广西参加2021中国—东盟博览会旅游展并举办系列旅游宣传交流活动。

四、旅游文化市场管理情况

2021年，制定《2021年海南省旅游消费市场综合整治工作方案》，按照“统一领导、属地管理、部门联动、责任到人”的原则，开展为期半年的旅游消费市场整治活动。全省共出动检查人员89807人次，检查涉旅企业27650家次，发现问题1027个，下发责令整改通知书539份，下发督查督办通知书46件，立案114件，目前已全部完成整改。2021年，全省共受理各类旅游文化市场投诉举报3951件，其中旅游投诉举报3886件，文化投诉举报65件，受理率、办结率均为100%，为游客理赔金额43.05万元。全省共查处旅游文化市场各类违法违规案件272宗，下达《行政处罚决定书》288份。

五、旅游文化人才培养情况

2021年，共组织各类专题培训班200场次，参训人数12.9万人次。举办黎锦技艺、海南椰雕、崖州民歌等非遗项目培训班580期，培训人员约1.7万人次。组织各类专题培训班46场次，参训人数8513人次。举办黎锦技艺、黎族藤编技艺培训班、全省非遗代表性传承人培训班等非遗项目培训班3期，培训人员约249人次。其中，“旺工淡学”项目亮点突出。2021年，印发《海南“旺工淡学”旅游业人才培养项目发展白皮书》《进一步规范“旺工淡学”项目财政补贴通知》等政策性文件和指导性意见，不断提升“旺工淡学”项目质量。国家领导人、省委主要领导对该项目作出了肯定批示，由国家发改委和商务部向国办、中办报送，推荐在全国进行复制推广，为全国提供了旅文人才培养模式海南经验和海南范本。此外，该项目荣获第二届“海南省改革和制度创新奖”。项目实施三年来，培养各类旅游人才1.5万人，有效缓解了海南旅游人才的燃眉之急。

（海南省旅游和文化广电体育厅）

海南：率先实施旅游服务质保金保险制度

2021 年，海南成为全国首个推进旅游服务质量保证金保险试点并落地实施的省份，为有效支持旅行社积极应对经营困难，降低经营成本，助力旅行社全面恢复经营和高质量发展提供了有力支撑。

一、主要做法

一是以制度改革创新质保金交纳方式，打造闭环管理机制。海南省出台《旅游质保金保证保险试点实施方案》和《海南省旅游服务质量保证金履约保证保险项目试点管理暂行规定》，明确各级旅游部门许可的旅行社企业可通过购买保险保单代替向银行交纳质量保证金现金。承保后，出现旅行社条例、旅游法等相关法律法规规定需要动用旅游服务质量保证金的情形时，保险公司按照要求赔偿游客，同时向旅行社进行赔款追偿，通过制度保障实现投保、出具保函、报案理赔、追偿等流程无缝衔接和闭环管理。

二是以信用评价引导旅行社行为，激发市场主体活力。海南围绕旅行社信用评价实行差异化补贴政策。第一加强守信激励，将旅游服务质量保证金保证保险纳入产业发展专项资金扶持范围，对合法经营的旅行社购买的旅游服务质量保证金保险给予保费 50% 的补贴。第二加强失信惩戒，对违法违规的旅行社企业实施联合惩戒，将近 2 年内因违法违规受到罚款以上行政处罚的旅行社企业排除在保险补贴范围之外，从政府和法规要求的角度，向市场传递出政府大力支持旅行社企业合法经营的鲜明信号，有助于激发市场主体活力，有效放大社会效益。

三是以公平竞争遴选承保机构，助力优化营商环境。海南坚持以服务能力、合规经营能力、风险管控能力为基本导向和前提，营造公开、公平、公正的营商环境，面向社会公开遴选保险经纪公司和承保机构并组织专业评审，明确所有具备条件、有意愿的保险公司均可报名，明确旅行社可根据自身需求自由选择入围承保公司，以最大限度减少行政干预，实现完全市场化运行。

二、实践效果

一是大幅降低旅行社运营成本。按照目前旅游法规全额交纳的要求，海南旅行社企业全额交纳的质保金总额达到 1.9 亿以上；实行旅游服务质保金保险制度后，海南旅行社只需每年交纳 380 万左右的保险费用，大量的存量资金得到释放，极大缓解了旅行社的经营压力，为行业注入了发展能量。

二是切实保障游客权益。以前，因审批流程烦琐，经常出现游客不能及时、有效获得企业质保金赔付。采用保险交纳质保金方式后，保险公司将分担旅行社质量保证履约风险，承保机构可第一时间对游客进行赔付，事后再向旅行社进行追偿，切实保障了游客的合法权益。

三是充分发挥示范引领作用。2021 年 10 月 11 日，阳光财产保险股份有限公司海南分公司为海南凯胜旅行社签发了首张旅游质保金保证保险保单，为今后在全国范围内复制推广“金融 + 旅游质保金”的创新模式提供了可供参考的海南样本。

重庆市 2021 年文化和旅游发展情况分析

2021 年是中国共产党成立 100 周年，是“十四五”开局之年，也是文旅行业克服疫情影响、加快复苏提振的一年，市文化旅游系统坚持以习近平新时代中国特色社会主义思想为指导，全面贯彻习近平总书记对重庆提出的营造良好政治生态，坚持“两点”定位、“两地”“两高”目标，发挥“三个作用”和推动成渝地区双城经济圈建设等重要指示要求，以建设国际知名文化旅游目的地为目标，围绕建党一百周年主题，紧扣高质量发展主线，统筹疫情防控和行业发展，推动全市旅游业发展取得新成效。中国旅游研究院最新调查数据显示，在后疫情时代中国人最想去的城市旅游目的地中，重庆位居第一。

一、主要指标保持基本稳定

（一）机构人员情况

2021 年纳入统计范围的全市各类文化文物和旅游机构共有 7549 个，同比下降 10.7%；从业人员 87398 人，同比下降 1.6%（如表 1 所示）。

表 1　2020—2021 年重庆市文化及相关产业机构、人员情况

单位	机构数			从业人员数		
	2020 年（个）	2021 年（个）	同比增幅（%）	2020 年（人）	2021 年（人）	同比增幅（%）
总计	8450	7549	-10.7	88798	87398	-1.6
公有制艺术表演团体	20	20	—	1546	1583	2.4
公有制艺术表演场馆	19	19	—	79	83	5.1
图书馆	43	43	—	953	1046	9.8
文化馆	41	41	—	922	932	1.1
文化站	1030	1031	0.1	4108	4034	-1.8
艺术创作展览机构	13	14	7.7	127	131	3.1
艺术教育业	2	2	—	411	572	39.2
文化科研	1	1	—	37	37	—
行政主管部门	40	40	—	1828	1704	-6.8
其他文化机构	55	59	7.3	1397	1543	10.5

续表

单位	机构数			从业人员数		
	2020 年（个）	2021 年（个）	同比增幅（%）	2020 年（人）	2021 年（人）	同比增幅（%）
娱乐场所	1543	1405	-8.9	13833	14160	2.4
互联网上网服务营业场所（网吧）	2746	2004	-27.0	10088	8370	-17.0
非公有制艺术表演团体	1264	1266	0.2	18066	17779	-1.6
非公有制艺术表演场馆	44	43	-2.3	1582	1680	6.2
经营性互联网文化单位	397	278	-30.0	5867	4105	-30.0
艺术品经营机构	53	102	92.5	473	803	69.8
演出经纪机构	70	79	12.9	1307	2141	63.8
旅行社	714	753	5.5	10349	9834	-5.0
星级饭店	163	150	-8.0	12154	13167	8.3
文物业	192	199	3.6	3671	3694	0.6

（二）经费情况

1. 文化总收入稳中有升

受新冠肺炎疫情影响，全市文旅部门 2021 年总收入 38.61 亿元，较 2020 年的 43.67 亿元下降 11.59%。财政拨款预算收入稳步增长，2021 年 24.98 亿元，较 2020 年的 23.36 亿元增长 6.93%（见图 1）。从 2017 年到 2021 年的五年时间里，重庆市文化事业费年平均增长 3.40%。

图 1　2017—2021 年文化部门经费情况

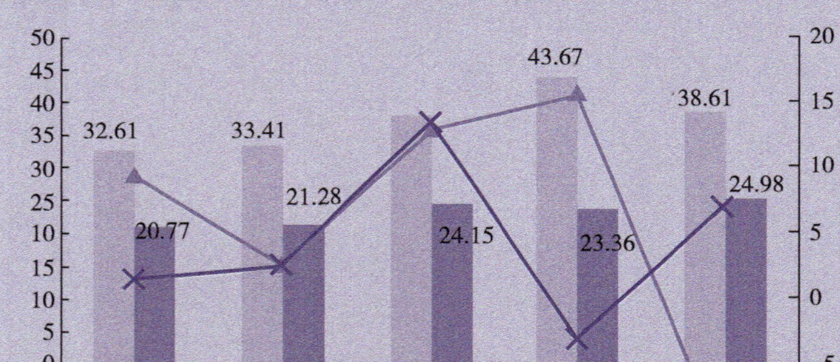

	2017年	2018年	2019年	2020年	2021年
总收入（亿元）	32.61	33.41	37.75	43.67	38.61
财政拨款（亿元）	20.77	21.28	24.15	23.36	24.98
总收入增幅（%）	9.39	2.45	12.99	15.68	-11.59
财政拨款增幅（%）	1.42	2.46	13.49	-3.27	6.93

2. 文物经费增幅明显

2021 年全市文物业总收入 12.24 亿元，较 2020 年的 10.32 亿元增长 18.60%，其中财政拨款 9.76 亿元，较 2020 年的 8.68 亿元增长 12.44%。从 2017 年到 2021 年的 5 年时间里，我市文物业财政拨款年平均增长 9.27%（见图 2）。由于近年来各级政府对文物工作的重视，财政对文物事业发展的支持在大幅增加后进入相对稳定状态。

图 2　2017—2021 年文物业收入情况

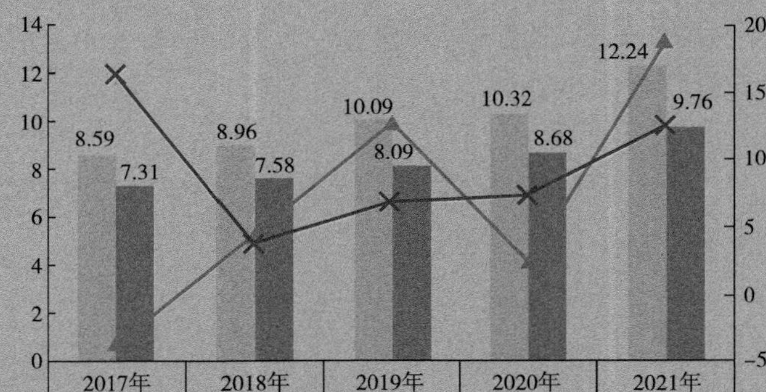

	2017年	2018年	2019年	2020年	2021年
总收入（亿元）	8.59	8.96	10.09	10.32	12.24
财政拨款（亿元）	7.31	7.58	8.09	8.68	9.76
总收入增幅（%）	-3.70	4.31	12.61	2.28	18.60
财政拨款增幅（%）	16.22	3.69	6.73	7.29	12.44

二、旅游业发展态势稳中向好

据初步统计测算，2021 年全市接待过夜游客 8834.86 万人次，同比增长 37.2%；A 级景区接待游客 17546 万人次，同比增长 9.0%。旅游产业实现增加值 1076.09 亿元，增速为 9.9%，占全市 GDP 比重的 3.9%（如表 2 所示）。

表 2　2021 年重庆市旅游接待及收入情况表

指标	绝对值	比上年增长（%）
接待过夜游客（万人次）	8834.86	37.2
A 级景区接待游客（万人次）	17546	9.0
旅游产业增加值总额（亿元）	1076.09	9.9
旅游产业增加值占 GDP 比重（%）	3.9	与上年持平

（一）区域旅游协同联动发展

2021 年，“一区两群”各区域旅游业彰显特色、协同发展，均呈稳定复苏态势（见表 3）。

表 3 “一区两群”旅游产业增加值情况表

区域	旅游产业增加值（亿元）	增加值增速（%）	占 GDP 比重（%）
主城都市区	775.08	8.8	3.6
渝东北三峡库区城镇群	189.89	14.1	3.9
渝东南武陵山区城镇群	81.45	12.8	5.3

（二）旅游市场主体更加健全

2021 年，尽管持续受到新冠肺炎疫情影响，全市旅游业仍总体呈现出业态体系不断丰富、旅游市场主体更加健全的良好态势。

1. 旅行社

2021 年末，全市共有旅行社 753 家，其中出境游旅行社 92 家（含经营赴台旅游业务旅行社 9 家），一般旅行社 661 家。全年共审批设立一般旅行社 75 家。

2. 星级旅游饭店

2021 年末，全市共有星级旅游饭店 150 家，其中五星级 28 家，四星级 47 家，三星级 63 家，二星级 12 家。

3. 旅游景区

2021 年末，全市共有国家 A 级旅游景区 269 个，其中 5A 级景区 10 个，4A 级景区 131 个，3A 级景区 84 个，2A 级景区 43 个，1A 级景区 1 个。新评定 25 个 A 级景区，其中 4A 景区 11 个，3A 景区 10 个，2A 景区 4 个。

4. 旅游度假

2021 年末，全市共有市级以上旅游度假区 25 个，含国家级旅游度假区 2 个（武隆仙女山旅游度假区、丰都南天湖旅游度假区）；市级五星级温泉旅游企业 3 家。

5. 旅游船

2021 年末，全市共有三峡游轮 33 艘，其中已评五星级游轮 24 艘，五星级标准 7 艘（含正申报评定 2 艘），经济型游轮 2 艘；经营重庆“两江游”企业 3 家，共有“两江游”游船 8 艘。

6. 全域旅游

2021 年末，全市共有国家级全域旅游示范区 4 个，即武隆区、巫山县、万盛经开区和渝中区；国家级全域旅游示范区创建单位 4 个，即南川区、大足区、奉节县和石柱县；市级全域旅游示范区 9 个，创建单位 13 个。

7. 文化和旅游消费示范、试点城市

2021 年，江北区、南岸区、九龙坡区 3 个区入选第二批国家文化和旅游消费试点城市。截至 2021 年末，全市已创建国家文化和旅游消费示范城市 1 个、试点城市 5 个。

2021 年末，全市旅游从业人员 227.72 万人，其中直接从业人员 36.21 万人；全市持有电子导游证导游 12091 人，其中特级 1 人，高级 54 人，中级 327 人，初级 11709 人。

（三）乡村旅游助力乡村振兴

2021 年末，全市共有全国乡村旅游重点村 35 个、重点镇 3 个，市级乡村旅游重点村 94 个；全国休闲农业和乡村旅游示范县（区）12个、示范点23个，市级休闲农业和乡村旅游示范乡镇168个、示范村（社区）471个、示范点666个。酉阳车田乡入选《2021世界旅游联盟：旅游助力乡村振兴案例》；4个典型案例入选文化和旅游部“体验脱贫成就·助力乡村振兴 全国乡村旅游扶贫示范案例”。

（四）文旅重点项目扎实推进

2021年，86个市级重大文旅项目建设扎实推进。策划储备2021—2023年市级重点文旅产业项目129个，促成武隆白马山文旅康养小镇、巴南东盟影视文创园、中国西部科技影视城等项目签订协议；组织举办2021中国武陵文旅峰会招商推介会，意向签约项目26个、签约金额1432.75亿元，在全市招商活跃指数考核中位居前列。

（五）旅游资源开发成效显著

完成全市旅游资源普查，形成《重庆市旅游资源普查报告》系列成果。完成涪陵武陵山大裂谷等3个景区5A创建任务，评定A级景区25个，认定市级旅游度假区2个、市级全域旅游示范区8个、首批市级旅游休闲街区10个，获评国家级旅游休闲街区3个。出台《利用存量闲置房屋发展旅游民宿试点方案》，编制实施试点项目计划和品牌创建计划，成为全国盘活存量闲置房屋、推动旅游民宿发展的创新性举措。垫江县飞茑集—巴谷·宿集、石柱县不舍民宿分别被认定为全国首批甲级、乙级旅游民宿。

三、文化旅游市场有序回暖

（一）演出市场规范有序发展

2021年末，全市共有非国有艺术表演团体1266个，较2020年增长0.16%，全年国内演出活动13.29万场次、观众1607.22万人次，其中农村演出8.44万场次、观众786.5万人次，在疫情防控逐渐向好，演出市场逐步开放的情况下，较好地满足了广大农村群众观看演出的需求。2021年全市共有非国有艺术表演场馆43家，较2020年下降2.3%，全年演出场次5576场，较2020年下降35.3%。在疫情大环境之下，剧院因防控政策的要求，承接演出项目受影响较大，演出场次呈下降态势。

（二）娱乐业健康良性发展

2021年末，全市共有娱乐业机构1405家，较2020年下降8.9%，但从业人员增长2.4%，资产总计增长11.9%，营业收入增长15.0%（见表4）。因疫情影响以及我市持续开展文化市场清理，大量“僵尸企业”被清除，同时，小、散、差经营场所逐渐退出市场也是娱乐机构数量下降的原因之一。在各级政府的纾困政策帮扶下，企业经营状态逐渐稳定，经营质量提升。

表 4　娱乐场所两年对比情况表

指标	2020 年	2021 年	同比增长（%）
机构数（个）	1543	1405	-8.9
从业人数（人）	13833	14160	2.4
资产总计（亿元）	18.26	20.44	11.9
营业收入（亿元）	12.56	14.44	15.0

（三）上网服务营业场所转型升级

随着互联网的发展和移动终端产品的大量普及，加之网络文化产品特别是大型游戏产品的不足，上网服务场所进一步转型升级，行业各主要指标大幅下降（见表 5）。

表 5　上网服务营业场所两年对比情况

指标	2020 年	2021 年	同比增长（%）
机构数（个）	2746	2004	-27.0
从业人数（人）	10088	8370	-17.0
资产总计（亿元）	14.73	12.45	-15.5
营业收入（亿元）	7.99	7.76	-2.9

四、文艺创作生产成果丰硕

杂技剧《一双绣花鞋》、话剧《天坑问道》、歌剧《一江清水向东流》等一批新创剧目成功首演，舞剧《绝对考验》完成试演，京剧《双枪惠娘》荣获第十七届中国戏剧节优秀剧目奖，歌剧《尘埃落定》荣获第二十四届曹禺剧本奖等多个国家级奖项，原创魔术《仙豆》荣获第十一届中国杂技金菊奖全国魔术·滑稽比赛金奖。实施中国顶尖舞者成长计划，打造街舞剧《超燃的青春》（暂定名），成功举办 2021“舞动山城”国际街舞系列活动。成功推出舞台剧《重庆·1949》、曲艺剧《记蓺·山城》、芭蕾剧《胡桃夹子》等文旅融合驻场演艺，打造沉浸式芭蕾舞剧，《印象·武隆》《魔幻之都·极限快乐 Show》《归来三峡》等驻场演出成为营销重庆的文化名片。

2021 年，全市文旅部门共有艺术表演团体 20 个，原创首演剧目 23 个，同比增长 27.8%；国内演出场次 0.22 万场，同比增长 15.8%；国内演出观众人次 111.83 万人，同比增长 21.0%；演出收入 4425.9 万元，同比增长 30.7%（见表 6）。

表 6　文化部门艺术表演团体情况

指标	2020 年	2021 年	同比增长 (%)
本团原创首演剧目（个）	18	23	27.8
国内演出场次（万场）	0.19	0.22	15.8
国内演出观众人次（万人）	92.39	111.83	21.0
演出收入（万元）	3386.1	4425.9	30.7

五、公共文化服务水平不断提升

2021 年，全市改造提升了 39 个基层综合文化服务中心，新建文图两馆总分馆 32 个，打造“城市书房”“文化驿站”等新型文化空间 140 余家。3 个区县顺利通过第四批国家公共文化服务体系示范区（项目）验收。铜梁区等 5 地被命名为“中国民间文化艺术之乡”。创新打造了 140 余家融合图书阅读、艺术展览、文化沙龙、轻食餐饮等服务的“城市书房”“文化驿站”等新型文化业态，在“2021长三角及全国部分城市最美公共文化空间大赛”中，我市 2 个空间被评为十佳最美公共文化空间奖。公共文化服务满意度居全国第五位。

（一）公共图书馆服务能力不断增强

2021 年，全市公共图书馆各类服务及活动增长明显。现有总藏量 2340.69 万册，全年总流通人次 1455.21 万人次，书刊文献外借 484.97 万人次、1184.27 万册次。阅览室座席数 33944 个，本年新增藏量 183.25 万册，全市公共图书馆为读者组织各类讲座 1535 次，15.92 万人次参加；举办展览 1379 个，139.25 万人次参观；举办培训班 1438 个，10.43 万人次参加。实际使用房屋建筑面积 40.05 万平方米（如表 7 所示）。

表 7　2020—2021 年全市公共图书馆基本情况

	2020 年	2021 年	同比增长 (%)
总藏量（万册）	1997.49	2340.69	17.2
总流通人次（万人次）	1190.20	1455.21	22.3
组织各类讲座（次）	1381	1535	11.2
举办展览（次）	1098	1379	25.6
举办培训班（次）	1158	1438	24.2
阅览室座席数（个）	31936	33944	6.3
建筑面积（万平方米）	38.26	40.05	4.7

（二）群众文化生活更加丰富

2021 年，全市共有群众文化机构 1072 个，共组织文艺活动 27309 次，同比增长 1.1%；举办展览 6056 场，同比下降 3.1%；举办各类训练班 26185 次，同比增长 18.6%；组织公益性讲座 590 次，同比下降 10.6%；文化服务惠及人次 1648.79 万人次，同比下降 10.0%（如表 8 所示）。

表 8　全市文化馆（站）基本情况

	2020 年	2021 年	同比增长 (%)
文艺活动（场次）	27026	27309	1.1
展览（场次）	6247	6056	-3.1

续表

	2020 年	2021 年	同比增长 (%)
训练班（场次）	22083	26185	18.6
讲座（场次）	660	590	-10.6
总计（场次）	56016	60140	7.4
惠及人次（万人次）	1831.77	1648.79	10.0

六、文博事业蓬勃发展

（一）三峡文物保护丰富长江文化内涵

一是完成三峡文物“起底式”调查工作。全面摸清三峡库区不可移动文物、三峡出土文物、非物质文化遗产、历史文化名镇名村和传统村落等资源家底。二是加快建设长江三峡国家考古遗址公园。编制《三峡库区文物保护利用专项规划》《重庆三峡库区出土文物修复三年行动计划》，按照“一园多点”模式，加快建设忠县皇华城遗址、万州天生城遗址、奉节白帝城遗址等国家考古遗址公园，深化文旅融合，服务三峡库区经济社会发展。三是加大三峡文物考古研究力度。加快“考古中国”巴蜀文明进程研究，重点实施涪陵小田溪墓群、奉节白帝城遗址、万州天生城遗址、丰都犀牛洞遗址等考古发掘，出土文物 2693 件。重庆巫山大溪遗址入选全国“百年百大考古发现”。加大三峡文物考古研究报告出版力度，44 项三峡考古研究报告工作全面推进。四是三峡库区博物馆建设位居全国前列。建成重庆中国三峡博物馆（以下简称“三峡博物馆”）、重庆三峡移民纪念馆、巫山博物馆等综合性公共博物馆 17 家，基本实现三峡库区公共博物馆全覆盖；三峡博物馆、万州等三峡库区博物馆先后举办了《世纪工程 国家行动——三峡文物抢救保护工程成果展》等重要展览。

（二）石窟寺保护走在全国前列

一是摸清重庆市石窟寺资源家底。通过石窟寺专项调查，全面摸清全市 716 处石窟寺资源家底。二是建立完善石窟寺保护工作体系。重庆相继出台《重庆市大足石刻保护条例》《重庆市加强石窟寺保护利用工作方案》《大足石刻研究院建设世界知名研究院实施方案》《重庆市“十四五”石窟寺保护利用专项规划》，建立起全市石窟寺保护工作体系。三是强化石窟寺保护机构建设。大足石刻研究院转隶升格为市文化旅游委直属副厅级事业单位，重庆市文物考古研究院增设石窟寺考古机构，增加石窟寺保护专业力量，各区县文化旅游委加挂“文物局”牌子，进一步加强基层石窟寺保护管理力量。四是着力石窟寺系统性保护利用。“十三五”期间，投入专项资金 2.1 亿元，实施大足石刻、合川涞滩二佛寺、南岸弹子石大佛等重点项目 42 个，全市主要石窟寺保存状况良好。在全国率先开展中小石窟保护利用示范，完成大足石刻峰山寺、普圣庙等 10 多处中小石窟保护利用示范项目，建设小型乡村遗址公园，助力乡村振兴。大足石刻文化公园的大足石刻数字展示中心、大足石刻文物医院、游客服务中心建成对外开放，8K 高清球幕和 4K 宽银幕电影给观众带来全新体验。此外，大足石刻在国家博物馆、苏州博物馆、深圳南山博物馆举办特展，深受广大观众好评。五是石窟寺考古和科技保护卓有成效。《大足石刻全集》填补我国大型石窟寺编写系列考古报告的空白。大足石刻研究院与复旦大学开展的砂岩质石窟岩体裂隙渗流精细探测与防治关键技术研究，与上海大学合作开展的石窟文物本体风化病害评估系统及保护技术研究等科技部重点项目加快推进；国家社科基金重点项目重庆地区石窟寺及石刻铭文资料抢救性收集与整理研究全面启动。

（三）革命文物保护焕发新彩

一是构建完整保护体系。组织开展全市革命文物专项调查，摸清417处资源底数，编制完成《重庆市革命文物保护利用总体规划》，出台《重庆市红岩革命旧址保护区管理办法》，颁布《重庆市红色资源保护传承规定》。二是加强红岩精神保护传承。印发《红岩革命文物保护工程实施方案》，实施红岩革命文物保护展示项目31个，红岩文化公园首期项目建成开放，红岩干部学院挂牌运行，持续推进红岩革命故事展演415场次，现场观众约41万人次。红岩革命文物承载的红岩精神成为第一批纳入中国共产党人精神谱系的伟大精神。三是着力革命文化传承弘扬。由国家文物局与重庆市政府联合主办的“文物映耀百年征程”——2021年文化和自然遗产日全国主场城市活动在重庆成功举办。出台《长征国家文化公园（重庆段）专项规划》。创新将革命文物保护利用项目纳入全市党史学习教育“我为群众办实事”市级层面清单并完成目标任务。革命文物与红色旅游融合发展，截至2021年全市共有全国红色旅游经典景区16处，红色旅游景区景点112处，红色A级景区22处。

（四）文物科技创新引领高质量发展

重庆市坚持科技创新引领，助力文物事业高质量发展。建成重庆市文物考古研究院综合实验楼。2021年与中国科学院古脊椎动物与古人类研究所合作，在涪陵小田溪墓群首次成功提取古巴人DNA。建成三峡文物科技保护基地。启动三峡出土文物修复三年行动计划。三峡博物馆成为国家文化和科技融合示范基地、西南地区首个国家文物局重点科研基地。三峡地区鎏金青铜器价值认知与保护关键技术研究获重庆市科技进步二等奖。大足石刻研究院开创了我国大型贴金彩绘不可移动石质文物修复的先河，为我国南方地区石窟寺保护修缮提供了可资借鉴的成功经验。2017年至2019年大足石刻监测年度报告连续三次被评为“中国世界文化遗产优秀监测年度报告”。红岩革命历史博物馆利用720度全景技术、HDR技术建成网上展馆，完成了三大主题陈列馆、红岩村景区全景漫游和文物环物拍摄（环拍）。依托重庆文旅广电云平台，建成集文物资源库、巡查检查、远程监管、督察督办、统计分析等于一体的重庆市文物安全巡查督察系统，开创文物安全科学管理新格局。

七、存在的主要问题

财政投入增幅有所提高但总量不足。文化和旅游的总收入和财政投入虽然每年都有所增长，但起点低、基础差、总量不足，两项收入均排在全国各省市中间偏后，在四个直辖市中处于落后水平，在西部十二个省市中分别排在第九位和第七位。总收入仅为上海的二分之一左右，财政拨款则不到上海的二分之一（见表9、表10）。

表 9　2021 年全市文化收入情况对比（与其他直辖市对比）

直辖市	总收入（亿元）	位次	财政拨款（亿元）	位次
重庆	38.61	3	24.98	3
北京	69.25	2	45.15	2
天津	25.55	4	13.56	4
上海	76.49	1	61.11	1

表 10　2021 年全市文化收入情况对比（与西部其他省、自治区对比）

地区	总收入（亿元）	位次	财政拨款（亿元）	位次
重庆	38.61	9	24.98	7
四川省	137.89	1	56.41	1
贵州省	114.23	2	20.40	8
云南省	80.77	3	34.15	2
西藏	16.97	12	11.18	10
陕西省	48.76	8	27.07	5
甘肃省	49.59	7	18.56	9
青海省	19.81	10	9.96	11
宁夏	19.66	11	9.37	12
新疆	64.07	5	27.08	4
内蒙古	50.9	6	31.84	3
广西	65.19	4	25.43	6

（重庆市文化和旅游发展委员会）

重庆：守正创新　稳中求进　持续推动全市文化和旅游高质量发展

2021 年，重庆市文化旅游系统立足新发展阶段，完整、准确、全面贯彻新发展理念，积极融入和服务新发展格局，统筹疫情防控和经济社会发展，全市文化旅游整体呈现良好复苏态势。2021 年全市实现文化产业增加值 1057.11 亿元，同比增长 8.9%，占全市 GDP 比重 3.8%；实现旅游产业增加值 1076.09 亿元，同比增长 9.9%，占全市 GDP 比重 3.9%。在后疫情时代游客最想去的城市中重庆排名第一，在抖音发布最受欢迎的国庆游城市中重庆排名全国第一，游客满意度持续位居全国前列。

一是文旅融合发展新格局加速构建。打造巴蜀文化旅游走廊，成立巴蜀文化旅游推广联盟，联合承办首届巴蜀合唱节；传统风貌区十八梯、金刚碑等对外开放，大三峡旅游集散中心建成投用。

二是文旅品牌打造持续发力。完成涪陵武陵山大裂谷等 3 个景区 5A 创建任务，评定 A 级景区 25 个，认定市级旅游度假区 2 个、市级全域旅游示范区 8 个、首批市级旅游休闲街区 10 个，获评国家级旅游休闲街区 3 个；出台《利用存量闲置房屋发展旅游民宿试点方案》，编制实施试点项目计划和品牌创建计划，成为全国盘活存量闲置房屋，推动旅游民宿发展的创新性举措；垫江县飞蔦集—巴谷 · 宿集、石柱县不舍民宿分别被认定为全国首批甲级、乙级旅游民宿。

三是文旅产业发展提质增效。86 个市级重大文旅项目建设扎实推进，全市文化和旅游投资总额 1740 亿元，同比增长 15%；策划储备 2021—2023 年市级重点文旅产业项目 129 个；积极推进渝东南文旅融合发展示范区建设，举办 2021 中国武陵文旅峰会招商推介会，意向签约项目 26 个、签约金额 1432.75 亿元。四是文旅宣传推介亮点纷呈。举办“打卡巴渝美景”全媒体推介活动、“舞动山城”国际街舞大赛系列活动、《巴山渝水踏歌行》重庆文旅全国巡回推介活动、澜湄旅游城市合作联盟大会暨澜湄市长文化旅游论坛等国际会议。五是文艺创作生产成果丰硕。《一双绣花鞋》《天坑问道》《绝对考验》等成功首演，其中“火锅舞”片段登上虎年春晚；《仙豆》《双枪惠娘》《尘埃落定》等一批作品荣获国际、国家级大奖；推出《记艺 · 山城》《雾重庆》《重庆 · 1949》等驻场演出，《魔幻之都 · 极限快乐 Show》成为国有文艺院团“双效”改革的样板项目。六是公共服务效能不断提升。南岸获评第四批国家公共文化服务体系示范区，梁平、綦江等 5 地被命名为“中国民间文化艺术之乡”，文化馆一级馆等级率居全国第 2 位，公共文化服务满意度居全国第 5 位。

四川省 2021 年文化和旅游发展情况分析

四川省总人口 8372 万，辖 21 个市州、有 183 个县（市、区），3101 个街道办和乡镇，25966 个行政村，是全国第二大藏区、最大的彝族聚居区和唯一的羌族聚居区。2021 年是“十四五”规划和成渝地区双城经济圈建设开局之年。一年来，四川省文旅系统深入学习贯彻习近平新时代中国特色社会主义思想，按照文化和旅游部总体工作安排部署，坚持一手抓疫情防控，一手抓恢复发展，着力艺术创作、遗产保护、公共服务、产业发展、品牌塑造、市场管理，持续推进文旅深度融合，加快文化强省、旅游强省建设。

一、主要指标平稳增长，基础保障能力有所增强

（一）机构人员数有所调整，人员结构逐步优化

1. 全省文化（文物）和旅游机构数及从业人员数有所减少

据统计，2021 年末，由文化和旅游部门主管、审批和归口管理的全省各类文化文物和旅游单位总计 21599 个，比上年末减少 2285 个，下降 9.6%（见图 1）；从业人员 161931 人，比上年末增加 546 人，增长 0.3%。机构数减少的原因：一是乡镇行政区划改革造成乡镇文化站机构数有所减少。二是受新冠肺炎疫情持续影响，全省文化市场经营单位机构数大幅减少。

图 1　2021 年四川省文化（文物）和旅游业机构数量及占比

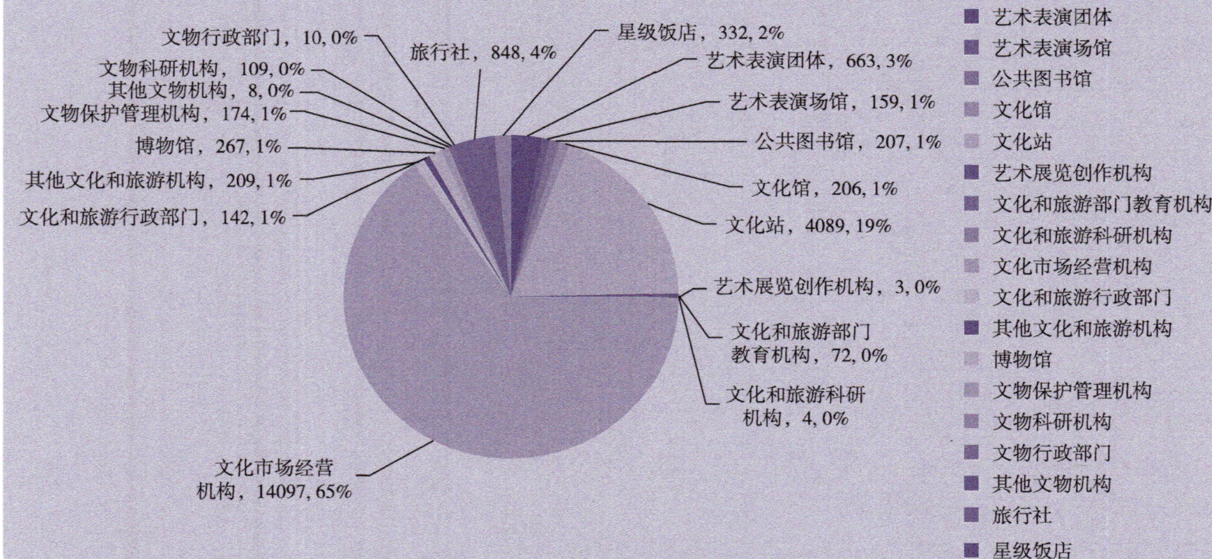

2021年，各级文化（文物）和旅游部门所属单位机构数5523个，比上年末减少101个，下降1.8%；从业人员37269人，比上年末增加481人，增长1.3%，机构和人员变动的主要原因是由于乡镇行政区划改革，造成乡镇文化站机构和人员有所变动。

2. 公共文化（文物）服务机构人员素质有所提高

据统计，2021年末全省公共图书馆、文化馆（站）、美术馆和博物馆公共文化服务机构从业人员20606人，比上年增加319人，增长1.57%。其中：专业技术人员7287人，比上年增加225人，增长3.19%，占从业人员总数的35.36%；具有高级职称人员711人，比上年增加48人，增长7.2%；具有中级职称人员2254人，比上年增加45人，增长2.04%（如表1所示）。

表1 2020—2021年公共文化设施从业人员情况

年份	机构数（个）	从业人员数（人）					专业技术人才占从业人员总数比重（%）	高级职称占专业技术人才的比重（%）
		合计	专业技术人才（人）					
			小计	正高级职称（人）	副高级职称（人）	中级职称（人）		
2020	4958	20287	7062	111	552	2209	34.81	9.39
2021	4827	20606	7287	113	598	2254	35.36	9.76
增长率（%）	−2.64	1.57	3.19	1.80	8.33	2.04	1.59	3.94

（二）财政支持力度加大，文化（文物）和旅游事业费逐年增长

1. 文化和旅游事业费持续增长

2021年末，全省文化和旅游部门所属机构总收入137.89亿元，比上年减少5.43亿元，下降3.80%，其中财政拨款预算收入56.41亿元，占总收入的40.90%，所占比重较上年有所增加。文化和旅游事业费（不含基建拨款）56.29亿元，比上年增加4.25亿元，增长8.20%；人均文化和旅游事业费67.23元，比上年增加5.04元，增长8.10%。文化和旅游事业费增长的主要原因是各级财政加大了对美术馆、文旅融合建设项目以及旅游宣传推广活动的投入（如图2所示）。

图2 2011—2021年人均文化事业费及增长速度

表 2 2011—2021 年四川省文化（文物）和旅游投入情况

年份	文化和旅游部门			文物部门	
	总收入（亿元）	文化事业费（亿元）	人均文化事业费（元）	总收入（亿元）	文物事业经费（亿元）
2011	31.86	20.58	25.56	11.75	7.75
2012	44.03	27.49	34.04	14.05	9.11
2013	53.33	30.46	37.58	15.59	11.89
2014	55.95	34.91	42.89	15.67	12.19
2015	69.29	39.58	48.24	17.58	12.68
2016	67.40	40.37	48.86	20.02	13.39
2017	74.69	41.32	49.77	20.41	14.02
2018	88.42	43.02	51.58	20.40	15.42
2019	119.56	47.22	56.38	22.22	17.15
2020	143.32	52.04	62.19	25.64	21.99
2021	137.89	56.29	67.24	28.38	26.10

2. 文物事业费持续增长

2021 年末，文物部门总收入 28.38 亿元，比上年增加 2.74 亿元，增长 10.7%，其中财政拨款 26.59 亿元，占总收入的 93.7%，所占比重较上年有所增加。文物事业费（不含基建拨款）26.10 亿元，比上年增加 4.11 亿元，增长 18.7%（如表 2 所示）。

近年来，全省文化（文物）和旅游事业的总投入逐步增加，文化（文物）事业费总量及人均文化事业费也逐年增加，呈上升趋势，主要原因是各级财政加大了对文化（文物）旅游事业投入，为全省文化（文物）旅游事业的发展和繁荣奠定了坚实基础。

二、文化旅游建设提质增效，文化旅游工作取得丰硕成果

（一）繁荣艺术创作和生产，巴蜀文艺精品不断涌现

2021 年，全省文艺系统紧扣省委省政府建设文化强省、旅游强省目标要求，聚焦重大主题，制定出台《四川省“十四五”艺术创作规划》，加强艺术创作，艺术工作取得显著成效。

1. 主题创作成果丰硕

2021 年末，全省文旅部门艺术表演团体原创首演剧目 25 个，推出音乐剧《我的两万个兄弟》、曲艺音乐剧《成都家书》、舞剧《努力餐》、川剧《信仰》、交响乐《灯塔》等一批体现巴蜀气派、四川风格、中国精神的艺术精品。围绕庆祝建党 100 周年等投排 13 部重点剧目，其中 3 部参加文化和旅游部庆祝中国共产党成立 100 周年优秀舞台艺术作品展演，7 部入选文化和旅游部庆祝建党 100 周年“百年百部”工程和“时代交响”工程。此外还有 7 件美术作品入选文化和旅游部黄河文化主题美术创作工程。

2. 重大活动精彩纷呈

成功举办办全省戏剧小品小戏、曲艺杂技木偶皮影、舞蹈新作比赛，以及大学生校园戏剧节、大凉山国际戏剧节、巴人文化艺术节等节庆和赛事活动。汇聚 41 台优秀剧目组织开展“剧美天府”“回望百年路 礼赞新时代”四川省庆祝中国共产党成立 100 周年优秀剧目展演季，征集 170 余件优秀作品，举办庆祝建党 100 周年百幅优秀书画作品展；开展黄河文化主题创作，举办“黄河万古流”主题实景交响音乐会、黄河文化主题美术书法摄影作品展等。

3. 艺术表演市场有所调整

2021 年末，全省共有艺术表演团体 663 个，比上年减少 62 个，下降 8.6%；从业人员 13397 人，比上年增加 1109 人，增长 9.0%。其中，各级文化和旅游部门所属的艺术表演团体 48 个，约占艺术表演团体总数的 7%，从业人员 3016 人，约占艺术表演团体从业人员总数的 23%。全省艺术表演团体演出 4.50 万场，比上年增长 23.3%；国内观众近 14891 万人次，比上年增长 940.6%；演出收入 2.97 亿元，比上年下降 18.4%。全年全省文化和旅游部门所属艺术表演团体演出 0.36 万场，与上年持平；观众超过 232 万人次，比上年增长近 1.0%。文化馆馆办文艺团体 129 个，演出 0.23 万场，演出观众 87.06 万人。表 3 为 2011—2021 年四川省艺术表演团体基本情况。

表 3　2011—2021 年四川省艺术表演团体基本情况

年份	机构数			从业人员数			演出场次			国内演出观众人次		
	总数（个）	文化部门		总数（万人）	文化部门		总数（万场次）	文化部门		总数（万人次）	文化部门	
		数量（个）	所占比重（%）		数量（万人）	所占比重（%）		数量（万场次）	所占比重（%）		数量（万人次）	所占比重（%）
2011	370	90	24	1.0	0.4	42	6.27	1.10	18	2788	977	35
2012	469	71	15	1.2	0.4	32	6.67	0.69	10	3963	676	17
2013	510	52	10	1.1	0.3	27	7.65	0.56	7	2541	467	18
2014	492	51	10	1.2	0.3	25	6.42	0.56	9	1887	434	23
2015	543	52	10	1.2	0.3	26	10.26	0.61	6	2012	481	24
2016	621	50	8	1.2	0.3	24	8.42	0.60	7	2304	443	19
2017	697	52	7	1.3	0.3	25	7.77	0.69	9	2541	477	19
2018	829	52	6	1.4	0.3	22	10.93	0.6	5	2340	433	19
2019	732	49	7	1.4	0.3	21	6.14	0.6	10	2642	406	15
2020	725	46	6	1.2	0.3	24	3.65	0.36	10	1431	230	16
2021	663	48	7	1.3	0.3	23	4.50	0.36	8	14891	232	2

全省有艺术表演场馆 159 个，比上年增加 34 个，增长 27.2%，从业人员 2960 人，比上年增长 42.8%，其中各级文化部门所属艺术表演场所 35 个，与上年持平；全省艺术表演场馆全年演（映）出 3.88 万场，比上年增长 515.9%，观众 372.7 万人，比上年增长 227.8%。

4. 加大投入支持艺术创作生产

2021 年，四川加大对艺术创作生产的政策扶持力度，推行“一团一策”，省级财政投入 7847 万元，以政府购买方式支持省级艺术表演团体艺术创作和生产。省级财政设立四川艺术基金 2000 万元，支持艺术创作、传播推广、人才培养等，资助项目 82 个，资助青年艺术人才项目 5 个，培养青年艺术人才 40 人，大大激发了社会艺术创作活力。

5. 美术馆服务工作取得新成效

2021 年末，全省共有艺术展览创作机构 72 个，比上年增加 3 个，增长 4.3%，从业人员 292 人。共有美术馆 58 个（含书画院挂牌），比上年增加 3 个，增长 5.5%。实际使用房屋建筑面积 12.88 万平方米，比上年增加 7.76 万平方米，增长 151.6%；藏品数 22887 件，比上年增加 5633 件，增长 32.6%，全省美术馆建筑规模呈逐渐扩大趋势。全年全省美术馆举办展览 436 个，比上年增加 39 个，增长 9.8%；参观人次近 166 万，比上年下降 20.6%；举办讲座 138 次，比上年增长 9.5%；举办教育活动 211 次，比上年增长 11.1%；出版物 25 种，比上年增长 25%。全省美术馆社会服务功能日趋完善和丰富（如表 4 所示）。

表 4　2011—2021 年四川省各美术馆开展活动情况

年份	举办展览情况		公共教育活动		
	展览总量（个）	参观人次（万人次）	讲座（次）	教育活动（次）	出版物（种）
2011	125	24	8	5	
2012	222	160	41	24	2
2013	218	182	68	39	8
2014	286	171	114	65	35
2015	306	202	146	108	31
2016	311	347	141	177	26
2017	363	347	153	290	33
2018	390	315	171	177	20
2019	431	304	193	273	29
2020	397	209	126	190	20
2021	436	166	138	211	25

（二）加快文化和旅游公共服务体系建设，公共文化和旅游服务效能不断提升

不断探索公共文化服务的新路径，先后出台《四川省公共文化服务保障条例》、《关于推进公共文化服务高质量发展的意见》和《四川省乡镇级公共文化设施专项规划导则》等政策文件，坚持“兜底线、补短板、强弱项”和“提质量、增效能、创品牌”两手抓，推动公共文化服务高质量发展，面向基层的文化服务更加务实，服务水平显著提高，群众参与度不断提升。

1. 公共图书馆公共服务能力和效能有所提升

2021 年末，全省共有公共图书馆机构数 207 个，与上年持平；从业人员 2450 人，比上年增长 3.6%。全省公共图书馆实际使用房屋建筑面积 82.65 万平方米，比上年增加 12.86 万平方米，增长

18.4%。图书总藏量4612.55万册，比上年增加262.08万册，增长6.0%。其中，古籍144.35万册，比上年增长0.3%；人均拥有图书馆图书藏量0.55册，比上年增加0.03册，增长5.8%（见图3）。阅览室面积29.73万平方米，比上年增长16.4%；阅览室座席数68708个，比上年增加6120个，增长9.8%。其中，少儿阅览室座席数16452个，比上年增长11.1%；盲人阅览室座席数2040个，比上年增长24.8%。志愿者队伍347个，比上年增长6.1%；志愿者人数1.7万人，比上年增长23%。全省公共图书馆从业人员逐年增加，实际使用房屋建筑面积、阅览室座席数等设施设备条件不断改善，图书文献等资源日益丰富，各级公共图书馆的保障服务能力不断提升。

图3　2011—2021年全省公共图书馆人均资源情况

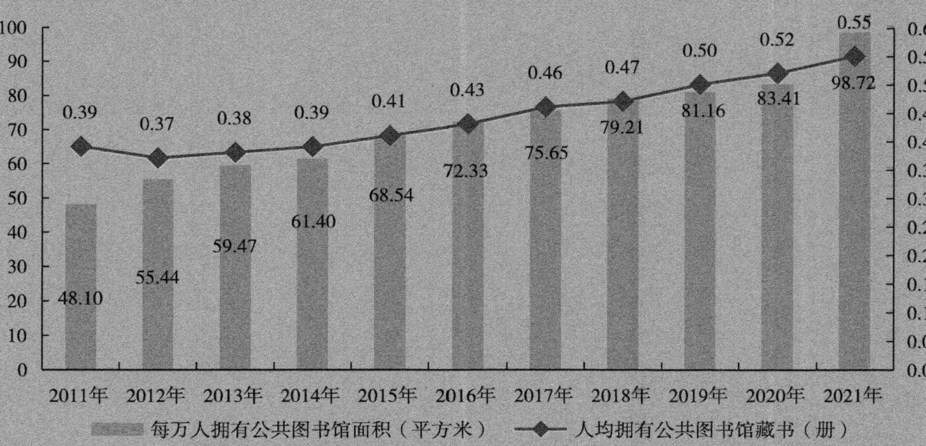

全省公共图书馆总流通人次近2146万人，比上年增加401.23万人，增长23%。其中，书刊文献外借人次826.3万，比上年增长28.3%；书刊文献外借册次超过1618万册，比上年增长22.9%（见图4）。全年为读者举办各种活动5699次（个），比上年增加1125次（个），增长24.6%。不断创新服务手段，积极开展延伸服务，流动服务和线上活动大幅增加。其中，流动服务书刊借阅人次53.62万，比上年增长15%；流动服务书刊借阅册次达88.72万，比上年增长14%；图书馆网站访问量2545.84万人（次），线上服务人次2125.63万，比上年增长29.8%。抓古籍活化利用，组织全方位古籍普查和古籍保护培训，开展"4.23世界读书日""信仰的力量"庆祝中国共产党成立100周年川渝"阅读之星"等系列活动。

2. 群众文化活动丰富多彩

2021年末，全省共有群众文化机构4295个，比上年减少143个，下降3.2%；社区综合文化服务中心8075个，比上年增加242个，增长3.1%；村综合文化服务中心25155个，比上年减少903个，下降3.5%。全省群众文化机构从业人员共11056人，比上年减少138人，下降1.2%。全省群众文化机构实际使用房屋建筑面积231.48万平方米，比上年增加2.72万平方米，增长1.2%；年末全省平均每万人群众文化设施建筑面积276.49平方米，比上年增加3.1平方米，增长1.1%。由于乡镇行政区划和村级建制调整改革，撤乡并镇，村民小组调整优化和社区建制优化等原因，造成乡镇综合文化站、村（社区）文化服务中心机构和人员有所变动，同时公共文化服务保障能力也有所提升。

图 4　2011—2021 年全省公共图书馆总流通人次及书刊外借册次

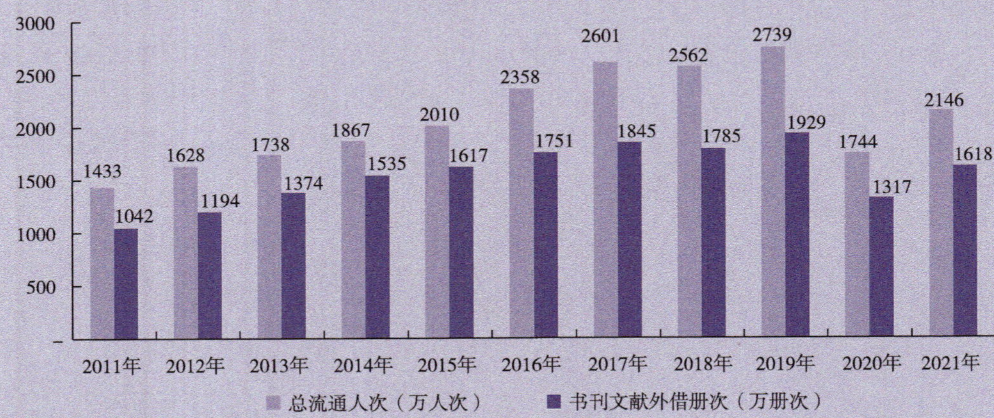

至 2021 年末，全省群众文化机构组织开展各类文化活动 91406 场次，比上年减少 3211 场次，下降近 3.4%；文化服务惠及超过 2227 万人，比上年减少 87.19 万人，下降 3.8%（见表 5）。文化馆（站）组织品牌节庆活动 338 个，比上年增长 11.2%。开展延伸服务，举办线上群众文化活动 7038 次，线上服务 5491.77 万人；利用流动文化车（舞台车）演出 1437 场，比上年下降 23.6%。由于乡镇行政区划和村级建制调整改革等原因，加之新冠肺炎疫情持续和部分地区自然灾害的影响，群众文化机构各类文化服务活动和惠及人次有所减少。

表 5　2020—2021 年四川省文化馆（站）提供文化服务情况

年份	组织讲座		举办展览		举办培训班		组织文艺活动	
	次数	参加（万人次）	个数	参观（万人次）	班次	培训（万人次）	次数	参加（万人次）
2020	1112	18	9121	424	28291	127	56093	1745
2021	1282	18	8155	449	28664	119	53305	1641
比上年增长（%）	15.29	-0.27	-10.59	5.90	1.32	-6.30	-4.97	-5.96

随着服务条件的改善，文化馆（站）群众文化活动形式、内容日益丰富，承办或举办全国“村晚”四川示范展示活动、全国广场舞优秀作品展示、“唱支山歌给党听”大家唱群众歌咏活动、首届巴蜀合唱节、第六届全省群众广场舞展演、“千龙千狮闹新春”、“万人赏月诵中秋”等重大群众文化活动。推动成渝区域合作，组织“川渝乐翻天”庆祝中国共产党成立 100 周年川渝戏曲交流展演活动、川渝两地文化馆（站）美术从业人员业务技能大赛、第四届暨川渝首届农民工原创文艺作品大赛等活动。引导社会力量参与公共文化服务，继续实施政府向社会力量购买公共文化服务示范项目，财政资金购买公共服务示范项目 109 个。按照“村不少于 1 人、乡不少于 2 人”标准招募志愿者。截至 2021 年末，全省共有群众文化机构志愿者队伍 20376 个，比上年增长 3.8%，志愿者人数 38.1 万人，使基层群众共享多样化的公共文化服务，社会效益更加显著。

3. 持续推进旅游“厕所革命”

全年全省建设旅游厕所 341 座（新建 229 座，改建 112 座），推进示范性旅游厕所建设；持续开展电子地图标注，电子标注率已达 97.2%；开展全省旅游厕所第三方暗访检查，配合日常检查、节前排查、专项整治等多种形式的督促检查，提升旅游厕所服务水平。

（三）注重政策引导和服务，推进文化和旅游产业发展

1. 文化和旅游产业机构有所调整

2021 年末，全省归口管理的实行企业会计制度的文化和旅游产业机构数 16052 个，比上年减少 2186 个，下降 12%。由三部委认定的动漫企业 3 个，国家级文化产业示范园区 1 个，省级文化产业示范园区 11 个，国家级文化产业示范基地 15 个，省级文化产业示范基地 59 个（其中省级音乐产业示范基地 3 个，对外文化贸易示范基地 1 个），省级文化产业试验园区 5 个，国家级文化和科技融合示范基地 2 个，国家文化和旅游消费示范城市 1 个，国家文化和旅游消费试点城市 5 个，国家级动漫游戏基地 1 个。

2. 文化产业平稳发展

2021 年，全省有规模以上文化及相关产业企业 2228 个，比上年增加 299 个，增长 15.5%；年末从业人员 29.46 万人，比上年增长 17.4%；资产总计 6877.6 亿元，增长 10.9%；实现营业收入 4638.6 亿元，同比增长 12.7%，实现利润总额 543.6 亿元，同比增长 37.1%。其中，经营性互联网文化企业迅猛发展，文化产业规模持续扩大，企业效益总体继续保持较快增长。

3. 旅游产业逐步复苏

根据“全国文化文物和旅游统计直报系统”反馈的四川省地方接待国内游客抽样调查结果，2021 年，全省接待国内游客 2.73 亿人次，实现国内旅游收入 4110.32 亿元（系统生成数据）。

全省游客构成：接待过夜游游客 1.6 亿人次，接待一日游游客 1.13 亿人次，过夜游客约为一日游游客的 1.42 倍。受疫情影响，接待游客多为本省游客，占游客总数的 69.4%，省外游客占 30.6%。2021 年，我省接待省外游客排名前三的分别为北京（约占省外游客总数的 26%）、重庆（约占省外游客总数的 20%）、贵州（约占省外游客总数的 6%）。除周边省市外，经济发达省份来川游客也较多（如图 5 所示）。

图 5　接待省外游客分布

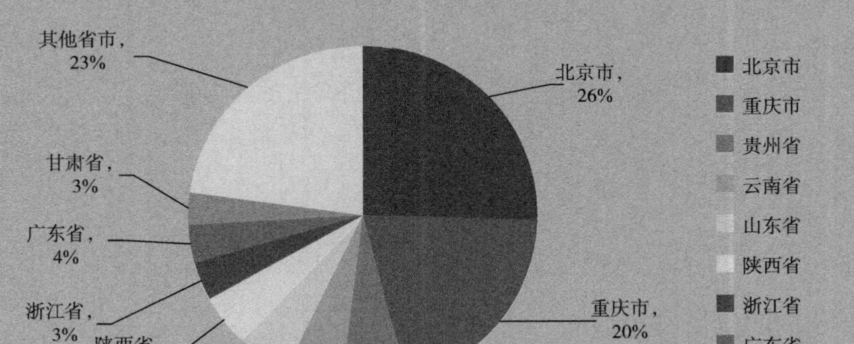

从游客花费构成来看，花费最多的为购物，约占22%；其次为餐饮，约占21%；住宿花费约占19%。由此证明，我省旅游目的地的相关商品对游客颇有吸引力（如图6所示）。

从游客出游方式来看，以自驾游为主，约占66%；其次为乘坐公共交通工具出游，约占28%；骑行、徒步等其他方式出行的游客约占3%；租车自驾的游客约占3%。说明因疫情等原因，出于安全考虑，多数人选择自驾出行（如图7所示）。

图6　游客花费构成

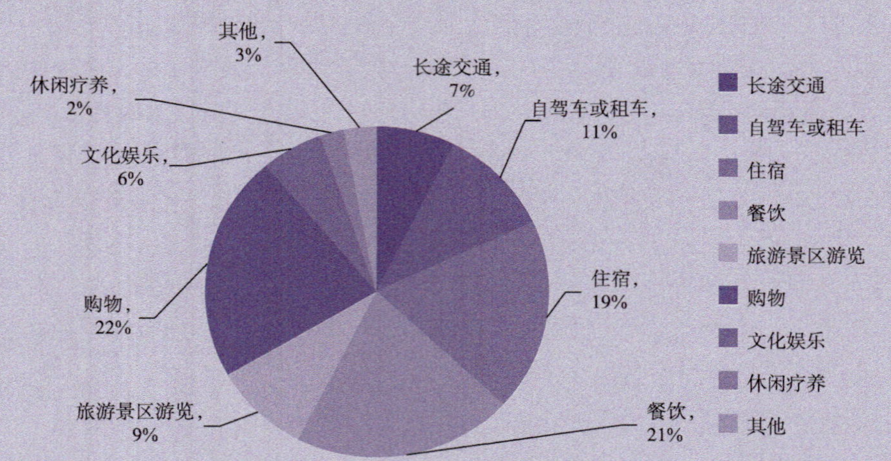

图7　游客出行方式

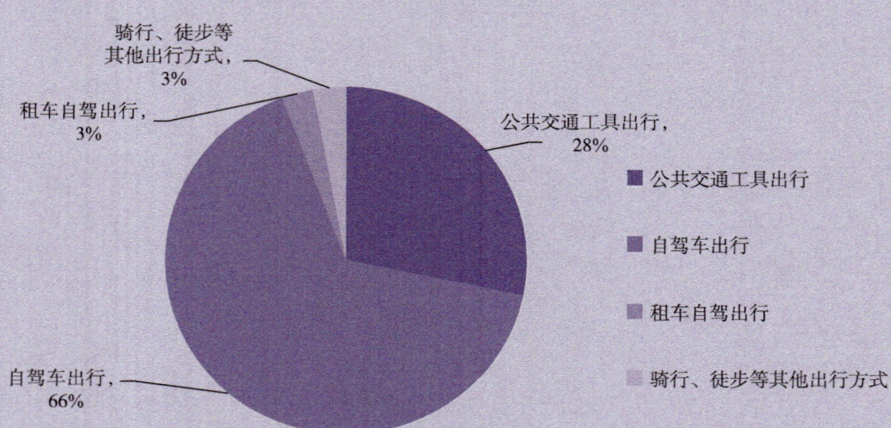

4. 推动文旅产业高质量发展

一是加快文旅重点项目培育和建设。2021年举办第七届中国（四川）国际旅游投资大会，集中签约重大文旅项目88个，总投资达1336亿元。全省在建文化和旅游重点项目481个，实际完成投资1676.82亿元，有35个重点项目实现竣工投运，其中红色旅游、体育旅游、健康旅游等融合类新业态项目数量和投资额度分别占全省在建文旅重点项目的54%和61%。二是创新金融赋能文旅产业发展。举办4次全省金融服务与文旅企业恳谈对接会，现场落地贷款173.01亿元；推动国有银行新设3家文旅支行，文旅支行总数已达30家，推出“文创贷”等87种惠及文旅企业的特色信贷产品，推动四川银行发行文旅一卡通；有效推进文旅新增专项债券项目实施，全省127个文化和旅游项目已发行债券154.98亿元。三是促进消费扩容提质。创建3个第二批国家文旅消费试点城市和6个首批国家级夜间文旅消费集聚区；创新举办“2021四川省文化和旅游消费季”和全国文化和旅游消费工作现场交流活动（西南片区），推出8大主题2610余项线上线下系列活动；推动各市（州）发放文旅消费券3.89亿元，推动4000多家文旅企业推出景区优惠等系列惠民举措；率先建立文旅消费数据监测分析体系。四是开展天府旅游名县和系列“天府旅游名牌”建设。全省文旅大会上命名第三批天府旅游名县11个，公布递补候选县17个，授牌发布10个天府旅游名镇、30个天府旅游名村、8家天府旅游名宿、9名天府旅游名导、9个天府旅游名品。五是持续推进“天府三九大·安逸走四川”品牌塑造，推出“三星堆全球文化推广”、九寨沟灾后全域恢复开放、“月满中秋——四川大熊猫家园之旅”等系列国内国际宣传推广活动；利用节庆展会拉动文旅消费，举办2021四川国际文化旅游节、第八届四川国际旅游交易博览会、四川省第十二届（春季、夏季、秋季）乡村文化旅游节等系列节庆活动；开展旅游景区管理服务质量提升行动，先后制定《四川省旅游景区精细化管理服务质量提升规范》《关于大力发展旅游度假区的意见》等政策文件，推动乡村旅游提升发展，纳入全国乡村旅游重点镇名录3个、重点村名录7个，省级乡村旅游重点镇名录10个、重点村名录100个；优化省级旅游度假区认定机制，新增省级旅游度假区5家，认定首批省级旅游休闲街区10家。六是加快推进文旅融合创新发展。推进音乐旅游产业融合发展，2021年全省音乐产业相关企业数量达10372家，新增音乐产业相关企业448家，其中数字音乐企业达351家，音乐产业实现总产值870.62亿元；推进中医药健康服务业与旅游业融合发展，评定省级中医药健康旅游示范基地10家；推进体育旅游融合发展，2个风景名胜区成功创建国家体育旅游示范基地；推动民族特色文化产业带建设，推出55个优选项目和100个精品投资项目，项目投资总额1990亿元。

（四）扶持和管理并重，提升文旅市场管理服务效能

加强文化和旅游市场管理，为四川文化和旅游发展提供更好的公共服务，创造更加健康有序的市场环境，文化和旅游市场活动进一步活跃。

1. 文化和旅游市场结构调整

2021年末，全省文化市场统计系统中共有文化市场经营单位14835个，比上年减少2433个，下降14.1%；从业人员81467人，减少1074人，下降1.3%；营业收入305.99亿元，比上年增长248.3%，营业利润57.58亿元，比上年增长415.9%。其中，娱乐场所3642个，比上年减少2086个，下降36.4%；互联网上网服务营业场所（网吧）8256个，比上年减少421个，下降4.4%；经营性互联网文化单位927个，比上年增加115个，增长14.2%；艺术品经营单位162个，比上年增加17个，增长11.7%；演出经纪机构110个，比上年减少28个，下降20.3%。由于采取了一系列文化市场恢复发展措施，文化市场机构受新冠肺炎疫情的影响有所减缓。娱乐场所、网吧等传统文化市场机构继续呈萎缩趋势，经营性互联网文化单位等新兴产业机构则发展迅猛。图8为2021年四川省文化市场经营机构构成情况。

图 8　2021 年四川省文化市场经营机构构成情况

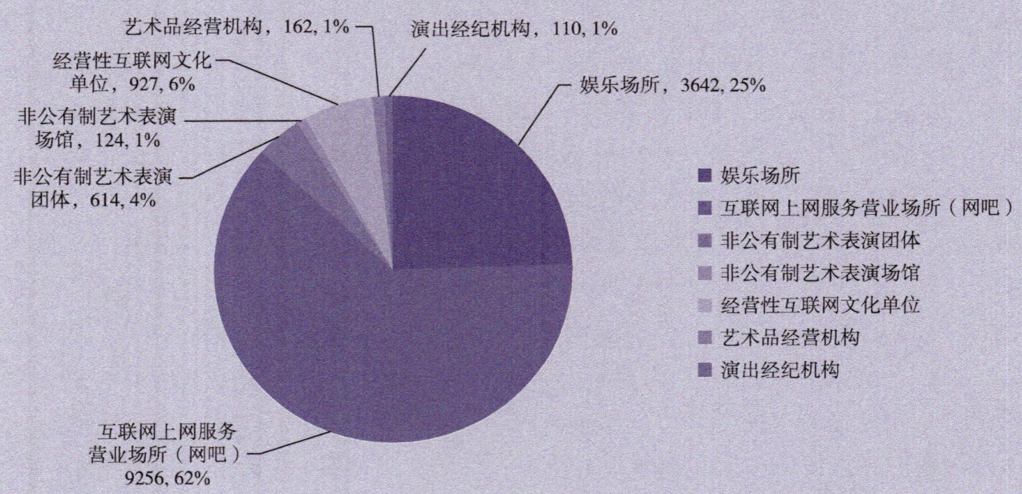

2021 年末，纳入文化和旅游部统计系统的旅行社 848 个，占登记注册旅行社总数（1422 个）的 59.6%，从业人员 9475 人，营业收入 50.64 亿元，利润总额 -0.85 亿元。星级酒店 347 个，受疫情影响，部分酒店暂停营业，参与统计系统填报的有 332 个，从业人员 32575 人，营业收入 55.56 亿元，利润总额 -2.24 亿元。

2021 年末，全省共有 A 级景区 793 个，比上年末增加 77 个。其中，5A 级景区 15 个；4A 级景区 303 个，增加 21 个；3A 级景区 380 个，增加 60 个。全年 A 级景区共计接待游客 4.65 亿人次，门票收入 40.39 亿元。

2. 优化环境，激发市场主体活力

一是统筹抓好疫情防控和恢复发展。2021 年，省级财政安排纾困补助资金 330 万元，用于全省 5 个旅行社和 8 个金牌导游工作室；落实旅行社暂退质保金等既有政策，联合财政等 10 部门出台支持旅行社纾困发展措施，帮扶市场主体渡难关。严格督促 A 级旅游景区、公共文化场馆落实好“三个要求”。二是持续开展文旅市场整治行动。落实“一网通办”能力巩固提升专项行动，出台《全省重点旅游线路市场秩序综合整治方案》。开展护航“两会”“奋战一百天 · 献礼一百年”专项保障、未经许可经营旅行社业务等专项整治行动，开展川渝、川浙等执法协作交流。出台《四川省文化和旅游厅暗访抽查工作办法（试行）》，建立文旅市场“体检式”暗访队伍，对 396 家文化市场经营场所、21 家（次）景区、15 条（次）旅游线路进行“体检式”暗访。

（五）保护和利用并举，提升文化遗产保护利用水平

1. 加强文物保护和利用

（1）文物业公共服务能力进一步提升。文物业机构和从业人员有所调整。2021 年末，全省共有文物机构 568 个，比上年增加 44 个，增长 8.4%（见图 9）。其中，文物保护管理机构 174 个，占文物业机构总数的 30.6%；博物馆（纪念馆）267 个，比上年增长 3.49%，占文物业机构总数的 47.0%。文物业机构从业人员 9752 人，比上年增加 516 人，增长 5.6%（见图 9），其中专业技术人员 2499 人，

比上年增加 146 人，占从业人员总数的 25.6%。文物业机构和从业人员逐年增加，机构和人才保障能力增强。

图 9　2011—2021 年全省文物机构及从业人员情况

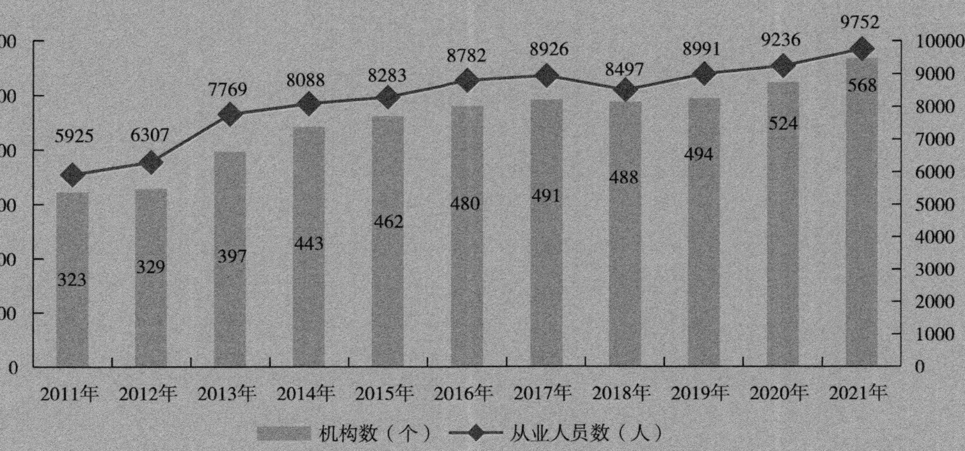

如表 6 所示，2021 年末，全省文物藏品共 489.35 万件（套），比上年增加 4.56 万件（套），增长 0.9%。其中，博物馆文物藏品 465.73 万件（套），比上年增加 6.89 万件（套），增长 1.5%，占文物藏品总数的 95.2%。文物藏品中一级品 4201 件（套），二级品 7882 件（套），三级品 104495 件（套）。全省有文物点 65231 处，其中国家级文物保护单位 260 处，省级文物保护单位 1215 处，市县级文物保护单位 6374 处。全省有世界自然和文化遗产 5 处，中国历史文化名城 8 座，传统村落 1379 个（其中 333 个村落已被列入中国传统村落名录），并有国家考古遗址公园 2 处。全省文物业实际使用房屋建筑面积 186.33 万平方米，比上年增加 9.62 万平方米，增长 5.4%，其中文物展览用房 83.59 万平方米，比上年增加 5.3 万平方米，增长 6.8%。推动三星堆博物馆新馆、川陕革命根据地博物馆新馆、江口沉银博物馆、宜汉罗家坝遗址博物馆等重点博物馆建设项目实施，宜宾市博物院建成开放；成功实施首批 50 家乡史村史和社区博物馆（陈列室）建设示范项目。

表 6　2021 年四川省文物藏品、文物点和实际使用房屋面积情况

年份	藏品数				文物点（个）			使用房屋面积（万平方米）	
	合计（万件/套）	一级品（件/套）	二级品（件/套）	三级品（件/套）	合计	国保单位	省保单位	合计	展览用房
2021 年	489.35	4201	7882	104495	65231	260	1，215	186.33	83.59

（2）探索开展中国特色考古发掘工作。考古发掘与科技考古、文物保护相结合，统筹推进三星堆遗址、皮洛遗址、江口沉银遗址等重要考古调查项目，城坝、罗家坝、宝墩遗址考古发掘取得新成果，六江流域、宋（蒙）元山城防御体系遗址等考古调查有序进行。全省新发现旧石器时代遗址 100 多处，江口沉银遗址出土（水）各类遗物 1 万余件，稻城皮洛遗址出土采集石器近万件。组织开展文

物考古发掘面积7.87万平方米，出土器物39838万件（套）。广汉三星堆遗址、成都金沙遗址、彭山江口明末战场遗址入选中国考古界“百年百大考古发现”。表7为2021年四川省文物保护维修和考古发掘情况。

表7　2021年四川省文物保护维修和考古发掘情况

年份	文物保护规划和方案设计（个）	文物保护维修情况			进行考古发掘情况	
		国保单位保护维修项目数（个）	省保单位保护维修项目数（个）	市、县保单位保护维修项目数（个）	考古发掘面积（万平方米）	出土器物（件/套）
2021年	123	61	65	56	7.87	39838

（3）全面提升文物保护水平。一是强化政策举措。出台地方性文物业法规、规章6部，出台落实中央文物领域的政策性文件5个，《四川省红色资源保护传承条例》《四川省三星堆遗址保护条例》《四川省文物保护工程检查管理实施细则（试行）》《四川省文博科研课题管理办法》等相关法规政策文件出台，进一步促进文物保护利用规范化、制度化。二是文物保护和利用稳步推进。完成《三星堆文化遗址保护利用总体方案》《四川省川陕片区红色文化公园保护利用规划》《城坝考古遗址公园规划》《什邡堂邛窑遗址国家考古遗址公园规划》等123个文物保护规划和方案设计；对全省61处国家级、65处省级和56处市县级文物保护单位进行保护维修；基本完成第八批国保、第九批省保单位保护范围和建设控制地带划定；完成黄河流域文物资源调查，启动长江流域文物资源调查；博物馆实施可移动文物数字化保护1443项，预防性保护2514项。三是革命文物保护利用扎实推进。核定公布四川省第一批革命文物名录[不可移动233处、可移动184件（套）]，全省革命文物省级以上保护单位达236处；长征国家文化公园（四川段）建设稳步推进，实施红军长征在四川、松潘红军长征纪念馆、红军飞夺泸定桥纪念馆等一批红色展陈及纪念馆提升工程；与贵州、云南签署《加快推进川滇黔长征国家文化公园建设战略合作协议》；发布长征国家文化公园四渡赤水红色研学精品线路，推动成立长征国家文化公园四渡赤水红色联盟。四是大力推进石窟寺保护利用。完成全省石窟寺专项调查，现存石窟寺（含摩崖造像）2134处（包括全国重点文物保护单位33处、省级文物保护单位111处）；起草四川省关于加强石窟寺保护利用工作实施方案，安岳石窟、乐山大佛、巴中石窟等石窟寺保护利用重点项目有序推进；石窟寺保护研究机构得到加强；与重庆市达成共建川渝石窟寺国家遗址公园的共识。五是推动文物保护科技创新。2021年度全省文物业组织开展40个科研课题研究，其中省部级及以上课题33个，获得专利17个，完成专著或图录72册，完成论文327篇，形成古建维修、考古发掘报告22册，获国家奖5个，获省、部奖22个（见表8）；推动数字文物创新应用，配合省委网信办起草数字文物创新应用方案，编制三星堆数字文物展览方案，邛崃市四川红军长征数字展示馆建设基本完工，推动四川博物院、成都博物馆、成都金沙遗址博物馆等博物馆数字文创产品开发。

（4）文物安全管理抓常抓长。文物安全工作纳入省政府目标考核，继续开展文物火灾隐患整治和消防能力提升三年行动，完成省级以上文物保护单位文物安全防护工程10余个，审核文物安全防范技术方案60余个；2021年全省文物安全巡查12355次，排查整治安全隐患2000余项；进出境文物审核接收移交文物243件（套），审核文物拍卖标的5759个，其中禁止上拍文物标的46个；打击文物犯罪，受司法部门委托办理涉案文物鉴定96次，鉴定物品2061件（套），1个执法案例获评2020年度全国文物行政执法优秀案卷。

表 8　2021 年四川省文物机构完成科研成果情况

	省部级及以上科研课题数（个）	专利（个）	专著或图录（册）	论文数（篇）	古建维修、考古发掘报告（册）	获国家奖（个）	获省、部奖（个）
文管所	0	1	3	76	4	2	4
博物馆	25	6	63	185	7	3	16
科研机构	8	10	6	66	11	0	2
合计	33	17	72	327	22	5	22

（5）文物公共服务发展成效显著。2021 年，全省文物机构安排基本陈列 753 个，比上年增长 3.6%；临时展览 629 个，比上年增长 32.7%；参观人次 6537.55 万人，比上年增长 59.6%，其中未成年人 1110.29 万人，占参观总人数的 17%。全省博物馆（纪念馆）基本陈列 721 个，比上年增长 6.3%；举办临时展览 605 个，比上年增长 33.3%；参观人次 6068.29 万人次，比上年增长 61.7%，其中未成年人参观人次 1070.88 万人次，比上年增长 48%。四川博物院、成都博物馆、金沙遗址博物馆等推出《四川史前展》《长江流域青铜文明展》《列备五都：秦汉时期的中国都市》等 200 余个精品临展特展；成都博物馆（成都中国皮影博物馆）“影舞万象 偶戏大千——中国皮影木偶展”获评“全国博物馆十大陈列展览精品奖”。同时，开展博物馆品牌创建，推出 2020 年度“十大陈列展览精品”“十佳博物馆海报”“十佳文博短视频”“十佳文博科普读物”“优秀策展人”等，其中四川博物院《你收到一个来自神秘古蜀的漂流瓶》短视频获评“全国文化遗产云传播十佳项目”。

2021 年，四川省继续深化博物馆文教融合，全年全省博物馆举办社会教育活动 15090 次，比上年增长 81.9%；参加活动人次 985.01 万，其中未成年人 487.45 万，占参加总人数的 49.5%。全省博物馆不断创新服务手段，全年共举办线上展览 490 个，比上年增长 191.7%，网站访问量达 1.64 亿次，比上年增长 514.5%；开通微信公众号和微博账号 4187 个，比上年增长 537.3%，关注人数达 1542.59 万人次。文物机构服务水平不断提升，社会效益进一步增强。图 10 为 2011—2021 年全省文物机构观众人次及未成年观众人次。

2021 年，全省文物机构门票销售 4.37 亿元，比上年增长 41%，其中博物馆门票收入 2.98 亿元，占门票收入总数的 68.2%。全省博物馆文化创意产品种类 5248 个，销售收入 5528.9 万元。文物事业助推经济社会发展能力不断提升。

2. 非物质文化遗产系统性保护水平不断提升

（1）非物质文化遗产保护传承制度化规范化建设进一步加强。2021 年，四川省贯彻落实中共中央办公厅、国务院办公厅《关于进一步加强非物质文化遗产保护工作的意见》，出台《四川省级文化生态保护区管理办法》《四川省级非物质文化遗产代表性传承人记录工作管理办法》《加强国家级羌族文化生态保护区建设的实施意见》等，制定《四川省“十四五”非物质文化遗产保护规划》《黄河流域（四川）非物质文化遗产保护传承弘扬工作方案》等，推动我省非物质文化遗产保护传承制度化、规范化水平不断提升。

图 10　2011—2021 年全省文物机构观众人次及未成年观众人次

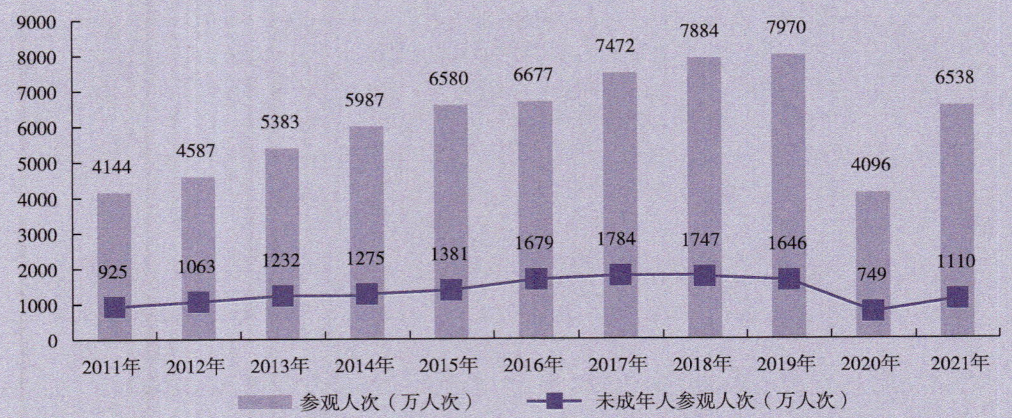

（2）非物质文化遗产保护展示能力大幅提升。非物质文化遗产名录体系优化。2021 年，全省共有国家级非物质文化遗产名录项目 153 个，比上年增长 9.2%，川菜等 14 个项目入选第五批国家级非遗代表性项目，国家级代表性传承人 88 人，比上年减少 2 人；省级非物质文化遗产名录项目 611 个，与上年持平，省级代表性传承人 835 人，比上年增长 50.2%；市县级非物质文化遗产名录项目 7153 个，比上年增长 5.1%，市县级代表性传承人 6949 人，比上年增长 2%。全省有国家级文化生态保护区 1 个，国家级非遗生产性保护示范基地 7 个，省级文化生态保护实验区 6 个，省级非遗生产性保护示范基地 23 个，非遗保护传承基地 10 个。

非物质文化遗产保护展示传习场所情况有所调整。2021 年，全省有非物质文化遗产保护中心 40 个，与上年持平，从业人员 421 人，比上年增长 12.3%；有非物质文化遗产馆 200 个，比上年增长 81.8%，收藏实物数 62567 件（套），比上年增长 15.2%，场馆面积 13.89 万平方米，比上年增长 39.9%，参观人次超过 269 万人，比上年增长 31.33%；有传承体验中心 638 个，收藏实物数 49071 件（套），场馆面积 23.62 万平方米，参观人次 181.5 万人；传习所（点）5054 个，场馆面积 59.86 万平方米，培训学徒 3.15 万人（如表 9 所示）。

表 9　2021 年四川省非物质文化遗产展示传习场所情况

年份	非物质文化遗产博物馆				传承体验中心				传习所（点）		
	数量（个）	收藏实物数（件/套）	场馆面积（万平方米）	参观人次（万人）	数量（个）	收藏实物数（件/套）	场馆面积（万平方米）	参观人次（万人）	数量（个）	场馆面积（万平方米）	培训学徒（万人）
2021	200	62567	13.89	269	638	49071	23.62	181.5	5054	59.86	3.15

（3）非物质文化遗产宣传展示培训活动有所调整。2021 年全省各类非物质文化遗产保护管理机构举办展览 1205 个，比上年增长 8.36%；接待观众 147.86 万人次，比上年下降 52.34%；举办演出 1584 场，比上年下降 82.04%，观众人次 98.23 万，比上年下降 74.84%；举办民俗活动 490 次，比上年下降 36.20%，观众人次 51.08 万，比上年下降 70.20%；开展非遗工作人员培训 423

班次，比上年增长 9.59%，培训人次 1.47 万，比上年增长 41.35%；开展传承人培训 867 班次，比上年增长 31.16%，受训人员 3.15 万人，比上年增长 3.96%（见表 10）。受新冠肺炎疫情持续影响，加之个别单位对统计指标统计口径的理解问题，造成举办演出和民俗活动的数据有较大变动。

表 10　2020—2021 年全省非物质文化遗产宣传展示活动情况

年份	举办展览		举办演出		举办民俗活动		开展非遗工作人员培训		开展传承人培训	
	展览（个）	参观（万人次）	演出（场次）	观众（万人次）	活动（次数）	参与（万人次）	培训（班次）	受训（万人次）	培训（班次）	受训（万人次）
2020	1112	310.23	8821	390.49	768	171.42	386	1.04	661	3.03
2021	1205	147.86	1584	98.23	490	51.08	423	1.47	867	3.15
增长率（%）	8.36	−52.34	−82.04	−74.84	−36.20	−70.20	9.59	41.35	31.16	3.96

（4）不断创新非物质文化遗产保护传承实践。一是深化文旅融合发展，实施黄河流域非遗保护传承弘扬年度行动计划，举办第二届黄河源非遗保护与铸牢中华民族共同体意识研讨会，举办河曲马赛马会、川西藏族山歌节等黄河非遗展演展示活动，助力黄河流域四川段生态保护和高质量发展。二是推动巴蜀文旅走廊建设，成立巴蜀非遗保护联盟，举办“川渝非遗绣活大赛”、“成渝双城蜀绣名家名作联展暨成都蜀绣精品展”、首届川渝曲艺展演大会等系列活动，加强巴蜀地区非遗资源整合，提升两地非遗保护水平。三是推进非遗助力乡村振兴，提升 2 个国家级传统工艺工作站建设，全面推进省级传统工艺工作站建设，认定 50 家省级非遗就业工坊，推动非遗创新转化。四是推进“天府旅游美食”推选推广活动，向全球推出 809 道“天府旅游美食”名录，提升“天府旅游美食”影响力。五是多种方式加强宣传普及，举办“非遗过大年　文化进万家”活动，将 390 余项四川最具代表性的民俗活动和非遗项目，以视频、直播、图文等方式开展非遗传承展示活动；举办第二届“四川非遗购物节”，线上线下销售额超过 2 亿元。全省非物质文化遗产宣传展示及传承推广活动特色鲜明，进一步提升了全民非物质文化遗产保护意识，促进了区域经济社会协调发展，提高了四川的国际影响力。

（六）转变工作重心，助力提升四川文旅国际影响力

1. 对外文化和旅游交流活动有所增加

2021 年，全省非商业性对外演出交流项目 45 个，比上年增长 800%，参与交流人员 203 人次，比上年增长 244.1%；演出（展览、旅游推介）77 场，比上年下降 2.5%，其中线下活动 60 场，占全部场次的 77.9%，比上年大幅增加；观看演出（展览、旅游推介）人次 55.41 万。

2. 出入境旅游市场受疫情影响较大

2021 年，全省星级酒店接待接待入境过夜游客 1.77 万人次，同比下降 46.3%；其中接待外国游客 1.04 万人次，同比下降 60.2%。受疫情影响，旅行社组织游客出境游业务基本停滞。

3. 转变营销宣传推广方式

一是利用中日文化体育交流促进年、中韩文化交流年等契机，借助我国文化和旅游部“欢乐春节”

品牌、“部省年度合作”机制，于春节期间开展了“春之声”音乐会、“东方新物 天府文创”中国特色文创系列线上展、“天府风情巴蜀闹春”中国春节民俗文化系列讲座、线下非遗展览等“欢乐春节”活动，覆盖16个国家和地区；与首尔中国文化中心合作举办了“天府·茶·器”四川非遗展、“2021中·韩艺术交流节画家活动”、《书画作品中的四川》展览等10项活动；联合日中友好会馆在东京举办“丝线编织艺术之美——四川非物质文化遗产精品展”以及演出和美食互动等活动。此外，还联合四川省委外办举办四川—欧洲友城文化旅游推介会，向10个欧洲友城开展推介和交流。二是创新“云游四川”模式，推出四季文化和旅游专题推广，开展全球线上互动，举办文旅国际交流推广活动近50次，借助我国文化和旅游部“天涯共此时”全球品牌活动推出“月满中秋——四川大熊猫家园之旅”，通过57家海外中国文化中心和驻外旅办以6个语种推送场景化展示和虚拟化体验；利用中央广播电视总台、中国国际电视台（CGTN）、国际在线全英文媒体China Plus等平台，通过多语种专题短视频、云端慢直播和线下直播向全球呈现了第27届自贡恐龙国际灯会、第三届大凉山国际戏剧节、九寨沟全域开放仪式等重大国际节庆活动；通过英国美食节目“云厨房”和马来西亚美食节目《不同凡飨》，推广天府旅游美食魅力，不断提升四川文旅海外影响力。三是充分联动省级部门、毗邻省市、境外机构和社会力量，整合资源开展推广。与重庆市文旅委以“川渝一家亲·巴蜀千古情”为主题，在“香港国际旅展”线上推介会面向港澳同胞共同推广巴蜀文旅走廊；与澳门旅游局签署《四川与澳门加强旅游合作备忘录》，就进一步深化文旅交流合作达成共识；联合省委台办共同举办“两岸情 李庄行”海峡两岸交流活动，支持省旅游协会和台湾桃园观光杂志社合作在台北、桃园、成都举办海峡两岸摄影家作品展。

（四川省文化和旅游厅）

四川：三星堆国家文物保护利用示范区建设全面推进

一、联合多学科攻关，构建发掘保护体系

针对考古发掘、现场保护、实验室分析检测和出土文物提取等各环节技术要求，秉持“课题预设、保护同步、多学科融合、多团队合作”的工作理念，省文物局组织国内40家科研机构、高等院校参与三星堆遗址考古发掘，搭建多学科融合、多平台合作的三星堆考古发掘、文物保护和研究体系，实现了考古发掘、文物保护、系统研究的有效统一和有机结合，提升了考古工作的质量与水平。

2021年，三星堆遗址新一轮考古发掘取得重大突破，新发现的6座“祭祀坑”已经出土编号文物11000余件，近完整器超过2000件，包括金面具、鸟形金箔饰、铜顶尊跪坐人像、铜立人像、铜人头像、铜面具、铜尊、铜罍、玉璋、玉戈、玉凿、石戈、陶矮领瓮、陶尖底盏、象牙雕、海贝等，三星堆遗址入选“中国百年百大考古发现”名单，为研究中华文明“多元一体”起源发展提供了典型实证。

二、提档基础设施，改善遗址体验环境

2021年，为持续推动三星堆国家文物保护利用示范区创建，四川省先后颁布实施《四川省三星堆遗址保护条例》《四川广汉三星堆国家文物保护利用示范区建设实施方案》，进一步促进了三星堆遗址文物保护利用规范化、制度化。

实施三星堆博物馆新馆建设项目，新馆建筑面积5.5万平方米、估算总投资14.33亿元，该新馆建筑设计方案已获国家文物局同意并正式动工建设。

实施三星堆博物馆改陈布展提升项目，各级财政投入改陈布展项目资金6500万元，对现有两个展馆实施基本陈列改造和基础设施信息化升级，其中综合馆改陈已完成并对外开放；青铜馆改陈计划于2022年春节前全面完成；三星堆开放式文物修复馆已建成。为改善遗址周边环境，实施博物馆至考古发掘现场沿线生态环境整治，各级财政投入资金1600万元。三星堆大道改扩建工程投入资金8亿元，现已基本通车；天府大道北延线工程总投资133.5亿元，现已完成70%，预计2022年建成通车。

三、坚定文化自信，扩大品牌影响力

一是集中发布考古成果。中央电视台先后于2021年3月、9月两次直播三星堆考古发现，通过人民网、新华网等央视媒体持续进行系列报道，全网播放量超1.2亿次，相关话题阅读量超200亿次，成为引领全国范围舆论关注热潮的文博重大事件；在央视发布的2020年度国内十大考古新闻中，三星堆考古新发现成功入选。二是开展系列高水平、国际化宣传推广活动。举办由中宣部组织的“三星堆全球文化推广活动”和中华文化全球推广之“走进三星堆 · 读懂中华文明”主题活动；国务院新闻办公室、国家文物局授予三星堆“走读中国”首个体验基地称号，围绕“三星堆新一轮考古发掘”已产生广泛的世界影响有力。

2021年，广汉三星堆博物馆有文化创意产品种类708个，比上年增长12.74%；文化创意产品销售收入2728.4万元，比上年增长1342.83%；博物馆参观人次144.04万人，比上年增长327.29%；门票销售总额7386.9万元，比上年增长277.48%；实现综合收入10779.64万元，比上年增长452.53%。三星堆国家文物保护利用示范区的创建，带“热”了博物馆，带“活”了文博体验，带“火”了文旅经济。

贵州省 2021 年文化和旅游发展情况分析

2021 年是“十四五”开局之年，贵州省文化和旅游系统以习近平新时代中国特色社会主义思想为指引，坚守发展和生态两条底线，以高质量发展统揽全局，突出文化旅游战略地位，全面落实“一二三四”工作思路，围绕“四新”主攻“四化”的决策部署，以建设多彩贵州民族特色文化强省、多彩贵州旅游强省，全力打造“双一流”目的地的发展定位，聚焦旅游产业化，紧密对接市场主体，系统谋划、深度融合，固根基、扬优势、补短板、强弱项，推动多彩文化屡添新彩，扎实推进“十四五”文化和旅游高质量发展。

一、文化文物工作开展情况

全省文化工作坚持创新融合高质量发展理念，抢抓建党百年有力发展契机，全面落实意识形态工作责任制，深入开展党史学习教育和“牢记殷切嘱托、忠诚干净担当、喜迎建党百年”专题教育，扎实推进深化国有文艺院团改革，紧抓艺术生产、强化人才队伍培育、狠抓公共文化基础设施建设，大力实施惠民工程，创新开展全民阅读系列活动，“以文塑旅、以旅彰文、和合共存”的理念得到进一步彰显。

（一）机构和人员

2021 年末，纳入统计范围的全省各类文化（文物）单位 6.6 万个，从业人员 7.3 万人（见图 1）。

图 1　2011—2021 年贵州省文化单位机构数及从业人员数

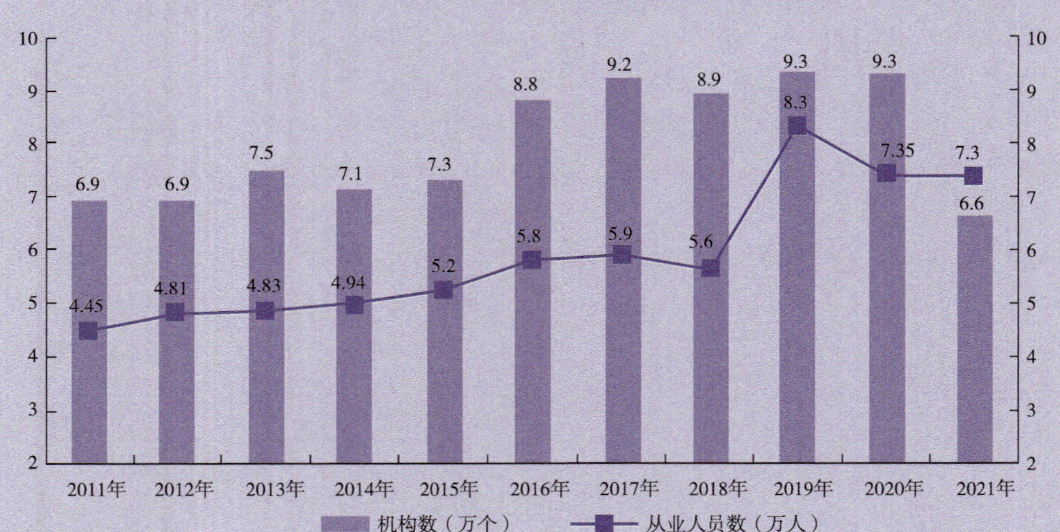

（二）艺术创作演出

紧紧围绕庆祝建党百年、巩固脱贫攻坚、推动乡村振兴、传承优秀文化等重大主题，创作提升艺术精品取得实效，《红梅赞》受邀走进国家大剧院献礼演出，3部剧目入选“庆祝中国共产党成立100周年优秀舞台艺术作品展演”，7部作品入选“庆祝中国共产党成立100周年舞台艺术精品创作工程”，《蜡梅迎香》等列入全国脱贫攻坚题材舞台艺术优秀剧目展演，《绣琳琅》荣获第十八届中国吴桥国际杂技艺术节“铜狮奖”，《遵义会议组歌》《锦绣儿女》《侗寨琴声》《云上梯田》《梵山“云”游》等展示贵州魅力、弘扬新时代贵州精神、为伟大时代培根铸魂的优秀作品持续涌现。《贵州省深化国有文艺院团改革实施方案》经省委深改委审议通过并印发，国有文艺院团改革迈出坚实步伐。支持139个项目申报国家艺术基金2022年度资助项目。2名青年编剧及演员入选2021年全国编剧和全国戏曲表演领军人才培养计划。

年末，全省共有艺术表演团体133个，从业人员5676人。全年全省艺术表演团体共演出1.71万场次，其中赴农村演出0.45万场次，赴农村演出场次占总演出场次的26.32%；全省艺术表演团体2021年国内观众达1525.52万人次，其中农村观众239.71万人次；总收入6.07亿元，较上年增长47.66%，其中演出收入3.01亿元，较上年增长106.58%。

全年全省文旅部门所属艺术表演团体共组织政府采购公益演出0.13万场次，观众101.76万人次。利用流动舞台车演出0.04万场次，观众45.03万人次。

年末全省共有艺术表演场馆23个，其中各级文旅部门所属艺术表演场馆6个。

（三）公共文化服务体系建设

紧密结合城乡发展、互联网应用及人群需求变化情况，推进贵州省智慧图书馆体系及公共文化云项目建设，打造12个“城市主题书房”。攻坚克难，推进北京路影剧院改扩建项目并取得实质性进展。省图书馆北馆开馆运行，接待读者51.2万人次。获文化和旅游部命名5个“中国民间文化艺术之乡”，评选发布42个“贵州民间文化艺术之乡”。六盘水市成功创建国家公共文化服务体系示范区。持续实施“春雨工程”“阳光工程”“圆梦工程”，举办“云上乡村春晚”，围绕建党百年组织惠民演出400余场，开展群众性文化活动近5000场、3000余万人次参与。推进第五次县级以上文化馆评估定级，评出上等级馆88个，占全省文化馆总数的89.8%。推动文化和旅游公共服务机构功能融合试点，策划实施“月满中秋，诗书里的山地贵州”中秋节公共文化服务进景区暨全民阅读进景区活动，完成旅游景区驻场文艺演出400场次。公共文化服务在创新中提升了效能、扩大了影响，发挥了传承经典、启智润心的作用。

1. 公共图书馆

年末全省共有公共图书馆99个，从业人员1238人，比上年末增加154人。其中具有高级职称的人员130人，占10.50%；具有中级职称的人员345人，占27.87%，中高级职称人员占比均较为稳定。

年末全省公共图书馆实际使用房屋建筑面积38.77万平方米；图书总藏量1824.56万册，较上年增长9.02%，其中古籍18.11万册；电子文本、图片文献资源总量227387.32TB；阅览室座席数3.17万个，增长9.66%；供读者使用的电子阅览终端3810台，增长7.02%。

全年全省公共图书馆实际持证读者数 93.95 万个，书刊文献外借 752.88 万册次，较上年增长 40.87%；外借 495.75 万人次，增长 67.11%。全年共为读者举办各种讲座 1451 次，展览 979 次，培训班 1155 次；全省利用流动图书车开展流动图书服务，借阅达 75.15 万人次，92.65 万册次；全省公共图书馆文化创意产品共 45 种类（个），文创产品销售收入 34 万元。

2. 群众文化机构

年末全省共有群众文化机构 1721 个，比上年末增加 20 个。其中文化站 1622 个，较上年增加 20 个。年末全省群众文化机构从业人员 6844 人。其中具有高级职称的人员 206 人，占 3.01%；具有中级职称的人员 534 人，占 7.80%。

年末全省群众文化机构实际使用房屋建筑面积 96.51 万平方米；计算机 1.27 万台。年末全省平均每万人群众文化设施建筑面积 250.55 平方米，比上年末减少 8.16 平方米（见图 2）。全省群众文化机构文化创意产品共 50 种类（个）。志愿者服务队伍共 15477 个，志愿者 392712 人。

图 2　2011—2021 年贵州省平均每万人群众文化设施建筑面积

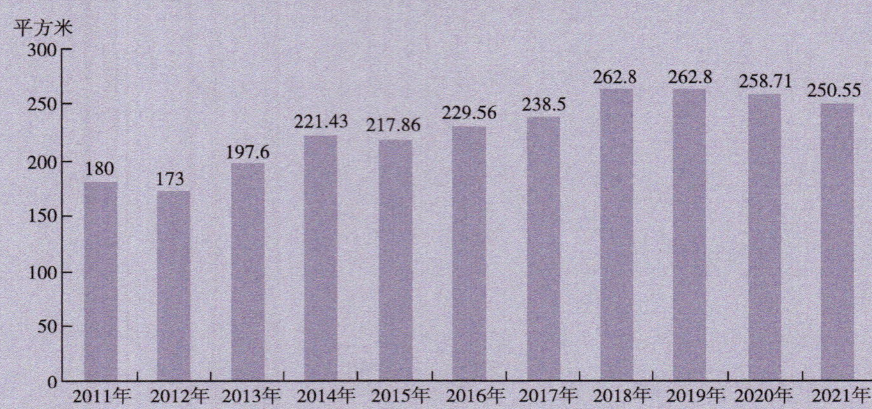

全年全省群众文化机构共组织开展各类文化活动超过 4.83 万次，比上年增加 53.05%，服务人群范围不断扩大（见表 1）。

表 1　2021 年贵州省群众文化机构开展活动情况

类别	总量		比上年增长（%）	
	活动次数（次）	服务人数（万人次）	活动次数	服务人次
各项活动总计	48344	3269.82	53.05	66.18
其中：展览	3847	469.60	55.50	251.79
文艺活动	25493	2568.90	31.45	45.84
公益性讲座	1833	43.82	257.31	172.85
训练班	17171	187.36	86.05	231.69

年末全省群众文化机构共有馆办文艺团体 648 个，演出 4821 场，观众 734.98 万人次。由文化馆

（站）指导的群众业余文艺团体 1.34 万个，馆办老年大学 51 个。

（四）文化市场

年末全省文化市场经营单位 3663 个，较上年下降 43.52%；从业人员 3.88 万人，下降 7.73%。全年全省文化市场经营单位营业总收入 99.13 亿元，营业利润 7.27 亿元。

分区域看，年末城市文化市场经营单位 1442 个，占文化市场经营单位总量的 39.37%；县城 1411 个，占 38.52%；县以下地区 810 个，占 22.11%（见表 2）。

表 2　2021 年按区域贵州省文化市场经营单位主要指标

类别		机构数（个）	从业人员数（人）	营业总收入（万元）	营业利润（万元）
总量	总计	3663	38806	991303.5	72681.7
	城市	1442	15170	772658.5	47600.5
	县城	1411	20680	201360.8	22337.4
	县以下	810	2956	17284.2	2743.8
比重（%）	总计	100	100	100	100
	城市	39.37	39.09	77.94	65.49
	县城	38.52	53.29	20.31	30.73
	县以下	22.11	7.62	1.74	3.78

年末全省共有娱乐场所 1819 个，从业人员 25274 人，全年营业总收入 20.37 亿元，全省共有互联网上网服务营业场所 1649 个，从业人员 7155 人，全年营业总收入 5.82 亿元，营业利润 0.19 亿元。

（五）文化遗产保护

积极推进长征国家文化公园“1+3+8”标志性项目，抓实重点革命文物专项整改，公布了第一批革命文物名录，完成了以革命文物为核心的第六批省保增补，策划推出《黔山英烈》《遵义脊梁》《建党百年 · 贵州故事》《贵州脱贫攻坚图片展》《百年征程贵州故事文物文献展》等 30 多个精品展陈，发布了 12 条红色旅游精品线路，举办了革命文物保护及红色讲解员专题培训，开展了“百名讲解员宣讲百年党史”“重走长征路”研培体验等系列活动，革命文物利用工作有效推进。

强化文物安全督查员督导机制，牢牢守住文物安全底线。省委办公厅、省政府办公厅批复并印发《关于进一步加强贵州考古工作的实施方案》，省考古标本库房建设项目列入国家“十四五”保护传承工程项目库，长江文化贵州片区文物资源调查、丝绸之路南亚廊道贵州段调查、贵州省石窟寺资源调查等有序展开。扎实推进省博物馆基本展陈提升、全省博物馆备案管理、陈列展览、社会教育、开放服务等工作，“多彩贵州 · 博物盛筵”文化品牌和特色文化展示窗口打造渐次展开。

18 项（19 处）非遗项目入选第五批国家级非遗代表性项目名录，我省国家级非遗代表性项目名录增至 99 项（159 处）；宋水仙荣获“2020 年中国非遗年度人物”称号；线上线下联动举办非遗周末聚、文化和自然遗产日暨非遗购物节等重大活动，促进文旅融合、旅游复苏和特色非遗商品销售。

年末全省共有文物机构 213 个。其中，文物保护管理机构 64 个，占 30.05%，博物馆 100 个，占 46.95%。年末全省文物机构从业人员 2711 人。其中：高级职称 112 人，占 4.13%；中级职称 247 人，占 9.11%（见图 3）。

图 3　2011—2021 年贵州省文物机构数及从业人员数

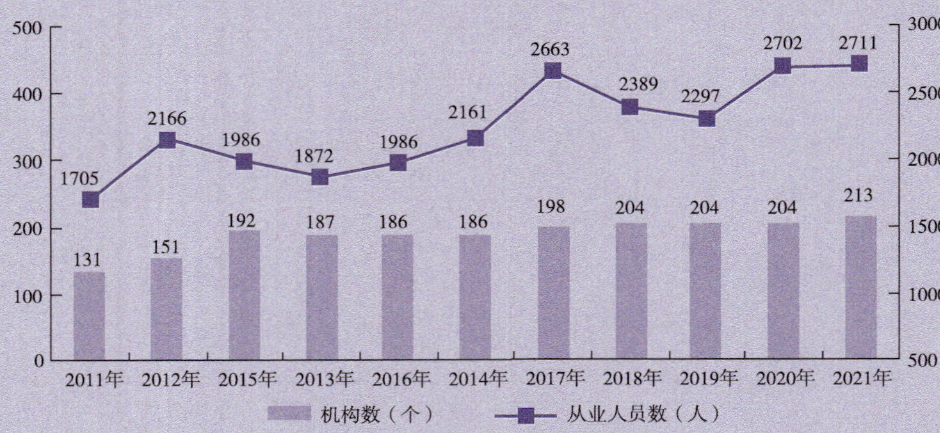

年末全省文物机构拥有文物藏品 26.44 万件。其中，博物馆文物藏品 21.39 万件，占文物藏品总量的 80.9%；文物藏品中，一级文物 610 件，占 0.23%；二级文物 1970 件，占 0.74%；三级文物 6917 件，占 2.62%。

全年全省文物机构共安排基本陈列 212 个，举办临时展览 181 个，接待观众 2221 万人次，比上年增长 12.34%。其中未成年人 393 万人次，增长 8.56%，占参观总人数的 17.69%（见图 4）。博物馆接待观众 2064.09 万人次，比上年增长 8.39%，占文物机构接待观众 92.94%。

图 4　2011—2021 年文物机构接待观众人次及未成年人观众人次

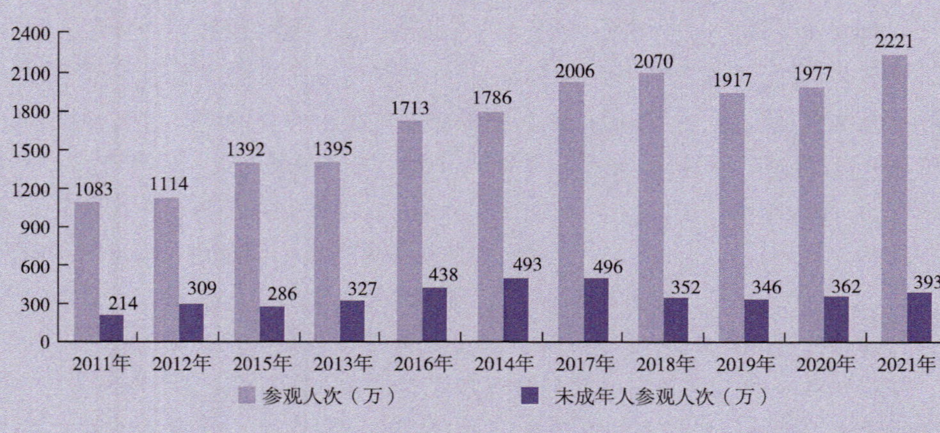

（六）文化文物资金投入

2021年，国家继续加大对我省文化事业投入力度，进一步加强非物质文化遗产和国家重点文物保护，提升完善公共文化服务体系，中央财政安排各类文化文物专项资金9.92亿元（见图5）。

图5　中央转移支付贵州省文化文物项目资金

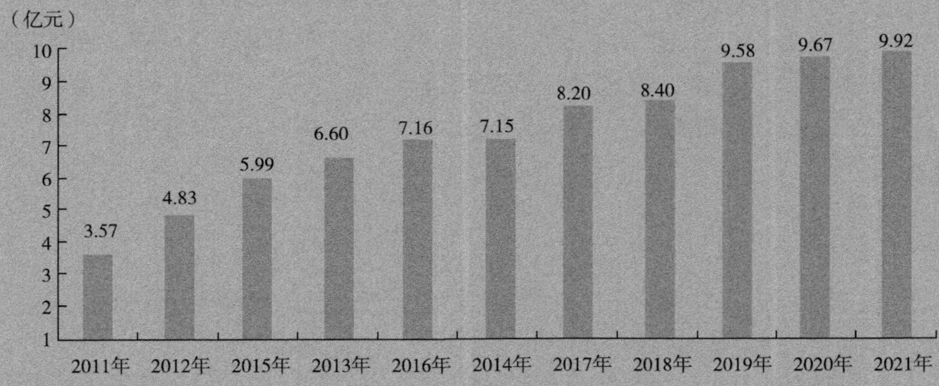

二、旅游工作情况

（一）以建设“两个强省”为目标，创新构建“四梁八柱”取得新成效

2020年末以来，省委、省政府连续出台并实施《关于推动旅游业高质量发展加快旅游产业化建设多彩贵州旅游强省的意见》《关于加快推进旅游产业化奋力实现旅游大提质的实施意见》，召开我省历史上首次全省旅游产业化推进大会，省政府批准印发《贵州省“十四五”文化和旅游发展规划》，制定印发旅游产业化“四大行动”方案及文化旅游产业投资基金管理、旅游产业化考核评价相关办法及制度，协调省直有关部门出台支持旅游产业化的政策措施，建立健全贯通省市县三级的旅游产业化专项组办公室调度推进机制，狠抓49项文化和旅游重点工作落地落实，推动制定文化和旅游系列专项规划，构建了推进文化和旅游高质量发展的“四梁八柱”，为建设“两个强省”凝聚了智慧、明晰了路径、奠定了坚实基础。

（二）以实施“四大行动”为重点，扎实推进旅游产业化取得新成效

一是大力实施市场主体培育行动，部署开展全省旅游产业发展现状大调研，贵州酒店集团等10家旅游企业被认定为省级服务业龙头企业。启动国有A级景区和涉旅国有企业改革。新增五星级饭店1家、四星级饭店4家。引进优强文旅企业20余家。新增上规入统企业197家，营业收入超亿元旅游企业11家，全省旅游市场主体达12万家，较2020年底增长12.84%。二是大力实施业态升级行动，推动200个旅游景区提质增效发展，新增4A级旅游景区11家、省级旅游度假区4家。2家民宿

入选全国首批甲级旅游民宿；评选发布“贵州特色民宿”29家、“贵州长征路上好民宿”16家。推动“流光溢彩夜贵州”建设，青岩古镇等4地获评首批国家级夜间文化和旅游消费集聚区，评定第二批省级夜间文化和旅游消费集聚区10个、省级旅游休闲街区19个。1个市州入选第二批国家文化和旅游消费试点城市。“贵州旅游 · 一码游贵州”智慧旅游平台持续升级，2个项目入选全国2021年智慧旅游优秀案例。三是大力实施服务质量提升行动，压紧压实疫情防控、安全生产和市场治理责任，常态化开展市场暗访工作，坚决整治市场乱象，依法关停投诉和舆情集中的旅游购物场所20家、查处10家旅行社及5名导游，受理有效旅游投诉716件，同比下降31.29%；全省各级文化市场综合执法机构责令企业整改230家/次、立案调查509家/次、办结案件720件。建成示范旅游厕所100座。发布实施11项文化旅游地方标准，制定推广黔菜系列标准。四是大力实施盘活闲置低效项目攻坚行动，建立“一台账两清单双清零双问责”工作机制，分类完善闲置低效旅游项目台账，指导各地逐一制定项目实施盘活方案。扎实推进首批50个闲置低效旅游项目盘活提升工作，明确乌江寨等14个项目为省级督导项目并逐一开展盘活工作。

（三）以推进重点项目为依托，不断扩大文化旅游投资取得新成效

省领导率队开展招商推介，与融创中国等龙头企业加强战略合作，举办全省文化旅游产业招商推介会，推动全省累计签约文旅项目1198个，累计到位资金突破800亿元。坚持市场化导向推进项目建设，设立文化旅游产业投资基金，投放29个共31.7亿元，撬动银行及社会资本159.45亿元。110个项目纳入国家“十四五”重点项目，8个项目获得文化保护传承利用工程中央预算内投资2.16亿元支持。贴息补助51个项目7993.18万元。22个地方政府专项债券项目获得国家支持，13个项目获得省级现代服务业专项资金支持。推动全省旅游产业化重点项目累计完成投资超1000亿元。

（四）以强化开放融合为手段，持续打造特色文化旅游品牌取得新成效

省领导率队赴重要客源市场开展宣传推介，推出系列旅游优惠政策和奖励办法，掀起贵州旅游营销推广热潮。着眼复苏、顺应时令、瞄准需求、发挥优势，举办“爽游贵州”美好目的地系列活动，开展“避暑度假到贵州”和秋冬文旅消费季暨“贵州人游贵州”活动、文化名家贵州文旅采风“一百工程”。深化“度假到丹寨、看水到荔波”“发现绥阳”等专项营销，深度推介贵州乡村民宿、特色美食及旅游商品。强化线上线下融合传播，全年通过各类媒体及OTA平台发布贵州文旅信息10.2万余条、点击量达20.8亿次，构建贯穿全年度、覆盖全领域、系统化多维度立体式宣传推广体系，达到了打造品牌、彰显形象、引导出游、激发消费、促进复苏的多重效果。

（五）以庆祝建党百年为契机，赓续红色血脉、传承红色基因、发展红色旅游取得新成效

扎实推进长征国家文化公园贵州重点建设区“1+3+8”标志性项目规划建设工作，公布全省第一批革命文物名录，包括不可移动革命文物604处、可移动珍贵文物112件套。《贵州省长征国家文化公园条例》公布施行。举办百年征程贵州故事——文物文献展、庆祝中国共产党成立100周年主题画展，开展“峥嵘百年路 · 旅动贵州红”2021年贵州红色旅游年、“百名讲解员宣讲百年党史”和

“重走长征路研培体验”系列活动，推出12条红色旅游精品线路。遵义会议会址等重点红色旅游景区创新开展服务，4个乡村故事入选文化和旅游部“寻找乡村印迹 学习党史故事——100个乡村中的党史故事”，有力助推了党史学习教育走深走实，掀起了红色研学和红色旅游热潮。

（六）以落实“五大振兴”为抓手，用心用情助力乡村振兴取得新成效

制定实施文化旅游巩固拓展脱贫攻坚成果、助推乡村振兴、与传统村落等深度融合发展系列方案，完成100个易地扶贫搬迁综合性文化服务示范点建设任务。推动“乡村旅游e贷”累计发放贷款79亿元，评定全省乡村旅游重点村镇134个，省级以上乡村旅游重点村镇达到323家；新增乡村旅游标准化单位3800余家，总数达7150家。开发文化旅游岗位7636个。以“村有界 创无边”为主题，举办第三届贵州省乡村旅游创客大赛，推动乡村旅游在融合创意、强化创新、助推创业中提质提效，成为“五大振兴”的重要力量；两地入选2021世界旅游联盟旅游助力乡村振兴案例。派出14名精兵强将赴德江县开展乡村振兴驻村工作，结合实际实施乡村文化旅游基础设施提升、文化铸魂等“五大工程”，帮扶德江县乡村振兴实现“十四五”良好开局。

（贵州省文化和旅游厅）

贵州：扎实推进文化和旅游高质量发展

2021年，贵州省文化和旅游系统坚持以高质量发展统揽全局，全面落实围绕“四新”主攻“四化”决策部署，大力弘扬新时代贵州精神，扎实推进“十四五”文化和旅游高质量发展起好步。

一是优化顶层设计，全面转型发展。出台并实施《关于加快推进旅游产业化奋力实现旅游大提质的实施意见》《贵州省“十四五”文化和旅游发展规划》系列文件，聚焦“两大提升”，实施“四大行动”，建设“两个强省”，以高质量统揽提升效益，以需求导向提升产品业态，以问题导向推动盘活资产，以市场导向推动项目建设，以游客为本提升服务质量，以旅游产业全面转型发展推动文化和旅游高质量发展。

二是多业态深入融合，品牌创新成果泉涌。坚持“旅游+”和“+旅游”发展思路，安顺市入选第二批国家文化和旅游消费试点城市。六盘水市成功创建国家公共文化服务体系示范区。毕节市化屋村等11地入选全国乡村旅游重点村镇，数量并列全国第一。4地入选第一批国家级夜间文旅消费集聚区。新评定11家4A级旅游景区、4家省级旅游度假区、1家五星级饭店、4家四星级饭店。贵州旅游商品斩获2021中国特色旅游商品大赛和中国旅游商品大赛9金19银17铜佳绩，奖牌总数居全国第二位。

三是打造艺术精品，献礼建党百年。《红梅赞》受邀走进国家大剧院献礼演出，3部剧目入选“庆祝中国共产党成立100周年优秀舞台艺术作品展演”，7部作品入选“庆祝中国共产党成立100周年舞台艺术精品创作工程”，《蜡梅迎香》等列入全国脱贫攻坚题材舞台艺术优秀剧目展演，《绣琳琅》荣获第十八届中国吴桥国际杂技艺术节“铜狮奖”。2名青年编剧及演员入选2021年全国编剧和全国戏曲表演领军人才培养计划。4个乡村故事入选文化和旅游部“寻找乡村印迹 学习党史故事——100个乡村中的党史故事”。

四是考古发现创佳绩，非遗“活”起来。贵州遵义海龙屯城址及播州杨氏土司墓群入选全国百年百大考古发现，贵安新区招果洞遗址入选“2020年度全国十大考古新发现”。18项（19处）非遗项目入选第五批国家级非遗代表性项目名录，入选项目数量位居全国第三。国家级非遗代表性项目名录增至99项159处。宋水仙荣获“2020年度中国十大非遗年度人物”称号。线上线下联动举办第二届中国丹寨非遗周、非遗周末聚、文化和自然遗产日暨非遗购物节、“非遗进景区、进社区”等系列活动。

五是文化旅游服务质量提升，智慧旅游建设再上台阶。扎实推进贵州省智慧图书馆体系及公共文化云项目建设，打造12个“城市主题书房”。建成示范旅游厕所100座。发布实施11项文化旅游地方标准，制定推广黔菜系列标准。“一码游贵州”全域智慧旅游服务平台总访问量超过2.6亿人次，持续开展“满意旅游痛客行”活动，依法关停投诉和舆情集中的旅游购物场所20家、查处10家旅行社及5名导游，受理有效旅游投诉716件，同比下降31.29%。

六是宣传推广创新融合，打造特色文旅品牌。举办2021国际山地旅游暨户外运动大会和第十六届贵州旅游产业发展大会，发起成立川渝贵“西三角”文旅合作联盟。线上线下举办国际山地旅游联盟年会。全年累计发放多彩贵州文旅消费券1000万元，通过各类媒体及OTA平台发布贵州文旅信息10.2万余条，点击量达20.8亿次，形成了贯穿全年度、覆盖全领域、系统化多维度立体式宣传推广体系。

云南省 2021 年文化和旅游发展情况分析

2021 年，全省文化和旅游系统坚持以习近平新时代中国特色社会主义思想为指导，全面贯彻党的十九大和十九届二中、三中、四中、五中、六中全会精神，深入学习贯彻习近平总书记关于文化和旅游工作重要论述和两次考察云南重要讲话精神，在省委、省政府的坚强领导和文化和旅游部的有力指导下，大力实施“文化润滇”和“旅游革命”，加快文旅产业转型升级，着力推进文化强省、旅游强省和世界一流旅游目的地建设。

一、机构及从业人员基本情况

截至 2021 年底，全省纳入统计的各类文化（文物）和旅游机构 10863 个，其中，文化类机构 10440 个，占机构总量的 96.1%。全省文化文物和旅游机构从业人员 10.14 万人，其中，文化和旅游类机构从业人员 9.81 万人，占从业人员总量的 96.7%，如表 1 和图 1 所示。

表 1　2021 年云南省文化文物和旅游机构数及从业人员情况

机构类别	机构数（个）	从业人员（人）	机构类别	机构数（个）	从业人员（人）
一、文化和旅游合计	10440	98100	旅行社	956	9839
艺术表演团体	312	9170	星级饭店	341	21343
其中：公有制艺术表演团体	98	3856	A 级旅游景区	0	0
艺术表演场馆	50	2399	文化和旅游行政部门	148	4862
其中：公有制艺术表演场馆	12	93	其他文化和旅游机构	161	1496
公共图书馆	151	1777	其中：文化市场执法机构	114	756
文化馆	149	2386	二、文物合计	423	3255
文化站	1459	5191	博物馆	165	2119
其中：乡镇综合文化站	1298	4386	文物保护管理机构	136	896
艺术展览创作机构	14	84	文物科研机构	2	58
其中：美术馆	9	59	文物行政部门	116	141
文化和旅游科研机构	9	94	其他文物机构	4	41
文化市场经营机构（不包括非公有制院团和场馆）	6690	39459			

图 1　2021 年云南省文化文物和旅游主要机构情况

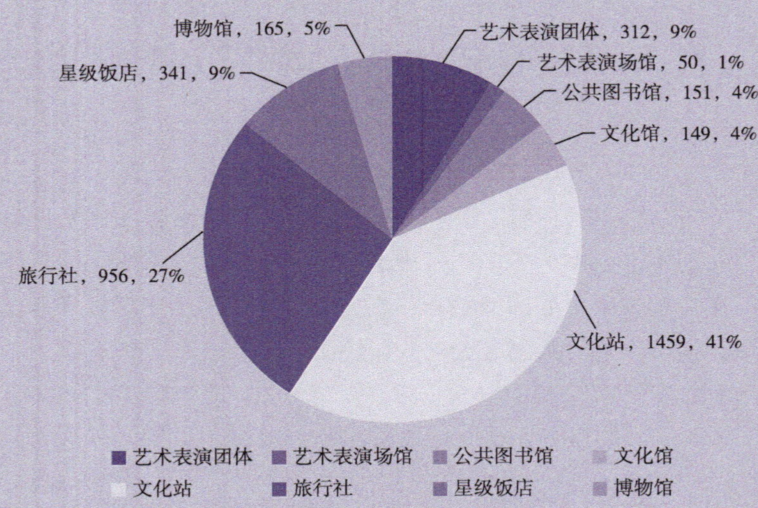

二、文化建设持续繁荣发展

（一）艺术工作再上新台阶

一是艺术创作精彩纷呈。牢牢把握庆祝建党百年主题主线，完成话剧《农民院士》、舞剧《幸福花山》、舞剧《阿诗玛》等 8 个入选文化和旅游部“庆祝中国共产党成立 100 周年舞台艺术精品创作工程”的作品创作；抓好京剧《丹心照佤山》、滇剧《张桂梅》、话剧《农民院士》《桂梅老师》等一批重点剧目的创作和提升。二是艺术活动丰富多彩。组织话剧《农民院士》、滇剧《回家》、花灯剧《山茶花红》等入选“庆祝中国共产党成立 100 周年优秀舞台艺术作品展演”的作品赴京展演；组织舞剧《幸福花山》、歌剧《小河淌水》、话剧《桂梅老师》、音乐剧《阿佤人民再唱新歌》等作品参加各项演出活动；成功举办第十六届云南省新剧（节）目展演、新年戏曲晚会、“庆祝中国共产党成立 100 周年‘走进大美滇西 · 探寻红色印迹’云南美术名家写生创作展”等系列活动。三是艺术管理有力有序。印发《云南艺术名家工作室管理办法》；完成全省 10 个濒危剧种保护扶持资金的分配、公益性演出活动方案和保护扶持方案制定等工作；组织开展全省艺术考级管理业务培训。四是深化文艺院团改革扎实推进。出台《云南省关于深化国有文艺院团改革的实施意见》，推动“一团一策”改革任务落实。五是艺术惠民深入开展。持续深入开展“文化大篷车 · 千乡万里行”惠民演出，到目前为止，共完成惠民演出 4000 余场，其中省级院团 162 场；完成了 2021 年“三下乡”云南分会场集中示范活动文艺演出等工作。

截至 2021 年底，全省共有艺术表演团体 312 个，其中公有制艺术表演团体 98 个，共有艺术表演场馆 50 个，其中公有制艺术表演场馆 12 个；非公有制艺术表演场馆 38 个，艺术展览创作机构 14 个。

受疫情影响较大，艺术表演团体主要指标仍呈下降态势。2021 年演出收入 2.55 亿元，较去年增长 25.6%；组织政府采购公益演出 0.22 万场次，较去年下降 12%，演出观众 161.86 万人次，较去年下降 33.6%；利用流动舞台车演出 0.09 万场次，较去年下降 18.2%，利用流动舞台车演出观众 91.05 万人次，较去年下降 18.0%（见表 2）。

表 2　2016—2021 年云南省艺术表演团体基本情况

年份	机构数（个）	从业人员数（人）	演出场次（万场）	国内演出观众（万人次）	演出收入（亿元）
2016	221	8725	4.45	3883	5.85
2017	316	10093	5.60	2854.58	8.01
2018	268	8428	4.98	2569.95	5.88
2019	304	7728	7.57	3539.40	4.68
2020	270	8718	5.05	1598.14	2.03
2021	312	9170	2.44	1405.72	2.55

（二）公共文化服务持续深化

一是公共文化服务体系建设取得新成果。出台《云南省基本公共服务实施标准（2021 年版）》《云南省“十四五”时期公共文化服务体系建设规划》，会同省委宣传部、省文明办联合出台《关于做强新时代文明实践中心推进基层文化阵地融合发展的实施意见》，从顶层设计出发强化公共服务体系建设；扎实推进 2021 年智慧图书馆体系建设项目、公共文化云建设，不断提升线上公共文化服务能力。二是补短板、强弱项工作实现新进展。持续新建和改造提升了一批公共图书馆、文化馆、村（社区）综合性文化服务中心等公共文化服务设施；加强对迪庆藏区和怒江州移民安置点帮扶，指导省图书馆、文化馆与迪庆、怒江州图书馆、文化馆签订对口帮扶协议；加强基层公共文化设施运行管理排查，全年调研检查 8 次，促进基层公共文化设施提效能。三是示范引领工作树立新典型。7 地被命名为 2021—2023 年度“中国民间文化艺术之乡”；创建实施昆明、保山等国家公共文化服务体系示范区及 8 个国家公共文化服务体系示范项目。四是群众文化生活迈上新台阶。开展庆祝建党 100 周年“感党恩、听党话、跟党走”群众文化系列活动。以“戏曲进乡村”和“村晚”为重点，全省联动，线上线下发力，丰富乡村群众文化生活。组织文化惠民演出“六进”活动，推动阿佤人民再唱新歌系列活动，全省开展活动 240 余场次，线上线下服务群众 340 余万人次。五是创新发展工作取得新成果。深入实施“国门文化”建设，重点推进文化睦邻示范区、国门文化交流中心、国门友谊广场和国门书社建设。

1. 公共图书馆主要指标稳步回升

截至 2021 年底，全省共有公共图书馆 151 个，其中少儿图书馆 6 个，公共图书馆从业人员 1777 人。全省公共图书馆实际使用房屋建筑面积 43.02 万平方米，较去年增长 6.3%，图书总藏量 2419.4 万册，较去年增长 3.2%；购书专项经费 2356.6 万元，较上年相比增长 4.4%；全省人均拥有公共图书馆藏量 0.52 册，较上年增长 4%；全年全省人均购书费 0.5 元，较上年下降 3.8%。全省公共图书馆总流通 1085.1 万人次，较去年增长 1.1%。全年书刊文献外借 906.8 万册次，较上年增长 14.3%。全年共为读者举办各种活动 6711 万多次，较去年增长 17.7%，参加人数达 217.6 万人次，较去年增长 47.8%（见表 3）。

表 3　2016—2021 年公共图书馆主要指标情况

指标名称	2016 年	2017 年	2018 年	2019 年	2020 年	2021 年
机构个数（个）	151	151	151	151	149	151
总藏书量（万册）	2091.3	2110.6	2154.1	2338.3	2344.0	2419.4
实际持证读者数（万个）	50.4	50.9	56.4	65.4	65.8	78.4
总流通人次（万次）	1380.8	1261.3	1694.9	1693.4	1073.1	1085.1
外借册次（万次）	972.7	958.5	1142.4	1055.9	793.1	906.8
购书专项经费（亿元）	0.22	0.25	0.22	0.15	0.23	0.24
人均拥有公共图书馆藏量（册）	0.44	0.44	0.45	0.48	0.50	0.52
人均购书经费（元）	0.63	0.53	0.56	0.48	0.52	0.50

2. 群众文化机构惠民事业稳步发展

全年全省群众文化机构提供文化服务近 4.61 万次，较去年增长 8.2%；文化服务惠及 2199.1 万人次，较去年增长 30.3%。全省群众文化机构共有馆办文艺团体 664 个，较上年增长 27 个，演出场次 4162 场，观众人数 230.4 万人次，较去年增长 1.4%。截至 2021 年底，由文化馆（站）指导的群众业余文艺团体 3.1 万个，增长 2.6%，群众业余文艺团体人数 30.13 万人，馆办老年大学 43 个，与去年持平。

年末全省共有文化馆 149 个，文化站 1459 个，全省群众文化机构实际产权面积 114.23 万平方米。年末全省群众文化机构从业人员 7577 人，其中具有高级职称的人员 698 人，占 9.2%，具有中级职称的人员 1021 人，占 13.5%。年末全省平均每万人拥有群众文化设施建筑面积 243.60 平方米，较上年相比增长 1.1%，人均群众文化业务活动专项经费 6.18 元，较上年增长 26.4%（见表 4）。

表 4　2016—2021 年期间群众文化机构主要指标情况

指标名称	2016 年	2017 年	2018 年	2019 年	2020 年	2021 年
机构个数（个）	1583	1593	1594	1599	1603	1608
其中：文化馆	149	149	149	149	149	149
文化站	1434	1444	1445	1450	1454	1459
提供文化服务次数（万次）	5.37	5.43	5.45	5.82	4.26	4.61
其中：文化馆	1.16	1.19	1.25	1.24	1.06	1.44
文化站	4.21	4.24	4.20	4.58	3.20	3.17
文化服务惠及人次（万人次）	2204.7	2220.7	2619.8	2746.2	1688.2	2199.1
其中：文化馆	951.3	970.7	1214.3	1286.5	929.1	1492.4
文化站	1253.4	1250	1405.5	1459.7	759.1	706.7
每万人拥有群众文化设施建筑面积（平方米）	221.00	221.28	226.70	226.70	241.10	243.6
人均群众文化业务活动专项经费（元）	4.35	4.14	4.10	4.10	4.89	6.18

（三）文物保护和文化遗产传承有序推进

全年组织评审文物保护单位保护工程方案 51 个，其中，全国重点文物保护工程方案 38 个，省级及以下文物保护工程方案 17 个；验收省级以上文物保护单位保护工程项目 9 个，委托验收省级文物保护工程 17 项，20 项全国重点文物保护单位保护工程项目获国家文物局立项；顺利推进乌东德水电站、白鹤滩水电站等国家重点建设工程的文物保护工作；核定并公布云南省第一批不可移动革命文物目录。晋宁石寨山古墓群入选中国“百年百大考古发现”，云南省长征国家文化公园建设完成保护规划编制，景迈山古茶林文化景观被国务院列为申报 2022 年世界遗产唯一项目。3 个展览入选中央宣传部、国家文物局庆祝中国共产党成立 100 周年精品展览名录。22 个非遗项目入选第五批国家级非物质文化遗产代表性项目名录，数量居全国第二。6 个遗址公园和 8 种博物馆集群建设取得实质进展。

截至 2021 年底，全省共有非物质文化遗产保护机构 140 个，从业人员 741 人；全省共有博物馆数量 165 个，从业人员 2119 人（见图 2）。全年全省非物质文化遗产保护机构共举办展览 604 个，接待观众 133.26 万人次；举办演出 1991 场，观众 145.321 万人次；举办民俗活动 364 次，参与 57.67 万人次；开展非遗工作人员培训班 359 次，共培训 1.36 万人次；开展传承人培训班 525 次，共培训 2.71 万人次。

图 2　2016—2021 年云南省博物馆数量及从业人员

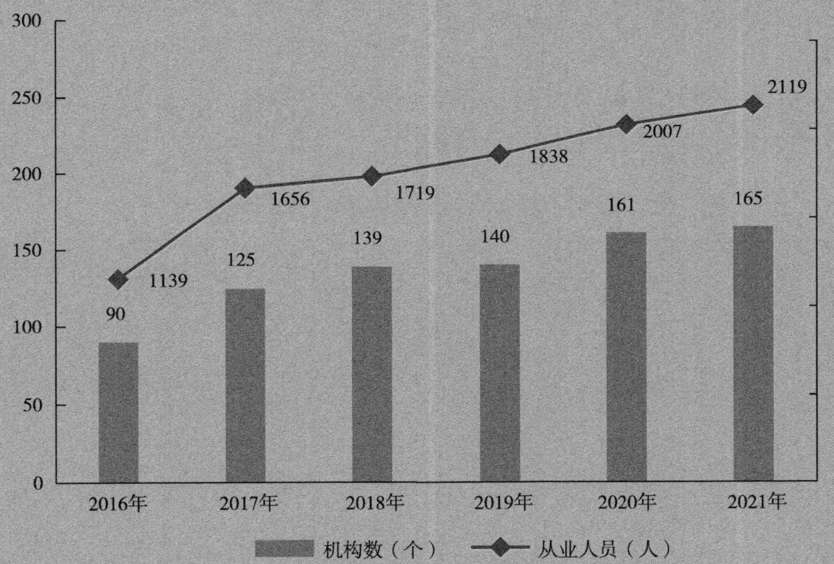

三、深化“放管服”改革，严管文旅市场秩序

（一）文化市场监管常抓不懈

以迎接建党 100 周年文化市场综合执法专项整治行动为主线，印发《关于开展迎接建党

100周年文化市场综合执法专项整治行动的通知》，严查文化市场执法领域违规违法行为，尤其是对网络游戏、网络直播、网络表演新业态及各类视频平台、音乐网站、动漫网站等互联网文化单位的监管，全年出动执法人员31340人次；检查上网服务营业场所、网络文化经营单位、公众平台等文化单位1.25万家。创建"平安文化市场"，省厅获评"全国扫黑除恶专项斗争先进单位"。

（二）旅游市场整治成效巩固提升

出台《云南省投诉案件快速处置工作细则》，全省95%的投诉实现24小时办结，游客满意率97%。推进旅游诚信体系建设，完成全省17万家涉旅企业的诚信评价。大力施行"30天无理由退货"，游客退货满意率99.6%。

（三）"放管服"改革顺利推进

推动"放管服"、"互联网+政务服务"、优化提升营商环境三位一体部署的贯彻落实；精简行政审批事项，将所有行政审批事项纳入省政府政务服务事项目录，压减行政审批事项10项；再次放权自贸区，在第一批放权4项的基础上再次将7项行政审批权限下放中国（云南）自由贸易试验区；压缩办理时限，将各类行政审批事项时限由法定的20个工作日压缩至8个工作日；推进减证便民，清理取消证明事项3项。

2021年，受国内疫情多点散发以及实施"熔断"机制的影响，全省文化市场经营机构经营状况未出现较大改善，依然面临就业人数及利润均下降的困境，具体见表5。

表5　2021年文化市场经营机构基本情况

类型	机构数（个）		从业人员（人）		损益（千元）			
					营业收入		营业利润	
	2020年	2021年	2020年	2021年	2020年	2021年	2020年	2021年
娱乐场所	3809	3839	34925	32975	2249968	2365317	250647	216189
互联网上网服务营业场所（网吧）	2581	2775	7248	5720	464543	404113	-15000	-49230
非公有制艺术表演团体	171	214	4829	5314	245104	324608	-15359	-41738
非公有制艺术表演场馆	22	38	2361	2306	223613	253447	-44362	22431
经营性互联网文化单位	22	26	358	375	64507	162970	1275	-18543
艺术品经营机构	4	5	9	10	750	430	182	270
演出经纪机构	52	45	666	379	164705	83465	1759	32737
合计	6661	6942	50396	47079	3413190	3594350	179142	162116

四、宣传推广和对外交流合作打开新局面

（一）创新宣传手段和内容，国内宣传推广取得新成效

打造全省横向到边，纵向到底的宣传推广矩阵，充分利用新媒体平台开展宣传推广，9个新媒体账号拥有粉丝量313万人，总浏览量7797万人次。集中推出“大象北迁”云南文旅系列宣传报道，推动“七彩云南文化旅游列车”（丽江号）成功首发，组织“新·品云南”等推介营销活动以及“5·19中国旅游日”旅行商洽谈及踩线考察活动，促成122项企业合作意向。积极推动文化走出去，利用海外社交媒体开展营销推广。成功举办第四届中国国际进口博览会云南旅游招商推介活动，签署战略及项目合作协议12个，合作协议金额106.9亿元。

（二）积极推动文化走出去，对外交流取得新成果

制定印发《贯彻落实庆祝中国共产党成立100周年对外宣传工作方案及2021年对外宣传工作要点任务分工》《贯彻落实推进重塑外宣业务重整外宣流程重构外宣格局工作方案》，切实加强国际传播能力建设。深化“一带一路”文旅合作，组织实施“春节文化”走出去，在老挝、泰国、缅甸展示中国春节文化和中国春节喜庆氛围。精选民族舞蹈《祝福》、傣族舞蹈《红鱼》等7个具有云南代表性的优秀节目的视频和简介在印度尼西亚巴厘电视台和驻外中国文化中心网站及脸书上播出，用外国人喜爱的方式推介中华优秀传统文化。与巴黎、马德里、乌兰巴托、仰光、斐济、惠灵顿中国文化中心和我驻首尔旅游办事处、大阪总领馆开展合作，充分利用官网、微信公众号、脸书、推特（Twitter）等平台讲好中国故事，传播云南声音；通过组织实施《你好，云南》数字图片征集活动和爱上云南的*N*种方式营销推广活动，向世界推介凸显中国精神、具有云南特色、蕴含中国智慧的中华文化，生动有效地宣介世界一流“健康生活目的地牌”。组织实施“七彩秘境 视见云南”台湾地区专题营销推广活动。成功举办2021全球“和美地球 文旅云南”生物多样性美术展览，展示云南丰富独特的动植物和人文资源，提升云南文化旅游品牌的传播力和影响力。组织开展云南跨境旅游线路设计大赛，进一步推进云南跨境旅游线路产品的开发。

（三）积极开展对外宣传与推广

持续利用云南文旅英文网站、脸书（Facebook）、抖音海外版（TikTok)、油管（You Tube）、谷歌（Google）等媒体和平台开展形象宣传推广，其中，脸书以“七彩云南·象往的地方”“大象旅行游记”为主题，发布贴文13篇，贴文覆盖近443.7万人次。组织实施“镜彩云南”国际摄影大赛，其中记录云南自然保护区、国家公园的变迁以及草根环保组织故事的参赛照片总阅读量超过400万次，互动量超过1万次，引发雅虎、美联社、每日新闻报等130多家海内外媒体争相报道，其中凤凰网曝光量达2850万次，点击量4.6万次，唤起海外游客对云南的向往。

对外、对港澳台文化交流逐渐恢复，全年共派出和接待演出团体机构17个，较2020年增加13个；参与交流人员534人；其中，参加展演人员459人；演出（展览、旅游推介）场次218场。

五、文化和旅游事业投入有待加强

2021 年全年文化和旅游事业费 33.11 亿元，人均文化和旅游事业费 70.6 元，分别较 2020 年下降 6.3%、5.7%，较上年降幅分别收窄 2.8 个百分点和 0.7 个百分点。从全国排位看，全省文化和旅游事业费总体规模靠前、人均水平比较落后的态势仍比较突出。从州市情况看，昆明市、曲靖市、红河州 3 个州、市文化和旅游事业费居全省前 3 位，文化和旅游事业费均超过 2 亿元，其中昆明市达 6.4 亿元；玉溪市、文山州、保山市、怒江州、大理州 5 个州市文化和旅游事业费均超过 1.7 亿元；楚雄州、昭通市、普洱市 3 个州、市文化和旅游事业费在 1.4 亿元；德宏州、西双版纳州、临沧市、迪庆州、丽江市等 5 个州、市文化和旅游事业费在 1 亿元以下（见图 3）。

图 3　2021 年云南省各州市文化和旅游事业费情况

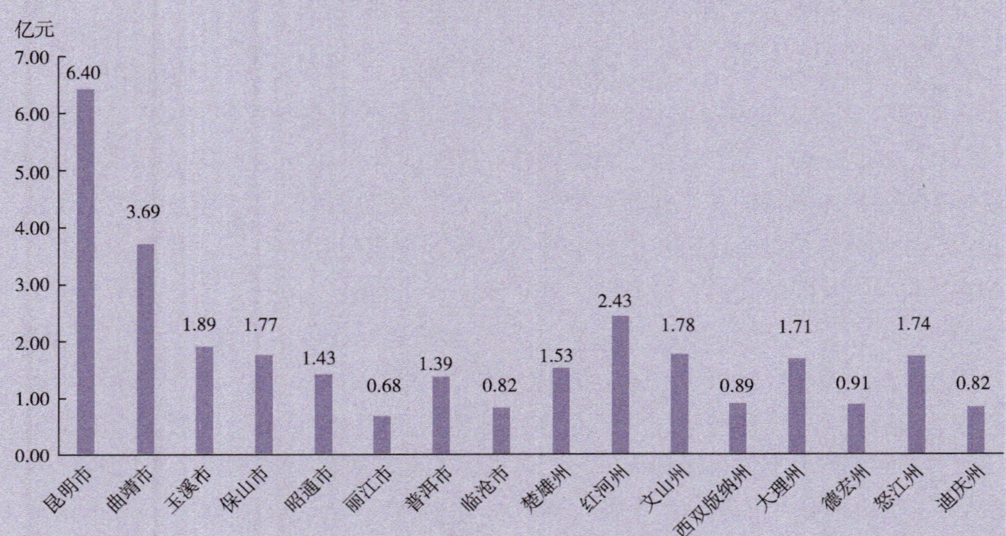

六、转型升级加快，“旅游革命”赢得新胜利

（一）乡村旅游快速发展

全年遴选推荐全国乡村旅游重点村 7 家、全国乡村旅游重点镇 3 家，评定云南省旅游名村 80 家、旅游名镇 34 家，10 条云南乡村旅游精品线路成为文化和旅游部重点推广的优质乡村旅游体验线路之一；乡村旅游成为助推乡村振兴、巩固脱贫攻坚成果的重要平台，大理沙溪镇和丽江玉湖村入选《2021 世界旅游联盟——旅游助力乡村振兴案例》，红河元阳“阿者科计划”入选《中国减贫密码》纪录片旅游扶贫案例。

（二）文旅融合提质增速

全年新推出 32 条非遗、历史文化旅游线路；30 多台精品旅游演艺、46 项国际性文旅活动、100

多项体育旅游赛事活动实现“文化、艺术、体育+旅游”的互促互融。3个州市被评为第二批国家文化和旅游消费试点城市；5个项目进入第一批国家级夜间文化和旅游消费集聚区公示名单；2家红色景区被评（认）定为4A级旅游景区，7条线路入选文化和旅游部“建党百年百条精品红色旅游线路”，推出建党百年云南省60条红色旅游线路。

（三）智慧旅游提速升级

出台《云南省关于深化“互联网+旅游”推动旅游业高质量发展的实施方案》。上线“游云南”App5.0版本，迭代升级“一部手机管旅游”App。大数据中心初步完成基础数据汇集，基本实现数据的应用共享。丽江入选云南省唯一的国家文化和科技融合示范基地。

（四）旅游品质不断提升

启动旅游“十大工程”建设，两个5A级旅游景区入选首批国家级文明旅游示范单位，腾冲和顺古镇通过5A级旅游景区景观质量专家评审，新认定10个4A级旅游景区，建成50个半山酒店，12个县、市入选2021中国县域旅游百强县市，4地上榜2021“网红城市”百强榜。

（五）旅游市场复苏加快

随着全省疫情趋稳可控，在实行常态化防控机制下，云南省积极开展“云南人游云南”，向广大市民推出“致敬红色”“亲子研学”“冬季玩雪”“象往的地方”四大主题新玩法169款冬春文旅系列新产品，面向所有云南本地游客推出红河州、大理州、德宏州、版纳州等门票减免、酒店优惠套餐系列优惠政策，激发省内游市场增长，全省旅游业恢复发展明显。2021年快报数显示，全省游客量已恢复至2019年的80%左右。

2022年，全省文化和旅游系统将坚持以习近平新时代中国特色社会主义思想为指导，立足新发展阶段，贯彻新发展理念，融入新发展格局，围绕全产业链重塑发展新优势目标，加快把云南打造成全域旅游示范区、国际康旅消费中心、具有文化底蕴的世界级康养旅游目的地，把旅游文化业打造成万亿级现代产业，为基本建成文化和旅游“双强省”总目标奠定坚实基础。

（云南省文化和旅游厅）

云南：建设半山酒店　推动旅游高质量发展

培育建设半山酒店是实施大滇西旅游环线建设的重要载体，是推动云南旅游高质量发展的重要组成部分。2021年6月，云南省出台《关于加快推进云南半山酒店建设工作的指导意见》，着力推进全省半山酒店有序规范建设。

一是坚持生态优先，推动绿色发展。在推动半山酒店建设中，云南省委省政府始终贯彻习近平生态文明思想，坚持牢固树立"绿水青山就是金山银山"理念，坚定不移走生态优先、绿色高质量发展的新路子。省文化和旅游厅严把半山酒店合规审查关，对推荐项目，一律由州市负责审查项目用地合规性，确保项目严守生态保护红线、环境质量底线、不占用永久基本农田，符合指导意见明确的建设方向，同时对接省自然资源厅、省林草局再次核查项目用地情况。

二是突出"品牌化、网络化、线路化、集团化"建设要求。积极引进有情怀、有实力的企业和国际知名酒店管理公司参与投资建设、运营管理半山酒店，积极培育一批高水平的本土酒店管理团队，创新投资模式，探索所有权、经营权分离的运营模式。持续推动融创＆交投、中旅＆松赞、乡伴＆中国地理、青普文旅、喜林苑、北京金炫、厦门翔鹭等"七个重点系列"半山酒店项目建设，省文化和旅游厅结合品牌效应、市场影响等因素，新纳入了既下山、康藤、墅家、木田、熙康云舍、云缦等企业作为重点系列推动。

三是助力巩固脱贫成果，促进乡村振兴。把半山酒店建设作为加快推动大滇西旅游环线建设的突破口，是云南探索旅游开发与生态环境和谐发展路子的新实践，是巩固脱贫成果和实施乡村振兴战略的有效手段。根植乡村，共建共享，半山酒店正成为乡村振兴的驱动力，在吸纳和推动云南本土文化向外传播的同时，也因为旅行者的到来，给原来闭塞偏僻的乡村带来新的都市文明与畅想，为乡村振兴注入了动力。农村增色、农业增效、农民增收，半山酒店建设的产业带动效应正初步显现。

四是以人民的美好生活需求为出发点和落脚点，加快文旅融合，创新产品供给。半山酒店建设以实现优质供给、有效供给、弹性供给为目标，深入推进文化和旅游融合发展，促进云南旅游产业由观光型向度假康养型转变，半山酒店依托高品质住宿产品，提供个性化、多样化并具有深度体验感的"精品酒店＋"旅游目的地。截至2021年底，全省重点系列项目已建成运营17个，各州市推荐上报项目达158个。全省形成了政府引导、部门协力、市场认同的半山酒店良好发展格局。

西藏自治区 2021 年文化和旅游发展情况分析

2021 年，我区旅游业坚持以习近平新时代中国特色社会主义思想为指导，在区党委、区政府的正确领导下，全区旅游从业者坚持创新、协调、绿色、开放、共享发展理念，统筹推进疫情防控和旅游业高质量发展，全区旅游市场回弹有力，旅游经济主要指标已超过疫情前水平。

一、2021 年工作开展情况

（一）坚持常态化疫情防控和旅游发展统筹推进工作模式，旅游接待人数和旅游收入实现双增长

2021 年，我区各级党委、政府，各级旅游部门深入贯彻落实习近平总书记疫情防控工作的重要指示批示和视察西藏时的重要讲话精神，慎终如始抓好疫情防控各项工作，统筹推进常态化疫情防控和旅游发展工作。2021 年全年，我区接待国内外游客达到 4153.44 万人次，旅游总收入突破 441.90 亿元。相较 2019 年同期，我区旅游人次和旅游市场复苏率居全国第一，分别同比增长 38.3% 和 17.2%，全区旅游呈现良好发展态势。

（二）坚持“小众走向大众、经典游走向精品游”的旅游发展模式，全年人均旅游消费再一次增加

2021 年抽样调查数据显示，2021 年国内游客旅游组织方式自由行占 70.92%，旅行社组团出行占 21.17%，单位（安排）组织占 7.91%；选择公共交通（飞机、火车等）出行的游客占 80.59%，自驾车出行的游客占 15.53%，租车出行的游客占 3.25%。2021 年，游客在我区的平均旅游天数延长到了 9.6 天，人均旅游消费从 2020 年的 9093 元增加到了 2021 年的 9893 元。高原旅游正从小众走向大众，从经典游走向精品游，“世界第三极”旅游逐步进入黄金增长期。

（三）积极开发乡村游、周边游旅游消费新的增长点，乡村游等旅游新业态占比逐年提高

2021 年，我区积极引导全区农牧民群众进一步转变生产发展方式，突出“点、线、面”三个示范旅游发展新模式，积极开发指导景区景点线路、旅游饭店、家庭旅馆、旅游项目建设、旅游商品生产等旅游新业态的发展，引导农牧区群众转移就业，促进乡村旅游线路的开发和农畜产品附加值的增加，促进农牧民增收。2021 年以来，随着我区农牧民生活水平的提高以及人均小汽车拥有量的增加，特别是全区交通条件的持续改善，“乡村游”占比逐年提高，我区乡村旅游呈现良好发展态势。

2021 年，扎西曲登村全村农牧民参与旅游从业人员达 135 人，该村全年接待游客 1.92 万人次，实现旅游收入 95.98 万元，农牧民人均收入 2.71 万元；吞巴镇农牧民参与旅游从业人数 116 人，该镇全年接待游客 5000 人次，实现旅游收入 58 万元，农牧民人均可支配收入 2.15 万元。

（四）大力引导农牧民转移就业，旅游业为全区农牧民创业就业提供机遇

截至 2021 年，全区经营范围含旅游的企业共 7513 家，注册资本合计 3594.34 亿元；全区经营范围含酒店的企业共计 7721 家，注册资本合计 1437.31 亿元；“藏 L”开头的旅游车约为 2164 辆，在职司机共 2227 人；全区导游从业人员达到 3331 人。我区旅游业直接或间接带动就业创业人员合计 41.75 万人，旅游业为促进农牧民创收增收提供了优良条件。

（五）持续发展假日游、一日游旅游经济，火爆的假日游旅游经济极大地促进了全区旅游经济的发展

2021 年，为逐步消除全国散点多发的疫情态势对我区旅游经济的影响，进一步拉动我区旅游经济内循环，加速旅游经济发展和旅游市场回暖，我区大力推动发展假日游、一日游经济。2021 年端午节期间，全区接待游客 58.60 万人次，实现旅游收入 7.29 亿元；中秋节期间，全区接待游客 84.72 万人次，实现旅游收入 2.48 亿元；国庆节期间，全区共接待国内外游客 199.70 万人次，实现旅游收入 10.31 亿元。2021 年全年接待一日游游客 1823.9 万人次，同比增长 18%，一日游游客接待量占全区全年国内外游客接待总量的 43.91%，各市（地）一日游游客接待量均处于增长状态。火爆的假日游、一日游经济对全面激活全区旅游市场、进一步释放全区旅游消费潜力提供了强大助力。

（六）坚持创新政策举措，“本地游”活动掀起了区内游客旅游热潮

2021 年，我区民航年旅客吞吐量首次突破 600 万人次，同比增长 16.8%；铁路客运量超过 400 万人，同比增长 44.5%，其中，拉日线运送旅客 173.7 万人，同比增长 45%。2021 年 4 月份的林芝雅鲁藏布江大峡谷、5 月份的山南勒布沟、10 月份的林芝墨脱和山南洛扎，均出现“一房难求”的情况。

（七）持续推广“冬游西藏”优惠政策落地落实，“冬游西藏”活动期间旅游业主要指标复苏加快

2021 年，我区持续开展第四轮“冬游西藏”优惠政策活动，成功发布第四轮“冬游西藏”活动实施方案，在对全区部分景区（点）、酒店、旅行社、旅游交通运输企业进行全面摸底调研的基础上，广泛采纳各涉旅企业的意见建议，制定的政策措施涉及面广、优惠幅度大，扩大了奖励（补助）范围，提高了奖励（补助）额度，消费优惠力度较往年更大。同时，我区充分发挥官方抖音、微信、微博等媒体平台的宣推作用，不断加强我区旅游线上宣传推广，积极展示我区自然人文独特魅力，进一步吸引异地自由行游客、旅行社团游客进藏旅游。“冬游西藏”市场促消费活动效果显著。2021 年 10—12 月，第四轮第二阶段“冬游西藏”活动期间，全区星级酒店入住率达到了 35%，尤其是 10 月

份，入住率达到了49%；11—12月，布达拉宫接待游客12.49万人次，罗布林卡接待游客5.28万人次，然乌湖接待游客5.37万人次。“冬游西藏”市场促消费活动效果显著，活动的实施为破解我区旅游经济“半年经济”瓶颈、加快旅游业复苏提供了保障。

（八）进一步简化旅游领域的边境管理区通行证（边防证）办理手续，边境旅游得到快速发展

2021年，我区全力打造以G219为主干线的边境旅游产品，加快促进G219（西藏段）沿线旅游产品开发和市场推广，在我区多级旅游部门的共同努力下，山南市洛扎县、阿里地区普兰县等一批网红线路、打卡点正成为新的游客增长点。自2021年8月起，旅游领域的边境管理区通行证（边防证）办理手续的简化，吸引了更多的游客前往边境地区旅游，为我区边境地区旅游经济的发展插上腾飞的翅膀。

二、2022年旅游发展工作要点

2022年，我区旅游将按照自治区第十次党代会、自治区党委经济工作会议有关旅游工作的部署安排，紧紧围绕创建“三区一高地”，争当全国旅游“四个排头兵”工作目标任务，抢抓机遇，提振信心，扎实举措，努力推动全年重点工作任务顺利完成，确保年度旅游4600万旅游人次和500亿元旅游收入目标顺利实现。

（一）进一步落实稳经济扶主体举措，稳住旅游经济，守住群众就业

按照国务院、自治区政府稳住经济大盘工作要求，认真解读、贯彻落实好中央13部委、自治区17部门出台的历史上第一次全时段全部覆盖客源群体的纾困解难扶持政策，组织谋划好第五轮“冬游西藏”优惠政策市场促进活动。同时，加大部门间的工作衔接，尽快推动落实本地游12条优惠政策和“冬游西藏”优惠政策，稳住旅游投资、扩大旅游消费、保住市场主体，进一步扩大旅游消费、稳住旅游经济、守住群众就业，让旅游经济有序流动。

（二）大力推动旅游招商引资工作，促进我区旅游业实现增量发展

以第五届藏博会为契机，全力谋划做好对口援藏省市、骨干旅游企业的进藏投资、招商引资、游客援藏，把握第一季度，复苏第二季度，奋战第三季度，稳住第四季度，切实落地落细西藏旅游的增量发展政策举措，并以此促进全国游客与我区的交流交往，促使游客到居民的转变。

（三）扎实推动乡村游周边游新业态发展，发挥旅游促进乡村振兴的重要作用

开展旅游乡村民宿等级评定、边境乡村旅游示范村评定工作，打造特色旅游乡镇、特色旅游乡村、精品旅游点，形成以县、乡、村面向市场的特色民宿为引领，彰显资源品质、文化内涵的乡村旅游。同时，以乡村旅游为基础，强化区域旅游联动发展，依托沿江、沿边、沿线优势，推动地区间、

城市间、景区景点间资源共享、品牌共建、线路共联，启动旅游强县创建工作，力争首批试点打造 2 个旅游强县。

（四）加快推动产业融合发展，全时全体发力，推动旅游市场实现优质复苏

高质量推动“旅游 +”“+ 旅游”，大力发展以研学游、地质游、生物游、非遗游、体育游、中医药康体游（瘦身）等为代表的技能型专项旅游，继续丰富以乡村游、红色游、在地游、边境游、自驾游为主体的旅游业态，打造以“西藏味道”美食街为代表的夜间文旅消费集聚区，举办首届拉萨美食节。开展 2022 年绿色旅游示范基地评定。聚焦本地游，继续鼓励引导各旅游专业协会研发特色产品线路，打造好城市周边微旅游、休闲点、娱乐点，不断拓展近郊轻度假目的地系列游、非遗系列游、特色专项体验游，注重场景化、露营化的新版“林卡经济”培育打造，形成“雪域在地游”品牌，与“冬游西藏”全时全体发力，不断刺激市场活力，促进旅游消费，加快全区旅游优质复苏。

（五）全力打造以 G318、G219 国道为干线的沿边沿线旅游经济带，稳步推进世界级旅游景区试点工作

着力推动旅游产业兴边富民，重点打造 G219 沿边大通道旅游经济带，创建 4 个特色旅游乡镇、6 个特色旅游乡村、2 个精品旅游点。以 G219 沿边旅游大通道建设，串联 G318 沿线精品旅游发展，督促各地（市）加强沿线旅游基础设施和配套设施建设，集中打造一批高品质旅游景区、精品民宿、网红打卡点，总体提升 G318、G219“T”型区域旅行的全区旅游引领能力。认真贯彻落实严金海主席调研时工作指示，争取 2022 年中央预算内投资西藏专项第三批项目资金和旅游发展专项资金，加大项目资金投入，试点打造一批具有西藏生态文明高地代表性和中华文化标志性的世界级旅游景区。积极争取文化和旅游部的支持，将西藏博物馆创建为国家 5A 级旅游景区。

（六）持续做好品牌打造与宣传营销，提升全区旅游的品牌影响力和知名度

继续通过广泛宣传和活动推介，打响“世界屋脊”“地球第三极”“亚洲水塔”品牌，创新推出“高原丝绸之路”历史文化旅游品牌，促进我区世界级旅游品牌形象传播与旅游产品促销的高效联动。做好西藏旅游线上营销推广，在官方抖音、头条、微信、微博维持全国第一方阵营销传播效绩的同时，乘中央电视台“大美边疆行”直播大幅影响的东风，充分做好西藏旅游官方线上直播和视频号营销的增量推广，吸引国内游客进藏旅游。实施“第五届藏博会”“大香格里拉茶马古道旅游推广联盟活动”“一路跨千年 2022 唐竺古道旅游品牌推广活动”“G219 国际自驾游高峰论坛暨西藏旅游推介活动”“G219（极地）集结赛暨极地金卡纳场地赛项目”“西藏银发旅游推广”等重点活动和项目，进一步提升品牌影响。

（七）进一步提升旅游综合服务水平，提高游客满意度

逐步确立“拉萨国际文化旅游城市”“林芝国际生态文化旅游先行区”“日喀则高原丝绸之路先行区”“藏源山南文化旅游区”“昌都康巴文化旅游区”“那曲高原旅游区”“阿里冈底斯国际文化旅游合

作区”的区域旅游定位，形成世界旅游目的地建设分区特色推进。积极推动旅游厕所建设管理，修改完善《西藏自治区旅游厕所管理办法（试行）》，组织开展全区旅游厕所运维管理的督导检查工作；多部门联动，进一步发挥旅游行业信息数据对接共享服务作用。

（八）认真筹备好全区文化旅游产业发展大会，推动旅游业健康高质量发展

按照我区党委、政府的工作要求，认真做好全区文化旅游产业发展大会的筹备工作，细致研究制定好会议配套文件，推动2022年旅游发展工作持续向好发展。

（西藏自治区旅游发展厅）

西藏：象雄美朵景区提质升级绘制文旅融合新画卷

象雄美朵生态旅游文化产业园项目位于拉萨市堆龙德庆区堆龙河河谷，2020 年 10 月 1 日试运营后，经过一个冬天的升级改造，新增了轮式观光火车、千人秋千等游玩项目，2021 年 5 月 1 日正式对外开放。景区通过高品质管理运营，不断扩大市民游客的“点赞率”“回头率”，切实将象雄美朵文旅小镇全面打造成为极具吸引力的网红打卡基地。

象雄美朵文化旅游小镇是产业园区重点打造的项目，项目一期总投资 9.3 亿元，主要包括“马术演艺中心”“林卡区”“万亩花海”“温泉酒店”“主题游乐场”等项目。二期总投资 6.3 亿元，其主体项目由“4A 级景区配套设施”“卡丁车体验场”“千人秋千”“星星长廊”等组成。值得一提的是，景区新增的轮式观光火车，在“五一”节假日期间便接待了 15000 人次。观光火车共有五列，三列全封闭式和两列半封闭式。封闭式火车共有两节车厢，可以容纳 42 位乘客，共设有五个观光点，在 2707 亩的园区里，为游客解决了代步交通问题。

在马术演艺中心，主要演出以马术表演为主题的《廓尔喀之役》实景剧。该剧是拉萨唯一一个沉浸式马术实景体验剧，更是一部爱国主义题材实景剧，在编排中，融入了哲嘎、锅庄等藏民族文化元素，跌宕起伏的剧情和精彩的马术表演赢得了观众一致好评。

象雄美朵文化旅游小镇自开工建设以来，就积极吸纳当地群众就业，促进农牧民增收。通过“万亩花海”改造项目，共计为当地村民发放 200 多万元的务工费用和 100 多万元的机械使用费用。在景区提升改造之后，还提供了保洁、保安、园林养护工等 100 余人的工作岗位。更令人欣喜的是，随着旅游业的兴起，乡村的道路不再坑坑洼洼，家乡越来越美了。

象雄美朵景区的提质升级是深入实施“产业园区”战略、拉动文化旅游产业蓬勃发展、加快产业融合发展、推动乡村振兴战略和产业脱贫的具体举措。接下来，西藏自治区将继续聚焦乡村文化旅游，打造文旅产业发展新格局，写好乡村振兴这篇大文章。

陕西省 2021 年文化和旅游发展情况分析

2021 年，全省文化和旅游系统以习近平新时代中国特色社会主义思想为指导，深入学习贯彻习近平总书记来陕考察重要讲话精神，按照省委、省政府的部署要求，全面准确贯彻新发展理念，统筹常态化疫情防控与文化和旅游发展，积极推进高质量发展、高品质供给，“十四五”开局成效显著。

一、机构和人员

2021 年末，纳入统计范围的全省各类文化和旅游单位 7600 个，比上年末减少 1263 个；从业人员 8.21 万人，比上年末减少 0.53 万人。

二、艺术创作演出

以建党百年为基调，繁荣文化发展。横山腰鼓、唢呐精彩亮相庆祝建党 100 周年《伟大征程》文艺演出，受到了文化和旅游部通报表彰。圆满完成十四运会及残特奥会共 4 场开闭幕式演出任务，体现了文旅人的责任与担当。加强文化遗产保护传承，《陕西省秦腔艺术保护传承发展条例》正式实施，《陕西省深化国有文艺院团改革实施方案》进入送审，《出长安——陕西中国画作品巡展》举行首展。情景剧《延安保育院 1946》获全国大赛特等奖。促进文化资源创新利用，首届国家级秦腔优秀剧目会演惠及群众 600 余万人次，第七届丝绸之路国际艺术节吸引 21 个国家和地区的 710 位艺术家、1300 余万人次观众共享盛宴，辛丑（2021）年清明视频公祭轩辕黄帝典礼传播量达 1.6 亿次。推出了碗碗腔《骄杨之恋》等一批优秀作品，9 部剧目入选“百年百部”工程，4 部剧目、4 件作品参加建党百年优秀舞台艺术、美术作品展演展览，3 部秦腔作品入选中国戏曲像音像工程。话剧《共产党宣言》《路遥》全国巡演 110 余场，“陕派话剧”成为陕西文化新的标志性符号。

2021 年末，全省共有艺术表演团体 577 个，比上年末减少 14 个；从业人员约 1.78 万人，比上年末减少 0.12 万人。其中各级文化部门所属的艺术表演团体 82 个，从业人员 0.52 万人。

全年全省艺术表演团体共演出 7.31 万场，其中赴农村演出 2.34 万场，赴农村演出场次占总演出场次的 32%，国内观众近 4298 万人次，其中农村观众 1396 万人次，总收入 12.5 亿元，其中演出收入近 5.1 亿元（见表 1）。

表 1　2017—2021 年全省艺术表演团体基本情况

年份	机构数（个）	从业人员数（人）	演出场次（万场）	国内演出观众人次（万人次）	演出收入（万元）
2017	462	17981	5.96	4251.6	31724.7

续表

年份	机构数（个）	从业人员数（人）	演出场次（万场）	国内演出观众人次（万人次）	演出收入（万元）
2018	531	18567	8.34	4937.7	50514.3
2019	509	20479	5.68	4809.2	39964.1
2020	591	18974	4.62	3174.2	42253.1
2021	577	17783	7.31	4297.7	50827.3

全年全省文旅部门所属艺术表演团体共组织政府采购公益演出 0.66 万场，观众 471 万人次。利用流动舞台车演出 0.33 万场次，观众 242 万人次。

2021 年末，全省共有艺术表演场馆 102 个，观众座席数 4.56 万个。各级文化部门所属艺术表演场馆 61 个，观众座席数 3.75 万个，全年共举行艺术演出 0.26 万场次，艺术演出观众 52 万人次。

2021 年末，全省共有国有美术馆 7 个，从业人员 89 人。全年共举办展览 69 次，参观人次 70.6 万人次。

三、公共服务

以补短板为着力点，丰富文旅产品供给。全省建成文化馆分馆 948 个、图书馆分馆 1036 个、新型公共文化空间 444 个，有序推进省图书馆新馆、省文化馆扩建工程与省戏曲研究院西京剧院合并建设。陕西公共文化云、文旅之声等网上服务点击量超过 740 万次，6.18 万场次各类线上线下基层文化活动惠及群众 6400 余万人次。安康创建第四批国家公共文化服务体系示范区，延安过大年、韩城欢乐送基层纳入国家公共文化服务体系示范项目。在命名的 40 个 2021—2023 年度“陕西省民间文化艺术之乡”中，有 7 个被评为国家级。创建首批省级公共文化服务高质量发展示范县（区）10 个、街（镇）30 个。文旅惠民工程稳步实施，推出系列举措 130 余项，发放惠民卡券 70 余万张，全省“戏曲进乡村”演出 1.34 万场次，超额完成年度任务的 26.4%。

（一）公共图书馆

2021 年末，全省共有公共图书馆 117 个；从业人员 2101 人，比上年末增加 45 人。其中具有高级职称人员 111 人，占 5.3%；具有中级职称人员 615 人，占 29.3%。

2021 年末，全省公共图书馆实际使用房屋建筑面积 43.02 万平方米，比上年末增加 1.71 万平方米；图书总藏量 2295 万册，其中古籍 56 万册，阅览室座席数 3.38 万个，计算机 0.62 万台，供读者使用的电子阅览终端 0.41 万台。

2021 年末，全省平均每万人公共图书馆建筑面积 104.51 平方米，比上年末增加 4.29 平方米；全省人均图书藏量 0.58 册，增加 0.03 册；全年全省人均购书费 0.95 元，比上年减少 0.94 元。

全年全省公共图书馆实际持证读者 84.2 万人；总流通 1126 万人次，比上年末增长 36%。书刊文献外借册次 751 万，比上年末增长 32%；书刊文献外借人次 380 万，比上年末增长 15%（见图 1）。全年共为读者举办各种活动 5717 次，比上年末增长 34%；参加人次 228 万，比上年末增长 64%。

图 1　2017—2021 年图书馆总流通人次和书刊文献外借册次

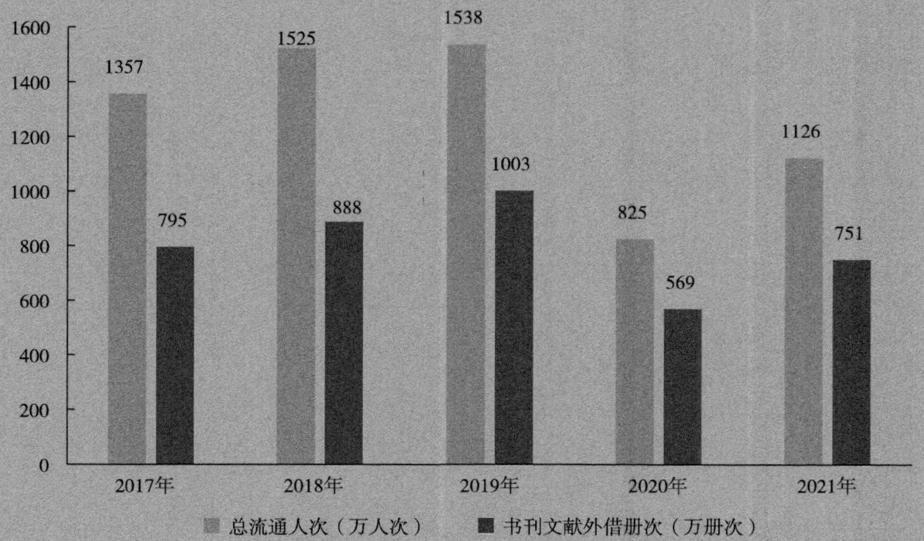

（二）群众文化机构

2021 年末，全省共有群众文化机构 1477 个，比上年末减少 6 个。文化馆 122 个。文化站 1355 个，其中乡镇综合文化站 1156 个。年末全省群众文化机构从业人员 6838 人，比上年末减少 45 人。其中具有高级职称人员 213 人，占 3.1%；具有中级职称人员 801 人，占 11.7%。

2021 年末，全省群众文化机构实际使用房屋建筑面积 102.09 万平方米，比上年末增加 1.23 万平方米；计算机 1.0954 万台，比上年末减少 1.7%；年末全省平均每万人群众文化设施建筑面积 258.19 平方米，比上年末增加 3.04 平方米。

全年全省群众文化机构共提供各类文化服务 4.8568 万次，比上年末增加 13%；文化服务惠及 1507 万人次，比上年末增加 22%（见表 2）。

表 2　2021 年陕西省群众文化机构开展活动情况

	总量		比上年增长（%）	
	活动次数（万次）	服务人数（万人次）	活动次数	服务人次
各项活动总计	4.8568	1507	13.1	21.6
其中：展览	0.5118	254	14.3	20.4
文艺活动	2.6693	1133	8.2	23.4
公益性讲座	0.1041	16	19.7	23.1
训练班	1.5716	104	21.4	7.2

2021 年末，全省群众文化机构共有馆办文艺团体 287 个，演出 3938 场，观众 143 万人次。由文化馆（站）指导的群众业余文艺团体 1.2619 万个，馆办老年大学 27 个。

四、文化市场和综合执法

积极推进“放管服”改革和“互联网 + 政务”工作，简化经营性互联网文化单位审批流程；严格审批营业性演出经营机构及文化活动；进一步加强网络文化经营单位的监督管理。成立陕西省文化和旅游领域疫情防控领导小组、安全生产工作领导小组，协调、指挥各级文化和旅游主管部门，加强应急值守工作和信息报送工作，制定文化和旅游领域疫情防控应急预案和安全生产应急方案，加大对全省重点区域的疫情防控和安全生产巡查力度，确保全省文化和旅游领域安全稳定。

2021 年末，全省文化市场经营单位 4508 家，比上年末减少 1239 家；从业人员约 3.12 万人，比上年末减少 0.37 万人。全年全省文化市场经营单位营业总收入约 30.13 亿元，营业利润约 –0.85 亿元。

分区域看，年末城市文化市场经营单位 2767 个，占文化市场经营单位总量的 61%；县城 1424 个，占 32%；县以下地区 317 个，占 7%（见表 3）。

表 3　2021 年按区域全省文化市场经营单位主要指标

		机构数（个）	从业人员数（人）	营业总收入（万元）	营业利润（万元）
总量	总计	4508	31180	301322	–8535
	城市	2767	11823	190665	13630
	县城	1424	18059	103753	–21946
	县以下	317	1298	6903	–218
比重（%）	总计	100.0	100.0	100.0	100.0
	城市	61	38	63	0
	县城	32	58	34	0
	县以下	7	4	3	0

2021 年末，全省共有娱乐场所 956 个，从业人员 0.87 万人，全年营业总收入 7.8 亿元，营业利润 0.22 亿元。

2021 年末，全省共有互联网上网服务营业场所 2562 个，从业人员 0.53 万人，全年营业总收入 3.84 亿元，营业利润 –0.73 亿元。

制定印发《关于开展深化文化市场综合行政执法改革督办工作的通知》，领导机制进一步健全，协作机制进一步完善，执法保障得到有效落实。全省各级执法机构共参加文化和旅游部及我省线上培训班 32 场，线上考试 30 场，共计培训 3524 人次。开展“清浊行动”和“体检式”暗访评估，建立假日市场问题通报制度，全年出动执法人员 17.9 万余人次，检查经营单位 6.5 万余家次，交办重点领域问题线索 6 批 1410 条，办结案件 1073 件。

五、资源开发和利用

《长征国家文化公园（陕西段）建设保护规划》印发实施。瓦窑堡会议重点展示园等 7 个建设项目纳入长征国家文化公园建设保护规划重点建设项目。积极将全域旅游与县域经济发展相结合，指导商南等6个县争创国家全域旅游示范区。20个省级全域旅游示范区获评为2021年省级全域旅游示范区。延安市黄河壶口瀑布景区被列入国家5A级旅游景区创建名单。15家旅游景区被评定为国家4A级旅游景区。4家旅游度假区被评定为省级旅游度假区。组织完成首批省级旅游休闲街区评定工作，西安市大唐不夜城步行街等7个街区被认定为省级旅游休闲街区。3镇6村入选全国乡村旅游重点村镇名录。举办第28届杨凌农高会、第14届陕西乡村旅游展。3条线路入选全国"建党百年红色旅游百条精品线路"。选送的旅游商品在2021中国旅游商品大赛、2021中国特色旅游商品大赛上分别获得1金2银3铜和7金13银7铜。

2021年，全省共接待国内旅游者3.91亿人次，同比增长9.4%。旅游总收入3433.95亿元，同比增长24.3%。

六、产业与科技

举办2021西安丝绸之路国际旅游博览会，签约项目34个、金额174.78亿元。组织开展第三批省文化产业"十百千"工程示范园区（基地）申报工作和西安数字互动娱乐文化周活动。西部电影圈子等32个单位被认定为第三批"十百千"工程示范园区（基地）。研究制定《陕西省打造万亿级文旅产业实施意见》。入选"一带一路"文旅产业国际合作重点项目2个。宝鸡市被国家命名为第二批文化和旅游消费试点城市，西安大唐不夜城、西安城墙景区、宝鸡石鼓·文化城、延安圣地河谷·金延安街区等4个单位成功获评首批国家级夜间文化和旅游消费集聚区。组织省内50余家文旅企业参加了在兰州、上海、武汉、海南等地举办的重大文旅展会，展示展销文创产品和旅游商品，扩大"文化陕西"影响力。成功举办2021陕西—粤港澳大湾区文化旅游推介会。

制定《陕西省文化和旅游厅应对新冠疫情纾困文旅企业发展的措施》，筹措1199.6万元用于补贴受困严重的外语专职导游、旅行社、旅游景区、高星级旅游饭店。举办"2021年文化和旅游产业高质量发展专题培训班"。全省12个市区52个县（区）的文化旅游行政事业单位及文旅项目经营管理人员共80人参加了培训。

建成全省"5G+文旅"示范应用场景6个、智慧旅游项目2个。完成2021年陕西省地方标准征集工作，共征集文化和旅游地方标准7项，经省市场监督管理局评审，目前立项2项。申报社科基金艺术学研究项目193项，国家立项6项；科技创新项目向国家文化和旅游部申报7项，立项3项；文化和旅游研究项目向国家文化和旅游部申报3项，立项1项。陕西师范大学《民歌智能计算与服务技术文化和旅游部重点实验室》获得文化和旅游部第三批重点实验室审批认定；启动了《"十四五"文化和旅游科技创新规划》的编制。组织陕西省艺术考级行政管理和文化执法、考级机构负责人参加文化和旅游部全国社会艺术水平考级线上培训。完成省"双减"工作领导小组安排的相关工作任务。

2021年末，全省共有1个国家级文化产业示范园区，11个国家级文化产业示范基地，11个国家动漫认定企业。

七、非物质文化遗产

推进出台《陕西省非物质文化遗产保护专项资金管理办法》《陕西省文化生态保护区管理办法》

《陕西省黄河流域非物质文化遗产保护传承弘扬专项规划》《关于进一步加强非物质文化遗产保护工作的实施意见》。张骞传说、陕西快板等13个非遗项目入选第五批国家级非物质文化遗产代表性项目名录。开展“文化进万家——视频直播家乡年”活动。“文化陕西 魅力非遗”年俗讲座，以短视频、直播形式在抖音、快手、微博等平台，拍摄记录、集中展示各地丰富的年俗活动。举办2021年“文化和自然遗产日”陕西省系列活动。举办第二届“陕西省非遗购物节”，线上线下参加非遗购物节活动的店铺总数达306家，产品种类数412类，涉及非遗项目总数288个，覆盖非遗工坊数118个。积极参加文化和旅游部主办的各类展会活动，加强沟通交流展示，扩大陕西非遗的知名度和影响力，持续推进文化生态保护区建设工作，从机构、经费方面予以保障和完善。对省级非遗工作进行检查，对工作成绩突出的非遗工坊进行表彰奖励。重视非遗传承人的培养、培训工作，加强传承队伍建设。对国家级、省级传承人进行年度考核。在文化和旅游部非遗司（以下简称“非遗司”）指导下，对国家级代表性传承人进行了2019、2020年度传承情况评估。依托陕西师范大学、陕西艺术职业学院，举办皮影戏表演研修班、戏曲表演、戏曲伴奏培训班，培训学员50名，为带动省内非遗项目保护传承、提升学员技艺水平积蓄了力量。承办由非遗司主办的“2021年度黄河流域国家级非物质文化遗产代表性传承人研修班”，培训9省区近70名国家级非遗代表性传承人。

2021年末，全省共有非物质文化遗产保护机构104个，从业人员694人。全年全省非物质文化遗产保护机构共举办展览1017次，比上年增加28%，接待观众118.19万人次，比上年增加4.4%；举办演出1529场，观众84.78万人次，分别比上年减少9.2%和37%；举办民俗活动5255次，比上年减少30%，观众304.16万人次，比上年增加253%。

八、文化和旅游对外及对港澳台交流

用好“欢乐春节”“部省合作”等国家级平台，与中国驻塞尔维亚大使馆、悉尼中国文化中心、阿德莱德艺术节中心等开展2021“欢乐春节”活动，举办秦兵马俑的前世今生现代艺术展、古法新作——陕西非遗展等，展示陕西世界文化遗产、非物质文化遗产及特色年俗等文化和旅游资源。与尼泊尔中国文化中心对口开展部省合作，围绕陕西的历史遗迹、自然景观、非遗技艺、饮食文化、声乐艺术等文化要素，陆续推出兵马俑的前世今生现代艺术展、“大地花开——陕西省美术博物馆馆藏安塞农民画作品展”“华山之巅——云海音乐会”等主题活动。运用文化和旅游部文旅传播云平台，在国家级宣传平台推出“云游中国”陕西旅游图片暨视频展播活动。与东京中国文化中心、首尔中国文化中心、我驻首尔旅游办事处举办“兵马俑实景展”“又见古韵”等主题活动。与日本京都书画院主办第37届中国陕西日本京都书画联合展暨第6届中国日本学生书法联合展。“游陕西”境外社交媒体账号粉丝总量共93万人，累计发帖16821篇，曝光超2.15亿次，互动超1040万次。支持和指导西安市打造“一带一路”中华优秀文化传承示范区，加入“澜湄旅游城市联盟”。加强与港澳地区交流合作，举行欢乐春节“2021年澳门新春贺岁”活动和“传承百年初心”陕澳青少年庆祝建党100周年系列文化交流活动，组织重点文旅企业参加第19届线上“香港国际授权展”、第九届澳门国际旅游（产业）博览会。

全年经文化系统审批的对外文化交流项目5起，共60人次参加。

（陕西省文化和旅游厅）

陕西：抓住机遇，促进文化和旅游繁荣发展

2021年，陕西省以庆祝建党百年为主线，以十四运会和残特奥会在陕西举办为契机，着力推进文化事业、文化产业和旅游业繁荣发展。

一是建党百年红色旅游彰显优势，艺术创作勇攀高峰。陕西省4部文艺作品和15件美术作品，分别参加了“庆祝建党100周年优秀舞台艺术作品展演”和“伟大征程 时代画卷——庆祝中国共产党成立100周年美术作品展”，9部作品入选文化和旅游部“百年百部工程”，2部红色旅游广播作品入选首届全国旅游公益广告（红色旅游主题）优秀作品，3条红色旅游线路入选全国“建党百年红色旅游百条精品线路”，全国首家发布红色文化地图。

二是搭乘十四运会东风，文旅＋体育展现陕西新形象。省文化和旅游厅成功举办十四运会及残特奥会开闭幕式文艺演出。以举办十四运会及残特奥会为契机，陕西省1处度假区入选国家体育旅游示范基地，1条线路入选2021国庆假期体育旅游精品线路，多处景区入选黄河主题国家级旅游线路。

三是文旅“十四五”发展规划出台打牢高质量发展基础。印发《陕西省“十四五”文化和旅游发展规划》《长征国家文化公园（陕西段）建设保护规划》，编制《陕西黄河文化保护传承弘扬规划》，《陕西省黄河文化保护传承弘扬三年行动计划》，为陕西文旅高质量发展打下坚实基础。

四是举办“一节一会”，创新“一带一路”对外文旅交流。第七届丝绸之路国际艺术节和2021西安丝绸之路国际旅游博览会在西安成功举办，分别吸引22个国家和地区的艺术家参与，26台剧目近700件艺术作品集中亮相，海内外18个国家和地区的驻华机构、展商参展，总投资额174.78亿元的34个文旅项目达成合作协议。

五是举办秦腔会演，加大非遗保护力度。2021年首届中国秦腔优秀剧目会演在西安成功举办，来自西北5省区的1400余名秦腔艺术家联手为古城观众带来了一场戏曲盛宴，扩大了秦腔的影响力。陕西省人民代表大会常务委员会表决通过了《陕西省秦腔艺术保护传承发展条例》，为秦腔这一非物质文化遗产的保护传承提供了法治保障。

六是发挥文旅优势，助力乡村振兴硕果累累。陕西省3镇6村入选全国乡村旅游重点村镇名录，7地获评中国民间文化艺术之乡，1案例入选2021年全国“大众创业万众创新”活动主题展示项目，4案例入选“体验脱贫成就·助力乡村振兴”全国乡村旅游扶贫示范案例，1案例入选世界旅游联盟“旅游助力乡村振兴案例”，10条乡村旅游精品线路入选“全国300条乡村旅游精品线路”。乡村旅游惠及农户34.45万户、124.01万人，带动农村就业69.37万人。

七是文旅惠民，全民共享文旅发展成果。安康成功创建国家公共文化服务体系示范区。“我们的中国梦”“廉政文化三秦行”等一系列文化惠民活动，累计开展6万余场，惠及群众6000万余人次。陕西文旅惠民平台全年累计发放惠民卡券券85万余张，上线景区100家，推出惠民旅游线路20条，组织惠民演出1000余场。

八是净化文旅市场，打造文明旅游新风尚。开展文旅市场“清浊行动”，累计交办问题线索1410条、风险提示664条，立案查处185起案件，3起案件获评2020—2021年度重大案件被文化和旅游部通报表扬。2家景区成功入选第一批国家级文明旅游示范单位，4家单位及个人被文化和旅游部评为2021年度学雷锋志愿服务先进典型。

甘肃省2021年文化和旅游发展情况分析

2021年，甘肃省文化和旅游系统以习近平新时代中国特色社会主义思想为指导，深入贯彻习近平总书记对甘肃重要讲话和指示精神，立足“三新一高”导向，全面落实省委省政府建设文化兴、生态美、百姓富的文旅强省工作部署，有力有序推进文化旅游高质量发展，全省文物保护传承持续加强，文艺精品推陈出新，公共文化服务效能提升，旅游市场恢复有力。

2021年末，纳入统计范围的全省各类文化文物和旅游单位6756个，比上年末增加246个；从业人员70273人，比上年末增加755人（见图1）。其中，各级文化文物和旅游部门所属单位2189个，增加3个；从业人员23389人，增加265人。文化旅游机构和人员基本保持稳定。

图1　2012—2021年文化和旅游单位机构数及从业人员数

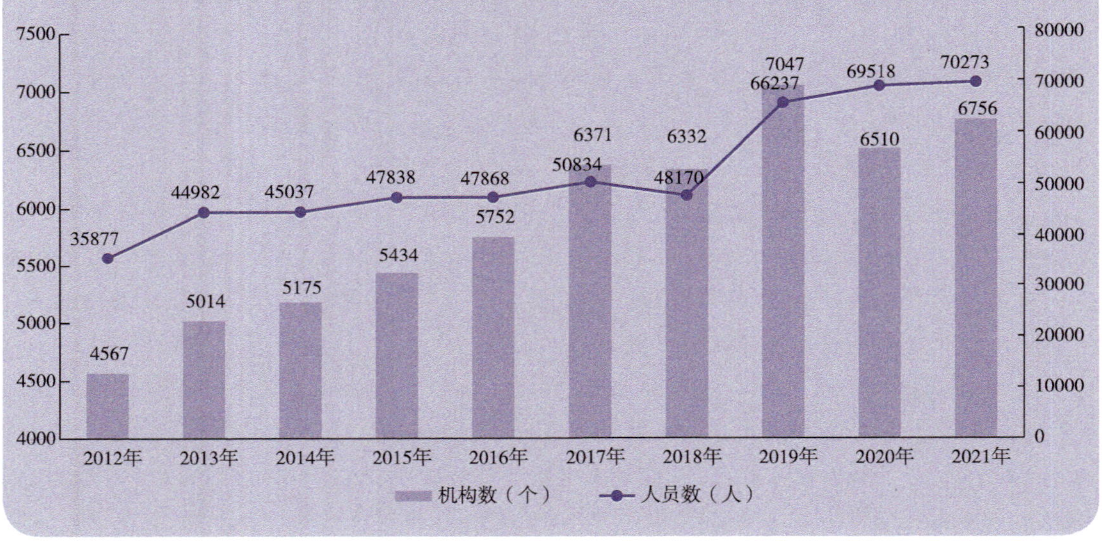

一、法治文旅建设成效显著

甘肃省文化和旅游厅始终坚持以习近平法治思想为引领，认真贯彻落实中央全面依法治国方略，创新落实省委全面依法治省工作部署要求，持续推进文化和旅游治理体系和治理能力现代化，法治文旅建设取得显著成效。加快推动立法进程，修订实施《甘肃省旅游条例》，启动《甘肃省非物质文化遗产条例》修订和《甘肃省公共文化服务保障条例》《甘肃省红色资源保护传承条例》立法工作，实现甘肃省文化旅游地方立法的历史性突破，为文旅强省建设提供坚强的法治保障。精心编纂《文旅行业法律法规文件汇编》《全省文旅系统依法行政常用法律法规汇集》《文化和旅游法律法规知识百问百答》等多部工具书，形成内容科学、程序严密、运行有效的法治建设工作体系。夯实法治基础，制定实施《甘肃省法治文旅建设规划（2021—2025年）》、甘肃省文化和旅游系统“八五”普法规划、《关于加强社会主义法治文化建设实施方案》等文件，全面推进依法治省各项工作落实见效。

二、艺术创作演出成果丰硕

（一）艺术创作主题突出

组织召开全省创作会议，出台《关于进一步加强全省文艺评论工作的实施意见》，组织兰州大剧院赴北京参加庆祝中国共产党成立100周年《伟大征程》文艺演出。舞剧《丝路花雨》《大梦敦煌》等5部作品入选文化和旅游部“庆祝建党百年舞台百年百部艺术精品创作工程”。创排话剧《八步沙》、交响合唱组曲《南梁颂》、陇剧《大禹治水》、儿童剧《大豆谣》、音乐剧《达玛花开》、音乐剧《焉支花开》、音乐舞蹈史诗《裕固儿女心向党》、皮影戏《陇原第一枪》等一批优秀原创舞台艺术作品，为庆祝建党百年、促进民族团结、推进党史教育、鼓励社会各界奋力投身幸福美好新甘肃建设添彩助力。

（二）成果展示形式丰富

精心策划开展“建党百年·春绿陇原”文艺展演展播300多场次、现场观众39.8万、网络访问3960万人次。成功举办甘肃省器乐大赛，116名选手和14个组合获得演奏奖项。组织举办“大路西行”第二届中国油画作品展等一批展览活动，8幅作品入选文化和旅游部主办的“黄河文化主题作品展”。

2021年末，全省共有艺术表演团体392个，比上年末增加45个；从业人员16489人，增加5258人。其中各级文化和旅游部门所属的艺术表演团体62个，占15.8%，从业人员3444人，占20.9%。

2021年，全省艺术表演团体共演出7.15万场，比上年增长169.8%；国内观众3587.25万人次，增长113.4%；演出收入近2.84亿元，增长20.6%。

2021年，全省文化和旅游部门所属艺术表演团体共组织政府采购公益演出0.41万场，比上年下降12.8%；观众224.19万人次，下降36.7%（见表1）。

表1　2012—2021年甘肃省艺术表演团体基本情况

年份	机构数（个）	从业人员数（人）	演出场次（万场）	国内演出观众人次（万人次）	总收入（万元）	
						演出收入（万元）
2012	103	4788	1.97	1908.9	26860.2	5954.4
2013	124	5647	1.93	2190.1	38252.8	5727.8
2014	190	6211	2.23	2149.9	37430.6	7784.1
2015	191	6739	2.31	2034.2	41832.2	9258.2
2016	227	7227	3.14	2772.9	46945.1	11714.2

续表

年份	机构数（个）	从业人员数（人）	演出场次（万场）	国内演出观众人次（万人次）	总收入（万元）	
						演出收入（万元）
2017	286	8583	2.93	3378.1	53240.6	19635.8
2018	351	9434	4.08	3258.80	59158.1	23132.2
2019	343	9190	3.51	2648.20	67110.7	25027.8
2020	347	11231	2.65	1681.20	61481.0	23522.7
2021	392	16489	7.15	3587.25	97893.9	28372.2

2021 年末，全省共有艺术表演场馆 55 个，观众座席数 24089 个；全年共演映 0.87 万场，比上年增长 58.2%；观众 103.41 万人次，增长 9.7%。文化和旅游部门所属艺术表演场馆 17 个，观众座席数 11458 个；全年共演映 0.31 万场次，与上年持平；观众 34.26 万人次，比上年增长 34.2%。

三、公共文化服务体系持续健全

制定《关于推进全省公共文化服务高质量发展实施意见》，完成 1356 个乡镇（街道）综合文化站、17114 个村（社区）综合性文化服务中心公共文化设施运行管理排查，为基层文艺院团配送流动舞台车 10 辆。推动实施“陇上飞阅”数字文化建设，配备 516 套分馆流通设备、500 套数字资源阅读设备，推进旅游厕所智慧化规范化建设。开展“追寻红色足迹 逐梦砥砺前行”红色经典诵读比赛等系列活动，创排《为有牺牲多壮志》等文艺作品 534 件，举办诵读 264 场次、观众 300 多万人次。

（一）公共图书馆

2021 年末，全省共有公共图书馆 104 个，与上年末持平。从业人员 1530 人，增加 42 人。其中具有高级职称人员 126 人，占 8.2%；具有中级职称人员 465 人，占 30.4%。

2021 年末，全省公共图书馆实际使用房屋建筑面积 38.35 万平方米，比上年末增长 2.8%；全省图书总藏量 1953.05 万册，增长 7.7%；阅览室座席数 35810 个，增长 7.1%；计算机 5346 台，增加 43 台；其中供读者使用的电子阅览终端 3360 台，增加 12 台。

2021 年末，全省平均每万人公共图书馆建筑面积 154.01 平方米，比上年末增加 4.97 平方米；全省人均图书藏量 0.78 册，增加 0.05 册；全年全省人均购书费 1.12 元，减少 0.18 元（见图 2）。

全年全省公共图书馆发放借书证 56.46 万个，比上年减少 0.5%；总流通人次 801.01 万，比上年增长 36.3%；书刊文献外借 577.70 万册次，增长 54.8%；外借 268.06 万人次，增长 37.8%。全年共为读者举办各种活动 2936 次，比上年增长 29.7%；参加活动 110.04 万人次，增长 63.9%（见图 3）。

2021 年末，全省共 86 个县（市、区）建成图书馆总分馆制，15 个公共图书馆组建理事会。

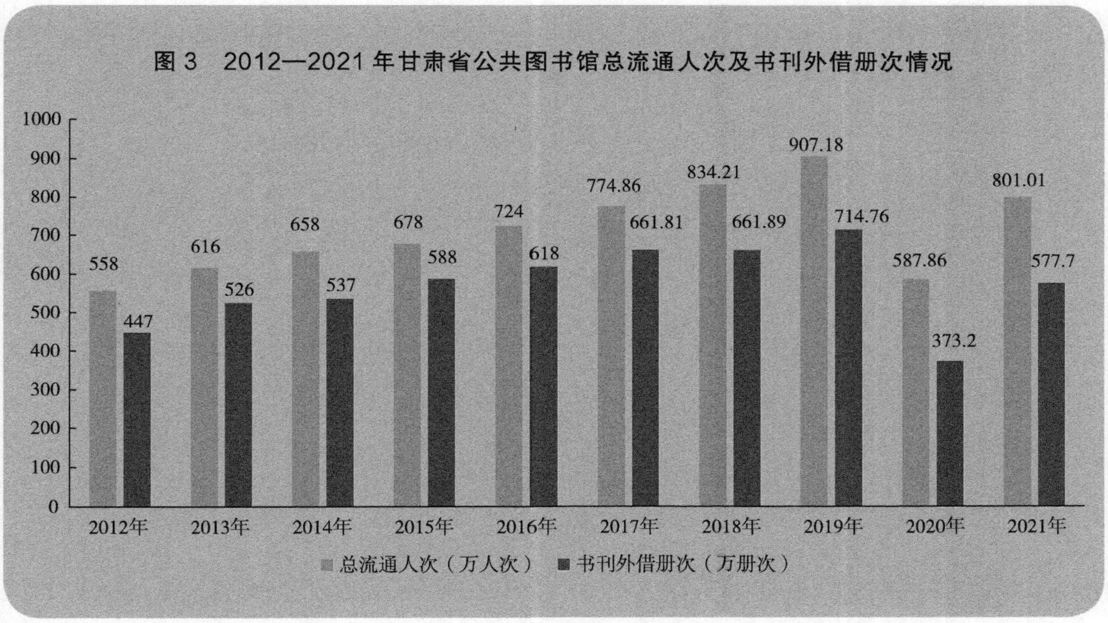

（二）群众文化机构

2021年末，全省共有群众文化机构1453个，比上年末增加3个。其中各级文化馆105个，乡镇综合文化站1229个，街道文化站119个。年末，全省群众文化机构从业人员5993人，比上年末减少91人。其中具有高级职称的人员181人，占3.0%；具有中级职称人员517人，占8.6%。

2021年末，全省群众文化机构实际使用房屋建筑面积81.61万平方米，比上年末减少0.4%；业务用房面积56.65万平方米，减少0.8%。年末，全省平均每万人群众文化设施建筑面积327.74平方米，增长0.05%（见图4）。

图 4　2012—2021 年甘肃省平均每万人群众文化设施建筑面积情况

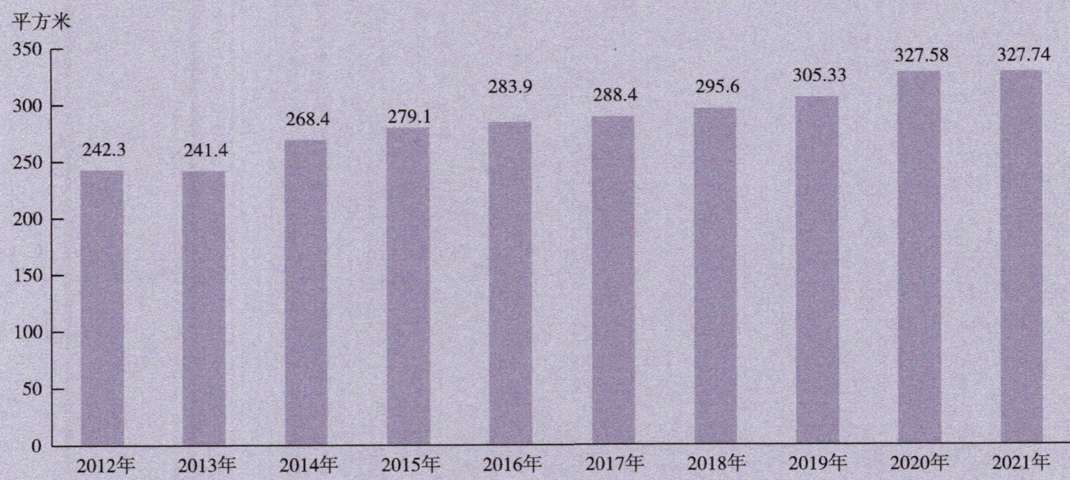

全年全省群众文化机构共组织开展各类文化活动 3.30 万场次，比上年增长 3.8%；服务人次 1153.53 万人次，增长 15.3%（详见表 2）。

表 2　2021 年甘肃省群众文化机构开展活动情况表

	总量		比上年增长（%）	
	活动次数（万次）	服务人数（万人次）	活动次数	服务人次
各项活动总计	3.30	1153.53	3.8	15.3
其中：文艺活动	1.79	797.87	0.5	18.0
训练班	1.04	72.48	7.2	-3.4
展览	0.40	266.43	-2.4	12.0
公益性讲座	0.06	16.76	20.0	52.2

2021 年末，全省群众文化机构共有馆办文艺团体 256 个，演出 4073 场，观众 195.00 万人次。由文化馆（站）指导的群众业余文艺团体 10574 个，馆办老年大学 17 个。

2021 年末，全省共建成乡村舞台 15888 个，86 个县（市、区）建成文化馆总分馆制，15 个文化馆组建理事会。

（三）美术馆

2021 年末，全省共有美术馆 56 个，比上年末增加 2 个；从业人员 364 人，增加 26 人。全年共举办展览 474 次，比上年下降 10.2%；参观 115.82 万人次，下降 0.5%。

四、市场管理和综合执法更加规范

（一）服务质量不断提升

印发《关于加强旅游服务质量监管提升旅游服务质量的实施方案》《关于2021年度开展质量提升行动重点工作任务的通知》《关于进一步加强星级饭店国家标准实施监督工作的通知》，支持文旅企业建立“首席质量官”“标杆服务员”制度。建立优质旅游服务承诺标识和管理制度，接受社会监督。举办全省星级饭店服务质量提升培训班、全省旅游监管服务平台培训班，不断促进文旅行业服务质量全面提升。充分利用全国旅游市场信用管理系统，加强信用信息归集公示和共享，建立完善旅游市场主体和从业人员信用档案，推进信用分级分类监管。委托第三方机构完成247家文旅企业信用评估，其中A级145家、B级66家、C级31家、D级5家。组织全省文旅行业“质量月”活动，印制9万余份宣传海报发放各文旅企业；扎实开展旅游从业人员技能升级行动，对全省390家星级饭店进行复核，有力提升了文旅企业的质量意识。

2021年末，全省共有文化市场经营单位3454家，从业人员26266人，营业收入26.77亿元，营业亏损2.27亿元。其中：娱乐场所1367个，从业人员8284人，营业收入7.42亿元，营业利润0.67亿元；互联网上网服务营业场所1351个，从业人员2547人，营业收入2.17亿元，营业亏损0.16亿元；演出市场单位444个，从业人员1.44万人，营业收入8.15亿元，营业亏损4.58亿元；艺术品经营机构254个，从业人员646人，营业收入0.59亿元，营业利润0.15亿元；经营性互联网文化单位38家，从业人员347人，营业收入8.45亿元，营业利润1.65亿元（见图5）。

图5　甘肃省文化市场分类情况（按经营范围）

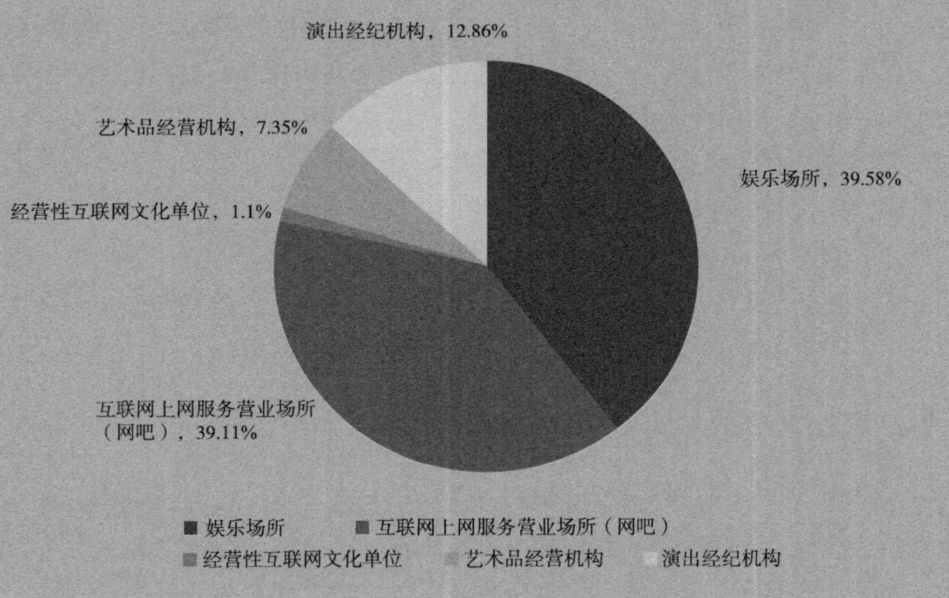

728家旅行社的统计数据显示，全年旅行社营业收入14.04亿元，国内旅游营业利润0.15亿元，直接从业人员3771人。

284家星级饭店统计数据显示，全年星级饭店营业收入21.12亿元，平均房价221.28元/间夜，平均出租率37.65%。

（二）市场整治持续有力

组织开展“2021雷霆行动”专项整治，联合青海省建立甘青两省文化市场综合执法机制并开展联合执法；牢固树立安全发展理念，建立旅游气象风险预警发布机制，协调应急、消防、卫健等多部门开展联合检查；常态化开展文旅市场“扫黑除恶”工作，配合省纪委监委对白银、天水、陇南文旅行业进行专项督查，55家无证经营文娱场所得到整改。成功举办疫情防控演练、星级饭店服务技能大赛，加快推进文旅企业信用监管体系建设，张掖市被列为全国文旅企业信用经济建设试点城市。全年累计出动执法人员12万人（次），检查经营单位4.4万家（次），立案调查209件，行政处罚116.87万元。甘肃省文旅厅被省安委办评为全省安全生产工作先进集体，厅执法局被评为全省扫黑除恶专项斗争“先进单位”、知识产权保护工作“先进集体”。

五、产业发展基础稳步夯实

（一）文旅重点项目顺利实施

大力发展文旅康养产业，建立完善文化旅游康养产业链链长推进机制，制定《全省文化旅游康养产业链发展实施方案》，注册经营文旅康养企业50家，谋划储备重点投资项目316个。全面启动投资21.5亿元世行贷款甘肃文旅项目建设，开工建设5个，签订合同18个，签订合同金额2.35亿元。大敦煌文化旅游经济圈等重点项目和省列文旅重大项目建设顺利实施，旅游大数据重点实验室落户兰州大学。编印《2021年全省重点文化产业和旅游产业招商引资项目册基本账》，录入文旅企业5140家，储备重点项目469个，全年累计完成投资196.5亿元。加强与中国旅游集团、华侨城等国内知名企业合作，做好协调服务。文化产业园区水平不断提升，引导提升敦煌文化产业示范园等国家级文化产业园区（基地）、省级文化产业示范园区（基地）建设水平，积极推进兰州创意文化产业园创建为国家级文化产业示范园区，定西浩瀚文化产业园等一批文化综合体投入运营。

2021年末，全省共有文化产业示范基地17个，其中国家文化产业示范基地（企业类）3个、国家文化产业示范基地（项目类）6个、省级文化产业示范基地1个。从业人员683人，其中技术研发岗位人员59人。辖区内单位企业数量880个，利润总额4752.8万元。

（二）科技赋能文旅升级

“一部手机游甘肃”，省级文化旅游大数据平台功能不断完善，累计访问量突破700万人次、服务游客1300多万人次。完成126家博物馆、4436件藏品基础信息数据采集及景区（场馆）分时预约平台建设。组建专班推进文旅系统数字政府政务服务事项梳理，编制目录79项。《甘肃省智慧酒店建设规范》等4个标准已立项编制。向文化和旅游部推荐申报2021年度国家社会科学基金艺术学项目、科技创新工程项目等69个，立项9个。联合新华社等成功举办第八届文化和旅游融合创新论坛。

六、资源开发和利用水平不断提升

（一）精准宣传营销成效显著

成功举办“一会一节”和“东亚文化之都·中国敦煌活动年”等重大文旅活动。构建空中丝绸之路，在江苏、湖北等地举办“畅游交响丝路·启航如意甘肃”航线开通营销活动，与鄂浙苏等省500多家文旅企业面对面洽谈、市场化对接，签订战略合作协议22份，开通两条新航线。启动喜迎冬奥·乐享陇原——“丰收了·游甘肃”冬春文化旅游惠民活动，组织参加首届中国（武汉）文化旅游博览会。持续打响“环西部火车游”产品品牌，全面落实《“引客入甘”补贴实施办法》。

（二）乡村旅游异军突起

联合新华社共同发布中国·甘肃乡村旅游发展指数，甘肃乡村旅游助力脱贫攻坚入选2021年世界旅游联盟——旅游助力乡村振兴案例，10条乡村旅游精品线路成功入选全国“体验脱贫攻坚成就、助力乡村振兴”乡村旅游学习体验线路。投资1亿元，重点创建乡村旅游示范县8个、文旅振兴乡村样板村60个、培育乡村旅游合作社80个。敦煌阳关镇等3个乡镇入选全国首批乡村旅游重点乡镇，榆中县浪街村等6个村入选第三批全国乡村旅游重点村名录，酒泉肃云香庄等2家民宿创建为首批全国甲级旅游民宿。全年全省乡村旅游1.31亿人次，收入390.3亿元。

（三）红色文旅融合发展

创新“党史教育+产业振兴”模式，推出“建党百年·红色之旅”6大主题20条精品线路、启动177场（次）红色文旅活动。举办“百名红色讲解员讲百年党史”宣讲活动。联合兰州中川机场印制100万张甘肃红色旅游纪念登机牌。“红军会师·征途在前”等3条线路入选全国“建党百年”红色旅游百条精品线路。

（四）核心资源提质升级

加快推进陇南市宕昌县官鹅沟景区创建国家5A级景区；组织开展国家全域旅游示范区初审验收及第三批省级全域旅游示范区认定验收，公布第四批省级全域旅游示范区创建名单；临夏八坊十三巷入选首批国家级旅游休闲街区；兰州市、张掖市和酒泉市被文化和旅游部分别确定为第一、二批国家文化和旅游消费试点城市；兰州老街、敦煌夜市特色商业街、嘉峪关·关城里景区三个景区入选第一批国家级夜间文化和旅游消费集聚区。

2021年末，全省共有A级旅游景区371个，比上年末增加13个。其中，5A级旅游景区6个，与上年末持平；4A级旅游景区121个，增加14个；3A级旅游景区174个，增加2个，2A级旅游景区69个，减少3个。

2021年，全省共接待游客2.76亿人次，实现旅游综合收入1842.4亿元，分别较2020年增长29.6%和26.6%（见图6）。

图 6　2012—2021 年甘肃省旅游发展情况

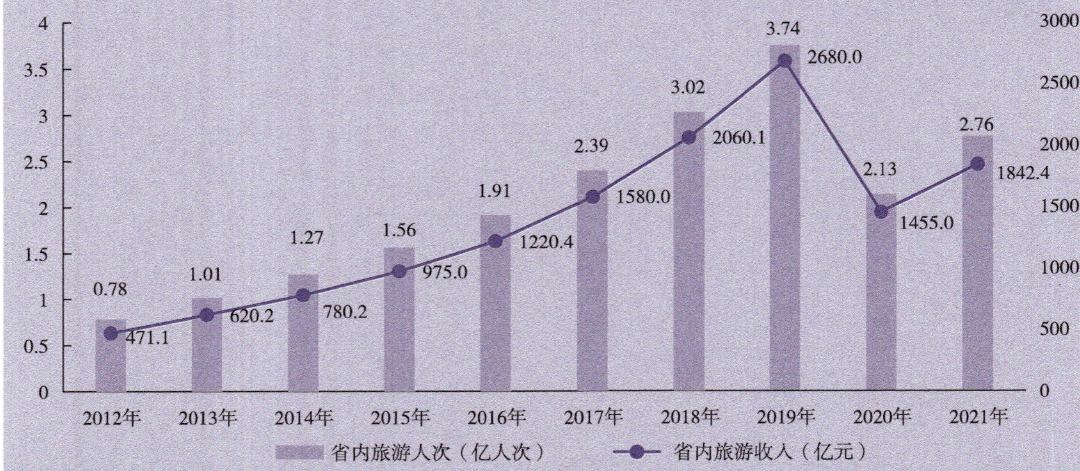

七、文化遗产保护传承利用成果显著

（一）文物保护利用取得实效

加快编制《敦煌研究院总体发展规划》，推进敦煌研究院“典范”“高地”建设，一基地、两中心建设前期工作进展顺利。加快建设长城、长征、黄河国家文化公园甘肃段和河西走廊国家遗产线路。制定《关于进一步加强全省革命文物保护利用工作的实施意见》等，甘肃简牍博物馆等重点项目进展顺利，建成甘肃数字博物馆，1000 件重点文物实现数字化展示。甘肃省庆阳南佐遗址、张家川圪垯川遗址入选“考古中国”重大项目，位列全国第四。

（二）机构人员和服务能力稳中有升

2021 年末，全省共有各类文物机构 390 个，比上年末增加 2 个。其中，博物馆 228 个，占 58.5%；文物保护管理机构 54 个，占 13.8%。年末，全省文物机构从业人员 6853 人，其中高级职称 328 人，占 4.8%；中级职称 732 人，占 10.7%（见图 7）。

2021 年末，甘肃省文物机构藏品 801225 件 / 套，其中，博物馆文物藏品 589624 件 / 套，占文物藏品总量的 73.6%。

2021 年全年，全省各类文物机构共举办陈列展览 1249 个，比上年增加 73 个。其中，基本陈列 594 个，增加 14 个；临时展览 655 个，增加 59 个。接待观众 2779.08 万人次，比上年增长 47.6%，其中未成年人 614.37 万人次，增长 52.3%，占参观总人数的 22.1%。博物馆接待观众 2599.5 万人次，比上年增长 38.1%，占文物机构接待观众总数的 93.5%（见图 8）。

图 7　2012—2021 年甘肃省文物机构及从业人员情况

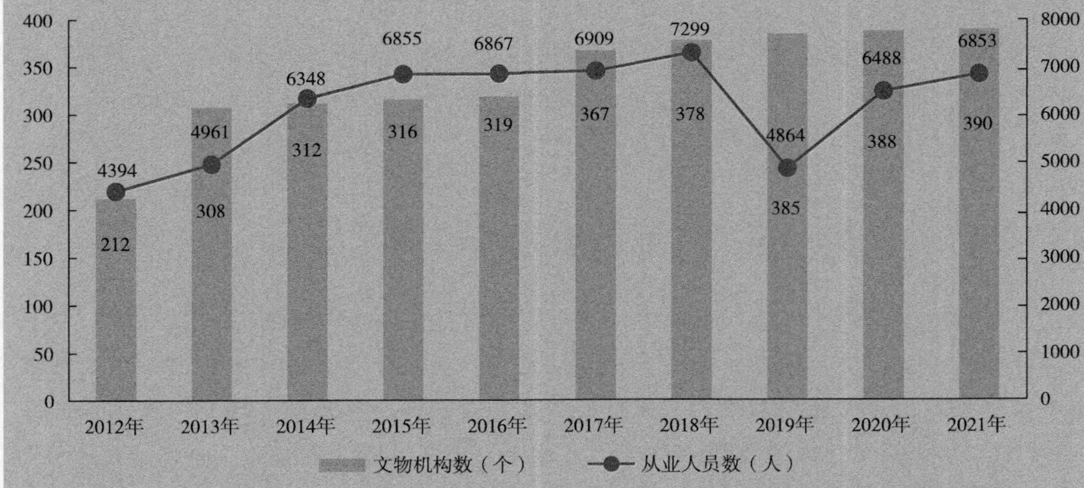

图 8　2012—2021 年文物机构接待观众人次及未成年人观众人次

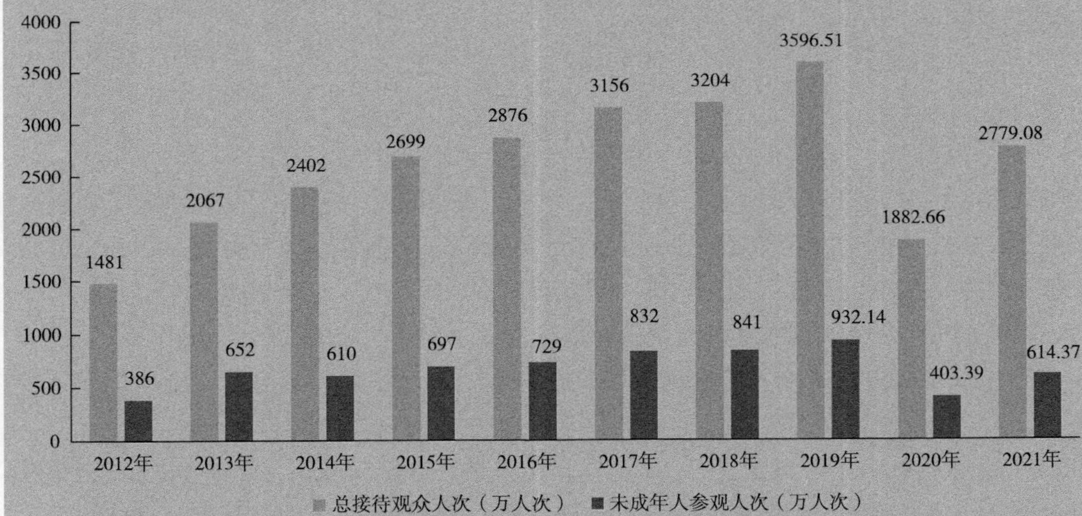

（三）非遗传承弘扬得当有力

制定《甘肃省文旅厅贯彻落实〈关于进一步加强非物质文化遗产保护工作的意见〉的实施方案》，开展文化生态保护区创建工作，建成完整的国家、省、市、县四级非遗名录体系。组织举办庆丰收、迎国庆——“如意甘肃 · 多彩非遗”等系列活动，展演展销效果良好。联合兰州文理学院开设“非物质文化遗产研究”专栏，出版非遗课题研究等学术活动 6 期 18 篇，培训 150 余人。

2021 年末，全省共有国务院公布国家级非物质文化遗产代表性项目 83 项，省级非物质文化遗产代表性项目 493 项；全省共有文化和旅游部认定国家级非遗代表性传承人 68 名，省级非遗代表性传承人 549 名。

2021 年末，全省共有非物质文化遗产保护机构 93 个，从业人员 675 人。全年全省各类非物质文化遗产保护机构举办演出 1267 场，比上年增长 14.8%；举办民俗活动 275 次，下降 8.6%；举办展览 446 场，下降 3.7%。

八、文化旅游对外及对港澳台地区交流云端开花

2021 年，甘肃省文旅厅针对后疫情时代疫情防控常态化的形势，准确识变、科学应变、主动求变，结合对外文旅市场需求，创新开展业务整合，推进与丝绸之路沿线国家在文化旅游领域开展互利共赢的务实合作，借助文旅融合优势，拓宽对外文旅交流与合作形式与内容，进一步提升“交响丝路 如意甘肃”品牌的文化内涵与服务品质。通过线上、线下相结合方式，举办“欢乐春节”、庆祝中老建交 60 周年“交响丝路 · 如意甘肃”旅游文化宣传周、“2021 年东亚文化之都 · 中国敦煌活动年开幕式”等活动，加强甘肃与周边亚洲国家的文化交流与旅游合作。联合携程集团与韩国、新加坡、马来西亚、泰国在华商会在上海举办 4 场入甘旅游专场推介会。与新华社共同运维的甘肃文旅脸书（Facebook）英文官方账号 Discover Gansu（发现甘肃），粉丝量超过 51 万，成为甘肃文旅在海外具有全球传播效果的重要宣传推广阵地和平台。受疫情影响，2021 年，甘肃省全年对外、对我国港澳台地区演出 1 个团次，参与交流人员 4 人。

九、资金投入保障有力

2021 年，甘肃省在认真落实中央“过紧日子”要求的基础上，全力保障文化旅游业发展。持续强化资金预算执行和绩效管理，突出重点，集中财力支持文旅产业发展和乡村振兴项目，公共文化服务体系及旅游基础设施建设日臻完善。同时，文化旅游部门预算与文化旅游事业费与上年相比基本持平，没有出现明显下降，为文旅产业提质增效高质量发展做出了积极的贡献。

2021 年，甘肃省文化和旅游厅全年落实部门预算 5.04 亿元，其中落实中央补助地方转移支付资金 2.21 亿元。

2021 年，全省文化和旅游事业费 18.32 亿元，比上年减少 0.12 亿元，下降 0.7%；全省人均文化和旅游事业费 73.57 元，比上年减少 0.13 元，下降 0.2%（见图 9）。

2022 年，甘肃省文化和旅游行业将以习近平新时代中国特色社会主义思想为指导，立足新发展阶段、坚持新发展理念，以满足人民群众文化旅游需求为着力点，统筹推进文物保护、文化事业和文旅产业高质量发展，努力提供优秀文化作品和优质旅游产品，持续放大文化旅游业综合效应，以优异成绩迎接党的二十大胜利召开。

图 9　2012—2021 年甘肃省人均文化和旅游事业费及增速情况

（甘肃省文化和旅游厅）

甘肃：世行项目建设引领文旅深度融合发展

近年来，甘肃省文化和旅游厅抢抓“一带一路”倡议机遇，积极争取实施世行贷款甘肃丝绸之路经济带文化传承与创新项目（共8个文旅子项目和1个金融子项目），项目总投资21.5亿元，主要支持全省文化遗产地旅游基础设施建设、小微企业金融服务、机构能力建设和全球知识分享三个方向，有力推动全省文化旅游深度融合发展。

一是精心布局谋划。甘肃省文化和旅游厅党组高度重视，按照“核心＋辐射”理念，沿丝绸之路（甘肃段）进行项目选点布局，辐射天水、定西、张掖、酒泉等地，重点挖掘文化遗产内涵、传承保护优秀传统文化、加强文化生态环境保护、提升文化遗产管理，探索世行项目运行机制，建成甘肃丝绸之路文旅长廊，辐射带动区域遗产保护和经济发展。

二是强化组织落实。将世行贷款文化传承创新项目建设纳入全省重大文旅发展计划，成立项目管理领导小组，把准世行运行规则，建立动态调度机制，狠抓工作推进。2021年，开工建设子项目5个（即酒泉市丝绸之路文化遗产研究中心项目、敦煌市悬泉置遗址保护项目、张掖市文化遗产保护利用项目、临洮县马家窑文化研究展示中心项目、通渭县墨香书画小镇翰墨文化中心建设项目），累计签订合同18个，签约金额2.35亿元，项目执行进度和成效得到世界银行认可。

三是建立国际合作。通过世行贷款项目，与世界银行、联合国教科文组织、联合国世界旅游组织签署合作协议，建立紧密合作伙伴关系，搭建国际平台、共享国际经验，计划于“第六届丝绸之路（敦煌）国际文化博览会”期间，协同举办“世界文化和自然遗产地保护论坛”，表彰莫高窟保护杰出代表，持续扩大甘肃文旅国际影响力。同时，培训世行项目业务人员200余人次，60余人取得世行相关资格证书，各级文旅系统重大项目管理、文旅融合创新发展、国际视角战略思维等能力明显提升。

青海省 2021 年文化和旅游发展情况分析

2021 年是青海全力推动高质量发展的奋发之年。习近平总书记在中国共产党成立 100 周年之际和“十四五”开局、全面建设社会主义现代化国家新征程起步的关键时刻，再次来到青海考察并赋予我们打造国际生态旅游目的地重大历史任务。青海省委省政府胸怀“两个大局”，牢记“国之大者”，研究部署文化和旅游工作，推出一系列重大政策举措。坚持高点站位，强化顶层设计，推动部省合作，打造青海国际生态旅游目的地。

一、机构和人员

2021 年末，纳入全国文化文物和旅游统计直报系统的各类文化和旅游机构数（不含 A 级景区）共 1927 个，从业人员 19665 人，专业技术人才 4254 人。其中，文化部门 694 个，从业人员 5243 人，专业技术人才 1967 人；文物机构 107 个，从业人员 797 人，专业技术人才 214 人（详见表 1）。

表 1　青海省文化和旅游机构、从业人员情况表

	2021 年机构和人员数量情况			其中：文化部门机构和人员数量		
	机构数（个）	从业人员数（人）	专业技术人才（人）	机构数（个）	从业人员数（人）	专业技术人才（人）
总　计	1927	19665	4254	694	5243	1967
一、文化和旅游合计	1820	18868	4040	587	4446	1753
艺术表演团体	116	5092	2869	14	746	665
艺术表演场馆	44	359	83	11	30	4
公共图书馆	50	495	267	50	495	267
文化馆	54	767	412	54	767	412
文化站	388	823	117	388	823	117
文化和旅游部门教育机构	1	118	84	1	118	84
文化和旅游科研机构	1	13	11	1	13	11
文化市场经营机构（不包括非公有制院团和场馆）	530	4276	0	0	0	0
旅行社	376	2397	0	0	0	0
星级饭店	189	3054	0	0	0	0

续表

	2021年机构和人员数量情况			其中：文化部门机构和人员数量		
	机构数（个）	从业人员数（人）	专业技术人才（人）	机构数（个）	从业人员数（人）	专业技术人才（人）
二、文物合计	107	797	214	107	797	214
博物馆	24	470	156	24	470	156
文物保护管理机构	28	82	21	28	82	21
文物科研机构	1	47	37	1	47	37
文物行政部门	54	198	0	54	198	0

注：2020年，因疫情频发，部分旅行社、星级饭店暂停营业，未纳入系统统计中，录得数据与实际存在数据不符。

二、艺术创作演出

2021年艺术创作体现青海魅力，创作青海平弦花儿剧《绣河湟》、原创歌曲《青海情》等100余部有筋骨、有道德、有温度的精品力作。生态舞剧《大河之源》入选庆祝中国共产党成立100周年优秀舞台艺术作品，在北京、内蒙古、宁夏等省区展演、56个驻外机构展播，海外浏览量692.6万人次。现代京剧《七个月零四天》、藏戏《意卓拉姆》等5部剧目获得建党100周年舞台艺术精品创作工程重点扶持。秦腔现代戏《尕布龙》等剧目以“剧场党课”形式在省内外巡演100场。省艺校教师张明旭获得第十三届中国音乐金钟奖金奖。舞蹈《清清甘泉水》荣获第十三届中国舞蹈“荷花奖”提名。全省各类专业文艺院团演出演播1347场，线上线下观众1200万人次。

2021年，全省共有艺术表演团体116个，原创首演剧目有2部，各类文艺院团演出1.52万场，国内演出观众1109.51万人次。其中非公有制艺术表演团体102个，从业人员4345人，国内演出1.35万场次，营业收入近2亿元。全省共有艺术表演场馆44个，实际使用房屋建筑面积4.39万平方米，设置座席数8851个，全年演（映）出场次4.97万场，观众98.71万人次（详见表2）。

表2　2019—2021年青海艺术表演团体基本情况

年份	机构数（个）	从业人员数（人）	演出场次（场）	国内演出观众人次（万人次）	总收入（万元）	其中：演出收入（万元）
2019	100	2569	5180	213.28	33151.4	3505.2
2020	122	3385	4800	173.63	15047.9	2790.1
2021	116	5092	15200	1109.51	34894.9	11852.0

三、公共服务

2021年，覆盖青海城乡的五级公共文化服务网络逐步健全，县级“两馆”总分馆制建设全面完成。组建图书馆、文化馆、博物馆联盟，18家文化馆被命名为上等级文化馆。投资2000万元为400个村（社区）配发文化设备。同仁、互助被命名为中国民间文化艺术之乡。新建改建旅游厕所52座，百度、高德电子地图标注 827 座。开展西北五省区花儿演唱会、戏曲进乡村、大美青海文艺轻骑兵等惠民演出 1000 余场。全省 50 个图书馆、54 个文化馆线上线下服务惠及 750 万人次。

（一）公共图书馆

全省现有公共图书馆 50 个，实际使用公用房屋建筑面积 12.93 万平方米，总藏量 601.6 万册，全年为读者举办各类讲座 240 次，举办展览 194 个，举办培训班 112 个，总流通 111.4 万人次，阅览室座席数 8125 个。其中少儿图书馆 1 座，总藏量 190.52 万册，组织各类讲座 43 次，举办展览 22 个，举办培训班 4 个，实际使用公用房屋建筑面积 2.4 万平方米，阅览室座席数 1152 个，总流通 40.01 万人次。

（二）文化馆和文化站

2021 年末，全省共有群众文化机构 442 个，其中文化馆 54 个，文化站 388 个，其中乡镇综合文化站 361 个。实际使用房屋建筑 23 万平方米，业务用房 15.77 万平方米，流动舞台车数量 41 辆，利用舞台车演出 582 场，演出观众 32.32 万人次。全省群众文化机构从业人员 1590 人，包括专业技术人才 529 人。其中：高级职称人员 72 人，占专业技术人才数量的 13.6%；中级职称 160 人，占 30.2%。全省 388 个文化站，拥有辖区内社区综合文化服务中心 445 个，实际使用产权 7.49 万平方米，共计从业人员 823 人，指导群众业余文艺团队 1157 支，志愿者服务队伍 1237 个，队伍人数 19754 人。乡镇文化站提供文化服务 4820 次，其中文艺活动次数 3284 次，举办训练班 962 次，举办展览 574 个，接受戏曲进乡村活动服务 1467 次，服务惠及 14.94 万人次。

（三）博物馆（纪念馆）

2021 年，全省备案博物馆 24 个，免费开放博物馆 23 个，都属于国有博物馆，其中国家一级博物馆 1 个，二级博物馆 2 个，三级博物馆 1 个，未定级博物馆 20 个。共有藏品数 74966 件，文物藏品 65713 件，一级品 510 件，二级品 1070 件，三级品 2534 件，新增藏品 227 件，2021 年修复文物 410 件，一级品 1 件，二级品 2 件，三级品 1 件。年度基本陈列 67 个，临时展览 23 个，参观 98.57 万人次，举办社会教育活动 695 次，参加活动 8.42 万人次。实际使用房屋建筑面积 12.1 万平方米，实际拥有产权面积 8.17 万平方米。

四、文化市场管理

2021 年，全省文化市场经营单位 650 家，从业人员 8769 人，营业收入 5.45 亿元，营业利润 -2.69 亿元，分区域看，城市文化市场经营单位 235 家，占文化市场经营单位总数的 36%，县城 369 家，占 56.8%，县以下 46 家，占 7%。全省共有娱乐场所 248 家，从业人员 2476 人，全年营业总收入 1.92 亿元，营业利润 3079.4 万元；互联网上网服务营业场所 202 家，从业人员 919 人，营业收入 9012.7 亿元，营业利润 306 万元。经营性互联网文化单位 7 家，艺术品经营机构 48 家，演出经济机构 25 家。

五、文物保护

2021年末，全省共有文物单位107个，从业人员797人，专业技术人员214人，拥有文物馆藏97208件，其中一级品705件，二级品1500件，三级品3229件，年度参观人次达104.4万人次，本年收入合计4.68亿元，其中财政补助收入3.97亿元，实际使用房屋面积14.84万平方米，其中展览用房6.41万平方米，文物库房0.92万平方米，实际拥有产权面积12.13万平方米。年度开展基本陈列展71个，临时展览32个。实施文物保护、考古发掘等项目32个。第一个核武器研制基地、囊拉千户院保护利用工作扎实开展。热水墓群、喇家遗址入选百年百大考古发现，列入国家大遗址保护专项规划。2018血渭一号墓入选中国考古六大新发现、全国十大考古新发现。彩陶保护修复、纸质文物保护修复项目入选全国十佳文物藏品修复项目。出台石窟寺保护利用工作实施方案。建立文物网络安全和舆情处置联席会议制度。完成全省革命文物调查，公布省级第一批18处不可移动革命文物和765件套可移动革命文物名录。省博物馆推出“1+3”主题展览，展出文物2405件，多件文物珍品首次亮相，成为全国十大热搜展览。全省41个博物馆举办“山宗 · 水源 · 路之冲——一带一路中的青海”等展览63个，线上线下参观2000万人次。

六、非物质文化遗产保护

颁布《青海省非物质文化遗产条例》，15个项目列入第五批国家级代表性项目名录，2361项代表性项目、3160名代表性传承人四级名录体系健全完善，非遗保护逐步成为社会自觉。国家级热贡文化生态保护区获批，河湟文化生态保护实验区创建工作扎实推进。认定15家“青绣”扶贫就业工坊和60家“青绣”培育企业，33家非遗工坊带动15万人就业，产值1.1亿元。各级各类非遗项目代表性传承人参加各类展演活动580余场，线上线下参与人数685万人次。全省共有39个非物质文化遗产保护机构，162名工作人员，其中专业技术人才84名。举办展览341个，参观50.79万人次，举办演出1306场，观众47.63万人次，其中进社区演出498场，进校园演出516场，举办民俗活动360次，参观27.11万人次，开展非遗工作人员培训175班次，培训1.29万人次，开展传承人群培训班226班次，培训1.5万人次，组织非遗研讨会79次，组织非遗讲座174次，项目资源总量累计35693件。省内国家级非物质文化遗产项目49个，保护单位27个；省级非物质文化遗产项目145个，保护单位49个。国家级代表性传承人37人，省级代表性传承人198人。国家级非物质文化遗产生态保护区1个，省级非物质文化遗产生态保护区1个。

七、旅游产业发展

（一）总体情况

2021年全省文化和旅游系统科学应对新冠肺炎疫情对文旅行业带来的冲击和影响，找准方向、调整思路、谋篇布局、探索路径，高质量编制“十四五”等9个专项规划。投资103.78亿元，实施项目648个。全年接待游客3973.42万人次，同比增长20%；实现旅游总收入349.9亿元，同比增长20.7%（详见表3）。

表 3　2019—2021 年青海省旅游接待和收入情况表

项目	2019 年	同比增长（%）	2020 年	同比增长（%）	2021 年	同比增长（%）
接待游客总人次（万人次）	5080.17	20.80	3311.82	-34.8	3973.42	20.00
其中：入境游客	7.30	-5.70	0.54	-92.60	0.90	—
旅游总收入（亿元）	561.33	20.40	289.92	-48.40	349.90	20.70

（二）旅游产业稳中有进

2021 年下达专项发展资金 1.8 亿元，助企融资近 13 亿元，招商引资 3.8 亿元，青海文旅消费平台上线运行，发放惠民消费券 1000 万元，推出 200 余项优惠措施，力促文旅市场回暖。制定文化产业园区认定管理办法，持续做强产业园区（基地）、特色小镇，黄南州、西宁市入选国家文化和旅游消费试点城市，唐道 · 637 商业综合体、文旅步行街入选首批国家级夜间文化和旅游消费集聚区、旅游休闲街区。全省 9000 余家文旅企业名录库建立健全。600 余家企业参加深圳、义乌、成都、三亚等省内外博览会。生态旅游迈出新步伐，普查文旅资源单体 16146 处，新发现资源 2955 处。新增 3A 级以上景区 32 家、国家级乡村旅游重点乡镇 3 家、重点村 5 个，4C 级自驾车旅居车营地 2 家，省级乡村旅游重点村 45 个、红色旅游经典景区 5 家、旅游休闲街区 17 家，20 名乡村旅游能人获国家支持。积极推进茶卡盐湖、金银滩原子城等 5A 级旅游景区创建。红色游、乡村游、冰雪游、研学游、沉浸式体验等新业态层出不穷。乡村旅游带动农牧民群众就业增收，实现旅游收入 31.2 亿元。推出精品线路 200 条，7 条入选全国“十大黄河旅游带”精品线路，研发文创产品 20 类 1000 余项。

（三）旅游要素不断丰富

2021 年，全省星级酒店共 260 家，比 2020 年减少 62 家，其中五星级酒店 2 家，四星级酒店 54 家。A 级景区 160 家，其中 5A 级景区 4 家，4A 级景区 39 家，3A 级景区 99 家，2A 级景区 18 家。新建改建旅游厕所 67 座（详见表 4）。

表 4　2021 年青海省星级酒店、A 级景区分地区统计表

地区	五星	四星	三星	二星	一星	酒店汇总	A 级景区
西宁	2	16	10	22		50	40
海东		3	27	7	1	38	39
海南		8	49	3		60	12
玉树		2	4			6	10
果洛		1	2			3	16
黄南		3	1			4	17
海北		4	26	1		31	11
海西		17	35	16		68	15
汇总	2	54	154	49	1	260	160

（四）市场监管有力有序

构建权责明确、执法有力、行为规范、保障有效的市场综合监管机制。开展导游行业及旅游市场整治、导游词审核专项行动，切实规范旅游从业人员行为，推动文旅市场质量提升。开展安全生产、扫黑除恶、疫情防控等专项行动，压紧压实责任链条，形成闭环管理。全年累计出动执法人员 5.1 万人次，检查经营单位 1.9 万家（次），责令整改 439 家（次）。

（五）品牌影响力持续扩大

2021 年，全省举办文化旅游节、冬春季文化旅游惠民等系列活动 1500 余项，签约 123 项 132 亿元。云游中国从青海出发、欢乐春节等线上活动在韩国、埃及、缅甸等国家和地区获得好评，外文导游话四季系列视频、媒说青海——百名媒体人看青海宣传推介成效显著。各类媒体发布信息 2.3 万篇（条），省文化和旅游厅官方视频号观看人数达 286.7 万人，抖音、快手短视频年度播放量近亿次，“大美青海 生态旅游”话题量突破 20 亿人次，相关主题视频荣获首届全国旅游公益广告优秀作品。加密省外主要客源地、省内主要旅游城市间的航班、列车和客运频次。长城国家文化公园建设全国试点工作形成青海方案，我省列入长江国家文化公园重点建设区。出台《海东市河湟文化保护条例》，出版《黄河视域中的河湟文化》。

（青海省文化和旅游厅）

青海：激发文旅活力，赋能乡村振兴

2021 年，青海文化旅游系统深入贯彻习近平总书记视察青海重要讲话和关于乡村振兴批示指示精神，落实省委省政府部署，统筹推进产业发展和乡村振兴，取得了积极成效。

一是统一思想认识，加强组织领导。牢牢抓住乡村振兴“国之大者”，提高政治站位，统一思想认识，以厅党组中心组学习为表率，自“上”而“下”传导对党的坚定信仰和绝对忠诚，传导对乡村振兴的使命担当。成立领导小组，组成工作专班，印发行动方案，细化任务分工，把巩固拓展脱贫攻坚成果同乡村振兴有效衔接的重大要求落到实处。

二是坚持产业优先，巩固脱贫成果。下达产业引导专项资金 1.23 亿元。其中，省级旅游发展专项引导资金 1979 万元、企业奖励资金 749.59 万元，“企业 + 农户”“企业 + 基地”模式不断壮大。出台《青海文旅产业双创基地评审标准》，启动产业双创基地评审工作。组织企业参加青洽会、文博会等产业博览交易会，寻商机、签订单、拓市场。

三是发展乡村旅游，助力乡村振兴。召开全省乡村旅游工作现场会，签订游客引流协议，引导客流下乡。出台《乡村文化旅游建设指南》，规范地方乡村文化旅游建设标准。新培育 3 个全国乡村旅游重点乡镇，5 个全国乡村旅游重点村，45 个省级乡村旅游重点村。下达乡村振兴旅游发展资金 2000 万元，实施 100 个乡村旅游项目，推动乡村旅游提质升级；纳顿庄园、湟源兔尔干 24 个庄廓、海晏文伽牧场星空房为代表的精品民宿蓬勃发展。推出 8 条最美乡村旅游精品线路。认定红色旅游经典景区 5 家，发布 10 条红色旅游精品线路，其中 3 条线路入选全国“建党百年红色旅游百条精品线路”。

四是加强文化供给，催生内生动力。实施文化活动室设备配置项目，为全省 400 个村（社区）配发演出服装、音响、乐器等文化器材。安排新建改造旅游厕所 115 座。为 13 家县级图书馆、10 家县级文化馆实施总分馆制建设，推动资源向农牧区基层一线倾斜。开展戏曲进乡村、大美青海文艺轻骑兵下基层等惠民演出 1000 场次。广泛开展线上展播、主题画展、慕课等活动，丰富活跃群众精神文化生活。

五是发挥“非遗”优势，促进就业增收。成立刺绣行业协会，颁布青海省非遗条例，非遗分类保护和系统保护制度体系更加健全。热贡文化生态保护区获文化和旅游部正式授牌，河湟文化生态保护区建设扎实推进，国家级和省级文化生态保护（实验）区整体性保护更加完善。15 个非遗项目列入国家级名录，认定省级“青绣”扶贫就业工坊 15 家，培育“青绣”企业 60 家。33 家非遗工坊带动 15 万人就业，产值达 1.1 亿元。非遗技艺已成为妇女居家就业增收的重要途径。

宁夏回族自治区2021年文化和旅游发展情况分析

2021年，全区文化和旅游系统坚持以习近平新时代中国特色社会主义思想为指导，深入贯彻落实习近平总书记视察宁夏重要讲话精神和党的十九届五中、六中全会精神，按照自治区党委、政府决策部署，在做好新型冠状肺炎疫情防控的基础上，顺应文化和旅游融合发展新趋势，以高质量发展为主题，以全域旅游示范区创建为抓手，持续推动宁夏文化和旅游全域化、特色化、品质化发展。

一、文化事业成效凸显

充分发挥文化事业传承黄河文化、促进民族交融、彰显文化自信的重要载体作用，深化“文化大篷车”品牌，以群众喜闻乐见、接地气的方式广泛开展文化惠民活动，满足群众精神文化需求，增强文化自信，强化文化认同，铸牢中华民族共同体意识。全区共有非遗资源5667项，其中“花儿”列入联合国教科文组织人类非遗项目名录，28个项目列入国家级代表性项目名录，224个项目列入自治区级代表性项目名录，认定国家级代表性传承人22名，自治区级代表性传承人344名。现有国家级非物质文化遗产生产性保护示范基地1个、全国职业院校民族文化传承与创新示范专业点2个、国家级非遗传承人群培训基地2个；建成自治区级以上非遗工坊15个，其中8个被命名为国家级非遗工坊；建立自治区非遗保护传承基地95个。

（一）提高文艺创作质量

始终把提高质量作为文艺作品生命线，坚持思想精深、艺术精湛、制作精良相统一，推出一批展现宁夏文化底蕴、体现宁夏文艺水准的精品佳作，推动我区艺术创作从“高原”向“高峰”迈进。新创现代京剧《红高粱》，复排京剧《杨门女将》等经典剧目。音乐剧《花儿与号手》、杂技剧《岩石上的太阳》荣获第六届全国少数民族文艺会演“圆梦奖”最佳剧目奖和舞台美术奖。秦腔现代戏《王贵与李香香》《擎天一柱》等入选2021年中国秦腔优秀剧目会演。《闽宁镇移民之歌》等6部作品入选文化和旅游部“庆祝中国共产党成立100周年舞台艺术精品创作工程”。

（二）激发文艺内生动力

持续深化国有院团改革，以市场需求为导向，制定《关于深化国有文艺院团改革实施方案》《旅游演艺项目补助资金管理办法》等，完善保障机制和政策体系，基本形成创作结构合理、产品特色突出、艺术门类互补的发展格局。加强与中国东方演艺集团、中央音乐学院等国家级艺术院团的交流合作，引导全区文艺工作者围绕庆祝建党100周年、服务乡村振兴等重大主题，开展优质文艺资源进景区、进社区、进营区、进校区，组织文化惠民演出1200余场，及时将党的声音和关怀传递到千家万户。

（三）提升公共服务水平

以满足群众对美好生活新期待为目标，推动公共文化服务均衡化、供给品质化、成果共享化，加快构建覆盖城乡、优质高效的文化服务体系。全区共有博物馆、图书馆、美术馆、文化馆、人民剧院等自治区级公共文化场馆6个；5个地级市全部建有文化馆、公共图书馆、博物馆；除沙坡头区以外的21个县区建有图书馆、文化馆，建成县级文化馆分馆89个、图书馆分馆56个；乡镇（街道）综合文化站193个，设置率100%，达标率98.9%；村（社区）综合文化服务中心2765个，覆盖率达98.9%。新改建标准化乡镇综合文化站6个、扶持120个村（社区）综合文化服务中心和文化大院及民间文艺团队配备文化设备器材，城市"文化生活圈"更加高效便捷，优质公共文化资源服务基层"最后一公里"更加通畅。固原市成功创建第四批国家公共文化服务体系示范区，全区地市级创成覆盖率达80%，名列西部前茅。广泛吸纳行业专家、社会力量、各界公众参与公共文化事务管理，15家公益性文化事业单位完成理事会改革，文化事业服务能力进一步提升。组织全区27家文化馆开展第五次全国文化馆评估定级，20家被评定为国家一级馆，7家达到国家二级馆标准。建成自治区级图书馆武警总队分馆、6个地市级图书馆支队分馆和39个县（区）级图书馆中队流通站，基本实现公共图书资源全覆盖。

（四）丰富文化惠民活动

坚持以社会主义核心价值观为引领，充分发挥文化活动宣传群众、教育群众、服务群众功能，创新实施文化惠民工程，形成了一批有特色、有影响的群众文化品牌。延伸"文艺轻骑兵"服务基层触角，持续开展理论宣讲、文艺演出、培训辅导、非遗展览"六进"送文化活动，传播新思想、弘扬主旋律。拓展"欢乐宁夏""清凉宁夏"等特色文化品牌活动参与范围，动员组织全区各级机关、社会团体和广大群众开展系列文化惠民活动1600余场次，形成了全民参与、共建共享的浓厚氛围。

二、遗产保护深入推进

始终把"保护为主、抢救第一、合理利用、传承发展"作为根本前提，坚持在保护中利用、在利用中传承，推动中华优秀传统文化融入生活、服务人民。

（一）加强顶层设计

实施专项普查，进一步摸清文化遗产资源家底，做到底数清、情况明、数据准。全区登记不可移动文物3818处、长城遗存1038公里、岩画48处，石窟寺54处，国有文物收藏单位收藏可移动文物68443件（组）。不可移动文物中有全国重点文物保护单位37处、自治区文物保护单位135处、市县级文物保护单位344处。公布不可移动革命文物80处（含全国重点文物保护单位2处，自治区级文物保护单位13处），可移动革命文物2035件/套。开展岩画和石窟寺专项调查，对全区54个石窟统一建档、统一管理，做到"一窟一方案、一窟一报告"，保护措施进一步细化；完成黄河流域文化遗产普查，建立黄河文物名录，梳理遗产资源4227处；开展全区革命文物普查，登记不可移动革命文物80处、可移动革命文物2035件/套，公布第一批革命文物名录，保护基础进一步夯实；开展黄河流域（宁夏段）非遗资源调查，梳理非遗资源5700项，整理四级非遗代表性项目名录1063项，保护体系进一步健全。修订《宁夏回族自治区非物质文化遗产保护条例》，颁布《宁夏回族自治区长城保护条例》等地方性法规，制定《加强全区石窟寺保护利用工作方案》等政策性文件，印发《黄河流域宁夏非物质文化遗产保护传承弘扬专项规划》等文件；将37处全国重点文物保护单位和135处自治区文物保护单位“两线”（保护范围和建设控制地带）纳入自治区国土空间规划，为文化遗产保护利用科学化、制度化、规范化奠定坚实基础。

（二）强化保护利用

聚焦黄河文化传承彰显区建设，充分挖掘黄河流域（宁夏段）文化内涵，分类实施文物保护利用工程，不断提升文化遗产保护利用水平。全区现有博物馆75家，其中国家一级博物馆2家，二级博物馆4家，三级博物馆5家，基本形成以国有博物馆为主导、行业博物馆为特色、民办博物馆为补充的博物馆体系。坚持抢救性和预防性保护相结合，争取中央预算内投资、国家文物保护专项资金共计3.82亿元，重点实施9个国家文化公园文旅融合项目、47个文物保护项目，提升改造8个博物馆展陈项目；对尚未纳入保护计划的文物采取相应的封控措施或进馆入库，确保文物安全。推动文化遗产数字化保护传承与弘扬，借助互联网、增强现实（AR）和虚拟现实（VR）等数字化新技术手段，启动宁夏长城数字再现及在线监测预警项目，实施宁夏博物馆、固原博物馆珍贵文物数字化保护项目，完成近2000件珍贵文物数字化采集、归类和建档工作。北京大学考古文博学院盐池基地暨宁夏文物考古研究所盐池工作站建成运行，水洞沟、西夏陵2处遗址入围中国“百年百大考古发现”，姚河塬遗址入选“中国社会科学院考古学论坛 · 2020年中国考古新发现”。

（三）推动文化传承

坚持将非物质文化遗产作为挖掘黄河文化、讲好黄河故事、展示宁夏形象的一张独特地域“名片”，不断推进非遗创造性转化、创新性发展。公布第六批自治区级非遗代表性项目82项，宁夏刺绣等10个项目入选第五批国家级非遗代表性名录。创新举办“非遗进万家 · 文旅展风采”宁夏黄河流域非遗系列活动10项，精心制作《宁夏非遗》宣传片，培育了一批非遗领军人物、推出了一批非遗优秀作品、打造了一批非遗融合项目，形成了具有宁夏特色的非遗品牌。推进非遗融入产业发展，建成8个非遗展示体验销售馆，扶持15家自治区级非物质文化遗产就业工坊，带动周边群众人均月收入增加至近2000元。

三、全域旅游纵深发展

聚焦大西北旅游目的地建设任务，深入开展全域旅游示范区创建，主动融入国家生态大局、黄河流域全局、宁夏发展格局，发挥“六大”品牌引领作用，调思路、调结构、调重点，推动产业融合不断提高，结构比例不断优化，品牌价值不断彰显、消费链条不断延长。全年接待国内外游客3623.67万人次，旅游总收入286.65亿元，分别恢复至2019年的90.34%和84.30%。截至2021年底，全区共有A级以上景区115家，其中：5A级景区4家，4A级景区29家，3A级景区47家，2A级景区33家，1A级景区2家。全区有旅行社184家。其中，出境组团社25家，国内社159家。全区共有旅游星级饭店89家，其中四星级36家，三星级38家，二星级13家。

（一）打造特色品牌

坚持把文化旅游作为全区调结构、促转型的重要抓手，深化人文交流、提升文明素养的重要平台，实现绿水青山转化为金山银山的重要载体，紧紧围绕黄河流域生态保护和高质量发展先行区建设，积极对接自治区九大特色产业，与葡萄酒、枸杞等优势特色产业融合赋能，不断激活文化旅游产业发展动能。举办中国（宁夏）国际葡萄酒文化旅游节，宁夏被全球葡萄酒旅游组织授予“全球葡萄酒旅游目的地”称号。以“星星故乡”品牌为突破点，积极培育新业态、新产品，举办首届中国（宁夏）星空旅游大会，吸引梵克雅宝、兰博基尼等世界知名品牌与区内企业合作，通过自主品牌与国际一线品牌融合借势，不断提升宁夏对外影响力。举办“坐着高铁游宁夏”“大西北旅游高峰会”等活动，宁夏网络搜索热度和线上成交量较2019年有大幅提升。

（二）实施精准营销

秉持“营销宁夏”理念，围绕民航直飞、高铁沿线和红酒、枸杞等特色产业销售重点城市，将宁夏脱贫攻坚、生态环保、民族团结等丰硕成果作为宣传展示核心要素，与自治区相关部门加强合作，相互赋能，互为促进，共用一个品牌、共推一个IP、共树一个形象，以点带面打造全国范围营销“矩阵”。统筹常态化疫情防控，坚持既抓防控又调市场，按照“小规模、高规格、高频次、大流量、广传播”理念，在巩固周边市场基础上，将重点客源市场调整为资源差异大、消费能力强的长三角、珠三角区域，深耕沪、深、穗等重点城市。整合区市县三级力量，深入开展“两晒一促”第二季活动，将“塞上江南·神奇宁夏”主题形象“晒”到全国，综合传播量突破32亿次。抢抓《山海情》热播效应，线上主推互动体验主题游线路产品，吸引游客体验“打卡”。在抖音等8个新媒体平台搭建“看见宁夏”专区，网络传播量突破近5亿次。在全国省级文旅新媒体传播力指数报告中，宁夏综合传播力两次位居前十，微信阅读量、微博传播力等5项指数上榜，上榜指数居历年之最。

（三）助力乡村振兴

将乡村旅游作为促进农村发展、农业转型、农民致富的重要抓手，带动各族群众在投身社会主义现代化建设中凝聚民族认同、增进交融交往。制定《促进乡村旅游发展提质升级行动方案》，发布《宁夏乡村旅游指南》，引导市场推出“近郊游”“微度假”产品。举办乡村类主题文旅活动30余场次，遴选特色旅游线路53条，10条入选全国乡村旅游精品线路。评选宁夏特色旅游村（镇）76个，8个入选“全国乡村旅游重点村（镇）”。“贺兰山东麓葡萄酒文旅融合模式”入选《2021世界旅游联盟——旅游助力乡村振兴案例》，西吉县龙王坝村、隆德县新和村、泾源县杨岭村、红寺堡区永新村入选全国乡村旅游扶贫典型案例。

四、文旅产业提力加速

坚持以高水平创建国家全域旅游示范区为统领，做好“优、稳、调、增”四篇文章，推动产业融合不断提高，结构比例不断优化，品牌价值不断彰显，消费链条不断延长。截至2020年底，文化产业法人单位5336个，其中规模以上文化法人企业73家，从业人员10.04万人，国家文化和旅游消费试点城市2个，国家级夜间文化和旅游消费集聚区1个，国家级文化产业示范基地5个，文化和旅游部认定动漫企业6家，自治区级文化产业示范园区3个，文化产业示范基地50个；文化及相关产业实现增加值103.26亿元，同比增长1.58%，占全区地区生产总值的2.61%。

（一）在优布局中增强新动能

打破惯性思维，突出创新引领，明确构建“一核两带三片区”发展格局（一核：银川都市圈文化旅游高质量发展核心区；两带：黄河文化旅游带、贺兰山文化旅游带；三片区：沙湖片区、沙坡头片区、六盘山片区），突出打响“黄河文化”“大漠星空”“酒庄休闲”“红色主题”“动感体验”“长城遗址”“六张牌”，确立打造大西北旅游目的地和国际旅游目的地目标任务。形成以银川市、石嘴山市、吴忠市、中卫市为核心相互贯通的“北部大环线”和以固原地区为主体、辐射周边的“南部小环线”发展新布局，通过整合优化产业布局、加快区域联动，文旅产业修复发展和综合带动能力不断提升。2017年至2021年，全区游客接待量年均增速4.15%。

（二）在稳市场中激发新活力

针对文旅产业受疫情影响的实际，坚决落实自治区一系列稳经济、保增长、促发展政策措施，累计暂退旅行社质保金247家次4546万元，推动旅行社等企业列入“以工代训”奖补范围，筹集2800万元财政资金开展促消费活动，不断激发市场活力。针对自驾游和乡村游快速发展的机遇，配套完善自驾游服务设施，培育乡村游北部“大环线”和南部“小环线”，推出“近郊游”“微度假”等产品，休闲农业和乡村旅游接待人数同比增长21%和18%。针对宁夏文旅企业“小散弱”和产业链不足的现状，加强与洛可可、驴妈妈等头部企业合作，围绕文旅IP打造、文创产品开发等深度合作，在阿里平台开通全国首家旅游官方旗舰店，引导市场主体与葡萄酒、枸杞等特色产业相融合，衍生产业链、增加附加值、激发新活力。

（三）在调结构中拓展新空间

坚持把结构调整理念融入产业发展全过程，树立“大格局”、突出“大市场”、强化“大产业”，着力调重点市场、调企业主体、调产业结构，拓宽产业面，延伸产业链，综合效益显著提升。调重点市场，聚焦资源差异大、消费能力强的长三角、珠三角地区以及民航直飞、高铁沿线和宁夏红酒、枸杞、滩羊等特色产品销售重点城市，锁定“Z世代”年轻主力消费群体和自驾游、小团体及个性化定制式出游方式，江浙沪等中远程地区游客来宁数量上涨20个百分点。调产业结构，深入实施“葡萄酒+旅游”“枸杞+旅游”等发展模式，带动葡萄酒庄、枸杞庄园销售收入分别增长50%和30%以上，基本实现销售“去营销化”。调企业主体，充分发挥头部企业引领带动作用，积极对接华正文旅等知名文旅企业参与宁夏旅游开发建设，引入野奢理念赋能业态升级，星星酒店、黄河宿集成为领跑全国的行业“标杆”。

五、国内旅游抽样调查情况

（一）国内游客构成情况

1. 性别构成

全区国内游客中，男性游客占 60.63%，女性游客占 39.37%。

2. 年龄构成

16 岁及以下游客占 3.40%，17~22 岁游客占 27.10%，23~45 岁游客占 59.25%，46~60 岁游客占 8.95%，60 岁以上游客占 1.30%。

3. 旅游目的构成

全区国内游客中，按旅游目的分，以休闲度假为出游目的的占 86.48%，以工作学习为主要目的的占 11.42%，以医疗保健及其他为主要目的的占 2.10%；按游览类型分，传统观光休闲度假类占 53.15%，乡村旅游生态类占 16.05%，文博历史科教类占 17.28%，纪念馆等红色旅游类占 3.19%，游乐园、绿道、城市综合体等娱乐类占 10.33%。

4. 住宿地点构成

全区住宿设施接待过夜游客中，入住星级宾馆（饭店）的占 41.94%，入住非星级标准住宿设施的占 34.02%，入住民宿客栈的占 10.78%，入住其他经营性住宿设施的占 13.26%。

5. 客源分布

全区国内游客中，来自宁夏本地的占 71.85%。来自西北地区（除宁夏）的占 10.35%，其中甘肃省为 4.73%，陕西省为 5.10%，新疆维吾尔自治区为 0.18%，青海省为 0.34%；来自华北地区的占 6.78%，其中内蒙古自治区为 2.93%，河北省为 0.94%，山西省为 0.94%，北京市为 1.67%，天津市为 0.30%；来自东北地区的占 0.67%；来自华东地区的占 5.20%，其中山东省为 0.90%，江苏省为 0.99%，安徽省为 0.44%；来自华中地区的占 1.98%，其中河南省为 0.92%；来自华南地区的占 1.26%；来自西南地区的占 1.91%，其中四川省为 1.20%。

6. 游客出行交通工具构成

全区接待国内游客中，选择自驾车的占 61.69%，选择公共交通工具的占 31.63%，选择租车自驾的占 3.04%，选择骑行、徒步等其他方式的占 3.64%。

（二）国内游客的花费构成情况

国内游客在宁的旅游消费支出中，长途交通费占 12.98%，餐饮费占 20.22%，住宿费占 17.51%，景区游览费占 14.64%，购物费占 14.36%，自驾车或租车费占 13.34%，娱乐费占 5.11%，休闲疗养费占 0.39%，其他花费占 1.45%。

（三）过夜停留时间

住星级饭店的游客人均停留 2.99 天，住经营性非星级住宿设施的游客人均停留 2.75 天，住亲朋家或自有休闲度假居所的游客人均停留 4.10 天，住自驾车（房车）、露营地的游客人均停留 3.67 天。

（四）出游组织方式

单位（安排）组织的占10.41%，个人、家庭或亲朋结伴自由行的占87.08%，通过旅行社组团出行的占2.51%。

（宁夏回族自治区文化和旅游厅）

宁夏：文旅融合发展取得新成效

2021 年，宁夏文化和旅游系统积极统筹常态化疫情防控，锚定高质量发展目标，突出融合发展主线，延长板、强优势、创品牌，推动工作取得新成效。

一是文化事业成效凸显。新创现代京剧《红高粱》，复排京剧《杨门女将》等经典剧目。《花儿与号手》《岩石上的太阳》荣获第六届全国少数民族文艺会演“圆梦奖”最佳剧目奖、舞台美术奖。《王贵与李香香》《擎天一柱》等入选 2021 年中国秦腔优秀剧目会演。《闽宁镇移民之歌》等 6 部作品入选文化和旅游部“庆祝中国共产党成立 100 周年舞台艺术精品创作工程”。

二是提升公共服务水平。建设文化驿站、城市书房等新型文化空间 126 个，建成县级文化馆分馆 89 个、图书馆分馆 56 个，新改建标准化乡镇综合文化站 6 个、扶持 120 个村（社区）综合文化服务中心和文化大院及民间文艺团队配备文化设备器材，优质公共文化资源服务基层“最后一公里”更加通畅。开展“欢乐宁夏”“清凉宁夏”等系列文化惠民活动 2800 余场次。

三是遗产保护深入推进。争取专项资金 3.82 亿元，实施 9 个国家文化公园文旅融合项目、47 个文物保护项目，提升改造 8 个博物馆展陈项目，完成近 2000 件珍贵文物数字化采集等工作。水洞沟、西夏陵遗址入围中国“百年百大考古发现”，姚河塬遗址入选“中国社会科学院考古学论坛 · 2020 年中国考古新发现”。宁夏刺绣等 10 个项目入选第五批国家级非遗代表性名录，举办“根与魂 · 天下黄河富宁夏——宁夏非物质文化遗产线上展演”。

四是全域旅游纵深发展。举办中国（宁夏）国际葡萄酒文化旅游节，宁夏被评为“全球葡萄酒旅游目的地”。举办首届中国（宁夏）星空旅游大会，开展“两晒一促”第二季活动，综合传播量 32 亿次。发布《宁夏乡村旅游指南》，其中 10 条旅游线路入选全国乡村旅游精品线路。评选宁夏特色旅游村（镇）76 个，8 个入选“全国乡村旅游重点村（镇）”。“贺兰山东麓葡萄酒文旅融合模式”入选《2021 世界旅游联盟——旅游助力乡村振兴案例》，西吉县龙王坝村等 4 个村入选全国乡村旅游扶贫典型案例。

五是文旅消费扩面升级。推动文旅与特色产业融合赋能，评定葡萄酒酒庄类、枸杞类景区 16 家。3 个项目入选“2021 全国文化遗产旅游百强案例，固原博物馆被评为全国爱国主义教育示范基地。培育宁夏“数字文旅”消费新热点，在飞猪平台打造宁夏旅游官方旗舰店。研发“我把宁夏送给你”文创伴手礼，打造特色文创符号。漫葡小镇入选第一批国家级夜间文化和旅游消费集聚区，吴忠市入选第二批国家文化和旅游消费试点城市。

新疆维吾尔自治区2021年文化和旅游发展情况分析

2021年，自治区坚持以习近平新时代中国特色社会主义思想为指导，全面贯彻落实党的十九大和十九届历次全会精神，弘扬伟大建党精神，全面准确贯彻落实新时代党的治疆方略，贯彻落实自治区党委九届十二次、十三次、十四次和第十次党代会、十届二次全会精神，大力实施"文化润疆"工程和"旅游兴疆"战略，加快推进现代公共文化服务体系建设，推进繁荣文艺创作，提升文化遗产保护研究利用水平，着力推动旅游业高质量发展，加快推进文旅深度融合，取得了较好成效。

一、新疆行政区划、人口增减变化

2021年新疆常住人口2585.23万人。全区辖14个地级行政区划单位，包括5个自治州、5个地区、4个地级市；共有107个县（市、区），包括66个县、28个县级市、13个市辖区，其中有6个自治县、34个边境县（市）；有1127个乡镇（街道），包括478个乡、444个镇、205个街道，其中有42个民族乡；有11777个村（社区），包括8891个行政村、2886个社区。

二、新疆文化文物事业、旅游产业基本情况

截至2021年底，全疆建成各级公共图书馆110个、文化馆117个、文化站1130个，各类艺术表演团体96个、艺术展览创作机构60个（美术馆59个）；全疆文物机构173个，其中文物保护管理机构75个、博物馆78个、文物行政部门14个、文物科研机构2个、其他文物机构4个。根据兵、地归属及计量单位调整，新疆登记公布不可移动文物8438处，全国重点文物保护单位133处、自治区级文物保护单位620处、县市级文物保护单位4627处。

（一）现代公共文化服务体系完善

2021年底，各级公共文化机构更加健全。公共图书馆110个、文化馆117个、文化站1130个，8760个村级综合性文化服务中心和2404个社区文化服务中心，艺术展览创作机构60个（含美术馆59个）（详见表1）。

表1　2019—2021年新疆公共文化机构　　单位：个

名称	年份		
	2019年	2020年	2021年
图书馆	107	107	110
文化馆	119	116	117

续表

名称	年份		
	2019 年	2020 年	2021 年
文化站	1178	1121	1130
艺术展览创作机构	57	58	60

2019—2021 年，新疆各级图书馆、文化馆等公共文化服务机构数总量保持稳定，公共图书馆由 107 个增加至 110 个，基本实现区地县三级全覆盖。2020 年，由于自治区直辖县级行政区划县市划转至兵团，文化馆数量减少，2021 年文化馆数量较上年有所增加。文化站、艺术展览创作机构在群众对文化活动需求增长因素的推动下，呈现机构数量逐年增加的发展态势，文化站由 2020 年末的 1121 个逐步发展为 2021 年末的 1130 个。艺术展览创作机构（含美术馆）由 2019 年的 57 个增加至 2021 年的 60 个，覆盖全疆 108 个地、县（不含市辖区）行政区划的 55.6%，馆藏、展陈、服务、保障能力均有大幅提升，新疆美术馆业呈现蓬勃发展态势。

（二）文化旅游相关产业机构、人员总体情况

表 2　2019—2021 年新疆文化旅游及相关产业机构基本情况

单位	2019 年		2020 年		2021 年	
	机构数（个）	从业人员数（人）	机构数（个）	从业人员数（人）	机构数（个）	从业人员数（人）
总计（含旅游业）	5360	54094	4874	45373	4753	47373
一、文化合计	1723	16060	1642	15329	1656	14891
公有制艺术表演团体	107	4990	95	4585	96	4463
公有制艺术表演场馆	13	218	12	204	12	199
公共图书馆	107	1015	107	977	110	987
群众文化服务	1297	5549	1237	4895	1247	5197
文化馆	119	1307	116	1231	117	1231
文化站	1178	4242	1121	3664	1130	3966
其中：乡镇综合文化站	1009	3438	943	3164	943	3221
艺术展览创作机构	57	219	58	232	60	279
其中：美术馆	55	191	57	211	59	258
文化和旅游部门教育机构	1	60	1	62	1	64
文化和旅游科研机构	2	55	2	51	2	53
二、文化市场经营机构	2507	16626	2224	12701	2106	13866
非公有制艺术表演团体	25	749	27	358	14	416
非公有制艺术表演场馆	10	465	12	196	10	129
其他文化市场经营单位	2472	15412	2185	12147	2082	13321
三、文物业	194	2114	182	2059	173	2217
博物馆	90	1184	81	1128	78	1207
文物保护管理机构	85	507	82	530	75	565
其他文物机构	19	423	19	401	20	445
四、旅游业	—	—	—	—	—	—
旅行社	609	2827	467	2614	502	2726
星级饭店	327	16467	359	13224	316	13673

如表 2 所示，截至 2021 年末，新疆维吾尔自治区共有文化旅游及相关产业机构 4753 个，从业人员 47373 人，较上年机构减少 121 个，人员增加 2000 人。具体数据分析如下：图书馆增加 3 个，分别是乌鲁木齐市达坂城区图书馆、乌鲁木齐市图书馆、霍尔果斯市图书馆，人员共增加 10 人。受新冠肺炎疫情影响，2021 年文化市场经营机构中，娱乐场所、演出经纪公司、互联网上网服务营业场所等经营单位（不含非公有制艺表团体和场馆）减少 103 个，星级饭店减少 43 个，文物部门机构减少 9 家。

（三）文旅经费逐年攀升，保障有力

表 3　2018—2021 年新疆文化旅游、文物部门经费收支情况

收 / 支 资金构成	2018 年 （万元）	2019 年 （万元）	2020 年 （万元）	2021 年 （万元）
一、文旅部门	—	—	—	—
本年收入合计	294724	389947	516057	720034
财政补贴收入	179604	204360	278244	340430
其中：基建拨款	10312	11315	3161	23790
上级补助收入	2815	2411	464	1947
事业收入	983	996	572	2195
经营收入	1252	1316	175	755
其他收入	110016	180712	236603	374708
二、文物部门	—	—	—	—
本年收入合计	63400	65118	64115	79347
财政补贴收入	54591	56981	55188	69676
其中：基建拨款	616	10772	15363	23780
上级补助收入	2683	2099	4016	1341
事业收入	690	589	1703	985
经营收入	309	302	20	31
其他收入	5127	5148	3188	7314
一、文旅部门	—	—	—	—
本年支出合计	308284	382746	511123	731506
基本支出	169124	173984	170505	209515
项目支出	109215	183087	319380	476125
工资福利支出	119674	129590	135636	157281
二、文物部门	—	—	—	—
本年支出合计	88344	64160	55730	83616
基本支出	20765	19005	16538	17525
项目支出	37297	41525	33804	56816
工资福利支出	14206	12792	11953	14208

如表 3 所示，2021 年，文化润疆工程、旅游兴疆战略贯彻实施，全区文化、文物、旅游资金保障稳中向好，文旅部门经费增幅明显，本年收入较 2020 年增加 203977 万元，增幅为 39.5%，本年

支出较上年增加220383万元，增幅为43.1%；文物部门本年收入较上年增加15232万元，增幅为23.8%，本年支出较上年增加27886万元，增幅为50.0%。

（四）公共文化服务提质增效

基本形成覆盖区、地、县、乡、村的五级服务网络并不断完善，投入使用新疆美术馆等一批重大惠民工程。积极推动“文化下基层”，打造202个乡村“文化大院”示范点，成为丰富群众精神文化生活、宣传党的方针政策的新阵地。组织5支“石榴籽”文化小分队，在7个地州市14个县市28个乡镇开展辅导培训、展示展演等惠民服务34期，惠及8万余人次，成为备受百姓喜爱的“明星团”；自治区文艺院团下基层开展“我们的中国梦——文化进万家”等惠民演出1154场次，惠及7.8万余人次。推进数字图书馆、数字文化馆、数字美术馆、智慧博物馆和公共文化大数据平台建设，在南疆开展公共数字文化智能服务活动300余场，服务8万余人次。指导创建3家中国民间文化艺术之乡，评选18家自治区民间文化艺术之乡。

1. 公共图书馆业情况

2021年，全区各级公共图书馆总收入2.12亿元，其中，财政拨款预算收入2.02亿元、事业及其他收入0.08亿元，财政补助收入占总收入的95.3%。财政拨款预算收入中，免费开放资金0.32亿元，占比16%（免费开放经费中中央资金占比80%），按免费开放资金100%用于项目支出统计，占全年项目支出0.51亿元的63%，新疆每万人拥有公共图书馆建筑面积146平方米，高于全国平均水平136平方米。人均拥有公共图书馆藏量0.62册，低于全国人均0.89册。

2021年，公共图书馆总流通484.55万人次，较2020年增加238.56万人次，增速为96.98%。随着公共文化服务方式转变，模式创新，全年新增数字化、网络版图书借阅，不断深化线上阅读推广服务力度，全年线上服务623.32万人次。

2. 群众文化业情况

2021年，各级文化馆（站）总收入5.16亿元，较上年减少3017万，其中财政补贴收入4.98亿元，占总收入的97%，财政补贴是保障群众文化业发展的核心力量。平均每万人拥有群众文化设施建筑面积432.61平方米，高于全国平均352.13平方米；人均群众文化业务活动专项经费3.18元，低于全国人均6.71元。文化馆（站）服务人次1090.15万人次，较2020年771.83万人次增加318.32万人次；文化馆（站）组织线上群众文化活动1596次，线上服务967.79万人次。

3. 文艺创演出新出彩

制定《自治区2021年艺术创作排演计划》《自治区文化和旅游厅庆祝中国共产党成立100周年策划方案》《关于常态化推进直属艺术单位深入生活、扎根人民工作的实施办法》《文化和旅游厅“十四五”时期艺术创作规划》，将增进中华文化认同贯穿自治区“十四五”文艺精品创作规划实施全过程，用高质量文化供给增强各族群众的文化获得感和幸福感。围绕反映新疆和谐稳定、民族团结、欣欣向荣、奋发昂扬新面貌的优秀舞台艺术作品，形成《自治区文化和旅游厅2021年艺术创作实施方案》。完成了大型历史新舞剧《张骞》、交响合唱音乐会《天山儿女心向党》、话剧《林基路》、歌剧《守界人》、木卡姆音乐剧《阳光照耀天山》、清唱剧《葡萄熟了》、杂技剧《江山如画》的创作和排演工作。完成2020—2021年自治区文艺扶持激励项目40余个。

2021年末，全疆各类艺术表演团体110个（含非公有制企业14家），比上年减少12个；从业人员 4879 人，减少 64 人。其中，各级文化和旅游部门所属艺术表演团体 96 个，占 87%，从业人员 4463 人，占 91%。受疫情影响，年度演出场次 1.61 万场；国内观众人次 499.19 万人次，比上年增长 51.1%；演出收入 712.9 万元，比上年增长 82.7%。

三、文旅深度融合，促事业与产业发展

（一）推动“文化旅游 +”融合发展

乌鲁木齐市、吐鲁番市成功创建“国家文化和旅游消费试点城市”，伊宁市、尼勒克县入选“中国气候宜居城市（县）”。推出一批文化旅游精品景区，推动非遗进景区，在葡萄沟设立首个“非遗集市”，“新疆喀什民俗非遗主题游”等入选全国文旅融合发展优秀案例。推动《新疆是个好地方》《昆仑之约》等驻场演出，拉动夜间经济。推动文化旅游与馕、葡萄酒等“十大产业”融合，助力一二三产融合发展，命名 12 家自治区休闲旅游特色精品葡萄酒庄，推出 15 条自治区葡萄酒文化旅游精品线路。打造多元融合发展品牌。联合乌铁集团打造“坐着火车游新疆”品牌，推出一批铁路旅游产品。开展“新歌唱新疆 · 乘着歌声游新疆”活动，打造首个文旅微综艺“乘着歌声游新疆”，点击和播放量超过 3 亿次。发布《新疆音乐旅游地图》《新疆音乐旅游专辑》，让游客随“乐”而行。

（二）发展壮大文旅产业

加强文旅招商引资，梳理 2021 年全疆 300 个重大文旅产业招商项目。举办第十五届新疆冬季旅游产业交易博览会暨 2021 中国西北旅游营销大会。大力开发特色旅游产品，成立“新疆礼物”专家认证委员会，完成 68 家旅游商品企业品牌授权合作协议签署，共有 542 个单品成为“新疆礼物”。打造多元融合发展品牌。强旅游品牌建设、打造精品旅游线路。推动全区 A 级景区提质扩容，抓住北京冬奥会历史机遇，大力发展冰雪旅游。大力推动发展乡村旅游，改造提升一批自驾游精品线路，发布特色线路产品 135 条。推动自治区跨境旅游合作区和边境旅游试验区创建，引导霍尔果斯市、吉木乃县、塔城市、阿拉山口市制定跨境旅游合作区和边境旅游试验区建设实施方案。推动旅游休闲街区建设，打造一批新疆文化特色鲜明的自治区级旅游休闲街区，争创国家级旅游休闲街区。

2021 年，全区接待游客 19056.70 万人次，比 2020 年增长 20.52%；实现旅游总收入 1415.69 亿元，比 2020 年增长 42.69%。2021 年，全区 A 级景区接待游客 12864.54 万人次，其中，14 个 5A 级景区接待游客 2580.50 万人次，约占 A 级景区接待游客总量的 20%；4A 级景区接待游客 4396.75 万人次，约占 A 级景区接待游客总量的 34%。5A、4A 级旅游景区游客接待量约占全区 A 级景区游客接待量的 54%，是全区优质旅游资源的代表，也是全区旅游的核心吸引力。

（三）自治区文物事业补短板、强弱项

1. 文物资源数据总量稳、有变量

2021 年末，全区有不可移动文物 8438 处，其中世界文化遗产地 6 处，全国重点文物保护单位 133 处；自治区级文物保护单位 620 处，对外开放 135 处，成为各级爱国主义教育基地和旅游景点；博物馆 78 座，馆藏文物 22 万余件（套），包括国家一级文物 780 件，二级文物 1622 件，三级文物

5962 件。2021 年，国家文化文物和旅游统计制度修订、统计直报系统仍然按照管辖区域分别统计，不包含兵团数据；统计名录库更新、管理中，机构统一社会信用代码是唯一有效依据，无代码不统计。

2. 博物馆、纪念馆爱国主义宣教和旅游线路打造

2021 年全球新冠肺炎疫情蔓延，全区 78 家博物馆、纪念馆累计举办各类陈列展览 289 个，接待观众 566 万余人次，其中青少年 108 万人次、境外观众 0.56 万人次，较 2020 年展览量增加了 20%，观众接待量增加了 180%。文化创意产品种类共计 237 个，产品销售收入 96 万余元，利润达 31 万余元。传统线下模式受到挑战，各级博物馆纪念馆孕育推出了全新线上办展，文博单位全年举办线上展览 58 个，文博单位网站年访问量 7.5 万余次，各地开通微信公众号、微博共 267 个，关注人数近 10 万人。“云展览”已成为博物馆发展的重要趋势，“互联网 + 文博”能让观众更广泛、更便捷地走近文明现场，感受文化遗产的魅力。

3. 用好文物保护资金，强化文物保护观念

2021 年度获得国家文物保护资金支持的项目有 48 个，累计投入 1.57 亿元；其中省级及省级以上文物保护单位文物保护项目 18 项，投入资金 7671 万元；可移动文物保护项目 13 项，投入资金 4329 万元；考古项目 17 项（考古发掘 15 项，勘探项目 2 项），投入资金 3620 万元，全年考古项目全年累计发掘 1.6 万平方米，克亚克库都克烽燧遗址入选 2021 年“全国十大考古新发现”。自治区文物保护专项资金 1090 万元，专门用于文物保护。文物工作得到更多重视，强化顶层设计、深化考古研究、加大保护力度、活化展示利用，有效释放文物“证史、资政、育人”作用，提升聚焦服务党和国家政治大局的能力。

4. 文物机构现状分析

2021 年末，全区文物机构 173 个，从业人员 2217 人，其中专业技术人员 534 名，安全保卫人员 636 名。地县级独立编制文物局 3 个，行政部门内设机构（不挂牌）1 个，合署办公（挂牌）9 个。地县两级 78 家博物馆编制人员数 539 个，在编人员数 460 名。

（四）文化市场挑战与机遇并存

全区文化市场经营单位 2106 家，其中，娱乐场所经营单位 1002 家，较上年度减少 76 家；互联网上网服务营业场所 1001 家，较上年度减少 24 家；经营性互联网文化单位 13 家，同上年度持平；演出经纪机构 65 家、非公有制文艺表演团体 14 家、非公有制艺术表演场馆 10 家，艺术品经营机构 1 家。

2021 年，全区文化市场经营机构从业人员 13866 人，较上年增加 1165 人；资产总计 33.47 亿元，较上年增加 5 亿元，增幅 17.6%；营业收入 13.57 亿元，较上年增加 7.9 亿元，增幅 139.3%；营业利润总额 0.53 亿元，较上年增加 4.23 亿元。其中，娱乐场所营业利润 0.01 亿元，互联网上网服务营业场所（网吧）利润 -0.3 亿元。

2021 年，在坚持疫情常态化防控的前提下，科学研判文化和旅游市场特征，精准防控，多措并举，保障全区文化和旅游市场平稳运行，文化市场经营机构从业人员、营业收入、营业利润总额等整体数据都有了较大幅度增长。

（五）加大宣传推介力度

制定《2021 年文化旅游宣传工作方案》，形成线上线下一体化宣传营销机制，结合各类特色文旅活动，全面提升宣传推介效果。各地围绕重要节点，举办“5·19 中国旅游日”“中国 G219 旅游推广联盟”第二届年会等大型品牌活动，开展文旅活动 2880 余项。改革创新“新疆是个好地方”全媒体融合发展平台，打造全媒体传播矩阵，先后推出“打卡新疆”超级话题、“百县千味万香”、“百县万部微视频”、网红达人大赛、花开伊犁、出发吧新疆、达人西游等系列品牌活动，2021 年“新疆是个好地方”全媒体平台各类文旅话题全网传播量达 51.6 亿人次。“新疆是个好地方”百家号、头条号先后多次在百度政务文旅榜、全国省级文旅新媒体传播力指数排行榜、省级文旅新媒体传播力指数排行榜中各列榜首、第五名、第十名的好成绩。加大在主要客源地宣传推介“新疆旅游”，继续在北京、上海、广州、深圳等重点客源地和新兴客源地投放户外大屏广告。加大海外联合宣传推广，与中国驻海外大使馆、中外文化交流中心、新华社海外网等平台合作发布新疆文化旅游宣传资源。

（新疆维吾尔自治区文化和旅游厅）

新疆：你好新疆！直播赏冰戏雪、喜迎冬奥

从乌鲁木齐市红山公园的灯火通明、游人如织，到将军山滑雪场的粉雪飘舞、激情畅滑，再到新疆国际大巴扎的美味夜市和南山冰雪小镇电音节。2021 年 12 月 31 日 8：00 到 2022 年 1 月 1 日 20：00，“你好新疆！36 小时跨年直播”带千万网友跨越天山南北，看遍新疆冬日美好风光，共同迎接 2022 年的第一缕阳光。

随着北京冬奥会的临近，雪友们的热情越来越高涨，从 1 日晚直播镜头里可以看到，即便是寒冷的夜晚，阿勒泰市将军山滑雪场上依然热闹无比，雪友们或摆出酷炫的姿势，体验驰骋雪道的快乐；或坐在雪道旁的雪堆里，以远处灯火辉煌的城市为背景拍照留念，整个滑雪场内充满了欢声笑语。

本次直播选取喀什古城、天山天池、博斯腾湖、禾木村落、丝绸之路国际滑雪场、裕民巴尔鲁克山、将军山滑雪场、红山公园等多个景区，通过不同点位特点和时间切换，让观众看到每个时刻最美的新疆。同时融入 3 小时主持人探店体验环节，直播新疆国际大巴扎、南山冰雪小镇、丝路明珠不夜城、十二师冰雪嘉年华等地，36 个小时不间断直播不但涵盖了新疆冬季冰雪旅游多业态，还包含民俗游、观光游、乡村游等城市周边旅游产品，在充分展现新疆冬季丰富的旅游市场的同时，也展现了乌鲁木齐夜间经济在扩大内需、刺激消费、增添动能、引领时尚等方面发挥的积极作用。

直播当天，为调动直播间观众互动的热情，还专门开展了线上抽奖活动，为新老“粉丝”提供 5G 手机、无线蓝牙耳机、新疆特色文创抱枕等上百件礼品，吸引近千名网友参与。

本次直播活动将景区慢直播、主持人互动体验相结合，充分利用网络直播技术，与新浪、腾讯、网易、百度、中国联通、新疆银行等合作，在 14 个平台同步直播，观看量超 6469.76 万人次、评论互动量达 38.62 万。通过镜头里的互动和镜头外的“云游”，展现新疆全民参与冰雪运动的热情，拉动夜间经济的发展，进一步叫响“新疆是个好地方”品牌。

2022 Statistical Analysis Report on Cultural and Tourism Development

2022 文化和旅游发展统计分析报告

附　录

2021 年全国文化和旅游发展主要统计数据

表 1 2021 年全国文化和旅游发展主要统计数据

指标	单位	总量指标		增幅（%）
		2020 年	2021 年	
机构和人员				
机构数	万个	33.96	31.21	–8.1
从业人员数	万人	496.30	483.43	–2.6
经费投入				
文化和旅游事业费	亿元	1088.26	1132.88	4.1
人均文化和旅游事业费	元	77.08	80.20	4.0
公共图书馆				
机构数	个	3212	3215	0.09
总藏量	万册	117930	126178.02	7.0
总流通人次	万人次	54146	74613.69	37.8
群众文化				
机构数	个	43687	43531	–0.4
# 文化站	个	40366	40215	–0.4
提供文化服务次数	万次	192.65	252.17	30.9
举办展览	万次	13.79	16.75	21.5
组织文艺活动	万次	108.89	139.15	27.8
组织公益性讲座	万次	3.06	4.19	37.0
举办训练班	万次	66.89	92.07	37.6
文化服务惠及人次	万人次	56327	83289	47.9
艺术表演团体				
机构数	个	17581	18370	4.5
演出场次	万场次	223.20	232.53	4.2
# 农村演出场次	万场次	84.26	109.82	30.3
国内演出观众人次	万人次	88952	79203.92	–11.0

续表

指标	单位	总量指标		增幅（%）
		2020 年	2021 年	
#农村观众人次	万人次	32553	32756.75	0.6
演出收入	万元	866292	1129901	30.4
艺术表演场馆				
机构数	个	2770	3093	11.7
艺术演出场次	万场次	31.70	64.26	102.7
艺术演出收入	万元	384826	722910	87.9
文化市场				
机构数	万个	20.79	19.10	-8.1
从业人员数	万人	155.48	151.14	-2.8
旅游业				
国内旅游人数	亿人次	28.79	32.46	12.7
国内旅游收入	万亿元	2.23	2.92	31.0
#星级饭店营业收入	亿元	1221.53	1379.43	12.9
#旅行社营业收入	亿元	1374.56	1857.19	35.1
文物业				
机构数	个	11314	10545	-6.8
总藏品	万件 / 套	5089.10	5580.45	9.7
参观人次	万人次	61632	84591	37.3

表 2　按年份全国主要文化和旅游机构数

单位：个

年 份	公共图书馆	文化馆	博物馆	旅行社	星级饭店	A 级景区
1949	55	896	21			
1952	83	2430	35			
1957	400	2748	72			
1962	541	2575	230			
1965	562	2660	214			
1970	323	2332	182			
1975	629	2670	242			
1978	1218	2840	349			
1980	1732	3130	365			
1985	2344	3295	711			
1986	2406	3330	777			
1987	2440	3321	827	1245		
1988	2485	3333	903	1573		
1989	2512	3321	967	1617		
1990	2527	3321	1013	1561		
1991	2535	3265	1075	1603	853	
1992	2558	3272	1106	2592	1029	
1993	2572	3256	1130	3238	1186	
1994	2589	3261	1161	4382	1556	
1995	2615	3259	1194	3826	1913	
1996	2620	3284	1219	4252	2349	
1997	2628	3286	1282	4986	2724	
1998	2662	3287	1339	6222	3248	
1999	2669	3294	1363	7326	3856	
2000	2675	3297	1392	8993	6029	
2001	2696	3241	1461	10532	7358	
2002	2697	3243	1511	11552	8880	
2003	2709	3228	1515	13361	9751	
2004	2720	3221	1548	14927	10888	

续表

年　份	公共图书馆	文化馆	博物馆	旅行社	星级饭店	A 级景区
2005	2762	3226	1581	16245	11828	
2006	2778	3214	1617	17957	12751	
2007	2799	3217	1722	18943	13583	
2008	2820	3218	1893	20110	14099	
2009	2850	3223	2252	20399	14237	
2010	2884	3264	2435	22691	11779	4521
2011	2952	3285	2650	23690	11676	5573
2012	3076	3301	3069	24944	11367	6042
2013	3112	3315	3473	26054	11687	7104
2014	3117	3313	3658	26650	11180	8026
2015	3139	3315	3852	27621	10550	8954
2016	3153	3322	4109	27939	9861	9845
2017	3166	3328	4721	29717	9566	10496
2018	3176	3326	4918	37309	8962	11924
2019	3196	3326	5132	38943	10130	12402
2020	3212	3321	5452	31074	8430	13332
2021	3215	3316	5772	31001	7676	14196

表 3　按年份全国文化和旅游事业费基本情况

年　份	文化和旅游事业费（亿元）	国家财政总支出（亿元）	文化和旅游事业费占国家财政比重（%）
1978	4.44	1122.09	0.40
1979	5.84	1281.79	0.46
1980	5.61	1228.83	0.46
六五时期	36.03	7483.18	0.48
1985	9.32	2004.25	0.47
七五时期	62.45	12865.67	0.49
1986	10.74	2204.91	0.49
1987	10.77	2262.18	0.48
1988	12.18	2491.21	0.49
1989	13.57	2823.78	0.48
1990	15.19	3083.59	0.49
八五时期	121.33	24387.46	0.50
1991	17.28	3386.62	0.51
1992	19.46	3742.20	0.52
1993	22.37	4642.30	0.48
1994	28.83	5792.62	0.50
1995	33.39	6823.72	0.49
九五时期	254.51	57043.46	0.45
1996	38.77	7937.55	0.49
1997	46.19	9233.56	0.50
1998	50.78	10798.18	0.47
1999	55.61	13187.67	0.42
2000	63.16	15886.50	0.40
十五时期	496.13	128022.85	0.39
2001	70.99	18902.58	0.38
2002	83.66	22053.15	0.38
2003	94.03	24649.95	0.38
2004	113.63	28486.89	0.40
2005	133.82	33930.28	0.39
十一五时期	1220.40	318970.83	0.38
2006	158.03	40422.73	0.39

续表

年　份	文化和旅游事业费（亿元）	国家财政总支出（亿元）	文化和旅游事业费占国家财政比重（%）
2007	198.96	49781.35	0.40
2008	248.04	62592.66	0.40
2009	292.31	76299.93	0.38
2010	323.06	89874.16	0.36
十二五时期	2669.62	703076.19	0.38
2011	392.62	109247.79	0.36
2012	480.10	125952.97	0.38
2013	530.49	140212.10	0.38
2014	583.44	151785.56	0.38
2015	682.97	175877.77	0.39
十三五时期	4708.10	1096206.86	0.43
2016	770.69	187755.21	0.41
2017	855.80	203085.49	0.42
2018	928.33	220904.13	0.42
2019	1065.75	238858.37	0.45
2020	1088.26	245679.03	0.44
十四五时期			
2021	1132.88	246322.00	0.46

注：文化事业费：1953—1980年系国家财政决算数（“一五”至“四五”时期含文物、出版经费，“五五”时期不含文物、出版经费）；1981年以后系文化事业统计年报数（不含文物、出版及科学研究费；不含基本建设的财政拨款和行政运行经费，以下各表同）。

表 4 按年份各地区文化和旅游事业费

单位：万元

地 区	2000 年	2005 年	2010 年	2015 年	2020 年	2021 年
全 国	631591	1338193	3230646	6829708	10882645	11328810
北 京	24008	64587	161693	275832	463029	439536
天 津	9796	31592	56348	153744	133272	135123
河 北	18984	39626	70307	185348	353883	360111
山 西	12347	29832	78000	182007	274503	286593
内蒙古	14515	30543	112982	228905	295807	316283
辽 宁	26790	47578	113430	165405	179199	188375
吉 林	15711	26566	90327	156425	207929	201602
黑龙江	16598	33742	74631	152601	210064	222599
上 海	42608	79201	186266	365523	483672	590110
江 苏	38527	77658	163123	403417	860604	871549
浙 江	35334	110397	242002	488225	850347	1048686
安 徽	15849	30541	76813	146252	225055	228851
福 建	22174	42949	101855	187522	335728	305356
江 西	10696	23398	73401	127094	230014	267697
山 东	30944	61687	138876	299770	503101	530152
河 南	20948	37708	95143	206034	332758	358209
湖 北	19367	43585	114389	235648	432862	469331
湖 南	16564	34771	86133	193798	347866	371421
广 东	58321	128095	269940	539257	1107240	1154761
广 西	14608	28089	80097	172230	322285	247902
海 南	3468	6007	27356	57512	82829	67432
重 庆	9151	17505	77350	169727	230720	245862
四 川	20500	44523	143902	395788	520403	562922
贵 州	9131	18731	53676	119936	246931	197105
云 南	23945	42036	86881	191211	353527	331149
西 藏	4264	8003	21050	57816	112986	111209
陕 西	13976	23462	89457	205168	265389	266859
甘 肃	9130	20882	55563	113802	184417	183183
青 海	3696	7349	41114	65393	114591	99418
宁 夏	3625	9646	24483	58611	94306	93600
新 疆	10518	24877	71273	160088	275083	270743

表 5　按年份各地区人均文化和旅游事业费及位次

地　区	2000 年		2005 年		2010 年		2015 年		2020 年		2021 年	
	人均（元）	位次	人均（元）	位次	人均（元）	位次	人均（元）	位次	人均（元）	位次	人均（元）	位次
全　国	4.99		10.23		24.11		49.68		77.08		80.20	
北　京	17.37	2	41.99	2	82.44	1	127.08	3	211.50	2	200.79	3
天　津	9.79	4	30.29	3	43.55	7	99.39	5	96.11	10	98.41	10
河　北	2.81	25	5.78	25	9.78	31	24.96	29	47.43	28	48.35	28
山　西	3.74	19	8.89	16	21.84	17	49.67	16	78.62	15	82.35	13
内蒙古	6.11	11	12.80	9	45.73	5	91.16	6	123.00	7	131.78	6
辽　宁	6.32	10	11.27	12	25.93	14	37.74	23	42.07	29	44.54	29
吉　林	5.76	12	9.78	14	32.89	9	56.81	11	86.37	12	84.89	12
黑龙江	4.50	16	8.83	17	19.48	21	40.03	22	65.95	21	71.23	18
上　海	25.45	1	44.54	1	80.92	2	151.34	2	194.47	3	237.09	2
江　苏	5.18	15	10.39	13	20.74	19	50.58	14	101.55	9	102.47	9
浙　江	7.55	5	22.54	5	44.46	6	88.14	7	131.70	5	160.35	5
安　徽	2.65	26	4.99	30	12.91	29	23.81	30	36.88	30	37.44	30
福　建	6.39	9	12.15	11	27.61	12	48.85	17	80.82	14	72.93	17
江　西	2.58	28	5.43	27	16.47	25	27.84	28	50.90	26	59.26	23
山　东	3.41	21	6.67	21	14.50	27	30.44	26	49.55	27	52.13	25
河　南	2.26	31	4.02	31	10.12	30	21.73	31	33.49	31	36.25	31
湖　北	3.21	23	7.63	19	19.98	20	40.27	21	74.95	16	80.50	14
湖　南	2.57	29	5.50	26	13.11	28	28.57	27	52.35	25	56.09	24
广　东	6.75	7	13.93	7	25.88	15	49.71	15	87.87	11	91.04	11
广　西	3.25	22	6.03	24	17.40	24	35.91	24	64.29	22	49.22	27
海　南	4.41	17	7.25	20	31.55	11	63.14	10	82.16	13	66.11	22
重　庆	2.96	24	6.09	23	26.81	13	56.27	12	71.98	19	76.54	15
四　川	2.46	30	5.42	28	17.89	23	48.24	18	62.19	24	67.24	21
贵　州	2.59	27	5.02	29	15.45	26	33.98	25	64.03	23	51.17	26
云　南	5.58	13	9.45	15	18.90	22	40.32	20	74.89	17	70.61	19
西　藏	16.27	3	28.89	4	70.12	4	178.46	1	309.71	1	303.85	1
陕　西	3.88	18	6.31	22	23.97	16	54.09	13	67.14	20	67.49	20
甘　肃	3.56	20	8.05	18	21.73	18	43.78	19	73.71	18	73.57	16
青　海	7.14	6	13.53	8	73.07	3	111.13	4	193.44	4	167.37	4
宁　夏	6.45	8	16.18	6	38.85	8	87.76	8	130.93	6	129.10	7
新　疆	5.46	14	12.38	10	32.67	10	67.84	9	106.41	8	104.57	8

表 6　按年份各地区文化和旅游事业费占财政支出比重

地 区	2000 年		2005 年		2010 年		2015 年		2020 年		2021 年	
	比重（%）	位次	比重（%）	位次	比重（%）	位次	比重（%）	位次	比重（%）	位次	比重（%）	位次
全 国	0.40		0.39		0.36		0.39		0.44		0.46	
北 京	0.54	14	0.61	4	0.60	2	0.48	8	0.65	2	0.61	5
天 津	0.53	15	0.71	3	0.41	14	0.48	9	0.42	23	0.43	23
河 北	0.46	28	0.40	24	0.25	31	0.33	27	0.39	26	0.41	25
山 西	0.55	11	0.44	14	0.40	15	0.53	4	0.54	10	0.57	10
内蒙古	0.59	8	0.44	15	0.50	7	0.54	3	0.56	9	0.60	6
辽 宁	0.52	17	0.39	25	0.35	22	0.37	24	0.30	30	0.32	30
吉 林	0.90	1	0.42	18	0.51	6	0.49	7	0.50	15	0.55	12
黑龙江	0.45	30	0.42	19	0.33	25	0.38	21	0.39	26	0.44	22
上 海	0.68	5	0.48	9	0.56	4	0.59	2	0.60	7	0.70	2
江 苏	0.61	6	0.46	12	0.33	26	0.42	15	0.63	5	0.60	7
浙 江	0.82	2	0.87	1	0.75	1	0.73	1	0.84	1	0.95	1
安 徽	0.49	23	0.42	20	0.30	29	0.28	31	0.30	30	0.30	31
福 建	0.69	4	0.72	2	0.60	3	0.47	10	0.64	3	0.59	9
江 西	0.48	26	0.41	22	0.38	18	0.29	30	0.35	28	0.39	26
山 东	0.51	18	0.42	21	0.34	23	0.36	25	0.45	19	0.45	19
河 南	0.47	27	0.33	31	0.28	30	0.30	28	0.32	29	0.34	28
湖 北	0.53	15	0.55	6	0.46	10	0.38	22	0.51	12	0.59	8
湖 南	0.49	23	0.39	26	0.32	28	0.34	26	0.41	25	0.44	20
广 东	0.55	11	0.55	7	0.50	8	0.42	16	0.63	5	0.63	4
广 西	0.57	10	0.45	13	0.40	16	0.42	17	0.52	11	0.43	24
海 南	0.51	18	0.39	27	0.47	9	0.46	12	0.42	23	0.34	29
重 庆	0.49	23	0.35	29	0.45	11	0.45	13	0.47	17	0.51	15
四 川	0.45	30	0.41	23	0.34	24	0.53	5	0.46	18	0.50	16
贵 州	0.46	28	0.35	30	0.33	27	0.30	29	0.43	22	0.35	27
云 南	0.58	9	0.54	8	0.38	19	0.41	20	0.51	12	0.50	17
西 藏	0.71	3	0.43	16	0.38	20	0.42	18	0.51	13	0.55	11
陕 西	0.51	18	0.36	28	0.40	17	0.47	11	0.45	19	0.44	21
甘 肃	0.50	22	0.48	10	0.38	21	0.38	23	0.44	21	0.46	18
青 海	0.55	11	0.43	17	0.55	5	0.43	14	0.59	8	0.53	13
宁 夏	0.60	7	0.60	5	0.44	12	0.51	6	0.64	3	0.66	3
新 疆	0.51	18	0.47	11	0.42	13	0.42	19	0.50	15	0.51	14

表 7　历年全国公共图书馆主要指标

年　份	机构数（个）	从业人员（人）	总藏量（万册、万件）	总流通人次（万人次）	书刊、文献外借册次（万册次）	本年新购藏量（万册）	实际使用房屋建筑面积（万平方米）	阅览座席数（万个）
1979	1651		18353	7787	9625		87	
1980	1732		19904	9045	11830		92	
1985	2344	29350	25573	11614	18942	1343	172	23
1986	2406	31849	26133	11722	16205	1359	210	34
1990	2527	40247	29064	12435	20242	895	326	32
1991	2535	42037	30614	20496	13325	771	349	34
1992	2558	43051	31175	18495	12625	740	364	34
1993	2572	44656	31410	16973	11685	631	368	34
1994	2589	44367	32332	14451	11852	556	409	35
1995	2615	45323	32850	14142	11814	551	416	35
1996	2620	46457	33686	14793	13544	577	441	36
1997	2628	47882	37549	16114	15685	680	472	37
1998	2662	48313	38514	17058	15422	700	493	40
1999	2669	48792	39539	18040	16290	678	506	42
2000	2675	51342	40953	18854	16913	692	598	42
2001	2696	48579	42130	20757	17559	819	562	44
2002	2697	48447	42683	21950	20021	946	583	44
2003	2709	49646	43776	21440	18775	1049	589	46
2004	2720	49069	46152	22095	18536	1228	625	47
2005	2762	50423	48056	23332	20269	1535	677	48
2006	2778	51311	50024	25218	21039	1686	719	50
2007	2799	51650	52053	26103	21319	1871	741	53
2008	2820	52021	55064	28141	23129	2071	780	55
2009	2850	52688	58521	32167	25857	2939	850	60
2010	2884	53564	61726	32823	26392	2956	900	63
2011	2952	54475	63896	37423	28452	3985	995	68

续表

年 份	机构数（个）	从业人员（人）	总藏量（万册、万件）	总流通人次（万人次）	书刊、文献外借册次（万册次）	本年新购藏量（万册）	实际使用房屋建筑面积（万平方米）	阅览座席数（万个）
2012	3076	54997	68827	43437	33191	5826	1058	74
2013	3112	56320	74896	49232	40868	4865	1159	81
2014	3117	56071	79092	53036	46734	4742	1232	86
2015	3139	56422	83844	58892	50896	5151	1301	91
2016	3154	57219	90163	66037	54725	6275	1424	99
2017	3166	57567	96953	74450	55091	7034	1515	106
2018	3176	57617	103659	81827	58010	6895	1596	112
2019	3196	57796	111181	90135	61373	6986	1700	119
2020	3212	57980	117930	54146	42087	6732	1786	126
2021	3215	59301	126178	74614	58730	7407	1914	134

表 8　2021 年各地区公共图书馆主要指标

单位名称	机构数（个）	从业人员（人）	总藏量（万册、万件）	总流通人次（万人次）	实际持证读者数（万个）	阅览室座席数（个）	本年新购藏量（万册）	实际使用房屋建筑面积（万平方米）
全　国	3215	59301	126178	74614	10314	1344188	7406.83	1914.24
北　京	20	1224	3317	724	193	18078	152.24	34.33
天　津	20	1090	2282	861	139	21658	157.73	43.62
河　北	177	2149	3984	2157	228	56849	422.22	72.30
山　西	128	1788	2296	1477	205	42932	165.18	58.17
内蒙古	117	1813	2145	837	99	35801	119.60	50.35
辽　宁	129	2193	4670	1738	230	40967	106.68	62.18
吉　林	66	1485	2401	510	108	23434	72.35	32.92
黑龙江	103	1558	2430	509	68	28641	90.59	36.35
上　海	22	2158	8222	1294	587	22565	187.29	44.29
江　苏	123	3825	11161	10961	2027	79767	603.92	162.42
浙　江	103	3902	10619	10999	793	97889	769.17	156.21
安　徽	133	1622	3770	4099	368	50833	244.92	63.55
福　建	96	1672	5251	2295	236	46217	533.34	66.80
江　西	114	1389	3111	2651	199	52462	193.51	58.63
山　东	153	2995	7526	4251	598	74398	466.00	121.56
河　南	169	2877	4106	3091	258	67239	208.60	83.21
湖　北	117	2155	4651	1996	281	50777	208.34	74.76
湖　南	144	2168	4828	4107	341	53150	466.48	70.62
广　东	150	5417	12687	8654	1531	133606	917.28	175.87
广　西	116	1763	3027	1790	199	38166	95.63	49.71
海　南	24	358	697	437	36	7057	30.45	10.02
重　庆	43	1049	2341	1465	293	33944	183.25	40.05
四　川	207	2450	4613	2146	322	68708	256.34	82.65
贵　州	99	1238	1825	1390	94	31650	141.18	38.77
云　南	151	1777	2419	1085	78	35053	83.36	43.02
西　藏	82	198	263	34	2	4322	16.66	7.19
陕　西	117	2101	2295	1126	84	33771	140.62	43.02
甘　肃	104	1530	1953	801	56	35810	80.64	38.35
青　海	50	495	602	111	20	8125	20.68	12.93
宁　夏	27	562	856	368	36	14147	74.52	14.83
新　疆	110	987	1601	485	66	30833	75.88	37.75

表 9 按年份各地区人均拥有公共图书馆藏量

单位：册 / 件

地 区	1995 年	2000 年	2005 年	2010 年	2015 年	2020 年	2021 年
全 国	0.27	0.32	0.37	0.46	0.61	0.84	0.89
北 京	0.54	0.55	0.73	0.87	1.12	1.43	1.52
天 津	0.72	0.79	0.83	0.97	1.10	1.57	1.66
河 北	0.13	0.16	0.19	0.22	0.30	0.46	0.53
山 西	0.25	0.26	0.29	0.34	0.42	0.62	0.66
内蒙古	0.27	0.29	0.31	0.38	0.60	0.85	0.89
辽 宁	0.44	0.46	0.55	0.68	0.85	1.06	1.10
吉 林	0.36	0.38	0.44	0.50	0.64	0.94	1.01
黑龙江	0.30	0.32	0.34	0.43	0.48	0.74	0.78
上 海	1.12	3.29	3.40	2.96	3.13	3.25	3.30
江 苏	0.34	0.36	0.43	0.56	0.86	1.24	1.31
浙 江	0.35	0.37	0.47	0.69	1.13	1.53	1.62
安 徽	0.13	0.13	0.14	0.21	0.32	0.58	0.62
福 建	0.28	0.28	0.36	0.46	0.73	1.11	1.25
江 西	0.26	0.27	0.30	0.34	0.47	0.63	0.69
山 东	0.20	0.22	0.30	0.38	0.48	0.69	0.74
河 南	0.12	0.13	0.15	0.20	0.26	0.41	0.42
湖 北	0.25	0.28	0.34	0.41	0.51	0.76	0.80
湖 南	0.21	0.24	0.26	0.30	0.38	0.59	0.73
广 东	0.24	0.27	0.34	0.44	0.65	0.93	1.00
广 西	0.27	0.29	0.32	0.41	0.54	0.60	0.60
海 南	0.19	0.20	0.22	0.33	0.47	0.66	0.68
重 庆		0.26	0.27	0.36	0.43	0.62	0.73
四 川	0.21	0.21	0.24	0.32	0.41	0.52	0.55
贵 州	0.18	0.19	0.20	0.23	0.35	0.43	0.47
云 南	0.28	0.29	0.31	0.34	0.41	0.50	0.52
西 藏	0.21	0.23	0.15	0.18	0.50	0.68	0.72
陕 西	0.21	0.23	0.24	0.30	0.40	0.55	0.58
甘 肃	0.27	0.29	0.33	0.41	0.52	0.73	0.78
青 海	0.58	0.55	0.60	0.64	0.70	0.98	1.01
宁 夏	0.66	0.68	0.63	0.73	1.06	1.11	1.18
新 疆	0.29	0.30	0.41	0.51	0.55	0.59	0.62

表 10 按年份各地区公共图书馆人均购书费

单位：元

地 区	1995 年	2000 年	2005 年	2010 年	2015 年	2020 年	2021 年
全 国	0.14	0.29	0.46	0.83	1.43	1.60	1.57
北 京	0.20	0.66	2.22	2.29	3.87	3.40	3.47
天 津	0.34	0.56	1.46	2.53	3.15	5.04	5.46
河 北	0.05	0.06	0.10	0.21	0.55	0.61	0.71
山 西	0.04	0.09	0.12	0.42	0.67	1.65	1.27
内蒙古	0.04	0.07	0.07	0.38	1.28	1.53	1.24
辽 宁	0.19	0.22	0.48	1.18	1.55	1.12	1.11
吉 林	0.10	0.17	0.29	0.48	1.41	1.38	1.22
黑龙江	0.06	0.11	0.11	0.41	0.64	0.70	0.79
上 海	1.56	6.70	5.82	6.49	7.92	6.20	5.97
江 苏	0.10	0.24	0.50	1.05	1.93	1.78	1.94
浙 江	0.13	0.34	0.82	2.00	3.21	3.91	4.06
安 徽	0.04	0.05	0.10	0.24	0.75	1.26	1.06
福 建	0.10	0.21	0.45	0.76	1.62	2.24	1.87
江 西	0.02	0.07	0.15	0.29	0.58	1.04	1.42
山 东	0.06	0.11	0.20	0.42	0.78	1.01	0.95
河 南	0.03	0.05	0.07	0.15	0.44	0.70	0.62
湖 北	0.05	0.12	0.23	0.32	1.50	1.29	1.30
湖 南	0.03	0.06	0.14	0.25	0.58	0.79	0.86
广 东	0.17	0.33	0.80	1.20	2.18	2.48	2.56
广 西	0.06	0.12	0.15	0.41	1.05	0.94	0.72
海 南	0.08	0.05	0.11	1.01	0.54	1.54	1.00
重 庆		0.11	0.20	0.56	1.07	1.24	1.20
四 川	0.04	0.06	0.13	0.27	0.60	0.74	0.99
贵 州	0.03	0.05	0.08	0.20	0.41	0.60	0.91
云 南	0.11	0.13	0.16	0.37	0.57	0.52	0.57
西 藏	0.06	0.06	0.16	0.40	3.63	1.38	1.57
陕 西	0.03	0.03	0.19	0.41	0.86	1.89	0.95
甘 肃	0.07	0.11	0.23	0.46	0.92	1.30	1.12
青 海	0.07	0.10	0.13	0.27	1.33	2.21	1.85
宁 夏	0.08	0.12	0.23	0.80	2.03	1.33	1.81
新 疆	0.06	0.07	0.17	0.42	0.63	0.39	0.64

表 11　按年份各地区公共图书馆总流通人次

单位：万人次

地　区	1995 年	2000 年	2005 年	2010 年	2015 年	2020 年	2021 年
总　计	14142	18854	23332	32823	58892	54146	74614
北　京	272	320	715	775	1264	413	724
天　津	265	461	483	606	789	759	861
河　北	473	736	635	736	1428	857	2157
山　西	227	261	256	374	830	989	1477
内蒙古	282	270	380	312	649	744	837
辽　宁	829	1184	1133	1457	2068	1562	1738
吉　林	385	409	505	503	732	415	510
黑龙江	631	608	505	622	968	396	509
上　海	687	1225	1249	1853	3931	668	1294
江　苏	883	1227	1735	3006	6001	9047	10961
浙　江	555	1140	1398	3454	7942	8461	10999
安　徽	372	561	461	760	1739	2392	4099
福　建	466	647	734	1193	2396	1660	2295
江　西	413	485	534	639	1258	1396	2651
山　东	509	795	1422	1717	2729	3574	4251
河　南	650	713	828	1026	2233	2526	3091
湖　北	559	714	1145	1516	1955	1293	1996
湖　南	618	808	787	1028	1617	3118	4107
广　东	1447	2235	3543	4540	7855	5494	8654
广　西	809	927	896	1343	2065	1163	1790
海　南	94	121	115	172	445	309	437
重　庆		266	595	621	1235	1190	1465
四　川	776	554	766	1168	2010	1744	2146
贵　州	462	228	187	369	594	705	1390
云　南	559	654	735	907	1223	1073	1085
西　藏		2	2	3	20	26	34
陕　西	242	275	365	519	982	825	1126
甘　肃	225	185	317	468	678	588	801
青　海	39	58	68	89	112	106	111
宁　夏	140	142	167	163	282	339	368
新　疆	140	263	212	350	474	246	485

表 12　按年份各地区每万人公共图书馆建筑面积

单位：平方米

地　区	1995 年	2000 年	2005 年	2010 年	2015 年	2020 年	2021 年
全　国	34.3	47.3	51.8	67.2	94.7	126.5	135.5
北　京	56.7	75.3	99.5	86.6	113.6	136.6	156.8
天　津	81.6	99.9	162.0	103.1	167.4	313.8	317.7
河　北	26.9	33.5	38.5	34.6	59.2	81.4	97.1
山　西	27.6	34.3	45.0	67.8	114.3	162.6	167.2
内蒙古	46.0	53.0	65.8	90.4	135.5	182.5	209.8
辽　宁	53.8	61.6	81.3	100.8	126.7	144.5	147.0
吉　林	35.5	39.6	50.1	53.3	98.9	128.4	138.6
黑龙江	33.6	36.6	48.2	65.0	76.6	110.2	116.3
上　海	85.8	132.6	137.2	160.9	173.2	183.2	177.9
江　苏	30.3	35.5	57.9	83.1	129.3	190.1	191.0
浙　江	34.8	57.7	83.7	106.7	171.7	204.0	238.9
安　徽	14.6	15.9	23.9	37.0	65.0	99.2	104.0
福　建	42.2	47.5	65.9	117.1	99.1	148.3	159.5
江　西	38.6	39.9	47.6	61.1	80.1	120.1	129.8
山　东	22.6	26.9	42.3	49.7	83.8	113.0	119.5
河　南	21.6	25.9	27.2	34.5	57.9	79.5	84.2
湖　北	35.1	39.3	49.9	57.3	91.9	126.1	128.2
湖　南	33.6	38.7	39.7	54.9	61.1	92.0	106.6
广　东	43.2	132.1	57.8	80.6	115.9	134.5	138.7
广　西	38.1	46.8	45.1	55.8	72.0	98.6	98.7
海　南	36.0	41.9	53.1	98.2	88.5	95.6	98.2
重　庆		37.5	47.2	70.8	97.6	119.4	124.7
四　川	22.6	27.3	34.2	42.1	68.5	83.4	98.7
贵　州	23.9	39.7	35.7	44.5	63.7	77.9	100.6
云　南	44.6	48.5	78.4	65.5	75.1	85.9	91.7
西　藏	52.1	61.1	104.7	89.6	156.2	169.1	196.4
陕　西	32.8	33.8	52.7	53.5	64.4	104.5	108.8
甘　肃	34.5	43.7	41.6	63.2	84.3	149.0	154.0
青　海	60.5	73.4	68.1	78.9	105.9	188.9	217.7
宁　夏	78.2	78.3	68.8	133.9	158.8	194.2	204.6
新　疆	43.1	44.7	54.7	82.0	100.6	139.0	145.8

表 13 按年份全国群众文化机构基本情况

年 份	机构数（个）	从业人员（人）	举办展览个数（个）	组织文艺活动次数（次）	举办训练班次（次）	实际使用房屋建筑面积（万平方米）
1979	3965		13001	114307		
1980	7723		23553	202828	20359	
1985	8746	59599	30998	118888	31842	308.5
1986	8906	67501	32803	106726	30576	354.8
1990	9087	67817	34292	99068	37017	457.8
1991	10507	70319	35498	116618	39568	484.5
1992	9564	66938	32095	96481	40707	496.1
1993	10155	68097	29636	86680	34279	538.6
1994	11276	70489	30224	92167	39296	560.3
1995	13487	75263	31070	110509	46023	614.1
1996	45253	127742	76397	247357	130592	1110.0
1997	43738	129194	87795	278782	119873	1176.0
1998	45834	129842	86960	267351	125872	1195.3
1999	45837	128216	94270	280373	138195	1195.2
2000	45321	128420	91670	276574	143370	1229.9
2001	43397	120156	89392	284316	156089	1213.8
2002	42516	119072	92917	301792	137350	1203.6
2003	41816	123458	93514	327306	154502	1431.3
2004	41402	121441	116639	401818	165823	1408.4
2005	41588	122500	111300	391439	190194	1507.0
2006	40088	123465	141150	497779	218696	1622.8
2007	40601	128096	90900	546477	242055	1667.4
2008	41156	131142	100877	473613	299791	1931.0
2009	41959	137484	110251	555052	304955	2193.6
2010	43382	141002	117353	576799	358719	2526.7
2011	43675	147732	107785	620586	339883	2982.6

续表

年　份	机构数（个）	从业人员（人）	举办展览个数（个）	组织文艺活动次数（次）	举办训练班次（次）	实际使用房屋建筑面积（万平方米）
2012	43876	156228	114774	688482	387201	3171.7
2013	44260	164355	138225	740611	390758	3389.4
2014	44423	170299	131728	845421	469300	3686.4
2015	44291	173499	139792	959901	536328	3848.3
2016	44497	182030	150128	1065287	590516	3991.0
2017	44521	180911	154106	1114261	675852	4106.8
2018	44464	185637	158726	1231256	769014	4283.1
2019	44073	190068	163968	1359460	889247	4518.2
2020	43687	185076	137945	1088949	668940	4677.9
2021	43531	190007	167497	1391490	920740	4974.1

注：1996 年以前数据未包括其他部门所属乡镇综合文化站，1996—1998 年包括其他部门所属乡镇文化站，1999 年以后其他部门所属乡镇文化站划归文化部门管理。以下各表同。

表 14　2021 年各地区群众文化事业主要指标

地 区	机构数（个）	从业人员（人）	组织开展各类活动次数（次）					文化服务人次（万人次）	实际使用房屋建筑面积（万平方米）
			总计	组织文艺活动次数	举办训练班班次	举办展览个数	组织公益性讲座次数		
全 国	43531	190007	2521666	1391490	920740	167497	41939	83289	4974.14
北 京	356	4233	78645	31331	45562	1456	296	1272	98.20
天 津	272	1733	31887	16055	13935	1239	658	433	60.34
河 北	2460	7543	139424	76745	49353	8756	4570	4251	157.45
山 西	1491	4457	53336	33244	15961	3331	800	1537	97.17
内蒙古	1201	4936	33839	20702	10216	2041	880	1028	104.09
辽 宁	1478	4462	42782	16132	23566	1677	1407	683	114.16
吉 林	990	4285	25724	9824	14114	1348	438	730	68.42
黑龙江	1395	5052	26591	15499	8565	1673	854	601	94.61
上 海	241	4819	128023	54652	68778	3845	748	3626	148.84
江 苏	1381	7476	194068	100570	74775	16684	2039	10037	709.27
浙 江	1451	9304	293638	147958	118779	18347	8554	10642	558.10
安 徽	1628	6141	84999	45064	33019	5943	973	2460	140.85
福 建	1210	4054	34965	16447	14118	3647	753	869	135.95
江 西	1854	6303	109757	63729	33745	10003	2280	3783	128.01
山 东	1979	9168	220708	145666	61924	9894	3224	5458	295.22
河 南	2692	11737	138721	92901	32385	11442	1993	4525	176.15
湖 北	1428	5484	68253	35247	26087	5801	1118	2603	160.64
湖 南	2355	11171	141101	87566	41828	10098	1609	7783	231.05
广 东	1761	14197	160734	70161	81114	8074	1385	4537	457.27
广 西	1300	5608	47125	32108	12524	2023	470	1584	85.21
海 南	242	797	8149	3177	4523	330	119	335	15.18
重 庆	1072	4975	60140	27309	26185	6056	590	1649	101.28
四 川	4295	11056	91406	53305	28664	8155	1282	2227	231.48
贵 州	1721	6844	48344	25493	17171	3847	1833	3270	96.51
云 南	1608	7577	46062	25505	15907	4188	462	2199	114.23
西 藏	779	5567	29686	22347	6243	1037	59	470	42.16
陕 西	1477	6838	48568	26693	15716	5118	1041	1507	102.09
甘 肃	1453	5993	32957	17919	10449	3993	596	1154	81.61
青 海	442	1590	9411	6750	1795	762	104	386	23.00
宁 夏	272	1410	15315	11009	3526	565	215	561	33.76
新 疆	1247	5197	77308	60382	10213	6124	589	1090	111.84

表 15　按年份各地区群众文化机构开展各类活动次数

单位：次

地　区	2011 年	2015 年	2020 年	2021 年
全　国	1085844	1663881	1926480	2521666
北　京	42490	67486	55439	78645
天　津	11448	20032	28783	31887
河　北	47228	64623	64362	139424
山　西	26961	39012	58718	53336
内蒙古	15738	28730	27037	33839
辽　宁	53009	56786	32777	42782
吉　林	14708	25665	18032	25724
黑龙江	27061	32766	24851	26591
上　海	58955	119820	82754	128023
江　苏	54074	88399	161136	194068
浙　江	62956	122803	236984	293638
安　徽	35102	61974	77305	84999
福　建	20274	34627	33799	34965
江　西	22556	37535	47372	109757
山　东	86226	115435	177739	220708
河　南	57759	83360	99868	138721
湖　北	29951	40892	49361	68253
湖　南	41941	51920	60915	141101
广　东	76218	105576	136348	160734
广　西	31354	45217	45103	47125
海　南	4503	4776	6762	8149
重　庆	27531	45813	56016	60140
四　川	70898	111652	94617	91406
贵　州	27414	30976	31588	48344
云　南	35783	52071	42617	46062
西　藏	2445	8231	25404	29686
陕　西	30685	39431	42959	48568
甘　肃	19011	26732	31823	32957
青　海	4697	7897	11215	9411
宁　夏	6661	15532	14771	15315
新　疆	40207	78112	50025	77308

表 16　按年份各地区群众文化机构文化服务人次

单位：万人次

地　区	2011 年	2015 年	2020 年	2021 年
全　国	38760	54826	56327	83289
北　京	769	875	937	1272
天　津	300	360	321	433
河　北	1037	1409	1554	4251
山　西	934	1054	1658	1537
内蒙古	707	888	820	1028
辽　宁	1395	1374	1079	683
吉　林	720	705	434	730
黑龙江	630	900	540	601
上　海	1985	2363	1270	3626
江　苏	1497	2635	4441	10037
浙　江	2369	5169	7064	10642
安　徽	974	1816	2252	2460
福　建	790	1036	897	869
江　西	756	1249	1403	3783
山　东	2442	3433	5566	5458
河　南	1782	2522	2734	4525
湖　北	1781	1695	1685	2603
湖　南	1748	2122	2383	7783
广　东	4627	6726	4880	4537
广　西	1376	1970	1825	1584
海　南	187	255	264	335
重　庆	1316	1782	1832	1649
四　川	2748	3831	2314	2227
贵　州	812	1308	1968	3270
云　南	1676	2110	1689	2199
西　藏	65	217	479	470
陕　西	954	1312	1239	1507
甘　肃	600	919	1000	1154
青　海	144	347	601	386
宁　夏	401	580	429	561
新　疆	1238	1864	772	1090

表 17　按年份各地区平均每万人群众文化机构建筑面积

单位：平方米

地　区	2000 年	2005 年	2010 年	2015 年	2020 年	2021 年
全　国	97.2	115.3	188.6	280.0	331.3	352.1
北　京	80.3	224.3	217.8	329.2	447.8	448.6
天　津	138.9	130.4	174.1	205.0	357.6	439.5
河　北	62.6	67.7	105.4	163.7	192.2	211.4
山　西	53.4	58.1	210.6	267.3	284.2	279.2
内蒙古	144.4	132.4	182.6	300.8	404.1	433.7
辽　宁	79.0	102.6	201.2	283.6	267.9	269.9
吉　林	42.2	38.3	81.5	185.3	275.7	288.1
黑龙江	38.5	43.2	140.2	214.0	299.7	302.8
上　海	216.2	379.1	485.0	567.7	596.8	598.0
江　苏	168.6	181.3	302.8	475.2	726.8	833.9
浙　江	190.7	276.0	432.5	677.4	795.4	853.4
安　徽	23.6	44.4	93.2	166.0	217.6	230.4
福　建	98.8	117.4	240.9	325.7	309.8	324.7
江　西	79.5	98.4	131.2	235.3	267.4	283.4
山　东	41.7	71.8	218.3	255.8	285.3	290.3
河　南	39.0	52.2	94.7	142.4	169.2	178.2
湖　北	149.5	140.6	180.6	206.2	272.7	275.5
湖　南	63.7	80.6	125.2	223.4	263.3	348.9
广　东	222.4	258.2	258.5	359.0	355.0	360.5
广　西	76.4	100.9	122.9	157.7	159.8	169.2
海　南	86.4	71.3	121.3	117.8	142.4	148.8
重　庆	99.4	96.5	201.4	305.9	308.5	315.3
四　川	107.9	83.9	166.3	262.6	273.4	276.5
贵　州	28.7	40.5	81.2	217.8	240.9	250.5
云　南	126.2	137.1	163.2	222.6	241.1	243.6
西　藏	164.1	238.3	437.9	1164.2	1149.4	1151.9
陕　西	79.1	110.5	150.2	231.8	255.2	258.2
甘　肃	103.0	148.8	175.7	279.1	327.6	327.8
青　海	96.5	90.2	153.4	261.3	375.4	387.2
宁　夏	170.8	179.5	188.9	391.7	443.6	465.7
新　疆	116.4	149.3	288.4	434.9	421.9	432.0

表 18 按年份全国文化和旅游部门执行事业会计制度的艺术表演团体基本情况

年份	机构数（个）	演出场次（万场次）		观众人次（万人）	平均每团演出场次（场）	总收入（万元）			总支出（万元）	经费自给率（%）
			农村演出				财政拨款	演出收入		
1949	1000	30			300					
1952	2084	66		2312	317					
1957	2884	137		79245	474					
1958	3181	205		120290	644					
1964	3302	171	82	84293	518	19030	5290		19817	69.3
1978	3143	65	22	79395	206	32086	19644	11079	30049	41.4
1980	2183	54	20	61519	245	34687	22503	10685	29524	41.3
1985	3295	74	49	72322	226	48568	30942	13091	47292	37.3
1990	2788	49	32	51012	176	71535	43759	18041	67514	41.1
1991	2760	45	29	46411	162	71756	42638	17798	76065	38.3
1992	2744	43	28	46338	155	80959	46617	19559	87797	39.1
1993	2698	41	26	42530	151	92770	51093	21756	100106	41.6
1994	2691	40	26	40935	149	127628	75583	27276	134508	38.7
1995	2676	41	26	43166	154	151388	86620	34382	160654	40.3
1996	2656	42	27	47934	158	184240	109781	39870	183534	40.6
1997	2651	42	26	46361	157	206794	125300	40716	202789	40.2
1998	2640	42	26	53486	161	218546	139913	41730	223877	35.1
1999	2622	42	26	46904	161	242645	155609	48967	242797	35.8
2000	2619	41	26	46168	157	263664	172864	51650	268886	33.8
2001	2590	42	24	47385	163	311852	210018	57448	312601	32.6
2002	2577	42	24	45980	161	365331	246661	64884	363312	32.7
2003	2601	38	22	39163	147	400867	269640	71781	397890	33.0
2004	2512	41	24	37907	165	459183	313068	86125	459369	31.8
2005	2472	40	23	35752	159	500262	342807	92603	488472	32.2
2006	2456	41	24	40766	167	565018	387812	103431	558540	31.7
2007	2455	42	25	45404	170	691050	487842	120396	670009	30.3
2008	2465	41	25	41272	167	803030	573623	133077	777735	29.5
2009	2481	42	25	43127	169	889046	631197	142227	860603	30.0
2010	2421	42	24	44290	175	946742	654258	155743	917143	31.9
2011	2249	40	24	38209	176	1058959	777590	162684	1029564	27.3

续表

年 份	机构数（个）	演出场次（万场次）		观众人次（万人）	平均每团演出场次（场）	总收入（万元）			总支出（万元）	经费自给率（%）
			农村演出				财政拨款	演出收入		
2012	1804	32	20	29796	179	1076060	824265	132713	1043740	24.1
2013	1588	29	18	26067	183	998200	773381	123340	969206	23.2
2014	1568	29	18	24294	183	1074246	843859	116572	1059017	21.8
2015	1548	28	19	24261	178	1209547	969692	127431	1183497	20.3
2016	1520	27	18	24004	181	1285603	1016972	132320	1220720	22.0
2017	1530	28	19	25619	186	1363606	1087389	138645	1387283	19.9
2018	1527	29	20	23306	190	1495504	1185661	154131	1475031	21.0
2019	1499	29	28	22353	190	1778141	1340036	164430	1586550	27.6
2020	1418	19	13	13061	131	1378612	1169495	95404	1369728	15.3
2021	1363	20	13	13058	145	1440708.6	1187522	120486	1451203	17.4

表 19 按年份全国文化和旅游部门执行事业会计制度的艺术表演场馆基本情况

年 份	机构数（个）	演出场次（万场次）	观众人次（万人）	收入合计（万元）			总支出（万元）
					财政拨款	艺术演出收入	
1985	1377	99		11630	1506	1776	9519
1986	1928	203	88670	19547	2233	2488	16786
1990	1995	302	89157	43491	2865	3375	37402
1991	2009	367	77613	47406	5505	3760	44260
1992	1987	288	53188	51123	4037	4487	48185
1993	1972	245	43278	60204	4688	4635	56846
1994	1947	221	27552	68000	5359	5268	66234
1995	1918	205	24252	79507	5723	6481	77136
1996	1892	256	59057	86147	5034	7611	87204
1997	1898	231	16572	88540	6559	8387	89732
1998	1882	206	15368	84956	6800	8869	88735
1999	1864	168	11581	75675	7588	10187	80731
2000	1863	136	12982	81081	8643	10735	82040
2001	1840	115	20544	83431	13112	11601	89815
2002	1819	74	11421	83643	12033	13186	89374
2003	1900	56	8087	103274	15703	21425	104384
2004	1552	44	11286	99402	15467	21477	101157
2005	1427	41	6328	94363	16792	29958	89301
2006	1390	38	6528	117975	19603	37552	117871
2007	1330	39	5906	115036	24067	38414	117321
2008	1355	40	5596	123572	28116	28649	111036
2009	1248	27	5045	113851	32074	23954	112603
2010	1176	31	6003	132109	45333	25935	130900
2011	1119	30	3945	159185	65871	22004	154849
2012	1004	27	3525	136324	60356	11652	171124
2013	964	26	3489	181302	71838	12812	146031

续表

年 份	机构数（个）	演出场次（万场次）	观众人次（万人）	收入合计（万元）			总支出（万元）
					财政拨款	艺术演出收入	
2014	917	27	2922	167387	81671	10333	169466
2015	928	30	3522	196280	102043	18302	195679
2016	925	32	3299	167208	76847	19418	163172
2017	909	49	3319	208839	104787	24259	194983
2018	888	35	3370	211422	101084	20885	197802
2019	858	32	2980	237089	135988	19752	273503
2020	749	10	1110	144984	97936	5453	164615
2021	705	16	1427	139971	90296	8069	145399

表 20　2021 年各地区艺术表演团体主要指标

地　区	机构数（个）	从业人员（人）	演出场次（万场次）	国内演出观众人次（万人次）	总收入（万元）	演出收入（万元）	实际使用房屋建筑面积（万平方米）
全　国	18370	453254	233	79204	35467981	11299009	1279
北　京	495	14737	2	1186	1837472	623985	30
天　津	112	3827	1	234	446605	111761	16
河　北	874	16368	4	1923	650004	187307	32
山　西	814	20902	21	3975	945418	396263	38
内蒙古	221	9785	2	677	1034865	48543	37
辽　宁	184	6488	1	515	699812	195730	36
吉　林	114	4142	1	387	397544	86279	17
黑龙江	97	4598	1	229	800783	29590	24
上　海	298	10546	3	1411	2260980	937344	30
江　苏	704	18028	10	3069	3216972	876315	70
浙　江	1357	41543	27	5947	1840010	790707	80
安　徽	2870	41314	41	6119	1340908	837815	89
福　建	545	16331	7	3010	1410479	376753	49
江　西	395	8217	7	1406	547974	265616	29
山　东	1572	33708	18	6235	2120312	734388	99
河　南	2249	51545	23	11748	1651984	657190	94
湖　北	415	11826	4	2740	1099251	234104	45
湖　南	675	20096	10	6628	1654358	655958	74
广　东	447	12699	9	4538	1769431	495406	46
广　西	72	2210	1	259	363493	47110	8
海　南	127	2593	1	238	205925	83083	5
重　庆	1286	21654	12	2394	1308463	583401	46
四　川	663	13397	5	1291	987605	297024	36
贵　州	133	5676	2	1526	606608	300573	31
云　南	312	9170	2	1406	894980	254797	27
西　藏	89	2682	1	327	390180	10598	12
陕　西	577	17783	7	4298	1249752	508273	57
甘　肃	392	16489	7	3587	978939	283722	50
青　海	116	5092	2	1110	348949	118520	21
宁　夏	43	1584	0	173	129757	26471	8
新　疆	110	4879	2	499	761776	7129	24

表 21　按年份各地区艺术表演团体机构数

单位：个

地　区	2000 年	2005 年	2010 年	2015 年	2020 年	2021 年
全　国	2619	2805	6864	10787	17581	18370
北　京	20	20	18	395	393	495
天　津	16	16	36	86	113	112
河　北	138	126	284	596	770	874
山　西	159	156	342	456	827	814
内蒙古	116	109	123	175	204	221
辽　宁	77	66	239	263	186	184
吉　林	65	61	68	49	104	114
黑龙江	89	84	89	51	82	97
上　海	29	85	89	180	315	298
江　苏	133	129	408	369	620	704
浙　江	79	273	471	1024	1236	1357
安　徽	92	92	1255	1617	2334	2870
福　建	96	91	449	397	558	545
江　西	79	79	99	236	380	395
山　东	118	117	119	623	1566	1572
河　南	205	199	371	824	2391	2249
湖　北	100	99	204	282	441	415
湖　南	90	91	201	273	631	675
广　东	138	139	397	391	475	447
广　西	118	118	141	92	78	72
海　南	21	22	67	66	102	127
重　庆	38	29	381	730	1265	1286
四　川	98	84	348	543	725	663
贵　州	28	26	52	95	200	133
云　南	129	135	142	276	270	312
西　藏	26	27	37	87	87	89
陕　西	118	113	127	177	591	577
甘　肃	76	76	82	191	347	392
青　海	14	12	32	54	122	116
宁　夏	15	23	45	40	30	43
新　疆	88	91	132	132	122	110

注：2007 年以后数据为全口径数据。

表 22　2021 年各地区公有制艺术表演场馆主要指标

地 区	机构数（个）	从业人员（人）	座席数（座）	演（映）出场次（万场次）	艺术演出场次（万场次）	观众人次（万人次）	艺术演出观众人次（万人次）	总收入（万元）	艺术演出收入（万元）
全 国	1176	24008	920611	46.12	7.07	3624.24	2066.54	5929627	1291842
北 京	13	555	13460	0.75	0.12	109.06	71.75	42133	317
天 津	13	210	11728	0.71	0.12	55.16	34.82	26806	1711
河 北	67	1117	37736	4.01	0.12	75.99	23.05	150548	14935
山 西	77	1142	58688	6.43	0.18	196.51	67.80	188580	21100
内蒙古	14	109	9179	0.58	0.02	40.01	9.97	20072	150
辽 宁	30	351	15944	0.14	0.09	35.29	29.72	113044	19652
吉 林	23	368	13328	1.53	0.04	37.18	15.35	64246	4034
黑龙江	25	176	15080	0.03	0.03	9.64	9.03	35411	6514
上 海	31	1428	54132	0.85	0.59	315.21	274.19	897110	293870
江 苏	120	5127	128899	12.40	1.60	631.07	295.15	1622201	221025
浙 江	64	1249	91288	4.04	0.36	222.47	126.36	522178	146919
安 徽	36	845	25953	0.41	0.17	87.26	56.26	116738	25419
福 建	36	382	24700	2.91	0.09	69.30	25.75	76012	4750
江 西	41	613	23590	1.89	0.15	141.89	91.34	176373	59195
山 东	82	1618	59474	2.48	0.39	267.52	182.13	329162	72967
河 南	128	2163	70112	0.48	0.32	211.98	124.82	144240	2021
湖 北	46	1043	41143	1.67	1.44	180.43	115.99	224605	98076
湖 南	61	1239	50096	0.63	0.34	320.95	143.62	211176	36369
广 东	48	1630	46974	0.95	0.24	171.54	123.85	521748	145411
广 西	10	43	5905	0.01	0.01	6.75	3.79	19700	347
海 南	7	177	4876	0.02	0.01	8.79	6.81	16745	4925
重 庆	19	83	10017	0.12	0.10	39.57	38.15	19465	5138
四 川	35	532	23632	0.09	0.08	51.95	40.77	56667	14198
贵 州	6	53	90	0.07	0.00	1.20	0.00	10746	0
云 南	12	93	7313	0.04	0.04	21.11	20.82	31915	18736
西 藏	14	6	2674	0.00	0.00	0.55	0.50	275	0
陕 西	64	769	38654	1.45	0.26	105.15	52.46	141156	38165
甘 肃	17	409	11458	0.31	0.05	34.26	26.73	44595	1372
青 海	15	85	6537	0.36	0.02	74.43	10.90	3750	255
宁 夏	3	18	2577	0.01	0.01	8.00	7.00	3637	0
新 疆	12	199	9432	0.64	0.02	54.87	3.63	43887	0

表 23　历年旅游业主要发展指标

年 份	国内旅游人次（亿人次）	国内旅游收入（亿元）	入境旅游人次（万人次）	入境旅游收入（亿美元）	出境旅游人次（万人次）	旅游总收入（万亿元）
2010	21.03	12580	13376	458.14	5739	1.57
2011	26.41	19305	13542	484.64	7025	2.25
2012	29.57	22706	13241	500.28	8318	2.59
2013	32.62	26276	12908	516.64	9819	2.95
2014	36.11	30312	12850	1053.80	10728	3.73
2015	39.90	34195	13382	1136.50	11689	4.13
2016	44.35	39390	13844	1200.00	12203	4.69
2017	50.01	45661	13948	1234.17	13051	5.40
2018	55.39	51278	14120	1234.17	14972	5.97
2019	60.06	57251	14531	1313.00	15463	6.63
2020	28.79	22286	—	—	—	—
2021	32.46	29191	—	—	—	—

表 24 历年全国文物业主要指标

年 份	机构数（个）	从业人员（人）	藏品数（件/套）	参观人次（万人次）	未成年人参观人次（万人次）	本年收入合计（万元）	实际使用房屋建筑面积（万平方米）
2001	3717	64890	9979118	11316	2383	338767	1459
2002	3847	63435	13553824	11991	2634	395556	649
2003	3882	64214	15460345	9446	2023	400344	863
2004	3965	77101	23879724	14527	3454	631645	937
2005	4030	82988	23042098	17657	3979	758393	1142
2006	4092	80894	18453447	18444	4005	882854	1080
2007	4277	84886	25677354	45382	13855	1036917	1191
2008	4437	92060	25738228	35436	9075	1246751	1025
2009	4842	101986	26802714	43248	12203	1528467	1344
2010	5207	102471	28642200	52098	13541	1870728	1621
2011	5728	111338	30185365	56687	14021	2363064	2208
2012	6124	125155	35054763	67059	17326	2959894	2411
2013	7737	137173	38408146	74706	20237	3645841	2115
2014	8418	148095	40635827	84256	22403	3926216	2435
2015	8676	146133	41391946	92508	24653	4246960	2661
2016	8954	151542	44559083	101269	26298	4715968	3722
2017	9931	161577	48506647	114773	28909	5594199	4332
2018	10160	162643	49606100	122387	29665	5622381	4335
2019	10562	162285	51293830	131670	31643	6211925	4840
2020	11314	175742	50891012	61632	13564	6373779	4974
2021	10545	181492	55804468	84591	19912	7046555	4742

表 25　全国行政区划（2021 年底）

单位：个

省级区划名称	地级		县级				
	区划数	地级市	区划数	市辖区	县级市	县	自治县
全国	333	293	2843	977	394	1301	117
北京市			16	16			
天津市			16	16			
河北省	11	11	167	49	21	91	6
山西省	11	11	117	26	11	80	
内蒙古自治区	12	9	103	23	11	17	
辽宁省	14	14	100	59	16	17	8
吉林省	9	8	60	21	20	16	3
黑龙江省	13	12	121	54	21	45	1
上海市			16	16			
江苏省	13	13	95	55	21	19	
浙江省	11	11	90	37	20	32	1
安徽省	16	16	104	45	9	50	
福建省	9	9	84	31	11	42	
江西省	11	11	100	27	12	61	
山东省	16	16	136	58	26	52	
河南省	17	17	157	54	21	82	
湖北省	13	12	103	39	26	35	2
湖南省	14	13	122	36	19	60	7
广东省	21	21	122	65	20	34	3
广西壮族自治区	14	14	111	41	10	48	12
海南省	4	4	25	10	5	4	6
重庆市			38	26		8	4
四川省	21	18	183	55	19	105	4
贵州省	9	6	88	16	10	50	11
云南省	16	8	129	17	18	65	29
西藏自治区	7	6	74	8		66	
陕西省	10	10	107	31	7	69	
甘肃省	14	12	86	17	5	57	7
青海省	8	2	44	7	5	25	7
宁夏回族自治区	5	5	22	9	2	11	
新疆维吾尔自治区	14	4	107	13	28	60	6
香港特别行政区							
澳门特别行政区							
台湾省							

注：乡镇级区划总数包含河北省、新疆维吾尔自治区的各一个区公所。

表 26　全国行政区划（2021 年底）

单位：个

省级区划名称	乡镇级			
	区划数	镇#	乡级#	街道#
全国	38556	21322	8309	8925
北京市	343	143	35	165
天津市	252	125	3	124
河北省	2253	1287	656	310
山西省	1278	631	430	217
内蒙古自治区	1025	509	270	246
辽宁省	1354	640	201	513
吉林省	958	426	181	351
黑龙江省	1316	565	336	415
上海市	215	106	2	107
江苏省	1237	699	19	519
浙江省	1364	618	258	488
安徽省	1512	997	239	276
福建省	1102	655	252	195
江西省	1570	834	562	174
山东省	1825	1072	57	696
河南省	2457	1178	606	673
湖北省	1255	761	161	333
湖南省	1943	1133	389	421
广东省	1609	1112	11	486
广西壮族自治区	1253	806	312	135
海南省	218	175	21	22
重庆市	1031	625	161	245
四川省	3101	2016	626	459
贵州省	1509	831	314	364
云南省	1418	665	539	214
西藏自治区	699	142	534	23
陕西省	1316	973	17	326
甘肃省	1356	892	337	127
青海省	404	140	222	42
宁夏回族自治区	242	103	90	49
新疆维吾尔自治区	1141	463	468	210
香港特别行政区				
澳门特别行政区				
台湾省				

注：乡镇级区划总数包含河北省、新疆维吾尔自治区的各一个区公所。

表 27　国民经济和社会发展总量与速度指标

指　标	总量指标			
	1978 年	2000 年	2020 年	2021 年
人口（万人）				
总人口（年末）	96259	126743	141212	141260
城镇人口	17245	45906	90220	91425
乡村人口	79014	80837	50992	49835
就业（万人）				
就业人员	40683	726860	76224	75692
第一产业	28318	36043	17715	17072
第二产业	6945	16219	21543	21712
第三产业	4890	19823	35806	35868
城镇登记失业人员	530	595	1160	1040
国民经济核算				
国民总收入（亿元）	3678.7	99066.1	1005451.3	1133239.8
国内生产总值（亿元）	3678.7	100280.1	1013567.0	1143669.7
第一产业	1018.5	14717.4	78030.9	83085.5
第二产业	1755.1	45663.7	383562.4	450904.5
第三产业	905.1	39899.1	551973.7	609679.7
人均国民总收入（元）	385	7846	71253	80237
人均国内生产总值（元）	385	7942	71828	80976
人民生活（元）				
全国居民人均可支配收入	171	3721	32189	35128
城镇居民人均可支配收入	343	6256	43834	47412
农村居民人均可支配收入	134	2282	17131	18931
财政（亿元）				
一般公共预算收入	1132.3	13395.2	182913.9	202554.6
一般公共预算支出	1122.1	15886.5	245679.0	245673.0
能源（万吨标准煤）				
一次能源生产总量	62770.0	138569.7	407295.2	433000.0
能源消费总量	57144.0	146964.0	498314.1	524000.0
固定资产投资				
全社会固定资产投资（亿元）		32917.7	527270.3	552884.2

续表

指 标	总量指标			
	1978 年	2000 年	2020 年	2021 年
#房地产开发		4984.1	141442.9	147602.1
对外经济贸易				
货物进出口总额（亿元）	355.1	39273.2	322215.2	390921.7
出口额	167.7	20634.4	179278.8	217287.4
进口额	187.4	18638.8	142936.4	173634.3
外商直接投资（亿美元）		407.2	1443.7	1734.8
农业				
农林牧渔业总产值（亿元）	1397.0	24915.8	137782.2	147013.4
主要农产品产量（万吨）				
谷物		40522.4	61674.3	63275.7
棉花	216.7	441.7	591.0	573.1
油料	521.8	2954.8	3586.4	3613.2
肉类	943.0	6013.9	7748.4	8990.0
水产品	465.4	3706.2	6549.0	6690.3
工业				
主要工业产量				
原煤（亿吨）	6.2	13.8	39.0	41.3
天然气（亿立方米）	137.3	272.0	1925.0	2075.8
水泥（万吨）	6524.0	59700.0	239470.8	237724.5
粗钢（万吨）	3178.0	12850.0	106476.7	103524.3
钢材（万吨）	2208.0	13146.0	132489.2	133666.8
金属切削机床（万台）	18.3	17.7	43.9	60.2
汽车（万辆）	14.9	207.0	2532.5	2625.7
发电机组（万千瓦）	483.8	1249.0	13384.5	15976.4
发电量（亿千瓦时）	2565.5	13556.0	77790.6	85342.5
规模以上工业企业				
主要指标（亿元）				
资产总计		126211	1303499	1466716
营业收入		84152	1083658	1314557
利润总额		4393	68465	92933

续表

指　标	总量指标			
	1978 年	2000 年	2020 年	2021 年
建筑业				
建筑业总产值（亿元）		12498	263947	293078
房地产业				
房地产企业房屋施工面积（万平方米）		65897	926759	975387
房地产企业房屋竣工面积（万平方米）		25105	91218	101412
房地产企业商品房销售面积（万平方米）		18637	176086	179433
#住宅		16570	154878	156532
房地产企业商品房销售额（亿元）		3935	173613	181930
#住宅		3229	154567	162730
批发、零售和旅游业				
社会消费品零售总额（亿元）	1558.6	38447.1	391980.6	440823.2
入境旅客（万人次）	180.9	8344.4		
#外国人（万人次）	23.0	1016.0		
国内旅客（百万人次）		744.0	2879.0	3246.1
国内旅游总花费（亿元）		3175.5	22286.3	29190.7
交通运输业				
客运量（万人）	253993.0	1478572.2	966539.7	830256.7
铁路	81491.0	105072.5	220349.9	261170.6
公路	149229.0	1347392.0	689425.0	508693.3
水路	23042.0	19386.0	14987.0	16337.1
民航	231.0	6721.7	41777.8	44055.7
货运量（万吨）	319431.4	1358681.7	4725861.8	5298499.1
铁路	110119.0	178581.0	455236.2	477371.6
公路	151602.0	1038813.0	3426412.7	3913888.5
水路	47357.0	122391.0	761629.6	823972.8
民航	6.4	196.7	676.6	731.8
管道	10347.0	18700.0	81906.7	82534.4
沿海规模以上港口货物吞吐量（万吨）		125603.0	948002.2	997259.0
民用汽车拥有量（万辆）	135.8	1608.9	27340.9	29418.6
#私人汽车		625.3	24291.2	26152.0

续表

指 标	总量指标			
	1978 年	2000 年	2020 年	2021 年
邮政、电信和信息软件业				
邮政业务总量（亿元）	14.9	232.8	21053.2	13698.3
电信业务总量（亿元）	19.2	4559.9	136763.3	17197.5
移动电话年末用户（万户）		8453.3	159407.0	164282.5
固定电话年末用户（万户）	192.5	14482.9	18190.8	18070.1
互联网宽带接入用户（万户）			48355.0	53578.7
软件业务收入（亿元）			81585.9	95502.0
金融业				
社会融资规模存量（万亿元）			284.8	314.1
货币和准货币（M2）（万亿元）		13.5	218.7	238.3
货币（M1）（万亿元）		5.3	62.6	64.7
流通中现金（M0）（万亿元）		1.5	8.4	9.1
金融机构人民币各项存款余额（万亿元）	0.1	12.4	212.6	232.3
金融机构人民币各项贷款余额（万亿元）	0.2	9.9	172.7	192.7
境内股票发行金额（亿元）		1515.8	14221.6	15421.5
保险公司保费金额（亿元）		1598.0	45257.3	44900.2
保险公司赔款及给付金额（亿元）		526.0	13907.1	15608.6
科学技术				
R&D 经费支出（亿元）		895.7	24393.1	27956.3
发明专利授权数（件）		12683	530127	695946
技术市场成交额（亿元）		650.8	28251.5	37294.3
教育				
专任教师数（万人）				
#普通、职业高等学校	20.6	46.3	183.3	186.6
普通高中	74.1	75.7	193.3	202.8
初中阶段	244.1	328.7	386.1	397.1
小学阶段	522.6	586.0	643.4	660.1
在校生数（万人）				
#普通、职业本专科	85.6	556.1	3285.3	3496.1
普通高中	1553.1	1201.3	2494.5	2605.0

续表

指　标	总量指标			
	1978 年	2000 年	2020 年	2021 年
初中阶段	4995.2	6256.3	4914.1	5018.4
小学阶段	14624.0	13013.3	10725.4	10779.9
教育经费支出（亿元）		3849.1	53033.9	
卫生				
医院（个）	9293	16318	35394	36570
执业（助理）医师（万人）	97.8	207.6	408.6	428.8
医院床位数（万张）	110.0	216.7	713.1	741.4
卫生总费用（亿元）	110.2	4586.6	72175.0	76845.0
文化体育				
图书出版总印数（亿册、亿张）	37.7	62.7	103.7	118.6
电视节目制作时间（万小时）		58.5	328.2	306.0
故事影片产量（部）	46	91	531	565
社会保险				
社会保险基金收入（亿元）		2644.9	75512.5	96936.8
社会保险基金支出（亿元）		2385.6	78611.8	86734.9
参加基本养老保险人数（万人）		13617.4	99864.9	102871.4
参加失业保险人数（万人）		10408.4	21689.5	22957.9
参加基本医疗保险人数（万人）		3786.9	136131.1	136296.7

注：1.2021 年能源数据为初步核算数（下表同）。

2. 本表速度指标中，国民总收入、国内生产总值及三次产业增加值、城乡居民收入、财政收支、货币供应量、金融机构人民币各项存贷款余额、保险公司保费金额、保险公司赔款及给付金额等指标均按可比价格计算；固定资产投资类指标平均增长速度按累计法计算；其他指标按绝对数计算。

表 28　分地区年末常住人口

单位：万人

地 区	2012 年	2013 年	2014 年	2015 年	2016 年	2017 年	2018 年	2019 年	2020 年	2021 年
全 国	135922	136726	137646	138326	139232	140011	140541	141008	141212	141260
北 京	2078	2125	2171	2188	2195	2194	2192	2190	2189	2189
天 津	1378	1410	1429	1439	1443	1410	1383	1385	1387	1373
河 北	7262	7288	7323	7345	7375	7409	7426	7447	7464	7448
山 西	3548	3535	3528	3519	3514	3510	3502	3497	3490	3480
内蒙古	2464	2455	2449	2440	2436	2433	2422	2415	2403	2400
辽 宁	4375	4365	4358	4338	4327	4312	4291	4277	4255	4229
吉 林	2698	2668	2642	2613	2567	2526	2484	2448	2399	2375
黑龙江	3724	3666	3608	3529	3463	3399	3327	3255	3171	3125
上 海	2399	2448	2467	2458	2467	2466	2475	2481	2488	2489
江 苏	8120	8192	8281	8315	8381	8423	8446	8469	8477	8505
浙 江	5685	5784	5890	5985	6072	6170	6273	6375	6468	6540
安 徽	5978	5988	5997	6011	6033	6057	6076	6092	6105	6113
福 建	3841	3885	3945	3984	4016	4065	4104	4137	4161	4187
江 西	4475	4476	4480	4485	4496	4511	4513	4516	4519	4517
山 东	9708	9746	9808	9866	9973	10033	10077	10106	10165	10170
河 南	9532	9573	9645	9701	9778	9829	9864	9901	9941	9883
湖 北	5781	5798	5816	5850	5885	5904	5917	5927	5745	5830
湖 南	6590	6600	6611	6615	6625	6633	6635	6640	6645	6622
广 东	11041	11270	11489	11678	11908	12141	12348	12489	12624	12684
广 西	4694	4731	4770	4811	4857	4907	4947	4982	5019	5037
海 南	910	920	936	945	957	972	982	995	1012	1020
重 庆	2975	3011	3043	3070	3110	3144	3163	3188	3209	3212
四 川	8085	8109	8139	8196	8251	8289	8321	8351	8371	8372
贵 州	3587	3632	3677	3708	3758	3803	3822	3848	3858	3852
云 南	4631	4641	4653	4663	4677	4693	4703	4714	4722	4690
西 藏	315	317	325	330	340	349	354	361	366	366
陕 西	3787	3804	3827	3846	3874	3904	3931	3944	3955	3954
甘 肃	2550	2537	2531	2523	2520	2522	2515	2509	2501	2490
青 海	571	571	576	577	582	586	587	590	593	594
宁 夏	659	666	678	684	695	705	710	717	721	725
新 疆	2253	2285	2325	2385	2428	2480	2520	2559	2590	2589

注：本表根据年度人口抽样调查推算。全国数据包括中国人民解放军现役军人数，但不包括我国香港、澳门特别行政区和台湾地区数据；分省数据未包括中国人民解放军现役军人数。

表 29　国民收入和国内生产总值（一）

单位：亿元

年　份	国民总收入	国内生产总值	第一产业	第二产业	第三产业
1978	3678.7	3678.7	1018.5	1755.1	905.1
1979	4100.5	4100.4	1259.0	1925.3	916.1
1980	4587.6	4587.6	1359.5	2204.7	1023.4
1981	4933.7	4935.8	1545.7	2269.0	1121.1
1982	5380.5	5373.3	1761.7	2397.6	1214.0
1983	6043.8	6021.0	1960.9	2663.0	1397.1
1984	7314.2	7278.5	2295.6	3124.7	1858.2
1985	9123.6	9098.9	2541.7	3886.4	2670.8
1986	10375.4	10376.2	2764.1	4515.1	3097.0
1987	12166.6	12174.6	3204.5	5273.8	3696.3
1988	15174.4	15180.4	3831.2	6607.2	4742.0
1989	17188.4	17179.7	4228.2	7300.7	5650.8
1990	18923.3	18872.9	5017.2	7744.1	6111.6
1991	22050.3	22005.6	5288.8	9129.6	7587.2
1992	27208.2	27194.5	5800.3	11725.0	9669.2
1993	35599.2	35673.3	6887.6	16472.7	12313.0
1994	48548.2	48637.4	9471.8	22452.5	16713.1
1995	60356.6	61339.9	12020.5	28676.7	20642.7
1996	70779.6	71813.6	13878.3	33827.3	24108.0
1997	78802.9	79715.0	14265.2	37545.0	27904.8
1998	83817.6	85195.5	14618.7	39017.5	31559.3
1999	89366.5	90564.4	14549.0	41079.9	34935.5
2000	99066.1	100280.2	14717.4	45663.7	39899.1
2001	109276.2	110863.1	15502.5	49659.4	45701.2
2002	120480.4	121717.4	16190.2	54104.1	51423.1
2003	136576.3	137422.0	16970.2	62695.8	57756.0
2004	161415.4	161840.2	20904.3	74285.0	66650.9
2005	185998.9	187318.9	21806.7	88082.2	77430.0
2006	219028.5	219438.4	23317.0	104359.2	91762.2
2007	270704.0	270092.3	27674.1	126630.5	115787.7
2008	321229.5	319244.5	32464.1	149952.9	136827.5

续表

年 份	国民总收入	国内生产总值	第一产业	第二产业	第三产业
2009	347934.9	348517.7	33583.8	160168.8	154765.1
2010	410354.1	412119.2	38430.8	191626.5	182061.9
2011	483392.8	487940.2	44781.5	227035.1	216123.6
2012	537329.0	538579.9	49084.6	244639.1	244856.2
2013	588141.2	592963.2	53028.1	261951.6	277983.5
2014	644380.2	643563.1	55626.3	277282.8	310654.0
2015	685571.2	688858.2	57774.6	281338.9	349744.7
2016	742694.1	746395.1	60139.2	295427.8	390828.1
2017	830945.7	832035.9	62099.5	331580.5	438355.9
2018	915243.5	919281.2	64745.2	364835.2	489700.8
2019	983751.2	986515.2	70473.6	380670.6	535371.0
2020	1008782.5	1015986.2	77754.1	384255.3	553976.8
2021	1133239.8	1143669.7	83085.5	450904.5	609679.7

注：本表按当年价格计算。1980 年以后国民总收入（原称国民生产总值）与国内生产总值的差额为来自国外的初次分配收入净额。

表 30　国民收入和国内生产总值（二）

年　份	工业（亿元）	建筑业（亿元）	批发和零售业（亿元）	交通运输、仓储和邮政业（亿元）	住宿和餐饮业（亿元）	人均国民总收入（元）	人均国内生产总值（元）
1978	1621.4	138.9	242.4	182.0	44.6	385	385
1979	1786.5	144.6	200.9	193.7	44.0	423	423
1980	2014.8	196.3	193.8	213.4	47.4	467	468
1981	2067.7	208.0	231.2	220.8	54.1	496	497
1982	2183.0	221.6	171.5	246.9	62.3	533	533
1983	2399.0	271.7	198.7	275.0	72.5	591	588
1984	2815.8	317.9	363.6	338.6	96.8	705	702
1985	3478.2	419.3	802.5	421.8	138.3	868	866
1986	4000.7	527.3	852.7	499.0	163.2	973	973
1987	4621.1	667.5	1059.7	568.5	187.1	1122	1123
1988	5814.0	811.8	1483.6	685.9	241.4	1377	1378
1989	6525.5	796.1	1536.4	812.9	277.4	1537	1536
1990	6904.5	861.7	1269.2	1167.2	301.9	1667	1663
1991	8137.9	1017.7	1834.8	1420.5	442.3	1916	1912
1992	10340.2	1417.9	2405.4	1689.2	584.6	2336	2334
1993	14248.4	2269.9	2817.0	2174.3	712.1	3021	3027
1994	19546.3	2968.8	3774.0	2788.2	1008.5	4073	4081
1995	25023.2	3733.7	4779.4	3244.7	1200.1	5009	5091
1996	29528.9	4393.0	5600.5	3782.6	1336.8	5813	5898
1997	33022.6	4628.3	6328.4	4149.1	1561.3	6406	6481
1998	34133.9	4993.0	6914.3	4661.5	1786.9	6749	6860
1999	36014.4	5180.9	7492.2	5175.9	1941.2	7134	7229
2000	40258.5	5534.0	8159.8	6161.9	2146.3	7846	7942
2001	43854.3	5945.5	9120.8	6871.3	2400.1	8592	8717
2002	47774.9	6482.1	9996.8	7494.3	2724.8	9410	9506
2003	55362.2	7510.8	11171.2	7914.8	3126.1	10600	10666
2004	65774.9	8720.5	12455.8	9306.5	3664.8	12454	12487
2005	77958.3	10400.5	13968.5	10668.8	4195.7	14267	14368
2006	92235.8	12450.1	16533.4	12186.3	4792.6	16707	16738

续表

年 份	工业（亿元）	建筑业（亿元）	批发和零售业（亿元）	交通运输、仓储和邮政业（亿元）	住宿和餐饮业（亿元）	人均国民总收入（元）	人均国内生产总值（元）
2007	111690.8	15348.0	20941.1	14605.1	5548.1	20541	20494
2008	131724.0	18807.6	26186.2	16367.6	6616.1	24250	24100
2009	138092.6	22681.5	29004.6	16522.4	6957.0	26136	26180
2010	165123.1	27259.3	35907.9	18783.6	7712.0	30676	30808
2011	195139.1	32926.5	43734.5	21842.0	8565.4	35939	36277
2012	208901.4	36896.1	49835.5	23763.2	9536.9	39679	39771
2013	222333.2	40896.8	56288.9	26042.7	10228.3	43143	43497
2014	233197.4	45401.7	63170.4	28534.4	11228.7	46971	46912
2015	234968.9	47761.3	67719.6	30519.5	12306.1	49684	49922
2016	245406.4	51498.9	73724.5	33028.7	13607.8	53516	53783
2017	275119.3	57905.6	81156.6	37121.9	15056.0	59514	59592
2018	301089.3	65493.0	88903.7	40337.2	16520.6	65246	65534
2019	311858.7	70648.1	95650.9	42466.3	17903.1	69881	70078
2020	312902.9	72444.7	96086.1	40582.9	15285.4	71253	71828
2021	372575.3	80138.5	110492.7	47061.2	17852.6	80237	80976

注：本表按当年价格计算。1980 年以后国民总收入（原称国民生产总值）与国内生产总值的差额为来自国外的初次分配收入净额。

表 31　居民人均可支配收入

单位：元

指　标	2015 年	2016 年	2017 年	2018 年	2019 年	2020 年	2021 年
一、全国居民可支配收入	21966.1	23821.0	25973.8	28228.0	30732.9	32188.9	35128.1
1. 工资性收入	12459.0	13455.2	14620.3	15829.0	17186.2	17917.4	19629.4
2. 经营净收入	3955.6	4217.7	4501.8	4852.4	5247.3	5306.8	5892.7
3. 财产净收入	1739.6	1889.0	2107.4	2378.5	2619.1	2791.5	3075.5
4. 转移净收入	3811.9	4259.1	4744.3	5168.1	5680.3	6173.2	6530.5
二、城镇居民可支配收入	31194.8	33616.2	36396.1	39250.8	42358.8	43833.8	47412.0
1. 工资性收入	19337.1	20665.0	22200.9	23792.2	25564.8	26380.7	28480.8
2. 经营净收入	3476.1	3770.1	4064.7	4442.6	4840.4	4710.8	5381.9
3. 财产净收入	3041.9	3271.3	3606.9	4027.7	4390.6	4626.5	5052.0
4. 转移净收入	5339.7	5909.8	6523.6	6988.3	7563.0	8115.8	8497.3
三、农村居民可支配收入	11421.7	12363.4	13432.4	14617.1	16020.8	17131.4	18930.9
1. 工资性收入	4600.3	5021.8	5498.4	5996.1	6583.5	6973.9	7958.1
2. 经营净收入	4503.6	4741.3	5027.8	5358.4	5762.2	6077.4	6566.2
3. 财产净收入	251.5	272.1	303.0	342.1	377.3	418.8	469.4
4. 转移净收入	2066.3	2328.2	2603.2	2920.5	3297.8	3661.3	3937.2

注：从 2013 年起，国家统计局开展了全国住户收支与生活状况调查，2013 年及以后年份的数据来源于此调查，与 2013 年前的分城镇和农村住户调查的调查范围、调查方法、指标口径有所不同。

表 32　居民人均消费支出

单位：元

指　标	2015 年	2016 年	2017 年	2018 年	2019 年	2020 年	2021 年
一、全国居民消费支出	15712.4	17110.7	18322.1	19853.1	21559.0	21209.8	24100.1
1. 食品烟酒	4814.0	5151.0	5373.6	5631.1	6084.2	6397.3	7178.1
2. 衣着	1164.1	1202.7	1237.6	1288.9	1338.1	1238.4	1418.7
3. 居住	3419.2	3746.4	4106.9	4646.6	5054.8	5215.3	5641.1
4. 生活用品及服务	951.4	1043.7	1120.7	1222.7	1280.9	1259.5	1423.2
5. 交通通信	2086.9	2337.8	2498.9	2675.4	2861.6	2761.8	3155.6
6. 教育文化娱乐	1723.1	1915.3	2086.2	2225.7	2513.1	2032.2	2598.9
7. 医疗保健	1164.5	1307.5	1451.2	1685.2	1902.3	1843.1	2115.1
8. 其他用品及服务	389.2	406.3	447.0	477.5	524.0	462.2	569.4
二、城镇居民消费支出	21392.4	23078.9	24444.9	26112.3	28063.2	27007.4	30307.2
1. 食品烟酒	6359.7	6762.4	7001.0	7239.0	7732.6	7880.5	8678.1
2. 衣着	1701.1	1739.0	1757.9	1808.2	1831.9	1644.8	1842.8
3. 居住	4726.0	5113.7	5564.0	6255.0	6780.2	6957.7	7405.3
4. 生活用品及服务	1306.5	1426.8	1525.0	1629.4	1689.3	1640.0	1819.6
5. 交通通信	2895.4	3173.9	3321.5	3473.5	3671.3	3474.3	3932.0
6. 教育文化娱乐	2382.8	2637.6	2846.6	2974.1	3328.0	2591.7	3322.0
7. 医疗保健	1443.4	1630.8	1777.4	2045.7	2282.7	2172.2	2521.3
8. 其他用品及服务	577.5	594.7	651.5	687.4	747.2	646.2	786.1
三、农村居民消费支出	9222.7	10129.7	10954.5	12124.4	13327.6	13713.3	15915.6
1. 食品烟酒	3048.0	3266.1	3415.4	3645.6	3998.2	4479.4	5200.2
2. 衣着	550.5	575.4	611.6	647.7	713.3	712.8	859.5
3. 居住	1926.2	2147.1	2353.5	2660.6	2871.3	2962.4	3314.7
4. 生活用品及服务	545.6	595.7	634.0	720.5	763.9	767.5	900.5
5. 交通通信	1163.1	1359.9	1509.1	1690.0	1836.8	1840.6	2131.8
6. 教育文化娱乐	969.3	1070.3	1171.3	1301.6	1481.8	1308.7	1645.5
7. 医疗保健	846.0	929.2	1058.7	1240.1	1420.8	1417.5	1579.6
8. 其他用品及服务	174.0	186.0	200.9	218.3	241.5	224.4	283.8

表 33　农村贫困状况

年 份	1978 年标准		2008 年标准		2010 年标准	
	贫困人口（万人）	贫困发生率（%）	贫困人口（万人）	贫困发生率（%）	贫困人口（万人）	贫困发生率（%）
1978	25000	30.7			77039	97.5
1980	22000	26.8			76542	96.2
1981	15200	18.5				
1982	14500	17.5				
1983	13500	16.2				
1984	12800	15.1				
1985	12500	14.8			66101	78.3
1986	13100	15.5				
1987	12200	14.3				
1988	9600	11.1				
1989	10200	11.6				
1990	8500	9.4			65849	73.5
1991	9400	10.4				
1992	8000	8.8				
1994	7000	7.7				
1995	6540	7.1			55463	60.5
1997	4962	5.4				
1998	4210	4.6				
1999	3412	3.7				
2000	3209	3.5	9422	10.2	46224	49.8
2001	2927	3.2	9029	9.8		
2002	2820	3.0	8645	9.2		
2003	2900	3.1	8517	9.1		
2004	2610	2.8	7587	8.1		
2005	2365	2.5	6432	6.8	28662	30.2
2006	2148	2.3	5698	6.0		
2007	1479	1.6	4320	4.6		
2008			4007	4.2		
2009			3597	3.8		

续表

年 份	1978 年标准		2008 年标准		2010 年标准	
	贫困人口（万人）	贫困发生率（%）	贫困人口（万人）	贫困发生率（%）	贫困人口（万人）	贫困发生率（%）
2010			2688	2.8	16567	17.2
2011					12238	12.7
2012					9899	10.2
2013					8249	8.5
2014					7017	7.2
2015					5575	5.7
2016					4335	4.5
2017					3046	3.1
2018					1660	1.7
2019					551	0.6
2020					全部脱贫	全部脱贫

注：1. 1978 年标准：1978—1999 年称为农村贫困标准，2000—2007 年称为农村绝对贫困标准。
2. 2008 年标准：2000—2007 年称为农村低收入标准，2008—2010 年称为农村贫困标准。
3. 2010 年标准：即现行农村贫困标准。现行农村贫困标准为每人每年生活水平 2300 元（2010 年不变价）。
4. 2020 年，我国现行农村贫困标准下的农村贫困人口全部脱贫。